# 刑法修正案（十一）评注与案例

时延安　陈　冉　敖　博◎著

XINGFA XIUZHENG'AN (SHIYI)
PINGZHU YU ANLI

中国法制出版社
CHINA LEGAL PUBLISHING HOUSE

# 国家治理体系和治理能力现代化语境下的刑法扩张（代序）

21世纪第二个十年，我国刑法进入了快速调整期，继2012年《刑法修正案（八）》、2015年《刑法修正案（九）》之后，经过短暂平缓期，2020年年底《刑法修正案（十一）》如期而至。此次刑法修正案共48个条文，条文数仅少于《刑法修正案（九）》（52条）和《刑法修正案（八）》（50条），刑法中罪名也增至487个。可以说，刑事制裁手段在国家和社会治理中的作用在过去十年里得到了一定的强化。

## 一、刑法扩张的机理

刑法扩张，就是刑法调整和适用范围的扩张，是国家刑罚权在法律及其实践中的扩张。刑法扩张可以从两个层面理解：一是通过将一定危害行为予以犯罪化，使得刑法调整范围扩大。不过，法律文本的变化并不意味着刑法实际适用扩张。刑法分则中确实存在一些条文适用很少的情况，有观点称之为"象征性立法"。[①]立法者显然不希望出台某个条文只具有象征意义；某一具体刑法规范被规定后能否被适用，受制于很多因素，其中就包括配套性法律制度能否及时出台。例如，1997年刑法典规定洗钱罪后，直到2006年中国人民银行反洗钱机

---

① 参见程红：《象征性刑法及其规避》，载《法商研究》2017年第6期。

制建立起来之后才出现“洗钱第一案”。[①]如果检讨所谓“象征性立法”的事例，也会发现，缺乏行政法律配套机制和措施才是导致相应刑法规范处于“冰冻”状态的原因。二是新的刑法规范被适用后，使得刑法适用范围扩大。例如，《刑法修正案（八）》规定危险驾驶罪后，危险驾驶刑事案件很快就成为各地司法机关处理刑事案件的“大户”，目前已稳居全国刑事案件的“头把交椅”。一些新规定的网络犯罪、恐怖活动犯罪的数量也很快出现快速增长的现象。这个意义上的刑法扩张，是刑罚权实施范围的现实扩大，其意义更为重要。不过，通常所说的刑法扩张，主要是指第一个层面的，即立法层面的刑法扩张，也就是刑法调整范围的扩张。

刑法调整范围的扩张，是因为立法者认为某些社会危害行为需要予以犯罪化，而如果仅仅用行政或民事制裁手段，尚不足以评价以及吓阻这类行为。进入立法者“法眼”的社会危害行为，可以区分为三种类型：（1）将以往用行政制裁的行为规定为犯罪。例如，生产、销售国务院药品监督管理部门禁止使用的药品的行为，根据2019年修订的《药品管理法》第124条规定，应予以行政处罚。[②]而此次《刑法修正案（十一）》将这类行为“足以严重危害人体健康的”，规定为犯罪。（2）将以往用民事制裁的行为规定为犯罪。例如，高空抛物主要作为一种侵权行为加以规制。当然，如果造成人员伤亡的，应按照以危险方法危害公共安全罪或者过失以危险方法危害公共安全罪追究刑事责

---

① 黄庭钧：《全国首例洗钱罪案在上海宣判 4被告人分别领刑》，载中国法院网，https://www.chinacourt.org/article/detail/2007/10/id/271637.shtml，2020年12月10日访问。

② 根据该条规定，应没收违法生产、进口、销售的药品和违法所得以及专门用于违法生产的原料、辅料、包装材料和生产设备，责令停产停业整顿，并处违法生产、进口、销售的药品货值金额15倍以上30倍以下的罚款；货值金额不足10万元的，按10万元计算；情节严重的，吊销药品批准证明文件直至吊销药品生产许可证、药品经营许可证或者医疗机构制剂许可证，对法定代表人、主要负责人、直接负责的主管人员和其他责任人员，没收违法行为发生期间自本单位所获收入，并处所获收入30%以上3倍以下的罚款，10年直至终身禁止从事药品生产经营活动，并可以由公安机关处5日以上15日以下的拘留。

任。[①]不过，对于高空抛物尚未危及公共安全的，只能追究民事法律责任。《刑法修正案（十一）》第33条则将这种情形规定为犯罪。（3）将以往法律并没有加以规制的行为直接纳入刑法。例如，将基因编辑、克隆的人类胚胎植入人体或者动物体的行为，以往主要由技术规范、伦理规范或者部门规章加以规制。[②]而《刑法修正案（十一）》将这类行为直接纳入刑法调整范围。此前，在侵犯公民个人信息罪、网络犯罪等“入刑”过程中，也存在“前置法”空白的情况下直接予以犯罪化的情形。这种情形并不多见，但能够察觉到立法者在试图遏制这类行为时的急迫心情。实际上，无论上述哪一种“进入”方式，都可以看到对这些被“入刑”行为在危害性认识和评价上的变化，从一定意义上讲，这些被“入刑”的行为已经超出了公众的容忍界限，需要以刑罚的手段来加以威吓和制裁。

《刑法修正案（十一）》通过后的第6天（即2021年1月1日）是《民法典》正式施行之日。对于民法和刑法的关系，有学者提出“在现代社会，对于相关的法律纠纷，如果能够通过民法解决，而且能够有效，则应当尽可能通过民事责任的方式解决，而无需动用刑罚”。[③]从解决社会纠纷的角度分析，这一判断有其合理性，以尽可能减少刑罚权对社会纠纷的干预程度。不过，当民商事法律调整范围扩大时，刑法调整范围未必限缩，反倒会相应扩大，其原理在于：民商事法律扩张是确立新的民事法律关系，也就是创设新的民事权利和义务，这就为刑法提供保护创造了一个前提、一个可能，就是当侵犯这一新的民

---

① 2019年《最高人民法院关于依法妥善审理高空抛物、坠物案件的意见》第5条第2款规定：“故意从高空抛弃物品，尚未造成严重后果，但足以危害公共安全的，依照刑法第一百一十四条规定的以危险方法危害公共安全罪定罪处罚；致人重伤、死亡或者使公私财产遭受重大损失的，依照刑法第一百一十五条第一款的规定处罚。为伤害、杀害特定人员实施上述行为的，依照故意伤害罪、故意杀人罪定罪处罚。”

② 赵丽等：《基因编辑婴儿涉及哪些法律问题？法学专家全面解读》，载百度网，https://baijiahao.baidu.com/s?id=1618332441103746443&wfr=spider&for=pc，2020年12月11日访问。

③ 参见王利明：《民法要扩张　刑法要谦抑》，载《中国大学教学》2019年第11期。

事权利或者违反新的民事义务时，若达到具有严重社会危害性的程度，刑法就会介入，即便民商事法律仍保有其调整机制。严重侵犯知识产权行为的“入刑”即是如此。此次刑法修正中，对《刑法》第217条侵犯著作权罪的修改，加入了“未经表演者许可，复制发行录有其表演的录音录像制品，或者通过信息网络向公众传播其表演的”的内容，而该项规定内容先行出现在2020年11月11日通过的《著作权法》第53条第3项。[①]实际上，两法几乎是同步作出了这一规定，显然，《刑法》这一规定是向《著作权法》“看齐”。从这个角度看，“民法要扩张，刑法要谦抑”的提法只具有片面的正确性。

## 二、刑法扩张的动力

犯罪化及其路径，显然是由决策者和立法者选定的，在任何一个国家和地区的刑法立法都是如此。不过，如何看待公众对犯罪化的需求，如何响应国际社会的呼吁，也是立法者要积极面对的。立法者对学界的呼吁看起来并没有那么重视，除非学者的呼吁符合国家和社会治理的需要、公众的期待。例如，在此次乃至之前的刑法修正当中，一些学者反复提出对非公有制公司、企业工作人员的背信和渎职行为应予以犯罪化，但至今刑法立法并未作出任何反应。

对以往立法进行梳理，我们会发现，刑法扩张的动力主要包括三个方面：

一是维护安全和秩序的需要。各种非传统安全问题已经成为社会治

① 根据该条规定，有这类行为的，“应当根据情况，承担本法第五十二条规定的民事责任；侵权行为同时损害公共利益的，由主管著作权的部门责令停止侵权行为，予以警告，没收违法所得，没收、无害化销毁处理侵权复制品以及主要用于制作侵权复制品的材料、工具、设备等，违法经营额五万元以上的，可以并处违法经营额一倍以上五倍以下的罚款；没有违法经营额、违法经营额难以计算或者不足五万元的，可以并处二十五万元以下的罚款；构成犯罪的，依法追究刑事责任”。

理的难点，国际国内因素相互叠加，科技放大单一行为的影响，都使得当下安全问题变得更为复杂，而网络信息技术迅猛发展，也使得安全治理问题更具挑战性。立法者为维护安全和秩序，在刑法立法中必然作出积极反应。例如，金融风险是当前最突出的重大风险之一，习近平总书记在中央财经领导小组第十五次会议和中央政治局第四十次集体学习等多次重要会议和公开场合就金融风险和安全问题作出重要讲话。防范和化解金融风险已上升至国家战略和国家安全的高度。2017年中央金融工作会议指出，要准确判断当前我国面临的金融风险。概括而言，主要包括金融杠杆率和流动性风险、信用风险、影子银行风险、违法犯罪风险、外部冲击风险、房地产泡沫风险、地方政府隐性债务风险、部分国企债务风险等。①应对金融风险，实现金融安全，显然是决策者极为关注的问题，相应地在刑法立法上就会予以体现。此次刑法修正中对非法吸收公众存款罪、集资诈骗罪法定刑的调整，对证券犯罪的调整，也再次强调运用刑法来维护金融安全的意旨。同样，维护稳定的社会公共秩序，也是刑法立法的主要目标，最近几次刑法修正中对“妨害社会管理秩序罪”中罪名的调整日益频繁。此次刑法修正中将暴力袭警、冒用身份顶替取得入学资格、公务员录用资格、就业安置待遇、高空抛物、催收高利贷等违法行为入刑，就是为了更好地维护社会公共秩序。安全和秩序都是公权力机关应当提供的公共产品（public good），而这类公共产品的质量，则是衡量其治理国家和社会水平的重要考量因素，因而为提升这种公共产品的质量，决策者和立法者通过刑法扩张来完善安全和秩序的保障机制。

二是反映公众的正义诉求。此次刑法修正有个非常明显的特点，就是一些法条的规定是立法者在积极回应公众对重大公共事件和一些有影响力个案的极大关注和正义诉求。前者例如，将以食用为目的非

---

① 胡滨、范云朋：《坚决打好防范化解金融风险攻坚战》，载新华网，http://www.xinhuanet.com/finance/2018-03/12/c_129827678.htm，2020年12月11日访问。

法猎捕、收购、运输、出售珍贵、濒危野生动物以外的在野外环境自然生长繁殖的陆生野生动物的行为“入刑”，则是总结新冠肺炎疫情防控经验和需要，《刑法修正案（十一）（草案）》一审稿将这类行为纳入后，这一拟定的新增犯罪就没有从修正案中出来，直到该修正案（草案）正式通过。后者例如，刑事责任年龄的降低，源自这两年发生并被媒体广泛关注的几起未满14周岁的儿童杀害女童、弑母案件；将基因编辑、克隆的人类胚胎植入人体或动物体或者将基因编辑、克隆的动物胚胎植入人体内的行为作为犯罪处理，则是源自贺某奎基因编辑案。回应公众的广泛诉求，是刑法立法民主的一种表现，当然也是在准确评估这些行为社会危害性基础上作出的选择。

三是回应国际性法律文件及实践的要求。此次刑法修正中，将自洗钱行为作为洗钱罪加以处罚。《刑法修正案（十一）》第14条对《刑法》第191条进行调整，规定“为掩饰、隐瞒毒品犯罪、黑社会性质的组织犯罪、恐怖活动犯罪、走私犯罪、贪污贿赂犯罪、破坏金融管理秩序犯罪、金融诈骗犯罪的所得及其产生的收益的来源和性质”，实施提供资金账户等行为的，构成洗钱罪。如此修改虽然没有明确说明将自洗钱行为纳入洗钱罪当中，但如此修改的意旨就是洗钱罪不再区分自洗钱和他洗钱，只要符合该条规定都以洗钱罪定罪处罚。这对刑法竞合论中“不可罚的事后行为”理论产生不小的挑战。这一调整的动力来自国际性法律文件及实践的要求。《联合国禁止非法贩运麻醉药品和精神药物公约》第3条、《联合国打击跨国有组织犯罪公约》第6条以及《联合国反腐败公约》第23条有关洗钱罪的规定都没有排除自洗钱的情形，不过后两个公约也规定，“在缔约国本国法律基本原则要求的情况下，可以规定本条第一款所列犯罪不适用于实施上游犯罪的人”。（《联合国打击跨国有组织犯罪公约》第6条第2款第5项、《联合国反腐败公约》第23条第2款第5项）也就是说，我国刑法实践中不处理“自洗钱行为”并不违反公约规定。不过，反洗钱金融行动特别工作组（Financial Action Task Force on Money Laundering，缩写为“FATF”）

在2019年4月发布的第四轮互评估报告中，对中国履行FATF《四十条建议》中的第3条关于洗钱犯罪的法律制度评估为部分合规，其重要缺陷之一就是缺乏将自洗钱行为作为犯罪处理的规定，不符合国际公约和FATF的建议要求。[①]此次刑法修正案对洗钱罪的修改，在一定程度上是为适应FATF的合规要求，当然，更是为适应我国惩治洗钱犯罪的需要。如此给刑法解释出的“难题”也值得思考，目前采取“不可罚的事后行为”的“例外说”是可行的方案，当然，更值得思考的是，竞合论中“行为单数”判断本身的法理问题，而这个问题的探究或许会成为一个低烈度的讨论热点。

## 三、刑法扩张的学术立场

有关刑法扩张问题，学术界讨论较多，尤其是《刑法修正案（九）》和此次刑法修正，一些学者高度赞同刑法扩张且持十分积极的态度。对我国自恢复法制以来有关犯罪化的学说进行梳理，可以简要概括为三个阶段。

### 1.“严而不厉”思想的提出

自20世纪80年代初以来，刑法就开始呈现出犯罪化的态势，同时也开始呈现出重刑主义的征兆，其标志就是全国人大常委会分别于1982年和1983年出台的《关于严惩严重破坏经济的罪犯的决定》和《关于严惩严重危害社会治安的犯罪分子的决定》。对20世纪80年代和90年代前期刑法立法表现出的重刑主义倾向，学界给予的批评较多，但对犯罪化的过程，学界基本上没有反对声音，一些有影响力的论述实际上主张进一步的犯罪化。例如，储槐植先生在1989年提出的、为学界所广泛关注的“严而不厉”的主张，实际上就是提倡进行一定规模的犯罪化，他指出：“我国在相当长时期内不但不会提出非犯罪化问

---

① 贾济东：《“自洗钱行为”应当独立成罪》，载《检察日报》2019年8月7日第3版。

题，而且应使相当数量的社会危害行为犯罪化。”[①]这一论断得到学界的广泛支持，而晚近20多年的刑法立法实践基本上也符合这一思路，即犯罪圈在扩大的同时，刑罚的严厉程度总体上呈下降趋势。[②]不过，《刑法修正案（八）》和《刑法修正案（九）》中对死刑、无期徒刑、数罪并罚规定的修改，使得刑罚适用有趋重的迹象。此次刑法修正中，对现有条文的修改，但凡涉及法定刑调整的，基本上也是采取提高自由刑上限、对罚金刑采取抽象罚金制的修改方式。这是否预示着重刑主义的回归，可能还需要进一步观察。

**2.两次有关犯罪定义的讨论**

之后有关扩大犯罪圈的讨论，最初是与犯罪的定义相联系的，而关于犯罪定义的讨论目前经历二次。第一次讨论发生在20世纪90年代（主要是1997年刑法修订前后），主要围绕犯罪概念应采用形式定义还是实质定义而展开，[③]虽然表面上此次讨论并未涉及犯罪化的问题，但如果采取形式定义，直接的效果就是，犯罪概念中不再有社会危害性以及“情节显著轻微”的表述，“入罪门槛”完全依据分则条文来确定。对于刑法中有罪量规定的分则条文而言，确定“入罪门槛”不是问题，但对于刑法分则中没有罪量规定的犯罪而言，从刑法规范自身就难以界定其适用范围，而一些行政法所调整的违法行为在形式上也可能符合刑法相关规定，进而形成刑法法条与行政法法条的竞合现象，设若采取从重法条适用的原则，则会将这些行为纳入刑法调整范围当中。所以说，关于犯罪概念的讨论必然涉及如何犯罪化的问题。

---

① 储槐植：《严而不厉：为刑法修订设计政策思想》，载《北京大学学报》1989年第6期。

② 如22个犯罪死刑的废除、绑架罪法定刑的降低、贪污贿赂罪定罪量刑数额的提高等。不过，《刑法修正案（八）》和《刑法修正案（九）》中对死刑、无期徒刑、数罪并罚规定的修改，使得刑罚适用有趋重的迹象。对此，可理解为是基于罪责刑相适应原则对罪刑结构的局部调整。

③ 相关讨论内容，参见陈兴良、刘树德：《犯罪概念的形式化与实质化辨正》，载《法律科学》1999年第6期；樊文：《罪刑法定原则与社会危害性的冲突》，载《法律科学》1998年第1期；李立众、柯赛龙：《为现行犯罪概念辩护》，载《法律科学》1999年第2期。

第二次讨论发生在2008年，当年3月由中国社科院法学所召开的“犯罪定义与刑事法治”研讨会是这场讨论的“主战场”。在此次讨论中，张明楷教授将犯罪定义问题与犯罪化结合起来，认为由于《刑法》第13条但书的存在和刑法分则构成要件的规定，表明刑法的处罚范围极窄，基于法益保护和人权保障的考量，应进行犯罪化，他建议制定“轻犯罪法”，将《治安管理处罚法》和劳动教养法规所规定的各种危害行为规定在轻犯罪法中。①作为犯罪概念形式定义的坚定倡导者，陈兴良教授主张取消犯罪概念但书的规定，通过将治安违法行为犯罪化及治安处罚司法化，以及采取附属刑法形式，限制乃至取消行政处罚权，同时建议制定《治安犯罪法》。②这场讨论所形成的共识就是犯罪化，并澄清了刑法发展世界潮流是非犯罪化的不当判断。至于这场讨论所形成的影响，尤其是对之后两个刑法修正案加速犯罪化是否有所促进，还需要客观证据加以说明。

**3.关于犯罪化模式讨论的升温**

最近几年有关犯罪化的讨论再次升温，其现实背景是两个刑法修正案的出台，其理论背景则是英美犯罪化理论的引入。在刑法立法方面，《刑法修正案（八）》《刑法修正案（九）》加速了犯罪化的步伐。对刑法立法所呈现出的快速犯罪化的趋势，刑法学界赞同和反对的主张都存在着。整体而言，赞同论者认为，这一趋势有利于对刑法立法进行彻底的改造，进而形成合理的犯罪体系，③并认为这有利于实现法治原则，限制警察权。例如，陈兴良教授即认为，“我国目前公安机关所具有的治安处罚权，可以剥夺公民自由，这种制度设计是与法治原则相背离的。因此，将来这些治安违法行为也应当纳入刑法典，通过

---

① 参见张明楷：《犯罪定义与犯罪化》，载《法学研究》2008年第3期。

② 参见陈兴良：《犯罪范围的合理定义》，载《法学研究》2008年第3期。

③ 例如，周光权教授即提出，建构以刑法典为核心，以轻犯罪法为辅助，刑罚和保安处分措施并行的成文刑法体系，形成治安管理处罚法、轻犯罪法、刑法的递进式无缝衔接制裁机制。参见周光权：《转型时期刑法立法的思路与方法》，载《中国社会科学》2016年第3期。

司法程序进行处罚，由此限制行政机关的处罚权”。[①]持赞同主张的学者实际上是以欧美国家的刑法立法模式作为我国犯罪化的参照系的。[②]这与前述第二轮有关犯罪定义的讨论所持观点和论证一脉相承。而反对论者基本上坚守目前刑法与行政法调整违法行为的界限，强调刑罚应作为最后手段，主张刑法参与社会治理的最小化；认为过度犯罪化会造成国家刑事法律资源的高投入低产出，并质疑监狱的改造效果。[③]持反对主张的学者主要从现有法制框架分析，借鉴英美学者反对过度犯罪化的理论来提醒我国的立法者，同时将犯罪化纳入社会治理这一大的视域内进行考量。此次刑法修正过程中，一些具有留日背景的刑法学者提出积极刑法观的主张，基本上也是延续之前的研究思路。例如，张明楷教授即主张，通过积极的刑事立法扩大刑事处罚范围，使刑法满足不断变化的社会生活事实的需要。[④]与之前提法不同的是，这类主张试图以一种成形的学说提出，较之前的泛泛主张看起来更具说服力。

令人质疑的是，主张刑法积极扩张的学说，究竟是对刑法立法趋势的一种归纳或者解释，还是一种引导刑法立法的理论。如果是前者的话，确实能够说明最近十年刑法扩张加速的态势，不过，立法者对通过刑法来实现安全和秩序目标，总体上保持审慎态度，而且回顾三次大规模的刑法修正，立法者在调整刑罚结构方面做出的努力要超过犯罪化目标。这些学者所提倡的大规模犯罪化的思路从来也没有进入

---

① 例如，参见陈兴良：《犯罪范围的扩张与刑罚结构的调整》，载《法律科学》2016年第4期。

② 例如，卢建平教授多年来即主张借鉴法国刑法典的犯罪分层模式修改我国刑法典。参见卢建平：《犯罪分层及其意义》，载《法学研究》2008年第3期；《法国违警罪制度对我国劳教制度改革的借鉴意义》，载《清华法学》2013年第3期；《犯罪门槛下降及其对刑法体系的挑战》，载《法学评论》2016年第6期。刘仁文研究员的研究路径也是如此，参见刘仁文：《关于调整我国刑法结构的思考》，载《法商研究》2007年第5期。

③ 齐文远：《修订刑法应避免过度犯罪化倾向》，载《法商研究》2016年第3期。

④ 参见张明楷：《增设新罪的观念——对积极刑法观的支持》，载《现代法学》2020年第5期。

立法者的考量范围。如果是后者的话，则更令人怀疑。《中共中央关于坚持和完善中国特色社会主义制度　推进国家治理体系和治理能力现代化若干重大问题的决定》中明确提出："加大对严重违法行为处罚力度，实行惩罚性赔偿制度，严格刑事责任追究。""严格刑事责任追究"的意思，应理解为慎用刑事制裁手段。在决策者立法政策十分清晰的情况下，认为立法者采取了所谓积极犯罪观，显然难以形成有效的说服力。同时，值得注意的是，如果积极刑法观就是指积极犯罪化的话，其后果也是可怕的。例如，有学者提出更多设立轻罪来完善社会治理。[①]这种提法不妥之处在于，如果刑法的惩罚体系尤其是刑罚种类不做调整的话，贸然扩大轻罪是十分有害的。众所周知，短期自由刑的弊端十分明显，在现有的刑罚惩罚体系之下扩大轻罪，就意味着更多的短期自由刑的宣告和执行，倘若如其所建议，那么，会造成短期自由刑的泛滥。此外，大量轻罪的出现，势必导致国家投入更多的刑事司法资源，这种方式显然不符合我国当今国家和社会治理的需要。毋庸讳言，这种"积极刑法观"就是大规模犯罪化[②]主张的翻版，这种主张是应当予以否定的。可以说，在不调整惩罚体系的情况下提倡积极刑法观，也是不负责任的一种主张。

我国刑法立法总体上保持一种谨慎但能够及时适应国家和社会治理需要的走势，目标明确、政策清晰，始终坚守刑法的"本分"，即作为社会治理最后一道防线而存在。如果非要说，刑法立法应秉持何种立法观的话，不如归纳为"中庸的刑法观"。"中也者，天下之大本也；和也者，天下之达道也。致中和，天地位焉，万物育焉。"刑法立法本来就是兼顾各种利益、不断权衡利弊的过程，秉持一种"中庸"路线，不保守也不冒进，才是立法者应有的刑法观念。

---

① 参见周光权：《论通过增设轻罪实现妥当的处罚——积极刑法立法观的再阐释》，载《比较法研究》2020年第6期。

② 时延安：《犯罪化与惩罚体系的完善》，载《中国社会科学》2018年第10期。

## 四、刑法扩张的限制

针对最近10年刑法扩张的态势，学界不乏反思、批评声音，其理论武器总体上看就是刑法的谦抑主义思想，对积极刑法观的反驳可以总结为“保护法益为什么非要用刑法呢”？在所谓“消极刑法观”[①]看来，能够用前置法来解决的，就不需要用刑法。然而，刑法谦抑主义在论证犯罪化方面总是显得力不从心，在“积极刑法观”看来，作为前置法的行政法或民法不能有力地保护法益，或者说，只有刑法才能更好地保护法益。从某种意义上讲，刑法谦抑主义只具有观念上的指导意义，其作为一种限制刑法扩张的理论，几乎是没有什么作用的。

刑法立法过程，主要是通过程序来加以限制的。通常是，由某一部门提出立法动议，而后全国人大常委会相关工作部门形成初稿后，交由相关机关专家和高校、研究学者进行讨论；形成“修正案（草案）”后，再交给全国人大常委会审议，同时向社会征求意见；经过三次审议后，经过全国人大常委会最终决定是否通过。在这一过程中，最初的立法建议稿会经过多次、多轮、多个部门讨论而加以调整，是由一个程序化的机制来控制立法的“成品及质量”的。刑法学理论，在整个过程会起到一定的技术指导作用，即避免新的条文与整体的法律出现矛盾，在文字语句上更加规范。在整个刑法立法过程中，最重要的环节实际上是提出立法动议并进入草案的阶段，这个阶段通常又包括一系列行政化的报送程序。立法机关的工作部门通常也会就相关立法提议进行调研。

比较理想的刑法扩张限制思路，实际上也是刑法立法科学化的思路，就是从实体和程序综合的角度形成限制：（1）从实体上讲，不应

---

① 这是张明楷教授对这类观点的概括。参见张明楷：《增设新罪的观念——对积极刑法观的支持》，载《现代法学》2020年第5期。

仅仅从法益保护或者社会危害性角度进行分析判断，更应从刑罚惩罚必要性来思考。具体包括三个层次：一是拟作犯罪化处理的行为，行政法律制裁及其效果如何？在设定行政法律制裁后，这类行为是否仍高居不下？这类行为的具体危害及其表现形式、程度如何？如果不予犯罪化，这类行为是否无法得到遏制？二是拟作犯罪化处理的行为，与刑法中已规定的、最相类似的犯罪行为在危害程度上是否相当？三是拟作犯罪化处理的行为，对行为人进行惩罚是否达到应处以拘役的程度？对行为人处以刑罚以及因被定罪而产生的其他法律后果，在一般人看来是否适当？对这些问题，在刑法立法过程中，应予以具体而充分的论证。（2）从程序上讲，除目前应遵循的法律程序外，还应考虑两个方面：一是必备的调研程序，即充分了解拟犯罪化行为存在的规模、形式和危害，以及现有法律调整机制存在的问题。二是可行性论证，即设想一旦“入刑”后，评估是否能够得到预期立法效果，以及为此投入的治理成本有多大规模、是否由此不合理地挤占其他刑事法制资源。

总之，刑法合理扩张是建立在刑法立法的科学性和正当性基础上的，而不是建立在模棱两可的主张基础上的。刑事制裁作为国家和社会治理的手段，其利弊得失问题早已被分析得十分清楚，刑法立法的科学性分析和正当性论证，是保障兴其利而除其弊的必由之路。

# 目录

CONTENTS

**第一章 《刑法修正案（十一）》概述** / *001*

第一节 《刑法修正案（十一）》的立法背景 / *003*

第二节 《刑法修正案（十一）》的主要修改内容 / *012*

第三节 《刑法修正案（十一）》的生效时间和溯及力问题 / *027*

第四节 《刑法修正案（十一）》的追诉时效问题 / *029*

**第二章 刑法总则的修改** / *035*

第一节 1997年刑法施行以来总则内容修改概览 / *037*

第二节 对未成年人刑事责任规定的调整 / *038*

**第三章 危害公共安全罪的修改** / *057*

第一节 妨害安全驾驶罪的增设 / *059*

第二节 强令违章冒险作业罪的修改 / *077*

第三节 危险作业罪的增设 / *085*

**第四章　破坏社会主义市场经济秩序罪的修改** / *101*

第一节　生产、销售假药罪的修改 / *103*

第二节　生产、销售劣药罪的修改 / *119*

第三节　妨害药品管理罪的增设 / *126*

第四节　欺诈发行股票、债券罪的修改 / *137*

第五节　违规披露、不披露重要信息罪的修改 / *144*

第六节　非国家工作人员受贿罪的修改 / *151*

第七节　骗取贷款、票据承兑、金融票证罪的修改 / *158*

第八节　非法吸收公众存款罪的修改 / *163*

第九节　操纵证券、期货市场罪的修改 / *177*

第十节　洗钱罪的修改 / *191*

第十一节　集资诈骗罪的修改 / *206*

第十二节　假冒注册商标罪的修改 / *211*

第十三节　销售假冒注册商标的商品罪的修改 / *218*

第十四节　非法制造、销售非法制造的注册商标标识罪的修改 / *225*

第十五节　侵犯著作权罪的修改 / *233*

第十六节　销售侵权复制品罪的修改 / *248*

第十七节　侵犯商业秘密罪的修改 / *254*

第十八节　为境外窃取、刺探、收买、非法提供商业秘密罪的增设 / *276*

第十九节　侵犯知识产权罪单位犯罪条款的修改 / *280*

第二十节　提供虚假证明文件罪的修改 / *287*

**第五章 侵犯公民人身权利、民主权利罪的修改** / 297

第一节 强奸罪的修改 / 299

第二节 负有照护职责人员性侵罪的增设 / 308

第三节 猥亵儿童罪的修改 / 322

**第六章 侵犯财产罪的修改** / 339

第一节 职务侵占罪的修改 / 341

第二节 挪用资金罪的修改 / 348

**第七章 妨害社会管理秩序罪的修改** / 355

第一节 袭警罪的增设 / 357

第二节 冒名顶替罪的增设 / 363

第三节 高空抛物罪的增设 / 372

第四节 催收非法债务罪的增设 / 393

第五节 侵害英雄烈士名誉、荣誉罪的增设 / 404

第六节 赌博犯罪的修改 / 408

第七节 妨害传染病防治罪的修改 / 415

第八节 非法采集人类遗传资源、走私人类遗传资源材料罪的增设 / 433

第九节 非法植入基因编辑、克隆胚胎罪的增设 / 440

第十节 污染环境罪的修改 / 459

第十一节 非法猎捕、收购、运输、出售陆生野生动物罪的增设 / 473

第十二节　破坏自然保护地罪的增设 / 483

第十三节　非法引进、释放、丢弃外来入侵物种罪的增设 / 487

第十四节　妨害兴奋剂管理罪的增设 / 494

**第八章　渎职罪的修改** / 499

**第九章　军人违反职责罪的修改** / 519

第一节　为境外窃取、刺探、收买、非法提供军事秘密罪的修改 / 521

第二节　军人违反职责罪适用范围的修改 / 524

**附：中华人民共和国刑法修正案（十一）** / 526

第一章

# 《刑法修正案（十一）》概述

2020年12月26日，《刑法修正案（十一）》由第十三届全国人民代表大会常务委员会第二十四次会议通过，自2021年3月1日起施行。《刑法修正案（十一）》草案于2019年年底开始酝酿，2020年6月28日十三届全国人大常委会第二十次会议对草案进行了初次审议，10月13日十三届全国人大常委会第二十二次会议进行了第二次审议。此次刑法修改是1997年刑法修订以来第三次比较大规模的修改。

## 第一节 《刑法修正案（十一）》的立法背景

随着社会的发展及各种新型法律关系的出现，影响国家安全和社会稳定的因素也会不断变化。经过几十年的不懈努力，我国的社会治安水平得到极大改善，暴力犯罪案件不断下降，公众的安全感也不断提升，可以说，整体上看，我国目前是世界上最为安全的国家之一。与此同时，由于国内外各种风险因素不断涌现，一些新的安全问题随之出现，一些不显性的安全问题变得显性起来。安全问题的变化，需要立法者作出积极回应，进而有效遏制相关犯罪。

### 一、《刑法修正案（十一）》的立法根据

《关于〈中华人民共和国刑法修正案（十一）（草案）〉的说明》（以下简称“草案说明”）指出，刑法修正是“根据新任务、新要求、新情况对刑法作出局部调整”。“草案说明”还说明了修法的必要性，具体表现三个方面：“一是，落实党中央决策部署的要求。党的十八大以来，党中央对安全生产、产权保护、金融市场秩序、食品药品安全、生态环境、公共卫生安全等领域的刑法治理和保护提出了明确要求。二是，适应国内国际形势变化和当前面临的新情况、新斗争需要，与疫情防控相关的公共卫生安全、生物安全，以及知识产权领域等法律的制定修改进一步衔接，需要刑法作出相应调整，以增强法律规范的系统性、完整性、协同性。三是，近年来司法实践中出现了一些新情况新问题，全国人大代表、中央政法机关和有关部门、地方等都提出

了一些修改刑法的意见建议，需要修改刑法予以明确和解决，回应关切。”①

从“草案说明”有关修法必要性的论述，可以看到此次修法立法根据主要表现为四个方面：

一是党中央有关安全等领域的政策需要刑法修正加以贯彻。在安全生产、产权保护、金融市场秩序、食品药品安全、生态环境、公共卫生安全等方面，党中央都提出过相关政策，习近平总书记的系列讲话中也都有过具体论述。在产权保护方面，《中共中央关于全面推进依法治国若干重大问题的决定》就曾提出：“健全以公平为核心原则的产权保护制度，加强对各种所有制经济组织和自然人财产权的保护，清理有违公平的法律法规条款。”在安全生产方面，习近平总书记指出：“生命重于泰山。各级党委和政府务必把安全生产摆到重要位置，树牢安全发展理念，绝不能只重发展不顾安全，更不能将其视作无关痛痒的事，搞形式主义、官僚主义。要针对安全生产事故主要特点和突出问题，层层压实责任，狠抓整改落实，强化风险防控，从根本上消除事故隐患，有效遏制重特大事故发生。”②在金融安全方面，习近平总书记指出：“必须充分认识金融在经济发展和社会生活中的重要地位和作用，切实把维护金融安全作为治国理政的一件大事，扎扎实实把金融工作做好。”③在食品药品安全方面，习近平总书记也多次予以强调。2016年12月21日，他在中央财经领导小组第十四次会议上的讲话指出：“加强食品安全监管，关系全国13亿多人‘舌尖上的安全’，关系广大人民群众身体健康和生命安全。要严字当头，严谨标准、严格监管、严厉处罚、严肃问责，各级党委和政府要作为一项重大政治任务来抓。要坚持源头严防、过程严管、风险严控，完善食品药品安全监管体制，加强统一性、权威性。要从满足普遍需求出发，促进餐饮业提高安全质量。”2018年7月23日，在对吉林长春长生生物疫苗案件作出的重要指示中，他指出：“确保药品安全是各级党委和政府义不容辞之责，要始终把

---

① 李宁：《关于〈中华人民共和国刑法修正案（十一）（草案）〉的说明》，2020年6月28日在第十三届全国人民代表大会常务委员会第二十次会议上。

② 《习近平对安全生产作出重要指示》，载中国政府网，http://www.gov.cn/xinwen/2020-04/10/content_5500935.htm，2020年12月12日访问。

③ 《目前是整顿金融秩序、推进改革的较好时间窗口》，载中国日报网，http://www.chinadaily.com.cn/interface/zaker/1142842/2017-05-01/cd_29152607.html，2020年12月12日访问。

人民群众的身体健康放在首位，以猛药去疴、刮骨疗毒的决心，完善我国疫苗管理体制，坚决守住安全底线，全力保障群众切身利益和社会安全稳定大局。”2018年5月18日，习近平在全国生态环境保护大会上讲话明确提出：“全国人大常委会、最高人民法院、最高人民检察院对环境污染和生态破坏界定定罪标准，加大惩治力度，形成高压态势。”针对公共卫生安全问题，习近平总书记也提出相应目标，尤其是2020年新冠疫情暴发后，他多次作出重要指示。例如，2020年2月5日，在中央全面依法治国委员会第三次会议上，他明确提出：“要完善疫情防控相关立法，加强配套制度建设，完善处罚程序，强化公共安全保障，构建系统完备、科学规范、运行有效的疫情防控法律体系。要抓紧修订完善野生动物保护法律法规，健全执法管理体制及职责，坚决取缔和严厉打击非法野生动物市场和贸易，从源头上防控重大公共卫生风险。要严格执行疫情防控和应急处置法律法规，加强风险评估，依法审慎决策，严格依法实施防控措施，坚决防止疫情蔓延。要加大对危害疫情防控行为执法司法力度，严格执行传染病防治法及其实施办法、野生动物保护法、动物防疫法、突发公共卫生事件应急条例等法律法规，依法实施疫情防控及应急处理措施。要加强治安管理、市场监管等执法工作，加大对暴力伤害医务人员违法行为的打击力度，严厉查处各类哄抬防疫用品和民生商品价格的违法行为，依法严厉打击抗拒疫情防控、制假售假、造谣传谣等破坏疫情防控的违法犯罪行为，保障社会安定有序。”[①]在知识产权保护方面，2017年7月17日，习近平主持召开中央财经领导小组第十六次会议时强调：“要完善知识产权保护相关法律法规，提高知识产权审查质量和审查效率。要加快新兴领域和业态知识产权保护制度建设。要加大知识产权侵权违法行为惩治力度，让侵权者付出沉重代价。”[②]

从党中央文件和习近平总书记的重要讲话中，能够看到党中央有关重大安全等方面的政策精神，刑法修正过程即对此予以充分体现。

---

① 习近平：《全面提高依法防控依法治理能力健全国家公共卫生应急管理体系》，载《求是》2020年第5期。

② 《习近平对知识产权保护工作提出重要要求》，载中国新闻网，http://www.chinanews.com/gn/2020/12-07/9355865.shtml，2020年12月12日访问。

二是适应国内国际形势变化和当前面临的新情况、新斗争需要。过去几年，由于各种因素叠加，国内国际形势呈现一些新的变化，出现了很多新的问题。在经济领域即出现了一些新情况，例如，跨境商业间谍或者为境外机构、组织、人员窃取、刺探、收买、非法提供商业秘密的行为，为应对这类危害行为，此次刑法修改规定了为境外窃取、刺探、收买、非法提供商业秘密罪。再如，人类遗传资源的保护，也涉及重大安全问题。“人类遗传资源就如同人类的‘生命说明书’”，其重要性自不待言。一些境外机构也曾试图获取我国的这类资源，给我国公共健康、社会公共利益带来一定隐患。为有效保护这类重大资源，此次刑法修改将非法采集人类遗传资源或非法运送、邮寄、携带人类遗传资源材料出境，危害公众健康或者社会公共利益且情节严重的，作为犯罪加以规定。又如，生物安全攸关民众健康、社会安定和国家战略安全。为防范外来物种入侵，此次刑法修改将非法引进、释放或者丢弃外来入侵物种行为规定为犯罪。此外，2020年新冠疫情暴发后，既有法律中的一些短板也凸显出来，刑法立法也需要予以相应调整。《刑法修正案（十一）》将“依法确定采取甲类传染病预防、控制措施的传染病”纳入《刑法》第330条妨害传染病防治罪的调整范围，即具有明显的强化传染病防治秩序的倾向。同样，对第338条污染环境罪的修改也能看到这一点，即将“向国家确定的重要江河、湖泊水域排放、倾倒、处置有放射性的废物、含传染病病原体的废物、有毒物质，情节特别严重的”，规定为该条的加重量刑情节。该修正案将以食用为目的非法猎捕、收购、运输、出售珍贵、濒危野生动物以外的在野外环境自然生长繁殖的陆生野生动物的行为予以犯罪化，如果考察其立法背景，也与防控传染病有关。根据社会形势发展变化而出现的新情况、新问题，立法机关及时修改刑法立法以遏制新类型的危害行为，这对促进社会安全、稳定具有重要意义。

三是与相关行政法律修改保持协调一致，确保行政法律提供的规制秩序能够得到有效保障。针对当前出现的新情况、新问题，行政法律也进行了积极调整，相应地，对于严重违反这些行政法律，社会危害性达到严重程度的，也需要刑法予以适时调整。例如，2019年8月26日全国人大常委会对《药品管理法》进行了修改，其中第124条即对“未取得药品批准证明文件生产、进口药品”等妨害药品管理秩序的行为进行了规定，该法第114条也再次强调

“违反本法规定，构成犯罪的，依法追究刑事责任”。《刑法修正案（十一）》第7条将妨害药品管理秩序、足以严重危害人体健康的行为规定为犯罪，就是与《药品管理法》的修改保持协调一致。2020年11月11日第十三届全国人民代表大会常务委员会第二十三次会议通过了《关于修改〈中华人民共和国著作权法〉的决定》，修改后的第53条对八种应受法律制裁的侵犯著作权行为作出了规定，而此次刑法修正案相应地对《刑法》第217条侵犯著作权罪的规定进行了修改。《人类遗传资源管理条例》于2019年3月20日国务院第四十一次常务会议通过，2019年7月1日起施行。该行政法规中就对各种非法采集我国人类遗传资源或者非法运送、邮寄、携带我国人类遗传资源材料出境作出规定，并作为行政违法行为进行制裁。第十三届全国人民代表大会常务委员会第二十二次会议于2020年10月17日通过的《生物安全法》第79条、第80条也作出相应的规定。此次刑法修正案增设的第334条之一也相应作了犯罪化的规定。《生物安全法》第81条规定：“违反本法规定，未经批准，擅自引进外来物种的，由县级以上人民政府有关部门根据职责分工，没收引进的外来物种，并处五万元以上二十五万元以下的罚款。违反本法规定，未经批准，擅自释放或者丢弃外来物种的，由县级以上人民政府有关部门根据职责分工，责令限期捕回、找回释放或者丢弃的外来物种，处一万元以上五万元以下的罚款。”而此次刑法修正案第43条规定，非法引进、释放或者丢弃外来入侵物种，情节严重的，作为犯罪处理。从以上列举可以看出，《刑法修正案（十一）》的主要任务就是，与相关的行政法律中法律责任部分内容相衔接，进而为这些行政法律所形成的规制秩序提供法律保障。

四是针对当前出现的新情况新问题，需要刑法立法进行及时调整。从《刑法修正案（十一）》条文分析，主要存在两种情况：（1）一些案件引发公众舆论高度关注，立法者认为刑法需要及时修改以弥补法律漏洞。例如，有关刑事责任年龄调整的规定，就是因为最近几年发生了几起未满14周岁儿童残忍杀人的案件。妨害驾驶、高空抛物、冒名顶替、损害英雄烈士名誉、荣誉等行为的入刑，也是因为某些个案的影响。最近几年因高利贷讨债而引发的社会矛盾十分突出，在一定程度上影响了社会稳定。为此，此次刑法修改将催收高利贷等产生非法债务的行为规定为犯罪。（2）原有刑法规范在适用过程中出现了一些问题，需要通过修改罪状规定或者调整法定刑加以解决。前者如，对操纵证券、期货市场罪的修改，就是针对实践中这类行为表现形式的变化进行的修改，进而能够准确涵盖各种类型的操纵证券、期货市场的严重危害行为，以形成准确、合理的法律评价。后者如，对侵犯知识产权罪的法定刑调整，表现出一定的加重倾向，意在威慑、严惩侵犯知识产权的行为。值得注意的是，该修正案对生产、销售、提供劣药罪，违规披露、不披露重要信息罪，非法吸收公众存款罪，洗钱罪，集资诈骗罪的罚金刑规定方式进行修改，即采取抽象罚金制的规定，如此可以赋予审判机关在量刑时以更大的自由裁量权。

## 二、《刑法修正案（十一）》的政策导向

"草案说明"指出，此次刑法修改的总体思路包括四个方面："一是，坚决贯彻落实党中央决策部署，将党中央决策转化为法律制度。紧紧围绕保障党和国家重大战略目标实现、保障改革开放成果和建设法治中国、平安中国的要求，更加注重统筹发挥好刑法对经济社会生活的规范保障、引领推动作用。二是，坚持以人民为中心，适应新时代人民群众日益增长的美好生活需要，围绕坚决打好'三大攻坚战'，加强保护人民群众生命财产安全，特别是有关安全生产、食品药品、环境、公共卫生等涉及公共、民生领域的基本安全、重大安全。三是，进一步贯彻宽严相济刑事政策，适应国家治理体系和治理能力现代化的要求，把握犯罪产生、发展和预防惩治的规律，注重社会系统治理和综合施策。对社会危害严重的犯罪保持高压态势，对一些社会危害较轻，或者有从轻情节的犯罪，留下从宽处置的余地和空间；对能够通过行政、民事责任和经济社会管理等手段有效解决的矛盾，不作为犯罪处理，防止内部矛盾激化，避免不必要的刑罚扩张。四是，坚持问题导向，针对实践中反映的突出问题，及时对刑法作出调整。坚持'立得住、行得通、真管用'，避免偏离实践导向的修改，维护法律的权威和严肃有效执行。同时，坚持从我国国情出发，立足我国社会治理实践。"①

① 李宁：《关于〈中华人民共和国刑法修正案（十一）（草案）〉的说明》，2020年6月28日在第十三届全国人民代表大会常务委员会第二十次会议上。

从上述总体思路看，《刑法修正案（十一）》的政策导向体现在四个方面：

一是党中央的决策部署。习近平总书记在中国共产党第十九次全国代表大会上的讲话指出："新时代中国特色社会主义思想，明确坚持和发展中国特色社会主义，总任务是实现社会主义现代化和中华民族伟大复兴，在全面建成小康社会的基础上，分两步走在本世纪中叶建成富强民主文明和谐美丽的社会主义现代化强国；明确新时代我国社会主要矛盾是人民日益增长的美好生活需要和不平衡不充分的发展之间的矛盾，必须坚持以人民为中心的发展思想，不断促进人的全面发展、全体人民共同富裕；明确中国特色社会主义事业总体布局是'五位一体'、战略布局是'四个全面'，强调坚定道路自信、理论自信、制度自信、文化自信；明确全面深化改革总目标是完善和发展中国特色社会主义制度、推进国家治理体系和治理能力现代化；明确全面推进依法治国总目标是建设中国特色社会主义法治体系、建设社会主义法治国家；明确党在新时代的强军目标是建设一支听党指挥、能打胜仗、作风优良的人民军队，把人民军队建设成为世界一流军队；明确中国特色大国外交要推动构建新型国际关系，推动构建人类命运共同体；明确中国特色社会主义最本质的特征是中国共产党领导，中国特色社会主义制度的最大优势是中国共产党领导，党是最高政治领导力量，提出新时代党的建设总要求，突出政治建设在党的建设中的重要地位。"①这一论述指出了新时代中国特色社会主义建设的总任务。这一论述以及其他重要文献中党中央有关国家和社会治理的政策文件，是法律修改完善包括刑法修改的基本政策根据。党中央在一些领域提出的具体政策也是刑法修改的重要政策根据。例如，在民营经济发展方面，自党的十八大以来，党的十八大、十九大报告的基本政策性论述，在中共中央、国务院《关于完善产权保护制度依法保护产权的意见》《关于营造企业家健康成长环境弘扬优秀企业家精神更好发挥企业家作用的意见》《关于营造更好发展环境支持民营企业改革发展的意见》等重要文件中予以集中阐述，要求各级政府加强非公有制经济的产权保护，切实维护民营企业的合法利益，依法保护民营企业家财产权、创新利益和自主经营权。中共中央《关

---

① 习近平：《决胜全面建成小康社会 夺取新时代中国特色社会主义伟大胜利》，2017年10月18日在中国共产党第十九次全国代表大会上的报告。

于坚持和完善中国特色社会主义制度　推进国家治理体系和治理能力现代化若干重大问题的决定》提出，健全支持民营经济发展的法治环境；营造公开公平公正参与竞争、同等受到法律保护的市场环境。此次刑法修改中对非国家工作人员腐败犯罪法定刑的调整，即体现了这一具体政策的要求。

二是解决当前国家和社会治理的难点问题。通过刑事制裁手段预防和惩治危害社会行为，是国家和社会治理的一个重要组成部分。此次刑法修改，也突出强调了刑法在国家和社会治理中的重要性。“草案说明”提出要“围绕坚决打好‘三大攻坚战’”，就说明了这一点。习近平总书记在党的十九大报告中指出：要坚决打好防范化解重大风险、精准脱贫、污染防治的攻坚战，使全面建成小康社会得到人民认可、经得起历史检验。“三大攻坚战”所要解决的一些问题，就需要发挥刑法的惩治和预防功能。例如，防范化解重大风险中就包括防范重大金融风险。对此，习近平总书记就强调：“要深化对国际国内金融形势的认识，正确把握金融本质，深化金融供给侧结构性改革，平衡好稳增长和防风险的关系，精准有效处置重点领域风险，深化金融改革开放，增强金融服务实体经济能力，坚决打好防范化解包括金融风险在内的重大风险攻坚战，推动我国金融业健康发展。”①此次刑法修改的重点内容之一就是完善破坏金融秩序犯罪规定，对证券犯罪、非法集资犯罪进行了较大规模的修改，提高了对这些犯罪的惩治力度，进而提高资本市场违法违规成本。再如，有关污染防治方面，习近平总书记提出，“要打好污染防治攻坚战。解决好人民群众反映强烈的突出环境问题，既是改善环境民生的迫切需要，也是加强生态文明建设的当务之急。要保持攻坚力度和势头，坚决治理‘散乱污’企业，继续推进重点区域大气环境综合整治，加快城镇、开发区、工业园区污水处理设施建设，深入推进农村牧区人居环境整治”。②此次刑法修改，就对破坏环境资源保护罪进行了较大规模的调整。

三是宽严相济刑事政策的继续贯彻。“人民教育家”高铭暄教授曾指出，宽严相济是我国在维护社会治安的长期实践中形成的基本刑事政策。宽严相济刑事政策是惩办与宽大相结合的刑事政策的继承和发展。它是当前和今后

---

① 2019年2月22日，习近平总书记主持中共中央政治局第十三次集体学习时强调。

② 2019年3月5日，习近平总书记参加十三届全国人大二次会议内蒙古代表团审议时强调。

相当长一个时期的基本刑事政策，不仅对于刑事司法，而且对于刑事立法，都有重要意义。“一方面，对严重刑事犯罪依法严厉打击，什么犯罪突出就重点打击什么犯罪，在稳准狠和及时性上全面体现这一方针；另一方面，充分重视依法从宽的一面，对轻微违法犯罪人员，对失足青少年，继续坚持教育、感化、挽救方针，符合条件的可适当多判一些缓刑。”①作为基本刑事政策，宽严相济刑事政策在指导刑法立法方面具有积极意义。此次刑法修改，虽然总体上有趋重的迹象，即体现了“严厉”刑事政策的一面，但也有宽缓刑事政策的体现。例如，可能在某些人看来，妨害安全驾驶行为的犯罪化是一种“严厉”刑事政策的体现，但如果细细剖析会发现，设若不将妨害安全驾驶行为单独成罪，那么，对于针对行驶中的公共交通工具的驾驶人员使用暴力或者抢控驾驶操纵装置的行为，在没有造成实际损害的情况下，很可能根据《刑法》第114条以危险方法危害公共安全罪处理，而该罪的最低法定刑为3年有期徒刑。从这个角度看，将妨害安全驾驶行为单独成罪，反倒可以体现罪责刑相适应原则的要求，也可以贯彻宽缓的刑事政策。再如，对《刑法》第175条之一骗取贷款、票据承兑、金融票证罪的修改中，删除了“或者有其他严重情节的”表述，其背景和目的在于，“由于‘融资门槛高’、‘融资难’等原因，民营企业因生产经营需要，在融资过程中虽然有一些违规行为，但并没有诈骗目的，最后未给银行造成重大损失的，一般不作为犯罪处理”。②这也体现了对民营企业及民营企业家实施的违法行为采取了相对宽缓的刑事政策。又如，对《刑法》第176条非法吸收公众存款罪的修改中，增设的第3款规定：“在提起公诉前积极退赃退赔，减少损害结果发生的，可以从轻或者减轻处罚。”这也体现了一定的宽缓的刑事政策。

四是坚持问题导向的立法路径。坚持问题导向，就是要通过准确发现问题及其根源，进而科学地解决问题；坚持问题导向，可以避免走弯路、走过场。刑法立法中坚持问题导向，就是积极、主动发现影响社会安全、稳定的各种不利因素，分析其存在的状态、规模，进而提出解决的具体方案。此次

---

① 高铭暄：《刑法体现宽严相济刑事政策》，载《人民日报》2015年8月28日第7版。

② 李宁：《关于〈中华人民共和国刑法修正案（十一）（草案）〉的说明》，2020年6月28日在第十三届全国人民代表大会常务委员会第二十次会议上。

刑法修改，坚持问题导向贯彻始终，无论是增设新罪，还是调整一些犯罪的罪状和法定刑，都带有明显的问题导向，其解决问题的思路也是清晰的。从当下我国社会发展的实际和趋势看，我国国家和社会治理当中出现的问题，虽然要参考国外经验，但主要还是应从我国的实际出发，直面我国社会的实际问题，切忌将外国的问题视为我国的问题，或者简单地照搬别国的思路来解决我们的问题。

## 第二节 《刑法修正案（十一）》的主要修改内容

《刑法修正案（十一）（草案）》一审稿有31条，涉及“加大对安全生产犯罪的预防惩治”“完善惩治食品药品犯罪规定”“完善破坏金融秩序犯罪规定”“加强企业产权刑法保护”“强化公共卫生刑事法治保障”以及其他修改完善六大部分。[①]该草案二审稿增至42条，比一审稿多了11条，其中包括向下调整刑事责任年龄，负有监护、收养、看护、教育、医疗等特殊职责的人员与已满14周岁不满16周岁的未成年女性发生性关系的行为犯罪化，盗用、冒用他人身份顶替入学资格、公务员录用资格、就业安置待遇的行为犯罪化等。在二次审议稿中增加的几个条文，引起公众和学界广泛关注和讨论。经全国人大常委会第三次审议并通过的《刑法修正案（十一）》共有48条，与二次审议稿相比，主要是调整了刑法分则第三章中侵犯知识产权罪一节的规定。

《刑法修正案（十一）》对《刑法》的修改，涉及总则和分则中危害公共安全罪、破坏社会主义市场经济秩序罪、侵犯公民人身权利、民主权利罪、侵犯财产罪、妨害社会管理秩序罪、渎职罪和军人违反职责罪。以下按照《刑法》的章节体例进行介绍。

---

① 李宁：《关于〈中华人民共和国刑法修正案（十一）（草案）〉的说明》，2020年6月28日在第十三届全国人民代表大会常务委员会第二十次会议上。

## 一、对刑事责任年龄的调整（《刑法修正案（十一）》第1条）

在因《刑法修正案（十一）》对刑法典的修改而引发的关注和争论中，其第1条对刑事责任年龄的向下调整，无疑是最受瞩目、最为热烈的。我国刑法典在起草时期，就将最低刑事责任年龄界定为14岁，例如《刑法大纲草案》（1950年7月25日）第11条提出："犯罪人未满十四岁，不处罚；十四岁以上未满十八岁者，得从轻处罚；但均应施以教育，并得对其父母或监护人作严厉警告。"此次刑法修改，将最低刑事责任年龄向下调整为12周岁，即在《刑法》第17条中增设第3款："已满十二周岁不满十四周岁的人，犯故意杀人、故意伤害罪，致人死亡或者以特别残忍手段致人重伤造成严重残疾，情节恶劣，经最高人民检察院核准追诉的，应当负刑事责任。"

值得注意的是，该修正案对因不满16周岁不予刑事处罚的未成年人的处遇问题也进行相应的规定，即"因不满十六周岁不予刑事处罚的，责令其父母或者其他监护人加以管教；在必要的时候，依法进行专门矫治教育"。这一调整与2020年12月26日十三届全国人大第二十四次会议通过的《预防未成年人犯罪法》第四章"对严重不良行为的矫治"的规定保持衔接一致。

## 二、对危害公共安全罪的修改

《刑法修正案（十一）》中有三条涉及对刑法典分则第三章危害公共安全罪的修改，具体而言，该修正案增设了两个新罪，并对《刑法》第134条第2款罪状进行了较大调整。

### 1.增设妨害安全驾驶罪（《刑法修正案（十一）》第2条）

该修正案在刑法典中增加了第133条之二，共分三款。第1款规定了该罪的罪状和法定刑，即"对行驶中的公共交通工具的驾驶人员使用暴力或者抢控驾驶操纵装置，干扰公共交通工具正常行驶，危及公共安全的，处一年以下有期徒刑、拘役或者管制，并处或者单处罚金"。第2款规定公共交通工具驾驶人员实施殴打行为的刑事责任，即"前款规定的驾驶人员在行驶的公共交通工具上擅离职守，与他人互殴或者殴打他人，危及公共安全的，依照前款的规定处罚”。第3款是对出现竞合适用情形时法律适用规则的规定，即“有前两款行为，同时构成其他犯罪的，依照处罚较重的规定定罪处罚”。

**2. 对《刑法》第134条第2款罪状的调整（《刑法修正案（十一）》第3条）**

《刑法》第134条第2款原来是关于强令违章冒险作业罪的规定。此次刑法修改中，在该罪原来罪状中增加了“明知存在重大事故隐患而不排除，仍冒险组织作业”的情形。修改后的《刑法》第134条第2款所规定的行为类型包括两种：（1）强令他人违章冒险作业；（2）明知存在重大事故隐患而不排除，仍冒险组织作业。该罪罪名也相应被调整为“强令、组织他人违章冒险作业罪”。

**3. 增设危险作业罪（《刑法修正案（十一）》第4条）**

为强化安全生产秩序，此次刑法修改在《刑法》第134条后增加一条，作为第134条之一，即对在生产、作业中违反有关安全管理的规定，实施了法定三种行为，具有发生重大伤亡事故或者其他严重后果的现实危险的，处1年以下有期徒刑、拘役或者管制。这三种情形包括：“（一）关闭、破坏直接关系生产安全的监控、报警、防护、救生设备、设施，或者篡改、隐瞒、销毁其相关数据、信息的；（二）因存在重大事故隐患被依法责令停产停业、停止施工、停止使用有关设备、设施、场所或者立即采取排除危险的整改措施，而拒不执行的；（三）涉及安全生产的事项未经依法批准或者许可，擅自从事矿山开采、金属冶炼、建筑施工，以及危险物品生产、经营、储存等高度危险的生产作业活动的。”

## 三、对破坏社会主义市场经济秩序罪的修改

刑法分则第三章破坏社会主义市场经济秩序罪共有八节，此次刑法修改内容涉及其中六节，只有第二节走私罪和第六节危害税收征管罪中的条文没有被涉及。

### （一）对生产、销售伪劣商品罪的修改

《刑法修正案（十一）》对生产、销售伪劣商品罪的修改，集中在药品犯罪方面，在《刑法》第141条、第142条中增加给他人提供假药、劣药的规定，并增设第142条之一，将妨害药品管理秩序的行为规定为犯罪。

**1.删去假药的定义；规定提供假药者的刑事责任（《刑法修正案（十一）》第5条）**

该修正案删去了《刑法》第141条第2款关于假药的定义；同时，在该条第2款中规定了提供假药的行为，即“药品使用单位的人员明知是假药而提供给他人使用的，依照前款的规定处罚”。

**2.调整生产、销售劣药罪的罚金刑规定方式；将提供劣药的行为规定犯罪；删去劣药定义（《刑法修正案（十一）》第6条）**

该修正案对《刑法》第142条的修改主要表现在三个方面：（1）对第142条第1款规定的罚金刑方式进行了调整，即改变原来的比例罚金制而调整为抽象罚金制。（2）删去了劣药的定义。（3）将提供劣药的行为规定犯罪，即“药品使用单位的人员明知是劣药而提供给他人使用的，依照前款的规定处罚”。

**3.增设妨害药品管理罪（《刑法修正案（十一）》第7条）**

该修正案第7条在《刑法》第142条之一规定了一个新罪，借以解决除生产、销售、提供假药、劣药以外的妨害药品管理秩序危害行为的刑事制裁问题。该条第1款是有关该罪罪状和法定刑的规定，即“违反药品管理法规，有下列情形之一，足以严重危害人体健康的，处三年以下有期徒刑或者拘役，并处或者单处罚金；对人体健康造成严重危害或者有其他严重情节的，处三年以上七年以下有期徒刑，并处罚金：（一）生产、销售国务院药品监督管理部门禁止使用的药品的；（二）未取得药品相关批准证明文件生产、进口药品或者明知是上述药品而销售的；（三）药品申请注册中提供虚假的证明、数据、资料、样品或者采取其他欺骗手段的；（四）编造生产、检验记录的”。该条第2款是有关出现竞合适用情形下法律适用规则的规定，即“有前款行为，同时又构成本法第一百四十一条、第一百四十二条规定之罪或者其他犯罪的，依照处罚较重的规定定罪处罚”。

### （二）对妨害对公司、企业的管理秩序罪的修改

《刑法修正案（十一）》对妨害对公司、企业的管理秩序罪一节的修改涉及三个法条，包括对《刑法》第160条欺诈发行股票、债券罪，第161条违规披露、不披露重要信息罪和第163条非国家工作人员受贿罪的修改。

**1. 对《刑法》第160条欺诈发行股票、债券罪的修改（《刑法修正案（十一）》第8条）**

该修正案对《刑法》第160条的修改包括五个方面：（1）将发行证券的范围延伸至"存托凭证或者国务院依法认定的其他证券"。如此修改也意味着，需要对《刑法》第160条规定的罪名进行调整，出于罪名简明的考虑，该罪罪名最终被界定为"欺诈发行证券罪"。（2）对第160条第1款规定的罚金刑方式进行了调整，即将比例罚金制调整为抽象罚金制。（3）对第160条第1款规定的罚金刑进行了调整，增设了第二个法定刑幅度，即"数额特别巨大、后果特别严重或者有其他特别严重情节的，处五年以上有期徒刑，并处罚金"。（4）在第160条第2款规定中增加了控股股东、实际控制人组织、指使实施欺诈发行证券行为的规定，即"控股股东、实际控制人组织、指使实施前款行为的，处五年以下有期徒刑或者拘役，并处或者单处非法募集资金金额百分之二十以上一倍以下罚金；数额特别巨大、后果特别严重或者有其他特别严重情节的，处五年以上有期徒刑，并处非法募集资金金额百分之二十以上一倍以下罚金"。（5）对单位实施欺诈发行证券的刑事责任规定进行了调整，一是将抽象罚金制调整为比例罚金制，二是对单位中主管人员和直接责任人员的法定刑表述进行了调整。

**2. 对第161条违规披露、不披露重要信息罪的修改（《刑法修正案（十一）》第9条）**

该修正案对《刑法》第161条的修改包括三个方面：（1）对第161条第1款规定的法定刑进行调整，提升了该罪的法定刑配置，由原来一个法定刑幅度调整为两个法定刑幅度，第一个法定刑幅度为5年以下有期徒刑或者拘役，并处或者单处罚金，第二个法定刑幅度为5年以上10年以下有期徒刑，并处罚金。同时，将原来的定额罚金制修改为抽象罚金制。（2）该条第2款将依法负有信息披露义务的公司、企业的控股股东、实际控制人实施或者组织、指使违规披露、不披露重要信息的行为明确规定为犯罪，即"前款规定的公司、企业的控股股东、实际控制人实施或者组织、指使实施前款行为的，或者隐瞒相关事项导致前款规定的情形发生的，依照前款的规定处罚"。（3）对依法负有信息披露义务的公司、企业的控股股东、实际控制人为单位的，该条第3款规定了单位的刑事责任，即"犯前款罪的控股股东、实际控制人是单位的，对单位判处罚金，并对其直接负责的主管人员和其他直接责任人员，依照第一款的规定处罚”。

**3. 对第163条非国家工作人员受贿罪的修改（《刑法修正案（十一）》第10条）**

该修正案对第163条非国家工作人员受贿罪的修改，主要是调整了该罪的法定刑，调整后法定刑包括三个幅度：第一个幅度为3年以下有期徒刑或者拘役，并处罚金；第二个幅度为3年以上10年以下有期徒刑，并处罚金；第三个幅度为10年以上有期徒刑或者无期徒刑，并处罚金。

### （三）对破坏金融管理秩序罪的修改

《刑法修正案（十一）》对破坏金融管理秩序罪的修改，主要涉及第175条之一骗取贷款、票据承兑、金融票证罪，第176条非法吸收公众存款罪，第182条操纵证券、期货市场罪和第191条洗钱罪。

**1. 对第175条之一骗取贷款、票据承兑、金融票证罪的修改（《刑法修正案（十一）》第11条）**

对第175条之一骗取贷款、票据承兑、金融票证罪的修改，集中表现在，删去“或者有其他严重情节的”，使得该罪“定罪”的情节“门槛”只限于“造成重大损失”的情况。

**2. 对第176条非法吸收公众存款罪的修改（《刑法修正案（十一）》第12条）**

对第176条非法吸收公众存款罪的修改，主要包括两个方面：（1）对第176条第1款规定法定刑的修改。一是对罚金刑的修改，就是将定额罚金制修改为抽象罚金制；二是增加了第三个法定刑幅度，即“数额特别巨大或者有其他特别严重情节的，处十年以上有期徒刑，并处罚金”。（2）增设该罪的从宽处罚条款，即“在提起公诉前积极退赃退赔，减少损害结果发生的，可以从轻或者减轻处罚”。

**3. 对第182条操纵证券、期货市场罪的修改（《刑法修正案（十一）》第13条）**

对第182条操纵证券、期货市场罪的修改，主要包括两个方面：（1）条文表述上的调整，就是将每项中“影响证券、期货交易价格或者证券、期货交易量”的表述，放在了条文总的罪状表述中。（2）增加了三项具体的操纵证券、期货市场的情形，即“不以成交为目的，频繁或者大量申报买入、卖出证券、期货合约并撤销申报的”“利用虚假或者不确定的重大信息，诱导投资者进行证券、期货交易的”“对证券、证券发行人、期货交易标的公开作出评价、预测或者投资建议，同时进行反向证券交易或者相关期货交易的”。

**4.对第191条洗钱罪的修改（《刑法修正案（十一）》第14条）**

对第191条洗钱罪的修改，主要包括两个方面：（1）为将自洗钱行为纳入洗钱罪中，对洗钱罪的构成要件进行修改。如删去“协助将财产转换为现金、金融票据、有价证券的”中的“协助”，将“协助将资金汇往境外的”修改为“跨境转移资产的”。（2）将单位主管人员和其他直接责任人员的法定刑与自然人犯洗钱罪的法定刑保持一致。

### （四）对金融诈骗罪的修改（《刑法修正案（十一）》第15条、第16条）

该修正案对金融诈骗罪的修改，集中表现在对《刑法》第192条集资诈骗罪和第200条中涉及第192条部分的修改。对第192条集资诈骗罪的修改集中在其法定刑的调整上，包括两个方面：（1）将原来三个法定刑幅度调整为两个法定刑幅度：第一个法定刑幅度为3年以上7年以下有期徒刑；第二个法定刑幅度为7年以上有期徒刑或无期徒刑。（2）将定额罚金制修改为抽象罚金制。同时，在第192条中增设第2款，具体规定单位犯罪的刑事责任问题，相应地，在《刑法》第200条有关单位犯罪的规定中删去了第192条的序号。

### （五）对侵犯知识产权罪的修改

此次刑法修改对侵犯知识产权罪的调整幅度比较大，除了第216条假冒专利罪外，其他各罪都进行了修改，并增设了为境外窃取、刺探、收买、非法提供商业秘密罪。

**1.对假冒注册商标罪的修改（《刑法修正案（十一）》第17条）**

该修正案对《刑法》第213条假冒注册商标罪的修改，具体包括两个方面：（1）扩大了被假冒注册商标的范围，将服务商标纳入其中。（2）对法定刑进行调整。一是在第一个法定刑幅度中删去了拘役，二是第二个法定刑幅度最高为10年有期徒刑。

**2.对销售假冒注册商标的商品罪的修改（《刑法修正案（十一）》第18条）**

该修正案对《刑法》第214条销售假冒注册商标的商品罪的修改，具体包括两个方面：（1）将“销售金额数额较大的”修改为“违法所得数额较大或者有其他严重情节的”。（2）对法定刑进行调整。一是删去了第一个法定刑幅度中的拘役，二是第二个法定刑幅度最高为10年有期徒刑。

**3.对非法制造、销售非法制造的注册商标标识罪的修改（《刑法修正案（十一）》第19条）**

该修正案对《刑法》第215条非法制造、销售非法制造的注册商标标识罪的修改，集中在对法定刑的调整上，一是删去了第一个法定刑幅度中的拘役和管制，二是第二个法定刑幅度最高为10年有期徒刑。

**4.对侵犯著作权罪的修改（《刑法修正案（十一）》第20条）**

对《刑法》第217条侵犯著作权罪的修改幅度较大，具体包括三个方面：（1）扩大了该罪的调整范围，将“与著作权有关的权利”也纳入其中。（2）对侵犯著作权及邻接权的具体情形进行了规定，将原来的四种情形扩充为六种情形，即：“（一）未经著作权人许可，复制发行、通过信息网络向公众传播其文字作品、音乐、美术、视听作品、计算机软件及法律、行政法规规定的其他作品的；（二）出版他人享有专有出版权的图书的；（三）未经录音录像制作者许可，复制发行、通过信息网络向公众传播其制作的录音录像的；（四）未经表演者许可，复制发行录有其表演的录音录像制品，或者通过信息网络向公众传播其表演的；（五）制作、出售假冒他人署名的美术作品的；（六）未经著作权人或者与著作权有关的权利人许可，故意避开或者破坏权利人为其作品、录音录像制品等采取的保护著作权或者与著作权有关的权利的技术措施的。”（3）对法定刑的调整，即一是删去了第一个法定刑幅度中的拘役和管制，二是第二个法定刑幅度升高为10年有期徒刑。

**5.对销售侵权复制品罪的修改（《刑法修正案（十一）》第21条）**

该修正案对《刑法》第218条销售侵权复制品罪的修改，具体表现在两个方面：（1）对该罪定罪的情节“门槛”的调整，调整后的定罪情节“门槛”为“违法所得数额巨大或者有其他严重情节的”。（2）对法定刑进行调整，一是删去拘役，二是将最高法定刑提升为5年有期徒刑。

**6.对侵犯商业秘密罪的修改（《刑法修正案（十一）》第22条）**

该修正案对《刑法》第219条侵犯商业秘密罪的修改，具体表现在四个方面：（1）对侵犯商业秘密罪的定罪“门槛”进行调整，将“给商业秘密的权利人造成重大损失的”修改为“情节严重的”。（2）对具体侵犯商业秘密行为的构成要件进行调整，将第1项中的“利诱”修改为“贿赂、欺诈”并明文增设“电子侵入”这一行为类型，将第3项中的“约定”改为“保密义务”。（3）对第2款进行了修改，删去争议很久的“应知”的表述，修改后该款规定，“明知前款所列行为，获取、披露、使用或者允许他人使用该商业秘密的，以侵犯商业秘密论”。（4）删去了商业秘密的定义。

**7.增设为境外窃取、刺探、收买、非法提供商业秘密罪（《刑法修正案（十一）》第23条）**

该修正案增设了第219条之一，即“为境外的机构、组织、人员窃取、刺探、收买、非法提供商业秘密的，处五年以下有期徒刑，并处或者单处罚金；情节严重的，处五年以上有期徒刑，并处罚金”。

**8.对《刑法》第220条有关单位犯罪的规定进行调整（《刑法修正案（十一）》第24条）**

《刑法》第220条是有关侵犯知识产权罪单位刑事责任的规定。该修正案对第220条的修改，旨在将新增的第219条之一列入其中。

### （六）对扰乱市场秩序罪的调整（《刑法修正案（十一）》第25条）

《刑法修正案（十一）》对扰乱市场秩序罪的调整，集中于对第229条第1款提供虚假证明文件罪的修改。具体表现为三个方面：（1）扩大了该罪的主体范围，修改后该罪的主体包括“承担资产评估、验资、验证、会计、审计、法律服务、保荐、安全评价、环境影响评价、环境监测等职责的中介组织的人员”。（2）增设了加重构成要件的情节，包括三种情形：“（一）提供与证券发行相关的虚假的资产评估、会计、审计、法律服务、保荐等证明文件，情节特别严重的；（二）提供与重大资产交易相关的虚假的资产评估、会计、审计等证明文件，情节特别严重的；（三）在涉及公共安全的重大工程、项目中提供虚假的安全评价、环境影响评价等证明文件，致使公共财产、国家和人民利益遭受特别重大损失的。”（3）将实施提供虚假证明文件并受贿的，作为牵连犯加以规定，即“有前款行为，同时索取他人财物或者非法收受他人财物构成犯罪的，依照处罚较重的规定定罪处罚”。

## 四、对侵犯公民人身权利、民主权利罪的修改

《刑法修正案（十一）》对刑法分则第六章侵犯公民人身权利、民主权利罪的修改，集中表现在对未成年人权益的维护上。2020年10月17日，十三届全国人大常委会第二十二次会议修订通过的《未成年人保护法》第54条第1款规定：“禁止拐卖、绑架、虐待、非法收养未成年人，禁止对未成年人实施性侵害、性骚扰。”此次对侵犯公民人身权利、民主权利罪中强奸罪和猥亵儿童罪的修改以及增设负有特殊职责人员与已满14周岁不满16周岁未成年女性发生性关系的犯罪，就与该法的修改密切相关。

**1. 对第236条强奸罪的修改（《刑法修正案（十一）》第26条）**

对第236条强奸罪的修改，主要是对加重情节的修改：（1）将第3款第3项修改为“在公共场所当众强奸妇女、奸淫幼女的”；（2）增设“奸淫不满十周岁的幼女或者造成幼女伤害的”。

**2. 增设负有照护职责人员性侵罪（《刑法修正案（十一）》第27条）**

该修正案增设了第236条之一，共分两款：（1）第1款规定了负有特殊职责人员与已满14周岁不满16周岁未成年女性发生性关系的犯罪及法定刑，即“对已满十四周岁不满十六周岁的未成年女性负有监护、收养、看护、教育、医疗等特殊职责的人员，与该未成年女性发生性关系的，处三年以下有期徒刑；情节恶劣的，处三年以上十年以下有期徒刑”。（2）第2款是解决出现竞合情形时的法律适用规则，即“有前款行为，同时又构成本法第二百三十六条规定之罪的，依照处罚较重的规定定罪处罚”。

**3. 明确猥亵儿童罪的加重量刑情节（《刑法修正案（十一）》第28条）**

该修正案对《刑法》第237条第3款猥亵儿童罪进行了修改，主要是明确了加重量刑的具体情节，包括四种情形：“（一）猥亵儿童多人或者多次的；（二）聚众猥亵儿童的，或者在公共场所当众猥亵儿童，情节恶劣的；（三）造成儿童伤害或者其他严重后果的；（四）猥亵手段恶劣或者有其他恶劣情节的。”

## 五、对侵犯财产罪的修改

《刑法修正案（十一）》对侵犯财产罪的修改，集中表现在对第271条职务侵占罪和第272条挪用资金罪的修改。

**1. 对职务侵占罪的修改（《刑法修正案（十一）》第29条）**

该修正案对《刑法》第271条职务侵占罪的修改，集中在法定刑方面，将原来两个法定刑幅度提升为三个法定刑幅度：（1）第一个法定刑幅度为3年以下有期徒刑或拘役，并处罚金；（2）第二个法定刑幅度为3年以上10年以下有期徒刑，并处罚金；（3）第三个法定刑幅度为10年以上有期徒刑或无期徒刑，并处罚金。

**2. 对挪用资金罪的修改（《刑法修正案（十一）》第30条）**

该修正案对《刑法》第272条挪用资金罪的修改包括两个方面：（1）将两个法定刑幅度调整为三个法定刑幅度，即3年以下有期徒刑或者拘役、3年以上7年以下有期徒刑和7年以上有期徒刑。（2）增设从宽处罚条款，即“有第一款行为，在提起公诉前将挪用的资金退还的，可以从轻或者减轻处罚。其中，犯罪较轻的，可以减轻或者免除处罚”。

## 六、对妨害社会管理秩序罪的修改

此次刑法修改对分则第六章妨害社会管理秩序罪的调整幅度较大，仅次于对破坏社会主义市场经济秩序罪的修改。对妨害社会管理秩序罪的修改涉及扰乱公共秩序罪、危害公共卫生罪、破坏环境资源保护罪和走私、贩卖、运输、制造毒品罪。

### （一）对扰乱公共秩序罪的修改

该修正案对扰乱公共秩序罪的修改幅度较大，增设了5个新罪，同时对赌博犯罪进行了修改。

**1. 增设袭警罪（《刑法修正案（十一）》第31条）**

《刑法》第277条原来规定了袭警行为，但并未单独成罪。此次对《刑法》

第277条第5款的修改，将袭警规定为单独的犯罪，即“暴力袭击正在依法执行职务的人民警察的，处三年以下有期徒刑、拘役或者管制；使用枪支、管制刀具，或者以驾驶机动车撞击等手段，严重危及其人身安全的，处三年以上七年以下有期徒刑”。

**2.增设冒名顶替罪（《刑法修正案（十一）》第32条）**

该刑法修正案增设了《刑法》第280条之二，共有三款：（1）第1款规定了盗用、冒用他人身份顶替他人资格、待遇犯罪的罪刑规范，即“盗用、冒用他人身份，顶替他人取得的高等学历教育入学资格、公务员录用资格、就业安置待遇的，处三年以下有期徒刑、拘役或者管制，并处罚金”。（2）第2款规定了量刑从重条款，即“组织、指使他人实施前款行为的，依照前款的规定从重处罚”。（3）第3款规定了竞合情形的法律适用规则，即“国家工作人员有前两款行为，又构成其他犯罪的，依照数罪并罚的规定处罚”。

**3.增设高空抛物罪（《刑法修正案（十一）》第33条）**

该刑法修正案增设了《刑法》第291条之二，共有两款：（1）第1款规定了高空抛物罪的罪刑规范，即“从建筑物或者其他高空抛掷物品，情节严重的，处一年以下有期徒刑、拘役或者管制，并处或者单处罚金”。（2）第2款规定了竞合情形的法律适用规则，即“有前款行为，同时构成其他犯罪的，依照处罚较重的规定定罪处罚”。

**4.增设催收非法债务罪（《刑法修正案（十一）》第34条）**

该修正案增设了《刑法》第293条之一，即催收非法债务的犯罪。该条规定：“有下列情形之一，催收高利放贷等产生的非法债务，情节严重的，处三年以下有期徒刑、拘役或者管制，并处或者单处罚金：（一）使用暴力、胁迫方法的；（二）限制他人人身自由或者侵入他人住宅的；（三）恐吓、跟踪、骚扰他人的。”

**5.增设侵害英雄烈士名誉、荣誉罪（《刑法修正案（十一）》第35条）**

该修正案增设了《刑法》第299条之一，即损害英雄烈士名誉、荣誉的犯罪。该条规定：“侮辱、诽谤或者以其他方式侵害英雄烈士的名誉、荣誉，损害社会公共利益，情节严重的，处三年以下有期徒刑、拘役、管制或者剥夺政治权利。”

**6.赌博犯罪进行修改（《刑法修正案（十一）》第36条）**

《刑法》第303条是关于赌博犯罪的规定，包括赌博罪（第1款）和开设赌场罪（第2款）。该修正案对第303条的修改，具体包括两个方面：（1）对开设赌场罪的法定刑进行调整，即第一个法定刑幅度调整为5年以下有期徒刑、拘役或者管制，并处罚金，第二个法定刑幅度调整为5年以上10年以下有期徒刑，并处罚金。（2）增设组织参与国（境）外赌博罪，明确规定“组织中华人民共和国公民参与国（境）外赌博，数额巨大或者有其他严重情节的”，按照该条第2款的规定处罚。类似规定最早出现在2005年5月11日发布的《最高人民法院、最高人民检察院关于办理赌博刑事案件具体应用法律若干问题的解释》第1条。

### （二）对危害公共卫生罪的修改

《刑法修正案（十一）》对危害公共卫生罪增设了两个新罪，并对第330条妨害传染病防治罪进行了修改。

**1. 对妨害传染病防治罪的修改（《刑法修正案（十一）》第37条）**

该修正案对《刑法》第330条妨害传染病防治罪的修改，集中在对其第1款的调整，具体表现在两方面：（1）将“依法确定采取甲类传染病预防、控制措施的传染病”纳入该罪的调整范围；（2）对妨害传染病防治的具体情形进行了较大调整，修改后的具体情形包括：“（一）供水单位供应的饮用水不符合国家规定的卫生标准的；（二）拒绝按照疾病预防控制机构提出的卫生要求，对传染病病原体污染的污水、污物、场所和物品进行消毒处理的；（三）准许或者纵容传染病病人、病原携带者和疑似传染病病人从事国务院卫生行政部门规定禁止从事的易使该传染病扩散的工作的；（四）出售、运输疫区中被传染病病原体污染或者可能被传染病病原体污染的物品，未进行消毒处理的；（五）拒绝执行县级以上人民政府、疾病预防控制机构依照传染病防治法提出的预防、控制措施的。”

**2. 增设非法采集人类遗传资源、走私人类遗传资源材料罪（《刑法修正案（十一）》第38条）**

该修正案在《刑法》中增设了第334条之一，规定了非法采集人类遗传资源或非法运送、邮寄、携带人类遗传资源材料出境的犯罪，即“违反国家有关规定，非法采集我国人类遗传资源或者非法运送、邮寄、携带我国人类遗传资源材料出境，危害公众健康或者社会公共利益，情节严重的，处三年以下有期徒刑、拘役或者管制，并处或者单处罚金；情节特别严重的，处三年以上七年以下有期徒刑，并处罚金”。

**3.增设非法植入基因编辑、克隆胚胎罪（《刑法修正案（十一）》第39条）**

该修正案在《刑法》中增设了第336条之一，规定了将基因编辑、克隆的人类胚胎植入人体或动物体内，或者将基因编辑、克隆的动物胚胎植入人体的犯罪，即“将基因编辑、克隆的人类胚胎植入人体或者动物体内，或者将基因编辑、克隆的动物胚胎植入人体内，情节严重的，处三年以下有期徒刑或者拘役，并处罚金；情节特别严重的，处三年以上七年以下有期徒刑，并处罚金”。

### （三）对破坏环境资源保护罪的修改

《刑法修正案（十一）》对破坏环境资源保护罪的修改，主要对第338条污染环境罪的修改，并增设了三个新罪。

**1.对污染环境罪的修改（《刑法修正案（十一）》第40条）**

该修正案对《刑法》第338条污染环境罪的修改，主要表现为三个方面：（1）将原来两个法定刑幅度调整为三个法定刑幅度，即增加了7年以上有期徒刑，并处罚金这个法定刑幅度。（2）针对第三个法定刑幅度，规定了四种法定情形，即“（一）在饮用水水源保护区、自然保护地核心保护区等依法确定的重点保护区域排放、倾倒、处置有放射性的废物、含传染病病原体的废物、有毒物质，情节特别严重的；（二）向国家确定的重要江河、湖泊水域排放、倾倒、处置有放射性的废物、含传染病病原体的废物、有毒物质，情节特别严重的；（三）致使大量永久基本农田基本功能丧失或者遭受永久性破坏的；（四）致使多人重伤、严重疾病，或者致人严重残疾、死亡的”。（3）增加第2款规定了竞合情形的法律适用规则，即“有前款行为，同时构成其他犯罪的，依照处罚较重的规定定罪处罚”。

**2.增设非法猎捕、收购、运输、出售陆生野生动物罪（《刑法修正案（十一）》第41条）**

该修正案在《刑法》第341条中增设了第3款，规定了以食用为目的非法猎捕、收购、运输、出售陆生野生动物的犯罪，即“违反野生动物保护管理法规，以食用为目的非法猎捕、收购、运输、出售第一款规定以外的在野外环境自然生长繁殖的陆生野生动物，情节严重的，依照前款的规定处罚”。

**3.增设破坏自然保护地罪（《刑法修正案（十一）》第42条）**

该修正案在《刑法》中增设了第342条之一，共分为两款：（1）第1款规定了在国家公园、国家级自然保护区进行开垦、开发或修建建筑物的犯罪，即“违反自然保护地管理法规，在国家公园、国家级自然保护区进行开垦、开发活动或者修建建筑物，造成严重后果或者有其他恶劣情节的，处五年以下有期徒刑或者拘役，并处或者单处罚金”。（2）第2款规定了出现竞合情形的法律适用规则，即“有前款行为，同时构成其他犯罪的，依照处罚较重的规定定罪处罚”。

**4.增设非法引进、释放、丢弃外来入侵物种罪（《刑法修正案（十一）》第43条）**

该修正案在《刑法》中增设了第344条之一，规定了非法引进、释放、丢弃外来入侵物种的犯罪，即“违反国家规定，非法引进、释放或者丢弃外来入侵物种，情节严重的，处三年以下有期徒刑或者拘役，并处或者单处罚金”。

### （四）对走私、贩卖、运输、制造毒品罪的修改（《刑法修正案（十一）》第44条）

该修正案在刑法分则第六章第七节走私、贩卖、运输、制造毒品罪中增设了第355条之一，规定了妨害兴奋剂管理罪。该条共有两款：（1）第1款是对该罪罪状和法定刑的规定，即“引诱、教唆、欺骗运动员使用兴奋剂参加国内、国际重大体育竞赛，或者明知运动员参加上述竞赛而向其提供兴奋剂，情节严重的，处三年以下有期徒刑或者拘役，并处罚金”。（2）第2款是从重处罚的规定，即“组织、强迫运动员使用兴奋剂参加国内、国际重大体育竞赛的，依照前款的规定从重处罚”。

## 七、对渎职罪的修改（《刑法修正案（十一）》第45条）

《刑法修正案（十一）》仅对刑法分则第九章渎职罪中第408条之一食品监管渎职罪进行了修改，并囊括了药品监管渎职的情形，由此，该罪罪名相应调整为食品、药品监管渎职罪。此外，关于该罪，在本轮修订中：（1）对定罪情节和量刑情节进行了修改，将定罪情节“导致发生重大食品安全事故或者造成其他严重后果的”修改为“造成严重后果或者有其他严重情节的”；将加重量刑情节“造成特别严重后果”修改为“造成特别严重后果或者有其他特别严重情节”。（2）明确了具体的行为类型，即“（一）瞒报、谎报食品安全事故、药品安全事件的；（二）对发现的严重食品药品安全违法行为未按规定查处的；（三）在药品和特殊食品审批审评过程中，对不符合条件的申请准予许可的；（四）依法应当移交司法机关追究刑事责任不移交的；（五）有其他滥用职权或者玩忽职守行为的”。

### 八、对军人违反职责罪的修改

《刑法修正案（十一）》对刑法分则第十章军人违反职责罪的修改，具体表现为对《刑法》第431条第2款为境外窃取、刺探、收买、非法提供军事秘密罪法定刑的调整和第450条军人违反职责罪适用范围的调整。

**1.对为境外窃取、刺探、收买、非法提供军事秘密罪法定刑的调整（《刑法修正案（十一）》第46条）**

对《刑法》第431条的修改，集中体现在对为境外窃取、刺探、收买、非法提供军事秘密罪的修改，将原来一个法定刑幅度调整为两个法定刑幅度，即：（1）第一个法定刑幅度为5年以上10年以下有期徒刑。（2）第二个法定刑幅度为10年以上有期徒刑、无期徒刑或者死刑。该条修改后，本罪的法定最低刑有较大幅度的向下调整。

**2.对军人违反职责罪适用范围的调整（《刑法修正案（十一）》第47条）**

对《刑法》第450条的修改，就是将“文职人员”纳入军人违反职责罪的主体适用范围。

## 第三节 《刑法修正案（十一）》的生效时间和溯及力问题

通常来说，刑法中的时间效力问题是指刑法的时间适用范围，具体包括刑法的生效时间、失效时间、溯及力等。关于《刑法修正案（十一）》中的时间效力，主要讨论该修正案的生效时间和溯及力问题。

## 一、生效时间

刑法的生效时间，是指其正式产生规范效力并被用于刑事司法活动的时间。2020年12月26日，国家主席习近平发布《中华人民共和国主席令（第六十六号）》，宣布《刑法修正案（十一）》已由中华人民共和国第十三届全国人民代表大会常务委员会第二十四次会议于2020年12月26日通过，予以公布，自2021年3月1日起施行。因此，《刑法修正案（十一）》的生效时间，是2021年3月1日。

关于生效时间，在我国存在两种不同的立法模式，即立即生效与在一段时间后生效。其中，立即生效的，如《全国人民代表大会常务委员会关于严惩严重危害社会治安的犯罪分子的决定》；在一段时间后生效的，如1979年《刑法》于1979年7月公布、1980年1月1日施行。自1997年刑法典颁行以来，在业已出台的十一部刑法修正案中，《刑法修正案（一）》至《刑法修正案（七）》，以及《刑法修正案（十）》，均是自公布之日起施行；而《刑法修正案（八）》《刑法修正案（九）》《刑法修正案（十一）》则是选择了在一段时间后生效的这种立法例。总体来说，前一种模式更有利于以最快的方式推动刑法适用，以积极回应社会问题，而后一种模式则更有利于使司法者和民众充分理解刑法规范，进而在此基础上更好地在裁判中加以适用，或者在日常生活中选择“有所为有所不为”。

## 二、溯及力问题

《刑法》第12条规定：“中华人民共和国成立以后本法施行以前的行为，如果当时的法律不认为是犯罪的，适用当时的法律；如果当时的法律认为是犯罪的，依照本法总则第四章第八节的规定应当追诉的，按照当时的法律追究刑事责任，但是如果本法不认为是犯罪或者处刑较轻的，适用本法。本法施行以前，依照当时的法律已经作出的生效判决，继续有效。”按照这一规定，我国刑法关于溯及力采“从旧兼从轻”处理原则，在具体内容上包括：（1）旧法不认为是犯罪，新法认为是犯罪的，从旧法；（2）旧法认为是犯罪，新法不认为是犯罪的，从新法；（3）旧法和新法都认为是犯罪，且应当追诉的，原则上适用旧法，但新法处刑较轻的，适用新法；（4）新法生效前，依旧法已作出的生效判决继续有效。

结合《刑法修正案（十一）》的具体内容，参照此前有关司法解释，需要强调的是：（1）“处刑较轻”，是指刑法对某种犯罪规定的刑罚即法定刑比修订前刑法轻。法定刑较轻是指法定最高刑较轻；如果法定最高刑相同，则指法定最低刑较轻。如果刑法规定的某一犯罪只有一个法定刑幅度，法定最高刑或者最低刑是指该法定刑幅度的最高刑或者最低刑；如果刑法规定的某一犯罪有两个以上的法定刑幅度，法定最高刑或者最低刑是指具体犯罪行为应当适用的法定刑幅度的最高刑或者最低刑。①（2）对于跨法连续犯、继续犯和同种数罪的处理：对于开始于新法生效以前，继续到新法生效以后终了的继续犯罪，应当适用新刑法一并进行追诉。对于开始于新法生效以前，连续到新法生效以后的连续犯罪，或者在新法生效前后分别实施同种类数罪，其中罪名、构成要件、情节以及法定刑均没有变化的，应当适用新刑法，一并进行追诉；罪名、构成要件、情节以及法定刑已经变化的，也应当适用新刑法，一并进行追诉，但是新刑法比原刑法所规定的构成要件和情节较为严格，或者法定刑较重的，在提起公诉时应当提出酌情从轻处理意见。②（3）如果旧法不认为是犯罪、新法认为是犯罪，而行为连续或者继续到新法生效以后的，对新法生效以后构成犯罪的行为适用新法追究刑事责任。③

## 第四节 《刑法修正案（十一）》的追诉时效问题

结合此次刑法修正，讨论追诉时效涉及的核心问题在于：在《刑法修正案（十一）》对部分犯罪的刑罚进行调整的背景下，追诉时间应依旧法还是

---

① 参见《最高人民法院关于适用刑法第十二条几个问题的解释》。

② 参见《最高人民检察院关于对跨越修订刑法施行日期的继续犯罪、连续犯罪以及其他同种数罪应如何具体适用刑法问题的批复》。

③ 参见《最高人民检察院关于检察工作中具体适用修订刑法第十二条若干问题的通知》。

新法来确定？例如，《刑法修正案（十一）》将职务侵占罪中数额较大的法定刑由“五年以下有期徒刑或者拘役”降至“三年以下有期徒刑或者拘役，并处罚金”，那么对于修正案生效前实施的行为，其追诉时效应为5年还是10年（【例1】）？又如，《刑法修正案（十一）》将开设赌场罪的法定刑由“三年以下有期徒刑、拘役或者管制，并处罚金”，升至“五年以下有期徒刑、拘役或者管制，并处罚金”，那么又应如何确定追诉时效（【例2】）？

在展开分析之前，需要了解学界关于追诉时效定位的不同观点：“实体制度说”认为，追诉时效本质上是或主要是一种刑事实体法制度，是刑罚消灭事由或者刑事责任阻却事由；[①]“程序制度说”则认为，追诉时效本质上是或主要是一种刑事程序法制度，超过追诉时效是国家刑罚权合法发动的程序障碍。[②]由此，要想对刑法修正造成的追诉时效判断问题展开公允的探讨，就必须兼顾上述两种不同的学术立场和分析框架。在明确这一前提后，对于追诉时效问题，我们将进一步从如下两个方面加以分析。

## 一、若将追诉时效视为一种实体制度，应依“从旧兼从轻”的判断结论确认追诉时效

将追诉时效视为一种实体制度，最直接的根据来源于《刑法》就追诉时效问题以多达三条的篇幅在总则第四章第八节作出了全面、详细的规定。尽管《刑事诉讼法》第16条也规定了追诉时效的相关内容，[③]但一方面，该规定较《刑法》相对粗疏；另一方面，其上下并列的两项，即“情节显著轻微、

① 参见王志祥：《“南医大女生被害案”的追诉时效问题研究》，载《法商研究》2020年第4期；郭烁：《过了就是过了：追诉时效的法解释问题》，载“法学学术前沿”微信公众号，2020年3月6日。

② 参见袁国何：《论追诉时效的溯及力及其限制》，载《清华法学》2020年第2期；董坤：《从南医大奸杀案看追诉时效的性质》，载“法学学术前沿”微信公众号，2020年3月6日。

③ 《刑事诉讼法》第16条：“有下列情形之一的，不追究刑事责任，已经追究的，应当撤销案件，或者不起诉，或者终止审理，或者宣告无罪：（一）情节显著轻微、危害不大，不认为是犯罪的；（二）犯罪已过追诉时效期限的；（三）经特赦令免除刑罚的；（四）依照刑法告诉才处理的犯罪，没有告诉或者撤回告诉的；（五）犯罪嫌疑人、被告人死亡的；（六）其他法律规定免予追究刑事责任的。”

危害不大，不认为是犯罪的”以及“经特赦令免除刑罚的”均是实体法特有的内容，故而“犯罪已过追诉时效的”也宜理解为隶属于实体法。解释学不能突破实定法的限制，而追诉时效目前是在刑事实体法中予以全面规定的，这是不可否认的事实。而且，从本质上讲，经过追诉时效意味着刑事责任的不追究，而刑法是关于犯罪、刑事责任和刑罚的法律规范，故而将追诉时效理解为实体制度也不存在任何理论上的障碍。

在肯定了追诉时效作为实体制度的一面后，我们认为，追诉时效应依“从旧兼从轻”的判断结论来确定，即根据“从旧兼从轻”的原则，由于对前述【例1】与【例2】均应适用“三年以下有期徒刑、拘役或者管制，并处罚金”，故追诉时效应为5年。[①]理由在于：（1）“从旧兼从轻”一方面衍生于以禁止事后法为重要内容的罪刑法定原则，[②]另一方面则是基于对行为社会危害性的评价变化，是贯彻罪刑均衡原则的体现。[③]无论是社会危害性说，还是罪刑法定原则与罪刑均衡原则，都必须统摄整个刑法的适用，包括追诉时效的判定。由此，对追诉时效的审查也应附随于“从旧兼从轻”的判断结论，如“从旧兼从轻”得出最高刑为3年有期徒刑的，追诉时效也只能相应地确定为5年。（2）刑法的适用应当具有整体性，在定罪量刑过程中，一方面适用旧法，另一方面又适用新法，或者一会儿适用旧法，一会儿适用新法，不仅与《刑法》第12条第1款“按照当时的法律”“适用本法”的规范表述相矛盾，也容易引发实践中的歧义。从一定程度上讲，既希望适用旧法，又不肯“放过”

---

① 当然，另需考虑有无不受追诉期限限制以及追诉期限重新计算的情况。

② 自由主义是罪刑法定主义的实质原理，其要求罚则必须在事前制定，不允许溯及地适用事后所制定的罚则对相应行为加以处罚，否则会损害国民的行动自由。因此，“从旧”本身就派生于罪刑法定原则。[日]山口厚：《刑法总论》（第三版），付立庆译，中国人民大学出版社2018年版，第14—15页。

③ 关于“从轻”的理由，多数学者是从“有利于行为人”的角度加以说明的。但是，严格来说，“有利于行为人”只是一句没有论证的结论，因为刑法中并不存在“有利于行为人”这一原则，而且如果将其作为论证理由，则推广来讲，刑罚本身就是不利于行为人的，如此会认为刑罚本身也没有存在的必要，这显然无法让人接受。从这个意义上讲，论者仅说明了应“有利于行为人”，却并未指出为何，以及何时可以“有利于行为人”，无法借以解释“从轻”。我们认为，之所以“从轻”，还是因为在共同体眼中，行为的社会危害性或法益侵害性已经发生了显著变化，那么，继续“从旧”地判处刑罚，就会违背罪刑均衡原则，导致刑罚本身的不适当施与。由此，可以说，“从旧”是贯彻罪刑法定原则的体现，而“从轻”是贯彻罪刑均衡原则的体现。

新法的做法，要么是对刑法修改过于自信，并希望以违背罪刑法定的方式侵害国民行动自由；要么是对刑法修改过于无奈，并希望以损害国民意志的方式僭越立法权与司法权相分离的原则，二者于法治国建设来说均是有害的。我们认为，无论是在已经根据“从旧原则”判定最高应处3年有期徒刑的情况下，又依新法将追诉时效人为解释为10年，还是在已经根据“从轻原则”判定最高应处3年有期徒刑的情况下，又依旧法将追诉时效人为解释为10年，均未充分贯彻“从旧兼从轻”原则，使得法律适用混乱不已，不应提倡。（3）如果将追诉时效定位为实体制度，则其正当性根据只能从预防与刑罚执行的框架下探寻，主要的思考路径包括特殊预防（如改善推测说）、一般预防（如规范情感缓和说）、刑罚的“准执行”（如准受刑说）。基于消极的责任主义原理，上述内容均必须在报应刑的框架下进行评估，而报应刑的内容是根据“从旧兼从轻”原则业已确定的。由此，在业已根据溯及力原则确定报应刑的内容后，再无视报应刑的划定，以另一套标准去分析特殊预防必要性、一般预防必要性、刑罚是否“准执行”，并进一步重新确定追诉时效，也有违反消极责任主义原理的嫌疑。从上述三点出发，我们认为，若肯定追诉时效作为实体制度的一面，则追诉时效的确定也应附随于“从旧兼从轻”的判断结论。

## 二、若将追诉时效视为一种程序制度，同样应依“从旧兼从轻”的判断结论确认追诉时效

关于将追诉时效视为一种程序制度的正当性，可以尝试从规范目的的角度切入。在实体法层面探讨追诉时效设定的正当性，通常包括改善推测说、准受刑说、规范情感缓和说。[①]然而：（1）若采改善推测说，一方面容易否认功利主义的刑罚观，因为既然法定最高刑为不满5年有期徒刑的，经过5年就可以推测其改善，那么用数年的时间将其关押于监狱岂不仅仅是出于单纯的报应目的？另一方面也难以解释“被害人在追诉期限内提出控告，人民法院、人民检察院、公安机关应当立案而不予立案的，不受追诉期限的

---

① 张明楷：《刑法学（上）》（第五版），法律出版社2016年版，第648页。

限制”这一规定，因为有权机关是否疏于立案与可否推测行为人改善毫无关系。（2）若采准受刑说，会容易否定刑罚的意义，因为这实际上抹杀了在监狱中服刑与在社会上“准受刑”的差别，导致在监狱中服刑3年与在社会上相对自由地工作、生活5年具有相同的拟制效果，而这显然是难以证立的。而且，有权机关是否疏于立案同样与行为人是否“准受刑”没有必然联系。（3）若采规范情感缓和说，则会导出刑罚的目的是维护规范情感的工具化论证结论，而且行为人是否“逃避侦查或者审判”，进而能否跳脱出追诉时效的限制，显然属于特殊预防的内容，由此也混淆了一般预防和特殊预防的区别。基于上述分析，与其执意在实体法的框架下寻找追诉时效的正当性，不如大方承认其主要是基于一种功利主义的考量，[①]即有限的执法和司法资源应依据罪行的严重程度、[②]行为人人身危险性的大小、[③]对被害方的救济[④]作出合理的分配。这诚然违背了“有罪必罚”的自然法思想和刑法项下的基本原则，但却是基于功利主义的一种不得已的程序性安排。从这个意义上讲，也可一定程度地认可追诉时效作为程序制度的一面。

我们认为，即使肯定追诉时效程序性的一面，在结论上也依然是依“从旧兼从轻”的判断结论确认追诉时效。因为在实体上进行“从旧兼从轻”的判断以后，程序制度的重要意义在于在具体的刑事司法中贯彻、维护实体判断结论，故而由于在上述【例1】与【例2】中，依“从旧兼从轻”得出的结论均是其属于“法定最高刑为不满五年有期徒刑的”，因此追诉期限为5年，可见，其在结论上实际也是依附于“从旧兼从轻”的判断的。之所以对追诉时效的定位在“南医大女生被害案”中如此重要，是因为追诉时效的规定本

---

① 当然，我们并不认同“证据湮灭说”，因为这一学说难以解释，为何重罪与轻罪的证据湮灭时间存在如此大的差异，如为何法定最高刑为10年以上有期徒刑的行为、证据要经过15年才会有较大湮灭可能，而法定最高刑为3年有期徒刑的行为、证据仅5年就很可能湮灭。事实上，行为的社会危害性与证据的湮灭可能性间并不存在必然联系。

② 因此行为社会危害性越大、追诉期限越长。

③ 因此对于逃避侦查或者审判的，或者再犯罪的行为人，由于其人身危险性和特殊预防必要性较大，不受追诉期限的限制。

④ 因为无论如何倡导刑法的公法性，都不可否认刑法本身就有解决行为人与被害人争端的一面（以存在特定被害人为前提），被害人一方的利益在刑事诉讼中同样十分重要，因此可以阻却追诉期限的适用。

身在1997年刑法典修订中也发生了改变，由此涉及对追诉时效是“从旧兼从轻”还是“程序从新”的问题；但在《刑法修正案（十一）》中，并未对追诉时效的规定作出调整，这是本书探讨语境与前述案件的最大区别。

综上所述，结合此前提到的案例，我们的结论是：（1）对于【例1】，若认为追诉时效是实体制度，由于根据“从轻”原则其最终适用的法定最高刑为3年有期徒刑，而追诉时效依附于对“从旧兼从轻”的判定结论，故而追诉期限为5年，存在法定不受限制、期限延长的情形除外；（2）对于【例2】，若认为追诉时效是实体制度，由于根据“从旧”原则其最终适用的法定最高刑为3年有期徒刑，故而追诉期限同样为5年，存在法定不受限制、期限延长的情形除外；（3）对于【例1】和【例2】，若认为追诉时效是程序制度，由于程序制度旨在于具体的刑事司法中贯彻、维护实体判断结论，故而追诉期限同样为5年，存在法定不受限制、期限延长的情形除外。由此可见，无论采取何种观点，是“从旧”还是“从轻”，追诉期限均是依照实体上最终对法定最高刑的选择来确定的。

# 第二章

# 刑法总则的修改

# 第一节　1997年刑法施行以来总则内容修改概览

此次修正，包括一项对总则条文的修改，即对《刑法》第17条关于未成年人刑事责任的规定进行调整。

一段时间以来，刑法总则的修改逐渐受到立法者的重视。1997年，全国人民代表大会对刑法典进行系统性修订，将其从1979年刑法典的192个条文，一跃扩充至452个条文，其中包括将总则条文从89条增加至101条，特别是增设了对刑法基本原则、法人犯罪等方面的规定，并对正当防卫、在法定刑以下判处刑罚、自首、立功、减刑、假释等内容作出了相关调整。1997年刑法典颁行后，全国人大常委会又通过了若干刑法修正案，但在2011年《刑法修正案（八）》出台前的历次修订中，均未涉及总则部分。2011年及2015年，《刑法修正案（八）》《刑法修正案（九）》相继出台并分别对总则规定进行了19项、4项修正，涉及犯罪论及刑事法律后果论等多个方面，这体现了对总则规定的调整逐渐受到立法者的重视（历次修改情况见下表）。

| 修正案 | 修正案条文数 | 修正中涉总则的条文数 |
| --- | --- | --- |
| 刑法修正案（一） | 9 | 0 |
| 刑法修正案（二） | 1 | 0 |
| 刑法修正案（三） | 9 | 0 |
| 刑法修正案（四） | 9 | 0 |
| 刑法修正案（五） | 4 | 0 |
| 刑法修正案（六） | 21 | 0 |
| 刑法修正案（七） | 15 | 0 |
| 刑法修正案（八） | 50 | 19 |
| 刑法修正案（九） | 52 | 4 |
| 刑法修正案（十） | 1 | 0 |
| 刑法修正案（十一） | 48 | 1 |
| 总计 | 219 | 24 |

基于社会生活飞速变迁的时代背景、所遗漏的具有严重社会危害性的类型性行为逐渐出现的现实背景、民众对一些特殊类型案件反应强烈的舆论背景以及我国犯罪圈相对较小的实定法背景，[1]对刑法分则进行合理调整，即使规模较大、涉及条文较多，也可被整体评价为是一种较为合理的选择。相比之下，刑法总则应保持相对稳定的状态。这主要是因为，一方面，从必要性的角度来看，刑法总则修订的必要性往往不如分则大，关于刑法基本原则、刑法时空效力、犯罪成立要件、刑事法律后果等方面内容一经确定，并无太大修改的必要，本着“可改可不改的尽量不改”的刑法修正原则，总则部分保持相对稳定的状态是合理的。另一方面，从产生影响的角度来看，刑法总则对刑法分则将起到提纲挈领作用，影响范围更大甚至可能产生“牵一发而动全身”的效果，因而通常不宜进行大规模修改。由此可见，在《刑法修正案（八）》《刑法修正案（九）》相继对总则部分集中存在的问题进行两轮校正之后，此次修改仅一条涉及刑法总则，既是合乎情理的选择，也带有较强的政策导向。

## 第二节　对未成年人刑事责任规定的调整

**【修正前条文】第十七条**　已满十六周岁的人犯罪，应当负刑事责任。

已满十四周岁不满十六周岁的人，犯故意杀人、故意伤害致人重伤或者死亡、强奸、抢劫、贩卖毒品、放火、爆炸、投毒罪的，应当负刑事责任。

已满十四周岁不满十八周岁的人犯罪，应当从轻或者减轻处罚。

因不满十六周岁不予刑事处罚的，责令他的家长或者监护人加以管教；在必要的时候，也可以由政府收容教养。

**【修正后条文】第十七条**　已满十六周岁的人犯罪，应当负刑事责任。

已满十四周岁不满十六周岁的人，犯故意杀人、故意伤害致人重伤或者死亡、强奸、抢劫、贩卖毒品、放火、爆炸、投放危险物质罪的，应当负刑

---

[1] 关于我国犯罪圈大小的评价，参见时延安：《犯罪化与惩罚体系的完善》，载《中国社会科学》2018年第10期。

事责任。

已满十二周岁不满十四周岁的人，犯故意杀人、故意伤害罪，致人死亡或者以特别残忍手段致人重伤造成严重残疾，情节恶劣，经最高人民检察院核准追诉的，应当负刑事责任。

对依照前三款规定追究刑事责任的不满十八周岁的人，应当从轻或者减轻处罚。

因不满十六周岁不予刑事处罚的，责令其父母或者其他监护人加以管教；在必要的时候，依法进行专门矫治教育。

## 一、立法主旨

《刑法修正案（十一）》修改完善了涉未成年人的相关规定：一是为了使各条文间表述相互协调，将“投毒”修改为“投放危险物质”；二是降低未成年人刑事责任年龄，同时规定了必要的程序性限制；三是为了与经修订的《预防未成年人犯罪法》相协调，对原有条文中“收容教养”的表述作出了调整。

## 二、修改理由

《刑法修正案（十一）》第1条对《刑法》第17条关于未成年人刑事责任的规定作出了三项调整。

### （一）将“投毒”修改为“投放危险物质”

1997年《刑法》第114条、第115条分别规定：“放火、决水、爆炸、投毒或者以其他危险方法破坏工厂、矿场、油田、港口、河流、水源、仓库、住宅、森林、农场、谷场、牧场、重要管道、公共建筑物或者其他公私财产，危害公共安全，尚未造成严重后果的，处三年以上十年以下有期徒刑。”“放火、决水、爆炸、投毒或者以其他危险方法致人重伤、死亡或者使公私财产遭受重大损失的，处十年以上有期徒刑、无期徒刑或者死刑。过失犯前款罪的，处三年以上七年以下有期徒刑；情节较轻的，处三年以下有期徒刑或者拘役。”由此确立了投毒罪这一罪名。此后，针对出现的新情况，为了使该条规定更加明确，2001年出台的《刑法修正案（三）》将“投毒”修改为“投放毒害性、放射性、传染病病原体等物质”，[①]最高司法机关也以司法解释的形式将该条的罪名由“投毒罪”改为“投放危险物质罪”。[②]虽然在此后的刑法修改过程中，立法者均采这一表述以做到刑法规范在体系上的相互协调，[③]但《刑法》第17条、第56条中“投毒”的概念一直被沿用，没有得到修正。

对于这一现象，刑法学界存在两种不同观点。一种观点认为，从补正解释的角度上说，《刑法修正案（三）》未对《刑法》第17条、第56条作出相应修改，是立法者的疏漏。据此应依据该修正案的规定，参照第114条、第115条“投放危险物质”的概念，对《刑法》第17条中“投毒”的概念作扩大解释，认为其在外延上不仅包括投放毒害性物质的情形，还包括投放放射性、传染病病原体等物质。[④]另一种观点则认为，总则与分则间一般与特殊的关系决定了《刑法修正案（三）》对分则的修改并不导致总则条款的改变，且由于放射性、传染病病原体等危险物质较为少见，低龄未成年人未必对其具有认识与辨认能力，因此主张将《刑法》第17条中的“投毒”仅理解为投放毒害性物质。[⑤]有鉴于此，《刑法修正案（十一）》对该条作出相应调整，使《刑法》总则第17条第2款与刑法分则的规范表述相协调，可以说是“默认”了《刑法修正案（三）》中的立法疏漏，弥补了自此以来的一笔“欠账”，平息了刑法学界针对该款规定的争论。

### （二）未成年人刑事责任年龄的向下调整

从立法沿革的角度来看，关于未成年人刑事责任年龄应如何设定的争论早已存在。1950年，中央人民政府法制委员会制定的《刑法大纲草案》第11

---

① 胡康生：《关于〈中华人民共和国刑法修正案（三）（草案）〉的说明》，2001年12月24日在第九届全国人民代表大会常务委员会第二十五次会议上。

② 参见《最高人民法院、最高人民检察院关于执行〈中华人民共和国刑法〉确定罪名的补充规定》。

③ 如《刑法修正案（八）》第4条、第16条。

④ 参见张明楷：《刑法学》（第五版），法律出版社2016年版，第314页；付立庆：《刑法总论》，法律出版社2020年版，第233页。

⑤ 参见曲新久：《刑法学原理》（第二版），高等教育出版社2014年版，第119页；贾宇主编：《刑法学（上册·总论）》，高等教育出版社2019年版，第147页。

条以14岁作为未成年人承担刑事责任的起点；[①]1954年，中央人民政府法制委员会制定的《刑法指导原则草案（初稿）》第3条则将其调整为12岁，并规定"已满十二岁不满十五岁的人，犯反革命、杀人、放火和严重破坏交通罪，应当负刑事责任"。[②]1956年，刑法草案第13稿沿用了13周岁以下的行为人不负刑事责任、13周岁至15周岁的行为人相对负刑事责任、13周岁至18周岁的行为人减轻刑事责任的规定，[③]并为之后数个稿本所采纳。[④]20世纪60年代初，考虑到"少年犯主要靠教育，追究刑事责任的面要尽量缩小些。不满16岁的人总还是小孩子，缺乏刑法观念，一般不宜追究刑事责任。要追究的只能限于条文所列举的杀人、放火等少数几种罪。至于已满16周岁的人，体力和智力已有了相当的发展，具有一定的社会知识和分辨是非、控制意志的能力……以满16岁作为完全负刑事责任年龄的起点是比较合适的"，又因为"把十五岁改为十六岁，相应的把十三岁也改为十四岁，仍保持原来两岁的距离"，[⑤]1962年刑法草案第27稿及此后的稿本均以14岁作为刑事责任追究的起点，并最终为1979年刑法典所采纳、为1997年刑法典所沿用。[⑥]在此期间，不少学者曾提出过降低刑事责任年龄的建议，但并未被立法机关所接受，这主要是因为：一是不满14周岁未成年人实施严重越轨行为的比例极小；二是青少年早熟主要出现在大城市，比较落后的小城市和广大农村地区则并非如此；三是降低刑事责任年龄有悖"教育为主、惩罚为辅"的方针，特别是在少年犯监管措施相对落后的背景下，刑罚对青少年的教育矫治作用较弱甚至

---

① 中央人民政府法制委员会：《中华人民共和国刑法大纲草案》，载高铭暄、赵秉志编：《新中国刑法立法文献资料总览》（第二版），中国人民公安大学出版社2015年版，第75页。

② 中央人民政府法制委员会：《中华人民共和国刑法指导原则草案（初稿）》，载高铭暄、赵秉志编：《新中国刑法立法文献资料总览》（第二版），中国人民公安大学出版社2015年版，第87页。

③ 高铭暄、赵秉志编：《新中国刑法立法文献资料总览》（第二版），中国人民公安大学出版社2015年版，第96页。

④ 如1957年第21稿、1957年第22稿。高铭暄、赵秉志编：《新中国刑法立法文献资料总览》（第二版），中国人民公安大学出版社2015年版，第110页、第121页。

⑤ 高铭暄：《中华人民共和国刑法的孕育诞生和发展完善》，北京大学出版社2012年版，第23页。

⑥ 参见高铭暄、赵秉志编：《新中国刑法立法文献资料总览》（第二版），中国人民公安大学出版社2015年版，第132页。

可能产生反效果；四是世界上多数国家均将14周岁作为负担刑事责任的起点年龄，《联合国少年司法最低限度标准规则》也要求承担刑事责任的年龄起点不宜过低，应考虑到情绪和心智成熟的实际情况。[①]

可见，自20世纪60年代起，各界虽对《刑法》中刑事责任年龄的设定存在争议，但直至《刑法修正案（十一）》的出台，基于近年来低龄未成年人（特指12周岁至14周岁未成年人，以下同）实施严重犯罪的案件时有发生，引发社会关注，经会同有关方面反复研究，立法者才最终下定决心，在特定情形下，经特别程序，对法定最低刑事责任年龄作个别下调。[②]我们认为，此次修改主要是基于以下几方面原因。

一是低龄未成年人因心智早熟而具有辨认和控制自己行为的能力，是刑事责任年龄下调的理论原因。从刑法理论上讲，"在行为实施的当时，行为人能够理解法律的命令和禁止的内容，并且具有按照这种理解进行行动的能力，这就是责任能力的问题"，而责任能力的核心内容就是辨认能力和控制能力。[③]随着经济、社会、文化的发展，未成年人心智越来越趋于早熟。特别是，一方面，义务教育普及水平近年来持续保持高位发展态势，2019年，全国小学净入学率为99.94%，初中毛入学率为102.6%，已相当于世界高收入国家平均水平，且义务教育阶段专任教师人数、高于规定学历教师比例、学校校均规模、教学仪器设备配置水平等均进一步提升。[④]另一方面，全国教育系统十分重视针对低龄未成年人的法制教育工作，印发实施《中小学德育工作指南》等文件，在初中、小学阶段开设"道德与法治"必修课程，注重编好道德法治教育的国家统编教材，同时积极开展道德法治为主题的相关实践教

① 参见最高人民法院刑法修改小组：《关于刑法总则修改的若干问题（草稿）》，载高铭暄、赵秉志编：《新中国刑法立法文献资料总览》（第二版），中国人民公安大学出版社2015年版，第1102页。

② 《刑法修正案（十一）草案二审稿提请审议　拟调整法定最低刑事责任年龄》，载中国人大网，http://www.npc.gov.cn/npc/c30834/202010/aa5305e9d2854f18bcca1aa88a2c4ec3.shtml，2020年11月7日访问。

③ 周光权：《刑法总论》（第三版），中国人民大学出版社2016年版，第228页。

④ 参见《中国教育概况——2019年全国教育事业发展情况》，载中华人民共和国教育部官方网站，http://www.moe.gov.cn/jyb_sjzl/s5990/202008/t20200831_483697.html，2020年11月7日访问。

育活动。[①]在此背景下，绝大多数12周岁至14周岁的未成年人显然业已具备辨认故意杀人、故意伤害等严重暴力犯罪行为的性质、作用、后果、意义的能力，并能够对之加以控制。因此，从刑法基础理论的角度上讲，要求低龄未成年人附条件地对其实施的严重暴力犯罪行为承担刑事责任，正是对其在心智早熟的背景下辨认与控制能力加强的一种规范回应。

二是低龄未成年人实施严重暴力犯罪问题引发社会广泛关注，是刑事责任年龄下调的现实原因。中国青少年研究中心2015年的调查研究显示，在未成年人犯罪中，约35%是16岁犯罪，31.2%是15岁犯罪，20.11%是14岁犯罪，而在2001年，14岁未成年人犯罪比例为12.3%，可见我国未成年犯罪呈低龄化趋势。[②]在此背景下，14周岁以下未成年人实施故意杀人、故意伤害等严重暴力犯罪行为的现象（此处特指不法层面的严重暴力犯罪，而非不法且有责层面的严重暴力犯罪）并不鲜见，且一经发生，通常引发舆论广泛关注，并促使公众呼吁调低刑事责任年龄、对类似行为予以严厉的刑事处罚。典型的如2019年10月20日，大连市一10岁女孩王某在回家时被未满14周岁的蔡某某骗至家中，后被杀害并抛尸灌木丛。由于蔡某某在实施杀人行为时未达刑事责任年龄，最终被决定予以三年收容教养。[③]该案发生后迅速引发舆论哗然并持续高热：新浪微博话题“#大连11岁女孩被害#”“#大连杀人男孩被收容三年#”等登上热搜榜；“@人民日报”评论称“未成年人犯罪应受足够审思”获得超过50万人点赞支持；随着“作案后聊天记录”“被曝多次尾随女性”“曾2次登门搭讪受害者家属”等被媒体披露，舆论愤慨一再被激发，“恶魔”“死刑”“严惩”“不要放过”等情绪性观点非常普遍；在围绕案件的“全民大讨论”中，降低法定刑责年龄、引入“恶意补足年龄”原则舆论呼声最

① 参见教育部教材建议〔2020〕229号，《对十三届全国人大三次会议第6166号建议的答复》，载中华人民共和国教育部官方网站，http://www.moe.gov.cn/jyb_xxgk/xxgk_jyta/jyta_jiaocaiju/202010/t20201030_497392.html，2020年11月7日访问。

② 参见《我国未成年犯罪呈低龄化趋势》，载中国网，http://www.china.com.cn/legal/2015-04/21/content_35375205.htm，2020年11月7日访问。

③ 参见《大连女孩被杀案追踪：嫌疑人行凶后与同学聊天佯装无辜》，载凤凰网，https://ishare.ifeng.com/c/s/7r4MZVRhBOl，2020年11月8日访问。

高。[①]可见，社会大众对当前低龄未成年人实施严重暴力犯罪，但不能对其予以刑事处罚反应强烈，2019年和2020年两会期间，亦有多名人大代表呼吁下调刑事责任年龄，[②]《刑法修正案（十一）》也是基于这一现实做出的旨在回应民众普遍诉求的调整。

三是一些国家在其立法中对低龄未成年人追究刑事责任，为刑事责任年龄下调提供了比较法上的依据。1985年联合国《少年司法最低限度标准规则》（北京规则）第4.1条规定："在承认少年负刑事责任的年龄这一概念的法律制度中，该年龄的起点不应规定得太低，应考虑到情绪和心智成熟的实际情况。"2007年联合国儿童权利委员会《〈儿童权利公约〉第10号一般性意见——少年司法中的儿童权利》则提出："委员会认为低于12岁的最低刑事责任年龄不是国际上可接受的水平。委员会鼓励各缔约国将其较低的最低刑事责任年龄提高到12岁为绝对最低责任年龄，并继续提高最低刑事责任年龄的幅度。与此同时委员会促请各缔约国不要将最低刑事责任年龄降低至12岁。较高的最低刑事责任年龄，诸如14或16岁，可促进少年司法制度。"可见，《刑法修正案（十一）》将刑事责任年龄起点降低至12周岁，并不违反相关国际公约，也与联合国儿童权利委员会意见基本一致。事实上，在全世界范围内，虽有许多国家将14周岁作为刑事责任的追究起点，如德国、日本、俄罗斯等，但也有一些国家将12岁及以下作为追究刑事责任的年龄起点。如在新加坡，10岁以下少年实施的行为不是犯罪；10岁以上、12岁以下的少年，若具有足够的理解力判断其行为的性质和后果的，则其行为成立犯罪。[③]在澳大利亚，10岁以下少年不负刑事责任，10岁以上、14岁以下的少年在其认识到自己行为的违法性时应负刑事责任，行为人是否认识到自己行为的违法性是一个事实问题，其举证责任由检方承担。[④]在加拿大，12岁以下的未成年人不

① 王灿、彭晓月：《大连"13岁少年杀害女童案"舆情研究》，载"法制网舆情中心"微信公众号，2019年11月1日。

② 张婧：《法意与民意：下调刑事责任年龄的价值蕴涵》，载《犯罪与改造研究》2020年第11期。

③ 《新加坡刑法典》第82条、第83条。

④ 《澳大利亚刑法典》第7.1条、第7.2条。

负刑事责任。[①]因此，调低刑事责任年龄具有比较法上的参考依据。

需要注意的是，对《刑法》第17条第3款加以观察，会发现立法者在调低刑事责任年龄时是相当审慎的，表现为对于年满12周岁不满14周岁的人，只有在符合以下三个条件的前提下才能追究刑事责任：（1）犯故意杀人、故意伤害罪，致人死亡或者以特别残忍手段致人重伤造成严重残疾；（2）情节恶劣；（3）经最高人民检察院核准追诉的情况下，才可有条件地追究刑事责任。之所以作如此限定，主要还是出于我国长期以来对未成年人所采取的教育为主、惩罚为辅的刑事政策考量。对于未成年人这一特殊群体，若片面追求以刑罚手段对其施以"报应"，可能产生标签效应等反效果，会引发其对社会的敌视，还可能导致关押过程中"交叉感染"等情况的发生，不利于其日后的成长，甚至可能诱发更为严重的犯罪行为。[②]正因如此，从比较法的角度来看，联合国《少年司法最低限度标准规则》特别指出少年司法的目的应当是"强调少年的幸福，并应确保对少年犯作出的任何反应均应与罪犯和违法行为情况相称"（第5.1条）；强调主管当局"只有在经过审慎考虑之后才可对少年的人身自由加以限制并应尽可能保持在最低限度"，"在考虑少年的案件时，应把其福祉看作主导因素"（第17.1条）；规定应尽量少用监禁（第19.1条），且监禁待遇的目标是"提供照管、保护、教育和职业技能，以便帮助他们在社会上起到建设性和生产性的作用"（第26.1条）。而且，许多国家的少年法，如《德国少年法院法》《日本少年法》《韩国少年法》等，也均规定了较为多样的对青少年罪错行为的规制措施，一些手段还特别融合了"恢复性司法"等理念以修复罪错未成年人与社会间的关系，比如弥补损失、向被害人道歉、向慈善组织支付款项、参加社区服务等，并将刑事处罚限定在有限且适度的范围内。此轮刑法修改，虽然调低了刑事责任年龄追究起点，但对其加以了多重限定，可以说也是基于保障未成年人的考量所做的一种立法上的平衡。

---

① 《加拿大刑法典》第13条。

② 相关讨论如林清红：《未成年人刑事责任年龄起点不宜降低》，载《青少年犯罪问题》2016年第1期。

### （三）将“也可以由政府收容教养”修改为“依法进行专门矫治教育”

对未成年人的收容教养制度，最早可以追溯到新中国成立初期。1956年，最高人民检察院、最高人民法院、内务部、司法部、公安部《对少年犯收押界限、捕押手续和清理等问题的联合通知》规定：对少年犯管教所收押人员中犯罪程度尚不够负刑事责任且无家可归的，应由民政部门负责收容教养；刑期已满的少年犯，无家无业又未满18周岁的，也应介绍到社会救济机关予以收容教养。收容教养制度被正式作为一项法律制度确定下来则是在1979年刑法典中，该法第14条第4款规定：“因不满十六岁不处罚的，责令他的家长或者监护人加以管教；在必要的时候，也可以由政府收容教养。”此后，收容教养制度为1991年《未成年人保护法》、1999年《预防未成年人犯罪法》等再次确认，并为1997年刑法典所沿用。但是，针对收容教养制度实施的具体规范较少，且实践中存在着执行场所各异、执行方式单一等问题，“收容”有余而“教养”不足，故而面临较大争议。[①]在近年来各地收容教养人数明显下降的背景下，2020年，在《预防未成年人犯罪法（修订草案二次审议稿）》中，决定不再使用“收容教养”这一概念，将有关措施纳入专门教育并予以改进完善。[②]相应地，为与《预防未成年人犯罪法》的此轮修订相协调，《刑法修正案（十一）》删除了“由政府收容教养”这一表述，并将其修改为“依法进行专门矫治教育”。

对未成年人的收容教养属于一种保安处分措施。[③]此次修正后，这一保安处分的名称调整为“矫治教育”，结合《预防未成年人犯罪法》规定，这一制度更为完善，但其法律性质并没有改变。

---

① 参见陈泽宪：《收容教养制度及其改革》，载中国法学网，http://www.iolaw.org.cn/showNews.aspx?id=5189，2020年11月8日访问。

② 参见《如何让“专门教育”更好发挥作用？——全国人大常委会组成人员热议预防未成年人犯罪法修订草案二审稿》，载中国人大网，http://www.npc.gov.cn/npc/c30834/202008/e271495df9644c38924e542273ba3213.shtml，2020年11月8日访问。

③ 参见时延安：《隐性双轨制：刑法中保安处分的教义学阐释》，载《法学研究》2013年第3期。

## 三、条文释义

在《刑法修正案（十一）》针对《刑法》第17条的修订中，将“投毒”改为“投放危险物质”、将“也可以由政府收容教养”改为“依法进行专门矫治教育”，在刑法解释论上并不存在任何障碍：前者直接依循分则相关条文进行解读即可；后者则应参照《预防未成年人犯罪法》加以理解。需要进一步展开的是，应如何解读《刑法》第17条新增的第3款规定：“已满十二周岁不满十四周岁的人，犯故意杀人、故意伤害罪，致人死亡或者以特别残忍手段致人重伤造成严重残疾，情节恶劣，经最高人民检察院核准追诉的，应当负刑事责任”？

### （一）对“已满十二周岁不满十四周岁的人”的理解

2006年1月11日，最高人民法院出台了《关于审理未成年人刑事案件具体应用法律若干问题的解释》，对审理未成年人刑事案件过程中可能涉及的相关问题作出了细化规定。虽然该司法解释第1条即明确：“本解释所称未成年人刑事案件，是指被告人实施被指控的犯罪时已满十四周岁不满十八周岁的案件”，据此可以认为，该解释在效力上不当然及于《刑法修正案（十一）》增设的针对已满12周岁不满14周岁的人犯罪的相关条款。但一方面，从意旨上看，该解释旨在解决未成年人刑事责任条款在司法适用中遇到的若干争议问题，而无论是针对原有的《刑法》第17条，还是针对新修订的该条文，其项下所涉及的争议问题具有极大的重合性，因此以该司法解释解读新修订的《刑法》第17条，在意旨上是能够契合的。另一方面，从体系协调性上看，如果对为该司法解释所规定的14周岁至18周岁的人犯罪采取一套解释方法，对未为该司法解释所规定的12周岁至14周岁的人犯罪采取另一套解释方法，特别是在对“周岁”等语词的技术性解释上都存在差异，将导致该条文在适用上极大的不协调。因此，虽然《最高人民法院关于审理未成年人刑事案件具体应用法律若干问题的解释》在效力上不当然及于实施被指控的犯罪时已满12周岁不满14周岁的案件，但也应当认为该司法解释对我们理解新修订的《刑法》第17条第3款具有极为重要的参照意义。

据此，结合《最高人民法院关于审理未成年人刑事案件具体应用法律若干问题的解释》，在对“已满十二周岁不满十四周岁的人”进行解释时，应当注意以下几点：（1）“周岁”应按照公历的年、月、日计算，从周岁生日的第二天起算。即若行为人出生于2000年1月1日，则2012年1月2日系已满12周岁，2014年1月2日系已满14周岁。（2）应以实施被指控的犯罪时作为基准计算应否承担刑事责任。对此，主流观点认为，由于刑事责任能力的有无旨在解决行为人能否辨认和控制自己行为的问题，因此在行为与结果相分离的场合，应以行为时作为基准计算应否承担刑事责任。[①]对于不作为犯罪，考虑到能够创设作为义务的先前行为不仅限于不法且有责的犯罪行为，[②]只要行为人在年满12周岁以后能够履行相应作为义务而故意拒不履行的，即使先前行为发生在年满12周岁以前，也不影响不作为犯罪的成立。如行为人在12周岁生日当天邮寄掺杂毒药的食物给其友人、次日送达，在其友人食用前行为人有阻止其服用毒药的可能性而故意不阻止、致其友人中毒身亡的，若符合“情节严重”“经最高人民检察院核准追诉”等成立要件，则应承担刑事责任。（3）在审判活动中，应查明被告人实施被指控的犯罪时的年龄并在裁判文书中加以体现。在证明时，可以户籍证明、出生证明、骨龄鉴定等作为证据。若在案证据无法确实、充分地证明被告人实施被指控的犯罪时已达刑事责任年龄，根据事实存疑有利于被告人的刑事诉讼原则，应当推定其没有达到相应法定刑事责任年龄。

### （二）对“犯故意杀人、故意伤害罪，致人死亡或者以特别残忍手段致人重伤造成严重残疾，情节恶劣”的理解

首先，此处的“故意杀人、故意伤害罪”系指具体的犯罪行为而非具体的罪名，只要行为人实施的行为可以被评价为故意杀人、故意伤害罪，符合两罪的成立要件，即为满足。《全国人民代表大会常务委员会法制工作委员会

---

① 参见张明楷：《刑法学》（第五版），法律出版社2016年版，第316页；周光权：《刑法总论》（第三版），中国人民大学出版社2016年版，第230页；黎宏：《刑法学总论》（第二版），法律出版社2016年版，第174页。

② 参见张明楷：《不作为犯中的先前行为》，载《法学研究》2011年第6期。

关于已满十四周岁不满十六周岁的人承担刑事责任范围问题的答复意见》（以下简称《答复意见》）明确提出：“刑法第十七条第二款规定的八种犯罪，是指具体犯罪行为而不是具体罪名。对于刑法第十七条中规定的‘犯故意杀人、故意伤害致人重伤或者死亡’，是指只要故意实施了杀人、伤害行为并且造成了致人重伤、死亡后果的，都应负刑事责任。而不是指只有犯故意杀人罪、故意伤害罪的，才负刑事责任，绑架撕票的，不负刑事责任。对司法实践中出现的已满十四周岁不满十六周岁的人绑架人质后杀害被绑架人、拐卖妇女、儿童而故意造成被拐卖妇女、儿童重伤或死亡的行为，依据刑法是应当追究其刑事责任的。”或许会有观点认为，《答复意见》所针对对象具有特定性，且《刑法修正案（十一）》在明知规定“犯故意杀人、故意伤害罪”可能引发歧义的情况下仍如此规定，正是为了将追究年满12周岁不满14周岁未成年人的刑事责任的情形严格限定在《刑法》第232条、第234条的框架下。但我们认为，从规范意旨与体系协调性的角度来看，上述观点是站不住脚的，而且，既然肯定了年满12周岁不满14周岁的未成年人具有对故意杀人行为的辨认和控制能力，就没有理由否认他们对“绑架撕票”等行为中故意杀人的部分同样具有辨认和控制能力。因此，参照《答复意见》，应将“犯故意杀人、故意伤害罪”解释为系指具体的犯罪行为而非具体的罪名。

需要进一步指出的是，除《答复意见》中绑架人质后杀害被绑架人、拐卖妇女、儿童而故意造成被拐卖妇女、儿童死亡的行为等情形之外，若存在如强奸致人死亡或者以特别残忍手段致人重伤造成严重残疾等情形，即使在《刑法》第17条第2款的框架下会被评价为强奸罪、抢劫罪、放火罪、爆炸罪、投放危险物质罪等而非故意杀人罪、故意伤害罪，但针对《刑法》第17条第3款年满12周岁不满14周岁的行为人实施上述行为的，也因符合故意杀人罪、故意伤害罪成立要件，应认定为属于“犯故意杀人、故意伤害罪”。

其次，符合《刑法》第17条第3款的规定，应当追究刑事责任的，应以故意杀人罪、故意伤害罪作为认定罪名。关于如何确定相对负刑事责任年龄未成年人的罪名，最高司法机关曾出台数个司法解释且立场存在一定差异。2003年4月18日发布的《最高人民检察院关于相对刑事责任年龄的人承担刑事责任范围有关问题的答复》指出：“相对刑事责任年龄的人实施了刑法第十七条第二款规定的行为，应当追究刑事责任的，其罪名应当根据所触犯的刑法分则具体条文认定。对于绑架后杀害被绑架人的，其罪名应认定为绑架罪。”2006年1月11日发布的《最高人民法院关于审理未成年人刑事案件具体应用法律若干问题的解释》第5条则规定：“已满十四周岁不满十六周岁的人实施刑法第十七条第二款规定以外的行为，如果同时触犯了刑法第十七条第二款规定的，应当依照刑法第十七条第二款的规定确定罪名，定罪处罚。”我们支持后一观点，理由在于：一方面，在评价上，如依据最高人民检察院出台的司法解释将绑架后杀害被绑架人的行为认定为绑架罪，则除对行为人的故意杀人行为进行评价以外，还评价了行为人以勒索财物为目的绑架他人的，或者绑架他人作为人质的部分，而根据《刑法》第17条第3款，年满12周岁未满14周岁的未成年人本不应对这一部分承担刑事责任，于是，“这种解释导致定罪时评价了刑法不允许评价的部分”。[①]另一方面，在效果上，如依据最高人民检察院出台的司法解释将绑架后杀害被绑架人的行为认定为绑架罪，在不考虑减轻处罚的情况下，则未成年人“绑架撕票”的行为将对应《刑法》第239条第2款“处无期徒刑或者死刑，并处没收财产”的法定刑幅度；相比之下，以《刑法》第232条对其追究刑事责任并对应“处死刑、无期徒刑或者十年以上有期徒刑”的法定刑幅度，更能体现对未成年人教育为主、惩罚为辅的刑事政策。

再次，对于“致人死亡”，在故意杀人案件中，应当将“致人死亡”理解为故意杀人罪既遂的情形；而在故意伤害案件中，则应当将“致人死亡”理解为故意伤害罪的结果加重犯，即要求致人死亡的加重结果与故意伤害的基本行为存在直接性关联，且行为人对被害人死亡结果的发生具有过失。对于“以特别残忍手段致人重伤造成严重残疾”，包括基于伤害的故意、以特别残忍手段实施故意伤害行为、致人重伤造成严重残疾的情形，以及基于杀人的故意、以特别残忍手段实施杀人行为（未遂）、致人重伤造成严重残疾的情形。对此应参照《刑法》第234条第2款进行理解，“特别残忍手段”通常包括毁容、挖人眼睛、砍掉人双脚等手段，[②]“致人重伤”应结合《人体损伤程度鉴定标准》进行判断，“造成严重残疾”则可参照《劳动能力鉴定　职工工伤

① 张明楷：《刑法学》（第五版），法律出版社2016年版，第315页。

② 郎胜主编：《中华人民共和国刑法释义》，法律出版社2015年版，第383页。

与职业病致残等级》（GB/T 16180–2014）、《全国法院维护农村稳定刑事审判工作座谈会纪要》等加以审查。

最后，所谓“情节恶劣”，一方面需要考虑犯罪的动机、手段、结果等案中情节；另一方面也需要考虑一贯表现、退赔情况，有无自首、立功、认罪认罚等案外情节。其中，前者的实质是基于尽可能控制对未成年人刑罚适用的考量，为年满12周岁未满14周岁未成年人犯故意杀人、故意伤害罪的成立增设了“情节恶劣”这一罪量要素；后者则是由于，若存在自首、立功、认罪认罚、积极退赔等案外情节，或者未成年人一贯表现良好，则以刑罚手段对其进行特殊预防的必要性将明显降低，因而通常可以“豁免”对其进行刑事追诉。

需要注意的是，在刑事司法中有时会存在一种倾向，即将“民愤”作为一项情节据以判断刑事责任的有无和大小。但应当认识到民意的局限性：（1）民意是民众对犯罪情节（包括案中情节和案外情节）的主观感受和反馈，而非犯罪情节本身。（2）民意有时具有片面性、易变性、可操纵性和不公正性，[①]过分依赖民意可能造成误判。（3）将“民愤”作为一项情节，对本不应被追究刑事责任的低龄未成年人给予刑事追究，可能导致将未成年人作为平息公众法感情的“工具”，造成为了满足公众“同态复仇”的报应诉求，不当牺牲未成年人利益的不良后果。据此，虽然法官在刑事司法过程中不可能游离于民意之外，但也应当审慎地防止民意裹挟司法，这一点尤其需要在未成年人刑事司法中加以强调。

### （三）对“经最高人民检察院核准追诉的，应当负刑事责任”的理解

在《刑法修正案（十一）（草案）》二审稿中，此处的表述是“经最高人民检察院核准，应当负刑事责任”，对此可能存在两种不同理解：一种观点可能会认为，只有在最高人民检察院核准的情况下，才能对年满12周岁未满14周岁的未成年人提起公诉，依循这一理解，则最高人民检察院的核准相当于

---

① 参见时延安、刘计划主编：《大案沉思：前行的中国刑事法制》，中国言实出版社2020年版，第25—27页。

是检察机关公诉权的行使前提。另一种观点则可能会认为，在人民法院宣告年满12周岁未满14周岁的未成年人成立犯罪之后，应经过最高人民检察院核准，法院判决才能生效，才可进入执行环节追诉未成年人的刑事责任，依循这一理解，则最高人民检察院的核准相当于是检察机关在法院判决后履行审判监督职责的一种体现。最终出台的《刑法修正案（十一）》将此处表述调整为“经最高人民检察院核准追诉的，应当负刑事责任”，显然是肯定了前一种意见。这主要是因为，在此前的司法实践中，最高人民检察院先后出台了多个关于办理未成年人刑事案件的规定，多级人民检察院安排了专门的未成年人检察机构和检察队伍，检察机关也已经积累了大量的帮扶、起诉罪错未成年人的经验，形成了“捕、诉、监、防、教一体化工作机制”等好的工作方法，因此，由检察系统对是否起诉年满12周岁未满14周岁的未成年人进行“初筛”，并由最高人民检察院负责“把关”，不仅契合其工作实际，还能够避免因不必要的起诉和审判而可能给未成年人带来的心理上的反效果。而且，如果等到法院作出有罪判决后，再将最高人民检察院核准作为必经程序，将容易折损法院判决的权威性，何况最高人民检察院径直介入对地方人民法院判决的复核，也并不符合职权上的对等原则。

考虑到《刑事诉讼法》第12条规定，“未经人民法院依法判决，对任何人都不得确定有罪”，因此最高人民检察院无权决定未成年人应否负担刑事责任，对《刑法》第17条第3款“经最高人民检察院核准追诉的，应当负刑事责任”，宜解释为“经最高人民检察院核准追诉的，应当（起诉至人民法院决定其是否应）负刑事责任”。从立法技术上讲，之所以未作如此细致的规定而是径直使用了“应当负刑事责任”这一表述，则是出于以下考虑：（1）刑事立法力求用语简练；（2）如此规定在表述上更能与《刑法》第17条第2款相协调；（3）《刑法》无需对刑事诉讼项下相关内容作过于细致的规定。

整体来说，《刑法修正案（十一）》对《刑法》第17条的修改，虽然在客观上降低了刑事责任年龄的追究起点，扩大了未成年人刑事追诉的适用范围，但由于设置了多个条件，因而是相对审慎的。在司法实践中，各级司法机关也应尽量避免对低龄未成年人的刑事追诉，以充分贯彻教育为主、惩罚为辅的未成年人刑事政策，尽可能选择以对低龄未成年人成长损害最小的方式对其进行教育和感化。即使需要对低龄未成年人进行刑事追诉的，也应在程序上强调严格限制适用逮捕措施、落实社会调查报告制度和犯罪记录封存制度、加强对未成年人的心理疏导等内容，以未成年人利益最大化理念作为刑事追诉活动的基本指引。此外，依据《刑法》第17条第4款的规定，在追究不满18周岁的未成年人的刑事责任时，应对其从轻或者减轻处罚。

## 四、以案说法

**【案例一】沅江小学生弑母案**[①]

2018年12月2日晚9时许，吴某（年满12周岁，六年级在校学生）在家吸烟被母亲发现，因不满母亲管教太严、被母亲打后心生怨恨，进厨房拿菜刀后挥砍母亲20余刀，致其当场死亡。案发现场视频显示，案发地为二楼主卧室，房间内有多处大片血迹，现场物品杂乱倒地，有打斗痕迹，其母亲的双手被砍断，头皮被刮下，全身遍布刀伤。吴某杀害母亲后，带着2岁的弟弟在家住了一晚，其间还拿着已故母亲的手机，接电话，回微信，并假冒母亲给自己的班主任发了请假信息："胡老师，吴某明天请假行不，他感冒了。"3日上午，邻居发现情况后向公安机关报警，吴某遂被公安机关控制。据悉，吴某平时抽烟打架，沉溺电脑游戏，非常叛逆。事后，吴某被带离原生活环境，因其未满14周岁，未达到刑事责任年龄，决定由其监护人及公安、教育、镇政府共同对其进行定点监护管理，并进行心理疏导、法制辅导、文化教育等。有关部门将根据吴某教育转化情况和相关法律规定，采取进一步教育管束措施。

---

① 参见《湖南沅江通报一家庭命案：六年级男生不满管教太严持刀弑母》，载澎湃网，https://www.thepaper.cn/newsDetail_forward_2703713，2020年11月8日访问；《沅江弑母案少年被带离原生活环境，监护人和相关部门教育管束》，载澎湃网，https://www.thepaper.cn/newsDetail_forward_2732649，2020年11月8日访问；《湖南沅江12岁学生杀母案：少年玩手机被母摔坏后心生怨恨》，载搜狐网，https://www.sohu.com/a/279673428_368256，2020年11月8日访问；《12岁少年弑母：我又没杀别人我杀的是我妈》，载网易新闻网，http://news.163.com/18/1210/20/E2MLQU3S0001875P.html，2020年11月8日访问；《小学生弑母案村民：抽烟多年和妈妈关系一般般》，载凤凰网湖南，http://hunan.ifeng.com/a/20181205/7079365_0.shtml，2020年11月8日访问；《畜生？湖南12岁少年家中行凶"生母"，连砍20刀并断双手》，载腾讯网，https://new.qq.com/omn/20181205/20181205A16B0O.html，2020年11月8日访问。

该案中，吴某在客观上实施了杀人行为并导致了其母亲死亡结果的发生，在主观上具有明显的杀人故意，其行为成立故意杀人罪并满足“致人死亡”这一要件当无疑问。同时，考虑到其连续挥砍母亲20余刀、将母亲双手砍断、头皮刮下等案内情节，以及其一贯表现，在实施犯罪后带着弟弟在家居住，用已故母亲手机接电话、发消息，系被警方抓获归案而非自动投案等案外情节，可以认为其属“情节恶劣”，罪行严重且预防必要性较大。以《刑法修正案（十一）》观之，经最高人民检察院核准追诉，往后可能依法对类似案件追究刑事责任，但应从轻、减轻处罚。

**【案例二】大连女童被害案**[①]

2019年10月10日，大连市沙河口区一名10岁女孩淇淇被13岁男孩蔡某杀害，淇淇身中7刀。当时蔡某将美术班补课结束路过的淇淇带至家中，想要与其发生性关系遭拒绝，便将淇淇杀害，并抛尸在住处对面的灌木丛中，尸检报告及法医鉴定显示，被害人系在被骗后6分钟遇害、半小时抛尸。蔡某实施杀人行为后，曾在班级微信群自导自演以排除自己嫌疑，若无其事地询问被害人家属是否寻找到被害人。而且，至少有三名住在蔡某家附近的女士向新京报记者反映，曾遭到蔡某不同程度的尾随和骚扰，但未产生实际伤害。事后，因犯罪嫌疑人未达到法定刑事责任年龄，依法不予追究刑事责任，警方依法对蔡某收容教养，期限三年。随后，遇害女孩家属对蔡某及其父母提起民事诉讼。2020年8月10日下午，大连市沙河口区人民法院作出判决，蔡某父母被判处128.6024万元赔偿，并需要于判决生效之日起十日内在辽宁省级平面媒体上向淇淇的父母公开赔礼道歉。之后蔡某的父母从未露面，也迟

① 参见《刚刚！大连遇害女童妈妈发声：不接受凶手父母的登报道歉》，载腾讯网，https://www.sogou.com/link?url=hedJjaC291ND72rFEx5NeOBe3ZQanx0lJ6v6BSiTr2kNYQ4JrGravmYpP5eeJ1Ws，2020年11月8日访问；《大连被害女孩母亲不接受道歉：一年多时间行凶者家属没有任何表示》，载中华网新闻，https://news.china.com/social/1007/20201106/38933681_1.html，2020年11月8日访问；《当一个孩童杀死另一个孩童：大连女童被害案罪与罚》，载凤凰网，http://news.ifeng.com/c/80tzfy2GGKT，2020年11月8日访问；《大连女孩被杀案追踪：嫌疑人行凶后与同学聊天佯装无辜》，载凤凰网，https://ishare.ifeng.com/c/s/7r4MZVRhBOl，2020年11月8日访问；《法医报告大连10岁女童致命一刀在肝脏，全身7处刀伤，6分钟遇害半小时抛尸》，载搜狐网，https://www.sohu.com/a/350040017_100261872，2020年11月8日访问。

迟未对淇淇一家进行道歉。11月6日，蔡某父母在《大连日报》刊发署名道歉信，称是他们对孩子疏于管教，酿成惨案，将尽全力赔偿。

该案中，蔡某在客观上实施了杀害被害人淇淇的行为，并导致被害人死亡结果的发生，主观上存在明显的杀人故意，成立故意杀人罪既遂。特别是在该案中，应注意到蔡某即将年满14周岁，身心发育相对成熟，理应对其所实施的行为具有辨认和控制能力。至于该案是否系“情节恶劣”，从起因上看，蔡某系想与被害人发生性关系无果，遂将其杀害；从过程上看，蔡某对被害人在极短时间内砍杀7刀，致其死亡；从实施杀人行为后蔡某的表现上看，其不仅将被害人抛尸，而且存在在班级微信群自导自演以排除自己嫌疑、若无其事地询问被害人家属是否寻找到被害人等情节；从其他案外情节上看，行为人曾数次不同程度地尾随和骚扰女性。可见，蔡某所实施的行为社会危害性大、主观恶性深、人身危险性大，属于“情节严重”，往后可依法对类似案件追究刑事责任。需要指出的是，蔡某父母拒不道歉、赔偿的行为，并不影响对蔡某罪责大小及人身危险性的评价。实践中，若行为人父母能够主动道歉、积极退赔，从“恢复性司法”的角度来看，往往可以影响对行为人刑事责任的追究；但在相反的情况下，若行为人父母拒不或迟延道歉、退赔，不应据此影响对行为人刑事责任的追究。

第三章

# 危害公共安全罪的修改

《刑法修正案（十一）》中有三条涉及对刑法典分则第三章危害公共安全罪的修改，具体而言，该修正案增设了两个新罪，即妨害安全驾驶罪和危险作业罪，并对《刑法》第134条第2款罪状进行了较大调整。从修改内容看，立法机关意在加强交通安全和生产安全领域不法行为的惩罚力度。

# 第一节　妨害安全驾驶罪的增设

**【新增条文】第一百三十三条之二**　对行驶中的公共交通工具的驾驶人员使用暴力或者抢控驾驶操纵装置，干扰公共交通工具正常行驶，危及公共安全的，处一年以下有期徒刑、拘役或者管制，并处或者单处罚金。

前款规定的驾驶人员在行驶的公共交通工具上擅离职守，与他人互殴或者殴打他人，危及公共安全的，依照前款的规定处罚。

有前两款行为，同时构成其他犯罪的，依照处罚较重的规定定罪处罚。

## 一、立法主旨

本条是关于增设妨害安全驾驶罪的规定。针对现实生活中较为突出的妨害公共交通的行为，《刑法修正案（十一）》第2条通过增设罪名的方式，将对驾驶人员使用暴力或者抢控驾驶操纵装置，以及驾驶人员擅离职守、与他人互殴或者殴打他人的情形规定为犯罪。

## 二、修改理由

近年来，在公交车等公共交通工具行驶过程中，因司机与乘客发生冲突而导致事故发生的新闻屡屡见诸报端，可以说，现实中发生的悲剧性事件极大地促成了此条文的增设。而进一步加以分析，则会发现实质性的修改理由还包括该类行为的社会危害性较大，以及既有刑法体系下的规范供给存在不足等方面。

### （一）因司乘纠纷危及公共安全的案件时有发生且影响较大是增设此条文的直接原因

近年来，因司乘纠纷危及公共安全的案件并不鲜见，特别是2018年10月28日重庆公交车坠江事件，更是直接导致了15人死亡的惨重后果。该案系因乘客刘某与公交车司机冉某在行车过程中发生激烈争执导致：10月28日上午，因乘客刘某错过下车站，要求司机冉某停车未果，双方遂发生争执。10时8分49秒，刘某右手持手机击向冉某头部右侧；10时8分50秒，冉某右手放开方向盘还击，侧身挥拳击中刘某颈部，随后刘某再次用手机击打冉某肩部，冉某用右手格挡并抓住刘某右上臂；10时8分51秒，冉某收回右手并用右手往左侧急打方向，导致车辆失控向左偏离越过中心实线，与对向正常行驶的红色小轿车相撞后，冲上路沿、撞断护栏坠入江中。[①]该案发生后，《人民日报》发表评论："一段惊心动魄的视频，还原了悲剧诱因；一场无谓的纷争，拉十几人'陪葬'。教训之惨重，让人不敢直视，却不得不叩问，乘客与司机互殴何以一再出现？痛定思痛，别止于唏嘘，更别停留于愤怒。无彻底反思就无真正救赎，不形成制度正义，类似悲剧便难断绝。"[②]事实上，此类案件近年来时有发生，根据中国司法大数据研究院的统计，2016年1月1日至2018年10月31日，全国各级法院一审审结公交车司乘冲突刑事案件223件，且2017年此类刑事案件数量较2016年增长了4.8%。[③]而且，这类案件一经发生，往往引发民众较大的关注。在此背景下，不仅《人民日报》等官方媒体积极呼吁要形成"制度正义"，包括学者、实务界人士等在内的社会各界也积极呼吁增设类似于妨害安全驾驶罪等罪名作为《刑法》第133

---

① 《重庆万州公交车坠江原因公布：乘客与司机激烈争执互殴致车辆失控》，载人民网，http://cq.people.com.cn/n2/2018/1102/c365401-32235920.html，2020年12月16日访问。

② 《人民日报评公交坠江：不形成制度正义，类似悲剧便难断绝》，载人民网，http://m.people.cn/n4/2018/1102/c203-11833605.html，2020年12月16日访问。

③ 《司法大数据专题报告之公交车司乘冲突引发刑事案件分析》，载最高人民法院官方网站，http://www.court.gov.cn/fabu-xiangqing-130611.html，2020年12月16日访问。

条之二。[①]2019年年初，由最高人民法院、最高人民检察院、公安部联合发布的《关于依法惩治妨害公共交通工具安全驾驶违法犯罪行为的指导意见》，也从一定程度上体现了公安司法机关对民意的回应。[②]

以刑法立法的方式回应民意，是《刑法修正案（十一）》的立法“动力”之一，本罪的增设即是例证。[③]此举的合理性在于，与民法、行政法相比，刑法通常能够给存在实施违法行为之虞的人以最为强烈的否定性“信号”，表明社会共同体对该类行为最为明确的否定和排斥态度，同时在客观上达到一定的平复民众情绪的效果，由此，对于新近发现的国家治理过程中的“痛点”，以刑事立法的方式向包括潜在犯罪人在内的民众传递清晰的信号，便是一种可被理解的选择。然而，这样的做法也存在着潜在风险，比如容易导致刑法与前置法在特定场域下的错位，致使应否增设罪名缺乏明确且具有约束性的判断标准，以及从长远来看未必能够带来社会治理效能的提高等。可见，即使该类案件的发生直接催生了妨害安全驾驶罪的增设，但对该罪的增设进行正当性层面的检视，还需要更为实质性的理由。

### （二）妨害安全驾驶行为具有严重的社会危害性是增设此条文的根本原因

主流刑法理论认为，社会危害性是犯罪最基本的特征。[④]尽管该理论近年来受到了一定挑战，且客观上讲社会危害性理论在约束立法方面的功能也较

---

① 参见蒋毅：《刑法应增设暴力危及交通安全罪》，载《检察日报》2018年11月19日第3版；何鑫：《妨害安全驾驶行为的罪名适用——兼论妨害安全驾驶罪的条文增设》，载《上海公安学院学报》2019年第4期；余丽、陈志军：《对妨害公共交通工具安全驾驶行为的刑法规制研究》，载《公安学研究》2020年第4期。

② 该意见出台的一个重要背景正是民众对妨害安全驾驶行为反响强烈。该指导意见开篇即指出：“近期，一些地方接连发生在公共交通工具上妨害安全驾驶的行为。有的乘客仅因琐事纷争，对正在驾驶公共交通工具的驾驶人员实施暴力干扰行为，造成重大人员伤亡、财产损失，严重危害公共安全，社会反响强烈。为依法惩治妨害公共交通工具安全驾驶违法犯罪行为，维护公共交通安全秩序，保护人民群众生命财产安全，根据有关法律规定，制定本意见。”

③ 参见孙梦爽：《刑法修正案（十一）草案二审：回应人民关切推动刑法与时俱进》，载《中国人大》2020年第20期；张宝山：《刑法修正案（十一）草案：回应人民关切》，载《中国人大》2020年第13期。

④ 高铭暄、马克昌主编：《刑法学》（第八版），北京大学出版社2017年版，第45页。

为薄弱，但不可否认，其至少为我们检视将某一类行为纳入刑法的调整范围提供了一种可供参考的分析路径。那么，需要回答的便是，妨害安全驾驶行为是否具有严重的社会危害性呢？我们认为答案是肯定的，而这种社会危害性也是此条文增设的根本原因。

从立法者将该罪定位于《刑法》第133条之二可知，妨害安全驾驶罪的社会危害性具体体现为对公共安全的危害，并进一步表现为两个方面：一方面，妨害安全驾驶行为对公共交通工具内乘客的生命财产安全构成威胁，这是因为，当发生妨害安全驾驶行为后，公共交通工具容易失去控制，进而导致公共交通工具内的摇晃、颠簸、碰撞、急停、坠落、沉溺等情况，车内乘客的人身和财产安全也因此面临较大威胁。在前述重庆公交车坠江事件中，也正是因为车辆失去控制，引发了车内15名乘客死亡的惨剧。另一方面，妨害安全驾驶行为也容易对车外的车辆、行人以及其他公私财物构成威胁，这同样是因为在公共交通工具失去控制时，可能引发对路面行人、车辆以及路上公私财物的冲撞。事实上，在许多案例中，这两种威胁同时存在并转化为现实的结果。如2019年8月31日14时许，在长春市朝阳区欧亚卖场开运街公交站点，被告人张某同其丈夫高某因乘车问题与公交车司机孔某发生口角，双方互相辱骂，在车辆行进过程中，张某用手击打司机，引发车内7名乘客受伤、路边行人受伤、公交车及三台私家车不同程度受损的结果。[①] 又如2013年6月6日10时许，被告人胡某在重庆市某区某车站搭乘公交车时，因上车时与该车司机张某发生口角，在车辆行驶途中用右手击打司机张某的头部，并抓扯张某正在操作方向盘的右手，致使该公交车操作失控冲上人行道，撞伤行人周某某（重伤），致使行人王某某受伤（轻伤），撞倒公交车站站台设施。[②] 更重要的是，从该类案件的特点来看，结合中国司法大数据研究院公布的信息，在样本案例中，54.51%的司乘纠纷刑事案件发生在车辆行驶过程中，超七成案件发生在市内道路、路口、大桥、盘山路、高速等危险环境下，38.68%的案件中有人员伤亡情

---

① 参见吉林省长春市朝阳区人民法院（2019）吉0104刑初913号刑事判决书。

② 参见重庆市九龙坡区人民法院（2014）九法刑初字第00085号刑事判决书。

况，[①]可见，无论是从该类案件多发地点来看，还是从实际的伤亡情况来看，此种行为对公共安全的危害性都是不容小觑的，也正是由于该类行为会威胁车内、车外人员的人身安全和公私财产安全，才使得刑法对该类危害公共安全行为的介入变得必要。

### （三）既有刑法规范供给不足是增设此条文的现实原因

在《刑法修正案（十一）》出台以前，刑法介入妨害安全驾驶的行为，通常是通过以危险方法危害公共安全罪等犯罪得以实现的。根据中国司法大数据研究院统计的数据，当被告人为乘客时，案件量排前五名的罪名为以危险方法危害公共安全罪（55.77%）、故意伤害罪（14.74%）、寻衅滋事罪（14.74%）、妨害公务罪（7.05%）、盗窃罪（3.21%）；当被告人为司机时，案件量排前五名的罪名则是故意伤害罪（56.86%）、交通肇事罪（15.69%）、猥亵儿童罪（5.88%）、故意杀人罪（3.92%）、强奸罪（3.92%）。[②]另一项实证研究则表明，2001年至2018年间，一审人民法院审理的160例乘客妨害公共交通工具驾驶案中，99%的案件均以以危险方法危害公共安全罪定罪处罚。[③]

不过，以以危险方法危害公共安全罪介入该类案件，难以周全地处理这种具有危害公共安全之社会危害性的行为，这主要是因为从《刑法》第114条、第115条第1款的罪状表述上看，成立该罪既要求在行为性质上具有与放火、决水、爆炸、投放危险物质行为的相当性，而且要求至少具有足以危害公共安全的具体危险，而妨害安全驾驶的行为是否达到能够满足上述入罪“门槛”的程度则不能一概而论，而是取决于天气状况、驾驶环境、运行路况、载客人数、所处地段人流车流量、行车速度、行为人实施暴力的方式与程度、驾驶人员互殴或殴打他人的方式与持续时间等方方面面内容。在此背

---

① 《司法大数据专题报告之公交车司乘冲突引发刑事案件分析》，载最高人民法院官方网站，http://www.court.gov.cn/fabu-xiangqing-130611.html，2020年12月16日访问。

② 《司法大数据专题报告之公交车司乘冲突引发刑事案件分析》，载最高人民法院官方网站，http://www.court.gov.cn/fabu-xiangqing-130611.html，2020年12月16日访问。由于本文讨论的是危及公共安全的情形，故仅危险驾驶罪、交通肇事罪在本文讨论之列。

③ 邓红梅、吴航帆：《妨害公共交通工具驾驶案件的司法适用现状、问题与路径指引》，载《法律适用》2020年第2期。

景下，在一些情节相对轻微的个案面前，公安机关、人民检察院、人民法院有时会异常“纠结”：一方面，他们认为此种行为具有严重的社会危害性，应当施以刑罚处罚；另一方面，鉴于以危险方法危害公共安全罪的罪状表述以及未造成严重后果时“三年以上十年以下有期徒刑”的重刑配置，他们又对以该罪论处十分犹豫。于是，虽有少部分满足其他犯罪成立要件（如寻衅滋事罪）的行为可以被分流到其他犯罪中去，但对于除此以外的另一些难以成立以危险方法危害公共安全罪的行为，则出现了法检对是否构成以危险方法危害公共安全罪意见不一，甚至是对本不构成以危险方法危害公共安全罪的情形做拔高处理的现象。如在刘某以危险方法危害公共安全一案中，被告人刘某因投币问题与公交车司机发生争吵，争吵过程中刘某在公交车刚刚起步时，用手扯了一下司机的右手肘及方向盘后（约1秒钟）便停止了拉扯，司机也立即停了车。该案一审经审委会讨论决定判被告人无罪，但人民检察院提出抗诉认为该行为足以达到危害公共安全的程度，最终，经二审法院审委会讨论，决定驳回抗诉、维持原判。[①]对于该案，二审法院经过审委会的专门讨论，慎重地驳回了检察机关的抗诉意见，但实践中，另一些案件则是被拔高处理、适用以危险方法危害公共安全罪了。

对上述法检意见不一，甚至最终对该类案件做拔高处理的情况加以反思，应当认识到，问题的核心在于《刑法修正案（十一）》出台以前，对妨害安全驾驶行为存在刑法规范供给不足的现象。对于具有较为严重的社会危害性的妨害安全驾驶行为，如具有危及公共安全的具体危险的妨害安全驾驶行为，甚至是进一步致人重伤、死亡的行为，显然可以通过《刑法》第114条（以危险方法危害公共安全罪）、第115条第1款（以危险方法危害公共安全罪）、第133条（交通肇事罪）进行处理；而对于情节相对轻微，但同样具有严重社会危害性、应受刑罚处罚的妨害安全驾驶行为，则难以在《刑法修正案（十一）》出台以前的既有刑法框架下寻找到合适的罪名，即对该类行为，缺乏一个轻于具体危险犯和实害犯规定、法定刑幅度低于《刑法》第114条的罪名。可以说，《刑法修正案（十一）》第2条，正是弥补了这一规范供给上的不足。

---

① 参见湖南省湘西土家族苗族自治州中级人民法院（2020）湘31刑终27号刑事裁定书。

## 三、条文释义

《刑法修正案（十一）》第2条共三款，分别是关于对驾驶人员实施妨害安全驾驶行为、驾驶人员实施妨害交通行为，以及该罪与其他相关罪名间关系的规定。

### （一）构成要件类型判断：抽象危险犯抑或是具体危险犯？

对该条文加以解读，一个首先需要解决的问题便是，该条文规定的犯罪系抽象危险犯还是具体危险犯？对这一问题的回答，不仅关系到对《刑法》第133条之二第1款、第2款中“危及公共安全”的解释，也直接关系到司法实践中应如何把握该类行为罪与非罪、此罪与彼罪，以及造成严重后果时犯罪的认定。我们认为，《刑法》第133条之二系关于抽象危险犯的规定，理由如下。

一方面，《刑法》第133条之二的法定刑配置决定了妨害安全驾驶罪系抽象危险犯。从刑法分则第二章中典型的具体危险犯来看，立法者倾向于为危害公共安全的具体危险犯配置较重的自由刑幅度，如对于《刑法》第114条规定的放火罪、决水罪、爆炸罪、投放危险物质罪、以危险方法危害公共安全罪，第116条规定的破坏交通工具罪，第117条规定的破坏交通设施罪，第118条规定的破坏电力设备罪、破坏易燃易爆设备罪，第125条第2款规定的非法制造、买卖、运输、储存危险物质罪，法定刑幅度均为3年以上10年以下有期徒刑；对于《刑法》第124条规定的破坏广播电视设施、公用电信设施罪，其法定刑幅度也为3年以上7年以下有期徒刑。相反地，对于抽象危险犯，立法者为其规定的自由刑幅度则相对低一些，如《刑法》第128条第1款、第2款规定的非法持有、私藏枪支、弹药罪以及非法出租、出借枪支罪，其法定刑幅度为3年以下有期徒刑、拘役或者管制；[①] 又如《刑法》第133条之一规定的危险驾驶罪中的前三种危险驾驶

---

① 对于情节严重的，处以3年以上7年以下有期徒刑。

情形，其法定刑则为拘役。[①]之所以存在上述法定刑配置上的差异，主要是因为尽管抽象危险犯和具体危险犯都存在着法益侵害的危险，但前者的危险是高度的，后者的危险则比较缓和。[②]从这个角度来看，《刑法修正案（十一）》为此类犯罪配置了“一年以下有期徒刑、拘役或者管制，并处或者单处罚金”的法定刑，更符合我国《刑法》中抽象危险犯的法定刑配置特点。

另一方面，从罪名间体系协调性的角度看，也应肯定妨害安全驾驶罪系抽象危险犯。若将《刑法》第133条之二视为具体危险犯的规定，一个无法回避的问题便在于，在妨害安全驾驶致人重伤、死亡或造成其他严重后果的场合，应认定成立何罪？从既有刑法体系下规范供给的角度来看，可能的选择主要包括交通肇事罪（第133条）和以危险方法危害公共安全罪（第115条第1款）。然而，一方面，如果以交通肇事罪论处，由于交通肇事罪是过失犯罪，将导致一个故意形式的具体危险犯的结果加重犯是过失犯罪的奇怪现象，这相当于说，行为人既对给公共安全带来具体危险持故意态度，又对给公共安全造成实害持过失态度，这显然是自相矛盾的。另一方面，如果以以危险方法危害公共安全罪（第115条第1款）论处，则意味着立法者是在既有的以危险方法危害公共安全罪的具体危险犯（第114条）中特别地抽离出了妨害安全驾驶的行为，并将其法定刑从“三年以上十年以下有期徒刑”下调至“一年以下有期徒刑、拘役或者管制，并处或者单处罚金”，这显然与立法者希望回应民意与热点事件、加大对妨害安全驾驶行为的处罚力度的立场相悖。由此可见，若将《刑法》第133条之二视为具体危险犯的规定，将导致罪名适用的不协调；相反，如果将其视为抽象危险犯的规定，在各罪名间关系上则会更为协调。对此，我们将在最后重点论述相关罪名间关系。

在肯定了妨害安全驾驶罪抽象危险犯的性质之后，必须回答的问题便在

---

① 对于《刑法》第133条之一第1款第4项属于抽象危险犯还是具体危险犯，主要涉及对“危及公共安全”的理解。

② ［日］山口厚：《刑法总论》（第三版），付立庆译，中国人民大学出版社2018年版，第46页。

于，如何理解《刑法》第133条之二第1款、第2款中“危及公共安全”的表述呢？我们认为，应当将其作为表面的构成要件要素加以理解。所谓表面的构成要件要素，是指在实体上不为违法性和有责性提供依据，在诉讼上无需证明的，仅仅只是为了区分相关犯罪、明确处罚范围的要素，如《刑法》第114条的“尚未造成严重后果”、第238条的“非法”等。[①]借助这一范畴，我们便可较好地理解该条文中“危及公共安全”的表述，即这并不是意在表明妨害安全驾驶罪系具体危险犯，而是为了澄清，该条作为危害公共安全罪项下的一个条文，只有在具有危及公共安全之可能的情况下，才可对其予以刑事处罚。相反地，在具有特殊情形的具体个案中，如果行为人妨害安全驾驶的行为完全不可能危及车内外的公共安全，比如在仅载有一名乘客的公交车上，当公交车行驶至荒无人烟、无车无人的平坦空地时，司乘发生冲突并诱发了上述行为，则会因为完全不具有危及公共安全、造成法益侵害的可能性，而不成立该罪。[②]事实上，这种理解也可以从规范文本中找到依据：（1）在既有《刑法》框架下，危害公共安全罪中绝大多数的具体危险犯，都采取了“足以……”或“危害公共安全”的表述，“足以……”显然能够表明某罪名系具体危险犯规定，而“危及公共安全”与“危害公共安全”虽仅有一字之差，但在程度上是不同的，根据《现代汉语词典》的解释，“危及”是指“有害于、威胁到”，而“危害”则是指“使受破坏、损害”。[③]（2）《最高人民法院、最高人民检察院、公安部关于依法惩治妨害公共交通工具安全驾驶违法犯罪行为的指导意见》中，对于在此类案件中适用作为具体危险犯的《刑法》第114条以危险方法危害公共安全罪，也是要求以“危害公共安全”而非“危及公共安全”为要件。可见，立法者在完全可以循立法惯例、循指导意见采用

---

① 参见张明楷：《论表面的构成要件要素》，载《中国法学》2009年第2期。

② 需要指出的是，即使没有“危及公共安全”这一表述，在不可能危及公共安全的场合，也是不能以该罪论处的。比如危险驾驶罪这一抽象危险犯中并无“危及公共安全”这一表述，但深夜在没有车辆、行人通行的道路上驾驶机动车，不可能造成他人伤亡的，由于根本不存在任何危险，因而不应认定为危险驾驶罪。参见张明楷：《刑法学》（第五版），法律出版社2016年版，第168页。

③ 中国社会科学院语言研究所词典编辑室编：《现代汉语词典》（第六版），商务印书馆2012年版，第1349页。

“危害公共安全”的场合，有意识地选择了程度更轻的“危及公共安全”，显然是希望将该罪规定为比具体危险犯危险程度更为缓和的抽象危险犯，以实现刑法对该类行为在介入上的提前。由此，将该罪解释为抽象危险犯的规定，在解释论上是不存在任何障碍的。

综合上述分析，无论是从《刑法》第133条之二的法定刑配置上看，还是从相关罪名之间的体系协调性上看，都应当将妨害安全驾驶罪理解为抽象危险犯。《刑法》第133条之二中的“危及公共安全”是表面的构成要件要素，不为犯罪的成立提供根据，也无需在诉讼中加以证明，而是仅仅旨在明确在不可能危及公共安全的场合，由于不具有法益侵害的可能性，因而不能成立本罪。

### （二）本罪的成立条件

#### 1. 本罪的客体界定

本罪的犯罪客体是公共安全，具体包括车内及车外不特定或多数人的生命、健康或财产安全。关于何为危害公共安全，学界存在不同认识。传统上，主流观点认为，公共安全系指不特定多数人的安全，但如此可能不当限缩危害公共安全罪的处罚范围，致使特定多数人以及不特定少数人的安全难以得到刑法保护。近年来，越来越多的学者主张将危害公共安全理解为不特定或多数人的安全，仅排除针对某个、某几个特定的人或者某项特定具体的财物为侵犯对象的情形。[①]依循这样的理解，本罪的犯罪客体也应当是车内及车外不特定或多数人的生命、健康或财产安全。由此，认为车内乘客属于“特定多数人”，故而在载有特定多数人、行驶在人迹罕至的平坦大道上的公共交通工具中实施妨害行为不成立本罪的观点，是站不住脚的。

#### 2. 对客观方面的把握

从罪状表述上看，对于妨害安全驾驶罪，具体分为两种不同主体的行为

---

① 参见高铭暄、马克昌主编：《刑法学》（第八版），北京大学出版社2017年版，第333页；张明楷：《刑法学》（第五版），法律出版社2016年版，第687页；周光权：《刑法各论》（第三版），中国人民大学出版社2016年版，第153页。

模式。

（1）对驾驶人员实施妨害安全驾驶行为

《刑法》第133条之二第1款规定："对行驶中的公共交通工具的驾驶人员使用暴力或者抢控驾驶操纵装置，干扰公共交通工具正常行驶，危及公共安全的，处一年以下有期徒刑、拘役或者管制，并处或者单处罚金。"由此，对这种行为模式下犯罪客观方面的把握，应强调以下内容。

一是行为必须发生在行驶中的公共交通工具中。①对于"行驶中"，通常是指公共交通工具处于运行、移动状态，这一方面，符合对文义本身的理解，因其文义本身就是"行走"；[①]另一方面，从体系解释的角度看，这也与《刑法》第133条之一"严重超过规定时速行驶"相一致，即强调行驶系指发生位移。因此，只要公共交通工具正在发生位移，无论是刚刚起步、正在行驶，还是在刹车以后由于惯性正在向前移动，无论速度快慢，均应认定为在"行驶中"。值得研究的是，如在公交车停靠站台、等候红绿灯的场合，显然公交车并未发生位移，但此种情形通常是因为司机脚踩刹车，此时若行为人使用暴力或者抢控驾驶操纵装置，极易使得司机松开刹车，致使车辆向前运行，危及公共安全。又如在驾驶人员放下手刹的场合，如果行为人抢控并解除手刹，同样可能危及公共安全。我们认为，在类似情形下，有必要将"行驶中"扩大解释为以发动机运转为判断标准，以确保法益保护的周延性，而且这也在"行驶"本身的词义射程范围之内，因为"行驶"本身就可以理解为"行"和"驶"两个部分，前者显然可包含"运行"之意。此外，对于飞机而言，为与《蒙特利尔公约》相协调，应将飞机的"行驶中"作与公约"飞行中"相同的理解。②对于"公共交通工具"，可能会有观点认为应当特指陆路公共交通工具，其依据在于《最高人民法院、最高人民检察院、公安部关于依法惩治妨害公共交通工具安全驾驶违法犯罪行为的指导意见》特别规定："本意见所称公共交通工具，是指公共汽车、公路客运车，大、中型出租车等车辆。"我们认为，这样的限定是没有道理的。首先，根据最高人民法院法官的解读，上述指导意见之所

① 中国社会科学院语言研究所词典编辑室编：《现代汉语词典》（第六版），商务印书馆2012年版，第1457页。

以如此规定，主要是考虑到这几类公共交通工具上妨害驾驶的现象较为常见、多发，有必要明确相关的裁判尺度；而对于客运轮船、摆渡船等从事旅客运输业务的公共交通工具上发生的妨害驾驶行为，也可参照该指导意见的相关原则、标准办理。[①]其次，上述指导意见在对象上不针对《刑法修正案（十一）》新增的罪名、在时间上出台于《刑法修正案（十一）》出台前，对解读《刑法修正案（十一）》没有当然的效力。最后，从文义上看，《刑法》第133条之二所说的“公共交通工具”显然并不限于陆路交通工具；从规范目的的契合性上看，妨害水上、空中安全驾驶的行为，同样具有、甚至可能更加具有社会危害性，没有理由仅对妨害陆路公共交通的行为予以刑法上的规制。我们认为，判断是否为“公共交通工具”，不在于其运行的场域是陆路、水路还是空中，而在于其在功能上是否包括从事旅客运输业务，只要从事旅客运输业务，即属于本条所指的“公共交通工具”。

二是行为对象必须是驾驶人员，行为模式是对驾驶人员使用暴力或者抢控驾驶操纵装置，并达到干扰公共交通工具正常行驶的程度要求。①行为对象必须是驾驶人员。对于非驾驶人员，如售票员、乘客，不属于本罪的规制对象，且此类行为通常并不指向公共安全，而表现为对他人人身权利、财产权利、社会管理秩序的侵害，因此，成立故意伤害罪、故意杀人罪、寻衅滋事罪等犯罪的，以相对应的犯罪论处即可。②行为模式是对驾驶人员使用暴力或者抢控驾驶操纵装置。对于使用暴力，应当理解为对驾驶人员施加有形力（广义暴力），至于这种力量是否如抢劫罪般达到致使驾驶人员不敢反抗、不能反抗、不知反抗的程度（狭义暴力），在所不问，即轻微暴力也可成立本罪。对于抢控驾驶操纵装置，则包括抢控方向盘、刹车、换挡杆等，对于雨刮器、远光灯等，虽然也属于驾驶操纵装置，但由于其对正常驾驶影响很小，原则上不宜认定属于“抢控驾驶操纵装置”。需要特别指出的是，对于实践中常出现的针对驾驶人员的辱骂、惊吓等行为，以及可能出现的通过拿走司机财物分散其注意力、遮挡司机的眼睛等

---

① 参见赵俊甫：《〈关于依法惩治妨害公共交通工具安全驾驶违法犯罪行为的指导意见〉的理解与适用》，载《人民司法》2019年第7期。

行为，由于显然不属于“使用暴力”，根据罪刑法定原则，不宜适用本条之规定，否则有类推解释之嫌疑。当然，如果上述行为给公共安全带来了具体危险甚至是实害，则完全可以通过以危险方法危害公共安全罪等作出处理。③暴力或抢控行为必须达至干扰公共交通工具正常行驶的程度，即“干扰公共交通工具正常行驶”旨在对暴力或抢控行为作出入罪时程度上的要求。

（2）驾驶人员实施妨害安全驾驶行为

《刑法》第133条之二第2款规定：“前款规定的驾驶人员在行驶的公共交通工具上擅离职守，与他人互殴或者殴打他人，危及公共安全的，依照前款的规定处罚。”此种行为模式下，驾驶人员的行为仍必须发生在行驶中的公共交通工具中，但还须满足“擅离职守，与他人互殴或者殴打他人”这一要件。

关于这一行为模式下犯罪的客观方面，《刑法》第133条之二的罪状表述是十分清楚的，但通过对比数个草案文本，对于我们加深对此种行为模式下犯罪客观方面的认识不无帮助。在《刑法修正案（十一）（草案）》中，该款原为“前款规定的驾驶人员与他人互殴，危及公共安全的，依照前款的规定处罚”，但在二次审议稿中，则演变为了上述规定。因此，对此种情形下犯罪的客观方面，实际上是做了两处修改：①以驾驶人员“擅离职守”作为犯罪成立要件。②将互殴这种行为模式扩充至“互殴+殴打”两种行为模式。

对于前一处修改，我们认为主要是为了平衡驾驶人员的防卫权与公共安全之间的关系，即一方面，如果在他人使用武力妨害安全驾驶的情形下，要求司机一律不能以暴力方式反击，明显并不合适，故而第一轮草案关于在行驶的公共交通工具中驾驶人员只要与他人互殴即构成犯罪的规定，似有强人所难之嫌；另一方面，如果允许驾驶人员在面临侵害的当场立即弃职责于不顾、坚决予以反击，则难免将公共安全置于岌岌可危的境地。因此，二次审议稿将“擅离职守”规定为此种行为模式下的犯罪成立要件，其实是为驾驶人员在此种情形下行使防卫权增设了一个先行履行好自己职责的前提条件，如先行将车辆熄火、停至路边等。如此显然是为驾驶人员增设了一定的面临不法侵害时的容忍义务，但我们认为这是符合维护公共安全的需要，同时也是合乎实际情况的。[①]对于后一处修改，则主要是因为在一些案件中，司乘冲突并不表现为双方的“互殴”，而是由于乘客对司机的言语辱骂等，致使驾驶人员对其进行单方面“殴打”。对于这种情形，由于司乘间关系表现为殴打与被殴打，显然不能为“互殴”所囊括，因而将行为模式由“互殴”扩充为“互殴+殴打”。

**3.本罪的主体为一般主体**

本罪的犯罪主体是一般主体，凡年满16周岁、具有刑事责任能力的自然人均可成为本罪主体。当然，从具体的罪状表述来看，该罪的犯罪主体又可具体分为两类，一类是针对公共交通工具驾驶人员实施妨害行为的人，主要是指乘客；另一类则是公共交通工具的驾驶人员。

**4.本罪的罪过形式**

本罪的主观方面表现为故意。至于犯罪动机为何，不影响本罪的认定。

### （三）本罪的具体适用

本罪在具体适用过程中，应当重点关注以下两个方面。

**1.对《刑法》第133条之二第3款的理解**

在草案一审稿与草案二审稿中，第3款的表述是：“有前两款行为，致人伤亡或者造成其他严重后果，同时构成其他犯罪的，依照处罚较重的规定定罪处罚。”如此规定需要回答的问题是，能否从反对解释的视角，认为在未致人伤亡或致公私财产遭受重大损失的场合，仅能适用《刑法》第133条之二第1款、第2款的规定，而排除其他罪名的适用呢？答案显然是否定的，因为原有的给公共安全造成具体危险的类似行为，多以以危险方法危害公共安全罪（第114条）定罪处罚，其对应的法定刑为3年以上10年以下有期徒刑，且最高人民法院、最高人民检察院、公安部联合发布的指导意见中，明确了对七种情形下的妨害安全驾驶行为要从重处罚、一般不得适用缓刑。如果认为《刑法修正

① 根据最高人民法院公布的数据，在司乘冲突引发刑事案件的样本中，46.4%的案件公交车司机主动采取了“紧急停车”措施应对冲突。参见《司法大数据专题报告之公交车司乘冲突引发刑事案件分析》，载最高人民法院官方网站，http://www.court.gov.cn/fabu-xiangqing-130611.html，2020年12月16日访问。

案（十一）》出台后，对于未造成严重后果、仅给法益侵害带来具体危险的上述行为反而要适用《刑法》第133条之二，对应1年以下有期徒刑、拘役或管制，并处或单处罚金，明显与立法者希望加大对此类行为的打击力度的初衷不符。因此，即使是在草案一审稿与草案二审稿的语境下，也只能将其第3款理解为为了防止司法机关在实践中对该条文产生错误理解，所作出的旨在起提示性作用的注意规定；在未致人伤亡或致公私财产遭受重大损失的场合，符合其他犯罪成立要件的，同样应依照竞合论的相关理论，依照处罚较重的规定定罪处罚。显然，最终出台的《刑法修正案（十一）》将"致人伤亡或者造成其他严重后果"，在理解上更为顺畅，也减少了解释与适用层面不应有的麻烦。

**2.本罪与其他犯罪的关系**

本罪是关于妨害安全驾驶的抽象危险犯规定，对于符合其他犯罪成立要件的，则应依照处罚较重的规定定罪处罚。由此：（1）只要行为人实施了《刑法》第133条之二第1款、第2款中妨害安全驾驶的行为，除非危险完全不存在，否则即可认定为妨害安全驾驶罪。（2）在实施上述妨害安全驾驶行为，并给法益侵害造成现实、具体危险的场合，符合相关具体危险犯，如以危险方法危害公共安全罪（第114条）成立要件的，应以以危险方法危害公共安全罪（第114条）定罪处罚。（3）在实施上述妨害安全驾驶行为，并给法益造成实际侵害的场合，符合相关实害犯，如以危险方法危害公共安全罪（第115条第1款）或交通肇事罪成立要件的，应依行为人对结果发生所持心理态度的不同，以以危险方法危害公共安全罪（第115条第1款）、交通肇事罪定罪处罚。具体参见下图：

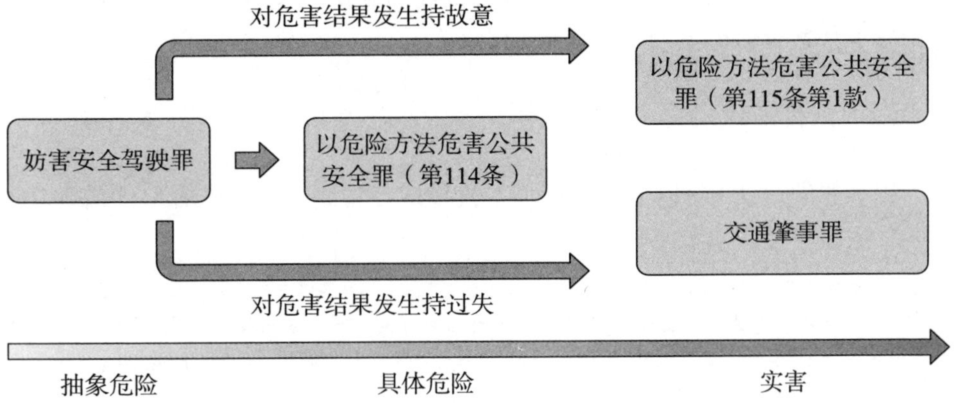

为什么此种情形可能构成交通肇事罪呢？理由在于：（1）《刑法》第133条之二第2款中司机妨害安全驾驶的行为，显然同时也是交通肇事罪中“违反交通运输管理法规”的行为；（2）根据《道路交通安全法》第66条的规定，“乘车人……不得有影响驾驶人安全驾驶的行为”，因而《刑法》第133条之二第1款中乘客妨害安全驾驶的行为，同时也属于交通肇事罪中的“违反交通运输管理法规”；（3）与危险驾驶罪和交通肇事罪间关系一样，在行为人对危害结果的发生持过失的情况下，妨害安全驾驶罪系基本犯，而交通肇事罪则是这一基本犯的结果加重犯，对基本犯持故意、对加重结果持过失，也符合结果加重犯的基本原理。[①]当然，在绝大多数此类案件中，行为人主观上对造成实害是持故意，特别是持放任心态的，因此可以预见，在造成实害的场合，大量的案件会以以危险方法危害公共安全罪（第115条）进行处理。

此外，妨害安全驾驶罪与暴力危及飞行安全罪之间的关系也值得讨论。《刑法》第123条规定：“对飞行中的航空器上的人员使用暴力，危及飞行安全，尚未造成严重后果的，处五年以下有期徒刑或者拘役；造成严重后果的，处五年以上有期徒刑。”鉴于并非对航空器上任何人实施暴力都将引发危害公共安全的危险，故而应对该规定中的“危及飞行安全”作同“危害公共安全”的理解，并将该罪理解为具体危险犯。在此前提下，对于两罪间关系：（1）对飞行中的航空器驾驶人员（即机长）使用暴力或者抢控驾驶操纵装置，干扰飞机正常飞行的，即成立妨害安全驾驶罪；（2）对飞行中的航空器驾驶人员（即机长）使用暴力或者抢控驾驶操纵装置，达到危及飞行安全的具体危险的，适用暴力危及飞行安全罪前半段的规定；（3）对飞行中的航空器驾驶人员（即机长）使用暴力或者抢控驾驶操纵装置，造成严重后果的，适用暴力危及飞行安全罪后半段的规定。

### （四）本罪的法定刑

犯本罪的，处1年以下有期徒刑、拘役或者管制，并处或者单处罚金。

---

① 关于危险驾驶罪与交通肇事罪间关系的相关讨论，参见张明楷：《刑法学》（第五版），法律出版社2016年版，第728页；黎宏：《刑法学各论》（第二版），法律出版社2016年版，第64页。

## 四、以案说法

**【案例】朱某故意伤害案**[①]

2017年8月18日15时50分左右，被害人周某驾驶101路长株潭公交车行驶至107国道比华利山附近的栗山村站台时询问是否有乘客（不足10人）下车，确定无乘客下车后，周某继续驾驶公交车行驶。当公交车往北驶离栗山站300米左右时（时速达37KM/H），被告人朱某要求下车，因该路公交车栗山站的站点站牌发生异动，导致被告人朱某与被害人周某发生分歧，被告人朱某要求停车未果，便冲到公交车驾驶室朝被害人周某脸部打了一拳，周某随即将公交车停住。随后，被告人朱某强行按下公交车开门键下车逃离。被害人周某立即下车追上被告人朱某理论，要求朱某等派出所民警来处理，随后双方扭在一起，被告人朱某将周某摔倒在地，周某抱住朱某左脚，朱某便用脚蹬了几下周某，之后朱某逃离现场。经鉴定，周某系轻伤。

一审法院认为，被告人朱某因靠站停车与公交车驾驶员产生分歧并故意殴打正在驾驶公交车的驾驶员，其行为已构成以危险方法危害公共安全罪。驾驶员停车后，被告人朱某下车逃离现场，驾驶员下车追上被告人朱某讨要说法并要求接受处理，双方再次扭打在一起，致驾驶员轻伤二级，被告人朱某虽然同时触犯了故意伤害罪，但此伤害行为与车上行为具有连贯性，应择一重罪予以惩处，即应当以以危险方法危害公共安全罪定罪量刑。一审法院最终以以危险方法危害公共安全罪对其判处有期徒刑七个月。

抗诉机关称：1.原审判决罪数认定错误，被告人朱某在公交车上殴打司机和跑下车后殴打司机的行为系二行为，而非一行为，应当分别认定为以危险方法危害公共安全罪和故意伤害罪；2.原审判决量刑畸轻。

二审法院认为，行为人的行为是否构成以危险方法危害公共安全罪，应当根据行为当时的具体情况来判断行为人的行为是否产生了实质危险、具体危险。从本案事实来看，车辆在事发时车速慢、载客少，事发地段较为偏僻，车辆和行人较少，原审被告人朱某仅殴打一拳即主动停止，并未连续攻击驾

---

① 参见湖南省长沙市中级人民法院（2019）湘01刑终924号刑事判决书。

驶员，没有对驾驶员驾驶车辆造成实质干扰，驾驶员随后立即刹车将公交车停住，亦未实质影响到道路上的其他车辆和路边的行人。综合判断上述情况，原审被告人朱某的行为尚不足以引起危害公共安全的危险，其行为不构成危害公共安全罪。故抗诉机关的抗诉意见、原审被告人朱某及其辩护人的辩解辩护意见均缺乏事实与法律依据。最终，经审委会讨论，二审法院以原审被告人朱某犯故意伤害罪，判处其有期徒刑七个月。

在该案中，原审法院及抗诉机关在案件处理上均存在明显缺陷：（1）就原审法院来说，一方面，其试图以以危险方法危害公共安全罪对被告人定罪处罚，但在发现如此可能对被告人适用重刑后，专门对其减轻处罚至7个月，而综观该案，并没有可以减轻处罚的法定情节，根据《刑法》第63条的规定，在没有法定减轻处罚情节且未经最高人民法院核准的情况下对行为人减轻处罚，本身就是明显违法的；另一方面，正如抗诉机关所指出的，行为人在公交车上和跑下车后殴打司机的行为系二行为，而非一行为，理应数罪并罚。（2）就抗诉机关来说，如果对其严格适用以危险方法危害公共安全罪和故意伤害罪数罪并罚，则基于限制加重规则，将导致需要对其至少处三年有期徒刑，存在违反罪刑均衡原则之虞。相比之下，二审法院明显做了一种平衡，即通过否定以危险方法危害公共安全罪的成立，使得量刑适当，但这种处理方式未能评价行为人妨害安全驾驶的部分，显然是与一审法院、抗诉机关的观点相抵牾的。《刑法修正案（十一）》出台后，对该案件则可以较好地处理：（1）由于行为人的前行为完全符合《刑法》第133条之二第1款的规定，若认为未给公共安全造成具体危险，应以妨害安全驾驶罪论处。（2）由于行为人的后行为完全符合《刑法》第234条第1款故意伤害罪的规定，且与前行为相互独立，故而应认定后行为成立故意伤害罪。（3）将二者数罪并罚，整体刑期依然可以是有期徒刑7个月，既较好地实现了罪刑均衡，又充分评价了行为人妨害安全驾驶的行为，表明了国家对前一行为的否定和谴责，实现了法律效果和社会效果的统一。

# 第二节　强令违章冒险作业罪的修改

**【修正前条文】第一百三十四条第二款**　强令他人违章冒险作业，因而发生重大伤亡事故或者造成其他严重后果的，处五年以下有期徒刑或者拘役；情节特别恶劣的，处五年以上有期徒刑。

**【修正后条文】第一百三十四条第二款**　强令他人违章冒险作业，或者明知存在重大事故隐患而不排除，仍冒险组织作业，因而发生重大伤亡事故或者造成其他严重后果的，处五年以下有期徒刑或者拘役；情节特别恶劣的，处五年以上有期徒刑。

## 一、立法主旨

《刑法修正案（十一）》对强令违章冒险作业罪的罪状予以扩充，增加了新的入罪行为方式，即“明知存在重大事故隐患而不排除，仍冒险组织作业”。这一修改目的在于强化刑法在生产安全领域的社会治理机能，加大惩罚力度，尤其是发挥“强令违章冒险作业罪”作为重罪应有的刑法功效。因此，该罪罪名也相应被调整为“强令、组织他人违章冒险作业罪”。

## 二、修改理由

《刑法修正案（十一）》对《刑法》第134条的修正主要在于加大对强令、组织他人违章冒险作业行为的打击。“强令违章冒险作业罪”为《刑法修正案（六）》增设，法定最高刑为有期徒刑15年，是危害生产安全犯罪中的重罪，从立法背景来看，强令违章冒险作业罪从重大责任事故罪中分离，主要是为了加大力度惩处生产、作业的指挥、管理人员明知自己的决定违反安全生产、作业的规章制度，可能会发生事故，却心怀侥幸，强行令他人违章作业的行为。但实践中该罪的适用率偏低。[①]这是因为司法实践中“强令”的认定十分困难。对于强令行为，一方面，错误认定行为人对危害结果的心态，比如在明知重大隐患情况下的组织生产，认定为以危险方法危害公共安全罪，导致处刑过重；另一方面，对“强令”一词理解不当，将某些强令违章冒险作业行为错误认定为普通违规生产行为，作为重大责任事故犯罪，导致处刑过低。

为此，2013年10月，原国家安监总局分别致函最高人民法院和最高人民检察院，建议“两高”联合出台办理危害生产安全刑事案件司法解释。2015年在原国家安全监管总局建议稿的基础上，制定了《最高人民法院、最高人民检察院关于办理危害生产安全刑事案件适用法律若干问题的解释》，明确规定明知存在事故隐患、继续作业存在危险，仍然违反有关安全管理的规定，利用组织、指挥、管理职权强制他人违章作业，或采取威逼、胁迫、恐吓等手段强制他人违章作业，或故意掩盖事故隐患组织他人违章作业的，均应认定为“强令他人违章冒险作业”，将强令与一般指令进行了区分。而新增加条文是明知存在“重大事故隐患”，所以从危险性来说更加迫近，因此不再要求“强制”“掩盖”的强令，而是只要一般指令组织生产就构成。

从刑法使用“强令”一词的含义来看，所谓强令，应是指强迫命令，在实践中表现形式多种多样，可以表现为大声说话、态度强硬的言语形式；可以表现为身体动静的暴力形式，比如若工人拒绝听从命令，就会遭受强令者做出的人身伤害；还可以表现为利用被强令者的弱点或劣势，使其违心地接受命令，比如若工人拒绝听从命令，就会面临失业、扣罚工资、奖金、补助等风险，但如果是在存在事故隐患的情况下，生产、组织、指挥、管理人员一般指派工人违章冒险作业，能否成立“强令”却没有法律的明确规定。刑法修订之前强令的理解与“违章”相连，判定行为人是否强令他人违章冒险作业时，如果该管理人员的决定符合安全生产的相关规定，即使有危险且强行命令，也不能认定为“强令违章冒险作业”。因为在不违章的情况下，由于生产作业过程中出现不可预料和不能抗拒的原因而发生重大伤亡事故，属于允许的危险范畴，行为人主观上不存在过失责任，不承担刑事责任[②]。

---

① 张清丰：《论重大责任事故罪的构成》，载《皖西学院学报》2007年第1期。

② 鲍遂献、雷东生：《危害公共安全罪》，中国人民公安大学出版社2003年版，第402—404页。

从立法的修正来看，对于“重大事故隐患”情况下的冒险组织行为不再局限于规章的规定，也不再局限于事实上的意志是否受到强制，而是着重从“安全”角度，直接作为入罪情形，有利于增强司法适用的可操作性，同时也有利于打击此类犯罪。

此外，从立法条文的表述来看，《刑法修正案（十一）（草案）》一审稿为：“强令他人违章冒险作业，或者明知存在重大事故隐患而拒不排除，仍冒险组织作业，因而发生重大伤亡事故或者造成其他严重后果的，处五年以下有期徒刑或者拘役；情节特别恶劣的，处五年以上有期徒刑。”草案二审稿删除了“拒”字，修改为：“强令他人违章冒险作业，或者明知存在重大事故隐患而不排除，仍冒险组织作业，因而发生重大伤亡事故或者造成其他严重后果的，处五年以下有期徒刑或者拘役；情节特别恶劣的，处五年以上有期徒刑。”“拒”字的删除显示了立法的严谨，“拒”的适用需要前提义务的存在，而“明知存在重大事故隐患”而生产作业，其行为已经直接违反了法律规定的“安全”义务，这一行为并不存在拒绝的前提性义务，因此删除“拒”字更加规范、科学。

同时删除“拒”字，有利于与新增的第134条之一相衔接，在第134条之一入罪情形“（二）”中明确规定，“因存在重大事故隐患被……而拒不执行的”，这是作为危险犯规定，而一旦“冒险组织作业”发生危害结果，便构成此罪，有利于罪名的衔接。

## 三、条文释义

### （一）对本罪客观方面的把握

对于“重大事故隐患”，虽然有行业、部门的认定标准，但仍要进行刑法层面的具体认定。此外，应注意考虑对“冒险组织作业”的理解。

“冒险”一词在“罪名”上附着于“违章”之后，有一种观点认为，实施违章行为本身就是在冒着发生结果的危险。[①]言下之意，只要行为人实施了违

① 刘志伟、梁剑：《重大责任事故罪若干疑难问题探讨》，载《河南省政法管理干部学院学报》2002年第2期。

反规章的行为，就是在实施冒险行为。但刑法中明确规定了“冒险”这一要素，我们认为仍然需要对其实质内涵加以解释，而且安全管理规定多样，违反一些与安全问题关系不大的规定并不一定意味着作业会冒很大风险，且重大隐患也并不必然产生现实的危险。对此，《关于办理危害生产安全刑事案件适用法律若干问题的解释》第5条将“冒险”解读为明知存在事故隐患、继续作业存在危险。因此，违章冒险作业中的“冒险”，应作客观理解。这里的“险”即危险。在刑法学上，关于危险，有两种理解：一种理解是感觉上的危险，国外称之为“恐惧感”，即尽管没有非常具体的客观事实根据，但只要行为人根据一般日常生活经验，主观上感觉到很恐惧，就可以说具有危险；另一种理解是客观具体的危险，即行为人根据一定现象，从人的理性角度出发，以客观的事实为基础，感知的是客观上的、一定事实上的危险。[①]

对于“组织作业”的理解，“作业”，应仅在危害公共安全的范围内理解。本罪侵害的客体是生产、作业的安全，属公共安全的范畴。本罪只能发生在生产、作业过程中，这里的“生产、作业”，既包括合法开办的工厂、企业从事的“生产、作业”，又包括非法从事的“生产、作业”，例如，未经工商登记批准的企业从事的生产劳动、未取得采矿许可证而从事的地下采矿作业，等等。但是这里的“生产、作业”，不包括传统的农业生产，因为传统的农业生产只是一种小规模的简单劳动，这种生产的安全，只涉及特定个人的人身或少量财产的安全，而不会对不特定的或者多数人的生命、健康或重大财产构成威胁，不属于公共安全的范畴。此外，这里的“生产、作业”也不包括未纳入公共安全管理范围的“生产、作业”，例如农民自己雇人在自家院内建造房子，强制命令雇佣工人去安装房梁，且忽视了安全注意义务，使他人从事冒险作业，导致伤亡事故的。这种情形表面上似乎符合本罪的客观方面，实际上由于这种作业是农民个人的临时从事的生产作业，危险范围并不涉及公共安全，没有纳入国家安全生产、作业管理的范围，事实上也不存在这方面的安全管理的规定，因而，不宜将其纳入本罪的范畴。《刑法修正案（六）》明确了强令违章冒险作业罪只能发生在生产、作业中，这是构成强令违章冒险作业罪客观要件的前提，界定清楚“生产、作业”，是区分罪与非罪、此罪与彼罪的必要条件。

---

① 黎宏：《结果无价值论之展开》，载《法学研究》2008年第5期。

这里在理解上要注意“不排除”与“仍冒险组织作业”在犯罪构成要素的理解上具有递进性，如果单纯不排除或者予以排除后组织作业均不构成犯罪。这里就存在采取了一定措施排除重大事故隐患，但仍具有一般隐患此时冒险组织作业是否构成犯罪？我们认为这种情况下不构成该罪，如果发生事故，可以按照一般的重大责任事故罪处理。

### （二）本罪的主体要求

对强令违章冒险作业的犯罪主体，一度有观点认为“强令”的内涵决定了实施者只能来自于领导阶层，而修订内容补充了“明知……而组织”，组织行为并非只有领导可实施，因此该罪的犯罪主体应当为一般主体。当然，对一般主体的理解也不宜扩大到一般工人，根据《最高人民法院、最高人民检察院关于办理危害生产安全刑事案件适用法律若干问题的解释》第2条规定，《刑法》第134条第2款“强令违章冒险作业罪”规定的犯罪主体，包括对生产、作业负有组织、指挥或者管理职责的负责人、管理人员、实际控制人、投资人等人员，明确排除“直接从事生产、作业的人员”，也就是说此罪仅包括对生产、作业负有组织、指挥或者管理职责的负责人、管理人员、实际控制人、投资人等人员。之所以如此规定，在于强令行为本身具有迫使他人必须执行的效力，一般存在于隶属关系之间，对于一般的一线生产作业人员来说，不具有强令他人的客观效力。但立法修订后，虽然新增加内容没有明确的“强令”，但在“组织”这一理解上，不宜理解为一般的组织，而应该是具有组织、指挥、管理职务的人的组织，而不是一般一线从业人员之间实施自发的组织。在犯罪主体上仍然限定为仅包括对生产、作业负有组织、指挥或者管理职责的负责人、管理人员、实际控制人、投资人等人员，而不包括直接从事生产作业的人员。

### （三）本罪的罪过形式

此前，强令违章冒险作业罪的主观罪过形式在理论界争议较大，主要有故意罪过说、复合罪过说与过失罪过说三种不同的观点。

主张故意罪过说论者认为，该款犯罪的主观罪过应为间接故意，如某些矿山违规作业的行为，其结果是必然发生伤亡的后果，而对该种后果的善后费用矿主通常已明确计算在预算中了，因此其主观罪过是故意；主张复合罪过说论者认为，不论是间接故意还是过失都不能涵盖强令违章冒险作业罪的主观罪过形式，强令违章冒险作业罪应采用复合罪过的观点，即强令违章冒险作业罪的罪过形式以过失为主，兼有间接故意；主张过失罪过说论者认为，根据刑法理论，行为人对于违章等行为是故意的，但对于重大伤亡事故或其他严重后果则是不希望的，否则就应认定为故意杀人罪或其他故意犯罪，因此，强令违章冒险作业罪的罪过只能是过失。

我们认为，经过此处立法修订，使得该罪“罪过”认定更加复杂，所增加的条款“明知”而“造成”，这从刑法罪过的理论来看，“明知”的心态下不存在过失。我们认为该罪仍然是“实害犯”，在“明知”的内容上不仅包括行为还有危害结果以及行为与结果之间的因果关系。当行为人“明知存在重大事故隐患而不排除，仍冒险组织作业”时，主观方面不外乎两种罪过：其一是放任重大伤亡事故发生，其二是轻信能够避免重大伤亡事故发生。当欠缺“轻信”的客观条件时，其主观意愿的实质是抱着侥幸心理，“赌一把试试”，虽不希望危害结果发生，但也不阻止危害结果发生，因而属于放任危害结果发生。我们认为在这种情况下应当存在与“以危险方法危害公共安全罪”想象竞合的情形。

如何判断行为人“明知存在事故隐患”？我们认为，根据《安全生产法》第38条的规定，“生产经营单位应当建立健全生产安全事故隐患排查治理制度，采取技术、管理措施，及时发现并消除事故隐患。事故隐患排查治理情况应当如实记录，并向从业人员通报”。根据2021年年初公布的《安全生产法（修正草案）》（征求意见稿）第39条的规定，“重大事故隐患排查治理情况应当及时向主管的负有安全生产监督管理职责的部门报告”，“重大事故隐患纳入相关信息系统”。根据《安全生产事故隐患排查治理暂行规定》（国家安全监管总局16号令）的规定，隐患分为一般隐患和重大事故隐患。《刑法修正案（十一）》将重大事故隐患列入刑法规制范围，根据《安全生产法》第113条的规定，重大事故隐患的判断标准由国务院安全生产监督管理部门和其他负有安全生产监督管理职责的部门根据各自的职责分工制定。截至目前，已有的重大事故隐患认定标准有：《煤矿重大事故隐患判定标准》《工贸行业重大生产安全事故隐患判定标准（2017版）》《金属非金属矿山重大生产安全事故隐患判定标准（试行）》《化工和危险化学品生产经营单位重大生产安全事故隐患判定标准（试行）》《烟花爆竹生产经营单位重大生产安全事故隐患判定标准（试行）》《重大火灾隐患判定标准（GA653-2006）》《重大火灾隐患判定方法》《交通部关于报告船舶重大事故隐患的通知》等，对于某些未规定“重大隐患”标准的领域，要参考重大隐患评价标准，由司法机关具体认定。

从以上规定来看，对于重大事故隐患，企业有自查的义务，不能以此推卸“明知”，此外，根据《安全生产法》第65条规定，安全生产执法人员也会及时将发现问题书面记录，并由被检查单位负责人签字。这些都可以用于证明“明知”。但是，这里存在一个问题，就是是否要求提出的内容足够明确、详细？这里涉及“明知”的程度，一般而言，只要有关部门或单位职工向单位中的有关负责劳动安全设施管理、维护的人员提出某项或某几项或者所有的劳动安全设施不符合国家规定的安全标准，存在发生事故的隐患，就可以认定具备明知。以《煤矿重大事故隐患判定标准》的规定来看，煤矿重大事故隐患包括下列15个方面：（1）超能力、超强度或者超定员组织生产；（2）瓦斯超限作业；（3）煤与瓦斯突出矿井，未依照规定实施防突出措施；（4）高瓦斯矿井未建立瓦斯抽采系统和监控系统，或者系统不能正常运行；（5）通风系统不完善、不可靠；（6）有严重水患，未采取有效措施；（7）超层越界开采；（8）有冲击地压危险，未采取有效措施；（9）自然发火严重，未采取有效措施；（10）使用明令禁止使用或者淘汰的设备、工艺；（11）煤矿没有双回路供电系统；（12）新建煤矿边建设边生产，煤矿改扩建期间，在改扩建的区域生产，或者在其他区域的生产超出安全设施设计规定的范围和规模；（13）煤矿实行整体承包生产经营后，未重新取得或者及时变更安全生产许可证而从事生产，或者承包方再次转包，以及将井下采掘工作面和井巷维修作业进行劳务承包；（14）煤矿改制期间，未明确安全生产责任人和安全管理机构，或者在完成改制后，未重新取得或者变更采矿许可证、安全生产许可证和营业执照；（15）其他重大事故隐患。只要涉及以上15项的内容，即便在认定细节上不够具体也应当认定为明知，比如根据规定，煤矿全年原煤产量超过核定（设计）生产能力幅度在10%以上，或者月原煤产量大于核定（设计）生产能力的10%的，属于“超能力、超强度或者超定员组织生产”。实践中，一般员工提出超能力生产的怀疑，但负责人员不予以查实，事后查明符合“重大隐患”的客观标准，应当认定为“明知”。对于一般员工来说，不能要求职工很详细地说明具体情况。如果要求他们很详细地说明具体的情况，就会常常因为这些部门或者单位职工不具有生产安全、劳动安全保护方面的专门知识而使“重大隐患”难以暴露，从而在一定程度上放纵了有关直接责任人员的犯罪行为，进而不利于督促单位中负责劳动安全设施管理、维护的人员加强责任心，认真履行自己的责任，以避免发生重大生产安全事故。当然，如果有关部门或者单位职工仅泛泛一般地向有关直接责任人员提出感觉单位的劳动安全设施存在问题，而根本不能作任何具体的说明，就不宜以此推定负责人员的明知。

## 四、以案说法

**【案例】贾某某、甲、乙等重大责任事故罪**[①]

A机械设备租赁有限公司成立于2013年6月，法定代表人李某1（贾某某的妻子），经营范围包括建筑工程机械设备的租赁、安装及拆卸等。被告人贾某某以该公司名义承接工程，并担任该公司安全员。2018年10月初，贾某某承接成都高新区益州东一街120号“茉莉花开”酒店5楼燃气改装施工所需吊篮的安装、拆卸作业。2018年10月12日上午，贾某某驾车搭载未取得《特种作业操作证》的临时工乙等四人到该酒店安装施工用吊篮。

贾某某在施工现场未检查安全生产周边环境、未设置安全警示标志，工人提醒斜拉吊篮可能存在风险后，贾某某未排查生产安全事故隐患，四名临时工在贾某某的安排下斜拉吊篮，致使吊篮将五楼楼顶支架拉垮，支架配重石块掉落，将站在酒店门口的被害人周某砸伤。2018年10月15日周某经医院抢救无效身亡。

原判认为，被告人贾某某强令他人违章冒险作业，造成一人死亡，其行为构成强令违章冒险作业罪。上诉人及辩护人提出贾某某并不明知有风险，更未强令工人施工，且贾某某与施工工人之间并无职责上的强制性特征，无法对施工工人施加任何影响及心理强制，二审法院认为，首先，在案证据中，同案原审被告人甲、乙等人的证言均相互印证证实，四人受贾某某雇请从事该次吊篮安装作业，作业现场未设置警示标志，在进行具体操作前已向贾某某明确提醒

---

① 四川省成都市中级人民法院（2019）川01刑终1163号刑事裁定书。

过不能斜拉吊篮，但贾某某仍然指挥继续作业，四人因受雇于贾某某，工资亦由其支付，只能听从其安排；其次，强令他人违章冒险作业中的“强令”，不一定表现在恶劣的态度、强硬的语言或行动，只要是能够对工人产生精神强制，使其不敢违抗命令，不得不违章冒险作业的，均构成“强令”。据此认为，贾某某利用其系该次作业的组织者、管理者的职权，强制受雇者违章作业，因而发生重大伤亡事故，其行为已构成强令违章冒险作业罪，维持原判。

从法院的审理，我们可以看出，法院在认定中对“强令”的理解不要求对工人产生精神强制等，而是从客观的作业危险来判断，裁判思路与《刑法修正案（十一）》所新增的入罪情形具有一致性，对于行为人及其辩护人的上诉理由，虽然从形式上提出了“强制性”证据不足的辩解，但是这一理由在《刑法修正案（十一）》关于该罪的修订之后，则不存在疑问，在存在重大事故隐患的情况下不要求“强制”，只要“冒险组织作业”便符合犯罪构成。本案中“作业现场未设置警示标志”，具有重大安全隐患，经工人提醒风险后，行为人并不排查事故隐患继续冒险组织作业，符合强令、组织他人违章冒险作业罪的规定。

## 第三节 危险作业罪的增设

**【新增条文】第一百三十四条之一** 在生产、作业中违反有关安全管理的规定，有下列情形之一，具有发生重大伤亡事故或者其他严重后果的现实危险的，处一年以下有期徒刑、拘役或者管制：

（一）关闭、破坏直接关系生产安全的监控、报警、防护、救生设备、设施，或者篡改、隐瞒、销毁其相关数据、信息的；

（二）因存在重大事故隐患被依法责令停产停业、停止施工、停止使用有关设备、设施、场所或者立即采取排除危险的整改措施，而拒不执行的；

（三）涉及安全生产的事项未经依法批准或者许可，擅自从事矿山开采、金属冶炼、建筑施工，以及危险物品生产、经营、储存等高度危险的生产作业活动的。

## 一、立法主旨

近些年来引起社会广泛关注的特大安全事故的发生，反映出安全生产的严峻形势。此次立法修订将国家关于生产安全“树立新发展理念，强化风险意识，坚持以人民为中心”的政策予以刑事立法的落实，加大了生产安全犯罪的打击力度。新增的第134条之一打破了刑法对生产安全犯罪事后惩处的现状，对生产安全的刑事处罚阶段前移，将实践中突出的具有导致严重后果发生现实危险的三项多发易发安全生产违法违规情形规定为犯罪行为，顺应了国家治理体系和治理能力现代化的要求，尊重了生产安全犯罪产生、发展和预防惩治的规律，有力彰显了刑法对人民群众生命财产安全的保障。

## 二、修改理由

伴随科技发展，我国迈入生产安全事故易发的高峰期，各个行业的生产安全风险也越来越多，2015年，全国21个省份共发生38起重特大事故，平均10天一起，共造成768人死亡或失踪，有13个省份重特大事故起数和死亡人数同比上升。[①]江苏响水“3·21”特别重大爆炸事故，致78人死亡，76人重伤，640人住院治疗，直接经济损失198,635.07万元。[②]在惨痛的损失背后，从严惩处安全生产犯罪成为社会强烈的呼声。

2016年《中共中央、国务院关于推进安全生产领域改革发展的意见》明确提出“研究修改刑法有关条款，将生产经营过程中极易导致重大生产安全事故的违法行为列入刑法调整范围”。在第十三届全国人大三次会议中，全国人大代表孙景南便建议应将故意隐瞒重大事故隐患的行为纳入刑法调整，遏制重特大事故发生，对于故意隐瞒重大事故隐患行为，不论其是否已经造成

---

① 国家安全监管总局办公厅：《〈中共中央国务院关于推进安全生产领域改革发展的意见〉学习读本》，煤炭工业出版社2016年版，第32页。

② 《江苏响水特大爆炸事故致78死15名公职人员被诉》，载澎湃新闻网，https://news.163.com/20/0807/21/FJF5R1V700019B3E.html，2020年12月5日访问。

了后果，都需进行惩罚，唯有如此，才能更加有效地将安全生产事故隐患排查治理落实到位，保护公共安全、公民人身安全和财产安全。①

以上建议与我国此次刑法修订中对生产安全提前预防的思路是一致的。无论是基于刑法对社会发展以及时代变迁及时回应的理性思考，还是从遏制重特大事故、保障人民群众生命财产安全的现实考量，都需要刑法在事前预防方面发挥更为积极的作用。②

### （一）实现与《安全生产法》等生产安全法律、法规的衔接，遵循生产安全犯罪治理原理

生产安全犯罪在认定中有一定的“行政违法”判断前置性，针对的是“违法违规”行为，伴随《安全生产法》的修订，生产安全已由结果控制为主转向过程控制与结果控制并重，根据安全生产法等行政法律、法规的规定，安全生产应当坚持安全第一、预防为主、综合治理的方针。对此，刑法也需加大对生产安全过程中一些严重不规范行为的处罚力度，将处罚关口前移、减少事故隐患。《刑法修正案（十一）》在修订中对常见的典型非法、违法生产经营行为明确入罪，符合“生产安全犯罪”治理的科学化。

在生产安全事故分析中，有学者统计分析美国7.5万生产安全事故原因后发现：88%的事故是由人的不安全动作引起的，10%的事故是由物的不安全状态引起的，另外2%的事故因随机性太强而不易归类。③而在我国重大生产安全事故中，安全生产违法，也是造成事故多发的一个重要原因。据统计，违法违规引发的较大以上事故占事故总量的一半左右，重特大事故几乎都存在违法违规行为。④这暴露出一些企业重生产轻安全、安全管理薄弱、主体责任不落实等严重问题，比如拒不执行有关停产停业、停止使用有关设备设施的执法指令的；未取得安全生产许可证，私自进行煤矿生产活动的；明

---

① 《“强令违章冒险作业罪”被重新定义！〈刑法修正案（十一）〉已通过！》，载“建筑时报”微信公众号，2020年12月30日。

② 曾粤兴：《对〈刑法修正案（十一）（草案）〉的审思与建议》，载《法治研究》2020年第5期。

③ 傅贵：《安全管理学——事故预防的行为控制方法》，科学出版社2013年版，第61页。

④ 《提高企业安全生产违法违规成本》，载《中国应急管理报》2018年8月3日。

知具有事故发生的危险紧迫性，仍冒险从事生产作业活动的，如超层越界开采，超能力、超强度或者超定员组织生产，以及通风系统不完善、不可靠仍进行生产的。[①]对一些具有主观恶意且有发生现实危险紧迫性的严重违法行为，安全生产行政制裁已经不奏效。如造成72人死亡、4人受伤、直接经济损失1,035余万元的山西吕梁孟南庄煤矿“3·22”特别重大瓦斯煤尘爆炸事故，事故调查组查明事故原因之一为该矿拒不执行当地煤矿安全监管监察部门作出的查封及停产整顿处理决定，擅自撕开封条、砸开锁，违法冒险组织生产。[②]

从以上分析，我们可以发现，大多违法行为如果在前端及时处理，可以有效预防犯罪，该类犯罪发生的时间、空间是特定的，所涉人员以及违法的原因都是相对明确的，这就为预防指明了方向并划定了明确的干预范围，刑法有针对性地及时介入便可中断违法犯罪行为的继续，打破事故的致因链条，从而避免安全事故的发生并实现保护法益的目的。[③]所以刑法的积极介入具有科学的理论基础，遵循了该类犯罪更大预防可能性的特点。

事实上，在长期的司法实践中，司法部门已经关注到对安全生产犯罪“预防”为主的治理重要性，《最高人民法院、最高人民检察院关于办理危害生产安全刑事案件适用法律若干问题的解释》第12条明确了对生产安全犯罪的从重处罚情形，“（一）未依法取得安全许可证件或者安全许可证件过期、被暂扣、吊销、注销后从事生产经营活动的；（二）关闭、破坏必要的安全监控和报警设备的；（三）已经发现事故隐患，经有关部门或者个人提出后，仍不采取措施的；（四）一年内曾因危害生产安全违法犯罪活动受过行政处罚或者刑事处罚的；（五）采取弄虚作假、行贿等手段，故意逃避、阻挠负有安全监督管理职责的部门实施监督检查的；（六）安全事故发生后转移财产意图逃避承担责任的；（七）其他从重处罚的情形”。其中第一、二、三种情形与此次刑法修订所明确入罪的三种情形具有违法的高度相似性。从司法解释的“从

---

① 罗丽、代海军：《中国安全生产行政执法与刑事司法衔接机制研究》，载《北京理工大学学报（社会科学版）》2020年第1期。

② 任树奎：《特别重大事故案例汇编：2000—2003》，中国劳动社会保障出版社2005年版，第358页。

③ 宗玲：《惩罚与预防：安全生产之刑事规制》，载《江西社会科学》2018年第5期。

重处罚”上升为立法的“入罪”，也是司法实践经验的积累与呈现。

### （二）生产安全“风险”提前防卫的现实需求

刑法对生产安全中违法行为以“危险犯”设置，顺应了社会发展变迁的趋势。从危险犯的设置需要来说，其设置是由于现实生活中出现了高度危险来源，危险行为一旦发展为侵害行为，对人类健康、财产的损失不可估量，因而必须在侵害发生前对危险行为进行规制，从而更好地保护法益，这可以说是危险犯最根本的立法理由。[①]基于传统的犯罪化标准，刑法的规制强调法益侵害性和最后手段性，重心以造成法益侵害的实害犯为主，并将刑法定位于其他法律的保障法。[②]但是受“安全刑法”“风险社会的刑法”“积极一般预防刑罚观”的影响，立法犯罪门槛不断降低，处罚环节不断前移，危险犯、行为犯取代实害犯成为增设新罪的主要形式。[③]将刑法对这些犯罪的规制阶段前移，或者降低入罪门槛，以实现早发现、早惩治、早预防，已成为我国刑法发展的趋势。

在入罪评价标准上，《刑法修正案（十一）（草案）》一审稿设定为“具有导致重大伤亡事故或者其他严重后果发生的现实危险的”，这一表述在草案二审稿中被修改为“具有发生重大伤亡事故或者其他严重后果的现实危险的”。其中“现实危险”的表述在我国刑法条文并不常见，因此有学者提出不同意见，认为以“现实危险”表述危险犯的入罪标准不合适，这一词语在现行刑法中仅见于第449条关于战时缓刑的规定，即“在战时，对被判处三年以下有期徒刑没有现实危险宣告缓刑的犯罪军人，允许其戴罪立功，确有立功表现时，可以撤销原判刑罚，不以犯罪论处”。因而若采用“现实危险”这样的术语，就与第449条出现语义不一致的冲突，有违于刑法的体系性特征。[④]但最终通过的立法仍然采取了“现实危险”的提法，我们认为，这也是立法机关

---

① 张明楷：《危险犯初探》，载马俊驹主编：《清华法律评论》（第1辑），清华大学出版社1998年版，第131页。

② 孙国祥：《新时代刑法发展的基本立场》，载《法学家》2019年第6期。

③ 郎胜：《我国刑法的新发展》，载《中国法学》2017年第5期。

④ 黄晓亮：《〈刑法修正案（十一）（草案）〉的三维考察》，载《法治研究》2020年第5期。

的慎重之处，以“现实危险”强调了该罪在成立上明确的“结果”要求，这种情况下，行为人违规行为所对应的“现实危险”被突出强调，“现实危险”对应的是重大人员伤亡事故或其他严重后果，这就说明“现实危险”被作为构成要件要素中行为人“主观方面”认识的内容，对此内容，该罪名明显规制的并非“故意造成危险”的情形，而是“过失危险犯”。对于过失危险犯，有学者认为从特殊预防的角度看，规定过失危险犯无多大的意义。①不能指望通过犯罪化来预防过失犯罪，出路只能是充分调动人的主观能动性，杜绝过失于未然。②肯定论者多着眼于社会防卫的需要，认为如果非要等到这一特别重要的社会关系受到现实性破坏时刑法才介入，则社会为此付出的代价太大。③这里的过失不是针对行为而言，行为人违反防范法规是故意的，是立法通过对这种容易引起严重后果的故意违法行为给予适当的刑罚震慑，在一定程度上预防严重后果的发生。④

从立法的修订来看，增设生产安全犯罪的过失犯具有合理性，而且立法对过失危险犯的设立予以了严格的限制，有两个特点：第一，以“现实危险”对入罪标准明确限制。第二，杜绝兜底，仅明确3种入罪情形。客观来说，在业务活动中，行为人违反任何一项注意义务（主要是规章制度）都可能发生危害社会的结果，如果对这种行为处以刑罚，无异于用刑法来惩治违反行政法规的行为，⑤进而导致人人自危，人们都不敢从事具有危险性的业务行为，从而妨碍科学技术的进步和社会生产力的发展。⑥因此，立法在修订中严格以“现实危险”作为判断标准，而没有使用“危及”这样传统的表述。生产行为本身就是一种具有高度危险的行为，与放火罪、生产销售假药罪等的危害方式相比，危害性更加难以明确判断，因此在危害结果的评价上，用“现实危险”提出判断要求，也是督促司法人员判断的慎重。增设过失危险犯并不意味着无限制地

---

① 孙国祥等：《过失犯罪导论》，南京大学出版社1991年版，第131页以下。

② 陈兴良：《刑法哲学》，中国政法大学出版社1992年版，第191页。

③ 袁中毅：《过失危险行为犯罪化的立法研析》，载《法学评论》1997年第3期。

④ 侯国云：《过失犯罪论》，人民出版社1996年版，第49页。

⑤ 姜伟：《罪过心理的立法构想》，载杨敦先等编：《廉政建设与刑法功能》，法律出版社1991年版，第292—294页。

⑥ 周密主编：《论证犯罪学》，群众出版社1991年版，第360页。

扩大了过失犯罪的成立范围，而是有条件限制的。只要行为人没有违反为保障社会生活、生产作业安全所必需的规范，退而言之，即使违反了这些规范，但是只要没有对公共的安全造成现实的危险，同样也不会构成犯罪。

对于仅列明三种入罪情形，有学者批评这种方式缺乏入罪标准的类型化考虑，认为如果构成要件的描述缺乏类型性，就必然形成处罚漏洞；发现处罚漏洞后，为了保留原有的法条，不得不增设新的具体犯罪，于是，形成恶性循环，刑法分则的类型性越来越差，所列明的三种危害生产安全的犯罪行为虽然描述看似全面，但事实上不可能涵摄所有类似行为，并举例说明有的实验行为就可能造成重大的公共危险，需要刑法规制，但实验是否都属于“生产”则不无疑问。[①]我们认为以上批评着眼于立法中刑法体系的完整有合理性，但对于危害生产安全的行为，此处立法的考虑并不是将其全部囊括考虑刑法介入的可能，而只是针对实践中多发易发情形的一种必要补给，所要考虑的是有针对性而非全面性。

此外，在立法修订中，还有几处字词的变化，对于第3种情形“情节严重”在草案一审稿和二审稿中均有表述，但在最终通过稿中予以删除，我们认为是合理的。“情节严重”，宜在危险犯范畴内解释，如生产、经营规模、危险物品种类与本身的危险属性、生产、储运的方式方法蕴含的危险程度等。[②]

## 三、条文释义

### （一）对本罪客观方面的解读

#### 1. 关闭、破坏直接关系生产安全的监控、报警、防护、救生设备、设施，或者篡改、隐瞒、销毁其相关数据、信息的

对于关闭、破坏涉及生产安全的监控、报警、防护、救生设备，可以参

---

① 张明楷：《增设新罪的原则——对〈刑法修正案十一（草案）〉的修改意见》，载《政法论丛》2020年第6期。

② 曾粤兴：《对〈刑法修正案（十一）（草案）〉的审思与建议》，载《法治研究》2020年第5期。

考《安全生产法》中的相关规定，如《安全生产法》第42条规定，“生产经营单位必须为从业人员提供符合国家标准或者行业标准的劳动防护用品，并监督、教育从业人员按照使用规则佩戴、使用”。又如《安全生产法》第39条规定：“生产、经营、储存、使用危险物品的车间、商店、仓库不得与员工宿舍在同一座建筑物内，并应当与员工宿舍保持安全距离。生产经营场所和员工宿舍应当设有符合紧急疏散要求、标志明显、保持畅通的出口。禁止锁闭、封堵生产经营场所或者员工宿舍的出口。”从监控、报警、危险警示角度来说，以煤矿行业为例，煤矿开采属于高度危险性的行业，影响煤矿安全的众多因素中，瓦斯的危险性最高，被称为“煤矿安全第一杀手”，一旦发生瓦斯爆炸事故，伤亡十分惨重。因此我国行政监管部门对煤矿井下瓦斯监测和防控设置了极为严格的安全技术标准，强制要求煤矿井下必须安装瓦斯报警器，并且对瓦斯报警器的安装位置、数据传输等均作了严格的标准。一旦关闭瓦斯报警器，发生危险的可能性将非常高。比如，2016年《煤矿企业安全生产许可证实施办法》第8条规定：“井工煤矿除符合本实施办法第六条、第七条规定的条件外，其安全设施、设备、工艺还必须符合下列条件：……（四）矿井有安全监控系统，传感器的设置、报警和断电符合规定，有瓦斯检查制度和矿长、技术负责人瓦斯日报审查签字制度，配备足够的专职瓦斯检查员和瓦斯检测仪器；按规定建立瓦斯抽采系统，开采煤与瓦斯突出危险煤层的有预测预报、防治措施、效果检验和安全防护的综合防突措施；……”

对于“篡改、隐瞒、销毁其相关数据信息”，应当结合“关系生产安全的监控、报警、防护、救生设备、设施”来理解。这些数据信息，既包括设备设施记录、采集、储存、传输的数据信息，也包括信息安全设备设施自身记录、采集、存储、传输的数据、信息。篡改、隐瞒、销毁，是指将设备设施记录、采集、存储、传输的原始数据、信息进行修改、隐瞒、销毁，破坏其真实性和安全性。比如，擅自调整、篡改报警设施的上下限制，使得该报警系统丧失其应有功能。再如，对工业设备采集的预警数据进行隐瞒、销毁，或者发现数据、信息可能出现异常后，予以隐瞒甚至销毁，导致其不能真实反映设备设施的运行情况。这一情形的设置，是信息时代刑法主动且适度地对危险行为进行提前规制，是刑法处罚早期化的具体体现，强化了日常生产、作业过程中安全制度的刚性，充分考虑了工业与信息化的深度融合、物联网技术发达、信息安全成为工业领域关注重点等问题，从注重功能安全的理念转向功能安全和信息安全并重，为安全生产提供了有力的法律保障。[①]

**2.因存在重大事故隐患被依法责令停产停业、停止施工、停止使用有关设备、设施、场所或者立即采取排除危险的整改措施，而拒不执行的**

对于第二种入罪情形，《安全生产法》第62条规定，安全生产监督管理部门和其他负有安全生产监督管理职责的部门依法开展安全生产行政执法工作，对生产经营单位执行有关安全生产的法律、法规和国家标准或者行业标准的情况进行监督检查，对检查中发现的事故隐患，应当责令立即排除；重大事故隐患排除前或者排除过程中无法保证安全的，应当责令从危险区域内撤出作业人员，责令暂时停产停业或者停止使用相关设施、设备；重大事故隐患排除后，经审查同意，方可恢复生产经营和使用。

是否存在"重大事故隐患"为该种情形适用的前提，对于何谓"重大事故隐患"，"隐患"二字，从字面意思而言，为潜伏着的祸患。一般认为，事故隐患是指可能导致事故发生的人的不安全行为、物的不安全状态以及管理上的缺陷。根据《安全生产事故隐患排查治理暂行规定》（国家安全监管总局16号令）的规定，隐患分为一般隐患和重大事故隐患。《刑法修正案（十一）》将重大事故隐患列入刑法规制范围，根据《安全生产法》第113条的规定，国务院安全生产监督管理部门和其他负有安全生产监督管理职责的部门应当根据各自的职责分工，制定相关行业、领域重大事故隐患的判定标准。

截至目前，已有的重大事故隐患认定标准有：《煤矿重大事故隐患判定标准》《工贸行业重大生产安全事故隐患判定标准（2017版）》《金属非金属矿山重大生产安全事故隐患判定标准（试行）》《化工和危险化学品生产经营单位重大生产安全事故隐患判定标准（试行）》《烟花爆竹生产经营单位重大生产安全事故隐患判定标准（试行）》《重大火灾隐患判定标准（GA653-2006）》《重大火灾隐患判定方法》《交通部关于报告船舶重大事故隐患的通知》等，其他领域重大事故隐患判定标准尚未出台。在实际工作中，标准制定的部门各有不同，企业、主管部门、司法机关大体上或基本上可以照此作出重大隐

---

① 周光权：《刑事立法进展与司法展望——〈刑法修正案（十一）〉总置评》，载《法学》2021年第1期。

患的判断，导致判定的标准参差不齐，有的甚至是以规范性文件的形式发布。对此，我们认为，在认定“重大隐患”这一刑法上的构成要件要素时，其他部门法以及规范文件的标准只能作为证据使用，因为重大事故隐患在客观上也是一个范围不确定、十分宽泛的概念，作业风险往往是动态的，判定带有非常强烈的主观性。从已经发布的重大隐患的判定标准来看，存在违法行为与重大隐患关系错位、主观故意与客观过失交叉不清、潜在的危害后果严重程度不匹配等突出问题，有的甚至把隐患简单等同于违法行为对待。刑法在判断重大事故隐患这一要件时，应与“现实的危险”相结合进行审查，基本判定要素如下：违法、违规或违章；综合形成的多方面因素（直接因素、间接因素）；易于造成事故危害；主观故意，少量过失；责任单位应该排除或消除；其他。也就是说，对没有制定隐患判定标准的行业领域，仍不影响危险作业罪的判定。至于实际工作中可能会遇到的一些难以预料的复杂情况，可由司法解释不断解决。[①]

对于排除危险的“整改措施”，要充分考虑行为人客观上具有的采取措施的能力。如果行为人虽然具有采取一定措施的能力，但是客观上并不具有采取有效措施防止重大伤亡事故发生的能力，行为人也认识到这种情况，一方面采取了一定的措施，另一方面又及时地向有关负责人员报告的，或者在采取措施的同时或之后没有及时报告的情况下即使及时报告有关负责人员也来不及采取措施防止重大伤亡事故发生的，就不能让行为人承担刑事责任。

对于“依法责令”可以参考《安全生产法》第95条以及第98条的规定。根据第95条的规定，生产经营单位有下列行为之一的，将被责令停止建设或者停产停业整顿，限期改正，构成犯罪的，依照刑法有关规定追究刑事责任：“（一）未按照规定对矿山、金属冶炼建设项目或者用于生产、储存、装卸危险物品的建设项目进行安全评价的；（二）矿山、金属冶炼建设项目或者用于生产、储存、装卸危险物品的建设项目没有安全设施设计或者安全设施设计未按照规定报经有关部门审查同意的；（三）矿山、金属冶炼建设项目或者用于生产、储存、装卸危险物品的建设项目的施工单位未按照批准的安全设施

---

① 《4位安全人建议增设“危险作业罪”，你怎么看？》，载“中国安全生产网”微信公众号，2020年8月6日。

设计施工的；（四）矿山、金属冶炼建设项目或者用于生产、储存危险物品的建设项目竣工投入生产或者使用前，安全设施未经验收合格的。”根据第98条的规定，生产经营单位有下列行为之一，逾期未改正的，将被责令停产停业整顿，构成犯罪的，依照刑法有关规定追究刑事责任：“（一）生产、经营、运输、储存、使用危险物品或者处置废弃危险物品，未建立专门安全管理制度、未采取可靠的安全措施的；（二）对重大危险源未登记建档，或者未进行评估、监控，或者未制定应急预案的；（三）进行爆破、吊装以及国务院安全生产监督管理部门会同国务院有关部门规定的其他危险作业，未安排专门人员进行现场安全管理的；（四）未建立事故隐患排查治理制度的。”刑法之所以规定“被依法责令……”，附加了行政处罚的前置，要求有关单位受到行政处理之后拒绝执行，才承担刑事责任，其中的一个重要原因无外乎是“要限定犯罪的范围，防止打击面过宽，主要惩处情节恶劣者”。[①]那么，应当说不管处理是书面的还是口头的，只要已经准确地传递给了有关单位或者个人，立法的上述意图就已经达到了。即便是采用了口头的形式通知，接到该通知的有关单位或者个人拒绝执行，也足以表明其情节达到恶劣的程度，应当对发生的严重后果负刑事责任。

对于本罪要求的“拒绝执行”客观要素的理解，实践中拒绝执行的认定应当说是有一定困难的，对此应当注意以下几个问题：（1）拒绝执行的主体。本罪从规制的对象来看应当是被责令的“单位”，但单位执行时便有一些具体问题要分析，对于单位中的有关人员而言，由于存在着领导人员和从事具体工作的人员之分，如果负责的领导人员安排具体人员采取一定的措施，但仅要求后者采取敷衍了事的措施，以致有发生重大伤亡事故或者其他严重后果的现实危险，对领导人员应当以本罪处理，而对后者则不宜以该罪论处；如果领导人员安排后者采取有效措施，而后者不负责任，根本没有采取任何措施，或者采取的措施不足以排除“现实危险”，对具体执行人员应当以本罪论处，对领导人员，如果其没有履行监督责任的，也应当以本罪论处。（2）拒绝执行的方式。行为人拒绝执行的表示方式，不管是口头明确表示拒绝执行的，还是口头上没有表示拒绝执行而实际上不采取改正措施或不采取有效的

---

① 胡康生、李福成主编：《中华人民共和国刑法释义》，法律出版社1997年版，第160页。

改正措施的，都符合本罪“拒绝执行”的要件。

实践中判定是否“拒绝执行”不仅要考虑主观上的拒绝，更要从行为人的客观行为予以判断是否拒绝，可以从是否停止有关危险设备、停止生产等判断是否在拒绝执行。

**3. 涉及安全生产的事项未经依法批准或者许可，擅自从事矿山开采、金属冶炼、建筑施工，以及危险物品生产、经营、储存等高度危险的生产作业活动的**

对于第三种情形，未取得安全生产许可证、其他有效证照冒险从事生产作业活动，属于非法生产中的冒险作业。根据《安全生产法》第97条，未经依法批准，擅自生产、经营、运输、储存、使用危险物品或者处置废弃危险物品的，依照有关危险物品安全管理的法律、行政法规的规定予以处罚；构成犯罪的，依照刑法有关规定追究刑事责任。

此种情形规制的是非法经营者、“危险控制人”，对于实践中“无合法证照”或者“证照不全”从事生产作业的，应当也作为本罪的犯罪主体。

**4. “现实危险”的理解**

本罪所要求的“现实危险”为构成要件所要求的结果。刑法理论中危险因其存在的程度高低，可分为抽象危险与具体危险，对于抽象危险，只要有构成要件行为的实施，即可认为具有一般的危险，无须进行危险的判断。而具体危险以发生法益之现实危险为其内容，法律条文均规定以发生一定危险为要件，且对于危险的有无，须进行确定的判断。[①]“现实危险”为后者，也即具体危险。对于危险的认定，是人们根据因果法则与实践经验判断认为行为成功就会出现的“结果”；它不是客观存在的，而是人们推测可能出现的，是司法的推定，在司法上以行为当时的具体情况为根据，认定行为具有发生侵害结果的可能性。在判断危险的根据上，只能以行为时存在的一切客观事实作为基础，选取“一般人”的认识，鉴于生产安全犯罪的过失为业务过失，因此在“危险”的判断上以业内一般人的认识为基准。此外，在进行危险性判断时，没有必要连细微的具体情况也考虑，对客观事实有必要进行某种程度的抽象化。

---

① 郭君勋：《案例刑法总论》，台湾1988年修订版，第118—119页。

### （二）本罪的主体

按照刑法基本理论，该罪的犯罪主体应为一般主体，即年满16周岁自然人。同时该罪作为第134条实害犯的预防性罪名，从体系理解的角度来说，犯罪主体应当与《刑法》第134条所列犯罪主体保持一致性。然而第134条重大责任事故罪与强令违章冒险作业罪的犯罪主体在学界却存在不同的认识。按照惯例，在法条并未明确加以限制的情况下，根据文义解释和论理解释，应当作一般理解，即认为是一般主体，认为是特殊主体的观点不但没有法律依据而且违反了罪刑法定原则。但虽然犯罪主体没有在生产安全犯罪的法条规定中进行描述，法条规制的行为发生在生产、作业中，不是任何人的行为都可以造成，而是直接从事生产、作业的人员及负责指挥、领导相关活动的管理人员这两类特定人的行为。与之无关的内勤人员、行政人员等均不能成为本罪的主体，笔者赞同限制一般说。此观点主张本罪的主体虽然是一般主体，但并不是所有的一般主体都被包括在内，只有符合一定要件的一般主体才能构成本罪。从我国《刑法》对重大责任事故罪的规定看，《刑法修正案（六）》将《刑法》第134条的重大责任事故罪的主体从特殊主体修改为一般主体，但这并不意味着本罪对于主体上的要求就完全消失了。事实上，要构成重大责任事故罪，其主体必须是从事某项“业务”的人，主体特征仍然是客观存在的。《刑法修正案（六）》中“在生产、作业中”的界定性表述，正是对主体身份的明确要求。从刑法的意义上讲，“在生产、作业中”本身就是指从事一种“业务”过程中，这种“业务”一般包括三层含义：第一，必须是基于社会生活上的地位的事务，即是社会分工的结果，而不是自然的日常行动；第二，必须具有反复性、持续性，而这种反复性和持续性是指性质上的反复，而不是单纯的行为人行为上的反复；第三，必须具有一定的危险性，即存在对人的生命、身体造成侵害的危险。

根据《最高人民法院、最高人民检察院关于办理危害生产安全刑事案件适用法律若干问题的解释》的规定，“刑法第一百三十四条第一款规定的犯罪主体，包括对生产、作业负有组织、指挥或者管理职责的负责人、管理人员、实际控制人、投资人等人员，以及直接从事生产、作业的人员”。“刑法第一百三十四条第二款规定的犯罪主体，包括对生产、作业负有组织、指挥或者管理职责的负责人、管理人员、实际控制人、投资人等人员。”司法解释对两罪的犯罪主体都进行了一定的限制解释。在此基础上，我们认为危险作业罪的犯罪主体也不能扩大。

### （三）本罪的罪过形式及内容

对于本罪的罪过形式，我们认为可以参考重大责任事故罪，两者均为生产、作业中的违规行为，只是入罪门槛不同，一个为“现实危险”，另一个为实害结果，“危险与实害”均为结果犯评价的内容，结果是指犯罪行为通过影响犯罪对象而对犯罪客体造成的法定现实损害及其具体危险的事实。①在罪过上具有评价的一致性。对于该类犯罪，客观上表现为“违反法律规定”，犯罪主体对其违反法律规定的行为本身所持的主观心理状态通常表现为故意。应注意的是，此处所言的故意与过失，均不是作为罪过形态意义的故意与过失。我国刑法理论界对故意与过失的区分存在三种见解：第一种是结果标准说，即罪过的核心在行为人对危害结果的心理态度；第二种是行为标准说，即罪过的关键在行为人对其所实施的危害行为的心理态度；第三种是双重标准说，即罪过的核心不仅表现在行为人对危害行为的态度，而且也在于行为人对危害结果的心理态度。②基于此，对于重大责任事故罪的罪过，主要有以下几种观点：第一种观点是我国刑法理论界的通说，认为，重大责任事故罪的罪过形式只能是犯罪过失，既可以是疏忽大意的过失，也可以是过于自信的过失。至于不服管理、违反规章制度或者强令工人违章冒险作业，则可能是明知故犯③。第二种观点认为，重大责任事故罪的罪过形式只能是间接故意，因为这种犯罪的行为是违反规章制度，而违反规章制度大都属于明知故犯④。第三种观点认为，重大责任事故罪的罪过形式既可以是过失，也可以是间接故意⑤。

---

① 高铭暄主编：《刑法专论（上编）》，高等教育出版社2002年版，第171页。

② 冯卫国主编：《危害公共卫生罪立案追诉标准与司法认定实务》，中国人民公安大学出版社2010年版，第252页。

③ 赵秉志主编：《新刑法教程》，中国人民大学出版社1997年版，第448页；张明楷：《刑法学（下）》，法律出版社1997年版，第587页。

④ 侯国云：《过失犯罪论》，人民出版社1993年版，第324页。

⑤ 侯国云：《过失犯罪论》，人民出版社1993年版，第324页。

对于以上观点，采取结果标准抑或行为标准，应当结合刑法对罪过的规定来理解，刑法总则对刑法分则规定的构成要件具有补充和指导意义，从刑法总则第14条与第15条的规定来分析，刑法总则要求故意应当是“明知……希望或放任”，而从第134条和第134条之一的条文规定来看，以“因而发生……”“具有发生……”为成立犯罪的条件。该罪作为法定犯，客观上表现为违反相关法律规定引发了相应的危害结果，主观上应当表现为行为人明知没有经过审批手续不符合规定或者明知重大隐患等仍然决意实施这种行为的心理态度。但此罪要求客观上引起重大伤亡或者其他严重后果现实危险，一般而言，行为人对引起有危害的现实危险是持否定的心理态度，因此应当是过失犯罪。

## 四、以案说法

**【案例】王某友以危险方法危害公共安全罪**[①]

被告人王某友系金沙县化觉镇金川煤矿配电房风机管理工作人员。2018年农历正月，王某友因在金川煤矿过年期间加班，金川煤矿欠王某友1,738元的加班工资，后王某友多次找矿方要加班工资未果。2018年7月28日下午，王某友又再次要求矿方解决加班工资仍然未果。当日下午19时30分许，被告人王某友索要加班工资未果后，在明知煤矿井下有工人正在作业的情况下将金川煤矿井下通风通道的风井关闭。随后，矿方发现风机被关闭后，矿方管理人员张某等人便到矿上配电房查看情况，张某等人到配电房后要求王某友将风机打开，王某友不同意，当矿方工作人员李某、谢某前去开风机的电源时被王某友儿子王某拦住，王某还从地上捡了一块石头砸向配电房玻璃，僵持了一段时间后，张某提出去王某友家里谈加班工资一事，王某友才将风机电源打开。在2018年7月28日19时31分02秒至19时49分12秒期间，因王某友关闭风机电源的行为导致井下采面的瓦斯浓度值超限，致使在井下正在作业的49名工人出现头昏、喘气、胸闷等现象。

法院审理后认为，被告人王某友为索要加班工资，在明知金川煤矿井下

---

① 贵州省金沙县人民法院（2018）黔0523刑初230号刑事判决书。

有工人作业的情况下，仍关闭金川煤矿井下通风通道的风井近二十分钟，导致井下采面的瓦斯浓度值超限后井下正在作业的49名工人出现头昏、喘气、胸闷等现象，被告人王某友的危害行为危及了不特定多数人的生命安全，其行为已构成以危险方法危害公共安全罪。根据《中华人民共和国刑法》第一百一十四条之规定“以其他危险方法危害公共安全，尚未造成严重后果的，处三年以上十年以下有期徒刑”，故被告人王某友的行为依法应处三年以上十年以下有期徒刑。本案中，案发起因系矿方欠被告人王某友加班工资，王某友索要工资本属情理之中，但其未通过合法途径，而是采取危及不特定多数人生命安全的极端行为来索要，若不对其严厉打击，将助长此类行为再次发生。现矿方虽对王某友的行为予以谅解，但王某友侵犯的客体系不特定多数人的生命安全，该谅解行为亦不足以对王某友从宽处罚。鉴于被告人王某友归案后如实供述自己的犯罪事实，有坦白情节，依法可从轻处罚，判决被告人王某友犯以危险方法危害公共安全罪，判处有期徒刑三年。

从该案来看，行为人为索要加班工资，在明知金川煤矿井下有工人作业的情况下，仍关闭通风通道的风井，符合刑法修订后第134条之一的第一种情形“关闭、破坏直接关系生产安全的监控、报警、防护、救生设备、设施”，且满足了具有重大人员伤亡事故的现实危险要求，根据法院查明事实“导致井下采面的瓦斯浓度值超限后井下正在作业的49名工人出现头昏、喘气、胸闷等现象”，被告人的危害行为危及了不特定多数人的生命安全，应当构成第134条之一的危险作业罪。相比较于刑法修订之前适用“以危险方法危害公共安全罪”，类似行为并非直接针对危害公共安全的积极侵害，而是通过生产违规行为引起了生产安全危险，以修订后新罪评价更为合适。

# 第四章

# 破坏社会主义市场经济秩序罪的修改

1992年，社会主义市场经济体制正式确立，此后20年间涉及经济领域的刑法立法处于高度活跃期。在1997年刑法修订之前出台的9个单行刑法中有7个是针对经济犯罪作出规定，[①]出台的63部法律中26部中规定经济犯罪条款，一些不适应市场经济体制要求的犯罪（如投机倒把罪等）也相应地被废除或修改。[②]这一趋势一直持续到2012年。[③]经过短暂的经济刑法立法“舒缓期”后[④]，《刑法修正案（十一）》中有21个条文对刑法分则第三章破坏社会主义经济秩序罪进行了修改，规定了两个新罪，另有两个条文则对涉及公司、企业治理的职务侵占罪和挪用资金罪的法定刑进行了调整。

## 第一节　生产、销售假药罪的修改

**【修正前条文】第一百四十一条**　生产、销售假药的，处三年以下有期徒刑或者拘役，并处罚金；对人体健康造成严重危害或者有其他严重情节的，处三年以上十年以下有期徒刑，并处罚金；致人死亡或者有其他特别严重情节的，处十年以上有期徒刑、无期徒刑或者死刑，并处罚金或者没收财产。

本条所称假药，是指依照《中华人民共和国药品管理法》的规定属于假药和按假药处理的药品、非药品。

---

① 即《关于惩治偷税、抗税犯罪的补充规定》《关于惩治假冒注册商标犯罪的补充规定》《关于惩治生产、销售伪劣商品犯罪的决定》《关于惩治侵犯著作权的犯罪的决定》《关于惩治违反公司法的犯罪的决定》《关于惩治破坏金融犯罪的决定》《关于惩治虚开、伪造和非法出售增值税专用发票犯罪的决定》。

② 包括《专利法》《产品质量法》《商标法》《农业法》《经济合同法》《反不正当竞争法》《消费者权益保护法》《注册会计师法》《公司法》《会计法》《对外贸易法》《劳动法》《城市房地产管理法》《审计法》《广告法》《税收征收管理法》《中国人民银行法》《票据法》《商业银行法》《保险法》《食品卫生法》《矿产资源法》《煤炭法》《合伙企业法》《建筑法》《价格法》。

③ 1998年《关于惩治骗购外汇、逃汇和非法买卖外汇犯罪的决定》和之后的八个刑法修正案新增罪名共25个，其中经济犯罪占了10个；八个修正案共有111条，其中涉及经济犯罪的占了33条（包括删除的条文）。

④ 《刑法修正案（九）》并未规定新的经济犯罪，涉及经济犯罪的只有三个条文，且并未规定新罪。

**【修正后条文】第一百四十一条** 生产、销售假药的，处三年以下有期徒刑或者拘役，并处罚金；对人体健康造成严重危害或者有其他严重情节的，处三年以上十年以下有期徒刑，并处罚金；致人死亡或者有其他特别严重情节的，处十年以上有期徒刑、无期徒刑或者死刑，并处罚金或者没收财产。

药品使用单位的人员明知是假药而提供给他人使用的，依照前款的规定处罚。

## 一、立法主旨

药品安全是关系民生的重要问题，伴随《药品管理法》的多次修订，刑法也有必要进一步严密法网，合理确定药品犯罪的惩罚范围，以有效打击危害药品安全的犯罪行为。《刑法》原第141条是关于生产、销售假药罪的规定。此次刑法修正，对《刑法》第141条的修改体现在两处，其一，删除了必须依照《药品管理法》予以认定的规定，对以往的“假药”进行了差异化规定，确立了对假药实质认定的立场，体现了精确打击、分类处置的原则。其二，明确将“药品使用单位的人员明知是假药而提供给他人使用的”行为纳入生产、销售劣药罪的范围，严密了我国刑法惩治假药的法网。应当注意到，这一规定的犯罪行为与《刑法》第141条生产、销售假药行为是不同的，其犯罪主体与生产、销售假药行为的主体也不一致。根据《最高人民法院、最高人民检察院关于执行〈中华人民共和国刑法〉确定罪名的补充规定（七）》，本罪罪名相应变更为“生产、销售、提供假药罪”。

## 二、修改理由

《刑法修正案（十一）》删除了《刑法》第141条原第2款、第142条原第2款，加强了刑法与药品管理法的有效衔接。删除“参照”的规定，不仅可以有效厘清之前刑法理论和实践关于按假药、劣药论处的药品能否纳入生产、销售假药罪，生产、销售劣药罪范围的认识分歧，而且能够有效保证刑法上的假药、劣药与药品管理法上的假药、劣药的一致性和相互衔接，进一步回应系列“药神案”的裁判所带来的社会公众对于弥合“形式正义”与“实质公平”的期待。

对于立法的修订，我们具体阐述如下：

### （一）删除“参照《药品管理法》”的规定，实现对药品犯罪的实质评价

修订之前，我国刑法中“假药”的判断应依据《刑法》第141条第2款的规定，即“本条所称假药，是指依照《中华人民共和国药品管理法》的规定属于假药和按假药处理的药品、非药品”。根据罪刑法定，刑法上假药的判断需要以前置法为依据，而在2019年《药品管理法》修订之前，假药分为两类：实质的假药和按假药处理的药。其中“按假药论处”的6种情形，尤其是第2项“依照本法必须批准而未经批准生产、进口，或者依照本法必须检验而未经检验即销售的”，只是因药品审批程序上不符合药品管理法的规定而被认定为假药。这类案件在实践中因“陆勇销售假药案”、电影《我不是药神》被推进了舆论的旋涡，激起了民众对假药犯罪规制合理性的怀疑。对此，有学者便明确指出进口药品审批程序不合法与进口药品是否有危害性是两个不同的概念，进口程序不合法不等于进口的是假药。真假与否，与是否获得批文缺乏必然联系，而取决于药品能否治病。现实生活中，的确存在某些能够治疗重大疾病的境外药品，质量和价格都优于国内药品但难以获得进口批文的现象，特别是某些“保命药”，一概以假药论处，难获得社会支持，界定为生产、销售假药罪，难逃“恶法”之诟病。[①]而对于一般民众来说，更是如此，对于“不符合审批程序的进口药品”可以救命，但却是刑法的假药要被打击，背离国民预测的可能性，严重影响了我国药品行业和监管部门的形象，对我国国际形象也产生了负面的影响。

以往生产销售假药罪所打击的对象包括“事实上的假药”和符合形式判断的“法律意义上的假药”。然而，《刑法》设立生产、销售假药罪是为了严厉打击危害公众健康、侵犯社会主义市场经济秩序的制售假药行为，而不应

---

① 曾粤兴：《对〈刑法修正案（十一）（草案）〉的审思与建议》，载《法治研究》2020年第5期。

该是司法机关和行政机关容易证明的形式意义上的假药。而尤其令社会不能接受的是，对于这种形式上判断的假药却恰恰是司法实践中定罪的主要对象，根据相关报道，从药品行政处罚的角度看，如山东省2016年、2017年共办理假劣药案件2,280宗，其中假药案件227宗、按假药论处案件165宗，劣药案件591宗、按劣药论处案件1,297宗，若将按假劣药论处的案件剔除，那么真正的假劣药案件只有818宗，仅占之前统计案件数的35.8%。[①]

事实上，司法实践早已对此简单参照前置法判断的路径提出质疑。根据2014年《最高人民法院、最高人民检察院关于办理危害药品安全刑事案件适用法律若干问题的解释》第11条第2款的规定："销售少量根据民间传统配方私自加工的药品，或者销售少量未经批准进口的国外、境外药品，没有造成他人伤害后果或者延误诊治，情节显著轻微危害不大的，不认为是犯罪。"这一司法解释已经显示出司法对于"假药"判断的实质需求。

此外，"假药"的概念并非《药品管理法》可以完全涵盖，从司法实践来看，还存在大量的中成药，这类药品的真假并不能简单根据《药品管理法》的规定。张明楷教授就明确表示，"出售民间有效偏方的，不应以本罪（生产、销售假药罪）论处"，"对于销售未经批准的进口药品以及其他实际上不会危害人体健康的药品，即使认定为生产、销售假药罪，也只能适用最低档的法定刑"。[②]中药的性能、疗效已经得到了几千年实践的证明，无论对其质疑与否，中药的重要地位不容否认，何况中药已经在不断现代化，结合现代技术与传统中医药知识来发挥其治疗疾病之功用，也已经发展出了中药鉴定学这样一门专注于鉴定中药真伪的学科，但《刑法》完全依照《药品管理法》的规定来认定假药、劣药，必然忽视了中药真伪鉴定的特殊性，因其不是按照药用成分及成分含量等方式来界定假药、劣药。当今常用的中药有800多种，由于历史等诸多因素，使中药材品种混乱现象严重，《刑法》显然不应当就此依照《药品管理法》的规定将之认定为假药进而作为假药犯罪处理。因此删除"参照"条款也是留下了未来补充中药真伪认定的空间，便于采取更为广

① 梁云、邵蓉：《新修订〈药品管理法〉中假劣药相关条款的主要变化及对执法的影响研究》，载《中国药房》2020年第17期。

② 张明楷：《刑法学》，法律出版社2016年版，第739、741页。

阔的多元中药鉴定标准来认定中药犯罪。

### （二）与2019年修订的《药品管理法》相互衔接，实现法秩序评价的统一

储槐植教授首创“刑事一体化”的概念时，提出从刑法的内部关系与外部关系入手，于内处理好罪刑关系及刑法与刑事诉讼法的关系，于外协调好犯罪与行刑效果以及社会意识形态与物质文明的关系，最终实现刑法运行的内外协调。[①]这里科学立法在刑法之外的维度上就是要充分考虑到刑法与民事、行政法律规范的关系，《刑法修正案（十一）》在假药犯罪上的调整，便实现了与《药品管理法》的有效衔接。

在2019年《药品管理法》修订之后，假药范围也发生了较大变动。修订之前“按假药论处”的有六种情形，其中第一种情形为“国务院药品监督管理部门规定禁止使用的”，主要是指按照原《药品管理法》第42条的规定，属于疗效不确定、不良反应大或者有其他原因危害人体健康，被国务院药品监督管理部门撤销了药品批准文号或者进口药品注册证书的情形，第二种至第五种情形即“未经批准”“未经检验”“变质”“被污染”等，涉及的也是药品本身的“成分安全”问题，但其中既有“程序不规范”问题也有“实质”效果不良问题。而修订之后的第98条，删除了“禁止使用”“未经批准、检验”“未取得批准文号”“被污染”的情形。从以上调整我们可以看出，在“假药”的认定上更加重视“实质”认定，保留了“变质”的情形，而删除了其他“程序不规范”的情形，更加重视从实体效果来认定假药。将假药明确为以下四种类型：（1）药品所含成份与国家药品标准规定的成份不符；（2）以非药品冒充药品或者以他种药品冒充此种药品；（3）变质的药品；（4）药品所标明的适应症或者功能主治超出规定范围。并未增加新种类的假药，而是保留了原“假药”情形，同时删除了“以假药论处”情形。[②]从新《药品管理法》对假药范围的调整定位来看，强调假药之“假”的关键在于功效的欠

---

① 储槐植：《刑事一体化论要》，北京大学出版社2007年版，第26页。

② 刘娜、旷翔宇：《新〈药品管理法〉施行后制售假药案件认定的思路转向》，载《山东法官培训学院学报》2020年第5期。

缺，纠正过于关注假药的形式判断而忽略实质认定的片面做法，以此实现假药惩治的根本回归。依照新《药品管理法》的规定，必须批准而未经批准生产、进口的药品已经不再作为假药认定。这一修订对生产、销售假药罪的司法实践也产生了影响，2020年之后以生产、销售假药罪认定的案件数量呈现出了“断崖式”下跌。然而由于《药品管理法》仅是行政法，其所影响的是对《刑法》中“参照”认定部分的解读，这就使得司法实践中，对于“假药犯罪”规制本质的变化并没有直接被提出，对刑法实践的影响也就显得并不直接。从新《药品管理法》实施以来的案件认定情况来看，实质假药案件仍处于边缘化地位，以四种假药类型而明确入罪的比例是较低的，其中，属于药品所含成份与国家药品标准规定成份不符情形的假药为2.5%，以非药品冒充药品或以他种药品冒充此种药品情形的假药为8.3%，未有一例涉及变质药品和所标明的适应症或者功能主治超出规定范围的药品的案件，[①]反映出实务中对假药的认定没有及时跟上《药品管理法》的修改。这就需要《刑法》进一步删除“参照”的规定，明确《刑法》“实质判断”的要求，实现与《药品管理法》评价的内在统一，以此实现假药惩治的根本回归。

草案一审稿保留了国家认为对于药品的生产销售仍然必须“强监管”的做法，继续将没批文的药品按假药处理。而在正式出台的《刑法修正案（十一）》中，却删除了此规定，进一步将行政法领域的“假药、劣药”与刑法领域的“足以严重危害人体健康的假药、劣药”予以区分，此举也可以看作《刑法修正案（十一）》进一步回应了民众对于真正实质公平的期待。在草案一审稿中，草案第5条对《刑法》第141条生产、销售假药罪作了修改，删除了参照条款，同时规定，违反国家规定，未取得批准证明文件生产药品或者明知是上述药品而销售的，以及药品使用单位的人员明知是假药而提供给他人使用的，依照生产、销售假药罪的规定处罚。之所以在删除假药的参照规定后，又单独将这一情形类比假药犯罪处理，是因为，现实中较多药品黑作坊生产、销售未取得药品批准证明文件的药品，这类犯罪现象的打击不容忽视。刑法修正中考虑到了这一现实情况，在生产销售假药罪基本条款之后，

① 刘娜、旷翔宇：《新〈药品管理法〉施行后制售假药案件认定的思路转向》，载《山东法官培训学院学报》2020年第5期。

增加了一款“未经批准生产”的规定，对其规定与生产、销售假药罪同等处罚。这也是在药品管理法对假劣药的范围作出调整以后，对涉药品犯罪惩治保持力度不减。然而这一条款明确对“未经批准生产”的行为依照假药犯罪处罚，略显突兀，又回归到了“形式”上以程序不规范认定假药犯罪的思路，这又违背了实质判断的路径。

而且草案一审稿中该条款主要针对“黑作坊”非法生产药品的情形，但实践中又不限于此，还有诸多未经批准生产祖传民间配方药品，以及经过临床验证但在新药批准文件尚未下发时提前生产药品的情形。因此，“未取得批准证明文件生产药品”与“假药”并不完全相同，这也是新《药品管理法》将“未取得批准证明文件生产药品”从“假药”调整到“禁用药品”的原因之一。从实践来看，未经批准生产的药品既可能是假药，也可能只是形式上不符合审批程序但具备相应药效的“有效药”。因此，有代表提出对于未取得药品批准证明文件生产药品的行为，如鉴定属于假劣药，适用生产、销售假药罪和生产、销售劣药罪，鉴定不属于假药、劣药的不能适用有关罪名，建议将“未取得批准证明文件生产药品的”，移入草案第7条，作为妨害药品管理秩序犯罪的一种情形，这一建议得到了立法机关的认可，草案二审稿便在第142条之一的第二种入罪情形增加了“生产”行为的规制，最终也呈现在通过的条文中。

正如国家药品监督管理局在2020年7月3日公开回复山东省药品监督管理局关于《新修订〈药品管理法〉原料药认定以及有关法律适用问题的复函》时明确提到的，“在监管执法中，发现应当批准未经批准的药品、使用未经审评审批的原料药生产药品等违法情形的，不能简单一律仅适用第一百二十四条，应当综合案情，判断是否存在有非药品冒充药品、以此种药品冒充他种药品、使用的原料药是否符合药用要求等违法情形，构成假药或者劣药情形的，应当按照生产、进口、销售假劣药进行处罚”。按照这一解释，草案一审稿第5条第2款规定之情形不能一律按照生产、销售假药罪来适用刑罚。所以，不能忽略这一差异，统一按照生产、销售假药罪的法定刑进行处罚。[①]这也进一步说明了，删除参照药品管理法规定，“假药”认定走

---

① 张伟珂：《药品犯罪规定立法完善建议》，载《检察日报》2020年10月12日。

向了实质化认定的路线。

### （三）增加了提供假药行为的刑事责任

此次刑法修正在第141条中规定“药品使用单位的人员明知是假药而提供给他人使用的，依照前款的规定处罚”。

对生产、销售、提供假劣药的行为进行最严厉的处罚反映了一个国家对保障公众用药安全和合法权益的决心和态度。根据媒体的报道，2004年多名患有“地中海贫血症”的儿童在广东南方医科大学珠江医院接受同一种手术并连续死亡。经调查，是因该医院儿科中心医生朱某某给患儿大量使用了走私假药“安道生”“两性霉素”“赛尼哌”“氟达拉宾”等，造成儿童死亡。在另一案件中，家住山西省运城市樱山县管村的赵某某因为下体烧伤，被送往翟山县人民医院进行治疗，主治医师黄某某向赵某某家属推荐了一种药——“磺胺嘧陡银”。用药第四天，赵某某便感不适，第五天就血压剧降，经抢救无效，撒手人寰。案发后赵家亲属拿着剩余的“磺胺嘧陡银”，通过翟山县法律援助中心委托运城市食品药品监督管理局翟山分局对该药进行鉴定，鉴定结果表明，该药品已禁止在市场流通使用。按照《药品管理法》规定，此药属于“国务院药品监督管理部门规定禁止使用的”情形，属于假药的范围，而赵某某正是在使用该药后死于肾脏严重损伤。①类似于上述医疗机构向他人提供使用假药劣药造成严重危害结果的案例不胜枚举。

正由于我国刑法在医疗机构提供使用假劣药行为的刑事责任规定上存在漏洞。在2019年《药品管理法》修订之前，如果医疗机构提供使用假劣药，一般是援引《药品管理法实施条例》第63条“医疗机构使用假药、劣药的，依照《药品管理法》第七十四条、第七十五条的规定给予处罚”的规定进行处罚。而2014年《最高人民法院、最高人民检察院关于办理危害药品安全刑事案件适用法律若干问题的解释》第6条第2款规定：“医疗机构、医疗机构工作人员明知是假药、劣药而有偿提供给他人使用，或者为出售而购买、储存的行为，应当认定为刑法第一百四十一条、第一百四十二条规定的‘销售’。”2019年新修订的《药品管理法》在第98条中，直接规定禁止使用假劣

① 龙敏：《我国制售假劣药犯罪疑难问题研究》，厦门大学2009年硕士学位论文。

药，将使用与生产、销售并列，明确了三者的不同；而且将禁止使用假劣药的主体也从原来的医疗机构扩大到了全部药品使用的主体。根据《药品管理法》第119条中对于药品使用的规定，药品使用单位使用假药、劣药的，按照销售假药、零售劣药的规定处罚；情节严重的，法定代表人、主要负责人、直接负责的主管人员和其他责任人员有医疗卫生人员执业证书的，还应当吊销执业证书。第133条规定，“违反本法规定，医疗机构将其配制的制剂在市场上销售的，责令改正，没收违法销售的制剂和违法所得，并处违法销售制剂货值金额二倍以上五倍以下的罚款；情节严重的，并处货值金额五倍以上十五倍以下的罚款；货值金额不足五万元的，按五万元计算”。从以上规定可以看出，对于提供使用行为的规制主体不限于“医疗机构”，不再将医疗机构的提供使用行为类比为销售行为，医疗机构使用药品的行为属于医疗行为而不是销售行为，医疗机构使用药品的行为是为了完成医疗活动而实施的医疗行为并不是以营利为目的。不只使用药品，使用其他医疗器械也是同样道理。在手术过程中使用的纱布、脱脂棉、接骨用的钢钉以及手术前给患者打麻药术后打消炎药都是为了使医疗活动圆满完成，而不能说医院是从事销售行为。

按照《药品管理法》将提供使用与销售明确区别的规定，根据我国刑法的“罪刑法定原则”的要求，只有刑法明确规定的犯罪行为才能受到刑事制裁，如果要对医疗机构提供假药行为予以处罚自然需要立法的修订予以明确，《刑法修正案（十一）》对提供行为的明确规定，严密了法网，可以防止犯罪分子规避法律。规定医疗机构提供假药劣药的刑事责任是刑法与药品管理法衔接与统一的必然要求。

## 三、条文释义

### （一）删除“参照《药品管理法》的规定”后“假药”的认定

虽然刑法条文删除了“参照”的规定，但刑法对“假药”的认定仍然不能是无本之木，无源之水。刑法对假药的规制着重于实质危害的考虑，而《药品管理法》的修订也明确了假药认定中“实质危害”的标准，那么这二者便存在统一性，此时实务对刑法中的假药能否直接依据《药品管理法》进行认定？

对此，根据刑法对“参照”的删除，从立法本意来说对假药应进行独立判断，而不应依附于《药品管理法》，将公民生命健康安全作为生产、销售、提供假药罪的主要法益。就“假药”的解释规则而言，由于药品管理法对假药类型的规定是基于维护药品市场监管秩序的需要而作出的，这与《刑法》第141条以抽象危险犯立法形式所蕴含的“假药”危险性的考量是不同的，因此，《刑法》和《药品管理法》中的假药理应按照不同标准来认定。[①]惩治假药违法犯罪行为，涉及行政法和刑法的衔接，坚持刑法上假药范围完全等同于前置法的规定，刑法违法性判断完全从属于前置法，既会造成实质上不具有法益侵害性的行为被认定为犯罪，也会造成形式上符合行政法而实质上造成了个人法益侵害的行为被放纵。[②]但从具体的实践需要来说，刑法对假药的判断不能完全任由裁判者自由心证，否则便是对罪刑法定的违反，“假药”这一构成要件要素并非刑法中所独有的，“假药”在《药品管理法》的界定，刑法作为保障法不能忽视，否则便是对刑法谦抑的背离。因此应当肯定刑法与行政法在假药认定上的统一性，既然《药品管理法》已经将法律拟制的形式上的假药剔除，那么刑法与行政法就不应当存在巨大的分歧认识，只要依照《药品管理法》认定为假药的，一般来说无需再进行实质审查即可认定为刑法上的假药。

而且从生产、销售、提供假药罪的入罪标准来说，该罪为抽象危险犯，犯罪认定不需要证明生产、销售、提供假药行为足以危害公众的身体健康和生命安全，如果对“假药”的认定赋予刑法独立入罪的考虑，那么就可能背离罪刑法定“在遵循罪刑法定原则的前提下，仅可以作出不利于被告人的扩大解释”的要求。具体来说，从《药品管理法》第98条第2款中对假药范围的规定情况看，以“药品所含成份与国家药品标准规定的成份不符”为依据认定假药，需明确什么是“药品成份”及“成份不符”。

四种假药情形实际上还可以进一步划分为两类假药：一类本身不是药品

---

① 张伟珂：《论销售假药罪司法认定的解释规则》，载《中国人民公安大学学报（社会科学版）》2019年第4期。

② 郭研：《刑法中“假药”的认定不应完全从属于前置法》，载《人民法院报》2019年7月11日。

却作为药品使用，即以非药品冒充药品；另一类本身是药品但是未能达到应有疗效，表现为以他种药品冒充此种药品、药品成分与国家标准规定不符、药品已变质和药品所标明的适应症或功能主治超出规定范围。假药之“假”不在于本身的毒害者而正在于“疗效性”的欠缺。因此，在假药认定标准的构建上，应当与药品概念相结合，而不是机械地、孤立地适用假药的规定。[①]需要说明的是，此处实质的判断并不是要采取具体危险犯的方法，而是基于抽象危险犯自身较为宽泛这一特点的打击限缩需要，在行为仅具有规范违反而没有对人民群众生命健康造成实质危险的情况下，不宜认定为生产、销售、提供假药罪，应当允许对具体案件中是否存在危险进行反证，作为对法益的前置化保护，抽象危险犯的存在具有强烈的目标价值驱动，允许行为人反驳抽象危险犯对行为风险的法律推定，是合理控制抽象危险犯过度处罚无风险行为的有效路径。[②]

此外，对于中成药来说，“假药”的认定非常困难，就中药的成分及成分含量问题，有学者从中药西药化视角提出，“从已有的中药西药化（即从中药中分离有效成分、提纯）的结果来看，其虽然有成功的范例，但与整个中药的数量比较就显得非常之少”，[③]从他的表述中不难发现对很多中药提取有效成分的做法是失败的，提纯成功的数量很少，即很多中药并不像西药那样能够清楚其有效成分，更难谓之药品的成分鉴定或者真伪。因此，希望建立一套统一标准对中药鉴定困难重重，用《药品管理法》高度形式化的标准来衡量中药的真伪，更似掩耳盗铃。在《药品管理法》假药、劣药认定标准的基础上对中药的假药、劣药犯罪予以规制，极可能压制中药的传承发展。因此，对于删除“参照”的规定，可以实现对中药认定真假的多元化视角，不拘泥于具体的形式，而是从实质判断，在证明上灵活一些，比如采取官方认证一些第三方中药鉴定机构、鉴定专家等方式来为药品犯罪中的中药鉴定问题提

---

① 刘娜、旷翔宇：《新〈药品管理法〉施行后制售假药案件认定的思路转向》，载《山东法官培训学院学报》2020年第5期。

② 谢杰：《“但书”是对抽象危险犯进行适用性限制的唯一根据》，载《法学》2011年第7期。

③ 罗超应、罗磐真、郑继方等：《中药学发展的复杂性科学探讨》，载《医学与哲学（人文社会医学版）》2011年第4期。

供技术支持，在遇到一些地方性中药、民族药犯罪案件时还可以参考当地的中药鉴定专家或中医的意见。

从“假药”规定的实质化法益侵害角度来看，无论是行政处罚还是刑事处罚，均需要提供相应的证据材料证明是假药或者劣药。原《药品管理法》对假药和劣药的分类标准多样，有些假药并不需要专门的鉴定程序，比如以“药品所标明的适应症或者功能主治超出规定范围”认定假药，由于药品应标明的适应症或者功能主治，是批准药品时即已规定的，因此据此直接判定是不是假药。实践中，在处理“以非药品冒充药品或者以他种药品冒充此种药品”的假药时，一般流程是由被仿冒的企业出具鉴定意见，药监部门认定为假药后，再由公安机关处理，其好处在于简单、快捷和准确。《最高人民法院、最高人民检察院关于办理危害药品安全刑事案件适用法律若干问题的解释》第14条也规定，“是否属于刑法第一百四十一条、第一百四十二条规定的‘假药’‘劣药’难以确定的，司法机关可以根据地市级以上药品监督管理部门出具的认定意见等相关材料进行认定。必要时，可以委托省级以上药品监督管理部门设置或者确定的药品检验机构进行检验”。在行政处罚中，原《药品管理法》第77条并不要求所有的处罚都必须有药品检验机构的质量检验结果。但是新《药品管理法》第121条则规定，“对假药、劣药的处罚决定，应当依法载明药品检验机构的质量检验结论”。这意味着，对假药、劣药的认定提高了证明标准，严格了证明程序。[①]对此，我们认为，以“药品所标明的适应症或者功能主治超出规定范围”认定假药，由于药品应标明的适应症或者功能主治，是批准药品时即已规定的，因此据此判定并认定假药并不是问题。新《药品管理法》第121条规定，认定假药须以质量检验结论为依据，但有些情形明显是无须检验的，刑法在认定中不必过于拘泥于“行政法”的内容，可以做出独立判断。

### （二）提供假药者的刑事责任

对增加“药品使用单位的人员明知是假药而提供给他人使用的，依照前

---

① 李怀胜：《论〈药品管理法〉修订背景下的药品犯罪立法完善》，载《中国药事》2020年第5期。

款的规定处罚”的理解，首先，从刑法规范来看，刑法中的“依照前款的规定处罚”有两种立法效果，一种是前后两款为同一罪名，如《刑法》第244条前后两款均为强迫劳动罪；另一种是前后两款为不同罪名，如《刑法》第128条第2款非法出租、出借枪支罪，但前款罪名是非法持有、私藏枪支、弹药罪。《最高人民法院、最高人民检察院关于执行〈中华人民共和国刑法〉确定罪名的补充规定（七）》将提供假药罪、提供劣药罪单独成罪，但如此难以解释假药、劣药类犯罪中不同的构成要件要求，生产、销售劣药罪属于实害犯，而提供劣药犯罪属于抽象危险犯，在评价对象均为“劣药”的情况下，提供劣药罪的犯罪构成要件较生产、销售劣药罪缺少结果要素的限制，是难以作出合理解释的。①

其次，对于新增犯罪主体“药品使用单位的人员”是作为单位还是自然人看待？从《刑法》第150条的规定来看，第141条的犯罪本可以由单位构成，而且在《最高人民法院、最高人民检察院关于办理危害药品安全刑事案件适用法律若干问题的解释》中明确出现的也是“医疗机构、医疗机构工作人员明知是假药、劣药而有偿提供给他人使用……”在该司法解释中，医疗机构与医疗机构工作人员并列，因此，我们认为刑法此处所规定的“药品使用单位的人员”应当是专门针对特殊身份人的规定，并非对单位犯罪的规定。按照罪刑法定原则，如果医疗机构明知是假药而使用，不应当构成单位犯罪，只能追究相关使用人员的责任。那么此时该司法解释对于“医疗机构”的专门规定是否还可以适用？我们认为，该司法解释是基于当时法律规定欠缺的一种拟制，而在立法已经明确仅追究药品使用单位人员责任的情况下，不宜再适用对单位的处罚。此外，之所以将司法解释“医疗机构工作人员”规定为与《药品管理法》一致的“药品使用单位的人员”，是因为《药品管理法》第72条规定，“医疗机构应当坚持安全有效、经济合理的用药原则，遵循药品临床应用指导原则、临床诊疗指南和药品说明书等合理用药，对医师处方、用药医嘱的适宜性进行审核。医疗机构以外的其他药品使用单位，应当遵守本法有关医疗机构使用药品的规定”。

---

① 张伟珂：《〈刑法修正案（十一）（草案二审稿）〉药品犯罪立法完善建议》，载《人民法院报》2020年11月26日。

最后，司法实践中判断药品使用单位人员“明知”的主观心态存有困难。行为人主观方面的证明一直是我国司法实践中的难题，对于刑法条文中明确要求的“明知”，包括了事实的明知和推定的明知。但就“假药”而言，在《药品管理法》和《刑法》均确立了对假药实质判断的前提下，证实行为人的明知必然是十分困难的，由于药品生产工序复杂，论证使用者明知假药中不含有有效成分，缺乏现实可操作性。对此可以适用推定，即在行为人具有某些客观行为时，依据经验法则，推定行为人的主观明知和目的。根据《药品管理法》第69条的规定，医疗机构应当配备依法经过资格认定的药师或者其他药学技术人员，负责本单位的药品管理、处方审核和调配、合理用药指导等工作。非药学技术人员不得直接从事药剂技术工作。第70条规定，医疗机构购进药品，应当建立并执行进货检查验收制度，验明药品合格证明和其他标识；不符合规定要求的，不得购进和使用。第71条规定，医疗机构应当有与所使用药品相适应的场所、设备、仓储设施和卫生环境，制定和执行药品保管制度，采取必要的冷藏、防冻、防潮、防虫、防鼠等措施，保证药品质量。

根据以上规定，如果药品的购买、储存符合法律规定，并配备了专门的药师，则可以推定尽到了注意义务，反之，如果未按规定配备专业人员、从非正规渠道进货也未查验，就是对所使用药品质量问题的放任，那么主观上就可以推定使用假药的明知和故意。对于推定的明知，从论证逻辑来说只是对于事实的一种大概率推测，因此应当允许反证，如果行为人以合理理由能够证明确实不知，受到欺骗或者蒙蔽等，应当推翻推定的明知。

此外，这种情况下也可能存在“事实”的明知，根据《药品管理法》第81条规定，药品上市许可持有人、药品生产企业、药品经营企业和医疗机构应当经常考察本单位所生产、经营、使用的药品质量、疗效和不良反应。发现疑似不良反应的，应当及时向药品监督管理部门和卫生健康主管部门报告。第82条规定，药品存在质量问题或者其他安全隐患的，药品上市许可持有人应当立即停止销售，告知相关药品经营企业和医疗机构停止销售和使用。据此，在药品使用单位已经发现不良反应而意识到极大可能是假药的情况下，拒绝报告，或者药品上市许可人已经告知其是假药，而药品使用单位仍然使用，则属于典型的事实的“明知”。

## 四、以案说法

**【案例一】强某生产、销售假药罪**[①]

天津市津南区人民检察院指控，2017年12月开始，被告人强某在天津市津南区园内从事理疗活动，自2018年7月后，其又以“××健康科技有限公司”名义开展理疗诊治活动。其间，被告人强某在未取得国家相关监管部门许可的情况下，将中草药“透骨草”与醋泡制后制成“透骨液”，并前往本市红桥区大胡同附近某处预先购进药瓶、制作药品说明书等，将“透骨液”与药瓶、说明书进行贴装后于店内辅以所谓“斧正”按摩进行售卖。经天津市津南区市场监督管理局认定，上述“透骨液”（瓶装）以及现场查获的标示“祖传秘方的无名液体（瓶装）”均应按假药论处。

经法院审理查明，案件审理期间，《中华人民共和国药品管理法》（以下简称《药品管理法》）进行修订，将原《药品管理法》第四十八条第三款按假药论处的条款进行删除，并将关于假药、劣药认定的事项在新《药品管理法》第九十八条进行新的规定，且在新法第一百二十一条规定，对假药、劣药的处罚决定，应当依法载明药品检验机构的质量检验结论。新《药品管理法》于2019年12月1日实施。法院认为，根据《中华人民共和国刑法》第一百四十一条的规定，生产、销售假药罪中所称假药，是指依照《药品管理法》的规定属于假药和按假药处理的药品、非药品。公诉机关指控被告人强某犯生产、销售假药罪所依据的原《药品管理法》第四十八条第三款第（二）项“有下列情形之一的药品，按假药论处：（二）依照本法必须批准而未经批准生产、进口，或者依照本法必须检验而未经检验即销售的”的规定已废止。而根据现行《药品管理法》第一百二十一条的规定，对于假药、劣药的认定必须有药品检验机构进行质量检测并出具检验或者鉴定结论予以证明。但公诉机关并未提供相关检验鉴定结论予以佐证，公安机关亦出具情况说明，表明无法对涉案“透骨液”进行成分检测，现有证据无法证明被告人强某生产、销售的“透骨液”系假药。法院据此判决

---

① 天津市津南区人民法院（2019）津0112刑初607号一审刑事判决书。

强某无罪。

**从以上判决我们可以看出，在《刑法修正案（十一）》出台之前，司法实践已经在假药、劣药的认定上主动结合2019年修订的《药品管理法》理解，体现了对假药犯罪的实质判断。**

**【案例二】谢某生产、销售假药案**①

2013年10月某天，嘉鱼县簰洲湾镇卫生院选定武汉益某药业有限责任公司（以下简称益某公司）作为中药饮片供应商，并从益某公司购买了首批中药饮片。自购买首批中药饮片后，簰洲卫生院由益某公司销售员被告人谢某负责送货。在此期间，被告人谢某为获取更多利益，在没有许可生产、销售中药饮片资质的情况下，私自从安徽亳州中药材交易市场购进中药材和中药饮片外包装、标签等。在武汉的租住屋内将中药材进行包装，假冒安徽省金某公司等公司生产的中药饮片，并印制仿造中药饮片的标签、批号、益某公司的销售出库复核单销售给簰洲卫生院。自2014年2月至2015年10月期间，谢某共向簰洲卫生院销售假药金额合计144,132元。

2015年11月，嘉鱼县食品药品监督管理局在中药饮片专项整治行动中，对簰洲卫生院中药房中的山药（批号：150101）、防己（批号：150201）、天麻（批号：150101）抽样送检，经咸宁市食品药品监督管理局鉴定，上述三种中药饮片均认定为假药。上述批号的山药、防己、天麻中药饮片均系被告人谢某销售给簰洲卫生院，销售金额为1,672元。案发后，被告人谢某于2017年3月13日自动投案。公诉机关认为，被告人谢某生产、销售假药，其行为触犯了《中华人民共和国刑法》第一百四十一条第一款的规定，应以生产、销售假药罪追究其刑事责任。

法院审理后认为，被告人谢某违反国家药品管理法规，生产、销售假药，其行为已构成生产、销售假药罪，公诉机关指控被告人的犯罪事实和罪名成立，本院予以支持。案发后，被告人谢某主动投案，如实供述自己的罪行，属自首，并退清违法所得款，依法可以从轻和酌定从轻处罚。在认定主观的

① 湖北省嘉鱼县人民法院（2018）鄂1221刑初6号一审刑事判决书。

“明知”时，法院的依据为“《中华人民共和国药品管理法》的规定，医疗机构购进药品，必须建立并执行进货检查验收制度，验明药品合格证明和其他标识，不符合规定要求的，不得购进和使用”。附带民事公益诉讼被告箳洲卫生院在购进药品时未按规定检查验收，并将假药通过处方向患者进行销售，对患者造成潜在危害和延误疾病治疗的危险，侵害了患者的健康权益，附带民事公益诉讼人要求被告人谢某和附带民事公益诉讼被告箳洲卫生院采取补救措施，消除安全隐患，召回尚未使用假药的诉求，法院予以支持。法院判决被告人谢某犯生产、销售假药罪，判处有期徒刑一年，缓刑二年，并处罚金30万元。禁止谢某在缓刑考验期内从事药品生产、销售及相关活动。

从以上判决可以看出，法院并未对卫生院以及内部人员追责，但在公益诉讼中，在认定医院的过错时，以《药品管理法》对医疗机构购进药品的核查和核收规定为依据认定医院存在过错。按照《刑法修正案（十一）》的规定，对药品使用单位追责时，要求“明知”是假药，在本案中，使用单位未按照行政法律规定进行检验，要具体分析是基于明知放纵的故意，还是疏忽大意的过失，如果是故意则构成“明知”，因提供使用假药可能构成犯罪。

## 第二节　生产、销售劣药罪的修改

**【修正前条文】第一百四十二条**　生产、销售劣药，对人体健康造成严重危害的，处三年以上十年以下有期徒刑，并处销售金额百分之五十以上二倍以下罚金；后果特别严重的，处十年以上有期徒刑或者无期徒刑，并处销售金额百分之五十以上二倍以下罚金或者没收财产。

本条所称劣药，是指依照《中华人民共和国药品管理法》的规定属于劣药的药品。

**【修正后条文】第一百四十二条**　生产、销售劣药，对人体健康造成严重危害的，处三年以上十年以下有期徒刑，并处罚金；后果特别严重的，处十年以上有期徒刑或者无期徒刑，并处罚金或者没收财产。

药品使用单位的人员明知是劣药而提供给他人使用的，依照前款的规定处罚。

## 一、立法主旨

对生产、销售劣药罪的修订，回应了民生保障的需求，在密织惩治危害药品安全犯罪刑事法网的同时，修改了生产、销售劣药罪的犯罪构成以及法定刑，体现在三个方面：一是与生产、销售假药罪的修订一致，删除了“劣药”认定中“参照《药品管理法》”的规定，二是明确了“药品使用单位的人员”的刑事责任，三是删除了倍比罚金的规定。根据《最高人民法院、最高人民检察院关于执行〈中华人民共和国刑法〉确定罪名的补充规定（七）》，本罪罪名相应变更为“生产、销售、提供劣药罪”。

## 二、修改理由

### （一）删除了“参照《药品管理法》”的规定

删除这一规定，是为了实现与2019年《药品管理法》的有效衔接，2019年《药品管理法》将原来规定劣药“药品成份的含量不符合国家药品标准的”一种情形，修改为七种情形，即：药品成份的含量不符合国家药品标准、被污染的药品、未标明或者更改有效期的药品、未注明或者更改产品批号的药品、超过有效期的药品、擅自添加防腐剂或辅料的药品、其他不符合药品标准的药品，同时取消了“按劣药论处”的六种情形。

与生产、销售、提供假药罪删除“参照《药品管理法》”以进行实质药物危害判断的理由一致，前置法强调秩序的维护，而刑法强调法益保护与秩序维护，二者的保护范围虽存在部分重合，但根本功能不同。我国《药品管理法》已经2001年、2013年、2015年以及2019年的多次修改，对于刑法同其他部门法法益保护范围一致的场合，空白刑法的立法能够弥补刑法的滞后性，及时补足刑法进行法益保护的短板。但在保护法益不一致的场合，尤其是关乎个人法益保护的场合，刑事违法性的判断完全被动依据变动中的前置法规定有违罪刑法定原则之嫌，丧失刑法保护法益的独立性基础。对于《药品管理法》的修订，刑法中的“假药”和“劣药”并非全部呈现在《药品管理法》，比如中药材以及中成药，对于其劣药的认定则有待其他法律的完善，此时刑法抛开对《药品管理法》的依赖，便可以实现对药品安全的充分保护。

### （二）调整生产、销售、提供劣药罪的罚金刑

对经济利益的追求是危害药品安全犯罪的主要动机，对危害药品安全犯罪适用财产刑能够较好地实现刑法的罚当其罪。此前我国刑法对生产、销售劣药罪规定的罚金是比例制罚金，即并处“销售金额百分之五十以上二倍以下罚金”。该规定存在的问题是部分情形下难以罚当其罪，如在有的情形（如被告人完全没有经济能力）下并处销售金额50%的罚金可能处罚过重，难以执行，但在有的情形（如被告人实际被查实的金额不大）下并处销售金额二倍罚金可能处罚过轻，难以罚当其罪。针对生产、销售劣药罪罚金立法的不足，《刑法修正案（十一）》取消了生产、销售、提供劣药罪的比例制罚金，改为抽象罚金，即仅规定“并处罚金”，对于具体的罚金数额，交由司法机关综合案件情况判定，有利于更好地发挥罚金的功能。[①]将倍比罚金刑改为无限制罚金刑的规定，从经济上加大了对于生产、销售、提供劣药罪处罚力度的操作空间，进一步提高了危害药品安全犯罪经济成本，更好地发挥了刑法的震慑作用。

具体来说，新《药品管理法》第124条规定：“违反本法规定，有下列行为之一的，没收违法生产、进口、销售的药品和违法所得以及专门用于违法生产的原料、辅料、包装材料和生产设备，责令停产停业整顿，并处违法生产、进口、销售的药品货值金额十五倍以上三十倍以下的罚款；货值金额不足十万元的，按十万元计算……（一）未取得药品批准证明文件生产、进口药品；（二）使用采取欺骗手段取得的药品批准证明文件生产、进口药品；（三）使用未经审评审批的原料药生产药品；（四）应当检验而未经检验即销售药品；（五）生产、销售国务院药品监督管理部门禁止使用

---

① 《专家学者一起谈！聚焦刑法修正案（十一）》，载腾讯网，https://new.qq.com/omn/20210106/20210106A065FR00.html，2020年12月10日访问。

的药品；（六）编造生产、检验记录；（七）未经批准在药品生产过程中进行重大变更。”也就是说，此类违反药品管理秩序的行为在行政法中规定的罚款数额的底线达到了150万元，显然属于比较严重的行政处罚。修订前《刑法》第142条对于生产、销售劣药罪的罚金刑规定为“并处销售金额百分之五十以上二倍以下罚金”，即便刑法对于生产、销售劣药罪进行了有期徒刑、拘役的规定，但是刑法作为最严厉的处罚，其罚金刑不宜与相关行政处罚相差悬殊。

此外，倍比罚金的基准“销售金额”在我国刑法学界的理解有多种观点，销售金额也存在难以查证、难以体现药品犯罪的社会危害性程度等难题。

### （三）增加提供劣药者的刑事责任

最高人民法院、最高人民检察院《关于办理危害药品安全刑事案件适用法律若干问题的解释》第6条第2款规定：“医疗机构、医疗机构工作人员明知是假药、劣药而有偿提供给他人使用，或者为出售而购买、储存的行为，应当认定为刑法第一百四十一条、第一百四十二条规定的‘销售’。”此次修订在第141条、第142条将药品使用单位人员明知是假药、劣药而提供给他人使用的行为纳入刑法规制范围。药品使用单位纳入生产、销售、提供假药罪与生产、销售、提供劣药罪的范围当中，提高了药品使用单位用药的审慎义务，加大了对药品犯罪的处罚力度。

## 三、条文释义

对于药品使用单位的规定，在前文假药犯罪中已经论述，不再赘述，在此重点对删除参照条款后，劣药的理解予以阐述。

对于劣药的几种情况“未标明或者更改有效期的药品”“未注明或者更改产品批号的药品”“超过有效期的药品”，在现实情况下，属于外观观测即能确定的，无需也没有标准可供检验。虽然新《药品管理法》第121条规定，认定劣药须以质量检验结论为依据，但此种情形明显是无须检验的，刑法在认定中不必过于拘泥于“行政法”的内容，而可以做出独立判断。

立法修订后，假药劣药的区分的现实困难仍然存在，若药品成分与药典中的含量项目相对应，则含量测定的结果在何种程度时判定为“成份不符”，是完全不含有应有的成分，或者含有微量不该含有的成分？这个看似技术性的问题，其实对认定假药、劣药关系极大，不得不予以充分重视。比如含有NDMA（N–亚硝基二甲胺，属于2A类致癌物）杂质的雷尼替丁（消化道内科经常使用的药物，如治疗消化道溃疡）或缬沙坦（治疗各类轻中度高血压的药物）算是药品被污染吗？还是因为含有NDMA与国家药品标准规定的成分不符而属于假药？抑或是认为NDMA是药品中某种成分的代谢产物而属于变质的药品？这些问题都要逐一明确。[①]司法实践中虽然可以依靠“鉴定意见”认定，但行政法上的鉴定意见往往是行政人员程序性的鉴定，其按照行政法相关规定对药品给出鉴定意见，并不会对变质药品的实质危害性进行相应的判定，对此，销售变质药审理在借鉴鉴定意见的基础上，应予以实质性评判。比如销售无实质危害性变质药行为仅需要通过行政层面的处罚或者其他社会政策便可以有效地保护某法益或者维护某秩序并符合相应的立法目的，那么就无须采取刑事处罚措施，否则就违反了禁止超过必要限度原则。销售变质药仅违反了行政法的规定、没有上升到刑事违法性的层面上的话，应当首先考虑行政法上的制裁，不能直接动用刑法，否则容易造成功能错位、其他法律虚置的现象。应当在对刑事违法性与行政违法性作出进一步区分的基础上，对销售变质药的具体案件情节，比如社会危害严重程度、威胁程度等进行全方位、多角度的分析，在行政违法性的基础上对刑事违法性作出二次判断。

有学者在研究中指出大多域外国家将药品的外观标识作为其衡量假药与劣药的主要标准，我国在劣药认定中也可以借鉴此规定，日本禁止的主要是指生产、性能指标没有达到药典标准的药品，与其他国家均不同，日本尤其重视药典标准这个指标。当然，药典指标不是唯一的指标参考，还包括其他的标准，如按药事法第42条第1项规定制定的标准，或是一些省份制定的药品标准。同时，日本也把生产和销售各种污染、变质、腐烂、混同、添加不明色素的药品禁止在内。[②]对于我国药品成分认定的困难，可以适当借鉴日本

① 陆琦、林燕辉：《浅议新〈药品管理法〉及其对药品监管和打击药品领域犯罪的影响》，载《上海公安学院学报》2019年第6期。

② 叶佩云、朱晓慧、叶桦：《关于部分国家假、劣药定义的比较研究》，载《中国药事》2012年第10期。

对于假药标准的规定，应将“国家药品标准”作出具体化的规定，并且针对特殊情况做出特殊说明，例如：注册标准、炮制规范以及医疗机构制剂标准等。同时，对于“药品所含成分”中的“成分”也要做出明确化的规定，包括药品本身的成分和各类活性成分，分清附加剂成分是不是混入的杂质。

## 四、以案说法

**【案例】长生系疫苗事件**①

2018年7月21日，一篇《疫苗之王》的文章在互联网上热传，揭开了更多长春长生的黑幕，彻底引爆了民众，并引发了全国上下人民对长春长生的谴责和讨伐，也引起了党中央领导的关注和批示，习近平总书记和李克强总理就疫苗事件表态并作了批示，要求严查此案。第二天，长春新区公安分局依据吉林省食品药品监督管理局作出的《涉嫌犯罪案件移送书》开始调查长春长生。对长春长生生产“冻干人用狂犬疫苗”涉嫌的犯罪行为立案侦查，将该案件有关的公司负责人和高层管理人员带到公安机关配合接受审查。

2018年7月24日，长春市新区公安分局对外发布消息：已经对长春长生董事长高某芳在内的15名涉案人员采取刑事拘留强制措施，拘留的原因是涉嫌刑事犯罪。五天后，长春新区公安分局依据《中华人民共和国刑事诉讼法》第79条规定对公司负责人高某芳在内的18名犯罪嫌疑人以涉嫌生产、销售劣药罪向检察机关提请批准逮捕并得到检察院的批准，至此，长春长生董事长等18名有关人员正式被司法机关逮捕。

与此同时，国家食药监局、吉林省食药监局、证监会三家监管单位也分别对“疫苗造假”的两个公司长春长生、长生生物的行政违规事实进行调查，于2018年10月16日称对长春长生的行政违法事实已全部查清，并作出行政处罚，处罚书列明：长春长生在生产、销售疫苗过程中，存在以下八项违法事实：①该公司自2014年到2018年5年期间，生产疫苗均使用两个或者两个以

---

① 此案例的事实来源参见吉林省食品药品监督管理局“吉食药监药行罚［2018］17号行政处罚决定书”，载吉林省药品监督管理局官方网站，http://mpa.jl.gov.cn/xxgk_84894/xzcfajxxgk/201906/t20190617_5928566.html，2021年1月10日访问。刑事判决书尚未发布。

上批次的原液勾兑配制，并且采用重新编造生产批号的方式弄虚作假；②该公司2016年至2018年3年间，随意更改了近200批次的产品的生产日期，延长产品的使用期；③该公司《冻干人用狂犬病疫苗中间品质量标准》（STP-01-02-004，修订号00、01、02）规定纯化后原液保存的最长时间为一年，2017年2月至3月期间，公司擅自使用过期的原液来生产；④该公司负有对产品进行效价、稳定性测试的义务，但是自2016年到2017年所生产的近400批次产品，该公司并没有对这些产品进行稳定性测试；⑤该公司生产的"冻干人用狂犬病疫苗"应使用DL-6M型号的离心机，但公司自2017年11月28日开始更换所使用离心机，该变更未按规定备案；⑥该公司2014年1月至2018年7月期间生产的产品采用生产结束之后销毁记录，重新编造虚假的产品生产记录的方法，并且在产品检查记录程序中造假，凭空捏造虚假的稳定性测试记录，且要求甲方公司配合造假，开具的虚假实验动物销售单据，用来编造动物试验记录；⑦该公司2014年以来向中国食品检验研究院提交与案件有关的各种资料时，通过上报虚假材料的方式，骗取了2014年以后生产的各种产品合格证；⑧该公司在国家药品监督管理局进行突击检查之后，为隐藏事实，于2018年更换计算机硬盘和存储器等，销毁了与案件有关的各种资料。2019年1月22日，长春市公安机关经过两次补充侦查后，将长春长生公司的刑事案件移送长春市检察院审查起诉，长春市检察机关于2019年3月9日将该案件移送到长春市法院。移送起诉的三项罪名，包括涉嫌行贿罪、挪用资金罪和生产、销售劣药罪。

该案目前还未有判决结果对外公布，在本案中长春长生使用不同批次原液勾兑进行产品分装，对原液勾兑后进行二次浓缩和纯化处理，个别批次产品使用超过规定有效期的原液生产成品制剂的行为，违反了《药品管理法》劣药认定中"药品成份的含量不符合国家药品标准"的规定，虚假标注制剂产品生产日期的行为，违反了《药品管理法》"未注明或者更改生产批号的"的规定，生产结束后的小鼠攻毒试验改为在原液生产阶段进行，违反了《药品管理法》"其他不符合药品标准规定的"的规定。根据行政监管部门两次公布的行政处罚决定书皆对该公司违规生产的疫苗定性为劣药，按劣药论处，而伴随2019年《药品管理法》的修订，这几种情形均属于"劣药"的认定范围。《刑法修正案（十一）》对劣药认定中删除“参照药品管理法”的规定，也使得该罪的认定更加体现了对药品安全的实质保护，回应了民众对安全保护的强烈需求。

## 第三节 妨害药品管理罪的增设

**【新增条文】第一百四十二条之一** 违反药品管理法规，有下列情形之一，足以严重危害人体健康的，处三年以下有期徒刑或者拘役，并处或者单处罚金；对人体健康造成严重危害或者有其他严重情节的，处三年以上七年以下有期徒刑，并处罚金：

（一）生产、销售国务院药品监督管理部门禁止使用的药品的；

（二）未取得药品相关批准证明文件生产、进口药品或者明知是上述药品而销售的；

（三）药品申请注册中提供虚假的证明、数据、资料、样品或者采取其他欺骗手段的；

（四）编造生产、检验记录的。

有前款行为，同时又构成本法第一百四十一条、第一百四十二条规定之罪或者其他犯罪的，依照处罚较重的规定定罪处罚。

### 一、立法主旨

该条是专门针对违反药品管理秩序行为设立的犯罪，将足以严重危害人体健康的妨害药品管理行为单独入罪并设置了专门的法定刑。这旨在总结长春长生疫苗事件等案件经验教训，实现与2019年修改后的《药品管理法》的进一步衔接，强化对药品安全的刑法保护。规制的类型具体包括“生产、销售国务院药品监督管理部门禁止使用的药品”“未取得药品相关批准证明文件生产、进口药品或者明知是上述药品而销售”“药品申请注册中提供虚假的证明、数据、资料、样品或者采取其他欺骗手段”“编造生产、检验记录”，严密了我国刑法惩治危害药品安全犯罪的刑事法网。

## 二、修改理由

党的十九大以来，实施“健康中国战略”被作为国家发展基本方略中的重要内容，习近平总书记对药品安全监管提出了“最严谨的标准、最严格的监管、最严厉的处罚、最严肃的问责”的“四个最严”工作要求。此次对药品安全犯罪的修订坚持以问题为导向，回应了人民群众药品安全方面的关切，进一步严密法网保护公民权益。将以往单纯行政管理意义上的假药（药监部门禁用、无证销售、骗取注册等），以是否“足以严重危害人体健康”作为具体危险犯予以入罪，避免因为彻底委于行政处罚而积酿出药品安全的隐患或事故，加强刑法管制。

### （一）维护药品管理秩序的需要

一直以来，我国刑法对药品安全的保护集中体现在第141条、第142条，而这两条都着眼于“药品”本身的真假、优劣。而对药品安全的评价，除了从实质的对象规制，还需要考虑药品管理秩序本身，此次修订正是将一些此前以假药论的情形以及违反药品生产质量管理规范的行为等单独规定为一类犯罪，凸显对药品管理秩序保护的现实需要。

药品不同于普通商品，其本身即具有一定的危险性，因此从生产、销售到检验、申报注册等各个环节都必须严格把关，对违反药品管理秩序的行为，其危害性并不弱于生产、销售、使用假药、劣药犯罪行为，必须看到在药品研发、生产、流通、销售及使用等环节中，都存在着影响药品安全性和有效性的各种风险。如果刑法处罚不能涵盖违法链条的所有环节，将在一定程度上助推犯罪。因此将妨害药品管理秩序行为单独定罪，是基于严密法网的现实需要。2019年修订的《药品管理法》对药品安全的规制涵盖药品研发、临床试验、生产、销售、使用等各个环节，而刑法对药品安全规制仍限定于生产、销售环节，面对这一不足，有必要将药品安全的保护从“静态”的对象规制延伸到“动态”的环环相扣的秩序保护。所新增的药品犯罪行为方式，其模式来自于《药品管理法》第123条、第124条的规定，实现了与药品管理法的衔接。在草案一审稿中，规定了五种入罪情形，对《药品管理法》第

123条、第124条规定违规行为对应予以犯罪化，所规定的“（一）生产、销售国务院药品监督管理部门禁止使用的药品的”对应于第124条第5种情形；“（二）未取得药品批准证明文件进口药品或者明知是上述药品而销售的”对应于第124条第1种情形；“（三）依法应当检验而未经检验即销售药品的”对应于第124条第4种情形；“（四）药品申请注册中提供虚假的证明、数据、资料、样品或者采取其他欺骗手段的”对应于第123条的情形；“（五）编造生产、检验记录的”对应于第124条第6种情形。这些情形并非对“实质的药品危害”进行评价，而是着眼于药品经营、注册过程中的具体安全义务，比如《药品管理法》第44条对药品生产、检验记录的要求，第49条对药品包装的要求，第53条、第64条等对药品经营中进出口审批的要求，以此进行危险的“形式拟定”。

草案一审稿入罪的五种具体情形，对于情形1、情形2，在原《药品管理法》是按假药论处，现在没有按假药论处这一情形，故不再在生产、销售假药罪的范畴，但其社会危害性仍然具有刑罚处罚的必要性，故调整在此。这也较好地解决了此前刑法在生产、销售假劣药犯罪定罪量刑上存在的一定程度的不平衡、不适应等问题。根据草案一审稿第7条第2项和第3项的规定，未取得药品批准证明文件进口药品或者明知是上述药品而销售的行为以及依法应当检验而未经检验即销售药品的行为被认定为妨害药品管理秩序的犯罪行为。申言之，经营“未经批准的进口药品”虽然不再属于假药犯罪，但仍然属于具有“破坏药品管理秩序”这一社会危害性的犯罪。我们认为，这一修正与两个方面的衔接有关。一方面，缉私部门和公安机关存在管辖衔接上的不足，导致“未经批准的进口药品”进入内销领域后，对走私犯罪的下游存在打击“疲软”。这一修正能极大缓解当前司法实践中对于此类行为的处置困境，符合“严密法网”的立法精神。另一方面，这一修正也完善了药品管理法和刑法之间行刑衔接。虽然“未经批准的进口药品”不再属于拟制假药，但相关经营行为依然是被药品管理法所禁止的违法行为。对于这一违法行为在达到一定严重程度后，以刑法手段打击，符合行刑衔接的基本要求。而《药品管理法》在修订时也给这一打击留出了空间，即《药品管理法》第114条规定“违反本法规定，构成犯罪的，依法追究刑事责任”。此外，还应注意，《刑法修正案（十一）》在对这一行为加以刑法规制的同时，也限定了刑法的打击力度，在犯罪构成上，以“足以严重危害人体健康”为要件，避免规定为单纯的行为犯；而在法定刑幅度上，以3年以下、3年以上7年以下两个法定刑幅度为限，明显轻于《刑法修正案（十一）》第5条的3年以下、3年以上10年以下、10年以上或无期徒刑、死刑的规定，一定程度上也回应了近些年公众所关注各类药神案的从轻处理的呼声。[①]

之所以增设“药品申请注册中提供虚假的证明、数据、资料、样品或者采取其他欺骗手段的”条款，是因为对于药品安全来说，事后对药品具体危险的检验识别持续时间过长，刑事证明成本高昂，此时将“药品申请注册中”作假行为认定为犯罪，不仅尊重了药品研发中的科学规律，也有利于司法操作。《最高人民法院、最高人民检察院关于办理药品、医疗器械注册申请材料造假刑事案件适用法律若干问题的解释》第3条规定：“药品注册申请单位的工作人员，故意使用符合本解释第一条第二款规定的虚假药物非临床研究报告、药物临床试验报告及相关材料，骗取药品批准证明文件生产、销售药品的，应当依照刑法第一百四十一条规定，以生产、销售假药罪定罪处罚。”此次《刑法修正案（十一）》将司法解释的内容吸纳进刑法。对于“编造生产、检验记录的”条款，原《药品管理法》无相关规定，也不构成犯罪。因2018年长生生物编造生产记录和产品检验记录，随意变更工艺参数和设备事件，引起重视，“编造生产、检验记录的”被列入新修订《药品管理法》的违法行为中，规定在《药品管理法》第124条之中。

总之，立法修订中这四项的规定有助于建立起对妨害药品管理行为的刑法回应机制，更好实现罪刑相适应，让这类犯罪受到与其危害性更为匹配的处罚。也有学者认为，立法在修订时对《药品管理法》第124条所规定的情形进行了选择，采取不同的处理方式，是不妥当的，认为第124条所规定的7种行为都属于违反药品监管秩序的行为，即涵盖了药品注册审批、原材料审批审评以及生产销售药品全过程；从性质上看，这几类行为都是违

---

① 陆锋、张元金：《论〈刑法修正案（十一）草案〉涉“假药”犯罪案件的实践困境及解决路径》，载《上海法学研究》集刊（2020年第16卷总第40卷），上海市法学会，2020年9月。

反了药品安全生产经营程序性规范的行为，均属于按照“假药”“劣药”的判断有一定的证明困难的情形（假劣药标准是法定的，在特定情况下由于程序、标准等限制，无法得出假劣药的明确结论），应当同等评价，否则就会造成刑法评价上的漏洞。[①]对此观点，草案二审稿通过对相关情形的进一步删除，给予了回应，在草案一审稿5种入罪情形中，在二审时删除了“依法应当检验而未经检验即销售药品的”，从客观来看，这种情况下立法仍然要考虑刑法与行政法不同的机能，保持刑法的谦抑。虽然《药品管理法》规定了多种程序违法情形，本身客观产生的后果既可能是真药，也可能是假药、劣药，甚至可能是无法鉴定出假劣药的情形，但不代表刑法不应当对这些情形区别处理，刑事立法要坚持“必要性”原则，选取社会中典型性以及司法较为成熟的情形入罪。

### （二）“足以严重危害人体健康”危险犯的设定

对于妨害药品管理秩序罪的入罪条件，有意见认为除已经明确规定为禁药的药品外，直接证明某种药品足以严重危害人体健康十分困难，建议修改为“对人体健康造成严重危害的”；有的建议为避免打击面过大，应当在“足以严重危害人体健康”后补充增加“情节严重”“情节特别严重”作为入罪标准；还有观点认为，“足以严重危害人体健康”不好判断，应直接删除，作为抽象危险犯规制。

对此，我们应当看到刑法是一个整体，法条之间必须保持协调。既不能将轻罪规定在重罪法条之中，也不能将重罪规定在轻罪法条之中，否则，必然导致处罚不公平。具体危险犯的设置，是为了在假药犯罪的抽象危险犯、劣药犯罪的实害犯之间设立一道避免处罚漏洞的保护屏障。正如有学者所言，关于药品犯罪，必须规定以下几种行为类型：造成实害的可能性较小的抽象危险犯（如擅自进口药品在国内销售等）、造成实害的可能性很大的抽象危险犯（如生产、销售假药）、具体危险犯（如生产、销售国务院药品监督管理部门禁止使用的药品中的一种情形）、实害犯（生产、销售劣药罪）以及相应的

---

① 张伟珂：《〈刑法修正案（十一）（草案二审稿）〉药品犯罪立法完善建议》，载《人民法院报》2020年11月26日第5版。

加重犯。[①]由于该罪是作为药品安全犯罪的兜底性处罚，不宜处罚力度过大，因此基础法定刑设置为3年以下有期徒刑，同时也为了实现与生产、销售劣药罪中“对人体健康造成严重危害”相协调，规定了加重法定刑3年以上7年以下。生产、销售劣药，对人体健康造成严重危害的，处3年以上10年以下有期徒刑，并处罚金；后果特别严重的，处10年以上有期徒刑或者无期徒刑，并处罚金或者没收财产。新增第142条之一妨害药品管理罪中“足以严重危害人体健康以及造成严重危害”的行为的法定刑，轻于生产、销售劣药罪的法定刑，我们认为是合适的，因为此罪加重法定刑情节所容纳的不单纯是“对人体健康造成严重危害”还包括了“其他严重情节”，规制的具体情形不单纯是药品事实上的安全，还包括了管理上的不安全，那么在“其他严重情节”的法定刑设置上自然不能超越事实上的药品不安全的“法定刑”。考虑到该条可能存在与生产、销售假药罪以及生产、销售劣药罪的竞合，条文明确了“有前款行为，同时又构成本法第一百四十一条、第一百四十二条规定之罪或者其他犯罪的，依照处罚较重的规定定罪处罚”。

## 三、条文释义

作为新增法条，该罪的理解与适用有以下几个问题需要注意：

第一，作为法定犯，“违反药品管理法规”的认定，要结合《药品管理法》以及其他相关法律法规，对于条文明确列举的4种情形，虽然在《药品管理法》有明确规定，但这并不代表单纯依靠《药品管理法》即可认定其违法性，必要时可以结合药品管理其他法律法规综合判断。

第二，该罪的构成要件明确了“足以严重危害人体健康”的要求。从教义的角度看，“足以”是一种危险状态的判断，一般属于可能性的情形，而由于食药品案件的专业性很强，这一“足以”的可能性显然无法依赖司法经验完成判断。但司法实践又强调结果的确定性和规范性，如不对该可能性加以明确，很有可能导致该款在司法实践中无法适用。对此，可以采取历史解

---

① 张明楷：《增设新罪的原则——对〈刑法修正案十一（草案）〉的修改意见》，载《政法论丛》2020年第6期。

释和体系解释的方法。1997年《刑法》在《全国人民代表大会常务委员会关于惩治生产、销售伪劣商品犯罪的决定》的基础上规定了生产、销售假药罪，将生产、销售假药罪从结果犯转变为危险犯，当时立法规定的入罪条件即为“足以严重危害人体健康”，虽然在2011年《刑法修正案（八）》中被修订删除，但基于《刑法修正案（十一）》所增此新罪再次出现了危险犯的设定，对其理解可以参考之前司法的相关操作。2001年《最高人民法院、最高人民检察院关于办理生产、销售伪劣商品刑事案件具体应用法律若干问题的解释》第3条第1款规定：“经省级以上药品监督管理部门设置或者确定的药品检验机构鉴定，生产、销售的假药具有下列情形之一的，应认定为刑法第一百四十一条规定的‘足以严重危害人体健康’：（一）含有超标准的有毒有害物质的；（二）不含所标明的有效成份，可能贻误诊治的；（三）所标明的适应症或者功能主治超出规定范围，可能造成贻误诊治的；（四）缺乏所标明的急救必需的有效成份的。”

从司法解释的规定来看，“足以”的判断是基于“现实紧迫”的人身危险，是着重于从药品本身事实安全与否认定，与新增条文“未取得批准文件”“申请注册造假”“编造检验”有不同，因此除了第142条之一第一种情形“生产、销售国务院药品监督管理部门禁止使用的药品”可以参考此解释，其他三种还需进一步明确。对于第一种情形，在考虑“足以”的危害时，对于2001年的司法解释也要认识到不足，比如该司法解释规定含有超标准有毒有害物质时会造成足以严重危害人体健康的结果，但这一理解略有狭窄，忽略了制药过程中添加了药品标准以外的其他化学成分的情形，药品是由各种作为原料药的化学成分构成的，各种成分的组成及含量都有严格的要求，因为药品中所添加的化学成分之间可能会发生各种化学反应，即使所添加的化学成分并不具有有毒有害的性质，但是随意添加各种化学成分一旦发生化学反应之后就可能产生对人体有毒有害的成分，从而造成足以严重危害人体健康的后果。因此在理解这一情形时，对于“禁药”也要考虑其他药品成分的危害而不限于有毒有害成分。

此外，对于“足以”的认定还可以参考食品安全犯罪中生产、销售不符合安全标准的食品罪的规定，该罪名同样为危险犯，要求“足以造成严重食物中毒事故或者其他严重食源性疾病”，这里我们对比看到，食品安全的“标准”不仅包含了事实上的不符合安全，也同样包括了法律拟制的不符合安全，而对这种“拟制不安全”与药品安全的“申请注册”“取得批准文件”“生产、检验”的“拟制安全”具有一定的相似性，比如2013年《最高人民法院、最高人民检察院关于办理危害食品安全刑事案件适用法律若干问题的解释》中，“足以造成严重食物中毒事故或者其他严重食源性疾病”的认定中即包括了“属于病死、死因不明或者检验检疫不合格的畜、禽、兽、水产动物及其肉类、肉类制品的”的情形，除此之外，还包括了“有严重超出标准限量的致病性微生物、农药残留、兽药残留、重金属、污染物质以及其他危害人体健康的物质的”“国家为防控疾病等特殊需要明令禁止生产、销售的”“婴幼儿食品中生长发育所需营养成分严重不符合食品安全标准的”，从对象、成分角度进一步解释了“足以”的具体危险性。对此，我们可以在解释第142条之一时，对足以“严重危害人体健康”也可以从是否面向婴幼儿等特殊人群、是否系急救药品等角度考虑。比如2014年《最高人民法院、最高人民检察院关于办理危害药品安全刑事案件适用法律若干问题的解释》对于生产、销售假药罪“酌情从重处罚”的情形，包括“（一）生产、销售的假药以孕产妇、婴幼儿、儿童或者危重病人为主要使用对象的；（二）生产、销售的假药属于麻醉药品、精神药品、医疗用毒性药品、放射性药品、避孕药品、血液制品、疫苗的；（三）生产、销售的假药属于注射剂药品、急救药品的；（四）医疗机构、医疗机构工作人员生产、销售假药的；（五）在自然灾害、事故灾难、公共卫生事件、社会安全事件等突发事件期间，生产、销售用于应对突发事件的假药的；（六）两年内曾因危害药品安全违法犯罪活动受过行政处罚或者刑事处罚的”。同为“药品安全”犯罪，这对于我们解释第142条之一“足以严重危害人体健康”具有启发意义。

值得注意的是，无论是1997年刑法中的生产、销售假药罪还是生产、销售不符合安全标准的食品罪，“足以”认定都是在司法解释中直接予以了明确，而第142条之一却直接将“足以”与具体的“拟制不安全”情形并列，这无疑对司法提出了更高的要求。2001年的司法解释在认定“足以”时同时规定“是否足以严重危害人体健康应由省级以上药品监督部门设置或者确定的检验机构来鉴定”，我们认为，在第142条之一的“足以”认定时可以借鉴此规定，另外考虑司法的可操作性，需要司法解释进一步明确“足以”的具体情形。[①]

对于本条加重法定刑罪状的“对人体健康造成严重危害或者有其他严重情节”，我们认为，可以参照2014年《最高人民法院、最高人民检察院关于办理危害药品安全刑事案件适用法律若干问题的解释》第2条、第3条、第4条、第7条的规定，根据第2条的规定，“对人体健康造成严重危害”是指：“（一）造成轻伤或者重伤的；（二）造成轻度残疾或者中度残疾的；（三）造成器官组织损伤导致一般功能障碍或者严重功能障碍的；（四）其他对人体健康造成严重危害的情形。”根据第3条的规定，“其他严重情节”是指：“（一）造成较大突发公共卫生事件的；（二）生产、销售金额二十万元以上不满五十万元的；（三）生产、销售金额十万元以上不满二十万元，并具有本解释第一条规定情形之一的；（四）根据生产、销售的时间、数量、假药种类等，应当认定为情节严重的。”其中第三种情形是从数额和情节两个角度判断“严重情节”。根据第4条的规定，“其他特别严重情节”是指：“（一）致人重度残疾的；（二）造成三人以上重伤、中度残疾或者器官组织损伤导致严重功能障碍的；（三）造成五人以上轻度残疾或者器官组织损伤导致一般功能障碍的；（四）造成十人以上轻伤的；（五）造成重大、特别重大突发公共卫生事件的；（六）生产、销售金额五十万元以上的；（七）生产、销售金额二十万元以上不满五十万元，并具有本解释第一条规定情形之一的；（八）根据生产、销售的时间、数量、假药种类等，应当认定为情节特别严重的。”根据第7条的规定，“违反国家药品管理法律法规，未取得或者使用伪造、变造的药品经营许可证，非法经营药品，情节严重的，依照刑法第二百二十五条的规定以非法经营罪定罪处罚……非法经营数额在十万元以上，或者违法所得数额在五万元以上的，应当认定为刑法第二百二十五条规定的

---

① 《刑法》第143条“生产、销售不符合安全标准的食品罪”中规定有“足以造成严重食物中毒事故或者其他严重食源性疾病的”，司法解释将这一“足以”界定为五种具体表现形式，给实践提供了明确的抓手和依据，相关罪名的适用障碍较小；而《刑法》第145条“生产、销售不符合标准的医用器材罪”中规定有“足以严重危害人体健康的”，但相关司法解释中均没有对该“足以”作出清晰的释义性解释，实践中的障碍就非常明显，2018年和2019年该罪名在全国范围内的公开判决数均不足10件。由于缺乏对“足以”的明确释义，很多具有较大社会危害性的涉医用器材案，如涉及眼部、头面部等重要部位的不符合标准的医用器材，大部分只能通过《刑法》第225条“非法经营罪”转化处理。

'情节严重'；非法经营数额在五十万元以上，或者违法所得数额在二十五万元以上的，应当认定为刑法第二百二十五条规定的'情节特别严重'……"。

从以上规定我们可以看出，"对人体健康造成严重危害"主要从轻伤、重伤、残疾等器官功能障碍角度评价，而对"其他严重情节"的理解，务必在"人身危害"危险性的基础上理解，作为加重罪状其首先必须满足基本罪状"足以严重危害人体健康"的要求。此外，第142条之一并没有区分出"其他特别严重情节"，其判断根据主要在于金额、生产规模、社会形势以及社会特殊群体等，具体适用时便需要司法解释根据3年到7年的刑罚幅度具体给出量刑指导，并实现与劣药犯罪、假药犯罪的刑罚均衡。

拉德布鲁赫曾言："刑法的发展将会慢慢地脱离刑法，刑法的完善也不是迈向一个更好的刑法，而是迈向一个比刑法更好的改良法和教养法，它不仅应该比刑法更加智慧，而且应该更加人性化。"[①] 刑法对于危害药品安全犯罪密织法网，不是为了惩罚，而在于预防，因此，在第142条之一的适用中，鉴于《药品管理法》已经有相应的处罚规定，刑法在介入时必须在具体的"危险性"和"危害性"上严格把握。

## 四、以案说法

**【案例一】甲某生产、销售假药案**[②]

被告人甲某于2018年10月5日租赁黄某位于石阡县溪口村亚琴安置区出租房。之后，被告人甲某与其丈夫（在逃）在该出租房内生产、销售黄柏、郁金、川乌、鸡血藤等中药饮片，并采取上门推销的方式，分别向张某、赵某、覃某、李某1等人销售该中药饮片，销售金额共计人民币95,394元。经铜仁市市场监督管理局鉴定，根据《中华人民共和国药品管理法》第四十八条第三款第二项"依照本法必须批准而未经批准生产、进口，或者依照本法必须检验而未经检验即销售的"的规定，甲某未经过药品监督管理部门批准即对中药材进行加工、包装的行为属于"必须批准而未经批准生产"情形，甲

① ［德］古斯塔夫·拉德布鲁赫：《法哲学》，王朴译，法律出版社2013年版，第191页。

② 贵州省石阡县人民法院（2020）黔0623刑初81号刑事判决书。

某销售的中药饮片未经过任何检验即销往医疗机构的行为属于“依照本法必须检验而未经检验即销售”情形。甲某涉案物品“郁金”“川穹”“大血藤”等317个品种定性为“按假药论处”。

法院审理后认为，被告人甲某违反国家药品管理法规，未经批准生产、未经检验销售中药饮片，其行为触犯了《中华人民共和国刑法》第一百四十一条“生产、销售假药的，处三年以下有期徒刑或者拘役，并处罚金；对人体健康造成严重危害或者有其他严重情节的，处三年以上十年以下有期徒刑，并处罚金；致人死亡或者有其他特别严重情节的，处十年以上有期徒刑、无期徒刑或者死刑，并处罚金或者没收财产。本条所称假药，是指依照《中华人民共和国药品管理法》的规定属于假药和按假药处理的药品、非药品”的规定，构成生产、销售假药罪。被告人甲某到案后在侦查阶段及诉讼过程中均能如实供述其犯罪事实，认罪态度较好，根据《中华人民共和国刑法》第六十七条第三款的规定，属坦白，可依法从轻处罚。判决被告人甲某犯生产、销售假药罪，判处有期徒刑一年零六个月，罚金人民币20万元（已缴纳5,000元）。

从本案甲某的行为来看，生产、销售的中药为“未经批准生产”“未经检验销售”的情形，这两种情形在2019年《药品管理法》修订之前，均属于以假药论处的情形，而《刑法修正案（十一）》修订之前，“假药”的认定参照《药品管理法》的规定，因此认定为生产、销售假药罪。在2019年《药品管理法》修订之后，《刑法修正案（十一）》将“未经批准生产”“未经检验销售”的情形专门规定于刑法第142条之一，那么行为人的行为则不再构成生产、销售假药罪，而是妨害药品管理罪。

**【案例二】毕某某生产、销售假药二审刑事裁定书**[①]

2016年1月始，被告人毕某某在宝山区宝林四村×××号×××室无证经营牙科诊所牟利。其间，被告人毕某某在诊疗中为患者陈某某等人有偿使用麻醉剂。2017年1月10日，宝山区卫生和计划生育委员会执法人员在上址检查时当场缴获麻醉剂37支。经鉴定，该麻醉剂为依法必须批准而未经批准生产、进口的药

---

① 上海市第三中级人民法院（2017）沪03刑终17号刑事裁定书。

品，依假药论处。同日，被告人毕某某主动至公安机关投案自首。原判认为，被告人毕某某销售必须批准而未经批准生产、进口的麻醉药品，其行为已构成销售假药罪，应予惩处。被告人毕某某具有自首情节，依法可以从轻处罚。

法院审理后认为，上诉人毕某某销售必须批准而未经批准生产、进口的麻醉药品，其行为已构成销售假药罪，依法应予惩处。现有证据表明，毕某某主观上明知涉案进口麻醉药品未获国家批准，仍有偿提供给他人使用，其行为亦构成销售假药犯罪；查获的37支麻醉剂虽未实际销售，但系其以销售为目的而向他人购买，已经进入销售环节，应构成既遂，同时根据《关于办理危害药品安全刑事案件适用法律若干问题的解释》第一条的规定，生产、销售的假药属于麻醉药品、注射剂药品的，应当酌情从重处罚，因此，原审法院所作判决并无不当，驳回上诉，维持原判。

本案在修订之前，“未经批准进口药品”是作为“假药论处”的情形，司法解释对于“使用假药”的情形是按照销售假药认定，法院认定毕某某主观上明知涉案进口麻醉药品未获国家批准，仍有偿提供给他人使用，其行为亦构成销售假药犯罪。我们可以看出法院的审判是重在对“使用”“销售”环节的处罚。根据修订后《刑法》第142条之一的规定，行为人的行为触犯了“未取得药品相关批准证明文件生产、进口药品或者明知是上述药品而销售”的规定，如果“足以严重危害人体健康”则可能构成犯罪，此时的评价是对于“未经批准进口”进行针对性评价，更加能够评价行为的社会危害性。

## 第四节　欺诈发行股票、债券罪的修改

**【修正前条文】第一百六十条**　在招股说明书、认股书、公司、企业债券募集办法中隐瞒重要事实或者编造重大虚假内容，发行股票或者公司、企业债券，数额巨大、后果严重或者有其他严重情节的，处五年以下有期徒刑或者拘役，并处或者单处非法募集资金金额百分之一以上百分之五以下罚金。

单位犯前款罪的，对单位判处罚金，并对其直接负责的主管人员和其他直接责任人员，处五年以下有期徒刑或者拘役。

**【修正后条文】第一百六十条** 在招股说明书、认股书、公司、企业债券募集办法等发行文件中隐瞒重要事实或者编造重大虚假内容，发行股票或者公司、企业债券、存托凭证或者国务院依法认定的其他证券，数额巨大、后果严重或者有其他严重情节的，处五年以下有期徒刑或者拘役，并处或者单处罚金；数额特别巨大、后果特别严重或者有其他特别严重情节的，处五年以上有期徒刑，并处罚金。

控股股东、实际控制人组织、指使实施前款行为的，处五年以下有期徒刑或者拘役，并处或者单处非法募集资金金额百分之二十以上一倍以下罚金；数额特别巨大、后果特别严重或者有其他特别严重情节的，处五年以上有期徒刑，并处非法募集资金金额百分之二十以上一倍以下罚金。

单位犯前两款罪的，对单位判处非法募集资金金额百分之二十以上一倍以下罚金，并对其直接负责的主管人员和其他直接责任人员，依照第一款的规定处罚。

## 一、立法主旨

《刑法修正案（十一）》第8条对《刑法》第160条欺诈发行股票、债券罪进行了修改。该条修改凸显了国家严厉惩治欺诈发行证券犯罪的政策，在扩大该罪的调整范围同时，对法定刑向上进行了较大幅度调整。具体表现在三个方面：一是扩大了发行证券的范围，即在股票、公司、企业债券之外增加了存托凭证以及国务院认定的其他证券。二是对法定刑进行较大幅度调整，即在提高法定刑的同时，采取抽象罚金制以保持罚金刑适用的弹性。三是对控股股东、实际控制人组织、指使实施欺诈发行证券的刑事责任予以特别规定，以形成对这类人员的有效威慑。由于本罪罪状进行了调整，本罪罪名被修改为“欺诈发行证券罪”。

## 二、修改理由

《刑法修正案（十一）》对欺诈发行证券犯罪修改的背景是，一段时间以来发生了一些恶性财务造假案件，损害广大投资者合法利益，危及市场经济秩序。[①]该条文修改目的就是，与以信息披露为核心的证券发行注册制改革相适应，保障注册制改革顺利推进，维护证券市场秩序和投资者利益，提高欺诈发行证券犯罪的法定刑，明确控股股东、实际控制人等“关键少数”的刑事责任，提高资本市场违法违规成本。[②]该条文修改体现了国家“零容忍”打击证券犯罪的决心。

对欺诈发行证券犯罪的修改，也是要与2019年12月28日第十三届全国人大常委会第十五次会议修订的《证券法》规定保持衔接。例如，《证券法》第181条规定：“发行人在其公告的证券发行文件中隐瞒重要事实或者编造重大虚假内容，尚未发行证券的，处以二百万元以上二千万元以下的罚款；已经发行证券的，处以非法所募资金金额百分之十以上一倍以下的罚款。对直接负责的主管人员和其他直接责任人员，处以一百万元以上一千万元以下的罚款。发行人的控股股东、实际控制人组织、指使从事前款违法行为的，没收违法所得，并处以违法所得百分之十以上一倍以下的罚款；没有违法所得或者违法所得不足二千万元的，处以二百万元以上二千万元以下的罚款。对直接负责的主管人员和其他直接责任人员，处以一百万元以上一千万元以下的罚款。”该法第219条规定：“违反本法规定，构成犯罪的，依法追究刑事责任。”

## 三、条文释义

### （一）本罪的罪状分析

《刑法》第160条第1款是关于欺诈发行证券罪罪状和法定刑的规定。根据该条款规定，本罪的罪状是“在招股说明书、认股书、公司、企业债券募集办法等发行文件中隐瞒重要事实或者编造重大虚假内容，发行股票或者公

---

① 证监会：《彰显“零容忍”决心 保障资本市场平稳健康发展——中国证券监督管理委员会祝贺刑法修正案（十一）通过》，载https://news.cnstock.com/news,bwkx-202012-4636620.htm，2020年12月30日访问。

② 李宁：《关于〈中华人民共和国刑法修正案（十一）（草案）〉的说明》，2020年6月28日在第十三届全国人民代表大会常务委员会第二十次会议上。

司、企业债券、存托凭证或者国务院依法认定的其他证券，数额巨大、后果严重或者有其他严重情节的”。对其罪状进行分析，对本罪客观构成要件要素的把握，应考虑四个方面：

**1.发行文件的范围**

根据修改后的《刑法》第160条第1款，发行文件范围包括招股说明书、认股书、公司、企业债券募集办法等。

招股说明书，是股份公司公开发行股票时，就募股事宜发布的书面通告；招股说明书由股份公司发起人或股份化筹备委员会起草，送交政府证券管理机构审查批准；经政府有关部门批准后，即具有法律效力，公司发行股份和发起人、社会公众认购股份的一切行为，除应遵守国家有关规定外，都要遵守招股说明书中的有关规定，违反者，要承担相应的法律责任。认股书是认股人对依法采取募集设立的股份有限公司，积极参股的书面认购方式。《公司法》第85条规定：“发起人向社会公开募集股份，必须公告招股说明书，并制作认股书。认股书应当载明本法第八十六条所列事项，由认股人填写认购股数、金额、住所，并签名、盖章。认股人按照所认购股数缴纳股款。”《公司法》第86条规定：“招股说明书应当附有发起人制订的公司章程，并载明下列事项：（一）发起人认购的股份数；（二）每股的票面金额和发行价格；（三）无记名股票的发行总数；（四）募集资金的用途；（五）认股人的权利、义务；（六）本次募股的起止期限及逾期未募足时认股人可以撤回所认股份的说明。”

公司债券募集办法，是发行债券的公司就债券发行的有关事项按照规定的内容进行说明的法定文件。根据《公司法》第154条的规定：“发行公司债券的申请经国务院授权的部门核准后，应当公告公司债券募集办法。公司债券募集办法中应当载明下列主要事项：（一）公司名称；（二）债券募集资金的用途；（三）债券总额和债券的票面金额；（四）债券利率的确定方式；（五）还本付息的期限和方式；（六）债券担保情况；（七）债券的发行价格、发行的起止日期；（八）公司净资产额；（九）已发行的尚未到期的公司债券总额；（十）公司债券的承销机构。”企业债券募集办法，在《企业债券管理条例》中称为企业债券发行章程，其性质和作用与公司债券募集办法相类似。①

---

① 参见王作富主编：《刑法分则实务研究（上）》，中国方正出版社2013年版，第282页。

该条例第13条规定："企业发行企业债券应当制订发行章程。发行章程应当包括下列内容：（一）企业的名称、住所、经营范围、法定代表人；（二）企业近三年的生产经营状况和有关业务发展的基本情况；（三）财务报告；（四）企业自有资产净值；（五）筹集资金的用途；（六）效益预测；（七）发行对象、时间、期限、方式；（八）债券的种类及期限；（九）债券的利率；（十）债券总面额；（十一）还本付息方式；（十二）审批机关要求载明的其他事项。"

**2. 在发行文件中"隐瞒重要事实或者编造重大虚假内容"**

"隐瞒重要事实或者编造重大虚假内容"应指对股票、公司、企业债券、存托凭证以及国务院依法认定的其他证券的发行具有实质影响的信息予以隐瞒，或者编造虚假信息以影响这些证券发行。例如，《公司法》第135条规定："公司发行新股，可以根据公司经营情况和财务状况，确定其作价方案。"如果发行人编造了公司经营状况和财务状况，足以影响主管机关判断或者投资人判断的，就可以理解为隐瞒重要事实或者编造重大虚假内容。再如，《企业债券管理条例》第12条规定："企业发行企业债券必须符合下列条件：（一）企业规模达到国家规定的要求；（二）企业财务会计制度符合国家规定；（三）具有偿债能力；（四）企业经济效益良好，发行企业债券前连续三年盈利；（五）所筹资金用途符合国家产业政策。"设若企业债券发行人虚构了其盈利情况，或者隐瞒了其负债情况，足以影响主管机关进行判断或者投资人判断的，就属于隐瞒重要事实或者编造重大虚假内容。

**3. 发行证券的类型**

本罪中发行证券的类型包括"股票或者公司、企业债券、存托凭证或者国务院依法认定的其他证券"。根据《公司法》第125条第2款规定，"股票是公司签发的证明股东所持股份的凭证"。根据该法第153条规定，公司债券"是指公司依照法定程序发行、约定在一定期限还本付息的有价证券"。企业债券，根据《企业债券管理条例》第5条规定："是指企业依照法定程序发行、约定在一定期限内还本付息的有价证券。"存托凭证，又称存券收据或存股证，是指在一国证券市场流通的代表外国公司有价证券的可转让凭证，由存托人签发，以境外证券为基础在境内发行，代表境外基础证券权益的证券；属公司融资业务范畴的金融衍生工具。存托凭证一般代表公司股票，但有时也代表债券。[①]国务院依法认定的其他证券，是指投资基金份额等其他证券。

**4.欺诈发行行为达到“数额巨大、后果严重或者有其他严重情节”的程度**

根据2010年5月7日发布的《最高人民检察院、公安部关于公安机关管辖的刑事案件立案追诉标准的规定（二）》第5条，对于涉嫌下列情形之一的，应予立案追诉：“（一）发行数额在五百万元以上的；（二）伪造、变造国家机关公文、有效证明文件或者相关凭证、单据的；（三）利用募集的资金进行违法活动的；（四）转移或者隐瞒所募集资金的；（五）其他后果严重或者有其他严重情节的情形。”

### （二）“控股股东、实际控制人组织、指使实施前款行为”的理解

修改后的《刑法》第160条第2款规定“控股股东、实际控制人组织、指使实施前款行为的”，是对控股股东、实际控制人“关键少数”刑事责任的规定。该规定实际上是该罪的一种共同犯罪形式，符合刑法有关共同犯罪的规定，因而该款虽然规定了单独的法定刑，但并不意味着，应将这类行为理解为一个单独的犯罪。之所以如此修改，主要起到提示作用，因为控股股东和实际控制人通常并非发行单位形式上的经营管理者。同时，考虑到这类人员的特殊性，对这两类人员法定刑中规定了比例罚金制，与第1款规定明显不同。

这里的“控股股东”，根据《公司法》第216条第2项规定，是指“其出资额占有限责任公司资本总额百分之五十以上或者其持有的股份占股份有限公司股本总额百分之五十以上的股东；出资额或者持有股份的比例虽然不足百分之五十，但依其出资额或者持有的股份所享有的表决权已足以对股东会、股东大会的决议产生重大影响的股东”。根据该条第3项规定，“实际控制人”是指虽不是公司的股东，但通过投资关系、协议或者其他安排，能够实际支配公司行为的人。

---

① 百度百科：“存托凭证”，载https://baike.baidu.com/item/%E5%AD%98%E6%89%98%E5%87%AD%E8%AF%81/264604?fr=aladdin#5，2020年12月30日访问。

## 四、以案说法

**【案例】万福生科公司犯欺诈发行股票罪**[①]

万福生科公司坐落于湖南省常德市，是一家从事稻米精深加工系列产品的研发、生产和销售的上市公司。2013年10月22日，万福生科收到中国证监会《行政处罚决定书》。依据《证券法》的有关规定，中国证监会对公司涉嫌欺诈发行股票和信息披露违法行为进行了立案调查、审理，并将公司涉嫌欺诈发行股票行为和涉嫌违规披露、不披露重要信息行为移送司法机关处理。法院审理认定，万福生科虚构了2008年至2011年6月期间的营业收入、营业成本和利润等财务数据，并据此在万福生科的发行、上市申报材料和《首次公开发行股票并在创业板上市招股说明书》中隐瞒重要财务事实和编造重大财务虚假内容，于2011年9月6日骗取了中国证监会的股票发行核准，随后万福生科公开发行人民币普通股1,700万股，每股发行价25元，共计募集资金4.25亿元。公司股票于2011年9月27日在深圳证券交易所创业板挂牌上市，股票代码300268。长沙市中级人民法院判决原公司董事长龚某犯欺诈发行股票罪，判有期徒刑三年，犯违规披露重要信息罪，判有期徒刑一年，并处罚金人民币10万元，决定执行有期徒刑三年六个月，并处罚金人民币10万元；万福生科公司犯欺诈发行股票罪，判处罚金人民币850万元；被告单位湖南里程有限责任会计师事务所常德分所犯欺诈发行股票罪，判处罚金人民币66万元；原公司财务总监覃某犯欺诈发行股票罪，判有期徒刑二年，犯违规披露重要信息罪，判有期徒刑六个月，并处罚金人民币2万元，决定执行有期徒刑二年二个月，并处罚金人民币2万元。

该案中，被告人、被告单位就是在招股说明书等文件中虚构了营业收入、营业成本和利润等财务数据，进而获得证监会的批准和投资者的信任，欺诈发行股票行为数额巨大。综合事实分析，根据修订后刑法，其行为成立欺诈发行证券罪。

---

① 唐青林：《因欺诈发行股票、债券罪落马的典型案例》，载北京刑事辩护专业律师网，http://www.ytxsbh.com/cmsb/639.html，2020年12月30日访问。

# 第五节　违规披露、不披露重要信息罪的修改

**【修正前条文】第一百六十一条**　依法负有信息披露义务的公司、企业向股东和社会公众提供虚假的或者隐瞒重要事实的财务会计报告，或者对依法应当披露的其他重要信息不按照规定披露，严重损害股东或者其他人利益，或者有其他严重情节的，对其直接负责的主管人员和其他直接责任人员，处三年以下有期徒刑或者拘役，并处或者单处二万元以上二十万元以下罚金。

**【修正后条文】第一百六十一条**　依法负有信息披露义务的公司、企业向股东和社会公众提供虚假的或者隐瞒重要事实的财务会计报告，或者对依法应当披露的其他重要信息不按照规定披露，严重损害股东或者其他人利益，或者有其他严重情节的，对其直接负责的主管人员和其他直接责任人员，处五年以下有期徒刑或者拘役，并处或者单处罚金；情节特别严重的，处五年以上十年以下有期徒刑，并处罚金。

前款规定的公司、企业的控股股东、实际控制人实施或者组织、指使实施前款行为的，或者隐瞒相关事项导致前款规定的情形发生的，依照前款的规定处罚。

犯前款罪的控股股东、实际控制人是单位的，对单位判处罚金，并对其直接负责的主管人员和其他直接责任人员，依照第一款的规定处罚。

## 一、立法主旨

随着我国证券、期货市场的快速发展，操纵证券、期货市场，利用未公开信息交易犯罪不断发生，涉案金额不断增大，不仅严重破坏公开、公平、公正的证券、期货市场原则，严重损害广大投资者合法权益，而且严重破坏证券、期货市场管理秩序，危害国家金融安全和稳定，必须依法予以惩处。出于维护证券、期货市场管理秩序和金融市场稳定的需要，有必要进一步加大对信息披露领域犯罪的惩处力度。《刑法修正案（十一）》对“违规披露、

不披露重要信息罪”的修改主要集中于刑事处罚的幅度和责任主体方面，提高了该罪基本刑的法定刑，并增设了加重量刑情节，对犯罪主体除以往的上市公司及其董事、高管外，新增控股股东、实际控制人的刑事责任。具体而言：

第一，直接提高了该罪基本犯罪构成的有期徒刑期限“上限”，并取消了罚款金额的“上限”。在“严重损害股东或者其他人利益，或者有其他严重情节”的“档次”下，将原规定“处三年以下有期徒刑或者拘役，并处或者单处二万元以上二十万元以下罚金”的刑罚修改为“处五年以下有期徒刑或者拘役，并处或者单处罚金”的刑罚。

第二，新增加重情节刑罚配置：“情节特别严重的，处五年以上十年以下有期徒刑，并处罚金。”

第三，与欺诈发行股票、债券罪的情况类似，《刑法修正案（十一）》在该罪项下同样增加控股股东、实际控制人的责任条款，即该条第2款、第3款规定的“前款规定的公司、企业的控股股东、实际控制人实施或者组织、指使实施前款行为的，或者隐瞒相关事项导致前款规定的情形发生的，依照前款的规定处罚。犯前款罪的控股股东、实际控制人是单位的，对单位判处罚金，并对其直接负责的主管人员和其他直接责任人员，依照第一款的规定处罚”。

## 二、修改理由

证券市场于2019年开始实施注册制改革，科创板和创业板先后在上海和深圳交易所开启了征程。随着注册制改革的推进，证监会的监管重点从证券发行审核转向发行后的持续监管，2019年《证券法》对证券信息披露规范提出了更高的要求，证监会先后发布了一系列关于加强上市公司的监管的公告和新的信息披露准则。资本市场有序运行的核心在于信息披露，尤其是目前资本市场正在进行的注册制改革，是以信息披露为核心的。违规披露、不披露重要信息不仅有损公司的诚信形象、损害广大投资者的利益，还会形成内幕交易等不法行为的“温床”，扰乱资本市场秩序，破坏市场的资源配置功能，产生较大的金融风险。一直以来，信息披露违规都是证监会严格查处的领域之一。此次《刑法修正案（十一）》的修订，即是对新《证券法》修订的回应与衔接。修正案大幅强化了对上述犯罪的刑事打击力度，体现了党中央、全国人大对资本市场的高度重视，表明了国家对证券期货犯罪“零容忍”的决心。2019年新《证券法》在第五章专门设立“信息披露”的章节，加大了对信息披露违规的处罚力度。①而修订前《刑法》第161条设置的法定刑档次只有一个，最高只能处3年以下有期徒刑，而且采取限额罚金制，罚金的数额在20多年中也一直未调整，刑法的修订强化对信息披露制度的刑法保护，加大了对该罪的刑事打击力度。

### （一）法定刑升高

从金亚科技公司因涉嫌欺诈发行股票罪被公安部门立案侦查，到瑞幸咖啡顶不住“浑水”的89页做空报告，自曝业务作假达22亿元，股票发行领域的作假行为屡禁不止，已经到了需要动用刑律的程度。仅在上市公司集中披露年报的4月，就有11家上市公司涉嫌信息披露违规被证监会立案调查。在4月至5月的短短一个月时间内，国务院金融稳定发展委员会三次强调对资本市场造假行为“零容忍”，对造假行为将严厉打击。新《证券法》提升了行政处罚力度、进一步规范了证券市场的集体诉讼行为制度，具有更强威慑力度的刑事法律制定工作也提上了日程。2020年7月8日，证监会也发布公告曝光了258家非法场外配资的平台，并明确表示，将持续加大监测力度，积极调查处理，及时予以曝光，严格依法处罚；涉嫌犯罪的，移送公安机关立案查处，依法追究刑事责任。②

新《证券法》实施前，对违法违规信息披露主要采取行政处罚措施，过去5年查处的各类行政违法案件中，信息披露违规案件的数量虽然常年位居前三，但是处罚的数量和数额都偏低，移送司法机关做犯罪处理，能公开检索到的案例更是个位数。但是，据媒体报道，仅2019年年初至2020

---

① 刘仁文：《关于刑法修正案（十一）草案治理资本市场犯罪的完善建议》，载《人民法院报》2020年9月3日。

② 杜连军、褚智林、王助：《聚焦〈刑法修正案（十一）〉系列解读（1）：〈修正案〉修改内容概述》，载“天达共和法律观察”微信公众号，2020年1月4日。

年8月，证监会就向公安机关移送涉嫌违规披露、不披露重要信息犯罪等案件24起。2020年7月31日，证监会对神州优车和陆某某等信息披露违法行为作出行政处罚。2020年1月，上海首例违规披露、不披露重要信息罪的“中毅达”案，被移送法院审理，4名责任人员分别被判处拘役或者有期徒刑。[①]

### （二）取消了罚金的20万元高额限制

证券类犯罪是逐利性犯罪，在遏制策略上必须提高违法犯罪的成本，新证券法大幅度提高了罚款额度。在刑事立法中，提高证券犯罪人的违法成本主要表现在罚金刑上。为此，《刑法修正案（十一）》将信息披露造假犯罪等的限额罚金制结构，修改为无限额罚金制模式。[②]

### （三）明确了实际控制人责任

2020年7月24日，《最高人民检察院关于充分发挥检察职能服务保障“六稳”“六保”的意见》中指出：“加大对证券期货领域金融犯罪的惩治力度。依法‘全链条’从严追诉欺诈发行股票、债券，违规披露、不披露重要信息和提供虚假证明文件等扰乱资本市场秩序、侵害投资者利益的犯罪行为，既追究惩治具体实施造假的公司、企业，又追究惩治组织、指使造假的控股股东、实际控制人，同时还要追究惩治帮助造假的中介组织，全面落实对资本市场违法犯罪‘零容忍’的要求。”这就呼应了新《证券法》的立法精神，即深挖证券犯罪背后的指使者和责任人，上市公司的“关键少数”可能成为高危人群。

在立法修订中，草案一审稿第3款规定的是“单位犯前两款罪的”，而在草案二审稿和最终通过条文中为“犯前款罪的控股股东、实际控制人是单位的”，这是因为《刑法》第161条规定的“违规披露、不披露重要信息罪”的犯罪主体是“依法负有信息披露义务的公司、企业”，故从文义解

---

① 《新〈证券法〉背景下上市公司的信息披露责任与风险》，载新浪财经，https://baijiahao.baidu.com/s?id=1684138011018272976&wfr=spider&for=pc，2021年1月15日访问。

② 王新：《适时调整刑罚、防范化解金融风险》，载《检察日报》2021年1月6日第3版。

释来看，该罪只能成立单位犯罪；全国人大法工委对《刑法》中该条文的释义也作如此理解。在此情况下，相关涉嫌犯罪的自然人的身份只可能以单位的“直接负责的主管人员和其他直接责任人员”或“公司、企业的控股股东、实际控制人”出现。修正案增加控股股东、实际控制人组织、指使实施信息披露造假行为的刑事责任，并明确控股股东等主体属于单位时实行“双罚制”，同时追究单位和相关责任人员的刑事责任。作为本罪犯罪主体的负有信息披露义务的公司和企业，具体有：证券发行人、上市公司、公司债券上市交易的公司及其他信息披露义务人、银行、基金管理人、基金托管人等。

## 三、条文释义

对于该罪法定刑的提高以及罚金刑数额限制的取消，我们认为，有赖于司法解释的进一步明确。对于新增的犯罪主体，在草案一审稿公布后，张明楷教授认为草案一审稿第9条第1款修改了《刑法》第161条，增加的第2款规定缺乏必要性：根据刑法总则关于共同犯罪的规定，对控股股东、实际控制人组织、指使实施的相关行为，完全可按共同正犯（主犯）处理，组织、指使行为虽然不是《刑法》第160条第1款规定的实行（正犯）行为，但根据《刑法》第26条、第29条关于共同犯罪的规定，组织、指使行为不仅可能成为教唆行为，而且完全可能成为共同正犯行为。[①]

对于新增实际控制人责任，《刑法修正案（十一）》增设了对控股股东、实际控制人的刑事责任追究。控股股东和实际控制人，首次出现在刑法中，是在《刑法修正案（六）》，其中第9条第2款规定：“上市公司的控股股东或者实际控制人，指使上市公司董事、监事、高级管理人员实施前款行为的，依照前款的规定处罚。”实践中，控股股东、实际控制人等在欺诈发行、信息披露造假等案件中实际扮演着至关重要的角色，而原刑法则并未将其纳入刑法规制的范畴，此次修正，增设了这类主体，并强化了责任追

---

① 张明楷：《增设新罪的原则——对〈刑法修正案十一（草案）〉的修改意见》，载《政法论丛》2020年第6期。

究。①具体来说，控股股东、实际控制人存在组织、指使、隐瞒行为时，便有构成犯罪的可能。对于组织、指使行为，上市公司的控股股东或者实际控制人，指使上市公司高管实施欺诈发行和信息披露犯罪行为的，实际上是本罪的教唆犯。由于我国刑法没有独立的教唆罪，而应根据所教唆的具体犯罪内容定性，由此，控股股东、实际控制人组织、指使实施欺诈发行、信息披露造假，如果涉及欺诈发行证券，则可能同时构成违规披露、不披露重要信息罪和欺诈发行证券罪的竞合，从一重处理。

对于隐瞒行为，单纯的隐瞒是否构成犯罪？比如控股股东、实际控制人对信息披露义务人的信息披露失真行为明知但未直接参与，此时是否构成犯罪？有学者根据不作为犯罪的理论，认为应判断控股股东、实际控制人对信息披露义务人的信息披露行为是否存在相关监管义务，如所披露的信息与控股股东、实际控制人直接相关，一般可认定控股股东、实际控制人应当对该信息披露行为负监管义务；在其他情况下，则须结合具体情况判断控股股东、实际控制人的监管义务。②对此，我们认为，法律明确规定了“隐瞒”即为犯罪行为，此时即已经赋予了控股股东、实际控制人不得隐瞒的法律义务，那么就不需要再判断控股股东、实际控制人是否有监管义务。实践中为了避免打击过大，对于“隐瞒”的具体认定可适当限缩，比如控股股东、实际控制人“明知”信息披露失真行为所采取相关措施的认定不应太狭窄。

## 四、以案说法

### 【案例】余某某等违规披露、不披露重要信息案③

2011年4月，李某甲与被告人等虚构华信泰公司已代付股改业绩承诺款

① 《强化刑事追责刑法修正案（十一）织密法网》，载证券时报，https://www.sac.net.cn/hyfw/hydt/202101/t20210119_145341.html，2021年1月19日访问。

② 秦政、胡波：《〈刑法修正案（十一）〉新增“控股股东、实际控制人违规披露、不披露重要信息罪”的法律分析》，载https://www.allbrightlaw.com/SH/CN/10475/aa48b6ac801f04a6.aspx，2021年1月20日访问。

③ 广东省珠海市中级人民法院（2016）粤04刑初131号刑事判决书。

384,528,450元的事实，并在临时报告、半年报中披露。后为掩盖上述虚假事实，利用1,000万元循环转账，虚构购买37张承兑汇票的事实，并在2011年年报中披露；2012年至2014年期间多次虚构将上述银行承兑汇票进行贴现、票据置换和支付预估款等交易，根据李某甲提供的相关置换来的虚假银行承兑汇票进行记账，制作珠海博元投资股份有限公司的虚假财务报表，致使2012年至2014年半年报、年报不属实。2011年至2014年的半年报、年报中虚增资产金额或者虚构利润均达到了当期披露的资产总额或利润总额的30%以上。其中2011年半年虚增负债4亿元；2011年年报虚增资产347,050,000元（虚增资产68.67%），虚报负债12,238,424.68元；2012年半年报虚增资产350,500,000元（虚增资产68.56%），虚增负债8,289,149元，虚增收入11,298,987.79元，虚增利润11,298,987.79元；2012年年报虚增资产364,558,270元（虚增资产61.55%），虚增负债8,762,592.87元，虚增收入18,932,067.19元，虚增利润18,932,067.19元；2013年半年报虚增资产378,000,000元（虚增资产59.11%），虚增负债10,172,915元，虚增收入13,472,535.51元，虚增利润13,472,535.51元；2013年年报虚增资产378,000,000元（虚增资产62.25%），虚增负债10,172,915元，虚增收入13,472,535.51元，虚增利润13,472,535.51元；2014年半年报虚增利润3,173,984.52元（虚增利润1,327.2%），虚构收入3,173,984.52元。另外，还违规不披露公司实际控制人还有李某甲以及珠海青禧贸易有限公司也是李某甲控制下的关联公司等信息。

本案审理中，被告人余某某辩解其对公司违规披露都不知情，其丈夫李某甲因为违法犯罪的原因不能担任公司的法定代表人、董事长，而由被告人出面担任，并以法定代表人、董事长的身份履行职责，管理公司的财务，负责签订所有的财务文件，李某甲则作为实际控制人负责公司的重大决策。法院审理后认为，综合分析被告人作用、地位，其身份非简单的挂名法定代表人、董事长，实际上与其丈夫李某甲共同配合管理公司。当然，从对公司的控制力上看，其作用、地位小于李某甲。故被告人在明知的情况下，作为公司的法定代表人、董事长，参与或纵容其丈夫李某甲违规操作，应承担相应的罪责，对被告人余某某判处有期徒刑一年七个月，并处罚金人民币十万元。

本案的判决值得注意的是，在立法修订之前，实践中已经出现了对“控股股东”“实际控制人”追究违规披露、不披露重要信息罪的刑事责任的案例。本案中涉嫌信息披露虚假的公司为博元公司，该公司的控股公司为华信泰公司，法定代表人为余某某，是2010年3月李某甲和余某某夫妇注册成立。法院在审理中直接将余某某作为犯罪主体追究了刑事责任，与立法目前的修订具有一致性。根据《刑法修正案（十一）》的相关规定，即使控股股东、实际控制人不属于信息披露义务公司直接负责的主管人员或其他直接责任人员，但若其参与实施违规披露、不披露重要信息的行为，或组织、指使实施上述行为，或隐瞒相关事项导致信息披露失真的，仍然构成该罪。本案中余某某与李某甲作为实际控制人，均可以被追究刑事责任，但判决仅追究了余某某的刑事责任，而未追究李某甲的刑事责任，或许也是顾虑到立法毕竟并没有明文规定“实际控制人”责任，因此只能将追责主体扩张到控股股东的法人代表，而没有对直接的实际控制人追究责任。

## 第六节 非国家工作人员受贿罪的修改

**【修正前条文】第一百六十三条第一款** 公司、企业或者其他单位的工作人员利用职务上的便利，索取他人财物或者非法收受他人财物，为他人谋取利益，数额较大的，处五年以下有期徒刑或者拘役；数额巨大的，处五年以上有期徒刑，可以并处没收财产。

**【修正后条文】第一百六十三条第一款** 公司、企业或者其他单位的工作人员，利用职务上的便利，索取他人财物或者非法收受他人财物，为他人谋取利益，数额较大的，处三年以下有期徒刑或者拘役，并处罚金；数额巨大或者有其他严重情节的，处三年以上十年以下有期徒刑，并处罚金；数额特别巨大或者有其他特别严重情节的，处十年以上有期徒刑或者无期徒刑，并处罚金。

## 一、立法主旨

《刑法》第163条第1款是关于非国家工作人员受贿罪的规定。《刑法修正案（十一）》第10条对第163条第1款的修改，集中在法定刑的调整，进而将原来两个法定刑幅度调整为三个法定刑幅度，自由刑部分提升到无期徒刑，同时在第三个法定刑幅度中将并处没收财产调整为罚金。

## 二、修改理由

对《刑法》第163条第1款的修改，立法目的在于"为进一步加强企业产权保护和优化营商环境"，进一步提高和调整非国家工作人员受贿罪的法定刑，进而"落实产权平等保护精神"。①

针对不同身份主体的、行为性质基本相同的腐败行为，刑法不仅规定了不同罪刑规范，还配置了不同的法定刑，受贿罪（《刑法》第385条、第386条）与非国家工作人员受贿罪法定刑之间的差异就属于这种情形。由于法定刑存在较大差异，因而刑法学者多有诟诘，认为对不同所有制经济主体之间存在差异性保护。此次对《刑法》第163条第1款的修改，就是将两罪法定刑差异加以限缩。同时，考虑到对不同所有制主体存在差异化治理结构这一现实，此次修法并没有简单地将两者的法定刑完全"拉平"，如此立法处理实际走了一条均衡路线。将法定刑中的没收财产修改为罚金，也具有积极的法治意义，如此可以减轻这类主体的经济性刑事责任负担。

## 三、条文释义

《刑法》第163条第1款的修改集中体现在法定刑的调整方面，因而在适用该罪中，应重点关注法定刑规定变化后对量刑的影响。

---

① 李宁：《关于〈中华人民共和国刑法修正案（十一）（草案）〉的说明》，2020年6月28日在第十三届全国人民代表大会常务委员会第二十次会议上。

### （一）对不同法定刑幅度量刑情节的理解

修改后的《刑法》第163条第1款共有三个法定刑幅度：（1）数额较大的，处3年以下有期徒刑或者拘役，并处罚金；（2）数额巨大或者有其他严重情节的，处3年以上10年以下有期徒刑，并处罚金；（3）数额特别巨大或者有其他特别严重情节的，处10年以上有期徒刑或者无期徒刑，并处罚金。进行量刑，就要准确把握不同法定刑幅度的量刑情节。

修改前第163条第1款有两个法定刑幅度，第一个法定刑幅度规定的定罪及量刑情节为“数额较大”；第二个法定刑幅度规定的定罪及量刑情节为“数额巨大”，根据2016年4月18日发布的《最高人民法院、最高人民检察院关于办理贪污贿赂刑事案件适用法律若干问题的解释》第11条第1款的规定，“数额较大”应为6万元以上，“数额巨大”应为100万元以上。修改后，该款的法定刑幅度进行调整，关于定罪量刑数额的规定，“两高”宜重新出台司法解释予以明确。

对“有其他严重情节”“有其他特别严重情节”的理解，也应由“两高”予以明确。从实践上看，这类情节应主要指，由于行为人受贿而对本单位造成的经济损失。由于刑法中没有规定非国家工作人员的渎职犯罪，即规定类似于《刑法》第167条（签订、履行合同失职被骗罪）、第168条（国有公司、企业、事业单位人员失职罪，国有公司、企业、事业单位人员滥用职权罪）、第169条（徇私舞弊低价折股、出售国有资产罪）的由非国家工作人员构成的犯罪，因而当非国家工作人员受贿并实施这类渎职行为时，可以作为“有其他严重情节”“有其他特别严重情节”加以处理，这样也实质上到达一种处罚均衡的效果，即是实质上与国家工作人员实施的这类行为保持处罚上的大致平衡。

### （二）与受贿罪保持处罚上的基本均衡

在差异化治理格局之下，刑法立法表现出针对不同性质单位内工作人员的相似犯罪行为给予的法律评价及相应的制裁存在一定的差异。这种差异直接体现在立法上、落实于具体定罪量刑方面，从形式上看，很容易会认为，如此会导致形成处罚上的差异，以及对被害单位利益保护上的不平等。这种形式上的不平等，可以从差异化治理格局的角度予以说明；不过，基于《刑法》第4条适用刑罚人人平等原则考虑，在具体法律适用上，对于同等危害程度的行为仍应考虑均衡处罚，以实现刑罚适用的基本均衡。均衡不是绝对平等，而是在充分考虑差异基础上确保合理的比例关系，以实现刑事法治所追求的公正价值。

刑罚均衡目标的实现，主要应考虑三个方面：

**1.对不同类型国家工作人员应予以区别对待**

刑法分则中贪污贿赂罪的主体为国家工作人员，根据《刑法》第93条规定，包括国家机关工作人员，国有公司、企业工作人员，事业单位工作人员，人民团体工作人员。从实践看，这四类国家工作人员，只有国家机关工作人员行使的权力才属于真正意义上的公权力，即对国家和社会公共事务进行管理，其职权往往带有外部性。后三类国家工作人员，通常并不具有对本单位以外的公共事务进行管理的职权，主要是对国有资产或者国家特定领域事业进行经营、管理。

由于职权属性及行使范围存在差异，国家机关工作人员实施的腐败案件，往往直接影响公共事务的管理活动，影响到利害关系人的利益，会直接影响国家机关的正常管理活动；后三类国家人员的腐败案件，直接表现为本单位利益的损害，由于这些单位是国有单位，因而间接地侵犯了国家的财产权益或其他权益，但一般不会影响到国家对社会公共事务的管理秩序。行使职权的性质不同，通过行使职权实施腐败行为造成的社会危害程度也就不同，相应地，在法律评价上也不相同。例如，对于国家机关工作人员利用其管理公共事务的职权受贿，即便受贿数额相当，也应比其他国家工作人员实施受贿受到更为严厉的制裁。理由在于，国家机关工作人员利用“外部性”的管理行为受贿，对国家机关权威和正常管理活动的损害更为严重，其危害的波及面也更广。

对于非公有制单位的腐败行为，即便是对外实施的腐败行为（如收受合作伙伴贿赂），其因为相关工作人员职权并不具有公共管理性质，因而在法律评价上，较之于国家机关工作人员的“外部性”腐败行为，在危害程度评价要轻一些，在法定刑存在差异情况下作出相应量刑，并不违反刑罚均衡理念。而与国有公司、企业工作人员相比，非公有制性质的公司、企业工作人员实施的腐败行为，如果属于对内实施的腐败行为，其危害性并没有明显的差异，因为对内实施的腐败行为损害的是本单位的财产权以及经营权，而国有公司、企业和非公有制公司、企业的财产权和经营权应做平等保护，因而在量刑上应考虑保持一致，在法定刑存在差异的情况下，应实质上考虑将这类情形下的量刑拉平，即对国有公司、企业工作人员实施内部性腐败行为的量刑，应向非公有制公司、企业实施相同数额的腐败行为的量刑“看齐”。

**2. 从侵害利益的性质和影响范围上考量**

刑法中对国家工作人员实施的腐败犯罪比非国家工作人员实施的腐败犯罪规定了更重的法定刑，其理由之一就是认为前者的社会危害性比后者严重，即便在“贪污罪 *vs.* 职务侵占罪”的情形下，也会认为，国有单位的财产权保护要优越于非国有单位财产权。这种看法在今天看来显然是难以成立的，理由在于：国有单位的财产权从法律上看归属于该单位，政府只是在这类单位终结的情况下才能根据法律主张其财产权利，因而在国有单位正常存续期间，其与非公有制单位的法律地位应同等看待；在市场环境下，国有单位与非公有制单位作为市场经济主体，应受到平等的法律保护，而其财产权与非国有财产权在重要性上不应加以区分。从这个角度看，与职务侵占罪相比，贪污罪所保护的利益并不具有优越性，因而在法律评价上不应该存在差异；在贪污罪和职务侵占罪法定刑存在差异的情况下，在具体量刑活动中应考虑实质的均衡，即对前者的量刑应向后者“看齐”。不过，当某一贪污行为所针对的财产具有稀缺性或者应急性时，例如属于国家用于救灾、抗险等紧急事项的物资，那么，在量刑上就应酌情从重处罚。

学理上一般都认为，某一犯罪侵犯的利益，无论从社会关系角度理解还是根据法益理论阐释，都是特定的。这种观念在定罪中体现是有说服力的，借此可以较好地理解某一犯罪的惩罚根据同时也限定其评价范围。不过，同一性质具体犯罪行为侵犯和影响的利益并不具有恒定性，即在不同情形下，罪量相同的、同一性质犯罪行为会附带侵犯更多的利益并造成相应的损害范围。附带损害利益及其范围，对定罪没有影响，但对量刑却有一定影响。进言之，定罪时考虑的利益在量刑中仍会予以参考，但犯罪行为附带产生的其他利益损害则是量刑中要考虑的因素，其判断规则就是：犯罪行为附带损害的利益越重要，则量刑越重；附带损害的利益类型越多，则量刑越重；附带产生的利益损害波及面越广泛，则量刑越重；附带产生的利益损害越难恢复，则量刑越重。就受贿行为而言，国有公司、企业工作人员利用职权收受本单位以外人员或单位的贿赂，较非国有单位工作人员的受贿要处罚得更重，其理由并不是国有公司、企业职务活动廉洁性比非国有单位工作人员的职务活动廉洁性更重要，而是因为国有公司、企业工作人员“对外型”受贿，造成利益损害的范围更广。具体而言，目前国有公司、企业从事的行业领域主要是国家基础性、战略性的部分，即通常所说的“国家经济命脉”，因而这类单位工作人员的“对外”受贿行为，会给本单位经营利益带来一定风险，而其单位经营利益的重要性属于市场经济中基础性、战略性部分，因而比较而言，对国有公司、企业的经营利益一般应给予更多的保护，相应地，对这类受贿行为就应当给予更重的惩罚。在法定刑存在差异的情况下，对于这类受贿行为即应按照刑法规定予以惩罚。而对于国有公司、企业单位工作人员“对内”的受贿行为，则一般不会侵犯到其单位的经营利益带来损害，那么，对其量刑应考虑与非国有单位工作人员实施同样行为的量刑保持基本一致。

**3.准确衡量犯罪人的主观心态**

犯罪人的主观心态，除了其所具有的罪过、违法性认识外，还包括其实施行为的动机、对违法程度的理解与判断、对法律的藐视程度，等等。[①]罪过因素与定罪相关，也影响到量刑；违法性认识有无只在例外的情况下才影响定罪，但直接影响量刑；其他要素则主要影响量刑，而无关定罪。[②]在量刑过程中，行为人对法律的认识程度以及对其行为违法的态度，可以说明其人身危险性程度，因而直接与量刑相关。对于国有单位而言，其治理体制具有明确的政治导向，对其领导干部和员工的法律培训和业务培训频繁而深入，在这种情况下，行为人仍旧利用其职权实施腐败行为，说明其具有较强的违法意识，对法律的藐视程度较深。比较而言，在非公有制单位中，其员工接受法律教育、培训的机会很少，对其行为的适法性也缺乏认识，在这种情况下，

① 参见冯军、肖中华主编：《刑法总论》，中国人民大学出版社2008年版，第232页。

② 虽然在理论上会认为，期待可能性属于罪责要素。参见张明楷：《外国刑法纲要》（第三版），法律出版社2020年版，第168页。但在我国刑法实践中，期待可能性要解决的问题，是通过量刑来完成的。

行为人利用其职权实施腐败行为，虽然其也具有违法认识，但比较国有单位人员，一般而言，非公有制单位工作人员的可谴责性程度要低一些，而且目前多数民营企业内部管理存在问题，其工作人员从事腐败活动带有明显的机会主义色彩。所以，即便是国有公司、企业人员和非国有公司、企业人员之间比较，一般而言，前者违法意识程度要重于后者，可谴责性也重于后者。

综上，《刑法修正案（十一）》对非国家工作人员受贿罪的法定刑进行了"向上"调整，进而缩小了两罪法定刑差距。虽然法定刑差异仍然存在，但为刑罚的均衡适用提供了可能，即在量刑上，主要考虑国有公司、企业工作人员与非公有制公司、企业工作人员之间的量刑均衡，在侵害利益重要性相当、罪责程度相当的情况下，应实质上考虑，将对前者的量刑向后者"看齐"；如果侵害利益重要性相当、罪责程度不同，应参考对后者的量刑，将对前者的量刑适度提升。

## 四、以案说法

**【案例】宋某非国家工作人员受贿案**[①]

2009年年底至2012年8月，被告人宋某在担任上港集团生产业务部生产调度室副经理、经理期间，利用负责上港集团下属港区码头货物装卸、船舶到港、浮吊作业计划、分配、调度和管理等职务便利，先后多次收受上海铨兴物流有限公司负责人丁某给予的价值人民币（以下币种同）1.5万元的联华OK消费积点卡及LV皮包1只，收受上海顶晟国际货物运输代理有限公司负责人陈某给予的现金20余万元。上述收受的消费积点卡、贿赂款共计价值21.5万余元，均被宋某用于个人消费。2012年10月30日，宋某在上港集团监管部门找其谈话期间，主动供述收受OK消费积点卡及LV包的事实。后在检察机关调查期间，又主动供述收受20余万元现金的事实。在法院审判阶段，宋某在家属的帮助下退缴了全部赃款。

另查明，上港集团于2005年改制为国有控股、中外合资的股份有限公司，并于2006年10月在上海市证券交易所上市。上港集团的高层领导，列入上级

---

① 引自《刑事审判参考》（2014年第2期），法律出版社2014年版，第957号案例。

领导部门管理范围；集团总部部门领导的任命，由集团人事组织部根据相关规定，向集团领导部门提出任用人选，经集团领导部门扩大会议讨论同意，然后发文任命。同时，按照上港集团的公司章程，公司员工的聘用和解聘，由公司总裁决定。宋某在上港集团生产业务部下设的生产调度室从主管到担任副经理、经理的职务变动，均由其上级部门领导个人提出聘任意见，由人事组织部审核后，由公司总裁在总部机关职工岗位变动审批表上签署同意意见即成，无须经过人事组织部提名、领导部门扩大会议讨论决定的程序。

上海市虹口区人民法院认为，被告人宋某身为上港集团公司工作人员，利用职务便利，非法收受他人财物，为他人谋取利益，数额巨大，其行为构成非国家工作人员受贿罪；宋某具有自首情节，且在家属帮助下退缴全部赃款，确有悔罪表现，可以减轻处罚并适用缓刑。据此，依照《中华人民共和国刑法》第一百六十三条第一款，第六十七条第一款，第七十二条第一款、第三款，第六十四条之规定，上海市虹口区人民法院以被告人宋某犯非国家工作人员受贿罪，判处有期徒刑三年，缓刑四年，并处没收财产人民币3万元；退缴的赃款予以没收。一审宣判后，被告人宋某未提起上诉，检察机关亦未抗诉，该判决已发生法律效力。

该案中宋某不具有国家工作人员身份，其受贿数额较大，应当以非国家工作人员受贿罪定罪处罚；由于其具有自首等从宽情节，法院给予缓刑处罚。如果类似案件发生在《刑法修正案（十一）》施行之后，对该案给予同样量刑处理也是合理的。

## 第七节　骗取贷款、票据承兑、金融票证罪的修改

**【修正前条文】第一百七十五条之一第一款**　以欺骗手段取得银行或者其他金融机构贷款、票据承兑、信用证、保函等，给银行或者其他金融机构造成重大损失或者有其他严重情节的，处三年以下有期徒刑或者拘役，并处或者单处罚金；给银行或者其他金融机构造成特别重大损失或者有其他特别严重情节的，处三年以上七年以下有期徒刑，并处罚金。

**【修正后条文】第一百七十五条之一第一款**　以欺骗手段取得银行或者其他金融机构贷款、票据承兑、信用证、保函等，给银行或者其他金融机构造成重大损失的，处三年以下有期徒刑或者拘役，并处或者单处罚金；给银行或者其他金融机构造成特别重大损失或者有其他特别严重情节的，处三年以上七年以下有期徒刑，并处罚金。

## 一、立法主旨

《刑法》第175条之一规定了骗取贷款、票据承兑、金融票证罪，该罪系由《刑法修正案（六）》第10条增设。《刑法修正案（十一）》第11条对本罪的修改，集中表现在，删去了定罪情节中的“有其他严重情节”的表述，使得该罪的入罪“门槛”仅限于“给银行或者其他金融机构造成重大损失”。

## 二、修改理由

对《刑法》第175条之一的修改，“草案说明”非常清晰地说明了修改理由：“修改骗取贷款、票据承兑、金融票证罪入罪门槛规定，对由于‘融资门槛高’、‘融资难’等原因，民营企业因生产经营需要，在融资过程中虽然有一些违规行为，但并没有诈骗目的，最后未给银行造成重大损失的，一般不作为犯罪处理。”①

从实践看，实施骗取贷款、票据承兑、金融票证的主体，多是民营企业，尤其是中小微企业。从该项说明内容可以看出，如此修改符合当前民营企业生产经营的现实。由于各种原因，民营企业尤其是中小微型民营企业融资过程比较困难，存在“融资难”“融资贵”的问题。一些中小微型民营企业为了生存发展，在向银行等金融融资过程中存在虚假陈述的情况，如果没有给银行等金融机构造成重大损失，对这类单位及其主管人员、直接责任人员追究刑事责任，会给这类企业造成“灭顶之灾”，也不利于当地经济的发展。从政

---

①　李宁：《关于〈中华人民共和国刑法修正案（十一）（草案）〉的说明》，2020年6月28日在第十三届全国人民代表大会常务委员会第二十次会议上。

策上看，《刑法修正案（十一）》对该条的修改，在立法上充分体现了宽严相济的刑事政策，也充分体现了扶持、保护民营企业的政策。

## 三、条文释义

### （一）删去“有其他严重情节”对解释、适用该罪的影响

对修改后的第175条之一进行解释，要着重思考，删去“有其他严重情节”给解释、适用该罪带来的影响。

为解决这个问题，有关解释性规范文件中的规定应予以调整。由于该罪的入罪“门槛”仅限于“重大损失”，因而属于“其他严重情节”的犯罪事实，在定罪过程中就不应再予以考虑。2010年5月7日发布的《最高人民检察院、公安部关于公安机关管辖的刑事案件立案追诉标准的规定（二）》第27条规定：“以欺骗手段取得银行或者其他金融机构贷款、票据承兑、信用证、保函等，涉嫌下列情形之一的，应予立案追诉：（一）以欺骗手段取得贷款、票据承兑、信用证、保函等，数额在一百万元以上的；（二）以欺骗手段取得贷款、票据承兑、信用证、保函等，给银行或者其他金融机构造成直接经济损失数额在二十万元以上的；（三）虽未达到上述数额标准，但多次以欺骗手段取得贷款、票据承兑、信用证、保函等的；（四）其他给银行或者其他金融机构造成重大损失或者有其他严重情节的情形。”该条中的第1项、第3项所规定的情节即属于“其他严重情节”，因而今后在修改该立案标准时应将这两项规定删去。在该立案标准没有调整之前，在适用该罪时就不应再以这类情节作为定罪依据。

### （二）对“重大损失”的理解

《最高人民检察院、公安部关于公安机关管辖的刑事案件立案追诉标准的规定（二）》第27条规定的四种情形中，第二种情形是有关经济损失的规定，属于“重大损失”；第四种情形中“其他给银行或者其他金融机构造成重大损失”也属于“重大损失”，但何为“其他重大损失”则没有进一步明确。实际上，由于骗取贷款、票据承兑、金融票证罪是一个经济性犯罪，给

银行等金融机构造成损失就是经济损失，很难想象还存在其他类型的“重大损失”。

“重大损失”在理解上应包括无法挽回的经济损失和通过正常债务清偿程序难以恢复的经济损失。2009年6月24日《最高人民法院刑事审判第二庭关于针对骗取贷款、票据承兑、金融票证罪和违法发放贷款罪立案追诉标准的意见》和2009年6月30日《最高人民检察院公诉厅关于对骗取贷款罪等犯罪立案追诉标准有关问题的回复意见》都提出，“不良贷款”不等于“经济损失”，也不能将“形成不良贷款数额”等同于“重大经济损失数额”。这两个意见的根据就是，如果银行能通过民事诉讼实现债权，例如由担保人偿还债务，那么，这种情形下不能理解为造成“重大损失”。

### （三）对“其他特别严重情节”的理解

《刑法修正案（十一）》对第175条之一的修改，仅删去了作为入罪情节门槛的“有其他严重情节”，同时保留了第二个法定刑幅度的“有其他特别严重情节”的规定。这里存在的问题就是，删去“有其他严重情节”的规定对理解“有其他特别严重情节”是否存在影响？

答案应该是肯定的。第二个法定刑幅度的量刑情节是“造成特别重大损失或者有其他特别严重情节”。在没有删去“其他严重情节”的情况下，“其他特别严重情节”应和“其他严重情节”在性质上是相同的，在程度上是不同的。例如，骗取贷款的数额、次数等，就可以在量上进行区分，进而分别归入“其他严重情节”或“其他特别严重情节”。然而，在删去“其他严重情节”的情况下，在理解“其他特别严重情节”时，就不得不考虑定罪情节的要求，因为没有“重大损失”的事实，在形式上是不符合定罪要求的。为解决这一形式上的困惑，对“其他特别严重情节”的解释，应考虑重大损失要求，进言之，应在满足入罪门槛的基础上再行考虑存在其他特别严重情节的事实。也就是说，在适用“其他特别严重情节”时，行为人骗取贷款、票据承兑或金融票证的行为，应首先具有造成重大损失的事实，同时具有其他特别严重情节，如数额特别巨大等，才应在第二个法定刑幅度内量刑。

## 四、以案说法

**【案例】刘某等犯骗取贷款、票据承兑案**[①]

2013年至2016年，被告人刘某在麦威公司担任财物部门负责人期间，在实际控制人刘志某、张某（两人另案处理）的安排下，使用虚假的财物报表、虚构的购销合同、虚假的担保等贷款资料从河南省孟州市工商银行骗取贷款3,000万元，期限届满，合计2,998万元逾期未还。同期，被告人程某在麦威公司担任会计期间，在麦威公司实际控制人刘志某、张某和被告人刘某等人的安排下，制作虚假的财务报表、虚构的购销合同等贷款资料，从孟州市工商银行骗取贷款3,000万元，期限届满，合计2,998万元逾期未还。2015年6月至2016年12月，被告人郑某在担任孟州市北方机械制造有限公司法定代表人期间，在该公司不具备担保能力的情况下仍为麦威公司提供虚假担保，骗取孟州市工商银行1,000万元承兑汇票，其中500万元逾期未还。2016年4月至2016年6月，被告人张某在担任温县金色有机农业有限公司法定代表人期间，在该公司不具备担保能力的情况下，分别为麦威公司在孟州市中国工商银行的1,500万元贷款展期和998万元贷款再融资提供虚假担保，骗取孟州市工商银行贷款2,498万元，逾期未还。法院判决被告人刘某犯骗取贷款、票据承兑罪，判处有期徒刑二年零三个月，并处罚金人民币5万元；被告人程某犯骗取贷款、票据承兑罪，判处有期徒刑一年零六个月，缓刑二年，并处罚金人民币3万元；被告人郑某犯骗取票据承兑罪，判处有期徒刑一年，缓刑二年，并处罚金人民币3万元；被告人张某犯骗取贷款罪，判处有期徒刑一年零六个月，并处罚金人民币3万元；骗取的贷款2,498万元，依法对被告人刘某、程某、张某予以追缴；骗取的票据承兑500万元，依法对被告人刘某、程某、郑某予以追缴，追缴后返还孟州市工商银行。

该案中刘某等人以虚假的财务报表、虚构的购销合同、虚假担保等形式

---

① 参见河南省焦作市中级人民法院（2020）豫08刑终140号刑事判决书。

骗取银行贷款和承兑汇票，数额巨大且造成损失巨大，已构成骗取贷款、票据承兑罪。郑某和程某为麦威公司骗取贷款和承兑汇票提供虚假担保，作为从犯也被刑事追究。需要注意的是，该案中麦威公司作为单位的刑事责任也应当被追究，显然骗取贷款、票据承兑的行为与该公司治理结构和经营方式直接相关，相关损失等后果应归责于麦威公司。①

## 第八节　非法吸收公众存款罪的修改

**【修正前条文】第一百七十六条**　非法吸收公众存款或者变相吸收公众存款，扰乱金融秩序的，处三年以下有期徒刑或者拘役，并处或者单处二万元以上二十万元以下罚金；数额巨大或者有其他严重情节的，处三年以上十年以下有期徒刑，并处五万元以上五十万元以下罚金。

单位犯前款罪的，对单位判处罚金，并对其直接负责的主管人员和其他直接责任人员，依照前款的规定处罚。

**【修正后条文】第一百七十六条**　非法吸收公众存款或者变相吸收公众存款，扰乱金融秩序的，处三年以下有期徒刑或者拘役，并处或者单处罚金；数额巨大或者有其他严重情节的，处三年以上十年以下有期徒刑，并处罚金；数额特别巨大或者有其他特别严重情节的，处十年以上有期徒刑，并处罚金。

单位犯前款罪的，对单位判处罚金，并对其直接负责的主管人员和其他直接责任人员，依照前款的规定处罚。

有前两款行为，在提起公诉前积极退赃退赔，减少损害结果发生的，可以从轻或者减轻处罚。

### 一、立法主旨

《刑法修正案（十一）》提高了非法吸收公众存款罪的法定最高刑，调整

① 参见时延安：《合规计划实施与单位的刑事归责》，载《法学杂志》2019年第9期。

了罚金刑的规定模式，并新增了关于在提起公诉前积极退赃的规定。具体来说，首先，修正案新增了“数额特别巨大或者有其他特别严重情节的，处十年以上有期徒刑，并处罚金”，致使该罪的法定最高刑提升至15年有期徒刑；其次，修正案调整了旧有的限额罚金刑的规定方式，改为不限额罚金刑；最后，修正案新增一条作为第3款，即“有前两款行为，在提起公诉前积极退赃退赔，减少损害结果发生的，可以从轻或者减轻处罚”。

## 二、修改理由

《刑法修正案（十一）》对《刑法》第176条非法吸收公众存款罪的规定共进行了三处修改。

### （一）调高非法吸收公众存款罪的法定最高刑

近年来，非法吸收公众存款类案件不断出现在公众视野中，一些企业和个人以“投资”名义大肆吸收公众资金，给投资人的财产权益带来了极大损害。总体来看，这类案件呈现出以下特点：（1）从发案趋势来看，我们通过中国裁判文书网，以“非法吸收公众存款罪”为案由检索全国一审刑事案件，发现自2009年至2019年，此类案件数量呈不断攀升态势（具体情况如下图所示）。这也与最高人民检察院公布的情况相一致，来自最高检的数据显示，2019年，全国检察机关起诉非法吸收公众存款犯罪案件10,384件、23,060人，同比分别上升40.5%、50.7%。①（2）从作案手法来看，此类案件多假借投资理财名义，利用互联网集资，集资模式、犯罪手段不断翻新，且呈现出网络化、专业化的发展趋势，表现为多层级集团化作案，具有较强的欺骗性，存在内外勾连作案的情况。②（3）从犯罪后果来看，此类犯罪系涉众型犯罪，往往波及面大、影响广泛，且由于通常是在资金链断裂后才案发，故而追赃难度极大。以最高人民检察院所发布的第十七批指导性案例

---

① 张璁：《加大对非法集资犯罪的惩处力度》，载《人民日报》2020年7月9日第19版。

② 《最高检：涉众型金融犯罪持续高发 呈网络化专业化趋势》，载财新网，http://china.caixin.com/2018-07-12/101301200.html，2020年12月18日访问。

“杨某某等人非法吸收公众存款案”为例（检例第64号），在该案中，截止到2016年4月20日，望洲集团通过线上、线下两个渠道非法吸收公众存款共计64亿余元，未兑付资金共计26亿余元，涉及集资参与人13,400余人，其中通过线上渠道吸收公众存款11亿余元，可见此类案件波及范围之广、影响之大，导致社会不稳定因素增加。正是在此现实背景下，由于此类案件的态势及其危害性已经发生极大变化，且作为一种涉众型犯罪已与防范化解社会风险联系在一起，因此立法者希望通过调高非法吸收公众存款罪的法定最高刑，更好地对此类犯罪加以打击、威慑和预防，遏制其持续“爆雷”的势头。①

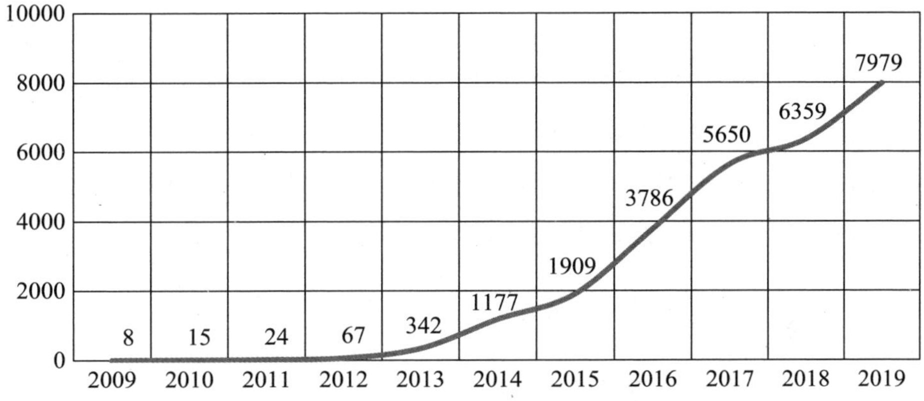


**2009—2019年非法吸收公众存款罪一审刑事案件数量**

从体系协调性的角度来看，也可以较好地理解此次修改。一方面，《刑法》第225条所规定的非法经营罪，其法定最高刑为15年有期徒刑，而从一定意义上讲，非法吸收公众存款实质上也是一种非法经营行为，故而提高非法吸收公众存款罪的法定刑幅度并使其与非法经营罪的法定最高刑相一致，是合乎罪刑相适应原则的。②另一方面，《刑法》第192条所规定的集资诈骗罪，

① 参见朱宁宁：《透视非法集资刑事立法拟调整背后》，载《法治日报》2020年7月21日第5版。

② 参见郭华：《非法集资犯罪的司法扩张与刑法修正案的省察——基于〈刑法修正案（十一）（草案）〉对非法吸收公众存款罪、集资诈骗罪修改的展开》，载《法治研究》2020年第6期。

由于系基于非法占有目的的非法吸收公众存款，[①]故相较而言社会危害性更大，由于集资诈骗罪的法定最高刑为无期徒刑，因此在无期徒刑以下设置非法吸收公众存款罪的法定最高刑，也有利于罪刑规范在体系上的相互协调。

除此之外，有学者从量刑均衡等角度论证调高非法吸收公众存款罪法定最高刑的正当性。如有学者认为，我国非法吸收公众存款罪的涉案数额已由原来的几百万发展到几亿、几十亿、几百亿元，仅靠3年至10年有期徒刑难以拉开数额巨大（几千万）与数额特别巨大（几亿）的量刑档次，如倘若对涉案金额100万的可以量刑3年、200万的最低也应当量刑4年，则涉案1亿的则可达10年，而面对十几亿甚至上百亿的案件在量刑时则会面临尴尬。[②]我们认为，这样的思考不无道理，但不宜作为提高法定刑幅度的主要理由，这是因为如果按照论者所举的例子，即使将法定最高刑提升至15年，岂不是在涉案数额达到1.5亿以后同样难以做到量刑均衡？事实上，能否做到量刑均衡，与法定最高刑是高是低关系不大；在涉财产犯罪中，只要在刑法设定的法定刑幅度内，结合社会生活水平和犯罪整体情况，基本合乎比例地分配不同数额所对应的法定刑，均能实现量刑均衡。

### （二）调整非法吸收公众存款罪中罚金刑的规定模式

罚金刑在我国有着较为悠久的历史，如在第二次国内革命战争时期和抗日战争时期便有适用，[③]新中国成立早期的一些暂行条例和刑法草案中也将罚金刑作为刑罚的一种。[④]自刑法典正式颁行以来，适用罚金刑的条款数呈不断上升趋势，1979年刑法典92个分则条文中有21个配置了罚金刑；1997年刑法典350个分则条文中有140个配置了罚金刑；截至《刑法修正

---

① 《全国法院审理金融犯罪案件工作座谈会纪要》明确：集资诈骗罪和非法吸收公众存款罪在客观上均表现为向社会公众非法募集资金，区别的关键在于行为人是否具有非法占有目的。

② 郭华：《非法集资犯罪的司法扩张与刑法修正案的省察——基于〈刑法修正案（十一）（草案）〉对非法吸收公众存款罪、集资诈骗罪修改的展开》，载《法治研究》2020年第6期。

③ 高铭暄：《中华人民共和国刑法的孕育诞生和发展完善》，北京大学出版社2012年版，第35页。

④ 前者如1951年《妨害国家货币治罪暂行条例》，后者如1950年《刑法大纲草案》。

案（八）》，我国刑法中的罚金刑条款已超过170个。[①]综观刑法分则，关于罚金刑的规定模式存在无限额罚金刑、[②]限额罚金刑、[③]倍比罚金刑，[④]其中无限额罚金刑的数量显然多于限额罚金刑、倍比罚金刑数量。事实上，三种罚金刑规定模式各有利弊，就无限额罚金刑而言，其在保持刑法稳定性和适用灵活性上自然独具优势，但存在着违反罪刑法定明确性原则和为司法者恣意裁量留足空间的隐忧；限额罚金刑自然相对确定与明确，能够对司法者形成较好的约束，但稳定性和灵活性则有所欠缺；[⑤]倍比罚金刑似乎是一种相对折中的刑罚设定方法，但其据以“倍比”的标准（如获利金额）可能为零或未必能够查实，而且计算后的结果可能过高因而无法得到执行。

就非法吸收公众存款罪而言，在《刑法修正案（十一）》出台前，其显然是采取了限额罚金刑的规定模式，具体分为“二万元以上二十万元以下”“五万元以上五十万元以下”两档。然而，这两档罚金刑完全是沿用了1995年《全国人民代表大会常务委员会关于惩治破坏金融秩序犯罪的决定》首次规定非法吸收公众存款罪时的限额罚金刑设置，[⑥]而1995年至今，国内生产总值则

① 熊谋林：《我国罚金刑司法再认识——基于跨国比较的追踪研究（1945—2011）》，载《清华法学》2013年第5期。

② 表现形式为“处罚金”，如《刑法》第141条生产、销售假药罪。

③ 表现形式为“处×××以上×××以下罚金”，如《刑法》第162条之一隐匿、故意销毁会计凭证、会计账簿、财务会计报告罪。

④ 表现形式为“处……×倍以上/百分之×以上×倍以下/百分之×以下罚金”，如《刑法》第140条生产、销售伪劣产品罪。

⑤ 如日本现行刑法在立法之初规定罚金为20日元以上，但这样的金额随着货币价值的变动变得几乎没有意义，于是在此后经由1947年《罚金等临时措施法》、1972年刑法修改、1991年《为提高罚金额等而部分修改刑法等的法律》，对罚金刑进行了数次上调。［日］大谷实：《刑事政策学》，黎宏译，中国人民大学出版社2009年版，第141页。

⑥ 该《决定》第7条规定：“非法吸收公众存款或者变相吸收公众存款，扰乱金融秩序的，处三年以下有期徒刑或者拘役，并处或者单处二万元以上二十万元以下罚金；数额巨大或者有其他严重情节的，处三年以上十年以下有期徒刑，并处五万元以上五十万元以下罚金。单位犯前款罪的，对单位判处罚金，并对直接负责的主管人员和其他直接责任人员，依照前款的规定处罚。”

从57,600多亿元跃升至99.1万亿元，增长了17倍；[①]非法吸收公众存款罪的吸存金额也从10年前的几十万、几百万、几千万，[②]跃升至当前一些案件中涉案金额几百亿。[③]显然，再以1995年规定的限额罚金刑来惩治当前经济环境下的非法吸收公众存款行为，其力度是十分不够的。在此背景下，调整旧有的罚金刑设置，便成为一种自然而然的合理选择。

问题在于，在对非法吸收公众存款罪罚金刑进行调整时，应采取何种规定模式呢？对此，一方面，如果依然采取限额罚金刑，则可以预见，在不久的将来，本条款可能还要再行修改，因而不利于刑法规范的稳定性，也使得法官在实际案件的办理过程中受到较大束缚。事实上，近年来刑法修正，也鲜有再规定限额罚金刑的情形。另一方面，采取倍比罚金刑显然是一种较为折中的办法，但在非法吸收公众存款类案件中，往往是在资金链断裂后方才案发，此时往往需要先行退赔集资参与人的损失。对此，《最高人民法院、最高人民检察院、公安部关于办理非法集资刑事案件若干问题的意见》也规定，“退赔集资参与人的损失一般优先于其他民事债务以及罚金、没收财产的执行”。由于非法吸收公众存款类案件追赃挽损率本身就很低，采用倍比罚金制容易导致在部分案件中罚金刑计算结果过高，进而使得执行被落空。因此，规定无限额罚金刑，是一种相对理性的选择。

---

① 参见李鹏:《政府工作报告》，1996年3月5日在第八届全国人民代表大会第四次会议上；李克强:《政府工作报告》，2020年5月22日在第十三届全国人民代表大会第三次会议上。

② “中国裁判文书网”能够检索到的最早的以“非法吸收公众存款罪”为案由的判决书为2009年的八篇，八起案件中的吸存金额分别为546.1万元、5,093.6万元、417.7万元、637.99万元、5,521万元、885.41万元、6,140万元、33.3万元。参见河北省石家庄市新华区人民法院（2009）新刑初字第332号刑事判决书，浙江省绍兴市越城区人民法院（2009）绍越刑初字第635号刑事判决书，杭州市下城区人民法院（2009）杭下刑初字第290号刑事判决书，杭州市西湖区人民法院（2009）杭西刑初字第379号刑事判决书，浙江省绍兴市越城区人民法院（2009）绍越刑初字第430号刑事判决书，浙江省嘉善县人民法院（2009）嘉善刑初字第225号刑事判决书，浙江省绍兴市越城区人民法院（2009）绍越刑初字第236号刑事判决书，陕西省西安市碑林区人民法院（2009）碑刑初字第46号刑事判决书。

③ 如善林金融非法吸收公众存款案。参见《善林金融涉案金额600亿　法定代表人周某云等8人被捕》，载新华网，http://www.xinhuanet.com//finance/2018-04/25/c_129858600.htm，2020年12月18日访问。

### （三）增设从轻、减轻处罚规定

《刑法修正案（十一）》新增一条作为《刑法》第176条第3款："有前两款行为，在提起公诉前积极退赃退赔，减少损害结果发生的，可以从轻或者减轻处罚。"从现实层面来看，如此规定主要是为了在一定程度上缓解非法吸收公众存款类案件追赃挽损难的问题，因为此类案件发生后，被害人最为关注的往往是自己的投资款能否得到返还，而这也是此类案件在司法实践处理过程中的一大"痛点"：一方面，非法吸收公众存款类案件多案发于资金链断裂之后，且涉案金额巨大、牵扯范围广，由此决定了被害人财物很难得到返还；另一方面，被害人投资款若不能得到及时返还，容易引发群体性事件，加剧社会不稳定因素，特别是在一些案件中，被害人多达成百上千人，因不能及时追赃挽损所引发的次生社会风险问题更为突出。在此背景下，以降低刑罚处罚作为对行为人积极退赔的激励机制，便成为一种当然的选择。在《刑法修正案（十一）》出台以前，将行为人退赃挽损的情节与量刑相联系，主要可以通过三个方面得以实现：（1）酌定从轻处罚，即根据《刑法》第61条、《最高人民法院关于常见犯罪的量刑指导意见》第三节第8条、《最高人民法院关于审理非法集资刑事案件具体应用法律若干问题的解释》第3条第3款等，退赃、退赔可以作为此类案件中的一种酌定从轻处罚情节，"对于退赃、退赔的，综合考虑犯罪性质，退赃、退赔行为对损害结果所能弥补的程度，退赃、退赔的数额及主动程度等情况，可以减少基准刑的30%以下"；"非法吸收或者变相吸收公众存款的数额，……案发前后已归还的数额，可以作为量刑情节酌情考虑"。（2）免予刑事处罚，①即根据《刑法》第37条、《最高人民法院关于审理非法集资刑事案件具体应用法律若干问题的解释》第3条第4款等，"对于犯罪情节轻微不需要判处刑罚的，可以免予刑事处罚"；"非法吸收或者变相吸收公众存款，主要用于正常的生产经营活动，能够及时清退所吸收资金，可以免予刑事处罚"。（3）不作为犯罪处理，即根据《刑法》第13条、《最高人民法院关于审理非法集资刑事案件具体应用法律若干问题的解释》第3条第4款等，"情节显著轻微危害不大的，不认为是犯罪"；"非法

① 如河北省黄骅市人民法院（2019）冀0983刑初81号刑事判决书。

吸收或者变相吸收公众存款，主要用于正常的生产经营活动，能够及时清退所吸收资金，……情节显著轻微的，不作为犯罪处理”。《最高人民法院、最高人民检察院、公安部关于办理非法集资刑事案件若干问题的意见》专门明确，“对于涉案人员积极配合调查、主动退赃退赔、真诚认罪悔罪的，可以依法从轻处罚；其中情节轻微的，可以免除处罚；情节显著轻微、危害不大的，不作为犯罪处理”，这一规定实际上也可谓是充分利用了既有刑法体系下可以利用的制度资源，尽可能通过刑罚激励鼓励行为人退赃挽损。但是，根据《刑法》第63条，在不具有明文规定的减轻处罚情节的情况下，非经最高人民法院核准，不能在法定刑以下判处刑罚，换言之，减轻处罚通常并非此类案件中可供选择的一种刑罚激励机制。由此，《刑法修正案（十一）》规定，在提起公诉前积极退赃退赔，减少损害结果发生的，不仅可以从轻处罚，还可以减轻处罚，进一步扩充了非法吸收公众存款类案件中可以利用的制度资源，以积极鼓励行为人退赃挽损。

强化对被害人利益的考量，事实上本身也是刑事司法的应有之义。自20世纪中后期以来，国际社会越来越意识到在刑事司法中保障被害人权利和需求的重要性，1985年联合国《有关被害人公正与权力滥用基本原则的声明》也专门强调了犯罪人应对受害人退还损失（restitution）。[①]我们常说的恢复性司法理念，其基本主张也包括对被害人的公正应当成为刑事司法制度和量刑的核心目标之一，并意味着在犯罪中的所有利益相关者（犯罪人、受害者、家庭、社区）都应当成为对犯罪进行适当回应时的讨论内容。[②]“这种模式较少地关注犯罪人对法律所载的抽象道德准则的违背，而是更加倾向于将犯罪理解为是社会功能不健全对受害者（或许也包括罪犯）以及社会造成伤害的信号。根据这种观点，刑事司法不应太着重于谴责违反法规范的人，而应注重于恢复个人损害和修复破裂的社会关系。”[③]可以说，在对非法吸收公众存款类犯罪设计刑罚裁量条款时融入被害人权利保障的考量，是契合此类犯罪的

① See §8, Declaration of Basic Principles of Justice for Victims of Crime and Abuse of Power.

② See Andrew Ashworth, Sentencing and Criminal Justice, Cambridge University Press 2010, p.93.

③ See Lucia Zedner, Reparation and Retribution: Are They Reconcilable?, 57 Modern Law Review 228, 233 (1994).

特点，同时也符合犯罪被害人学的基本原理并与恢复性司法理念存在共通之处的。

除此以外，从理论的角度来看，这一修正也可以从刑罚基础理论之特殊预防处找到其正当性的根据。刑罚理论长期存在着报应主义与功利主义的争论，而单纯的报应主义刑罚理论面临着多重批判，比如故意惩罚造成的痛苦仅仅是一种没有社会意义的、非理性的愤怒，①又如与功利主义不同，报应主义难以为司法实践提供太多的指导。②正因如此，混合理论认为应当将预防必要性的有无和大小作为调节责任刑的依据，而行为人积极退赃挽损的情节，显然表明了其预防必要性的显著降低，故而可以成为从宽处罚的根据。

## 三、条文释义

《刑法修正案（十一）》并未对非法吸收公众存款罪的罪状描述做任何调整，由此，非法吸收公众存款罪的犯罪成立要件并未发生改变。简而言之，本罪侵犯的客体是国家的金融管理秩序；客观方面表现为非法吸收公众存款和变相吸收公众存款两种情形；主体包括年满16周岁、具有刑事责任能力的自然人和单位；主观方面系故意，但不具有非法占有目的，若有非法占有目的即成立集资诈骗罪而非非法吸收公众存款罪。在判定是否成立非法吸收公众存款罪时，应特别注意把握以下四个方面：一是非法性。即该融资行为违反国家金融法律规定。从事实上看，就是没有金融主管机关的许可，行为人也没有相应的吸收公众存款的资格。二是市场性。即吸收公众存款的行为应面向公众，具有一定的公开性，由此才可能对金融市场形成冲击乃至破坏。

---

① See Joshua Dressler, Understanding Criminal Law Eighth Edition, Carolina Academic Press, pp.64–65.

② 这是因为，功利主义理论将惩罚建立在预防未然之罪的前瞻性目标之上，它不仅是一种关于刑罚为何存在的解释性理论，还是一种关于刑罚机关如何运作的实践性理论——在所有案件和程序的所有阶段都力求减少未来可能的社会危害。因此，功利主义不仅是一种刑罚理论，还是一种刑事司法理论。相比之下，报应主义仅能解释刑罚为何存在，却不能解释司法机关应如何运作以实现报应、不能提供个案中的决策规则——报应主义主要涉及刑法规则的内容，却较少涉及刑法规则的实施。See Michael T. Cahill, Retributive Justice in the Real World, 85 Wash. U. L. Rev. 815 (2007–2008).

有关非法集资的司法解释，强调融资行为应当具有“向社会公开宣传”“向社会公众吸收”资金的特征，并将单位内部融资或向亲友借款行为一般性地排除在外，实际上就是认识到这种行为是面向市场的，是一种市场经济行为。[①]三是严重性。即该行为针对的人数较多，非法吸收公众存款数额达到一定标准。四是风险性。即该行为能够给“投资人”的财产带来较大的风险。对于非法集资行为给“投资人”未造成明显风险，且事后能够及时清偿的，可不作为犯罪处理或者免予刑事处罚。[②]

基于《刑法修正案（十一）》，对于新作出修改的部分，在适用过程中应强调以下几个方面。

首先，对于新增“数额特别巨大或者有其他特别严重情节的，处十年以上有期徒刑，并处罚金”，第一，基于2010年《最高人民法院关于审理非法集资刑事案件具体应用法律若干问题的解释》关于基本犯以及“数额巨大或者有其他严重情节”的细化规定，是否能够适用10年以上有期徒刑这一档法定刑，主要的“观测点”应当包括非法吸收或者变相吸收公众存款的数额、非法吸收或者变相吸收公众存款的对象人数、给存款人造成的直接经济损失、造成的社会影响及其他严重后果。可以预见，最高司法机关应会出台新司法解释，对此加以明确，在此之前，则应参照既有司法解释对主要“观测点”加以判断，并注意与既有司法解释关于前两档法定刑中所涉情形的相互协调。第二，对于非法吸收公众存款行为跨越《刑法修正案（十一）》的，参照《最高人民检察院关于对跨越修订刑法施行日期的继续犯罪、连续犯罪以及其他同种数罪应如何具体适用刑法问题的批复》第2条，即“对于开始于1997年9月30日以前，连续到1997年10月1日以后的连续犯罪，或者在1997年10月1日前后分别实施同种类数罪，其中罪名、构成要件、情节以及法定刑均没有变化的，应当适用修订刑法，一并进行追诉；罪名、构成要件、情节以及法定刑已经变化的，也应当适用修订刑法，一并进行追诉，但是修订刑法比原刑法所规

---

① 如2010年《最高人民法院关于审理非法集资刑事案件具体应用法律若干问题的解释》第1条第2款。

② 时延安：《以非法性和风险性判断“融资”行为性质》，载《检察日报》2019年3月29日第3版。

定的构成要件和情节较为严格，或者法定刑较重的，在提起公诉时应当提出酌情从轻处理意见”，应当适用修改后的刑法条文、允许适用“十年以上有期徒刑”这一档法定刑幅度，但可以酌情从轻处理。第三，与非法吸收公众存款罪第二档法定刑幅度相同，对于第三档法定刑，《刑法》所规定的是必处罚金而非酌处罚金，是“并处罚金”而非“并处或单处罚金”，对此应予注意。

其次，对于将旧有的限额罚金刑的规定方式调整为无限额罚金刑，由于其在一定程度上存在对罪刑法定原则下禁止绝对不定期刑的违反，因而特别需要强调实践中在判处罚金刑时所应考虑的因素。我们认为，判处罚金刑，既要考虑到犯罪情节，也要考虑到犯罪人缴纳罚金的能力。《刑法》第52条规定，“判处罚金，应当根据犯罪情节决定罚金数额”，由此明确了罚金刑数额与犯罪情节之间的相互关系，而司法解释则在此基础上进一步强调了人民法院还应综合考虑犯罪分子缴纳罚金的能力，依法判处罚金。[①]这种综合考虑犯罪情节和犯罪人缴纳能力的罚金刑裁量方式，既受到了我国学者的广泛赞同，[②]也是国外较为广泛的一种立法例，如《法国刑法典》第132-24条规定：“在法律规定的范围内，法院应根据犯罪情节和犯罪人的个人特点决定刑罚。法院判处罚款时，应考虑犯罪者的收入和支出。”《俄罗斯联邦刑法》第46条第3款也规定：“罚款额应由法院根据犯罪的严重程度和被定罪者及其家庭的财产状况，并由被定罪者获得工资或任何其他收入的能力决定。”在非法吸收公众存款类案件中，法院也应考虑到犯罪人的犯罪情节及其缴纳罚款的能力，因为此类案件中的犯罪人往往同时还需返还大量投资人的集资款，如果罚金数额不充分考虑到行为人的还款能力，极易发生“空判”现象。除此以外，司法机关应当改变重定罪、轻量刑，重主刑、轻附加刑的做法，重视罚金刑量刑裁判、强化罚金刑量刑说理。

最后，对于新增的第3款，即“有前两款行为，在提起公诉前积极退赃

---

① 《最高人民法院关于适用财产刑若干问题的规定》第2条规定：“人民法院应当根据犯罪情节，如违法所得数额、造成损失的大小等，并综合考虑犯罪分子缴纳罚金的能力，依法判处罚金。刑法没有明确规定罚金数额标准的，罚金的最低数额不能少于一千元。对未成年人犯罪应当从轻或者减轻判处罚金，但罚金的最低数额不能少于五百元。”

② 参见张明楷：《罚金刑若干问题的再思考》，载《中国法学》1991年第4期；王志祥：《论犯罪人的财产状况对罚金数额的影响》，载《国家检察官学院学报》2012年第4期。

退赔，减少损害结果发生的，可以从轻或者减轻处罚”，应当注意以下几点。（1）关于此款适用的范围，基于“有前两款行为”的表述，第3款中从轻或者减轻处罚的规定，既适用于个人犯非法吸收公众存款罪，也适用于单位犯非法吸收公众存款罪。（2）关于此款适用的时间节点，应当是在“提起公诉前”，如此规定，一方面能够与已有的刑法规范保持一致，如《刑法》第276条之一拒不支付劳动报酬罪第3款为，“有前两款行为，尚未造成严重后果，在提起公诉前支付劳动者的劳动报酬，并依法承担相应赔偿责任的，可以减轻或者免除处罚”，《刑法》第383条关于贪污罪的处罚规定第3款为，“犯第一款罪，在提起公诉前如实供述自己罪行、真诚悔罪、积极退赃，避免、减少损害结果的发生，有第一项规定情形的，可以从轻、减轻或者免除处罚；有第二项、第三项规定情形的，可以从轻处罚”。另一方面也契合刑罚论基本原理，即在提起公诉以前和提起公诉以后行为人退赃退赔行为所表现出的特殊预防必要性大小是有所差异的。但应当注意的是，对于在提起公诉以后积极退赃退赔、减少损害结果发生的，只是不能适用《刑法》第176条第3款关于法定从轻、减轻处罚的规定，但不影响将此作为一项酌定的从轻处罚情节。（3）关于此款中“减少损害结果发生”中的“损害结果”，并非指规范层面犯罪既遂意义上的损害结果，而是指实然层面最终对受害者带来的财产损失。因为在每一次吸收结束后，刑法法益已经受损、构成要件已经成就、犯罪行为已经既遂，不因行为人退赔与否而发生改变。这样的理解，也是与《最高人民法院关于审理非法集资刑事案件具体应用法律若干问题的解释》第3条第3款的规定，即“非法吸收或者变相吸收公众存款的数额，以行为人所吸收的资金全额计算。案发前后已归还的数额，可以作为量刑情节酌情考虑”相一致的。

## 四、以案说法

**【案例一】王某等非法吸收公众存款案**[1]

检察机关诉称，2013年9月至2017年7月间，被告人白某先后成立北京某

① 参见北京市第二中级人民法院（2018）京02刑初102号刑事判决书。

投资担保有限公司、北京某资产管理有限公司、某集团有限公司等，并以上述公司名义，采用虚构项目债权、隐瞒项目真实情况等手段，伙同被告人王某等33人（其他人员另案处理），在未经有关部门依法批准的情况下，通过媒体、客户答谢会、传单、电话等途径向社会公开宣传，与投资人签订《出借与咨询服务协议》《投资咨询与服务协议》《投资入股协议》《股权认购协议》等，以约定债权转让、成立合伙企业、购买原始股等形式，承诺高额回报，先后吸收6万余人资金共计人民币95亿余元（以下币种均为人民币）。集资后，被告人白某未将大部分集资款用于生产经营，造成集资款损失共计48亿余元。

经审理，北京市第二中级人民法院认为：被告人白某以非法占有为目的，使用诈骗方法非法集资，其行为已构成集资诈骗罪，且数额特别巨大；被告人王某等33人未经有关部门批准，借用合法经营形式，向社会公众募集资金，承诺还本付息，变相吸收公众存款，扰乱金融秩序，各被告人的行为均已构成非法吸收公众存款罪，且数额巨大。北京市人民检察院第二分院指控白某犯集资诈骗罪，王某等33人犯非法吸收公众存款罪的事实清楚，证据确实、充分，指控的罪名成立。综合考虑各行为人所存在的自首、坦白、认罪悔罪、退赃、累犯等量刑情节，以及各自在共同犯罪中的地位和作用，最终判处被告人白某犯集资诈骗罪，判处无期徒刑，剥夺政治权利终身，并处没收个人全部财产；王某等33人犯非法吸收公众存款罪，判处有期徒刑三年至十年不等，并处轻重不同的罚金。

在该案中，被告人王某等33人违反国家金融管理法律规定，向社会公众吸收资金，其行为具备非法性、市场性、严重性、风险性特点，成立非法吸收公众存款罪，应以该罪论处。被告人白某以非法占有为目的非法集资，则成立集资诈骗罪。从犯罪情节来看，行为人先后吸收6万余人资金共计人民币95亿余元，显然已经满足最高人民法院《关于审理非法集资刑事案件具体应用法律若干问题的解释》第3条第2款的规定，系“数额巨大或者有其他严重情节”，应处3年以上10年以下有期徒刑，并处5万元以上50万元以下罚金。鉴于当前“数额巨大或者有其他严重情节”对应的是个人吸存数额在20万元以上、个人吸存对象在30人以上等情形，而本案中各行为人所参与的吸存数额基本过亿，甚至高达几十亿，若今后发生类似案件，由于《刑法修正案（十一）》调整了该罪的法定最高刑和罚金刑设置方式，极有可能会对该案适用第三档法定刑，且罚金刑也不再局限于5万元以上50万元以下。当然，在提起公诉前积极退赃退赔，减少损害结果发生的，可以从轻或者减轻处罚。

**【案例二】何某、田某非法吸收公众存款案**①

2018年4月，上海赢发金融信息服务有限公司（以下简称上海赢发）法人陈某（另案处理）听朱某介绍区块链项目融资风险低，融资得的钱可以拿出放贷做业务，陈某遂与上海赢发大额投资人被告人何某、田某等人前往朱某的公司考察。经考察田某告诉陈某、何某区块链项目吸收资金更有优势且不用像P2P平台每天都进行兑付，三人经商量决定与朱某合作做区块链接项目（即比特人人交易所）。2018年9月下旬，比特人人交易所在未经有关部门批准的情况下即上线试运行，陈某不管理交易所事务，具体由被告人何某、田某负责软件管理、宣传、掌握软件钱包以及虚拟币变现和银行转账等，两人先后在创建的多个QQ群内以零风险、十倍以上高利润的收益为噱头，利用BRT（人人币）进行交易赚钱方式向社会公开宣传吸引投资者。试运行几天后，何某、田某二人发现通过让客户充值USDT币到交易所再提现为人民币操作繁琐，且上海赢发因“P2P雷潮”和缺乏资金进行兑付运转，已出现经营困难。陈某、何某、田某三人商量后在QQ群以群公告的方式发布可直接使用银行卡线下转账方式获取BRT，且成本价更低，何某、田某使用银行账户名为何某、汝某的银行卡接收投资人的转账，并将吸收的资金转入上海赢发用于P2P平台兑付。2018年10月中旬，上海赢发周转困难，为加快融资，何某、田某在投资群推出“超级节点”项目，投资人购买这种人人币时会低于市场价格，但是要锁仓6个月，即投资的钱6个月内不能进行交易。同年11月下旬，上海赢发P2P平台资金周转链条断裂，属于负增长情况。11月21日上海赢发倒闭，人人交易所因吸收的资金用于上海赢发P2P平台的兑付无资金可供投资人提现，所以何某、田某先锁定了交易所的提现渠道，投资人不能交易提现，越来越多的投资人发现不对，人人交易所也彻底垮台。自2018年9月至11月底，共有120余名投资人以转账、USDT币等方式在交易所购买BRT币，何某、田某非法吸收公众存款2,047万余元。庭审过程中，辩护人指出本案是单位犯罪，该辩护意见最终未

① 参见湖南省岳阳市云溪区人民法院（2020）湘0603刑初52号刑事判决书。

被人民法院采纳。最终，法院判决被告人何某犯非法吸收公众存款罪，判处有期徒刑三年六个月，并处罚金人民币10万元；被告人田某犯非法吸收公众存款罪，判处有期徒刑三年六个月，并处罚金人民币10万元。

实践中，对于类似非法吸收公众存款案件，究竟系单位犯罪还是自然人共同犯罪，常常引发争议。即便是对于一些明显的自然人犯罪案件，也常有辩护人以此作为辩护理由，试图通过“拿单位垫背”，获得对自然人在量刑层面的从宽。在本案中，湖南省岳阳市云溪区人民法院表示，上海赢发成立后的主要活动是非法吸收投资者的资金进行放贷，人人交易所是为解决上海赢发融资困难而设立，主要业务是利用我国未批准的虚拟代币非法吸收公众存款，据此依最高人民法院《关于审理单位犯罪案件具体应用法律有关问题的解释》第2条，“公司、企业、事业单位设立后，以实施犯罪为主要活动的，不以单位犯罪论处”，否认了单位犯罪的成立。这种情形在实践中较为普遍，应当加以注意。

## 第九节　操纵证券、期货市场罪的修改

**【修正前条文】第一百八十二条第一款**　有下列情形之一，操纵证券、期货市场，情节严重的，处五年以下有期徒刑或者拘役，并处或者单处罚金；情节特别严重的，处五年以上十年以下有期徒刑，并处罚金：

（一）单独或者合谋，集中资金优势、持股或者持仓优势或者利用信息优势联合或者连续买卖，操纵证券、期货交易价格或者证券、期货交易量的；

（二）与他人串通，以事先约定的时间、价格和方式相互进行证券、期货交易，影响证券、期货交易价格或者证券、期货交易量的；

（三）在自己实际控制的账户之间进行证券交易，或者以自己为交易对象，自买自卖期货合约，影响证券、期货交易价格或者证券、期货交易量的；

（四）以其他方法操纵证券、期货市场的。

**【修正后条文】第一百八十二条第一款**　有下列情形之一，操纵证券、期货市场，影响证券、期货交易价格或者证券、期货交易量，情节严重的，处

五年以下有期徒刑或者拘役，并处或者单处罚金；情节特别严重的，处五年以上十年以下有期徒刑，并处罚金：

（一）单独或者合谋，集中资金优势、持股或者持仓优势或者利用信息优势联合或者连续买卖的；

（二）与他人串通，以事先约定的时间、价格和方式相互进行证券、期货交易的；

（三）在自己实际控制的帐户之间进行证券交易，或者以自己为交易对象，自买自卖期货合约的；

（四）不以成交为目的，频繁或者大量申报买入、卖出证券、期货合约并撤销申报的；

（五）利用虚假或者不确定的重大信息，诱导投资者进行证券、期货交易的；

（六）对证券、证券发行人、期货交易标的公开作出评价、预测或者投资建议，同时进行反向证券交易或者相关期货交易的；

（七）以其他方法操纵证券、期货市场的。

## 一、立法主旨

党的十八大以来，以习近平同志为核心的党中央多次强调要把防控金融风险放到更加重要的位置。《刑法修正案（十一）》是刑法针对操纵证券、期货市场罪在刑事立法层面的第三次修订，增设了三种操纵证券、期货市场罪的行为样态，将“蛊惑交易”“抢帽子”“幌骗”这三种典型情形明确规定为犯罪行为方式；并且将过去散落在前三种手段项下关于操纵或者影响“证券、期货交易价格或者证券、期货交易量”的共同规定，均集中调整到罪状的第1款中，在措辞表述上更加简洁化。这一修订实现了与2020年修订的《证券法》的有效衔接，进一步发挥了刑法对防范化解金融风险、维护金融秩序的重要作用，加大了操纵证券、期货市场犯罪的惩处力度。

## 二、修改理由

近年来，我国证券、期货市场不断发展，为实体经济建设提供了重要的金融支持。与此同时，操纵证券、期货市场等违法、犯罪行为也频频发生，并且花样翻新，这类案件涉案金额动辄上亿元，影响证券、期货交易价格，造成市场波动，严重损害了广大投资者合法权益，破坏了证券、期货市场管理秩序，危害国家金融安全。这类案件犯罪分子往往具有较深的专业背景，熟悉资本市场运行规则和信息技术，通过公司化“流水线作业”，利用资金优势、信息优势、联合“黑嘴”荐股等手段操纵证券、期货市场，犯罪隐蔽性较高，导致操纵证券、期货市场犯罪的实发案件数量与查处的案件数量存在较大落差。面对层出不穷的操纵证券、期货市场的犯罪，原刑法仅有的传统的三种模式明显不能完全作出评价。而对于兜底条款“以其他方法操纵证券、期货市场”的认定在学术界和司法实践中存在不同认识。为此，最高人民法院、最高人民检察院于2019年6月27日发布了《关于办理操纵证券、期货市场刑事案件适用法律若干问题的解释》（以下简称2019年《解释》），2019年《解释》第1条明确规定了蛊惑交易、“抢帽子”交易、重大事项、利用信息优势、“幌骗”以及跨期、现货市场六类新型操纵证券、期货市场的犯罪行为。[①] 此次立法的修正与2019年《解释》密切相关，将司法解释中的蛊惑交易、“抢帽子”交易、“幌骗”三种行为方式在立法中明确规定，从立法层面提升了对行为危害性的认识，而且删除了“误导投资者作出投资决定”的术语，以此

---

① 最高人民法院、最高人民检察院《关于办理操纵证券、期货市场刑事案件适用法律若干问题的解释》（法释〔2019〕9号）第1条规定：“行为人具有下列情形之一的，可以认定为刑法第一百八十二条第一款第四项规定的‘以其他方法操纵证券、期货市场’：（一）利用虚假或者不确定的重大信息，诱导投资者作出投资决策，影响证券、期货交易价格或者证券、期货交易量，并进行相关交易或者谋取相关利益的；（二）通过对证券及其发行人、上市公司、期货交易标的公开作出评价、预测或者投资建议，误导投资者作出投资决策，影响证券、期货交易价格或者证券、期货交易量，并进行与其评价、预测、投资建议方向相反的证券交易或者相关期货交易的；（三）通过策划、实施资产收购或者重组、投资新业务、股权转让、上市公司收购等虚假重大事项，误导投资者作出投资决策，影响证券交易价格或者证券交易量，并进行相关交易或者谋取相关利益的；（四）通过控制发行人、上市公司信息的生成或者控制信息披露的内容、时点、节奏，误导投资者作出投资决策，影响证券交易价格或者证券交易量，并进行相关交易或者谋取相关利益的；（五）不以成交为目的，频繁申报、撤单或者大额申报、撤单，误导投资者作出投资决策，影响证券、期货交易价格或者证券、期货交易量，并进行与申报相反的交易或者谋取相关利益的；（六）通过囤积现货，影响特定期货品种市场行情，并进行相关期货交易的；（七）以其他方法操纵证券、期货市场的。”

来减轻举证责任，将危害结果统一评价为“影响证券、期货交易价格或者证券、期货交易量”。

### （一）“影响证券、期货交易价格或者证券、期货交易量”结果的统一规定

立法修订之前，《刑法》第182条第1款第1项仅规制行为人实施的操纵行为，并不要求造成危害结果。第2、3项不仅规定了操纵行为，还规定该行为产生“影响证券、期货交易价格或者证券、期货交易量”的危害结果，属于结果犯。《刑法修正案（十一）》在《刑法》第182条第1款对操纵市场行为的描述中增加了“影响证券、期货交易价格或者证券、期货交易量”的表述，并将原条文各项列举性规定中的类似表述予以删除。这符合证券犯罪规制需要，从立法技术来说，为操纵市场行为定义属于世界性难题，我国先对操纵市场行为作概括性定义，再列举几项常见的操纵市场行为，最后再使用兜底条款可以避免挂一漏万。而从目前的证券市场监管实践情况来看，我国证券监管机构认为操纵市场行为的最根本特征，就是通过一定的方式不当地影响证券、期货交易的“价和量”，由此造成对市场其他投资者的误导和严重不公。故此次《刑法修正案（十一）》将“影响证券、期货交易价格或者证券、期货交易量”提取至“总括”位置，进一步增强了该条的适用性和体系性。

对于“结果犯”的这种设置，也有观点提出不能有效防范风险，认为立法要求操纵市场行为必须产生影响证券交易价格或交易量的结果之后才予以打击，这种危害结果不仅对投资者和市场不利，而且可能是投资者和市场难以承受的。基于防范风险的考虑，在欧美的法制环境中，证明操纵行为与证券价量变化之间存在因果关系，要求的证据标准非常高，金融监管机构和司法机构查处操纵市场行为的难度较大，因此大都规定了“行为犯”的模式。对此，我国2019年《证券法》修订时的确考虑了这一问题，第55条被认为借鉴了欧美关于操纵市场规制的“行为犯”立法模式，对于操纵行为规定“影响或者意图影响证券交易价格或交易量”两种模式皆可，也就是说没有产生影响证券交易价格或交易量的结果，只要操纵主体实施操纵行为时，具有影响证券交易价格或交易量的主观意图，并且操纵行为具有影响证券交易价格或交易量的可能性，也可以认定构成法律上的操纵市场并予以行政处罚。但

刑法作为保障法，从证券市场本身的繁荣发展来看，操纵行为与投机行为的边界并非泾渭分明。证券市场既要鼓励投资，也要容忍投机，对于并未产生价量影响结果的操纵行为、对于价量影响较小的操纵行为、对于实际亏损和获利不大的操纵行为，从监管成本与执法收益的角度分析来看，也不值得对小微操纵行为全面出击。因此，证券监管机构只有“管少才能管好”，突出抓好已经实际产生价量影响的重大操纵案件的办理才是当务之急。[①]

### （二）增加“抢帽子”交易等3种犯罪情形

《刑法修正案（十一）》在《刑法》第182条第1款中增加了第6项“抢帽子交易”等操纵情形。该类情形在2019年《解释》及《证券市场操纵行为认定指引（试行）》中也有规定，证监会近年来也已经针对此类行为作出过多份执法决定。2019年修订的《证券法》已经自2020年3月1日起施行，其中关于规制操纵证券市场行为的相关条款进行了较大幅度的修改，第55条第1款第4、5、6项，以法律形式明确规定为操纵行为类型，解决了原有法规效力层级不高及不合理要求“抢帽子”操纵主体具备特殊身份等问题，填补了“法律漏洞”与“法律空白”，具有科学合理之处，为金融监管机构查处操纵市场行为提供了更有效的法律依据和更明确的法律基础。

所增加规定的“抢帽子交易”，典型行为模式是在证券市场上具有影响力的单位或个人，先行买入证券，然后对该证券或其发行人、上市公司公开作出评价预测或者投资建议，诱导其他投资者进行证券交易，进而影响证券交易价格或交易量，并在短时间内反向交易获利或者谋取其他相关利益。此次《刑法修正案（十一）》增补的该类操纵行为，解决了两个问题：一是取消了“抢帽子”操纵主体的特殊身份限制，二是明确了反向交易的行为模式。

事实上，2019年之前中国证监会内部试行的规范性文件中，以及司法机关发布的刑事追诉文件中，均将“抢帽子”操纵的主体限定为“证券公司、证券投资咨询机构、专业中介机构及其工作人员”的特殊身份。随着自媒体等现代通信传播技术的快速发展，涉案主体既有持牌机构和分析师，也有网

---

① 李珍、夏中宝：《新〈证券法〉中操纵市场条款修订的得失评析》，载《金融理论与实践》2020年第7期。

络工作室、网络大V、博主等非持牌机构以及一般公民，“黑嘴”荐股的方式多种多样，如微博、股吧、视频直播、微信以及QQ私聊建群等，最终目的是误导投资者作出投资决策而从中获利，有的是自己反向交易从中获利，有的是诱导散户买入，帮助“庄家出货”获取报酬等。一般认为，行为人具有前述规定的“持牌”身份（持有金融监管机构发放的执业牌照），可以推定证券市场中的投资者对其公开发布的荐股信息具有信赖，因此“特殊身份”成为认定犯罪成立的主体身份要求。但一些知名记者、主持人等也存在构成犯罪的可能，比如某证券节目主持人廖某，就是利用其在证券市场上的影响力，通过“买入建仓、公开荐股、反向卖出”成功实施“抢帽子”操纵行为，非法获利4,310万元。[①]该案发生在2019年《证券法》修订之前，办案人员根据“其他操纵行为”的兜底条款对廖某做出了行政处罚，但由于当时证券法规中不合理地限定了“抢帽子”操纵主体必须具备特殊身份，这一处罚是欠缺一定的法律依据的。此次《证券法》修订取消了主体限制，《刑法修正案（十一）》的修订也予以确认，对于此类犯罪的司法给予了明确的指引。

所增加的“幌骗交易操纵”（也称虚假申报操纵），即不以成交为目的，频繁或者大量申报买入、卖出证券、期货合约并撤销申报的，误导投资者作出投资决策，影响证券、期货交易价格或者证券、期货交易量，并进行与申报相反的交易或者谋取相关利益。在证券、期货交易市场中，报撤单是正常交易行为。该类操纵与正常报撤单的区分，要根据报撤单是否频繁，或者报撤单的金额是否巨大；是否进行与申报相反的交易；是否使用多个不同账户掩盖操作等客观方面进行综合判断。2019年《解释》的规定是“（五）不以成交为目的，频繁申报、撤单或者大额申报、撤单，误导投资者作出投资决策，影响证券、期货交易价格或者证券、期货交易量，并进行与申报相反的交易或者谋取相关利益的”；采用的是撤单作为选择性要件，而非“申报并撤销申报”中的撤单必备要件模式。《证券法》的规定是“（四）不以成交为目的，频繁或者大量申报并撤销申报”。立法修订中，并没有采纳司法解释的规定，而是采纳了《证券法》的表述，将“撤单”行为作为必备要件，在规制

① 李珍、夏中宝：《新〈证券法〉中操纵市场条款修订的得失评析》，载《金融理论与实践》2020年第7期。

范围上进行了限缩，对行为人“虚假”申报的主观推定更加慎重，更为科学合理。此外，相较于《证券市场操纵行为认定指引（试行）》的规定，2019年《解释》增加了“相反交易”形式。换言之，行为人不以成交为目的，频繁申报、撤单或者大额申报、撤单，误导投资和作出投资决策，影响证券、期货交易价格或交易量，并进行与申报相反交易或谋取相关利益的，均构成虚假申报操纵市场。需注意的是，“相反交易”并非虚假申报操纵市场的必备要件，2019年《解释》的条文也用了“或者”的形式，因此在立法修订时，并没有将“相反交易”作为罪状表述。

所增加的“蛊惑交易”，是一种利用虚假信息进行欺诈的证券市场操纵行为，是一种虚假投机。投机本身包含预测的意思，在经济活动中是指人们以对未来的推断为基础而谋取利益的活动。证券市场的功能之一就是发现价值并以此为基础进行资源的优化配置，基于对未来某种证券价值的判断的不同自然会产生投机行为。适度合法的投机有利于迅速发现、还原证券的价值，形成证券的市场价格，保持证券市场的活跃性和竞争性。蛊惑交易是行为人采取编造、传播虚假信息的违法方式获得投机的机会，是对证券市场秩序的严重破坏，也严重损害了中小投资者利益，造成资金的异常流动，使得资金不是按照市场规律流向最能创造价值的部门，而是流向能给操纵者带来暴利的部门。使证券市场的效率无法正常发挥，造成了极大的浪费，严重损害证券市场的健康发展。

## 三、条文释义

对结果犯的理解，2019年《解释》第3条在第2条规定的基础上，规定了七项“数额+情节”的入罪标准作为补充。本条中的数额标准是违法所得数额在50万元以上，按照第2条违法所得数额标准的50%掌握，具体情节分别从特殊主体、特殊时期、受过刑事处罚或者行政处罚、造成恶劣社会影响或者其他严重后果等方面对实践中常见的情形作了规定。对此，应当认识到，数额与其他情节是我们判断是否“影响证券、期货交易价格或者证券、期货交易量”的因素。

### （一）“幌骗交易操纵”

根据刑法的修订，该种情形为不以成交为目的，频繁或者大量申报买入、卖出证券、期货合约并撤销申报的。这种情形虚假申报构成操纵犯罪必须撤单，而且新《证券法》第55条第1款第4项的规定也要求行为人“频繁或者大量申报并撤销申报”，要求虚假申报操纵中必须有撤单行为。撤单行为是虚假申报中的常见情形，是判断操纵主体“不以成交为目的”虚假申报主观故意的一个方面，但有学者认为不能以“撤单”作为判断“虚假”的唯一因素，比如在市场中反方向报单极少的情况下，尤其是股票涨停或者跌停的情况下，虚假申报操纵也可以不必撤单。以虚假申报操纵的“封涨停”模式为例，在股价已经涨停的情况下，市场中申报卖出的总量较小，操纵主体以涨停价进行大量申买，单笔申买量远高于市场申卖总量，其买入申报不可能全部成交，可以证明其“不以成交为目的”虚假申报。同时，操纵主体继续大量以涨停价申报买入，给市场投资者造成买盘汹涌、买入需求量巨大的假象，误导其他投资者的交易决策，使得标的证券的交易价格封在涨停价位，行为人再利用第二交易日证券价格的惯性上涨，反向卖出获利。在前述情况下，由于股价已经涨停，市场中申卖总量极小，操纵主体的涨停价申买可以不必撤单，也基本不会成交。例如，在高某操纵市场案中，高某在多个交易日进行封涨停操纵且无撤单，已经被中国证监会认定构成操纵市场行为。又如，在刘某操纵市场案中，多次出现以涨停价申买，但是至收盘未成交也未撤单的情形。[①]对此，我们认为，既然立法已经明确了“撤单”为必备要件，是用来推测虚假申报的故意，那么即使实践中存在“虚假申报”客观上并没有撤单的操纵情形，也不能认定为犯罪，这才是罪刑法定的重要价值。

对于该罪的追诉“结果”的要求，我们认为，虽然立法修订对2019年《解释》的罪状表述进行了修改，但对“结果”的评价仍然可以参考适用。根据2019年《解释》第2条的规定，“（六）实施本解释第一条第五项操纵证券、期货市场行为，当日累计撤回申报量达到同期该证券、期货合约总申报量百

---

① 李珍、夏中宝：《新〈证券法〉中操纵市场条款修订的得失评析》，载《金融理论与实践》2020年第7期。

分之五十以上，且证券撤回申报额在一千万元以上、撤回申报的期货合约占用保证金数额在五百万元以上的”，本项规定与《最高人民检察院、公安部关于公安机关管辖的刑事案件立案追诉标准的规定（二）》相比，在原有撤回申报量占比标准的基础上，增加规定了证券撤回申报额和占用期货保证金数额的标准，将单一的比例标准调整为比例+数额标准。这避免了交易不活跃证券或者期货合约较少量即达到相关比例入罪标准，更能准确评价虚假申报操纵行为的社会危害性。

### （二）“蛊惑交易操纵”

“蛊惑交易操纵”，即利用虚假或者不确定的重大信息，诱导投资者进行证券、期货交易。2019年《解释》中认定为利用虚假或者不确定的重大信息，诱导投资者作出投资决策，影响证券、期货交易价格或者证券、期货交易量，并进行相关交易或者谋取相关利益。虽然立法修订删除了“并谋取相关利益”这一要素，但其他要素界定仍然可以借鉴。其中“诱导投资者作出投资决策”，通常是指行为人故意编造虚假信息或者明知是虚假或不确定的信息而进行传播，使广大投资者信以为真做出错误的投资决策，从而影响交易价格或者交易量。“进行相关交易”是指进行与其蛊惑信息所涉证券、期货的交易，包括集合竞价阶段交易、连续竞价阶段交易、大宗交易、场外交易等。[①]

该种情形认定的核心在于何谓“虚假或者不确定的重大信息”，2019年《证券法》修订在2019年《解释》出台之后，2019年《解释》出台前《证券市场操纵行为认定指引（试行）》将重大信息的范围定义为“不真实、不准确、不完整或不确定”，2019年《解释》将其修改为“虚假或者不确定”。而后2019年《证券法》第55条也修改为“虚假或者不确定”。问题是，“不准确、不完整”的重大信息是否可以被评价在“虚假或者不确定”重大信息的界域内？显然，从文义解释的角度来看，“不准确、不完整”与“虚假”没有实质牵连关系。相反，“不确定”的重大信息从形式上强调信息的“确”与“定”，即准确性与完整性。因此，2019年《解释》与《刑法修正案（十一）》的表述

---

① 姜永义、陈学勇、朱宏伟：《〈关于办理操纵证券、期货市场刑事案件适用法律若干问题的解释〉的理解与适用》，载《人民法院报》2020年3月12日第5版。

更加科学。而“重大”的理解应当是行为人所利用的虚假信息必须是在证券市场上有重要的价值，一经公开就足以影响普通投资者的判断，足以引起相应证券的交易价格或交易量大幅波动的信息。由于我国现行的法规中并未对虚假重大信息的具体内容作出规定，对此可以参考2019年修订的《证券法》第80条、第81条对重大事件的规定，将涉及上市公司生产经营、投资行为、高级管理人员等方面的重大变化和所涉嫌的重大违法案件、重大诉讼的信息都列为“重大信息”。司法解释也可以根据已有的法律规定和实际情况列举出若干具体的重大信息的种类，保证司法的统一。

### （三）“抢帽子交易操纵”

“对证券、证券发行人、期货交易标的公开作出评价、预测或者投资建议，同时进行反向证券交易或者相关期货交易的”为抢帽子交易，也就是利用“黑嘴”荐股操纵，即通过对证券及其发行人、上市公司、期货交易标的公开作出评价、预测或者投资建议，误导投资者作出投资决策，影响证券、期货交易价格或者证券、期货交易量，并进行与其评价、预测、投资建议方向相反的证券交易或者相关期货交易。①

这种情形的入罪，需要证明证券价格波动与行为人的推荐、预测、评价之间有因果关系。对于公开发布信息与证券交易价量的变动之间的因果关系，参考《证券市场操纵行为认定指引（试行）》第14条规定：“影响证券交易价格或者证券交易量，是指行为人的行为致使证券交易价格异常或形成虚拟的价格水平，或者行为人的行为致使证券交易量异常或形成虚拟的交易量水平。前款所称致使，是指行为人的行为是证券交易价格异常或形成虚拟的价格水平、或者证券交易量异常或形成虚拟的交易量水平的重要原因。”据此，公开发布信息这一“行为”是证券交易价格量变动这一“结果”的重要原因，合法地引起了证券交易价量的变动，两者之间存在刑法上的因果关系。②

---

① 缐杰、吴峤滨：《〈关于办理操纵证券、期货市场刑事案件适用法律若干问题的解释〉重点难点问题解读》，载《检察日报》2019年8月18日第3版。

② 左坚卫、张淑芬：《“抢帽子交易”型操纵证券市场罪研究》，载《法学杂志》2019年第6期。

与利用信息优势交易和蛊惑交易不同，抢帽子交易中利用的信息是行为人对证券、发行人公开做出的判断、评价、建议，是行为人真实的意见、主观态度的表达，其可责性主要在于配合评价发布的反向交易，即利用舆论引导投资者买卖方向，自己提前布局借势获利。真实意见表达而无反向交易的行为，不构成抢帽子操纵，而是正常的市场信息传递。

该种情形构成犯罪要求必须同时“反向证券交易或相关期货交易”，“反向交易”这个概念在期货市场中运用得比较多，指的是合约品种、数量、到期日完全相同，买卖方向完全相反的交易。在抢帽子交易中，反向交易概念与此不同，“反向”指的是行为人自己的交易方向与他所做的评价方向相反。具体来说，如果行为人给予一只股票上涨的预测，为了获利，他就应当买入，这是顺势的交易行为。如果行为人给予一只股票上涨的预测，却在预测后卖出，就属于反向交易，因为按照投资常理，行为人此时应当选择买进。认定抢帽子操纵不需要行为人真实获利，根据《证券法》第55条之规定，禁止任何单位或个人对证券、发行人公开作出评价、预测或者投资建议，并进行反向证券交易，即禁止抢帽子交易。在这个条文中，抢帽子行为两大要件——发布预测评价信息与反向交易之间的关联词是“并”，没有规定发布信息与交易行为之间有先后关系。通常情况下，也是最典型的情况是，行为人在持有某只股票的情况下，对股票作出上涨的评价，等到其他投资者大量买入使得股价上涨时，再脱手卖出，从中获利。[①]

对《刑法修正案（十一）》针对该条犯罪增加的“影响证券、期货交易价格或者证券、期货交易量”，可以理解为进一步明确了交易量指标作为定罪量化标准。有学者提出认定标准是“定性”与“定量”的双重结合，“定性”是基于《刑法》第182条及2019年《解释》对刑事违法性实质予以认定；“定量”是根据2019年《解释》对操纵行为影响证券、期货的价格与交易量的总体体量是否构成“情节严重”“情节特别严重”予以认定。2019年《解释》第2条明确了七种“情节严重”的认定标准，第3条又规定了七种“数额+情节”的“情节严重”的情形。在此基础上，第4条明确了六种“情节特别

① 储梦乔：《信息型市场操纵法律规制研究》，安徽大学2020年硕士学位论文。

严重”的认定标准，其中按照证券交易成交额的五倍、违法所得数额的十倍确定“情节特别严重”的数额标准，并规定了七种“数额+情节”的“情节特别严重”的情形。①

由此可以看出，刑法对操纵证券、期货市场罪采取了实质入罪的模式，在对行为人“操纵模式”进行形式判断后，要判断、评价其操纵行为影响证券、期货市场“价、量”的整体体量，是否达到情节严重，进而判断其操纵行为是否构成刑事实质性违法即操纵证券、期货市场犯罪。

## 四、以案说法

**【案例一】陶某、刘某甲操纵证券、期货市场案②**

2011年4月，被告人刘某甲进入西藏同信证券有限责任公司投资咨询部担任投资顾问，2012年3月，被告人陶某进入该公司任刘某甲的助理。2012年1月起，西藏同信证券有限责任公司冠名湖北卫视“天生我财”系列财经节目，刘某甲担任每日17时播出的该节目板块的嘉宾分析师，对证券或者其发行人、上市公司公开作出评价、预测或者投资建议。陶某协助刘某甲制作PPT课件，内容为证券市场相关板块的走势图和相关个股的走势及数据。因该节目在全国财经类电视节目中有较高的行业地位和影响力，节目嘉宾对所推荐股票在荐股次日的交易价格和成交量有较明显影响。

法院审理后认为，被告人陶某、刘某甲身为证券公司从业人员，违反国家对证券交易的管理制度和有关从业禁止性的规定，在公开作出评价、预测或者投资建议前买入其将要推荐的股票，待电视节目播出后卖出牟取非法利益，情节严重，其行为均已构成操纵证券市场罪。刘某甲利用其担任证券机构投资顾问的专业优势及湖北卫视“天生我财”节目嘉宾的影响力，通过媒体对证券或其发行人、上市公司公开作出评价、预测或者投资建议，足以影

① 朱云龙:《刑法修正案（十一）视角下操纵证券、期货市场罪的法律务实研究》，载锦天城律师事务所官方网站，https://www.allbrightlaw.com/SH/CN/10475/ccc0ac2884bcf3da.aspx，2021年1月23日访问。

② 湖北省武汉市中级人民法院（2015）鄂武汉中刑初字第00123号刑事判决书。

响证券市场交易价格波动，采取抢帽子交易操纵的方式，牟取不正当利益，违反了证券交易市场公平、信用的原则。

最终认定，被告人陶某、刘某甲身为证券公司从业人员，违反国家对证券交易的管理制度和有关从业禁止性的规定，在公开作出评价、预测或者投资建议前买入其将要推荐的股票，待电视节目播出后卖出牟取非法利益，情节严重，其行为均已构成操纵证券市场罪。公诉机关指控的罪名成立，法院予以确认，判决被告人陶某犯操纵证券市场罪，判处拘役六个月，缓刑一年，并处罚金人民币15万元（已缴纳）。

从以上判决，我们可以看出，法院在审理中已经肯定了“抢帽子”行为的犯罪化，所表述的“被告人陶某、刘某甲身为证券公司从业人员，违反国家对证券交易的管理制度和有关从业禁止性的规定，在公开作出评价、预测或者投资建议前买入其将要推荐的股票，待电视节目播出后卖出牟取非法利益，情节严重，其行为均已构成操纵证券市场罪”，这属于典型的抢帽子犯罪行为，只是在犯罪主体上按照当时法律规定限制为“特殊主体”。根据《刑法修正案（十一）》的修订，该条的犯罪情形为“对证券、证券发行人、期货交易标的公开作出评价、预测或者投资建议，同时进行反向证券交易或者相关期货交易的”，修订之后，犯罪主体不再有特殊限制。

**【案例二】唐某等操纵证券、期货市场案**[①]

上海市人民检察院第一分院指控：2012年5月至2013年1月间，被告人唐某伙同他人，控制“杨某1”“申某”“王某3”等30余个证券账户，采取当日连续申报买入或卖出并在成交前撤回申报等手法，影响“华资实业”“京投银泰”“银基发展”等证券交易价格和交易量。分述如下：

2012年5月7日至23日，被告人唐某伙同他人，使用自己及控制的他人账户，买入或卖出“华资实业”股票，账面盈利人民币4,257,728元（以下币种均为人民币）。其间，5月9日申报买入16,666,600股，撤回申报14,743,594股，撤回申报量占当日该种证券总申报量57.02%；5月10日，申报买入

① 上海市第一中级人民法院（2019）沪01刑初19号一审刑事判决书。

71,903,800股，撤回申报54,392,952股，撤回申报量占当日该种证券总申报量55.62%；5月14日，申报买入47,054,000股，撤回申报39,708,802股，撤回申报量占当日该种证券总申报量61.10%。

2012年4月24日至5月7日，被告人唐某伙同他人采用上述手法，买入或卖出“京投银泰”股票，账面盈利13,691,473元。其间，5月3日唐某伙同他人，申报买入77,649,000股，撤回申报61,529,833股，撤回申报量占当日该种证券总申报量56.29%；5月4日唐某伙同唐某琦申报买入94,439,400股，撤回申报67,644,786股，撤回申报量占当日该种证券总申报量52.47%。

2012年6月5日至2013年1月8日，被告人唐某伙同他人采用上述手法，买入“银基发展”股票，获利7,862,920元。其间，2012年8月24日唐某申报卖出29,775,537股，撤回申报29,775,537股，撤回申报量占当日该种证券总申报量52.33%。

法院认为，唐某的行为构成操纵证券市场罪。主要理由是:（1）被告人唐某控制账户组存在虚假申报交易“银基发展”股票行为。指控时间段内，唐某控制账户组不以成交为目的，对“银基发展”股票频繁申报、撤单或者大额申报、撤单，且2012年8月24日当天，累计撤回申报卖出量达到同期该股票总申报卖出量50%以上，撤回申报金额在1000万元以上，误导投资者作出投资决策，影响该股票的交易价格与交易量。（2）指控时间段内，唐某控制账户组进行了与虚假申报相反的交易等行为，操纵“银基发展”股票获利的意图明显，且获取了巨额利益。唐某伙同他人，频繁申报、撤单或者大额申报、撤单，误导投资者作出投资决策，影响证券交易价格、交易量，并进行与申报相反的交易，其行为均已构成操纵证券市场罪。

这一行为为典型的“幌骗”交易操纵证券市场，即《刑法修正案（十一）》所修订新增的入罪情形“不以成交为目的，频繁或者大量申报买入、卖出证券、期货合约并撤销申报的”。

# 第十节 洗钱罪的修改

**【修正前条文】第一百九十一条** 明知是毒品犯罪、黑社会性质的组织犯罪、恐怖活动犯罪、走私犯罪、贪污贿赂犯罪、破坏金融管理秩序犯罪、金融诈骗犯罪的所得及其产生的收益，为掩饰、隐瞒其来源和性质，有下列行为之一的，没收实施以上犯罪的所得及其产生的收益，处五年以下有期徒刑或者拘役，并处或者单处洗钱数额百分之五以上百分之二十以下罚金；情节严重的，处五年以上十年以下有期徒刑，并处洗钱数额百分之五以上百分之二十以下罚金：

（一）提供资金账户的；

（二）协助将财产转换为现金、金融票据、有价证券的；

（三）通过转账或者其他结算方式协助资金转移的；

（四）协助将资金汇往境外的；

（五）以其他方法掩饰、隐瞒犯罪所得及其收益的来源和性质的。

单位犯前款罪的，对单位判处罚金，并对其直接负责的主管人员和其他直接责任人员，处五年以下有期徒刑或者拘役；情节严重的，处五年以上十年以下有期徒刑。

**【修正后条文】第一百九十一条** 为掩饰、隐瞒毒品犯罪、黑社会性质的组织犯罪、恐怖活动犯罪、走私犯罪、贪污贿赂犯罪、破坏金融管理秩序犯罪、金融诈骗犯罪的所得及其产生的收益的来源和性质，有下列行为之一的，没收实施以上犯罪的所得及其产生的收益，处五年以下有期徒刑或者拘役，并处或者单处罚金；情节严重的，处五年以上十年以下有期徒刑，并处罚金：

（一）提供资金帐户的；

（二）将财产转换为现金、金融票据、有价证券的；

（三）通过转帐或者其他支付结算方式转移资金的；

（四）跨境转移资产的；

（五）以其他方法掩饰、隐瞒犯罪所得及其收益的来源和性质的。

单位犯前款罪的，对单位判处罚金，并对其直接负责的主管人员和其他直接责任人员，依照前款的规定处罚。

## 一、立法主旨

《刑法修正案（十一）》将特定的“自洗钱”明确为犯罪，同时修改了关于洗钱罪中行为方式和罚金刑的规定。具体来说，首先，修正案明确了《刑法》第191条规定的洗钱罪可以适用于自洗钱行为，即实施毒品犯罪、黑社会性质的组织犯罪、恐怖活动犯罪、走私犯罪、贪污贿赂犯罪、破坏金融管理秩序犯罪、金融诈骗犯罪的行为人可以作为《刑法》第191条之洗钱罪的犯罪主体。其次，修正案完善了有关洗钱行为方式的规定，增加地下钱庄通过“支付”结算方式洗钱等。最后，修正案将该条款中倍比罚金刑的规定方式调整为无限额罚金刑。

## 二、修改理由

《刑法修正案（十一）》关于洗钱罪最重要的一项修改，就是将自洗钱行为纳入了《刑法》第191条的适用范围。根据此前《刑法》第191条，行为人只有在“明知”是毒品犯罪、黑社会性质的组织犯罪、恐怖活动犯罪、走私犯罪、贪污贿赂犯罪、破坏金融管理秩序犯罪、金融诈骗犯罪的所得及其产生的收益的情况下，为了掩饰、隐瞒其来源和性质，实施“协助”转换财产、转移资金等行为，才可构成洗钱罪。基于“明知”“协助”等罪状表述，该罪的适用对象显然不包括相关上游犯罪的实施者，这是对该条进行解释所得出的显然的结论，而其理论依据则在于上游行为与洗钱行为之间存在着吸收关系。[①]这样的立场在实践中也得到了普遍的遵循，如在刑事审判指导案例“汪照洗钱案”中，案件解说人、最高人民法院法官即指出，“基于我国的刑事立法特点及吸收犯的一般理论，洗钱罪的犯罪主体应限定在上游犯罪以外的自然人或者单位，对于那些既从事上游毒品等犯罪又参与从事下游洗钱行为的自然人或者单位，按照吸收犯的处理原则，一般情况下仅追究其上游犯罪（重罪）刑事责任即可，不宜再行追究洗钱罪的刑事责任，尽管相关国际公约及

---

① 参见李希慧：《论洗钱罪的几个问题》，载《法商研究》1998年第2期。

多数国外刑事立法持相反立场”。[①]我们认为，《刑法修正案（十一）》之所以改变了一直以来的立场，将自洗钱行为规定为犯罪，主要是出于对接反洗钱国际标准的考虑。

### （一）国际公约与国际组织评估对既往反洗钱立法的影响

中国作为一个负责任的大国，历来重视遵守国际规则、推动国际法义务落地。2017年，《国务院办公厅关于完善反洗钱、反恐怖融资、反逃税监管体制机制的意见》将反洗钱工作提升到了参与全球治理、扩大金融业双向开放的高度上来，[②]并要求“忠实履行我国应当承担的国际义务，严格执行国际标准，加强跨境监管合作，切实维护我国金融机构合法权益，为金融业双向开放保驾护航”，体现了我国在开展反洗钱工作中对接国际标准的决心。从我国既往反洗钱立法的沿革来看，这一特点也表现得十分明显。

早期国际社会的反洗钱立法主要针对毒品犯罪，1988年12月，联合国通过《联合国禁止非法贩运麻醉药品和精神药物公约》，并在其第3条第1款（b）项中规定了关于毒品犯罪洗钱的内容，[③]1989年，全国人大常委会决定批准该公约。在此背景下，为履行公约确定的义务，参照《联合国禁止非法贩运麻醉药品和精神药物公约》的规定，经过调查研究、征求意见，1990年，全国人大常委会通过了《全国人民代表大会常务委员会关于禁毒的决定》（已失效）这一单行刑法，[④]并在其第4条规定“包庇走私、贩卖、运输、制造毒品的犯罪分子的，为犯罪分子窝藏、转移、隐瞒毒品或者犯罪所得的财物的，

---

① 最高人民法院主编：《中国刑事审判指导案例　第3卷》，法律出版社2017年版，第187页。

② “反洗钱、反恐怖融资、反逃税监管体制机制是建设中国特色社会主义法治体系和现代金融监管体系的重要内容，是推进国家治理体系和治理能力现代化、维护经济社会安全稳定的重要保障，是参与全球治理、扩大金融业双向开放的重要手段。”

③ “各缔约国应采取可能必要的措施将下列故意行为确定为其国内法中的刑事犯罪：……（b）（一）明知财产得自按本款（a）项确定的任何犯罪或参与此种犯罪的行为，为了隐瞒或掩饰该财产的非法来源，或为了协助任何涉及此种犯罪的人逃避其行为的法律后果而转换或转让该财产；（二）明知财产得自按本款（a）项确定的犯罪或参与此种犯罪的行为，隐瞒或掩饰该财产的真实性质、来源、所在地、处置、转移、相关的权利或所有权。”

④ 参见顾昂然：《关于禁毒的决定（草案）的说明》，1990年10月25日在第七届全国人民代表大会常务委员会第十六次会议上。

掩饰、隐瞒出售毒品获得财物的非法性质和来源的，处七年以下有期徒刑、拘役或者管制，可以并处罚金。犯前款罪事先通谋的，以走私、贩卖、运输、制造毒品罪的共犯论处”。在1997年刑法典的修订过程中，这一条以《刑法》第349条的形式被保留了下来。

20世纪90年代，国际反洗钱领域出现了将洗钱犯罪上游犯罪扩大化的趋势，如1990年签署、1993年生效的《欧洲理事会关于洗钱、追查、扣押以及没收犯罪收益的公约》将洗钱犯罪扩大到对所有犯罪收益进行清洗的行为；[①]1992年3月通过的《美洲国家组织关于非法毒品交易与相关犯罪的示范法规》也扩大了洗钱罪的对象范围；[②]1996年，反洗钱金融行动特别工作组（Financial Action Task Force on Money Laundering，简称FATF）也将其发布的《40项建议》中关于洗钱上游犯罪的适用范围进行了扩充。[③]参考国际反洗钱立法趋势，并考虑到我国洗钱犯罪现状，1997年刑法典修订时专门确定了“洗钱罪”这一罪名（《刑法》第191条），并将其适用范围扩充至毒品犯罪、黑社会性质的组织犯罪、走私犯罪的违法所得及其产生的收益。[④]2001年，“9・11”事件震惊世界，联合国迅速出台相关决议，敦促各国坚决打击恐怖活动犯罪，[⑤]当年年底，《刑法修正案（三）》出台，将洗钱罪的上游犯罪扩充至恐怖活动犯罪。

进入21世纪以来，我国先后批准加入了《联合国打击跨国有组织犯罪公约》《联合国反腐败公约》等，均明确要求各成员国将对毒品犯罪、腐败犯罪以及一些严重犯罪的所得及收益进行掩饰、隐瞒的行为在国内法中列为犯罪

---

① 参见《2004年中国反洗钱报告》，载中国人民银行官方网站，http://www.pbc.gov.cn/fanxiqianju/135153/135282/index.html，2020年12月21日访问。

② 参见《国外反洗钱的法律框架及制度》，载中国人民银行官方网站，http://www.pbc.gov.cn/yanjiuju/124427/124545/124547/2818930/index.html，2020年12月21日访问。

③ See The FATF Recommendations, Updated October 2020, p.7, available at http://www.fatf-gafi.org/media/fatf/documents/recommendations/pdfs/FATF%20Recommendations%202012.pdf, last visit on 22 December 2020.

④ 参见王汉斌：《关于〈中华人民共和国刑法（修订草案）〉修改意见的汇报》，载高铭暄、赵秉志编：《新中国刑法立法文献资料总览》（第二版），中国人民公安大学出版社2015年版，第661页；王汉斌：《关于〈中华人民共和国刑法（修订草案）〉的说明》，1997年3月6日在第八届全国人民代表大会第五次会议上。

⑤ 如2001年9月29日，联合国安理会通过了第1373号决议，决定各国须迅速采取有效措施，防止和制止资助恐怖主义行为。

进行惩处。为了适应打击洗钱犯罪的需要，更好地承担国际义务，《刑法修正案（六）》将贪污贿赂犯罪、破坏金融管理秩序犯罪、金融诈骗犯罪规定为洗钱罪的上游犯罪，加大了对这些洗钱犯罪的打击力度。[①]在该轮刑法修订过程中，曾有意见主张应对标国际社会相关立法，进一步扩大该罪的上游犯罪范围，但立法者考虑到《刑法》第191条规定的洗钱犯罪主要是为了维护金融管理秩序、保障金融安全，针对一些通常可能有巨大犯罪所得的严重犯罪而为其洗钱的行为所作的特别规定，除此以外则可以按照《刑法》第312条进行处理，故实质上符合国际公约要求，因此没有进一步扩充《刑法》第191条洗钱罪的上游犯罪。此外，鉴于相关国际公约均将洗钱犯罪中的犯罪所得作广义理解、对行为模式进行了相对宽泛的规定、对主观方面采取相对宽泛的认定标准，如《联合国打击跨国有组织犯罪公约》将犯罪所得定义为“直接或间接地通过犯罪而产生或获得的任何财产”，并明确“作为犯罪要素的明知、故意或目的可根据客观实际情况推定”，《刑法修正案（六）》还对《刑法》第312条窝藏、转移、收购、销售赃物罪作出了相应修改，[②]《最高人民法院关于审理洗钱等刑事案件具体应用法律若干问题的解释》还规定《刑法》第191条、第312条规定的“明知”可以结合特定情况进行推定，但有证据证明确实不知道的除外。

除相关国际公约对我国反洗钱立法沿革产生影响以外，相关国际组织对中国反洗钱工作的评估也在中国反洗钱立法过程中扮演了举足轻重的作用，并突出表现为FATF反洗钱标准与建议对中国刑事立法的影响。FATF是1989年成立的旨在保护金融体系完整性、透明度、促进全球金融安全、防范洗钱与恐怖融资风险的政府间国际组织。为了在反洗钱与反恐怖融资层面确立统一的国际标准，FATF出台并多次修订了《40项建议》《40+9项建议》，并依此对相关国家进行评估，将不合作的国家和地区拉入“黑名单”。[③]我国

---

① 郎胜主编：《中华人民共和国刑法释义》（第六版），法律出版社2015年版，第302页。

② 根据《最高人民法院、最高人民检察院关于执行〈中华人民共和国刑法〉确定罪名的补充规定（三）》，该罪名被修改为“掩饰、隐瞒犯罪所得、犯罪所得收益罪”。

③ 参见王新：《反洗钱：概念与规范诠释》，中国法制出版社2012年版，第58—62页。如20世纪末，土耳其因未将洗钱入罪等一系列问题被FATF拉入“黑名单”并于1996年9月19日向其他国家发布声明以限制与土耳其的经济往来。在此背景下，土耳其迅速于当年11月制定并颁布了《洗钱犯罪预防法》。参见周锦依、何进平：《全球犯罪协同治理下我国洗钱罪立法的基本立场》，载《江西社会科学》2016年第2期。

2004年正式申请加入FATF并承诺遵守《40+9项建议》，2005年接受该组织预评估，2007年正式获准加入。[①]2006年《刑法修正案（六）》对《刑法》第191条、第312条的修改，与中国申请加入FATF并接受其预评估和此后的相互评估不无关系。更加显然的是，2007年，FATF对我国进行的首轮相互评估，专门提到“法人刑事责任应当适用于所有洗钱活动”，[②]2009年《刑法修正案（七）》即在《刑法》第312条中新增了单位犯罪条款。

通过上述梳理，我们可以得出以下认识：（1）我国反洗钱立法受国际规则与国际组织影响，国际公约和国际组织评估报告有时会作为我们修改刑法规范的重要参考，这一方面是为了充分履行我国国际法义务，另一方面也是为了在统一的规则框架下促进经济领域的中外有序交流。（2）在反洗钱立法过程中，我国同样重视结合本国实际情况对法律的修改与否进行判断，如对于应否扩大洗钱罪上游犯罪的范围，我国并未盲目效仿相关国际规则，而是充分考量我国反洗钱刑事立法“三足鼎立”的现状与特色，这在《刑法修正案（六）》中表现得十分明显。（3）国际公约与国际组织指南对我国立法的影响程度是不一样的，对国际公约而言，除非明确保留的部分，我国国内法化的程度通常比较高；而对于国际组织的意见和指南，我国国内法则更大程度地选择了一种“循序渐进”的方式。

### （二）针对自洗钱问题的域外立场

国际公约对于自洗钱行为能否成立洗钱罪的立场，可以概括为“总体肯定、允许例外”，即总体上认为自洗钱不影响洗钱罪的成立，但如果国内法中存在着特别的基本法律原则排斥上述立场，则可以例外地允许将洗钱罪的

---

① 参见《2005年中国反洗钱报告》《2006年中国反洗钱报告》《2007年中国反洗钱报告》，载中国人民银行官方网站，http://www.pbc.gov.cn/fanxiqianju/135153/135282/index.html，2020年12月21日访问。

② See FATF, First Mutual Evaluation Report on Anti-money Laundering and Combating the Financing of Terrorism (People's Republic of China), p.31, available at http://www.fatf-gafi.org/media/fatf/documents/reports/mer/MER%20China%20full.pdf, last visit on 21 December 2020.

犯罪主体限定为上游犯罪中本犯以外的第三人。比如，《联合国禁止非法贩运麻醉药品和精神药物公约》第3条第1款（b）项，并未将其适用对象限定为上游犯罪本犯以外的第三人；《联合国打击跨国有组织犯罪公约》第6条第1款同样认为上游犯罪人可以作为洗钱罪的犯罪主体，但第6条第2款（e）项同时明确了“如果缔约国本国法律基本原则要求，则可以规定本条第一款所列犯罪不适用于实施上游犯罪的人”；《联合国反腐败公约》第23条第1款也做了相似规定，但同样明确了“在缔约国本国法律基本原则要求的情况下，可以规定本条第1款所列犯罪不适用于实施上游犯罪的人”。FATF《40+9项建议》第3条也建议：“各国应根据《维也纳公约》（即《联合国禁止非法贩运麻醉药品和精神药物公约》，作者注）和《巴勒莫公约》（即《联合国打击跨国有组织犯罪公约》，作者注）将洗钱定为刑事犯罪，应将洗钱罪适用于所有严重罪行，以期涵盖范围最广的上游犯罪。”①对于该条与自洗钱行为的认定，官方解释是：“在本国基本法律原则有要求的情况下，洗钱罪可不适用于实施上游犯罪的人。”②在联合国毒品和犯罪问题办公室（UNODC）、国际货币基金组织（IMF）等机构根据FATF相关建议专门出台的针对大陆法系和普通法系国家和地区的关于反洗钱等内容的示范条文中，也采取了相对灵活的规定方式，③但在起草意见（drafting note）中强调，原则上（general principle）应包括实施上游犯罪的行为人，除非国内基本法律原则对此表示排斥，因为在一些国家，宪法原则禁止就上游犯罪与洗钱犯罪同时提起公

① See The FATF Recommendations, Updated October 2020, p.12, available at http://www.fatf-gafi.org/media/fatf/documents/recommendations/pdfs/FATF%20Recommendations%202012.pdf, last visit on 22 December 2020.

② See The FATF Recommendations, Updated October 2020, p.38, available at http://www.fatf-gafi.org/media/fatf/documents/recommendations/pdfs/FATF%20Recommendations%202012.pdf, last visit on 22 December 2020.

③ 如2005年《关于反洗钱和恐怖融资的示范文本》第5.2.1条第4款，即给出了两种变体，包括“洗钱犯罪同样适用于实施上游犯罪的行为人”（variant 1），和“洗钱犯罪不适用于实施上游犯罪的行为人”（variant 2）。See UNODC & IMF, Model Legislation on Money Laundering and Financing of Terrorism, p.35, available at https://www.unodc.org/documents/money-laundering/2005%20UNODC%20and%20IMF%20Model%20Legislation.pdf,last visit on 21 December 2020.

诉。[①]显然，国际公约之所以对这一问题作了相对灵活的处理，主要是为了更大程度地凝聚共识，以便利国际公约的签署与国际标准的施行。

就域外各国国内法来说，英美法系国家和地区通常并不排斥将自洗钱行为确定为犯罪，大陆法系传统理论则相反，但近年来，后者中越来越多地出现将自洗钱行为同样作为犯罪处理的趋势。以欧盟为例，欧盟各成员国已将第三方洗钱活动全面定为刑事犯罪，相反地，许多国家传统上对自洗钱的可惩罚性持较消极态度，但在国际压力下，成员国近年来也同意将全部或部分的自洗钱行为确定为犯罪，做了相应的调整。[②]整体来看，当前许多大陆法系国家均一定程度地认可了对自洗钱行为的处罚：在一些国家的刑法典中，不明确区分实施洗钱行为的是第三人还是上游犯罪的本犯，如《法国刑法典》第324–1条、《荷兰刑法典》第420条；在一些国家的刑法典中，有条件地将部分自洗钱行为进行处罚，如《芬兰刑法典》第32章第11部分、《德国刑法典》第261条第9款第2项；在一些国家的刑法典中，则明确规定了洗钱罪可以适用于上游犯罪的本犯，或者明确规定了单独的关于本犯的洗钱罪条款，如《西班牙刑法典》第301条、《俄罗斯联邦刑法典》第174.1条。

从国际组织的角度来看，FATF关于我国自洗钱犯罪化的态度是相对明确的。2007年，FATF对我国反洗钱和恐怖融资工作进行首轮评估，即对我国《刑法》中洗钱相关罪名对自洗钱排除适用的做法予以批评，理由包括：（1）对于认为构成一事不再理（non bis in idem）的观点，FATF认为，不处理自洗钱行为可能是基于“小偷不能成为自己的接收者”（the thief cannot be his own receiver）的法谚，但应当认识到洗钱犯罪与盗窃罪等一般的取财型犯罪（receiving offence）不同，后者是一种静态的、瞬时的行为，而前者则是一个存在不同的阶段、需运用不同技术、会随时间扩散的行为，不应忽视洗钱犯罪的这种特殊性。（2）对于认为构成吸收犯的观点，FATF认为，这建立在假

---

① See UNODC, Commonwealth Secretariat & IMF, Model Provisions on Money Laundering, Terrorist Financing, Preventive Measures and Proceeds of Crime (for common law legal systems), p.10, available at https://www.unodc.org/documents/middleeastandnorthafrica//money–laundering/model_provisions_for_money_laundering_terror_and_crime.pdf, last visit on 21 December 2020.

② See Tatu Hyttinen, A European Money Laundering Curiosity: Self–Laundering in Finland, 8 European Criminal Law Review 268, 2018.

设法院对两个行为都具有管辖权的基础之上。如果法院对两个行为都有管辖权，法官的确可以将二者统筹考虑；但如果法院仅对一个行为具有管辖权（特别是当上游犯罪者是在中国领域外实施犯罪并在中国洗钱的外国人时），吸收理论则无法适用。[①]当年，FATF对我国该项建议的评分为部分合规（PC，即partially compliant）。2019年，FATF再次对我国反洗钱与恐怖融资工作进行评估，也提到了自洗钱犯罪化问题，认为这并非我国的一项基本法律原则，并表明全国人大常委会等单位正积极考虑将自洗钱行为犯罪化。[②]

### （三）《刑法修正案（十一）》的修改理由

《刑法修正案（十一）》有意删除了原有洗钱罪中“明知”“协助”等字样，显然是希望将自洗钱纳入《刑法》第191条洗钱罪的规制范围内，对此，《全国人民代表大会宪法和法律委员会关于〈中华人民共和国刑法修正案（十一）（草案）〉修改情况的汇报》也有明确述及：一些常委会组成人员、部门和地方提出，应进一步发挥刑法对防范化解金融风险、维护金融秩序的重要作用，加大对有关金融犯罪惩治力度。宪法和法律委员会经同有关方面研究，建议对草案作以下修改补充：……二是修改洗钱罪，将实施一些严重犯罪后的“自洗钱”明确为犯罪，同时完善有关洗钱行为方式，增加地下钱庄通过“支付”结算方式洗钱等。作上述修改以后，我国《刑法》第191条、第312条等规定的洗钱犯罪的上游犯罪包含所有犯罪，“自洗钱”也可单独定罪，为有关部门有效预防、惩治洗钱违法犯罪以及境外追逃追赃提供充足的法律保障（草案二审稿第14条）。

《刑法修正案（十一）》之所以将自洗钱犯罪化，我们认为主要是基于以下理由：（1）为有效开展国际合作、积极履行国际义务，我国在反洗钱立法过程中长期以来重视对接国际标准，而从既有国际公约和FATF相关指导性

---

① See FATF, First Mutual Evaluation Report on Anti-money Laundering and Combating the Financing of Terrorism (People’s Republic of China), pp.26–27, available at http://www.fatf-gafi.org/media/fatf/documents/reports/mer/MER%20China%20full.pdf, last visit on 21 December 2020.

② See FATF, Fourth Round Mutual Evaluation Report on Anti-money Laundering and Counter-terrorist Financing Measures (People’s Republic of China), pp.186–187, available at http://www.fatf-gafi.org/media/fatf/documents/reports/mer4/MER-China-2019.pdf, last visit on 21 December 2020.

文件来看，都主张将自洗钱行为犯罪化。（2）在各国国内法项下，将自洗钱行为犯罪化表现为一种主流的趋势，因此，我国在这一问题上相应有所作为，有着广泛的比较法层面的依据。（3）更为实质的理由在于，对于在境外实施上游犯罪后在我国境内从事洗钱活动的外国人，若不将自洗钱行为犯罪化，则依据《刑法》第5条至第9条的规定，我国将无法对其行使刑事管辖权。而且，若其一直不前往存在刑事管辖连结点的国家，则唯一可以使其承担刑事责任的办法就是引渡，但基于双重犯罪原则和罪名特定性原则，即使对方国家提出引渡请求且我国同意，经过漫长的程序，也不再能够追诉其自洗钱的部分。（4）由于《刑法》第191条洗钱罪的上游犯罪包括毒品犯罪、黑社会性质的组织犯罪、恐怖活动犯罪、走私犯罪、贪污贿赂犯罪、破坏金融管理秩序犯罪、金融诈骗犯罪，这些犯罪通常涉及相当大的洗钱金额，除了妨害司法以外，将对金融管理秩序造成极大的损害，刑法理应对此作出否定性评价。但是，若自洗钱不成立犯罪，则至少在定罪层面显然仅评价了行为人上游犯罪造成的法益侵害，对于行为人因洗钱造成的对金融管理秩序之损害的否定性评价，显然是阙如的。

除此以外，《刑法修正案（十一）》还一方面将在地下钱庄通过“支付”结算方式洗钱作为行为方式予以确定，另一方面将该罪中的罚金刑规定模式调整为无限额罚金刑。对于前者，主要是因为地下钱庄长期以来都是我国洗钱犯罪最为多发的场域之一，①而通过支付的方式加以洗钱，既现实存在，在文义上又不能完全为“结算”所涵盖。通过规定“支付”这种行为手段，能够更好地覆盖地下钱庄洗钱行为。对于后者，主要则是因为倍比罚金刑有时难以实现罪刑均衡，且从体系协调性的角度来看，《刑法》第312条掩饰、隐瞒犯罪所得、犯罪所得收益罪也是采取的无限额罚金刑的规定方式。

## 三、条文释义

《刑法修正案（十一）》对该罪的修订是相对明确的，并未新增太多可能

---

① 参见历年中国反洗钱报告，载中国人民银行官方网站，http://www.pbc.gov.cn/fanxiqianju/135153/135282/index.html，2020年12月21日访问。

引发歧义、需要解释的内容，因而整体上除了犯罪主体发生改变并将实施上游犯罪的犯罪人涵盖在内，以及对地下钱庄的洗钱模式进行扩充以外，在对构成要件的理解和具体案件的适用上基本仍可以沿用既往的思路和做法。需要说明的主要包括以下几点。

首先，该罪将实施上游犯罪的犯罪人也作为洗钱罪的规制对象，由此涉及对“上游犯罪犯罪人”的理解。（1）关于“上游犯罪”的范围，总体来说学界在以往的讨论中已经达成了相对统一的共识，即毒品犯罪系指刑法分则第六章第七节所规定的所有犯罪；①黑社会性质的组织犯罪、恐怖活动犯罪系指以黑社会性质的组织、恐怖组织为主体所实施的各种犯罪，即侧重于从行为人的角度进行理解；贪污贿赂犯罪系指刑法分则第八章规定的各种贪污贿赂犯罪；走私犯罪系指刑法分则第三章第二节规定的犯罪；破坏金融管理秩序犯罪与金融诈骗犯罪则是指刑法分则第三章第四节、第五节规定的犯罪。（2）上游犯罪仅以事实成立为认定前提。最高人民法院《关于审理洗钱等刑事案件具体应用法律若干问题的解释》即规定：“刑法第一百九十一条、第三百一十二条、第三百四十九条规定的犯罪，应当以上游犯罪事实成立为认定前提。上游犯罪尚未依法裁判，但查证属实的，不影响刑法第一百九十一条、第三百一十二条、第三百四十九条规定的犯罪的审判。上游犯罪事实可以确认，因行为人死亡等原因依法不予追究刑事责任的，不影响刑法第一百九十一条、第三百一十二条、第三百四十九条规定的犯罪的认定。上游犯罪事实可以确认，依法以其他罪名定罪处罚的，不影响刑法第一百九十一条、第三百一十二条、第三百四十九条规定的犯罪的认定。”由此，事实上是将洗钱罪与上游犯罪做了适当的剥离，故而对于实施上游犯罪的犯罪人，无论其上游犯罪是否存在未经审判、变更罪名、已过追诉时效、无刑事责任能力、人民法院无刑事管辖权等情形，只要行为人在事实上实施了相关行为，且此后实施洗钱行为系在具有刑事责任能力的情况下实施、未过追诉时效、人民法院对此享有管辖权，均不影响对洗钱犯罪的追诉。这与FATF《40+9项建议》的规定也是相一致的，

---

① 当然，从行为性质上讲，一些犯罪难以成为本罪的上游犯罪，如窝藏、转移、隐瞒毒品、毒赃罪。

即“对于行为人是否因上游犯罪行为被刑事定罪，这并不重要”，“洗钱犯罪的上游犯罪应延伸到发生在其他国家但符合双重犯罪原则的情形下”。[①]（3）从共同犯罪的角度讲，显然上游犯罪犯罪人包括所有的共同犯罪人，故而共同犯罪人事后实施洗钱行为的，这种自洗钱同样应作为犯罪处理。但问题在于，由于洗钱行为本身实际上也是在事后为上游犯罪提供帮助，因此，如果行为人在事前或事中与上游犯罪人存在共谋，且仅仅答应了事后帮助洗钱而无其他犯罪参与部分，则洗钱行为本身就会在上游犯罪的共犯认定时被评价。基于禁止重复评价的原理，仅宜以上游犯罪的共犯与洗钱罪的想象竞合对案件进行处理。

其次，《刑法修正案（十一）》删除了旧有“明知是……”的表述，而改为了“为掩饰、隐瞒……”，因此需要对该罪的主观方面展开讨论。该罪主观方面显然系故意。从作为故意内容的认识因素来看，《刑法修正案（十一）》虽然删除了“明知”这一要件，但对于该罪的成立，依然应当要求行为人知道自己在对毒品犯罪、黑社会性质的组织犯罪、恐怖活动犯罪、走私犯罪、贪污贿赂犯罪、破坏金融管理秩序犯罪、金融诈骗犯罪的所得及其产生的收益实施洗钱活动。当然，一方面，这里并不要求行为人达到确切知道的程度，只要行为人知道可能是相关上游犯罪的所得及其产生的收益即可成立。另一方面，对于是否知晓，可以采取推定的方式，《联合国打击跨国有组织犯罪公约》第6条第2款第f项即规定：“本条第1款所规定的作为犯罪要素的明知、故意或目的可根据客观实际情况推定。”对于自洗钱的情形，其故意的认识因素显然相对容易认定，而对于为他人洗钱的情形，根据《最高人民法院关于审理洗钱等刑事案件具体应用法律若干问题的解释》，具有下列情形之一的，可以认定被告人明知系犯罪所得及其收益，但有证据证明确实不知道的除外：（1）知道他人从事犯罪活动，协助转换或者转移财物的；（2）没有正当理由，通过非法途径协助转换或者转移财物的；（3）没有正当理由，以明显低于市场的价格收购财物的；（4）没有正当理由，协助转换或者转移财物，收取明

---

① See The FATF Recommendations, Updated October 2020, p.38, available at http://www.fatf-gafi.org/media/fatf/documents/recommendations/pdfs/FATF%20Recommendations%202012.pdf, last visit on 22 December 2020.

显高于市场的“手续费”的；（5）没有正当理由，协助他人将巨额现金散存于多个银行账户或者在不同银行账户之间频繁划转的；（6）协助近亲属或者其他关系密切的人转换或者转移与其职业或者财产状况明显不符的财物的；（7）其他可以认定行为人明知的情形。此外，《刑法修正案（十一）》中“为掩饰、隐瞒……”的罪状表述，不应理解为是该罪的目的，而属于客观上构成要件的内容。[①]

最后，该罪与《刑法》第312条、第349条间成立何种关系，以及进一步地，为何此轮刑法修正未对该两个条文作出调整？对此，（1）《刑法》第312条规定：“明知是犯罪所得及其产生的收益而予以窝藏、转移、收购、代为销售或者以其他方法掩饰、隐瞒的，处三年以下有期徒刑、拘役或者管制，并处或者单处罚金；情节严重的，处三年以上七年以下有期徒刑，并处罚金。单位犯前款罪的，对单位判处罚金，并对其直接负责的主管人员和其他直接责任人员，依照前款的规定处罚。”由此，洗钱罪与掩饰、隐瞒犯罪所得、犯罪所得收益罪的区别主要在于，一是，二者的保护法益不同，前者的保护法益是国家金融管理秩序和司法机关的正常活动，而后者的保护法益则仅包括司法机关的正常活动。二是，二者的犯罪对象不同，前者的犯罪对象只能是毒品犯罪、黑社会性质的组织犯罪、恐怖活动犯罪、走私犯罪、贪污贿赂犯罪、破坏金融管理秩序犯罪、金融诈骗犯罪的所得及其产生的收益。三是，二者的犯罪主体不同，上游犯罪的犯罪人可以作为前者的犯罪主体，自洗钱可以成立洗钱罪。从联系上讲，《刑法》第191条是第312条的特别法条，基于特别法优于一般法的原则，行为人实施的洗钱行为在符合《刑法》第191条成立要件时，排除第312条的适用。（2）《刑法》第349条第1款规定：“……为犯罪分子窝藏、转移、隐瞒毒品或者犯罪所得的财物的，处三年以下有期徒刑、拘役或者管制；情节严重的，处三年以上十年以下有期徒刑。”由此，洗钱罪与窝藏、转移、隐瞒毒品、毒赃罪的区别主要在于，一是，二者的保护法益不同，前者的保护法益是国家金融管理秩序和司法机关的正常活动，而后者的保护法益是司法机关同毒品犯罪作斗争的正常活

---

① 参见王新：《洗钱犯罪的演变及实践认定中的两个问题》，载《检察日报》2020年9月10日第3版。

动。二是，二者的犯罪对象不同，前者的犯罪对象是毒品犯罪、黑社会性质的组织犯罪、恐怖活动犯罪、走私犯罪、贪污贿赂犯罪、破坏金融管理秩序犯罪、金融诈骗犯罪的所得及其产生的收益，后者的犯罪对象是毒品或者毒品犯罪所得的财物，二者存在一定的交叉。三是，二者的犯罪主体不同，上游犯罪的犯罪人可以作为前者的犯罪主体，自洗钱可以成立洗钱罪。从联系上讲，《刑法》第191条与第349条成立交叉关系，同时满足两罪成立要件的，应择一重罪处理。（3）之所以未对《刑法》第312条掩饰、隐瞒犯罪所得、犯罪所得收益罪中的自洗钱行为犯罪化，我们认为主要是因为其上游犯罪过于广泛，特别是实践中大量适用于盗窃罪等财产性犯罪这类上游犯罪，如果将此类案件中行为人的自洗钱行为犯罪化，则无疑将导致打击面过广。特别是在我国，财产性犯罪属于相对多发的犯罪，以在《刑法修正案（八）》出台以前长期处于发案率“榜首”的盗窃罪为例，我们于中国裁判文书网以盗窃罪为案由检索全国一审刑事案件，共查询到裁判文书134万余份。若认为盗窃罪的行为人也可以作为掩饰、隐瞒犯罪所得、犯罪所得收益罪的犯罪主体，即使考虑到掩饰、隐瞒犯罪所得、犯罪所得收益罪的“入罪门槛”，[①]大量财产性犯罪犯罪人都仍将面临数罪并罚，进而极大地提高相应犯罪适用的刑罚，从罪刑均衡的角度来看，这显然是无法接受的。（4）之所以未对《刑法》第349条窝藏、转移、隐瞒毒品、毒赃罪中的自洗钱行为犯罪化，我们认为主要是因为此类犯罪行为同时符合洗钱罪成立要件的，会依择一重罪处断的原理直接指向适用《刑法》第191条洗钱罪的规定，故而本着可改可不改的不改的刑法修订原则，无需对《刑法》第349条窝藏、转移、隐瞒毒品、毒赃罪进行调整。

---

① 根据最高人民法院《关于审理掩饰、隐瞒犯罪所得、犯罪所得收益刑事案件适用法律若干问题的解释》，掩饰、隐瞒犯罪所得、犯罪所得收益罪的基本数额标准设置为“三千元至一万元”；而根据最高人民法院、最高人民检察院《关于办理盗窃刑事案件适用法律若干问题的解释》，盗窃公私财物价值1000元至3000元以上即为盗窃罪中的“数额较大”。由此，若标准保持不变，除非存在多次盗窃、入户盗窃、携带凶器盗窃、扒窃等无需达到上述数额的情节，其他能够以盗窃罪予以刑事追诉的行为人很可能会同时达到掩饰、隐瞒犯罪所得、犯罪所得收益罪的数额要求。

## 四、以案说法

**【案例】鲍某1等集资诈骗案**[①]

被告人鲍某1自2014年1月及同年12月，在浙江省宁波市先后注册成立了宁波众银财富投资有限公司（以下简称众银公司）、宁波奥多资产管理有限公司（以下简称奥多公司）、宁波图科资产管理有限公司（以下简称图科公司）。2014年3月以来，鲍某1招募被告人龙某、鲍某2、张某1、沈某、王某1、李某、钱某、陆某、刘某1、卢某、周某1、陈某1、张某2、缪某、杨某、刘某2、张某3、周某2、王某2等人担任众银公司、奥多公司、图科公司法定代表人或中高层管理人员，在宁波辖区内设立多家门店，在未经金融监管部门批准的情况下，通过媒体宣传、发放传单、员工推荐、组织开会等方式，以年利率6.6%—15%、所投资金由奥多公司托管、主要用于银行转贷、实业投资等为诱饵，向社会公众非法集资，所募集资金转入鲍某1控制的奥多公司账户。之后，鲍某1指使公司财务人员将上述资金转至鲍某1、周某1、卢某、鲍某2等个人银行账户，由鲍某1实际控制使用。鲍某1通过众银公司、奥多公司以上述方式向陈某2等1,853人非法募集资金约5.1097亿元。鲍某1除少部分资金用于投资企业、通过奥多公司发放小额贷款外，大部分资金用于还本付息、偿还债务、通过地下钱庄出借给张某1等人。其间，鲍某1将人民币3,650万元（以下币种均为人民币）分多次汇入洗钱账户，并通过地下钱庄的操作流向澳门供张某1使用，鲍某1指派周某1到澳门监督张某1的资金使用情况。截至案发，被告人鲍某1向1,853名被害人归还本金约2.5717亿元，支付利息2,800万元，仍造成1,406名被害人经济损失共计2.3021亿元。浙江省宁波市中级人民法院一审认定被告人鲍某1犯集资诈骗罪，判处无期徒刑，剥夺政治权利终身，并处没收个人全部财产；龙某等犯非法吸收公众存款罪，判处一年五个月至九年不等的有期徒刑，并处罚金。浙江省高级人民法院二审认为，原判认定的事实清楚，证据确实、充分，定罪和适用法律正确，量刑适当，审判程序合法，裁定驳回上诉、维持原判。

---

① 参见浙江省高级人民法院（2018）浙刑终327号刑事裁定书。

本案中，鲍某1以非法占有为目的，采用诈骗方法非法集资，数额特别巨大，其行为显然成立集资诈骗罪。同时，鲍某1在实施金融诈骗犯罪的基础上，又进一步将所募集的资金汇入洗钱账户，通过地下钱庄从事洗钱活动。由于该案发生于《刑法修正案（十一）》出台以前，该自洗钱行为并未受到刑法的否定性评价，但若在《刑法修正案（十一）》出台后再发生类似行为，符合洗钱罪成立要件的，则应同时认定其行为成立洗钱罪，并与集资诈骗罪数罪并罚。当然，根据《刑法》第69条关于数罪并罚的一般性规定，由于行为人上游犯罪行为已被判处无期徒刑，而洗钱罪的最高法定刑幅度为五年以上十年以下有期徒刑，因此集资诈骗罪的无期徒刑会吸收洗钱罪的有期徒刑，最终在量刑上并不会有所变化。但在定罪层面，同时认定洗钱罪的成立，能够表明刑法对其后续洗钱行为的否定态度，这与单独认定成立集资诈骗罪所产生的宣示效果是具有明显差异的。

## 第十一节　集资诈骗罪的修改

**【修正前条文】第一百九十二条**　以非法占有为目的，使用诈骗方法非法集资，数额较大的，处五年以下有期徒刑或者拘役，并处二万元以上二十万元以下罚金；数额巨大或者有其他严重情节的，处五年以上十年以下有期徒刑，并处五万元以上五十万元以下罚金；数额特别巨大或者有其他特别严重情节的，处十年以上有期徒刑或者无期徒刑，并处五万元以上五十万元以下罚金或者没收财产。

**第二百条**　单位犯本节第一百九十二条、第一百九十四条、第一百九十五条规定之罪的，对单位判处罚金，并对其直接负责的主管人员和其他直接责任人员，处五年以下有期徒刑或者拘役，可以并处罚金；数额巨大或者有其他严重情节的，处五年以上十年以下有期徒刑，并处罚金；数额特别巨大或者有其他特别严重情节的，处十年以上有期徒刑或者无期徒刑，并处罚金。

**【修正后条文】第一百九十二条**　以非法占有为目的，使用诈骗方法非法集资，数额较大的，处三年以上七年以下有期徒刑，并处罚金；数额巨大或者有其他严重情节的，处七年以上有期徒刑或者无期徒刑，并处罚金或者没收财产。

单位犯前款罪的，对单位判处罚金，并对其直接负责的主管人员和其他直接责任人员，依照前款的规定处罚。

**第二百条**　单位犯本节第一百九十四条、第一百九十五条规定之罪的，对单位判处罚金，并对其直接负责的主管人员和其他直接责任人员，处五年以下有期徒刑或者拘役，可以并处罚金；数额巨大或者有其他严重情节的，处五年以上十年以下有期徒刑，并处罚金；数额特别巨大或者有其他特别严重情节的，处十年以上有期徒刑或者无期徒刑，并处罚金。

## 一、立法主旨

《刑法》第192条规定了集资诈骗罪，第200条规定了单位犯集资诈骗罪等罪的刑事责任。《刑法修正案（十一）》第15条对《刑法》第192条的修改，集中于法定刑的调整，将三个法定刑幅度调整为两个法定刑幅度，同时将定额罚金制修改为抽象罚金制。由于修正案在《刑法》第192条第2款专门增设了关于单位犯集资诈骗罪的规定，相应地，《刑法修正案（十一）》第16条对《刑法》第200条进行相应调整。

## 二、修改理由

《刑法修正案（十一）》对集资诈骗罪法定刑的调整，其背景和理由非常明确，即要从严惩处非法集资犯罪，“针对实践中不法分子借互联网金融名义从事网络非法集资，严重扰乱经济金融秩序和极大侵害人民群众财产的情况”，“调整集资诈骗罪的刑罚结构，加大对非法集资犯罪的惩处力度”。[①]

提高集资诈骗罪的法定刑，主要表现在三点：一是，将该罪的最低法定

① 李宁：《关于〈中华人民共和国刑法修正案（十一）（草案）〉的说明》，2020年6月28日在第十三届全国人民代表大会常务委员会第二十次会议上。

刑从拘役提升至3年有期徒刑；二是，将“数额巨大或者有其他严重情节的”所对应的法定刑幅度的最低刑，从5年调整为7年；三是，将定额罚金制修改为抽象罚金制，这就意味着，法院在适用罚金时有更大的自由裁量权，可以根据案情确定具体适用的罚金。

## 三、条文释义

《刑法修正案（十一）》对《刑法》第192条集资诈骗罪法定刑的调整，体现了对非法集资类犯罪从严惩处的政策倾向，因而在理解、适用修改的集资诈骗罪条文时应充分体会这一政策倾向的指导意义。针对这一变化，在量刑中应重点考虑两个方面：

### （一）法定刑幅度调整对量刑的影响

修改前的《刑法》第192条集资诈骗罪的法定最低刑为拘役，因而之前的刑事司法解释在确定定罪情节及量刑情节时，是基于当时规定的最低法定刑考量的。2010年12月13日发布的《最高人民法院关于审理非法集资刑事案件具体应用法律若干问题的解释》第5条规定：“个人进行集资诈骗，数额在10万元以上的，应当认定为‘数额较大’；数额在30万元以上的，应当认定为‘数额巨大’；数额在100万元以上的，应当认定为‘数额特别巨大’。单位进行集资诈骗，数额在50万元以上的，应当认定为‘数额较大’；数额在150万元以上的，应当认定为‘数额巨大’；数额在500万元以上的，应当认定为‘数额特别巨大’。”该解释确定定罪量刑数额的根据，可以说，就是按照该罪的最低法定刑来衡量的。

修改后的第192条的法定最低刑为3年有期徒刑，那么，“两高”今后再做司法解释时，就应当考虑这一法定最低刑对定罪数额的影响。如果考虑到目前对金融犯罪所采取从严的刑事政策，定罪数额可比上述司法解释确定的定罪数额略高；相应地，也应对第二个量刑幅度中“数额巨大”的标准进行调整。由于此前这一幅度对应的法定刑最低为5年有期徒刑，因而“数额巨大”的标准也应比上述司法解释确定的量刑标准（即自然人情形下30万元；单位情形下150万元）要更高些。

## （二）罚金刑规定方式修改后对适用的影响

《刑法修正案（十一）》有关罚金刑的修改，明显的倾向就是放弃比例罚金制或定额罚金制，而转向抽象罚金制，即既不确定罚金的具体额度范围，也不参照违法所得或者犯罪金额的比例或倍数来确定，而是交由法官来裁量。这一变化可以赋予法官更大的自由裁量权。当然，采取抽象罚金制的规定，也会带来一定的困惑，就是法官如何裁量才能实现公正的目标，且不会导致过度的情况发生。罚金刑适用，是对犯罪人的合法财产的部分剥夺，会在一定程度影响犯罪人的财产权，因而在适用时应避免不当干涉犯罪人的财产权。

根据《刑法》第52条规定，“判处罚金，应当根据犯罪情节决定罚金数额”。2000年12月13日发布的《最高人民法院关于适用财产刑若干问题的规定》第2条规定：“人民法院应当根据犯罪情节，如违法所得数额、造成损失的大小等，并综合考虑犯罪分子缴纳罚金的能力，依法判处罚金。刑法没有明确规定罚金数额标准的，罚金的最低数额不能少于一千元。”从刑法和司法解释规定看，适用罚金应考虑两方面的因素，即犯罪情节和缴纳罚金的能力。前者通常包括违法所得数额、造成损失数额、犯罪数额等；后者主要从犯罪人财产状况的角度加以考虑。就集资诈骗罪的罚金适用而言，就应当根据上述刑法和司法解释的规定来进行裁量。具体而言，在考虑犯罪情节的时候，主要考虑集资诈骗金额；在考虑犯罪人的缴纳能力方面，主要看犯罪人个人财产状况，进而将两者相结合进行判断。

在裁量罚金时应考虑两个问题：一是，如何贯彻《刑法》第4条规定的适用刑法平等原则。对此，主要是如何看待犯罪人的缴纳能力问题，即能否因为犯罪人具有较多财产而施以更重的罚金刑。对此，应当结合刑罚个别化思想加以理解。罚金刑和其他刑罚一样都应给犯罪人带来一定的剥夺感或限制感，但与自由刑和生命刑不同，罚金刑给不同财产规模的人造成剥夺感或者限制感的程度不一样，简单地说，造成痛苦感不同，因而在适用时应考虑予以个别化，而不能强求一律平等；如果强求形式上的一律平等，反倒会造成实质的不平等，会造成对财产少的人的痛苦感比对财产多的人的痛苦感更强的现象发生。二是，如何理解《刑法》第5条罪责刑相适应原则，具体而言，就是应否将自由刑与罚金刑一并考量，与犯罪、刑事责任保持相应适应关系？答案是肯定的。在实践中，司法工作人员往往只考虑自由刑的裁量与犯罪、刑事责任相适应，在罚金刑适用中则忽视这一原则的运用。这种做法是不妥当的，从法理上讲，应将主刑与罚金刑作为整体加以考虑，以形成与犯罪、刑事责任的合理的比例关系。

## 四、以案说法

**【案例】张某集资诈骗案**[①]

2010年12月、2012年7月，被告人张某用线下非法集资的资金在南京市设立由其实际控制的江苏钱旺网络科技有限公司、南京钱宝信息传媒有限公司，并以上述二公司为依托组建完善“钱宝网”，以常态年化收益率20%至60%不等的高额回报为诱饵，在“钱宝网”上“交押金、看广告、做任务、赚外快”的方式，在线上向社会公众非法集资。其间，张某隐瞒将集资款少部分用于生产经营，大部分用于以新换旧、个人挥霍消费等事实；通过设立或收购关联公司，对外夸大经营规模和投资价值、赞助相关活动等方式，骗取集资参与人的信任，持续进行非法集资，至案发时造成线上集资参与人巨额本金未归还。2017年12月26日，张某向公安机关投案。案发后，公安机关全力开展涉案资产追缴工作，依法查封、扣押、冻结了被告人张某个人银行卡及“钱宝网”相关企业账户资金及其他相关涉案资产。追缴到案的资产将移送执行机关，并继续追缴违法所得，按比例发还集资参与人。根据法律和司法解释规定，本案财产刑执行时，退赔集资参与人损失优先于没收财产刑的执行。南京市中级人民法院认为，被告人张某以非法占有为目的，使用诈骗方法非法集资，数额特别巨大，情节特别严重，其行为已构成集资诈骗罪，应依法惩处，张某具有自首情节，积极配合办案机关追赃挽损，当庭认罪悔罪，可以依法从轻处罚，法院根据被告人的犯罪事实、性质、情节和社会危害程度，以集资诈骗罪判处被告人

---

① 《张某获刑15年，没收财产1亿元》，载财新网，http://weekly.caixin.com/2018-01-12/101197205.html，2021年1月2日访问。

张某有期徒刑十五年，并处没收个人财产人民币一亿元。张某当庭认罪、悔罪，表示服从法院判决，不上诉。

该案中张某通过网络以高额回报为诱饵骗取他人投资，将吸收资金除少数用于对外投资外，其他都用于以新换旧、个人消费，涉案金额巨大，其行为构成集资诈骗罪，由于张某有自首等从宽情节，法院判处其有期徒刑15年并处没收财产1亿元。需要说明的是，修改前的《刑法》第192条规定，数额特别巨大或者有其他特别严重情节的，处10年以上有期徒刑或者无期徒刑，并处5万元以上50万元以下罚金或者没收财产。本案中对张某没收部分财产。第192条修改后，如果犯罪人集资诈骗数额巨大的，即可并处没收财产。

## 第十二节　假冒注册商标罪的修改

**【修正前条文】第二百一十三条**　未经注册商标所有人许可，在同一种商品上使用与其注册商标相同的商标，情节严重的，处三年以下有期徒刑或者拘役，并处或者单处罚金；情节特别严重的，处三年以上七年以下有期徒刑，并处罚金。

**【修正后条文】第二百一十三条**　未经注册商标所有人许可，在同一种商品、服务上使用与其注册商标相同的商标，情节严重的，处三年以下有期徒刑，并处或者单处罚金；情节特别严重的，处三年以上十年以下有期徒刑，并处罚金。

### 一、立法主旨

《刑法修正案（十一）》的修改体现了对知识产权犯罪的严厉打击，对假冒注册商标罪的构成要件要素进行了扩充，弥补了刑事立法漏洞，将假冒“服务商标”的行为明确作为入罪情形，实现了《刑法》对《商标法》

的衔接，有利于进一步消解司法实践中的争议。同时对其法定刑设置取消了拘役，也就是假冒注册商标罪都将以有期徒刑予以规制，并且加重量刑情节的最高法定刑从7年提高到10年，体现了对知识产权犯罪严厉打击的整体修订思路。

## 二、修改理由

为了实现与《商标法》的有效衔接，《刑法修正案（十一）》将假冒注册服务商标的行为情节严重的纳入刑法规制的范畴，符合商标权保护的社会需要，也符合国民的合理期待。

### （一）假冒注册服务商标具有严重的社会危害性

多年来，在司法实践中，对于注册商标中注册在第35类至第45类的服务商标因不被认为是本罪的犯罪对象，而被排除在商标权刑事保护的范围之外。随着服务行业的迅速发展，服务商标的商业价值日益凸显，2018年第三产业占全国GDP总量的比例已过半，服务业的迅猛发展推动了一系列极具价值的品牌出现，服务商标作为品牌价值最浓缩的体现，其重要性已经不亚于商品商标（由世界品牌实验室World Brand Lab独家编制的2020年度《世界品牌500强》排行榜中，前三名分别为：亚马逊、谷歌、微软，均为服务品牌），对服务商标侵权行为的社会危害性也不容小觑，一方面给注册商标权人带来巨大经济损失，另一方面严重扰乱了市场经济秩序。[①]对于服务商标侵权，例如开设假冒他人品牌的餐饮、娱乐、酒店、中介、物流、医疗、售后维保以及教育培训等机构从事“山寨”服务活动的行为，大量的被侵权受害人因为我国刑事立法无明确规定，往往只能通过行政投诉和民事诉讼维护自身权利，2018年江西省浮梁县人民法院审理的余某某假冒注册商标案中争议的商标为“中国石油”和“宝石花”注册商标，辩护人以中国石油为服务商标，不属于刑法中商标犯罪的对象为抗辩，法院最后援引了最高院刑二庭曾于2009年针

---

① 吴心成：《〈刑法修正案（十一）〉之服务商标入罪化》，载搜狐网，https://new.qq.com/omn/20201229/20201229A057K900.html，2021年1月12日访问。

对一起商标类案对公安部经济犯罪侦查局复函（〔2009〕刑二函字第28号），提及根据《商标法》第3条的规定，服务商标应受刑法保护。[①]虽然存在类似案件肯定了刑法应当保护服务商标，但严格从罪刑法定的角度来讲，《刑法》第213条明确规定为商品商标，而不包括与之并列的服务商标。无论是1993年《关于惩治假冒注册商标犯罪的补充规定》，还是1997年修订后的刑法典，都把假冒注册商标罪的罪状描述为"……在同一种商品上使用与……注册商标相同的商标……"，也就是说刑法明确将注册商标的范围限定为商品商标，而将在同一种服务上使用与他人注册商标相同的商标的行为排除在犯罪圈之外。根据罪刑法定原则的要求，基于"同一部法律中用语应当具有同一性"的认识，我国《刑法》中是明确区分商品与服务的。《刑法》第214条的"商品"含义并不包括"服务"，因此对假冒他人注册服务商标的行为，不能以犯罪论处。[②]当然，由于对服务商标的侵害同商品商标的侵害具有大体相同的社会危害性，不断有学者提出服务商标也应成侵犯商标犯罪的对象，[③]刑法有必要及时入罪予以明确打击。

### （二）假冒注册服务商标入罪有利于与国际社会商标保护接轨

我国自加入WTO起，便全面实施世界贸易组织的《TRIPS协议》。根据《TRIPS协议》第61条之规定，将具有商业规模的故意假冒注册商标（包括商品商标和服务商标）的行为规定为犯罪，是各缔约方应当遵循的最低保护标准。《TRIPS协议》第72条还明确规定，各缔约方不能未经同意而对任何协议内容予以保留。[④]结合这两条规定可知，各缔约方必须将假冒注册商品商标和服务商标的行为一并纳入刑法的规制范围。

因此，将服务商标纳入刑法规制范围，履行国际义务，有利于提升商标

---

① 任远：《刑法修正案（十一）视野下的商标权犯罪》，载"为你辩护网"微信公众号，2021年1月13日。

② 刘宪权、吴允锋：《侵犯知识产权犯罪理论与实务》，北京大学出版社2007年版，第216页。

③ 马克昌主编：《经济犯罪新论》，武汉大学出版社1998年版，第492页。

④ 黄雅珠：《我国服务商标的刑法保护问题研究》，载《福建警察学院学报》2020年第2期。

权法律保护的强度和力度，实现与国际社会的接轨。

### （三）删除拘役、提高法定刑，体现了刑法知识产权保护力度的加大

根据2020年最高人民检察院工作报告，尽管我国严重暴力犯罪及重刑率下降，但是侵犯知识产权犯罪却猛增56.6倍之多，起诉侵犯商标权、专利权、著作权及技术信息、经营信息等犯罪11,003人，同比上升32.2%。[①]依法加大知识产权刑事司法保护力度，惩治侵犯知识产权犯罪，维护社会主义市场经济秩序已经迫在眉睫。

较之知识产权犯罪的法益侵害性及其通常犯罪数额，此前刑法的起刑点设计和法定最高刑设置，不仅威慑不足难收预防之效，而且难以实现罚当其罪。此次修正之后，知识产权犯罪的刑事处罚力度与威慑效力得以显著提升，从而为加大知识产权犯罪的不法成本，科学治理随网络技术的突飞猛进而日益汹涌的知识产权犯罪，奠定了坚实的法治根基。

此次的立法修订，着眼于知识产权保护的具体问题，比如有学者提出，知识产权刑事司法保护与创新驱动发展国家战略不相适应，我国知识产权刑事司法保护与大陆法系国家相比，保护范围较窄，严密性不足；与英美法系国家相比，我国知识产权犯罪刑期较低，刑罚的严厉性不足。在美国，对商标犯罪的刑事处罚可以达到最高20年有期徒刑、1,500万以下的罚金；对专利犯罪、版权犯罪最高也可以判处10年有期徒刑。我国的刑事入罪标准较高，而在世界主要发达国家，只要实施了侵犯知识产权行为，大部分情况下不要具体的犯罪金额就可以追究行为人的刑事责任。[②]针对此问题，在假冒注册商标罪的修订中，一方面扩充了规制范围，另一方面提高了法定刑，体现了刑法修订中的问题导向。

---

① 《2020年最高人民检察院工作报告》，载新华网，https://www.spp.gov.cn/spp/gzbg/202006/t20200601_463798.shtml，2021年1月24日访问。

② 刘军华、张本勇：《我国知识产权刑事司法保护之思考》，载《人民法院报》2018年4月25日第7版。

## 三、条文释义

该罪的客观方面表现为未经注册商标所有人许可，在同一种商品或者服务上使用与其注册商标相同的商标，情节严重或特别严重的行为。犯罪主体为一般主体，包括自然人、法人和其他组织，主观方面是故意。结合此次修订，我们对“同一种服务上使用与其注册商标相同的商标”这一新增情形，具体从“同一种服务”“相同商标”“使用”三个方面具体分析：

### （一）如何理解“同一种服务”

2011年1月10日，“两高一部”《关于办理侵犯知识产权刑事案件适用法律若干问题的意见》中明确，同一种商品原则是指国家工商管理总局在商标注册工作中对商品使用的名称，通常即《商标注册用商品和服务国际分类》中规定的商品名称。

在商标分类表中有时也会出现模糊地带，比如惠普硒鼓，硒鼓在商标分类中认定为第九大类，而惠普商标没有在第九大类中注册，是否假冒注册商标就不能认定呢？我们通过检索发现，惠普商标在第二大类中有注册记录，登记为激光打印机墨盒。作为常识，只有喷墨打印机才存在墨盒的说法，激光打印机只有硒鼓。对此，根据最高人民法院、最高人民检察院、公安部2011年发布的《关于办理侵犯知识产权刑事案件适用法律若干问题的意见》（以下简称2011年《意见》）第5条，对于是否构成第213条规定的“同一种商品”的问题，可结合商品的功能、用途、主要原料、消费对象、消费渠道等因素，以该侵权产品与被侵权商标的核定使用商品相比较来进行判断。司法实践明确名称不同但指同一事物的商品可以认定为同一种商品。

在实践中，相较于同种商品的认定，“同一种服务”的认定将会更加复杂。在认定侵权商品与被侵权商品是否属于同一种商品时，往往采用将二者进行对比的方式。但服务不同于商品，其并没有一个实体的产品，无法像对比同一种商品时，将商品放置于同一视域下比较。因此，将两项服务进行对比时，其难度必然更大。我们认为，在假冒服务商标的案件中，可以比对国家知识产权局商标局编著的《类似商品和服务区分表》。如果根据该表，侵权服务与被侵权服务分列不同的种类的，不宜认定为相同服务。例如，同为4056法律服务项下的450201“调解”与450211“诉讼服务”，这二者不宜认定为相同服务。

此外，与相同商品认定时的规则相同，应当考虑服务的实质性内容，不能仅凭名称是否相同来认定。在认定“同一种服务”的问题上可借鉴上述规定以及《最高人民法院关于审理商标民事纠纷案件适用法律若干问题的解释》（2020年修正）第11条和第12条关于认定类似服务的规定。综合考虑服务的目的、内容、方式、对象、服务渠道、消费者体验、服务人员所涉的知识和技能、行政监管以及国家和行业标准等因素，相关公众一般认为行为人提供的服务与被侵权商标的核定使用服务系同一种服务的，应认定侵权人提供的服务落入被侵权服务商标的核定使用范围从而构成《刑法》第213条规定的“同一种服务”。

### （二）如何理解“相同商标”

服务商标是指提供服务的经营者，为了便于顾客区别其他服务行业所提供的相同的或类似的服务将自己提供的服务与他人提供的服务相区别而使用的标识。服务商标与商品商标是商标根据使用对象的不同所进行的再分类。一般适用于广告与实业、保险与金融、建筑与修理、交通、运输与贮藏、材料处理、教育与娱乐、杂务等方面。其与商品商标一样具有标志属性和无形财产权性质，服务商标可以由文字、图形、字母、数字、三维标志、声音和颜色组合，以及上述要素的组合而构成。

对于“相同商标”实践中更多的是傍名牌现象，比如在包装和装潢上大量雷同设置，将康帅傅方便面包装成康师傅方便面，冒充康师傅对外出售。对于该种情形，2011年《意见》中明确规定改变注册商标字体、字母大小、文字排列方式等，只要不影响体现注册商标显著特征，足以对公众产生误导的，均可以认定为相同商标。在2020年“两高”发布的《关于办理侵犯知识产权刑事案件具体应用法律若干问题的解释（三）》中，再一次细化了“与其注册商标相同的商标”的认定：“（一）改变注册商标的字体、字母大小写或者文字横竖排列，与注册商标之间基本无差别的；（二）改变注册商标的文字、字母、数字等之间的间距，与注册商标之间基本无差别的；（三）改变注册商标颜色，不影响体现注册商标显著特征的；（四）在注册商标上仅增加商品通用名称、型号等缺乏显著特征要素，不影响体现注册商标显著特征的；（五）与立体注册商标的三维标志及平面要素基本无差别的；（六）其他与注册商标基本无差别、足以对公众产生误导的商标。”

### （三）如何理解“使用”

根据《最高人民法院、最高人民检察院关于办理侵犯知识产权刑事案件具体应用法律若干问题的解释》（法释〔2004〕19号）、《商标法》的规定，商标的使用是指将注册商标或假冒注册商标用于商品、商品包装或者容器以及产品说明书、商品交易文书，或者将注册商标或假冒注册商标用于广告宣传、展览以及其他商业活动，用于识别商品来源的行为。假冒注册商标罪认定的重要条件，是涉案的商品已经销售或者准备销售、可以销售，至少商品是可以销售出去的。商标的基本功能在于使相关公众通过商标识别不同商品或服务的来源，如果商品本身是无法使用的故障商品，不具有流通性，不具备“已经销售”“准备销售”“可以销售”的特性，那么这部分商品就无法体现商标的识别功能或服务来源功能，不符合假冒注册商标罪的构成要件。

## 四、以案说法

**【案例】A公司侵犯注册服务商标案**①

2014年7月，上海市工商局检查总队接到中国银联股份有限公司（以下简称中国银联）关于A公司冒充银联公司开展业务活动的举报。上海市工商局检查总队第四支队迅速行动，会同上海市公安经侦总队及闸北经侦支队，对位于闸北区虬江路1000号某大厦15楼进行现场检查。与此同时，重庆市、山东省、湖北省三地工商部门和公安部门协同开展了联合检查行动，分别对辖区内的相关涉案单位展开调查。经查，A公司未经允许擅自在其经营场所招牌、员工工号牌、名片、宣传资料、POS机等载体上使用“银联”和

① 杨超、陈梦旎：《从一起商标侵权案看我国对服务商标的保护》，载《中国工商报》2015年3月25日第3版。

“UnionPay银联”标识，并以“中国银联上海分公司”的名义伪造授权书。从2014年初至案发短短几个月时间内，A公司在上海利用银联名义发展各类商户334家，共收取商户押金996,400元。为推广POS收单业务，A公司违规套用低扣率，伪造虚假商户和商户信息，将大量餐娱类、一般类等高扣率商户交易套用低扣率的民生类及封顶类（如批发类）商户交易。上海市工商局检查总队认为，A公司的行为违反了《商标法》第五十七条第（一）项和《商标法》第四条第二款的规定，构成侵犯注册商标专用权的违法行为。根据《商标法》第六十条的规定，责令当事人立即停止侵权行为，罚款6万余元。

该案发生于2014年，本案中的“银联”不是一般商标侵权案中的商品商标，而是服务商标。当时在办理该案件过程中，实务部门的工作人员对于“服务商标”是否属于《刑法》中商标犯罪的对象存在争议，一种观点认为，在《商标法》中，关于商品商标的规定同样适用于服务商标，从立法一致性的角度考虑，既然《商标法》将二者等同对待，《刑法》中针对商品商标的犯罪同样适用于服务商标。另一种观点认为，刑法应当坚持严格的罪刑法定，认为服务商标不属于《刑法》中商标犯罪的对象。对此问题，《刑法修正案（十一）》通过后将不再存在争议，立法的这一修订统一了司法中对“服务商标”的刑法保护认识。

## 第十三节　销售假冒注册商标的商品罪的修改

**【修正前条文】第二百一十四条**　销售明知是假冒注册商标的商品，销售金额数额较大的，处三年以下有期徒刑或者拘役，并处或者单处罚金；销售金额数额巨大的，处三年以上七年以下有期徒刑，并处罚金。

**【修正后条文】第二百一十四条**　销售明知是假冒注册商标的商品，违法所得数额较大或者有其他严重情节的，处三年以下有期徒刑，并处或者单处罚金；违法所得数额巨大或者有其他特别严重情节的，处三年以上十年以下有期徒刑，并处罚金。

## 一、立法主旨

该罪在修订中体现了对侵犯知识产权犯罪的严厉打击。在法定刑设置上，一方面取消了拘役，另一方面向上调整了法定最高刑。此外，修订后的刑法不再单纯以销售金额来评价危害性大小，在基本罪状以及加重法定刑罪状的表述上以“违法所得”与“其他情节”充分评价销售假冒注册商标商品的危害性。

## 二、修改理由

习近平同志指出：“人民群众对立法的期盼，已经不是有没有，而是好不好、管用不管用、能不能解决实际问题；不是什么法都能治国，不是什么法都能治好国；越是强调法治，越是要提高立法质量。”[①]提高立法质量，意在使“每一项立法都符合宪法精神、反映人民意愿、得到人民拥护”。[②]立法要符合自然、人性、经济、政治、社会、文化等方面的规律，《刑法修正案（十一）》对销售假冒注册商标的商品罪的修订便体现了打击的有效性，尊重了打击知识产权犯罪的客观规律，有利于司法实践的实际操作和执行。

根据此前《刑法》第214条的规定，销售假冒注册商标的商品罪是指销售明知是假冒注册商标的商品，销售金额数额较大的行为。该罪是1993年2月22日发布的《全国人民代表大会常务委员会关于惩治假冒注册商标犯罪的补充规定》（以下简称《补充规定》）对1979年刑法典补充规定的一种犯罪。《补充规定》第1条第2款规定：“销售明知是假冒注册商标的商品，违法所得数额较大的，处三年以下有期徒刑或者拘役，可以并处或者单处罚金；违法

① 习近平：《在十八届中央政治局第四次集体学习时的讲话》（2013年2月23日），载中共中央文献研究室编：《习近平关于全面依法治国论述摘编》，中央文献出版社2015年版，第43页。

② 习近平：《在庆祝全国人民代表大会成立六十周年大会上的讲话》，载《求是》2019年第18期。

所得数额巨大的，处三年以上七年以下有期徒刑，并处罚金。”[①]1997年修订刑法时考虑到，在现实经济生活中，销售假冒注册商标的商品的情况非常复杂，有的低进高出，获利较大；有的低进低出，销售金额很大，但获利不多；还有的尚未全部销售就被查获，获利很少甚至赔钱；特别是有的出于不正当竞争或者其他动机，销售明知是假冒注册商标的商品，主观上并非为了营利，但却给商标权利人造成重大损失，也严重损害了消费者的合法权益。如果以违法所得数额的多少作为定罪量刑的标准，就难免放纵、轻纵犯罪，不利于保护商标权利人和消费者的合法权益。[②]因此，对于销售假冒注册商标的商品的行为是否构成犯罪，考虑不能以行为人是否获利来衡量，采取了以“销售金额”认定的模式。但从20多年的司法实践来看，以“销售金额”确定追诉标准和量刑档次在应对复杂的侵权情形时明显不足，而且司法实践中对于何谓“销售金额”认识也有不同。单纯根据销售金额，对于只能查明待售库存货值的情况难以有效评价行为的社会危害性。因此《关于办理侵犯知识产权刑事案件适用法律若干问题的意见》（以下简称2011年《意见》）对于犯罪未遂作出规定。司法实践对于“销售金额”的认定已经逐渐突破“销售”这一概念，具体来说，有以下几种方法：第一，已销售的侵权产品的价格，按照实际销售价格计算；第二，未销售的侵权产品的价格，按照标价或者已经查清的侵权产品的实际销售平均价格计算；第三，没有标价或者无法查清实际销售价格的，按照被侵权产品的市场中间价格计算。[③]而有些案件还援引了2004年《最高人民法院、最高人民检察院关于办理侵犯知识产权刑事案件具体应用法律若干问题的解释》（以下简称2004年《解释》）第12条的规定，对销售假冒

① 高铭暄：《中华人民共和国刑法的孕育诞生和发展完善》，北京大学出版社2012年版，第240页。

② 戴某辉等销售假冒注册商标的商品案，载《刑事审判参考》第57号指导案例。

③ 《最高人民法院、最高人民检察院关于办理侵犯知识产权刑事案件具体应用法律若干问题的解释》（法释〔2004〕19号）第9条第1款规定：“刑法第二百一十四条规定的‘销售金额’，是指销售假冒注册商标的商品后所得和应得的全部违法收入。”第12条第1款规定：“本解释所称‘非法经营数额’，是指行为人在实施侵犯知识产权行为过程中，制造、储存、运输、销售侵权产品的价值。已销售的侵权产品的价值，按照实际销售的价格计算。制造、储存、运输和未销售的侵权产品的价值，按照标价或者已经查清的侵权产品的实际销售平均价格计算。侵权产品没有标价或者无法查清其实际销售价格的，按照被控侵权产品的市场中间价格计算。”

注册商标的商品罪中有关销售金额的计算适用非法经营数额的计算方法。[①]

虽然司法已经尽力在罪刑均衡的原则下，实现销售金额评价的合理性，但过于脱离“销售”本身的解释，必然面临罪刑法定的质疑。事实上，按照已经查清的侵权产品的实际销售平均价格计算十分困难，已销售的侵权产品实际销售价格客观上存在难以查清的情况；已查清的侵权产品实际销售价格会存在一定幅度的浮动，这也反映出销售侵权产品犯罪行为的隐蔽性以及量多价低、量少价高的市场交易惯例，行为人销售侵权产品的价格存在一定区间浮动、实际销售数量不明，这个时候以“情节”评价更加符合客观事实。

此次立法修订采取了“违法所得”与“情节”并列的评价标准，一方面，考虑到作为“谋利型”犯罪特殊预防的必要。司法实践中对于“销售金额”认定时一般也是参考生产成本价，结合其他证据综合认定销售价格。比如2004年《解释》对非法经营数额分层次的认定规则主要是立法者考虑到真品价值大都很高，都按照真品价格进行计算将导致打击面过广。从“获利”考虑实际销售价格才是其犯罪行为社会危害性的客观、准确的体现，能够罚当其罪。从“违法所得”在刑法中的存在来说有三个层次，一是规定“违法所得”旨在为罚金刑提供判罚基数；二是规定“违法所得”旨在提供定罪处罚标准；三是规定“违法所得”旨在明确没收财产的范围。[②]作为“定罪处刑”标准的“违法所得”，从原理上分析，此种情形，获利或者避免损失的数额最能准确反映犯罪的社会危害性。以非法经营犯罪为例，绝大多数非法经营犯罪都是以追求牟利为目的，有的非法经营犯罪投入成本很高，而有的投入成本较低，从非法经营数额或者销售收入角度，难以准确反映非法经营行为的投机和社会危害程度。这一修订将使得“违法所得”作为定罪处刑标准在刑法体系中保持与理论认识的统一性。

另一方面，也是考虑到“数额”评价的现实困难，采取犯罪数额与情节并重的二元标准，将犯罪数额和案件情节都作为衡量犯罪行为社会危害性的

---

① 田某泉、胡某慧销售假冒注册商标的商品案，载《刑事审判参考》第675号指导案例。

② 刘晓虎、赵靓：《“违法所得”概念的界定和司法认定》，载《人民法院报》2018年7月4日第6版。

依据，有利于对销售假冒注册商标的商品罪采取更为灵活的评价标准，有利于对此类犯罪的打击。事实上，2020年《最高人民法院、最高人民检察院关于办理侵犯知识产权刑事案件具体应用法律若干问题的解释（三）》第10条在对侵犯知识产权犯罪适用罚金时，也明确指出应当综合考虑犯罪违法所得数额、非法经营数额、给权利人造成的损失数额、侵权假冒物品数量及社会危害性等情节。

对于法定刑的提高，有学者调研了某法院销售假冒注册商标的商品罪一审判决书，2012年1月1日至2013年12月31日研究结果显示“销售假冒注册商标的商品罪”的缓刑适用率高达82.9%。[①]

## 三、条文释义

对于本条修订内容的理解，关键在于“违法所得”或“其他情节”的认定。违法所得在司法实务中一直是一个比较困难的认定问题，如何计算也是有争议的。一种观点认为违法所得就等于销售金额，《关于办理环境污染刑事案件适用法律若干问题的解释》（法释〔2016〕29号）第17条第3款规定：“本解释所称‘违法所得’，是指实施刑法第三百三十八条、第三百三十九条规定的行为所得和可得的全部违法收入。”此外，《最高人民法院、最高人民检察院关于适用犯罪嫌疑人、被告人逃匿、死亡案件违法所得没收程序若干问题的规定》第6条规定：“通过实施犯罪直接或者间接产生、获得的任何财产，应当认定为刑事诉讼法第二百八十条第一款规定的‘违法所得’。”还有一种观点认为违法所得是指获利金额，即以违法生产、销售获得的全部收入（即非法经营数额）扣除其直接用于经营活动的合理支出后剩余的数额。最高人民法院1998年出台的《关于审理非法出版物刑事案件具体应用法律若干问题的解释》第17条规定：“本解释所称‘违法所得数额’，是指获利数额。”最高人民法院研究室2012年在有关部门征求意见时答复认为，非法经营罪中的“违法所得”，应当是指获利数额。而在行政执法领域也是如此理解，国家工

① 九章研究所：《九章法律参考06：知识产权犯罪缓刑适用率高背后的原因》，载“审判研究”微信公众号，2015年3月3日。

商行政管理总局的《工商行政管理机关行政处罚案件违法所得认定办法》第2条明确规定："工商行政管理机关认定违法所得的基本原则是：以当事人违法生产、销售商品或者提供服务所获得的全部收入扣除当事人直接用于经营活动的适当的合理支出，为违法所得。"[①]在修正案把销售金额改为违法所得之后，为我们明确了刑法当中违法所得数额肯定不等于销售金额，如果违法所得就是销售金额，此处修改就丧失了意义，显得有些多此一举。因此，从《刑法修正案（十一）》看，刑法分则第三章中的违法所得不等于销售金额，认定为获利金额更为妥当。

但对于"销售金额"来说，刑法并非不再关注，而是作为"情节"来考虑，比如有些案件中行为人违法所得较少，但销售金额巨大影响恶劣，而且有一些生产、销售假冒伪劣产品的犯罪分子为规避法律，逃脱制裁，在其销售假冒伪劣产品被查获后，提供了证实其"标价"的证据，但这种"标价"明显偏低，甚至低于假冒伪劣产品的生产成本，那么此时便可以考虑适用"其他严重情节"。对于"违法所得"的证明来说，以纯获利作为追诉标准，将更精确反映行为人对法益的侵害程度，也更为科学，但也将给公诉机关带来一系列操作难题，目前司法实践中，仅仅是"销售金额"的认定便已经困难重重。

此外，对于"情节"不仅包括了对经营数额、销售数额等的评价，对此可以参考2020年《最高人民法院、最高人民检察院关于办理侵犯知识产权刑事案件具体应用法律若干问题的解释（三）》第8条规定的酌情从重处罚的情形："（一）主要以侵犯知识产权为业的；（二）因侵犯知识产权被行政处罚后再次侵犯知识产权构成犯罪的；（三）在重大自然灾害、事故灾难、公共卫生事件期间，假冒抢险救灾、防疫物资等商品的注册商标的；（四）拒不交出违法所得的。"

本罪在修订后，基于注册服务商标纳入上游假冒注册商标罪的规制范围，有学者提出，就"提供明知是假冒注册商标的服务"是否可以理解为构成本罪这一问题，从罪刑法定的原则出发，注册服务商标不符合本罪在《刑法》条文中罪状的表述，从目的解释角度来说，《刑法修正案（十一）》仅对第213条增设了"服务商标"，并未在第214条增设"服务商标"，说明提供明

---

① 王勇：《刑法修正案（十一）的蝴蝶效应》，载《检察日报》2020年12月31日第3版。

知是假冒注册商标的服务这一行为不在打击范围之内，在实践中，“提供明知是假冒注册商标的服务”的情形并不多，通过立法的方式予以规制的必要性也就微乎其微。[①]对此，我们认为，对于提供假冒注册商标的服务，并非本罪条文的规制内容，不能将其认定为犯罪。该罪在修订后，关于本罪未遂的认定，2011年《意见》第8条第1款第1项规定的只涉及尚未销售的商品货值金额的情形，与修改后的第214条仍可衔接；但第2项涉及已销售金额和尚未销售的商品货值金额合计的情形，鉴于第214条的“销售金额”已改为“违法所得”，该第2项能否继续适用有待明确。

## 四、以案说法

**【案例】倪某销售假冒注册商标的商品案**[②]

2020年1月22日，被告人倪某通过山东某科技有限公司购买1,500个正品“3M”9502型号的口罩，通过其所经营淘宝店铺“吉祥生活馆2020”予以销售。2020年1月22日，被告人倪某通过侯某自山东省青岛市购买假冒“3M”商标的口罩10,000个，2020年1月23日，被告人倪某通过侯某自山东省青岛市购买假冒“3M”商标的口罩16,000个，被告人倪某在明知所购买的26,000个口罩系假冒“3M”商标的口罩的情况下，仍将上述假冒口罩置于其所经营的淘宝店铺“吉祥生活馆2020”中予以销售，销售金额共计243,704元。东海县公安局扣押倪某假冒“3M”注册商标的口罩共计520个。

被告人倪某于2020年2月6日、2月13日分别向东海县公安局缴纳25,000元和20,000元。2020年3月2日，东海县公安局自扣押被告人倪某的45,000元中退给证人相某口罩款139元，退给证人苏某口罩款299元，剩余44,562元。经一审庭审举证、质证，原审法院认为，被告人倪某为牟取非法利益，明知是假冒注册商标的商品而予以销售，销售金额达243,704元，属数额较大，其行为已构成销售假冒注册商标的商品罪。公诉机关指控被告人倪某犯销售假冒注册商标的商品罪，事实清楚，证据确实、充分，指控罪名成立。考虑到本案发生于全国疫情防

---

① 吴心成：《〈刑法修正案（十一）〉之服务商标入罪化》，载搜狐网，https://new.qq.com/omn/20201229/20201229A057K900.html，2021年1月25日访问。

② 江苏省高级人民法院（2020）苏刑终105号二审刑事裁定书。

控形势严峻的关键时期，依法对被告人倪某从严惩处。原审法院判决被告人倪某犯销售假冒注册商标的商品罪，判处有期徒刑三年，并处罚金人民币16万元。

该案上诉人及辩护人提出“原审判决的主刑及罚金刑过重”，二审法院审理后认为上诉人明知是假冒注册商标的口罩而予以销售，销售金额达243,704元，数额较大，其行为已构成销售假冒注册商标的商品罪，且其并无法定或酌定从轻或减轻处罚的情节。上诉人的犯罪行为发生于新冠疫情防控的特殊时期，不仅侵害了注册商标权利人的合法权益，还妨害了疫情防控工作，具有较大的社会危害性。原审判决综合考虑上诉人倪某犯罪情节及对社会的危害程度，对其判处的主刑及罚金刑并无不当。二审法院驳回上诉，维持原判。

在该案件中，销售假冒注册商标的商品发生在新冠疫情传播的严重时期，从判决来看，根据法院认定销售金额为“数额较大”，结合修订之前的刑法规定，法定刑在3年以下有期徒刑或者拘役。法院虽然在量刑时顶格判处了3年，但这也暴露出该犯罪存在的问题，作为口罩而言，本身价值较低，如果将定罪量刑标准仅仅限定于“销售数额”，可能造成行为人虽然销售了大量假冒注册商标的口罩，但销售金额达不到定罪或者加重量刑的标准，这就难以有效评价假冒注册商标口罩引发的严重社会危害，尤其本案发生于疫情传播的特殊时期，在疫情期间销售伪劣口罩的行为不仅严重侵害了众多消费者合法权益，侵害了众多消费者及不特定社会公众的生命健康安全，更将致使社会公共安全受到巨大威胁，因此刑法的修订，采取“数额与情节”并重的方式，有利于充分评价行为的社会危害性。

## 第十四节　非法制造、销售非法制造的注册商标标识罪的修改

**【修正前条文】第二百一十五条**　伪造、擅自制造他人注册商标标识或者销售伪造、擅自制造的注册商标标识，情节严重的，处三年以下有期徒刑、拘役或者管制，并处或者单处罚金；情节特别严重的，处三年以上七年以下有期徒刑，并处罚金。

**【修正后条文】第二百一十五条** 伪造、擅自制造他人注册商标标识或者销售伪造、擅自制造的注册商标标识，情节严重的，处三年以下有期徒刑，并处或者单处罚金；情节特别严重的，处三年以上十年以下有期徒刑，并处罚金。

## 一、立法主旨

《刑法修正案（十一）》提高了非法制造、销售非法制造的注册商标标识罪的法定刑，具体表现为：一方面，对于基本犯，取消了拘役、管制两类法定刑；另一方面，对于加重犯，将原有的“三年以上七年以下有期徒刑，并处罚金”提升至“三年以上十年以下有期徒刑，并处罚金”。

## 二、修改理由

知识产权保护工作关系国家治理体系和治理能力现代化，关系高质量发展，关系人民生活幸福，关系国家对外开放大局，关系国家安全。全面建设社会主义现代化国家，必须从国家战略高度和进入新发展阶段要求出发，全面加强知识产权保护工作，促进建设现代化经济体系，激发全社会创新活力，推动构建新发展格局。[①]保护知识产权，既离不开法律层面的制度供给，也离不开司法实践对知识产权保护战略的具体落实，《法治中国建设规划（2020—2025年）》数次提及知识产权保护问题，也主要是围绕这两个方面，强调法治在知识产权保护中的重要作用。在此背景下，刑法作为后置法、保障法，在知识产权保护问题上显然不能缺席。

将非法制造、销售非法制造的注册商标标识的行为入罪，肇始于1993年2月22日第七届全国人大常委会第三十次会议通过的《全国人民代表大会常务委员会关于惩治假冒注册商标犯罪的补充规定》这一单行刑法。该规定第2条明确：伪造、擅自制造他人注册商标标识或者销售伪造、擅自制造的注册

---

① 《习近平在中央政治局第二十五次集体学习时强调 全面加强知识产权保护工作 激发创新活力推动构建新发展格局》，载新华网，http://www.xinhuanet.com/politics/leaders/2020-12/01/c_1126808128.htm，2020年12月29日访问。

商标标识，违法所得数额较大或者有其他严重情节的，依照第1条第1款的规定，处3年以下有期徒刑或者拘役，可以并处或者单处罚金；违法所得数额巨大的，处3年以上7年以下有期徒刑，并处罚金。在1997年刑法典的修改过程中，对于非法制造、销售非法制造的注册商标标识罪，在罪状表述上与此前的单行刑法基本保持一致，在法定刑设置上也与单行刑法相同，即："伪造、擅自制造他人注册商标标识或者销售伪造、擅自制造的注册商标标识，情节严重的，处三年以下有期徒刑、拘役或者管制，并处或者单处罚金；情节特别严重的，处三年以上七年以下有期徒刑，并处罚金。"

此次《刑法修正案（十一）》对非法制造、销售非法制造的注册商标标识罪法定刑进行调整，主要是近年来加大知识产权保护力度的产物。

首先，从政策层面来看，2008年，随着《国家知识产权战略纲要》的出台，我国正式将知识产权保护作为国家经济社会发展的一项基本战略，自此，我国知识产权保护事业进入一个新时期。在此背景下，一方面，以包括刑事手段在内的多种手段强化知识产权保护，在多个政策文件中均有所提及。如《关于强化知识产权保护的意见》即强调要"加大侵权假冒行为惩戒力度"，特别指出应"加强刑事司法保护，推进刑事法律和司法解释的修订完善。加大刑事打击力度，研究降低侵犯知识产权犯罪入罪标准，提高量刑处罚力度，修改罪状表述，推动解决涉案侵权物品处置等问题。强化打击侵权假冒犯罪制度建设，探索完善数据化打假情报导侦工作机制，开展常态化专项打击行动，持续保持高压严打态势"。另一方面，从国家领导人的讲话中同样可见国家加强知识产权保护的决心。如习近平总书记在博鳌亚洲论坛2018年年会、首届中国国际进口博览会等重大场合，以及在向"一带一路"知识产权高级别会议所致贺信中，清晰阐明了中国在知识产权工作上的重大原则立场和重要政策取向，指出"加强知识产权保护是完善产权保护制度最重要的内容，也是提高中国经济竞争力最大的激励"；[①]2020年11月30日，中共中央政治局就加强我国知识产权保护工作举行第二十五次集体学习，习近平总书记也在会上专门强调要提高知识产权保护工作法治化水平，包括要完善刑事法律和

① 《中华人民共和国成立70年来知识产权事业发展历程与成就》，载国家知识产权局官方网站，https://www.cnipa.gov.cn/art/2019/9/27/art_53_117579.html，2021年12月29日访问。

司法解释，加大刑事打击力度。[①]由此，调高非法制造、销售非法制造的注册商标标识罪的法定刑设置，可以说是贯彻国家保护知识产权战略和政策的具体体现。

其次，从实践层面来看，以刑事手段强化知识产权保护，也是近年来法律实践中的突出特点。以刑事司法为例，2013年至2017年五年间，全国检察机关起诉制售伪劣商品、侵犯知识产权犯罪12万余人，是前五年的2.1倍；[②]2019年，全国检察机关起诉侵犯商标权、专利权、著作权及技术信息、经营信息等犯罪11,003人，同比上升32.2%。[③]刑事司法固然是加强知识产权保护的重要手段之一，但从另一方面来讲，通过刑事立法（包括法律修改）的方式调整法定刑设置、提高犯罪成本，也能为加强知识产权刑事保护提供助益。根据“心理强制说”，“人们正是有希望快乐的欲望才会致力于获得快乐，正是因为人们想要极力回避违反自己天性的不快，才要回避痛苦。因此，在能够获得巨大快乐时，人们就会放弃小的快乐；而为了回避大的痛苦，人们就会忍耐小的不快”，由此，“当作出违法行为时，将招致较之从违法行为中的欲望不能被满足而产生的痛苦更大的痛苦这一后果，那么违法行为就能够被阻止了”。[④]可见，提高非法制造、销售非法制造的注册商标标识罪中的刑罚设置并付诸实施，将有利于对犯罪人形成心理强制，进而促进犯罪预防目的的实现。此外，在近年来侵犯知识产权犯罪案件在规模、手段、数额、情节等方面均较1993年有很大变化的背景下，提高法定刑幅度，对于贯彻罪刑均衡原则也不无帮助。

最后，从双边协议来看，2020年1月，财政部等五部委联合发布《中美第一阶段经济贸易协议》，其中第一章（“知识产权章”）第九节（“知识产权案件司法执行和程序”）第1.27条（“达到阻遏目的的处罚”）第2项规定：

---

① 《习近平在中央政治局第二十五次集体学习时强调　全面加强知识产权保护工作　激发创新活力推动构建新发展格局》，载新华网，http://www.xinhuanet.com/politics/leaders/2020-12/01/c_1126808128.htm，2021年12月29日访问。

② 曹建明：《最高人民检察院工作报告》，2018年3月9日在第十三届全国人民代表大会第一次会议上。

③ 张军：《最高人民检察院工作报告》，2020年5月25日在第十三届全国人民代表大会第三次会议上。

④ ［日］庄子邦雄：《近代刑法思想史序说——费尔巴哈和刑法思想史的近代化》，李希同译，中国检察出版社2010年版，第18页。

"作为过渡措施，应阻遏可能发生的窃取或侵犯知识产权的行为，并加强现有救济和惩罚的适用，按照知识产权相关法律，通过以接近或达到最高法定处罚的方式从重处罚，阻遏可能发生的窃取或侵犯知识产权的行为；作为后续措施，应提高法定赔偿金、监禁刑和罚金的最低和最高限度，以阻遏未来窃取或侵犯知识产权的行为。"在此背景下，调高《刑法》中非法制造、销售非法制造的注册商标标识罪的法定刑幅度，也是中国作为一个负责任大国，信守对外作出的双边承诺的体现。《刑法修正案（十一）》对知识产权犯罪作出大规模修改，均体现了对国际义务的积极履行。

## 三、条文释义

《刑法修正案（十一）》并未对非法制造、销售非法制造的注册商标标识罪的罪状表述作出调整，可见该罪在成立要件上较《刑法修正案（十一）》出台前并无不同。具体而言：（1）在犯罪客体上，该罪的犯罪客体是注册商标专用权和国家的商标管理制度。《商标法》第57条将"伪造、擅自制造他人注册商标标识或者销售伪造、擅自制造的注册商标标识"作为侵犯注册商标专用权的具体体现之一，即表明了《刑法》中非法制造、销售非法制造的注册商标标识罪的保护法益系注册商标专用权。同时，由于该罪被规定于破坏社会主义市场经济秩序罪一章，可见该罪犯罪客体还包括国家的商标管理制度。（2）在客观方面，该罪具体表现为"伪造、擅自制造他人注册商标标识"或"销售伪造、擅自制造的注册商标标识"两种行为模式，并要求达到情节严重的程度。通常认为，"伪造"是指按商标所有人的商标标识进行仿制的行为，商标标识本身就是假的；"擅自制造"是指商标印制单位在与注册商标所有人的商标印制合同规定的印数之外，又私自加印商标标识的行为，商标标识本身是真的；"销售"包括批发、零售，既包括在内部销售，也包括在市场上销售。[①]值得注意的是，对诸如将回收的空旧酒瓶、包装物与购买的假冒注册商标标识进行组装的行为，实践中通常也认定为系"伪造"型非法制造注

① 郎胜主编：《中华人民共和国刑法释义》，法律出版社2015年版，第352页。

册商标标识行为。[①]（3）在犯罪主体上，根据《刑法》第220条，除任何年满16周岁、具有刑事责任能力的自然人外，单位也可以作为本罪的犯罪主体。（4）在主观方面，本罪表现为故意。

《刑法修正案（十一）》规定，非法制造、销售非法制造的注册商标标识，情节严重的，处3年以下有期徒刑，并处或者单处罚金。对此：（1）根据罪刑法定原则，在修正后，没有再对非法制造、销售非法制造的注册商标标识罪适用管制、拘役两类主刑的空间。这主要是因为随着时代的发展，我们对侵犯知识产权犯罪的社会危害性有了新的认识，认为为其配置管制、拘役等较轻的主刑，会导致罪刑不均。（2）由于《刑法修正案（十一）》保留了“并处或者单处罚金”的规定，因此，基于《刑法》第34条第2款“附加刑也可以独立适用”的规定，对于虽有处罚必要性且不应免予刑事处罚，但确无必要判处有期徒刑刑罚的，也可以在罪刑均衡原则的指导下对其单独适用罚金刑。当然，考虑到我国司法实践对自然人单处罚金的案件较为罕见，单处罚金在非法制造、销售非法制造的注册商标标识类自然人犯罪中能够发挥多大作用，仍有待观望。（3）对于“情节严重”，根据2004年《最高人民法院、最高人民检察院关于办理侵犯知识产权刑事案件具体应用法律若干问题的解释》，非法经营数额在5万元以上或者违法所得数额在3万元以上的；假冒两种以上注册商标，非法经营数额在3万元以上或者违法所得数额在2万元以上的；具有其他情节严重情形的，应当认定为“情节严重”。（4）根据2011年《最高人民法院、最高人民检察院、公安部关于办理侵犯知识产权刑事案件适用法律若干问题的意见》，销售他人伪造、擅自制造的注册商标标识，具有下列情形之一的，以销售非法制造的注册商标标识罪（未遂）定罪处罚：尚未销售他人伪造、擅自制造的注册商标标识数量在6万件以上的；尚未销售他人伪造、擅自制造的两种以上注册商标标识数量在3万件以上的；部分销售他人伪造、擅自制造的注册商标标识，已销售标识数量不满2万件，但与尚未销售标识数量合计在6万件以上的；部分销售他人伪造、擅自制造的两种以上注册商标标识，已销售标识数量不满1万件，但与尚未销售标识数量合计在3万件以

---

① 参见王某保非法制造注册商标标识案，载最高人民法院刑事审判第一、二、三、四、五庭主编：《中国刑事审判指导案例 第3卷》，法律出版社2017年版，第375—377页。

上的。（5）对该罪可以并处或者单处罚金，而罚金刑的具体判处，应当综合考虑犯罪违法所得数额、非法经营数额、给权利人造成的损失数额、侵权假冒物品数量及社会危害性等情节，依循司法解释的规定加以判定。

《刑法修正案（十一）》规定，非法制造、销售非法制造的注册商标标识，情节特别严重的，处3年以上10年以下有期徒刑，并处罚金。对此：（1）根据2004年《最高人民法院、最高人民检察院关于办理侵犯知识产权刑事案件具体应用法律若干问题的解释》，所谓“情节特别严重”，是指非法经营数额在25万元以上或者违法所得数额在15万元以上；假冒两种以上注册商标，非法经营数额在15万元以上或者违法所得数额在10万元以上；或者存在其他情节特别严重的情形。（2）对情节特别严重的，在罚金刑设置上较基本犯有很大不同，即不是酌处罚金而是必处罚金，不能单处罚金而是必须并处罚金，对此应予以注意。

对于该罪适用，还有两个问题需要予以提示：（1）《中美第一阶段经济贸易协议》规定，作为过渡措施，应对知识产权犯罪以接近或达到最高法定处罚的方式从重处罚。但是，由于《刑法修正案（十一）》业已颁行，落实了《中美第一阶段经济贸易协议》中对后续措施的相关约定，故而因后续措施的落实而使得过渡措施归于无效，不能认为在《刑法修正案（十一）》颁行后依然要对知识产权犯罪采取“贴顶量刑”的做法，而是必须在既有的法定刑幅度内，依循犯罪情节及其社会危害性、结合罪刑均衡原则，合比例地对刑罚进行分配。（2）实践中，行为人可能在伪造、擅自制造他人注册商标标识后，不是予以销售，而是将其直接用于实施假冒注册商标行为，未经注册商标所有人许可，在同一种商品、服务上使用与其注册商标相同的商标。对此，由于前行为与后行为成立手段行为与目的行为的关系，应依循牵连犯理论定罪处罚。

## 四、以案说法

**【案例一】薛某非法制造、销售非法制造的注册商标标识案**[①]

2017年2月至2018年4月，被告人薛某伪造洋河系列、国缘系列、双沟

① 参见江苏省徐州市中级人民法院（2019）苏03刑初41号刑事判决书。

珍宝坊系列、泸州特曲及国窖系列、五粮液、茅台等白酒注册商标标识及外包装材料，向张某甲、刘某（均另案处理）等人销售伪造的注册商标标识及外包装材料，非法经营数额人民币1,230万余元。在审理过程中，人民法院另查明，薛某曾因非法制造、销售非法制造的注册商标标识罪被判处有期徒刑六年，后被裁定假释，假释考验期限自2015年4月29日起至2017年6月23日止，故属于在假释考验期限内犯新罪，应撤销假释，实行数罪并罚。考虑到行为人具有认罪认罚等情节，法院最终对被告人薛某以非法制造、销售非法制造的注册商标标识罪判处有期徒刑六年，并处罚金人民币620万元，并与此前所判刑罚中未执行完毕的有期徒刑二年一个月二十五日、罚金人民币18万元实行并罚，决定执行有期徒刑七年，并处罚金人民币638万元。

在该案中，公诉机关指控被告人薛某犯非法制造、销售非法制造的注册商标标识罪的犯罪事实清楚，证据确实、充分，指控的罪名成立，对此，人民法院依法予以确认。根据2004年《最高人民法院、最高人民检察院关于办理侵犯知识产权刑事案件具体应用法律若干问题的解释》，非法经营数额在25万元以上即属“情节特别严重”，应当适用加重的法定刑幅度，而本案中行为人非法经营数额达1,230万余元，远超25万元这一标准。由于该案发生于《刑法修正案（十一）》出台前，人民法院考虑到行为人认罪认罚等情节，对其在假释考验期内新犯的非法制造、销售非法制造的注册商标标识罪判处6年有期徒刑是恰当的；但若类似行为发生于《刑法修正案（十一）》出台后，考虑到其非法经营数额远超司法解释规定的属于“情节特别严重”的认定起点，存在对其在假释考验期内新犯之罪在7年以上、10年以下判处有期徒刑的可能。当然，无论是在《刑法修正案（十一）》出台以前、还是在《刑法修正案（十一）》出台以后，在判处刑罚时，都必须充分考虑认罪认罚等能够体现行为人人身危险性和预防必要性的情节。

**【案例二】王某非法制造、销售非法制造的注册商标标识案**[①]

2014年4月至2015年11月间，被告人王某为制造假冒的“万通”牌米醋

① 参见江苏省徐州市中级人民法院（2016）苏03刑初69号刑事判决书。

和“烟雨楼”牌黄酒，租赁徐州市铜山区拾屯镇五屯村红灯笼养殖场内的厂房，购买塑料印刷机、空气压缩机、塑料薄膜原料、油墨和带有“万通”和“烟雨楼”标识的模板，私自伪造或指使他人伪造带有“万通”和“烟雨楼”标识的“万通”牌纯米醋包装袋、“万通”牌优质米醋包装袋、“万通”牌特酿米醋包装袋和“烟雨楼”牌烹饪黄酒包装袋共600千克，计252,840件。2015年1月至2015年11月间，被告人王某将私自生产的假冒“万通”牌米醋和“烟雨楼”牌黄酒先后销售给蒋某2（女，35岁，徐州市泉山区人）等人，计1,280箱，销售金额合计14,660元。在审理过程中，被告人及其辩护人提出，行为人印刷的包装袋并没有600公斤，而仅有45公斤，其余部分是其向他人购买。

在本案中，被告人及辩护人提出，行为人伪造的他人注册商标标识仅有45公斤。但是，由于非法制造、销售非法制造的注册商标标识罪系故意犯罪，而共同犯罪是指二人以上共同故意犯罪，因此，如果行为人指使他人实施非法制造、销售非法制造的注册商标标识行为，符合共同犯罪规定的，即使行为人没有亲自实施伪造、擅自制造、销售等行为，也应当对被指使实施犯罪行为的人的行为承担责任。据此，人民法院认为“本罪中的伪造、擅自制造，除亲自实施伪造、擅自制造的人构成本罪外，对于指使他人伪造、擅自制造的人，亦与亲自实施伪造、擅自制造的人构成共犯，均应承担刑事责任”，并以600公斤而非45公斤作为犯罪数额认定的依据是准确的。在本案中，行为人伪造的注册商标标识数量为252,840件，根据2004年《最高人民法院、最高人民检察院关于办理侵犯知识产权刑事案件具体应用法律若干问题的解释》，已属“情节特别严重”，在《刑法修正案（十一）》出台后实施类似行为的，应当在3年以上10年以下判处刑罚。

## 第十五节　侵犯著作权罪的修改

**【修正前条文】第二百一十七条**　以营利为目的，有下列侵犯著作权情形之一，违法所得数额较大或者有其他严重情节的，处三年以下有期徒刑或者拘役，并处或者单处罚金；违法所得数额巨大或者有其他特别严重情节的，处三年以上七年以下有期徒刑，并处罚金：

（一）未经著作权人许可，复制发行其文字作品、音乐、电影、电视、录像作品、计算机软件及其他作品的；

（二）出版他人享有专有出版权的图书的；

（三）未经录音录像制作者许可，复制发行其制作的录音录像的；

（四）制作、出售假冒他人署名的美术作品的。

**【修正后条文】第二百一十七条** 以营利为目的，有下列侵犯著作权或者与著作权有关的权利的情形之一，违法所得数额较大或者有其他严重情节的，处三年以下有期徒刑，并处或者单处罚金；违法所得数额巨大或者有其他特别严重情节的，处三年以上十年以下有期徒刑，并处罚金：

（一）未经著作权人许可，复制发行、通过信息网络向公众传播其文字作品、音乐、美术、视听作品、计算机软件及法律、行政法规规定的其他作品的；

（二）出版他人享有专有出版权的图书的；

（三）未经录音录像制作者许可，复制发行、通过信息网络向公众传播其制作的录音录像的；

（四）未经表演者许可，复制发行录有其表演的录音录像制品，或者通过信息网络向公众传播其表演的；

（五）制作、出售假冒他人署名的美术作品的；

（六）未经著作权人或者与著作权有关的权利人许可，故意避开或者破坏权利人为其作品、录音录像制品等采取的保护著作权或者与著作权有关的权利的技术措施的。

## 一、立法主旨

《刑法修正案（十一）》对侵犯著作权罪的罪状与法定刑进行调整。一方面，完善了侵犯著作权罪的罪状表述，增添、修改了侵犯著作权罪的行为类型；另一方面，取消了侵犯著作权罪基本犯中的拘役刑这一刑种，并将其加重犯的法定刑提升为“三年以上十年以下有期徒刑，并处罚金”。

## 二、修改理由

《刑法修正案（十一）》对侵犯著作权罪的修改主要包括刑罚设置和构成要件两个方面。从刑罚设置上讲，如前一部分所述，调整本罪的法定刑主要还是基于保护知识产权的政策考量、以刑事手段强化知识产权保护的实践特点，以及落实《中美第一阶段经济贸易协议》的客观需要。从构成要件上讲，对侵犯著作权罪的罪状表述作出调整并增设新的行为类型，则离不开下述两个背景。

一是法律背景。2020年11月11日，第十三届全国人民代表大会常务委员会第二十三次会议审议通过《关于修改〈中华人民共和国著作权法〉的决定》，修改后的《著作权法》将于2021年6月1日起生效。此次《著作权法》修改，在增加视听作品、重新界定合理使用、引入惩罚性赔偿制度等多个方面颇具亮点，[①]是顺应时代的一次大修。[②]从刑法与前置法的关系来看，由于刑法处于由假定、处理和制裁共同构成的具有逻辑完整性的法律规范的末端，系保护性法律规范，[③]因此前置法的调整不仅关系到对刑法中犯罪成立要件的解释，[④]也常常会使得刑事立法需要作出适应性调整。[⑤]据此，由于《著作权法》

---

① 参见朱巍：《〈著作权法〉修法的亮点及意义》，载《青年记者》2020年第34期。

② 针对《著作权法》修改的必要性，司法部党组书记、副部长袁曙宏指出："近年来，随着我国经济社会发展，著作权保护领域出现了一些新情况、新问题，亟待通过修改完善著作权法予以解决：一是随着以网络化、数字化等为代表的新技术的高速发展和应用，一些现有规定已经无法适应实践需要。二是著作权维权成本高、侵权赔偿数额低，执法手段不足，著作权侵权行为难以得到有效遏制，权利保护的实际效果与权利人的期待还有一定差距。三是现行著作权法部分规定有必要与我国近年来加入的国际条约以及出台的民法总则等法律进一步做好衔接。"袁曙宏：《关于〈中华人民共和国著作权法修正案（草案）〉的说明》，2020年4月26日在第十三届全国人民代表大会常务委员会第十七次会议上。

③ 参见时延安：《刑法规范的结构、属性及其在解释论上的意义》，载《中国法学》2011年第2期。

④ 典型的如对"违反国家规定"的解释。

⑤ 这是因为，刑法以罪刑法定为基本原则，据此，在前置法作出调整后，若从刑法的规范文本出发无法作出能够为前置法提供保障的解释，则需要对具有严重社会危害性的类型性行为予以犯罪化。

业已作出修订，《刑法》中侵犯著作权罪的修改必要性也随之显现出来。

二是现实背景。在《刑法修正案（十一）》出台以前，我国刑法关于侵犯著作权罪的规定仍沿袭1994年《全国人民代表大会常务委员会关于惩治侵犯著作权的犯罪的决定》，该单行刑法第1条即规定："以营利为目的，有下列侵犯著作权情形之一，违法所得数额较大或者有其他严重情节的，处三年以下有期徒刑、拘役，单处或者并处罚金；违法所得数额巨大或者有其他特别严重情节的，处三年以上七年以下有期徒刑，并处罚金：（一）未经著作权人许可，复制发行其文字作品、音乐、电影、电视、录像作品、计算机软件及其他作品的；（二）出版他人享有专有出版权的图书的；（三）未经录音录像制作者许可，复制发行其制作的录音录像的；（四）制作、出售假冒他人署名的美术作品的。"可见，《刑法修正案（十一）》出台以前，我国刑法关于侵犯著作权罪的规定虽在文字表述上与前述单行刑法有细微差别，但在成立要件及法定刑设置上并无二致。但从现实出发，该单行刑法不仅在罪状表述上存在不尽合理之处，且其颁行于1994年，恰逢中国刚刚全功能接入互联网成为全球互联网家族的一员。然而，互联网接入服务直至1995年才开始面向社会，而网络在真正意义上改变人们的生活方式则发生于21世纪、特别是近十年以来。[①]当时的刑法规定，显然难以适应互联网背景下打击著作权侵权行为的需要，由此也可看出对侵犯著作权罪进行修改的必要性。

从上述两个方面出发，我们可以较好地理解《刑法修正案（十一）》对侵犯著作权罪的修改。比如，《刑法修正案（十一）》采用"视听作品"这一表述，增设关于故意避开或破坏技术措施的行为类型，显然都是《著作权法》中相关修改内容在《刑法》上的具体体现；而《刑法修正案（十一）》将"通过信息网络向公众传播"作为明文规定的行为手段，则主要是基于现实需要。在这里，我们将重点说明以下两处修改的理由。

一是，《刑法修正案（十一）》将"有下列侵犯著作权情形之一"改为"有下列侵犯著作权或者与著作权有关的权利的情形之一"，此处修改主要与

---

① 参见《于历史中汲取力量，创新再出发！——"中国接入互联网25周年回顾"主题展侧记》，载中央网信办官方网站，http://www.cac.gov.cn/2019-07/11/c_1124775698.htm，2021年1月2日访问。

我国《著作权法》的立法模式选择有关。关于《著作权法》立法，在世界范围内存在版权体系与作者权体系两种模式。美国等采版权体系，对作品“独创性”要求较低，在其版权法中并无关于“邻接权”的概念和体系化的制度安排，其录音制品、广播、表演等是作为作品加以保护的；德国、意大利等采作者权体系，强调作品中的独创性因素，并将没有独创性或者独创性较小的排除于著作权外，不认为其属于“作品”，以邻接权（相关权）对其加以保护。[①]从《著作权法》将著作权与邻接权分不同章节进行规定的角度出发，显然我国采作者权体系，明确区分著作权与邻接权。[②]实践中也通常认为，著作权基于作者的创作自动产生，邻接权基于传播者的加工、传播行为而产生；邻接权是在狭义著作权之外增加的权利，目的在于对那些不具有独创性、仅仅是劳动和投资的成果也给予保护，以鼓励对作品的传播。[③]因此，在我国语境下，狭义著作权与邻接权是不同的权利，不应相互混淆。然而，在《刑法修正案（十一）》出台以前，我国刑法并未明确区分著作权与邻接权，《刑法》第217条一方面规定“有下列侵犯著作权情形之一”，另一方面又明确将侵犯出版者权利、侵犯录音录像者权利这两类典型的侵犯邻接权的情形作为侵犯著作权罪的行为类型，与我国作者权体系的《著作权法》立法模式难免略显不相协调。虽然解释论者会主张此前《刑法》第217条中的著作权是包括邻接权在内的广义著作权，但显然，经《刑法修正案（十一）》修正，明确区分狭义著作权与邻接权，更符合我国《著作权法》的立法例。

二是，《刑法修正案（十一）》明确将“通过信息网络向公众传播”作为多种行为类型中与复制发行相并列的一种行为模式。如前所述，在《刑法修正案（十一）》出台前，我国《刑法》沿袭1994年单行刑法的规定，并未将通过信息网络向公众传播作为侵犯著作权罪的行为模式，这主要是受当时客观科技发展水平的影响。但是，随着科技的飞速发展，在网络空间实施侵犯著作权行为的案件并不少见，[④]且在社会危害性上与单纯的复制

---

① 王国柱：《邻接权客体判断标准论》，载《法律科学（西北政法大学学报）》2018年第5期。

② 此外，在《著作权法》第4条等条文中，也可明显看出我国采著作权与邻接权两分的作者权体系。

③ 北京市高级人民法院（2020）京民再128号民事判决书。

④ 另需考虑的是在网络空间实施侵犯著作权行为可能的犯罪黑数。

发行行为并无本质区别。为应对网络发展带来的挑战，2004年《最高人民法院、最高人民检察院关于办理侵犯知识产权刑事案件具体应用法律若干问题的解释》第11条第3款规定："通过信息网络向公众传播他人文字作品、音乐、电影、电视、录像作品、计算机软件及其他作品的行为，应当视为刑法第二百一十七条规定的'复制发行'"；2005年《最高人民法院、最高人民检察院关于办理侵犯著作权刑事案件中涉及录音录像制品有关问题的批复》也明确："未经录音录像制作者许可，通过信息网络传播其制作的录音录像制品的行为，应当视为刑法第二百一十七条第（三）项规定的'复制发行'。"

上述司法解释对实践中处理通过信息网络实施侵犯著作权行为的案件提供了依据，但其缺陷也是显而易见的：（1）根据《著作权法》规定，所谓复制，是指"以印刷、复印、拓印、录音、录像、翻录、翻拍等方式将作品制作一份或者多份"；所谓发行，则是指"以出售或者赠与方式向公众提供作品的原件或者复制件"。对于通过信息网络实施的侵犯著作权行为，未必均符合上述定义。（2）根据《著作权法》的规定，复制权、发行权、信息网络传播权本身就是互不相同的几项权利，《刑法》将通过信息网络传播作品、录音录像制品的行为视为复制、发行行为，也与《著作权法》的相关规定相抵牾。（3）理论界也曾一度认为，"通过信息网络传播"在刑法中没有明文规定，从罪刑法定原则的要求出发，在现行刑法没有修订的情况下，对上述行为不宜作为犯罪论处。[①]对由此造成的处罚漏洞，也应通过立法的方式加以解决。[②]（4）近年来，鉴于通过信息网络实施侵犯著作权行为的刑事应罚性，理论界在立场上基本认可了上述司法解释的规定，但在说理上则明显阙如。尽管有学者试图将互联网上侵权作品的点击数作为一种临时性复制，[③]但这种所谓的"临时性复制"显然不能与《刑法》第217条中的"复制"画上等号：对于实施复制发行行为的侵犯著作权案件，刑法处罚的是复制者、发行者，其复制、

---

① 林亚刚：《析侵犯著作权行为与侵犯著作权罪的衔接》，载《法学评论》2006年第6期。

② 雷山漫：《网络环境下著作权刑法保护研究》，载《法学评论》2010年第6期。

③ 参见于志强：《网络空间中著作权犯罪定罪标准的反思》，载《中国刑事法杂志》2012年第5期。

发行行为与危害结果间成立刑法意义上的因果关系；但对于点击这种临时复制行为，刑法并不处罚临时复制者，只是借由临时复制行为的多少来判断侵犯著作权案件行为人是否达到了侵犯著作权罪中的罪量要素，由此，临时复制行为与危害结果间并不成立刑法上的因果关系，而仅仅是评估所造成危害结果的一个“参考值”。（5）司法解释的上述规定，事实上存在着超出词义射程范围之嫌，难言是对刑法文本的解释，而在一定程度上扮演了立法的作用。从实然层面来讲，司法解释的准立法化的确是我国法律实践的一大特点，且在刑事立法难以及时跟进时能够较好地弥补处罚漏洞；但从应然出发，考虑到司法解释的制定主体、制定程序均与刑事立法存在很大差别，故而对这一趋势仍应抱有警惕的态度。

因此，《刑法修正案（十一）》明确将“通过信息网络向公众传播”作为多种行为类型中与复制发行相并列的一种行为模式，化解了此前司法解释突破文义、越权“解释”的尴尬，消弭了《刑法》与前置法规定的不协调，也使得学界不必再为一个本就难以正名的解释牵强附会地正名，对此应当予以肯定。

## 三、条文释义

侵犯著作权罪，是指以营利为目的，实施特定侵犯著作权或者与著作权有关的权利，违法所得数额较大或者有其他严重情节的行为。较《刑法修正案（十一）》出台以前，侵犯著作权罪在犯罪客体、犯罪主体、主观方面均没有发生变化，即该罪犯罪客体是国家的著作权管理秩序和他人的著作权（包括狭义著作权和邻接权），犯罪主体包括年满16周岁、具有刑事责任能力的自然人和单位，主观方面为故意，且以营利为目的。其中，除销售外，具有下列情形之一的，可以认定为“以营利为目的”：（1）以在他人作品中刊登收费广告、捆绑第三方作品等方式直接或者间接收取费用的；（2）通过信息网络传播他人作品，或者利用他人上传的侵权作品，在网站或者网页上提供刊登收费广告服务，直接或者间接收取费用的；（3）以会员制方式通过信息网络传播他人作品，收取会员注册费或者其他费用的；（4）其他利用他人作品牟利的情形。此外，存在超过法定的著作权保护期限、属于合理使用等情形的，不应认定侵犯著作权罪的成立。

《刑法修正案（十一）》主要是对该罪的客观方面进行了调整，即一方面修改了部分侵犯著作权行为的罪状表述，另一方面增设了一些侵犯著作权的犯罪行为类型。对此：（1）对于修订后《刑法》第217条第2项“出版他人享有专有出版权的图书的”、第5项“制作、出售假冒他人署名的美术作品的”，由于没有任何修改，在此不做赘述；（2）对于修订后《刑法》第217条第3项“未经录音录像制作者许可，复制发行、通过信息网络向公众传播其制作的录音录像的”，由于仅增加了通过信息网络向公众传播这一行为类型，其修改理由此前已作详细说明，且对该项中许多内容的具体解释也会在本书对其他行为类型进行说明的过程中提及，在此不作进一步展开；（3）对于其他三种行为类型，即修订后《刑法》第217条第1项、第4项、第6项，在此做如下说明。

### （一）“未经著作权人许可，复制发行、通过信息网络向公众传播其文字作品、音乐、美术、视听作品、计算机软件及法律、行政法规规定的其他作品的”

首先，对于“未经著作权人许可”，根据《最高人民法院、最高人民检察院关于办理侵犯知识产权刑事案件具体应用法律若干问题的解释》，《刑法》第217条规定的“未经著作权人许可”，是指没有得到著作权人授权或者伪造、涂改著作权人授权许可文件或者超出授权许可范围的情形。著作权人可以是自然人，也可以是法人或者非法人组织。对于著作权的归属，包括改编、翻译、注释、整理已有作品而产生的作品的著作权归属，合作作品的著作权归属，汇编作品的著作权归属，视听作品的著作权归属，职务作品的著作权归属，受委托创作的作品的著作权归属等，《著作权法》第二章第二节均有明确规定。未经上述人员同意而复制发行、通过信息网络传播其作品的，即属于“未经著作权人许可”。

其次，对于“复制发行、通过信息网络向公众传播”，复制是指以印刷、复印、拓印、录音、录像、翻录、翻拍、数字化等方式将作品制作一份或者多份的行为；发行是指以出售或者赠与方式向公众提供作品的原件或者复制件的行为，包括总发行、批发、零售、通过信息网络传播以及出租、展销等活动，侵权产品的持有人通过广告、征订等方式推销侵权产品的，也属于发行；通过信息网络向公众传播是指以有线或者无线方式向公众提供，使公众可以在其选定的时间和地点获得作品的行为。实施复制、发行、通过信息网络向公众传播三种行为中一种或多种的，均可成立本罪。实践中，存在行为人将计算机软件等作品稍加修改后予以复制发行、通过信息网络向公众传播的情形，对此能否认定为刑法意义上的“复制发行、通过信息网络向公众传播”，通常认为不应仅从形式上看行为人是否对作品作出了修改，而应该从实质上分析行为人的修改行为能否体现独创性。如果修改后的作品并不较之前具有独创性，则不是新的作品，实质上仍是对原作品的复制发行、通过信息网络向公众传播；但若行为人在原作品基础上进行了实质性的创造和改进，则不宜认定为“复制发行、通过信息网络向公众传播”。[①]

最后，对于侵犯狭义著作权行为中作品的类型，修订后《刑法》规定为“文字作品、音乐、美术、视听作品、计算机软件及法律、行政法规规定的其他作品”。对此：（1）较修订前《刑法》，此轮规定明确表明了对美术作品著作权的保护，[②]因此涉及第217条第1项与第5项（“制作、出售假冒他人署名的美术作品的”）的关系。在行为对象上，二者行为对象均是美术作品，根据《著作权法实施条例》，美术作品是指绘画、书法、雕塑等以线条、色彩或者其他方式构成的有审美意义的平面或者立体的造型艺术作品。在行为模式上，

---

① 参见王某涛侵犯著作权案，载最高人民法院刑事审判第一、二、三、四、五庭主办：《中国刑事审判指导案例　第3卷》，法律出版社2017年版，第378—380页。

② 不宜认为修订前《刑法》第217条第1项中不含对美术作品著作权的保护，因为美术作品完全可以被理解为修订前《刑法》第217条第1项中的“其他作品”。事实上，在1994年《惩治侵犯著作权的犯罪的决定（草案）》中，该项表述原本为“未经著作权人许可，复制发行其作品的”，只是由于有的委员和部门提出，这类犯罪当前主要表现为对书刊、电影、录像、计算机软件的盗版活动，要求在草案中明确规定，因此建议将本项修改为：“未经著作权人许可，复制发行其文字作品、电影、电视、录像作品、计算机软件及其他作品的。”王叔文：《全国人大法律委员会关于〈惩治侵犯著作权的犯罪的决定（草案）〉审议结果的报告》，1994年6月28日在第八届全国人民代表大会常务委员会第八次会议上。可见，修订前《刑法》没有在第217条第1项明文列举美术作品，并非疏于对其保护，而仅仅只是因为在立法当时侵犯美术作品著作权的情形并不突出，不必单独予以列举和明示。

出售行为显然也是发行行为，但制作行为却未必是复制行为，如把自己的美术作品署上他人名字假冒他人美术作品的、把第三人的美术作品署上他人名字假冒他人美术作品的，即属于制作行为但并非复制行为。[①]在保护法益上，第1项保护的是著作权，而第5项保护的则是著作权中的署名权。行为人行为既符合第1项规定，也符合第5项规定的，应依“特别优于一般”的原则，适用第5项规定。（2）较修订前刑法，《刑法修正案（十一）》将“电影、电视、录像作品”统称为“视听作品”。此轮《著作权法》修订，将“电影作品和以类似摄制电影的方法创作的作品”修改为“视听作品”，并就电影作品、电视剧作品和其他视听作品采取不同的著作权规定方式（《著作权法》第17条），以此实现对网络短视频、网络直播、音乐喷泉、烟火表演等的更好保护。[②]相应地，侵犯此类视听作品著作权，符合《刑法》第217条第1项之规定的，应认定成立侵犯著作权罪。（3）《刑法》第217条第1项还作出了“法律、行政法规规定的其他作品”这一兜底性规定，而根据修订后的《著作权法》，对未为第3条前八项明文列举的表达是否属于作品，不再单纯地采取有无法律、行政法规规定这一形式标准，而是需要实质地分析其是否属于符合作品特征的其他智力成果，即是否系在文学、艺术和科学领域内具有独创性并能以一定形式表现的智力成果。据此，虽然《刑法》第217条第1项将原有的“其他作品”改为“法律、行政法规规定的其他作品”，看似限缩了兜底规定的外延，但事实上，由于前置法的修改，《刑法》上兜底规定的外延反而存在被拓宽之可能。

### （二）“未经表演者许可，复制发行录有其表演的录音录像制品，或者通过信息网络向公众传播其表演的”

在广义的著作权项下，表演者权是一项重要的邻接权，对促进原作品传

---

① 参见王作富主编：《刑法分则实务研究（中）》，中国方正出版社2010年版，第703—704页。

② 以音乐喷泉为例，在《著作权法》修订以前，对于其独创性，理论与实践并无太大疑问；但对于其是否属于作品、属于何种作品，在民事法律实践中存在较大争议。相关案件及裁判说理如北京知识产权法院（2017）京73民终1404号民事判决书。将“电影作品和以类似摄制电影的方法创作的作品”修改为“视听作品”，将有利于对此类案件的认定和处理。

播和推动表演者创新等均具有重要意义。[①]从域外来看，通过刑罚手段保护表演者的表演者权，也是一种较为普遍的选择，如日本《著作权法》即规定了对侵犯表演者权行为的刑事处罚。长期以来，我国《刑法》未将侵犯表演者权的行为作为犯罪处理，使得这种重要的邻接权难以得到有效的刑法保护。而且，随着社会的发展，对于无法达到一定"创作高度"、不符合视听作品之独创性要求的短视频的主播，以及网络游戏直播平台主播等，其表演者权同样应当得到保护，[②]但刑法在其中一度缺席。《刑法修正案（十一）》将侵犯表演者权的行为作为侵犯著作权罪中一类全新的行为样态予以规定，可以说是补齐了一直以来的一块"短板"。

从文义上看，根据《著作权法实施条例》，表演者，是指演员、演出单位或者其他表演文学、艺术作品的人；录音制品，是指任何对表演的声音和其他声音的录制品；录像制品，是指电影作品和以类似摄制电影的方法创作的作品（即"视听作品"，笔者注）以外的任何有伴音或者无伴音的连续相关形象、图像的录制品。关于表演者，《视听表演北京条约》将其详细界定为演员、歌唱家、音乐家、舞蹈家以及对文学或艺术作品或民间文学艺术表达进行表演、歌唱、演说、朗诵、演奏、表现或以其他方式进行表演的其他人员。从《著作权法实施条例》《视听表演北京条约》来看，其对表演者的定义强调专业性，包括对作品专业性的强调（文学、艺术作品）或主体专业性的强调（演员、歌唱家、音乐家、舞蹈家等）。但我们认为，考虑到网络环境的变化和新兴表演形式的出现，网络平台主播、游戏主播等也存在被理解为表演者的空间。

对于该项规定，核心在于应如何理解"未经表演者许可"。（1）《著作权法》第39条第1款规定，表演者对其表演享有许可他人复制、发行、出租录有其表演的录音录像制品并获得报酬的权利，享有许可他人通过信息网络向公众传播其表演并获得报酬的权利。由此，获得表演者许可是合法复制发行、

---

① 参见陈和芳：《影视表演者权的社会价值和实现路径》，载《河北法学》2016年第10期。

② 参见孙山：《短视频的独创性与著作权法保护的路径》，载《知识产权》2019年第4期；杜牧真：《试论网络直播平台中游戏主播的表演者权》，载《中国新闻出版广电报》2018年12月6日第4版。

通过信息网络传播其表演的前置条件，未经表演者许可，复制发行录有其表演的录音录像制品，或者通过信息网络向公众传播其表演的，则构成著作权侵权，违法所得数额较大或者有其他严重情节的成立侵犯著作权罪。（2）参照《最高人民法院、最高人民检察院关于办理侵犯知识产权刑事案件具体应用法律若干问题的解释》，“未经表演者许可”，是指没有得到表演者授权或者伪造、涂改表演者授权许可文件或者超出授权许可范围的情形。（3）值得研究的是，由于《著作权法》第39条第2款规定，“被许可人以前款第三项至第六项规定的方式使用作品，还应当取得著作权人许可，并支付报酬”，由此涉及，若行为人取得了表演者许可，但未取得（狭义）著作权人许可的，会否成立侵犯著作权罪呢？对此我们初步认为，由于从形式上看，“未经表演者许可”是侵犯表演者权这一行为类型法定的成立要件，从实质上看，经表演者许可但未经著作权人许可的情形可谴责性也比较低，因此行为人经过了表演者的许可，即使未进一步征得著作权人同意，虽有成立民事侵权的空间，但不宜作为犯罪处理。

### （三）“未经著作权人或者与著作权有关的权利人许可，故意避开或者破坏权利人为其作品、录音录像制品等采取的保护著作权或者与著作权有关的权利的技术措施的”

新修订的《著作权法》专门对技术措施进行明确规定，[①]即一方面规定“为保护著作权和与著作权有关的权利，权利人可以采取技术措施”，“未经权利人许可，任何组织或者个人不得故意避开或者破坏技术措施，不得以避开或者破坏技术措施为目的制造、进口或者向公众提供有关装置或者部件，不

---

① 修订前的《著作权法》亦有相关规定，即第48条，“有下列侵权行为的，应当根据情况，承担停止侵害、消除影响、赔礼道歉、赔偿损失等民事责任；同时损害公共利益的，可以由著作权行政管理部门责令停止侵权行为，没收违法所得，没收、销毁侵权复制品，并可处以罚款；情节严重的，著作权行政管理部门还可以没收主要用于制作侵权复制品的材料、工具、设备等；构成犯罪的，依法追究刑事责任：……（六）未经著作权人或者与著作权有关的权利人许可，故意避开或者破坏权利人为其作品、录音录像制品等采取的保护著作权或者与著作权有关的权利的技术措施的，法律、行政法规另有规定的除外”。但此次修订，将技术措施相关内容规定得更为全面与明确。

得故意为他人避开或者破坏技术措施提供技术服务，但是，法律、行政法规规定可以避开的情形除外”；另一方面也规定了教学科研、阅读障碍、执行公务、安全测试、反向工程研究等例外情形。如此有利于强化著作权人与邻接权人对作品等内容的控制，改善网络环境下著作权人与邻接权人所处的劣势地位，并有效实现作者等权利人在著作权法中所应享有的从他人对作品的利用中获得合理报酬的正当利益。[①]从域外来看，对技术措施的立法保护存在着广泛的比较法上的根据，[②]日本《著作权法》也规定了关于针对保护措施实施犯罪行为的罚则。

为与《著作权法》修订相衔接,《刑法修正案（十一）》相应规定，以营利为目的，未经著作权人或者与著作权有关的权利人许可，故意避开或者破坏权利人为其作品、录音录像制品等采取的保护著作权或者与著作权有关的权利的技术措施，违法所得数额较大或者有其他严重情节的，成立侵犯著作权罪。一方面，这里的“技术措施”，是指用于防止、限制未经权利人许可浏览、欣赏作品、表演、录音录像制品或者通过信息网络向公众提供作品、表演、录音录像制品的有效技术、装置或者部件。对此应当注意的是：（1）此处技术措施所保护的，既包括狭义的著作权，也包括邻接权。（2）对于超出制止侵权行为所必需的限度，如植入“逻辑锁”使得电脑立即被锁死并使用户计算机无法使用的；为获取著作权利益之外的利益，如保障自己拥有市场竞争优势的；无法达到有效阻止侵权的目的，如仅仅为图片添加身份水印的，通常不会被认为是著作权法意义上的“技术措施”。[③]（3）对于为学校课堂教学或者科学研究，提供少量已经发表的作品，供教学或者科研人员使用，而该作品无法通过正常途径获取的；不以营利为目的，以阅读障碍者能够感知的无障碍方式向其提供已经发表的作品，而该作品无法通过正常途径获取的；国家机关依照行政、监察、司法程序执行公务的；对计算机及其系统或者网络的安全性能进行测试的；进行加密研究或者计算机软件反向工程研究的，

---

① 相关讨论参见王迁：《版权法保护技术措施的正当性》，载《法学研究》2011年第4期；冯晓青：《技术措施与著作权保护探讨》，载《法学杂志》2007年第4期。

② 参见王迁：《对技术措施立法保护的比较研究》，载《知识产权》2003年第2期。

③ 参见《技术措施里的大门道》，载“广州市版权保护中心”微信公众号，2020年8月14日。

行为人依法可以避开技术措施。另一方面，这里的行为手段包括“避开”与“破坏”两种，所谓“避开”，主要是指通过避让和隐匿，使得旨在保护著作权与邻接权的技术措施无法有效识别侵权行为；所谓“破坏”，主要是指从结构、性能等方面使技术措施暂时或永远失去效用。

需要附带作出提示的是，虽然技术措施对保护网络环境下的著作权与邻接权具有重要意义，但其也因可能侵蚀公众自由获取知识和信息的权利、阻滞合理使用制度、延长作品保护期限等，而受到一定质疑。[①]因此，对于《刑法》第217条第6项这一特殊行为类型，一方面，应当尤其强调“以营利为目的”的认定，避免对合理使用制度的不当阻滞；另一方面，在作品法定保护期限届满后实施避开或破坏技术措施行为的，不宜认定其具有刑事违法性。

### （四）增设两种侵犯著作权行为中的罪量要素

根据我国“定性+定量”的立法模式，实施上述特定侵犯著作权的行为，必须达到“违法所得数额巨大或者有其他特别严重情节”的程度，才有成立侵犯著作权罪的空间，对于新设的两种行为类型也不例外。可以预见，在不久的将来，最高人民法院、最高人民检察院、公安部等将出台相关司法解释，对增设的两种侵犯著作权行为中的罪量要素加以限定，而从既有的司法解释来看，判断侵犯知识产权行为是否达到情节严重程度的依据主要包括：（1）违法所得数额，即获利数额。（2）非法经营数额，即行为人在实施侵犯知识产权行为过程中，制造、储存、运输、销售侵权产品的价值。已销售的侵权产品的价值，按照实际销售的价格计算。制造、储存、运输和未销售的侵权产品的价值，按照标价或者已经查清的侵权产品的实际销售平均价格计算。侵权产品没有标价或者无法查清其实际销售价格的，按照被侵权产品的市场中间价格计算。（3）侵权行为对象物的数量。（4）对于利用信息网络实施侵权行为的，还可能以传播后的实际被点击数、以会员制方式传播时注册会员人数等作为认定依据。多次实施侵犯知识产权行为，未经行政处理或者

---

① 相关讨论参见马志国、赵龙：《价值冲突：公共领域理论的式微与著作权扩张保护的限度》，载《山东社会科学》2020年第10期；冯晓青：《技术措施与著作权保护探讨》，载《法学杂志》2007年第4期。

刑事处罚的，非法经营数额、违法所得数额或者销售金额累计计算。整体来看，这些罪量要素的判断依据多可以参照适用于新设定的两种行为模式，当然，考虑到避开或破坏技术措施这类行为的特殊性，可能还需要在相关表述上做一定调整，或考虑增设其他情节严重的判定依据。

## 四、以案说法

**【案例】吴某侵犯著作权案**[①]

2016年至2019年3月期间，被告人吴某在未取得相关电影、电视剧、动漫、综艺等影视作品版权人的许可下，利用租用的服务器注册域名架构“苏格影院”网站，提供最新、最火热的电影、电视剧、动漫、综艺等视频用于播放。通过对“苏格影院”电影网站的初步取证，该网站上侵权电影18,335部、电视剧6,192部、综艺190个、动漫1,242部。被告人吴某通过在“苏格影院”电影网站上提供最新、最火热的电影、电视剧等视频的方式吸引网民浏览和点击，并通过高浏览和高点击量吸引相关广告经营商在“苏格影院”电影网站投放广告的方式进行盈利。经勘验，查明被告人吴某非法经营额高达2,726,009.888元。2019年4月3日，被告人吴某在其居住的涟水县广州路翰林院小区6号楼706室的家中被公安机关抓获，吴某归案后如实供述相关犯罪事实。人民法院经审理认为，被告人吴某以营利为目的，未经相关影视作品著作权人许可，复制发行他人影视作品，非法经营数额高达2,726,009.888元，属于刑法第二百一十七条规定的“情节特别严重”，其行为已构成侵犯著作权罪，对其判处有期徒刑三年三个月，并处罚金140万元。

在该案中，行为人以营利为目的，未经著作权人许可，复制发行、通过信息网络向公众传播其视听作品，侵犯著作权人的著作权，情节特别严重，除非有减轻处罚情节，否则依当时《刑法》的规定应在3年以上7年以下有期徒刑幅度内判处刑罚。由于《刑法修正案（十一）》调高了该罪的法定刑幅度，因此，考虑到行为人非法经营数额已达《最高人民法院、最高人民检察

① 江苏省淮安市中级人民法院（2019）苏08刑初32号刑事判决书。

院、公安部关于办理侵犯知识产权刑事案件适用法律若干问题的意见》中关于“其他特别严重情节”判断标准的十倍以上，[①]若此后发生类似案件，对该案基准刑的量定可能会高于《刑法修正案（十一）》出台以前。当然，就最终作出的宣告刑而言，还必须考虑到坦白等情节，这是由消极的责任主义原理所决定的。

## 第十六节　销售侵权复制品罪的修改

**【修正前条文】第二百一十八条**　以营利为目的，销售明知是本法第二百一十七条规定的侵权复制品，违法所得数额巨大的，处三年以下有期徒刑或者拘役，并处或者单处罚金。

**【修正后条文】第二百一十八条**　以营利为目的，销售明知是本法第二百一十七条规定的侵权复制品，违法所得数额巨大或者有其他严重情节的，处五年以下有期徒刑，并处或者单处罚金。

### 一、立法主旨

《刑法修正案（十一）》修改了销售侵权复制品罪中的罪量要素规定并调整了该罪的法定刑。具体而言，一方面将销售侵权复制品罪的罪量要素规定从单一的“违法所得数额巨大”修改为“违法所得数额巨大或者有其他严重情节”；另一方面将法定刑由“三年以下有期徒刑或者拘役，并处或者单处罚金”，修改为“五年以下有期徒刑，并处或者单处罚金”。

---

① 该司法解释规定：“以营利为目的，未经著作权人许可，通过信息网络向公众传播他人文字作品、音乐、电影、电视、美术、摄影、录像作品、录音录像制品、计算机软件及其他作品，具有下列情形之一的，属于刑法第二百一十七条规定的‘其他严重情节’：（一）非法经营数额在五万元以上的；……实施前款规定的行为，数额或者数量达到前款第（一）项至第（五）项规定标准五倍以上的，属于刑法第二百一十七条规定的‘其他特别严重情节’。”

## 二、修改理由

从立法沿革的角度来看，销售侵权复制品罪最早规定于1994年《全国人民代表大会常务委员会关于惩治侵犯著作权的犯罪的决定》，该单行刑法第2条规定："以营利为目的，销售明知是第一条规定的侵权复制品，违法所得数额较大的，处二年以下有期徒刑、拘役，单处或者并处罚金；违法所得数额巨大的，处二年以上五年以下有期徒刑，并处罚金。"可见，最早对销售侵权复制品罪的法定刑设置，即包括了"二年以下有期徒刑、拘役，单处或者并处罚金"与"二年以上五年以下有期徒刑，并处罚金"两档。在1997年刑法修订过程中，立法机关对该罪进行了数轮调整，并最终决定将该罪法定刑由两个档次修改为一个档次，将"违法所得数额巨大"作为犯罪成立条件，提高归罪标准，取消之前稿本中规定的管制刑，并最终形成了1997年《刑法》第218条对销售侵权复制品罪的规定，[①]如此调整，显然是为了限缩该罪的成立范围、降低该罪的刑罚适用。本轮刑法修正，将该罪法定刑上调至"五年以下有期徒刑"，取消拘役这一刑种，并规定除违法所得数额巨大外、有其他严重情节的也可构成销售侵权复制品罪，显然是重新扩张了该罪的成立范围并提高其刑罚适用。如本书此前所述，这主要也是基于保护知识产权的政策考量、以刑事手段强化知识产权保护的实践特点，以及落实《中美第一阶段经济贸易协议》的客观需要。

需要特别说明的是，扩张该罪的成立范围，也是基于该罪在实践中存在的"弃用现象"。长期以来，销售侵权复制品罪的适用数量极为有限，笔者在"中国裁判文书网"以销售侵权复制品罪为案由检索一审刑事案件，发现2012年有判决书1份、2013年有判决书1份、2014年有判决书9份、2015年有判决书4份、2016年有判决书2份、2017年有判决书3份、2018年有判决书6份、2019年有判决书7份、2020年有判决书14份，而同期侵犯著作权罪的一审刑事案件判决书数量则分别为2012年257份、2013年335份、2014年575份、

---

① 参见高铭暄：《中华人民共和国刑法的孕育诞生和发展完善》，北京大学出版社2012年版，第432页。

2015年351份、2016年156份、2017年146份、2018年115份、2019年156份、2020年192份，[①]两相比较，便难怪销售侵权复制品罪被称为休眠条款了。有学者认为，弃用销售侵权复制品罪的一个重要原因，就是在《刑法修正案（十一）》出台以前，该罪定罪情节单一且要求过高，[②]这样的主张不无道理。根据《最高人民检察院、公安部关于公安机关管辖的刑事案件立案追诉标准的规定（一）》第27条，只有对于违法所得数额在10万元以上的，以及违法所得数额虽未达到10万元以上，但尚未销售的侵权复制品货值金额达到30万元以上的，才属于销售侵权复制品罪中的"违法所得数额巨大"；[③]而该规定第26条则明确，违法所得数额在3万元以上的，即应以侵犯著作权罪立案追诉。在司法解释对侵犯著作权罪中的"复制发行"做扩大解释并导致侵犯著作权罪与销售侵权复制品罪一定程度地成立包含与被包含关系的背景下，二者犯罪门槛的较大差异便合乎情理地导致了销售侵权复制品罪的"休眠"。从这个意义上讲，通过增设"有其他严重情节"以降低销售侵权复制品罪的犯罪门槛固然重要，但为长久计，还是应该从司法解释层面合理地理顺侵犯著作权罪与销售侵权复制品罪间的关系，否则可能依然难以扭转本罪的"休眠"局面。

## 三、条文释义

《刑法》第218条规定："以营利为目的，销售明知是本法第二百一十七条规定的侵权复制品，违法所得数额巨大或者有其他严重情节的，处五年以下有期徒刑，并处或者单处罚金。"据此：（1）从犯罪客体来看，本罪的犯罪客体是他人的著作权和邻接权。（2）从客观方面来看，首先，本罪行为对象是《刑法》第217条第1项至第5项所规定的侵权复制品。其次，本罪的行为

---

① 而且，在样本中，还有一些实际被判侵犯著作权罪的案件被系统归入了销售侵权复制品罪中，因而销售侵权复制品罪的实际适用数量会较上述初步统计数据更加"寥寥"。

② 刘蔚文：《销售侵权复制品罪的弃用现象与启用路径研究》，载《政治与法律》2013年第5期。

③ 从该规定的正当性上讲，能否将"尚未销售的侵权复制品货值达到三十万元以上"解释为"违法所得数额巨大"，也值得进一步研究。

内容是销售；由于出租侵权复制品仅处分其使用权，与处分所有权的销售有本质不同，因此出租侵权复制品的不成立本罪。最后，行为必须达到“违法所得数额巨大或者有其他严重情节”的程度。根据既有规定，“违法所得数额巨大”是指违法所得数额在10万元以上，或者违法所得数额虽未达到10万元以上，但尚未销售的侵权复制品货值金额达到30万元以上；参照侵犯著作权罪的相关司法解释，“其他严重情节”主要包括非法经营数额、侵权行为对象物数量等方面，对此应有相关司法解释作出进一步界定。（3）从犯罪主体来看，本罪的犯罪主体既包括年满16周岁、具有刑事责任能力的自然人，也包括单位，但必须是侵权复制品制造者之外的其他自然人或单位，对此可从“明知是本法第二百一十七条规定的侵权复制品”这一罪状表述中推知。《最高人民法院、最高人民检察院关于办理侵犯知识产权刑事案件具体应用法律若干问题的解释》也规定：“实施刑法第二百一十七条规定的侵犯著作权犯罪，又销售该侵权复制品，构成犯罪的，应当依照刑法第二百一十七条的规定，以侵犯著作权罪定罪处罚。实施刑法第二百一十七条规定的侵犯著作权犯罪，又销售明知是他人的侵权复制品，构成犯罪的，应当实行数罪并罚。”（4）从主观方面来看，本罪主观上表现为故意，要求行为人明知是《刑法》第217条规定的侵权复制品而故意予以销售，并以营利为目的。在此，“明知”只要行为人知道可能是他人的侵权复制品而予以销售即为满足，而不要求必须达到确切知道的程度。

需要进一步说明的是，销售侵权复制品罪与侵犯著作权罪的关系。从最初的立法目的来讲，与假冒注册商标罪和销售假冒注册商标的商品罪相似，《刑法》对侵犯著作权罪与销售侵权复制品罪分别作出规定，应当是想对直接侵权与间接侵权分开处理，以单独处罚虽未主动制作侵权复制品，但对他人制作的侵权复制品予以销售的行为。然而，既有司法解释显然打破了这一初衷。根据《最高人民法院、最高人民检察院关于办理侵犯知识产权刑事案件具体应用法律若干问题的解释（二）》，侵犯著作权罪中的“复制发行”，包括复制、发行或者既复制又发行的行为，即单独的发行行为也可成立侵犯著作权罪；而根据《最高人民法院、最高人民检察院、公安部关于办理侵犯知识产权刑事案件适用法律若干问题的意见》，发行包括总发行、批发、零售、通过信息网络传播以及出租、展销等活动，即包括销售行为。这样一来，由于单独的发行行为可以成立侵犯著作权罪，而侵犯著作权罪中的“发行”与销售侵权复制品罪中的“销售”在外延上成立包含与被包含的关系，于是，若严格依循司法解释，则几乎没有销售侵权复制品罪的成立空间，销售侵权复制品罪面临被“架空”的危险。

对于上述现象，理论与实务界纷纷试图给出解决方案。在理论界，许多学者试图限缩侵犯著作权罪中的发行行为，如主张将侵犯著作权罪中的发行行为理解为批量销售或大规模销售，而将销售侵权复制品罪中的销售理解为零售。[①]实践中，也有检察机关认为单纯的销售行为应认定为侵犯著作权罪中的“发行”，但被人民法院坚决予以驳回。如在姜某某、金某侵犯著作权一案中，一审法院即认为只有“既复制又发行”才属于《刑法》第217条侵犯著作权罪中的复制发行，人民检察院以与司法解释不符为由对此提出抗诉。对此，二审法院认为，侵犯著作权罪与销售侵权复制品罪的立法目的和保护的客体不尽相同，设立侵犯著作权罪，旨在打击未经著作权或者邻接权人许可而复制，直接侵犯著作权或者邻接权的行为，而设立销售侵权复制品罪，则在于打击没有复制，只是单纯销售侵权复制品，间接侵犯著作权或者邻接权的行为；侵犯著作权罪中的发行行为可以包含“批发”“零售”行为，但不能倒推理解“批发”“零售”行为就是《刑法》第217条所规定“复制发行”的行为，“复制”是“发行”的前提和手段，“发行”是“复制”的目的和结果，两者相互依存。[②]然而，无论是理论界的主张，还是实务中的坚持，都与既有司法解释形成了直接的冲突，在司法解释具有“准立法效力”的背景下，显然不具有推广和普适的可能性。因此，侵犯著作权罪与销售侵权复制品罪的关系原本是清楚的，只是因为司法解释对侵犯著作权罪中“复制发行”的扩大解释，才导致了两罪界限的模糊，故而应以调整司法解释相关规定的方式对此正本清源。

---

① 张明楷：《刑法学》（第五版），法律出版社2016年版，第824—825页。

② 湖南省邵阳市中级人民法院（2015）邵中刑再终字第5号刑事裁定书。关于该案裁判说理与司法解释的直接冲突，法官则是从司法解释的时效出发加以解决的。

## 四、以案说法

**【案例】尹某某销售侵权复制品案**[①]

2018年1月，被告人尹某某从非正规渠道购进大量《军队院校招生文化科目考试复习精选》系列图书（经鉴定系侵权盗版类非法出版物），并通过淘宝网进行销售，其中2019年4月3日尹某某通过淘宝网店以每套（8册）298元的价格向江苏省常州市客户季某销售上述图书四套，合计售价1,192元。2019年4月30日、5月8日，石家庄新华区文化广播体育和旅游局对石家庄市新华区尹某某经营的河北某某教学设备有限公司仓库进行检查，查获其尚未销售的《军队院校招生文化科目考试复习精选》系列图书8,174册，鉴定价值304,481.5元。法院认为，被告人尹某某以营利为目的，销售明知是法律规定的侵权复制品，尚未销售的侵权复制品货值金额达30万元以上，其行为构成销售侵权复制品罪。考虑到尹某某自愿认罪认罚、主观恶性较低、销售金额很低、库存没有销售等情节，对被告人尹某某从轻处罚，判处拘役六个月，缓刑十个月，并处罚金人民币2万元。

在该案中，行为人以营利为目的，销售明知是法律规定的侵权复制品，同时符合《最高人民检察院、公安部关于公安机关管辖的刑事案件立案追诉标准的规定（一）》第27条中违法所得数额虽未达到10万元以上，但尚未销售的侵权复制品货值金额达到30万元以上这一“违法所得数额巨大”的推定标准，其行为构成销售侵权复制品罪。人民法院在审判过程中充分考虑了行为人认罪认罚、销售金额很低、库存未流入市场等情节，对其判处拘役并适用缓刑，较好地贯彻了罪刑均衡原则。《刑法修正案（十一）》出台后，由于取消了拘役这一法定刑，根据刑罚法定的原则，显然不再有适用拘役刑的空间。因此，今后对于类似案件，应当充分利用缓刑这一制度资源，以做到罚当其罪，实现法律效果和社会效果的统一。

---

① 河北省石家庄市新华区人民法院（2020）冀0105刑初612号刑事判决书。

## 第十七节 侵犯商业秘密罪的修改

**【修正前条文】第二百一十九条** 有下列侵犯商业秘密行为之一，给商业秘密的权利人造成重大损失的，处三年以下有期徒刑或者拘役，并处或者单处罚金；造成特别严重后果的，处三年以上七年以下有期徒刑，并处罚金：

（一）以盗窃、利诱、胁迫或者其他不正当手段获取权利人的商业秘密的；

（二）披露、使用或者允许他人使用以前项手段获取的权利人的商业秘密的；

（三）违反约定或者违反权利人有关保守商业秘密的要求，披露、使用或者允许他人使用其所掌握的商业秘密的。

明知或者应知前款所列行为，获取、使用或者披露他人的商业秘密的，以侵犯商业秘密论。

本条所称商业秘密，是指不为公众所知悉，能为权利人带来经济利益，具有实用性并经权利人采取保密措施的技术信息和经营信息。

本条所称权利人，是指商业秘密的所有人和经商业秘密所有人许可的商业秘密使用人。

**【修正后条文】第二百一十九条** 有下列侵犯商业秘密行为之一，情节严重的，处三年以下有期徒刑，并处或者单处罚金；情节特别严重的，处三年以上十年以下有期徒刑，并处罚金：

（一）以盗窃、贿赂、欺诈、胁迫、电子侵入或者其他不正当手段获取权利人的商业秘密的；

（二）披露、使用或者允许他人使用以前项手段获取的权利人的商业秘密的；

（三）违反保密义务或者违反权利人有关保守商业秘密的要求，披露、使用或者允许他人使用其所掌握的商业秘密的。

明知前款所列行为，获取、披露、使用或者允许他人使用该商业秘密的，以侵犯商业秘密论。

本条所称权利人，是指商业秘密的所有人和经商业秘密所有人许可的商业秘密使用人。

## 一、立法主旨

《刑法修正案（十一）》修改了侵犯商业秘密罪的罪状表述与入罪门槛，加大了对侵犯商业秘密犯罪的刑罚处罚。具体而言，一是修改了侵犯商业秘密罪中部分行为类型的罪状表述并增添了一些行为类型（如通过电子侵入获取权利人的商业秘密等）；二是将原有“给商业秘密的权利人造成重大损失”这一入罪门槛调整为“情节严重”；三是取消该罪基本犯中拘役这一档法定刑，同时将加重犯的法定最高刑由7年有期徒刑提升至10年有期徒刑。

## 二、修改理由

《刑法修正案（十一）》对侵犯商业秘密罪进行大幅度修改，主要可以从以下三个背景出发加以理解。

一是，从必要性上讲，商业秘密具有极为重要的保护价值。在知识产权保护格局中，商业秘密是企业最核心和最具竞争力的无形财富，美国知名咨询机构统计数据显示，当前科技公司大约60%的创新成果最先是以技术秘密的方式存在。[①]保护商业秘密，小而言之对企业生存发展具有极为重要的意义，并进一步影响到民众就业与投资人利益等方方面面；大而言之对营商环境、对外交往，甚至整个社会主义市场经济秩序的健康有序发展亦扮演重要作用，特别是有利于建立竞争有序的现代市场体系，为企业激发研发热情和创新活力赋能增值。正因如此，党的十九届四中全会《中共中央关于坚持和完善中国特色社会主义制度 推进国家治理体系和治理能力现代化若干重大问题的决定》专门指出：“加快完善社会主义市场经济体制……健全以公平为原则的产权保护制度，建立知识产权侵权惩罚性赔偿制度，加强企业商业秘密保护”；习近平总书记在中央政治局第二十五次集体学习时也专门强调，要

---

① 《保护商业秘密，让创新活力竞相迸发》，载光明网，https://news.gmw.cn/2021-01/02/content_34512300.htm，2021年1月7日访问。

加强商业秘密领域立法。[①]2019年，全国检察系统起诉侵犯商业秘密罪同比上升51.9%，[②]即体现了刑事司法对贯彻中央决策部署、保护企业商业秘密的积极态度。

在世界范围内，保护商业秘密既是一项国际共识，也面临着极为严峻的挑战。以美国为例，其于2016年出台旨在保护商业秘密的《保护商业秘密法案》（Defend Trade Secrets Act of 2016），而美国参议院对该法案的报告在第一部分即描绘了美国窃取商业秘密行为的现实"图景"：一方面，美国知识产权盗窃委员会（the Commission on the Theft of American Intellectual Property）于2013年即作出估计，窃取商业秘密行为给美国经济造成的损失每年超过3,000亿美元，与美国目前每年向亚洲出口的水平相当，并导致美国损失210万个工作岗位，破坏企业家进行创新的手段和动力；另一方面，窃取商业秘密的行为方式越来越复杂多样，使得对商业秘密的保护越来越困难，美国前总检察长Eric Holder在2013年一次白宫会议上即指出："只有两类公司受到窃取商业秘密行为的影响：那些知道自己已经受到威胁的公司和那些至今还不知道的公司。"[③]2017年2月27日，美国知识产权盗窃委员会再次发布更新版报告，估计窃取商业秘密行为给美国经济造成的损失每年高达6,000亿美元。[④]尽管我们目前没有发现国内相关估计数据，但从上述域外数据亦可管窥我国依法保护商业秘密的重要性、紧迫性和严峻性。从这一角度出发，便可较好地理解《刑法修正案（十一）》完善本罪罪状、降低本罪门槛、提高本罪刑罚的初衷。对此，《刑法修正案（十一）（草案）》的相关说明也指出，对本罪进行修订的

---

① 《习近平在中央政治局第二十五次集体学习时强调　全面加强知识产权保护工作　激发创新活力推动构建新发展格局》，载新华网，http://www.xinhuanet.com/politics/leaders/2020-12/01/c_1126808128.htm，2021年1月7日访问。

② 徐绍史：《全国人民代表大会常务委员会执法检查组关于检查〈中华人民共和国反不正当竞争法〉实施情况的报告》，2020年12月23日在第十三届全国人民代表大会常务委员会第二十四次会议上。

③ See Senate Report. 114-220 - DEFEND TRADE SECRETS ACT OF 2016, available at https://www.congress.gov/congressional-report/114th-congress/senate-report/220/1, last visit on January 07, 2021.

④ See Update to the IP Commission Report, available at https://www.nbr.org/wp-content/uploads/pdfs/publications/IP_Commission_Report_Update.pdf, last visit on January 07, 2021.

原因在于“加强企业产权保护和优化营商环境”。[①]

二是，从法律体系协调性的角度上讲，作为后置法、保障法的刑法，应与前置法的规定相协调。从立法沿革上看，1979年《刑法》并无侵犯商业秘密罪，但自国家决定对刑法进行全面修订并开始起草研拟刑法修改稿本时起，便对本罪给予了较大关注；及至1996年刑法修改草稿，立法者以1993年《反不正当竞争法》第10条为模板起草本罪法条，并最终形成了1997年《刑法》第219条的规定。[②]然而，考虑到依法全面打击不正当竞争行为的实践需要以及与《TRIPS协定》等相协调的国际法义务，同时作为对《美国特别301报告》的回应，我国于2017年、2019年两次修订《反不正当竞争法》，对商业秘密的定义、侵犯商业秘密的行为类型等作出了较大调整，在此背景下，作为保障法的《刑法》便与作为前置法的《反不正当竞争法》显得不相协调，主要体现为：（1）在判定是否属于商业秘密时，是否必须对前置法已经取消的实用性这一要素进行独立审查？（2）以贿赂、欺诈、电子侵入等手段获取权利人的商业秘密，是否属于侵犯商业秘密罪的行为类型？（3）没有违反行为人与权利人口头或书面约定，但违反了基于职务、业务等方面保密义务，披露、使用或者允许他人使用其所掌握的商业秘密的，是否属于侵犯商业秘密罪的行为类型？（4）第三人明知商业秘密权利人的员工、前员工或者其他单位、个人实施侵犯商业秘密相关违法行为，仍允许他人使用该商业秘密的，能否以侵犯商业秘密罪论？之所以产生这些问题，原因是显然的：在《刑法修正案（十一）》出台以前，侵犯商业秘密罪的罪状描述整体上以1993年《反不正当竞争法》为模板，然而20多年来，《反不正当竞争法》已经数轮修改，由此，参照1993年《反不正当竞争法》制定的《刑法》便与2019年《反不正当竞争法》出现了明显的“断层”，从法律体系协调性的角度上讲，便有了对《刑法》作出修订的必要性。对此，结合下表的整理，可以更好地理解侵犯商业秘密罪的修订必要性。

---

① 李宁：《关于〈中华人民共和国刑法修正案（十一）（草案）〉的说明》，2020年6月28日在第十三届全国人民代表大会常务委员会第二十次会议上。

② 高铭暄：《中华人民共和国刑法的孕育诞生和发展完善》，北京大学出版社2012年版，第432—434页。

| 1997年《刑法》 | 1993年《反不正当竞争法》 | 2017年《反不正当竞争法》 | 2019年《反不正当竞争法》 | 《刑法修正案（十一）》 |
|---|---|---|---|---|
| 有下列侵犯商业秘密行为之一，给商业秘密的权利人造成重大损失的，处三年以下有期徒刑或者拘役，并处或者单处罚金；造成特别严重后果的，处三年以上七年以下有期徒刑，并处罚金： | 经营者不得采用下列手段侵犯商业秘密： | 经营者不得实施下列侵犯商业秘密的行为： | 经营者不得实施下列侵犯商业秘密的行为： | 有下列侵犯商业秘密行为之一，情节严重的，处三年以下有期徒刑，并处或者单处罚金；情节特别严重的，处三年以上十年以下有期徒刑，并处罚金： |
| （一）以盗窃、利诱、胁迫或者其他不正当手段获取权利人的商业秘密的； | （一）以盗窃、利诱、胁迫或者其他不正当手段获取权利人的商业秘密； | （一）以盗窃、贿赂、欺诈、胁迫或者其他不正当手段获取权利人的商业秘密； | （一）以盗窃、贿赂、欺诈、胁迫、电子侵入或者其他不正当手段获取权利人的商业秘密； | （一）以盗窃、贿赂、欺诈、胁迫、电子侵入或者其他不正当手段获取权利人的商业秘密的； |
| （二）披露、使用或者允许他人使用以前项手段获取的权利人的商业秘密的； | （二）披露、使用或者允许他人使用以前项手段获取的权利人的商业秘密； | （二）披露、使用或者允许他人使用以前项手段获取的权利人的商业秘密； | （二）披露、使用或者允许他人使用以前项手段获取的权利人的商业秘密； | （二）披露、使用或者允许他人使用以前项手段获取的权利人的商业秘密的； |
| （三）违反约定或者违反权利人有关保守商业秘密的要求，披露、使用或者允许他人使用其所掌握的商业秘密的。 | （三）违反约定或者违反权利人有关保守商业秘密的要求，披露、使用或者允许他人使用其所掌握的商业秘密。 | （三）违反约定或者违反权利人有关保守商业秘密的要求，披露、使用或者允许他人使用其所掌握的商业秘密。 | （三）违反保密义务或者违反权利人有关保守商业秘密的要求，披露、使用或者允许他人使用其所掌握的商业秘密； | （三）违反保密义务或者违反权利人有关保守商业秘密的要求，披露、使用或者允许他人使用其所掌握的商业秘密的。 |

续表

| 1997年《刑法》 | 1993年《反不正当竞争法》 | 2017年《反不正当竞争法》 | 2019年《反不正当竞争法》 | 《刑法修正案（十一）》 |
| --- | --- | --- | --- | --- |
| | | | （四）教唆、引诱、帮助他人违反保密义务或者违反权利人有关保守商业秘密的要求，获取、披露、使用或者允许他人使用权利人的商业秘密。 | |
| | | | 经营者以外的其他自然人、法人和非法人组织实施前款所列违法行为的，视为侵犯商业秘密。 | |
| 明知或者应知前款所列行为，获取、使用或者披露他人的商业秘密的，以侵犯商业秘密论。 | 第三人明知或者应知前款所列违法行为，获取、使用或者披露他人的商业秘密，视为侵犯商业秘密。 | 第三人明知或者应知商业秘密权利人的员工、前员工或者其他单位、个人实施前款所列违法行为，仍获取、披露、使用或者允许他人使用该商业秘密的，视为侵犯商业秘密。 | 第三人明知或者应知商业秘密权利人的员工、前员工或者其他单位、个人实施本条第一款所列违法行为，仍获取、披露、使用或者允许他人使用该商业秘密的，视为侵犯商业秘密。 | 明知前款所列行为，获取、披露、使用或者允许他人使用该商业秘密的，以侵犯商业秘密论。 |

续表

| 1997年《刑法》 | 1993年《反不正当竞争法》 | 2017年《反不正当竞争法》 | 2019年《反不正当竞争法》 | 《刑法修正案（十一）》 |
|---|---|---|---|---|
| 本条所称商业秘密，是指不为公众所知悉，能为权利人带来经济利益，具有实用性并经权利人采取保密措施的技术信息和经营信息。 | 本条所称的商业秘密，是指不为公众所知悉、能为权利人带来经济利益、具有实用性并经权利人采取保密措施的技术信息和经营信息。 | 本法所称的商业秘密，是指不为公众所知悉、具有商业价值并经权利人采取相应保密措施的技术信息和经营信息。 | 本法所称的商业秘密，是指不为公众所知悉、具有商业价值并经权利人采取相应保密措施的技术信息、经营信息等商业信息。 | |
| 本条所称权利人，是指商业秘密的所有人和经商业秘密所有人许可的商业秘密使用人。 | | | | 本条所称权利人，是指商业秘密的所有人和经商业秘密所有人许可的商业秘密使用人。 |

三是，修订侵犯商业秘密罪，也是基于落实《中美第一阶段经济贸易协议》的需要。该协议第一章第二节即对商业秘密相关内容作出约定，其中第1.7条、第1.8条分别指向修订前《刑法》第219条中的犯罪门槛与行为类型规定。该协议第1.7条明确："双方应取消任何将商业秘密权利人确定发生实际损失作为启动侵犯商业秘密刑事调查前提的要求。中国：（一）作为过渡措施，应澄清在相关法律的商业秘密条款中，作为刑事执法门槛的'重大损失'可以由补救成本充分证明，例如为减轻对商业运营或计划的损害或重新保障计算机或其他系统安全所产生的成本，并显著降低启动刑事执法的所有门槛；以及（二）作为后续措施，应在可适用的所有措施中取消将商业秘密权利人确定发生实际损失作为启动侵犯商业秘密刑事调查前提的要求。"第1.8条明确："双方应规定刑事程序和处罚适用于对故意侵犯商业秘密的处理。中国的刑事程序和处罚应至少将出于非法目的，通过盗窃、欺诈、实体或电子入侵的形式侵犯商业秘密的行为，以及未经授权或不当使用计算机系统的行为列为禁止行为。"协议相关内容在本轮《刑法》修订中均得到了不同程度的体现。

因此，《刑法修正案（十一）》对侵犯商业秘密罪进行大幅度修改，主要是基于加强对商业秘密的刑事法律保障以及促进与前置法的相互协调两方面考虑，同时也兼顾了落实《中美第一阶段经济贸易协议》的客观需要。

## 三、条文释义

### （一）对本罪成立要件的解读

侵犯商业秘密罪，是指实施特定侵犯商业秘密行为，侵犯权利人（商业秘密的所有人和经商业秘密所有人许可的商业秘密使用人）的商业秘密，情节严重的行为。

**1. 本罪的客体**

关于本罪的犯罪客体，通说认为是他人的商业秘密权，即商业秘密的权利人对自己在特定的生产或者经营过程中，所形成、创造、整理和使用的特殊知识和信息享有的专有权利，属于财产权的一种。[①]不可否认，商业秘密权

---

① 高铭暄、马克昌主编：《刑法学》（第九版），北京大学出版社2019年版，第440页。

是侵犯商业秘密罪的客体，但从《刑法》将侵犯商业秘密罪规定于破坏社会主义市场经济秩序罪而非侵犯财产罪一章来看，宜认为该罪保护法益还包括国家对商业秘密的管理秩序。

根据《反不正当竞争法》，所谓商业秘密，是指不为公众所知悉、具有商业价值并经权利人采取相应保密措施的技术信息、经营信息等商业信息，由此可知，商业秘密应当具有新颖性（即不为公众所知悉），价值性（即具有商业价值），保密性（即权利人对其采取相应保密措施），信息性（即系技术信息、经营信息等商业信息）。对此：（1）就新颖性而言，显然无法要求商业秘密不为所有人所知，因为企业内部人员、与企业存在业务关系的人员等完全有可能合理地知晓该商业秘密，且其对商业秘密的知晓并不影响对商业秘密新颖与否的判定。据此，《最高人民法院关于审理不正当竞争民事案件应用法律若干问题的解释》对“新颖性”的定义为“有关信息不为其所属领域的相关人员普遍知悉和容易获得”，并明确了具有下列情形之一的，可以认定有关信息不构成“不为公众所知悉”：（一）该信息为其所属技术或者经济领域的人的一般常识或者行业惯例；（二）该信息仅涉及产品的尺寸、结构、材料、部件的简单组合等内容，进入市场后相关公众通过观察产品即可直接获得；（三）该信息已经在公开出版物或者其他媒体上公开披露；（四）该信息已通过公开的报告会、展览等方式公开；（五）该信息从其他公开渠道可以获得；（六）该信息无需付出一定的代价而容易获得。此外，根据《商业秘密保护规定（征求意见稿）》，已经在国内外公开使用的信息也不构成“不为公众所知悉”。（2）就价值性而言，商业秘密应具有现实或潜在的商业价值，并能为权利人带来商业利益或竞争优势。对于该信息能够给权利人带来经济收益的，对其生产经营产生重大影响的，通常应认为具有价值性；权利人为获得该信息付出了相应的价款、研发成本或者经营成本以及其他物质投入的，涉嫌侵权人以不正当手段获取或者试图获取权利人的商业秘密的，除非有相反证据，通常也可推定该信息具有商业价值。（3）就保密性而言，由于《反不正当竞争法》规定权利人对其采取相应保密措施即可，而不要求保密措施万无一失，故而不应对保密性的要求过于严苛。早期，国家工商行政管理总局对此即采取相对宽松的态度，“只要权利人提出了保密要求，商业秘密权利人的职工或与商业秘密权利人有业务关系的他人知道或应该知道存在商业秘密，即为权利人采取了合理的保密措施，职工或他人就对权利人承担保密义务”。[①]从《最高人民法院关于审理不正当竞争民事案件应用法律若干问题的解释》《商业秘密保护规定（征求意见稿）》体现的趋势来看，对保密性的认定标准较之前的答复意见有所提高，即要求权利人为防止信息泄露采取与商业秘密的商业价值、独立获取难度等因素相适应、合理且具有针对性的保密措施。人民法院应当根据所涉信息载体的特性、权利人保密的意愿、保密措施的可识别程度、他人通过正当方式获得的难易程度等因素，认定权利人是否采取了保密措施。[②]（4）就信息性而言，系指技术信息、经营信息等商业信息。其中，技术信息是指利用科学技术知识、信息和经验获得的技术方案，包括但不限于设计、程序、公式、产品配方、制作工艺、制作方法、研发记录、实验数据、技术诀窍、技术图纸、编程规范、计算机软件源代码和有关文档等信息；经营信息是指与权利人经营活动有关的各类信息，包括但不限于管理诀窍、客户名单、员工信息、货源情报、产销策略、财务数据、库存数据、战略规划、采购价格、利润模式、招投标中的标底及标书内容等信息。

值得进一步加以探讨的是，应如何理解《刑法修正案（十一）》删除了此前对商业秘密定义的表述呢？事实上，在《刑法修正案（十一）》的一审稿中，是存在关于商业秘密定义的规定的，即“本条所称商业秘密，是指不为公众所知悉、具有商业价值并经权利人采取相应保密措施的技术信息、经营信息等商业信息”。可见，立法者最初是希望对商业秘密的定义进行调整而非删除，以与修订后的《反不正当竞争法》相协调。此后，立法者选择了删除关于商业秘密的定义，主要应是基于以下理由：（1）从必要性上讲，罪刑规范的核心是规定犯罪的成立要件并为其配置轻重得当的刑罚。关于商业秘密的定义，只关系到对构成要件的具体解释，而不具有创设构成要件的功能。

---

① 国家工商行政管理局关于商业秘密构成要件问题的答复（工商公字〔1998〕第109号）。

② 根据《最高人民法院关于审理不正当竞争民事案件应用法律若干问题的解释》，“具有下列情形之一，在正常情况下足以防止涉密信息泄漏的，应当认定权利人采取了保密措施：（一）限定涉密信息的知悉范围，只对必须知悉的相关人员告知其内容；（二）对于涉密信息载体采取加锁等防范措施；（三）在涉密信息的载体上标有保密标志；（四）对于涉密信息采用密码或者代码等；（五）签订保密协议；（六）对于涉密的机器、厂房、车间等场所限制来访者或者提出保密要求；（七）确保信息秘密的其他合理措施”。

而且，考虑到刑法保障法的功能定位，即便不对商业秘密的定义进行规定，对商业秘密的理解都应与前置法保持协调。因此，从刑事立法的角度讲，在《刑法》中对商业秘密给出明确的定义并无显著的必要性。（2）从负效果上讲，司法法的核心在于法的安定性，刑法尤其如此。一部朝令夕改的刑法，很容易使国民在选择为与不为时陷入疑惑，进而减损其行动自由。2017年与2019年，全国人大常委会两轮对《反不正当竞争法》进行修订均涉及商业秘密的定义，前者主要是删除了诟病已久的“实用性”要件并对“价值性”要件作出调整，后者主要是扩充了商业信息的范围。严格来讲，由于前置法已对商业秘密作出了具有相当程度的实质性的修订，《刑法》理应同步对此作出相应调整，但如此可能会加快刑法修订的频率，破坏《刑法》的安定性。①更重要的是，从程序上讲，无论《刑法》如何希望与前置法的修改同步，都往往会囿于立法规划与议事规则的限制而产生时间差，那么，在存在“时间差”的这段时间里，如果适用前置法则会架空《刑法》的明文规定，如果适用《刑法》则会破坏前置法与《刑法》间关系，其弊端也是显而易见的。因此，《刑法修正案（十一）》二审稿删除关于商业秘密的定义规定是正确的。也正是从这个意义上讲，虽然立法者有意识地删除了关于商业秘密的定义规定，但这并不意味着刑事司法在判定是否属于商业秘密时可以因没有刑法的明文规定而恣意裁断，相反地，从刑法与前置法的关系出发，刑事司法对是否属于商业秘密的判断，依然必须围绕新颖性、价值性、保密性、信息性加以展开。行为对象并非商业秘密的，既不符合构成要件，也无法益侵害之可能。

**2.对本罪客观方面的把握**

侵犯商业秘密罪在客观方面表现为实施特定侵犯商业秘密的行为，并达情节严重的程度。

第一种行为类型系“以盗窃、贿赂、欺诈、胁迫、电子侵入或者其他不正当手段获取权利人的商业秘密的”。对此：（1）盗窃，系指通过秘密窃取方式获得商业秘密载体，或者采用复印、拍照等方式秘密获得商业秘密副本，或者采用偷听、偷看等方式知悉商业秘密并加以还原和再现等。（2）贿

① 特别是，如果《刑法》对所有前置法中的定义都进行规定，并随前置法修改而修改，则可以预见刑法修正案的出台速度将明显加快。

赂，系指通过给予知悉商业秘密的人以财物、财产性利益，以及其他不正当利益，以获取商业秘密的行为。值得注意的是，这里的贿赂与行贿罪中的贿赂有所区别，囿于成文刑法的限制，行贿罪中的贿赂必须是给予国家工作人员以“财物”，但此处的贿赂应做更为宽泛的理解，包括高消费娱乐、性贿赂等，其认定核心在于所给予内容的不正当性。（3）欺诈，系指通过虚构事实、隐瞒真相的方式，致使知悉商业秘密的人陷入错误认识，并基于错误认识向行为人告知商业秘密。（4）胁迫，系指以恶害相通告，使得知悉商业秘密的人基于恐惧告知商业秘密。这种胁迫不宜理解为抢劫罪中高度的胁迫，而应理解为类似于敲诈勒索罪中低度的胁迫。（5）电子侵入，系指行为人未经授权或超越授权，以病毒、“爬虫”等手段，通过侵入办公系统、服务器、邮箱、云盘、应用账户等信息系统，获取商业秘密。事实上，侵入信息系统获取商业秘密的行为常常会具有隐秘性进而被评价为“盗窃”，正因如此，《最高人民法院、最高人民检察院关于办理侵犯知识产权刑事案件具体应用法律若干问题的解释（三）》也规定：“采取非法复制、未经授权或者超越授权使用计算机信息系统等方式窃取商业秘密的，应当认定为刑法第二百一十九条第一款第一项规定的‘盗窃’。”在此背景下，将电子侵入这种方式单独列出，一方面符合国际立法趋势和中美经贸协定的约定，另一方面也能够更好地宣示此类行为的刑事违法性。（6）以其他不正当手段获取权利人商业秘密的，既要求具有手段的不正当性，也要求与盗窃、贿赂、欺诈、胁迫、电子侵入具有同质性。值得注意的是，一些原本属于修订前《刑法》中“利诱”的行为，如通过高薪挖走知悉商业秘密的人，[①]若认为此种行为难以被解释为修订后《刑法》中的“贿赂”，则宜以“以其他不正当手段获取权利人商业秘密”论。

第二种行为类型系“披露、使用或者允许他人使用以前项手段获取的权利人的商业秘密的”。对此：（1）披露，是指将权利人的商业秘密公开。这里的公开，既可以是口头的，也可以是书面的；既可以面向特定少数人，也可以面向不特定多数人。（2）使用，是指将权利人的商业秘密应用于自身的产品设计、产品制造、市场营销、改进工作、研究分析等方面。（3）允许他

① 以高薪为诱饵挖走知情雇员而获得商业秘密也是此前“利诱”的主要行为类型。周光权：《刑法各论》（第三版），中国人民大学出版社2016年版，第309页。

人使用，通说认为是指将获取的商业秘密有偿或无偿地交付给第三人使用，[①]对本项，只要行为人实施了交付、允许行为即为满足，被交付、被允许的一方是否实际在生产、经营过程中使用该商业秘密在所不问。可能有观点认为，从文义上看，由于只要行为人有允许他人使用商业秘密的行为即符合本项，因此，对于第三人本已握有的商业秘密，行为人允许其使用的，也应属于“允许他人使用”，而不必须是行为人将自己获取的商业秘密交付他人。我们不认同这样的理解，因为一方面，本项三种行为模式的共性即在于规制行为人不正当获取商业秘密后的处理行为，因而自己获取的商业秘密与允许他人使用的商业秘密理应具有同一性；另一方面，对于他人获取的商业秘密，行为人不应是“允许”其使用，因为行为人通常并无是否允许他人决定自己行为的权限，而且，行为人鼓励（心理上的帮助）、教唆他人实施侵犯商业秘密行为的，直接以共犯认定即可。总体来说，可以认为，本项中披露、使用、允许他人使用商业秘密的行为，是第一项中“以盗窃、贿赂、欺诈、胁迫、电子侵入或者其他不正当手段获取权利人的商业秘密”行为的下游行为和延伸。行为人既以盗窃、贿赂、欺诈、胁迫、电子侵入或者其他不正当手段获取权利人的商业秘密，又披露、使用或者允许他人使用该商业秘密的，直接以本罪论处即可，不数罪并罚。

第三种行为类型系“违反保密义务或者违反权利人有关保守商业秘密的要求，披露、使用或者允许他人使用其所掌握的商业秘密的”。对此：（1）“违反保密义务”系《刑法修正案（十一）》对本条文的修订之一，原表述为“违反约定”。之所以作如此修订，主要是因为“约定”在形式上通常表现为口头或书面约定，强调双方合意，而且也有正式与非正式之分，从解释论上讲解释空间较大，且解释越严格就越不容易认为属于“违反约定”。相反地，认定是否属于“违反保密义务”，关键在于分析义务来源，而基于约定产生的义务，显然可以为“违反保密义务”所包摄，因而在处罚范围上会更大，且受到解释路径的影响也会比较小，为商业秘密提供的保护也更为周延。（2）根

---

① 王作富主编：《刑法分则实务研究（中）》，中国方正出版社2010年版，第716页；马克昌主编：《百罪通论（上卷）》，北京大学出版社2014年版，第442页；周光权：《刑法各论》（第三版），中国人民大学出版社2016年版，第309页。

据《商业秘密保护规定（征求意见稿）》，“保密义务”或者“权利人有关保守商业秘密的要求”包括但不限于：通过书面或口头的明示合同或默示合同等在劳动合同、保密协议、合作协议等中与权利人订立的关于保守商业秘密的约定；权利人单方对知悉商业秘密的持有人提出的要求，包括但不限于对通过合同关系知悉该商业秘密的相对方提出的保密要求，或者对通过参与研发、生产、检验等知悉商业秘密的持有人提出的保密要求；在没有签订保密协议、劳动合同、合作协议等情况下，权利人通过其他规章制度或合理的保密措施对员工、前员工、合作方等提出的其他保守商业秘密的要求。（3）本项与本条第1款第2项在行为模式上都表现为“披露、使用或者允许他人使用”，区别在于本项中行为人获取商业秘密的行为具有合法性，主体通常为单位内部人员、与单位存在业务联系的人员等，是一种将合法持有的商业秘密非法处分的行为，具有一定程度的“背信”的特点；而前一项中行为人获取商业秘密的行为则具有非法性，即必须是通过《刑法》第219条第1款第1项中“以盗窃、贿赂、欺诈、胁迫、电子侵入或者其他不正当手段”获取的商业秘密。

第四种行为类型系“明知前款所列行为，获取、披露、使用或者允许他人使用该商业秘密的，以侵犯商业秘密论”。对此：（1）本条所规制的是从侵权人处获取、披露、使用或者允许他人使用商业秘密的行为，可以理解为是对间接侵犯商业秘密行为的处罚。其中，获取既可以是通过购买等方式获取，也可以是通过盗窃、贿赂、欺诈、胁迫、电子侵入等不正当方式获取。（2）在本款中，“允许他人使用”系通过《刑法修正案（十一）》新增，对此，同样应理解为是指将商业秘密有偿或无偿地交付给第三人使用。

在实施上述行为的基础上，《刑法》第219条规定，只有达到“情节严重”程度时，才可认定成立侵犯商业秘密罪。从修改背景上看，在《刑法修正案（十一）》出台以前，《刑法》第219条规定，只有在“给商业秘密的权利人造成重大损失”的情况下，才可认定成立侵犯商业秘密罪。然而，这一规定在实践中引发了诸多弊端，催生了《刑法修正案（十一）》对这一内容的修改。

在《刑法修正案（十一）》颁行前，2004年《最高人民法院、最高人民检察院关于办理侵犯知识产权刑事案件具体应用法律若干问题的解释》规定，给商业秘密的权利人造成损失数额在50万元以上的，属于“给商业秘密的权利人造成重大损失”；给商业秘密的权利人造成损失数额在250万元以上的，属于“造成特别严重后果”。但从既有损失来看，商业秘密所带有的经济价值涉及多个方面并包括“竞争优势”，故而因侵犯商业秘密而给权利人造成的既有损失往往涉及市场份额被削减、权利人竞争力减弱、开发成本不能收回等；从预期损失来看，因侵犯商业秘密而给权利人造成的损失还与商业秘密的新颖性程度、商业秘密的生命周期及其所处阶段、市场竞争状况、市场前景等均息息相关，[①]因此，在计算是否“给权利人造成重大损失”时，不仅计算标准和要素难以把握，[②]而且在刑事证明上也存在诸多难题。而且，这样的理解也很容易与“被害人因犯罪行为遭受的物质损失，是指被害人因犯罪行为已经遭受的实际损失和必然遭受的损失”[③]相矛盾。

在此背景下，在理论界试图对此作出回答但答案莫衷一是的同时，[④]2010年，《最高人民检察院、公安部关于公安机关管辖的刑事案件立案追诉标准的规定（二）》扩大了“给商业秘密的权利人造成重大损失”的认定标准，即“侵犯商业秘密，涉嫌下列情形之一的，应予立案追诉：（一）给商业秘密权利人造成损失数额在五十万元以上的；（二）因侵犯商业秘密违法所得数额在五十万元以上的；（三）致使商业秘密权利人破产的；（四）其他给商业秘密权利人造成重大损失的情形”。2020年，《最高人民法院、最高人民检察院关于办理侵犯知识产权刑事案件具体应用法律若干问题的解释（三）》也类似地

---

① 参见李某侵犯商业秘密案，载最高人民法院刑事审判第一、二、三、四、五庭主办：《中国刑事审判指导案例　第3卷》，法律出版社2017年版，第410页。

② 如周光权教授认为，在确定侵犯商业秘密行为造成的损失时，应综合考虑商业秘密市场占有额的大小、商业秘密的利用周期、商业秘密权利人的数量、侵权人的生产能力、被侵犯的商业秘密的权利人目前的产品销售情况等因素。对损失额的计算，要首先考虑权利人遭受的直接损失，同时适当估量计算侵权人非法获利数额的大小。周光权：《刑法各论》（第三版），中国人民大学出版社2016年版，第310—311页。

③ 《最高人民法院关于刑事附带民事诉讼范围问题的规定》（已失效）。

④ 相关讨论如周光权：《侵犯商业秘密疑难问题研究》，载《清华大学学报（哲学社会科学版）》2003年第5期；赵永红：《侵犯商业秘密罪危害结果的认定》，载《人民检察》2004年第7期；田宏杰、温长军：《侵犯商业秘密罪的规范解读和司法适用》，载《政法论坛》2009年第6期；等等。

规定："具有下列情形之一的，应当认定为'给商业秘密的权利人造成重大损失'：（一）给商业秘密的权利人造成损失数额或者因侵犯商业秘密违法所得数额在三十万元以上的；（二）直接导致商业秘密的权利人因重大经营困难而破产、倒闭的；（三）造成商业秘密的权利人其他重大损失的。"然而，鉴于商业秘密的特殊性，侵犯商业秘密案件中行为人违法所得的数额与权利人所受损失未必等同，以"因侵犯商业秘密违法所得数额"作为认定是否给权利人造成重大损失的依据，明显违背了《刑法》第219条的规定，可谓是一种将取得型财产犯罪中的认定思路套用在侵犯商业秘密罪中的错误又无奈的选择。①

《刑法修正案（十一）》将该条款中的罪量要素由"给商业秘密的权利人造成重大损失"改为"情节严重"，可以说正是基于上述弊端所做的调整。对于情节严重，既可以包摄给权利人造成重大损失的情形（包括损失数额达一定程度、致使权利人因经营困难而破产或倒闭等），也可以覆盖行为人违法所得数额较大的情形。至于损失数额或者违法所得数额的具体计算，依据《最高人民法院、最高人民检察院关于办理侵犯知识产权刑事案件具体应用法律若干问题的解释（三）》，可以按照下列方式认定："（一）以不正当手段获取权利人的商业秘密，尚未披露、使用或者允许他人使用的，损失数额可以根据该项商业秘密的合理许可使用费确定；（二）以不正当手段获取权利人的商业秘密后，披露、使用或者允许他人使用的，损失数额可以根据权利人因被侵权造成销售利润的损失确定，但该损失数额低于商业秘密合理许可使用费的，根据合理许可使用费确定；（三）违反约定、权利人有关保守商业秘密的要求，披露、使用或者允许他人使用其所掌握的商业秘密的，损失数额可以根据权利人因被侵权造成销售利润的损失确定；（四）明知商业秘密是不正当手段获取或者是违反约定、权利人有关保守商业秘密的要求披露、使用、允许使用，仍获取、使用或者披露的，损失数额可以根据权利人因被侵权造成销售利润的损失确定；（五）因侵犯商业秘密行为导致商业秘密已为公众所知悉或者灭失的，损失数额可以根据该项商业秘密的商业价值确定。商业秘密的商业价值，可以根据该项商业秘密的研究开发成本、实施该项商业秘密的

---

① 在取得型财产犯罪中，行为人所获利益与被害人所受损失通常是同一的，如盗窃5万元现金的行为，被害人所受损失与行为人所获利益具有等值性，但侵犯商业秘密罪则与此不同。

收益综合确定；（六）因披露或者允许他人使用商业秘密而获得的财物或者其他财产性利益，应当认定为违法所得。”其中，上述第2项、第3项、第4项规定的权利人因被侵权造成销售利润的损失，可以根据权利人因被侵权造成销售量减少的总数乘以权利人每件产品的合理利润确定；销售量减少的总数无法确定的，可以根据侵权产品销售量乘以权利人每件产品的合理利润确定；权利人因被侵权造成销售量减少的总数和每件产品的合理利润均无法确定的，可以根据侵权产品销售量乘以每件侵权产品的合理利润确定。商业秘密系用于服务等其他经营活动的，损失数额可以根据权利人因被侵权而减少的合理利润确定。商业秘密的权利人为减轻对商业运营、商业计划的损失或者重新恢复计算机信息系统安全、其他系统安全而支出的补救费用，应当计入给商业秘密的权利人造成的损失。

除给权利人造成重大损失或行为人违法所得数额较大外，“情节严重”通常还可考虑以下情形：（1）从手段上看，如通过大众媒体或互联网等媒介披露商业秘密，影响范围较广的；（2）从主体上看，如特殊主体实施侵犯商业秘密行为或强令他人实施侵犯商业秘密行为的；（3）从结果上看，除造成权利人破产、倒闭、清算等，还可考虑造成国家、社会重大经济损失，或具有恶劣社会影响的。具体何为“情节严重”，还有待最高人民法院、最高人民检察院、公安部等有关单位及时总结实践中的各种情况，适时出台司法解释，以统一法律适用。当然，需要注意的是，由于侵犯商业秘密行为同时也会面临民事、行政责任，因而在制定司法解释时，应注意不同法律责任间的比例性问题，以在保护法益的同时恪守刑法的谦益性、充分发挥不同法律部门的作用。

**3.本罪的罪过形式及内容**

本罪的主观方面为故意。在《刑法修正案（十一）》出台以前，曾有学者认为，对于“明知或者应知前款所列行为，获取、使用或者披露他人的商业秘密的，以侵犯商业秘密论”的规定，这里的“应知”系指应当知道但实际并不知道的情形，属于疏忽大意的过失，由此认为《刑法》第219条第2款的行为可表现为故意，也可表现为过失。[①]然而：（1）故意与过失是两种完全不

---

① 参见马克昌主编：《百罪通论（上卷）》，北京大学出版社2014年版，第446页。

同的罪过形式，认为《刑法》在一个条文的其中一款中同时规定了故意侵犯商业秘密罪与过失侵犯商业秘密罪，于法无据。（2）过失侵犯商业秘密行为可谴责性较低，正因如此，学者们也坦承即使认为侵犯商业秘密罪可表现为过失，也或主张只能处罚重大过失，或主张应在量刑上特别地予以从轻。[①]然而，无论是将过失区分为重大过失与一般过失且只处罚前者，还是单独对过失侵犯商业秘密罪予以从轻处罚，均缺乏明确的法律依据和有说服力的法理支持。（3）过失犯罪，法律有规定的才负刑事责任，但我国《刑法》并无将"应知"作为过失犯文理依据的他例。（4）由于行为人主观内容有时难以证明，司法实践常常以是否"应当明知"作为判定行为人实际上是否"明知"的依据，并依此认定故意犯罪的成立，[②]这也获得了许多司法解释的认同，[③]故而不能认为从"应知"中可以推导出存在过失侵犯商业秘密罪。

基于上述分析，我们认为，即使在《刑法修正案（十一）》出台前，尽管《刑法》第219条对侵犯商业秘密罪中的特定行为类型规定了"应知"，但不能以此作为认为侵犯商业秘密罪存在过失形态的依据，而应认为这里的"应知"旨在提示，在行为人主观内容难以探寻的场合，可以行为人是否应当知晓作为推定行为人是否实际知晓的依据。从这个意义上讲，由于《刑法修正案（十一）》删除了"应知"的表述，侵犯商业秘密罪主观上是否可为过失的争论当能平息，但这并不意味着不能以"应当明知"作为判定行为人是否实际"明知"的参照，这是需要提示各位读者的。

### （二）本罪认定中应注意的几个问题

一是关于本罪罪与非罪的认定。需要提示的是：（1）对于通过反向工程等方式获取的商业秘密，不应认定成立侵犯商业秘密罪。所谓反向工程，是

---

① 参见马克昌主编：《百罪通论（上卷）》，北京大学出版社2014年版，第446—447页。

② 如最高人民检察院发布12起检察机关服务保障长江经济带发展典型案例（第二批）中的"重庆市涪陵区张某某、王某某跨省非法处置危险废物污染环境案"；最高人民检察院发布检察机关依法惩治和预防毒品犯罪典型案例中的"杨某洗钱案"等。

③ 如《最高人民法院、最高人民检察院关于办理侵犯知识产权刑事案件具体应用法律若干问题的解释》规定："具有下列情形之一的，应当认定为属于刑法第二百一十四条规定的'明知'：……（四）其他知道或者应当知道是假冒注册商标的商品的情形。"

指通过技术手段对从公开渠道取得的产品进行拆卸、测绘、分析等而获得该产品的有关技术信息。在此情形下，由于公共空间的所有内容均为公众所有，任何人对其没有独占权，而行为人是通过对公开渠道获取的产品进行的独立探究，并不存在侵犯商业秘密的行为，不应认定成立侵犯商业秘密罪。（2）合法持有商业秘密的人基于维护公共利益的需要实施披露商业秘密等行为的，能否阻却犯罪的成立值得进一步探讨，这里关键涉及法益衡量的问题，即如果行为人所保护的法益（公共利益）大于或等于所侵害的法益（即权利人的商业秘密权和国家的商业秘密管理秩序），则应允许阻却其披露等行为的违法性。正因如此，《商业秘密保护规定（征求意见稿）》也规定："下列行为不属于侵犯商业秘密行为：……（四）商业秘密权利人或持有人的员工、前员工或合作方基于环境保护、公共卫生、公共安全、揭露违法犯罪行为等公共利益或国家利益需要，而必须披露商业秘密的。"

二是关于本罪与侵犯财产类犯罪的区别。侵犯商业秘密罪可以盗窃的方式实施，由此涉及盗窃罪与侵犯商业秘密罪的关系，[①]并进一步涉及以抢夺、抢劫内含商业秘密的文件等方式侵犯商业秘密的，应如何进行认定。对此可能有两种思路：第一，认为侵犯商业秘密罪与侵犯财产罪成立特别与一般的关系，以商业秘密为犯罪对象的，应依特别优于一般的原理认定成立侵犯商业秘密罪；第二，认为侵犯商业秘密罪与侵犯财产罪存在本质差异，二者间无法成立法条竞合关系，符合想象竞合、牵连犯等的，可依据相关规则作出处断。我们赞同后一种理解，理由在于：侵犯商业秘密罪与盗窃罪、抢夺罪、抢劫罪等有着显著的区别，通常来说，财产犯罪中犯罪对象的财产价值具有直接性与确定性，如盗窃一张珍贵的照片，无论该照片对被害人如何重要、无论拍摄过程如何复杂、无论被害人投入了多大精力拍摄该照片，都不会使该照片的价值增值。但是，商业秘密的价值则不具有侵犯财产罪意义上的直接性与确定性，"其取得需要成本，其使用能带来收益或者形成竞争优势，其经济价值不是在一次使用中就被用尽，而是在未来相当长的时间里逐渐转化

① 事实上，在1997年《刑法》增设侵犯商业秘密罪之前，盗窃商业秘密行为正是以盗窃罪加以处理的。《最高人民检察院、国家科学技术委员会关于办理科技活动中经济犯罪案件的意见》规定："对非法窃取技术秘密，情节严重的，以盗窃罪追究刑事责任。"

为现实经济利益”，[①]因此，即便行为人窃取商业秘密，权利人也未必立即受到直接的、确定的财产损失，行为人也未必立即获取直接的、确定的财产利益，甚至从更长的时间维度来看权利人的损失与行为人的获利也是不确定的，正因如此才带来了前述“唯结果论”的认定困境。更深入地进行分析，上述现象背后的原因在于侵犯商业秘密罪中商业秘密之价值的“失控”与“控制”和侵犯财产罪中财产的“失控”与“控制”的生成机理存在本质差别，故二者不成立法条竞合的关系。当然，如果盗窃、抢夺、抢劫的行为对象本身在价值上达到了侵犯财产罪的处罚标准，如盗窃内含商业秘密的价值5万元的电脑，可以按照牵连犯、想象竞合犯等原理进行处理。

三是侵犯商业秘密罪与商业间谍犯罪的区别。《刑法修正案（十一）》特别规定：“为境外的机构、组织、人员窃取、刺探、收买、非法提供商业秘密的，处五年以下有期徒刑，并处或者单处罚金；情节严重的，处五年以上有期徒刑，并处罚金。”两罪中，行为人都实施了获取或非法提供商业秘密的行为，其差别主要在于：（1）发生场景不同，商业间谍犯罪系服务于境外机构、组织、人员的犯罪，侵犯商业秘密罪无此要求。（2）行为方式不同，商业间谍犯罪的罪状表述明显参照了为境外窃取、刺探、收买、非法提供国家秘密、情报罪，而侵犯商业秘密罪的行为类型相比之下更加丰富。（3）罪量要素不同，商业间谍犯罪中，行为人只要实施为境外的机构、组织、人员窃取、刺探、收买、非法提供商业秘密的行为即成立该罪，但侵犯商业秘密罪必须达到情节严重的程度。需要注意的是，并非所有与境外有关的侵犯商业秘密行为都成立商业间谍犯罪，如行为人在盗窃商业秘密相关文件后将其带至境外用于自身经营，情节严重的，显然不符合商业间谍罪的成立要件，应认定为侵犯商业秘密罪。

此外，由于侵犯商业秘密可以电子入侵的方式进行，获取的数据也多种多样，因此完全可能与非法获取计算机信息系统数据罪、侵犯公民个人信息罪等犯罪发生竞合，对此，通常可以考虑以牵连犯、想象竞合犯等加以解决。

---

① 马克昌主编：《百罪通论（上卷）》，北京大学出版社2014年版，第445页。

## 四、以案说法

**【案例】张某、泽某侵犯商业秘密案**[①]

2005年10月、2006年7月，被告人泽某、张某分别加入易罗公司，先后担任公司研发经理及产品部经理、副总经理，两被告人入职时均与公司签订了《劳动合同》及《员工保密合同》。2010年起，易罗公司开始自主研发“集思宝”移动GIS数据采集器，其中一款定名为E750型，被告人张某、泽某担任研发工作的主要组织、领导者，两人均掌握了GIS采集器的相关技术信息及经营信息，包括该产品核心部件PCBA板设计的相关技术秘密。2010年底，两被告人共谋离开易罗公司自行另设新公司并经营原公司的同类产品，遂委托上海恒途信息科技有限公司设计、制作PCBA板，欲再自行采购其他零部件后组装出类似GIS采集器销售后牟利。2011年1月17日，被告人张某违反公司相关保密规定，通过其个人邮箱，将包含有E750产品PCBA板设计图纸等的邮件发送给上海恒途信息科技有限公司吴某，用于设计、制作其GIS采集器的PCBA板。同月25日，被告人泽某通过私人邮箱将包含有E750产品制板工艺文件等的邮件发送给吴某，同年3月又将包含有E750产品相关技术内容的邮件通过私人邮箱发送给吴某。后上海恒途信息科技有限公司共计交付两被告人PCBA板500余片。2011年3月，被告人张某与冯某（系被告人泽某之丈夫）、宋某三人成立了昊纬公司，注册资金100万元，张某为法定代表人，公司经营范围为信息技术、电子产品、机械设备领域内的技术开发、咨询、服务、转让，电子产品、机械设备、电子元器件、计算机软硬件的销售。同年4月，被告人张某、泽某从易罗公司离职后进入昊纬公司，张某担任总经理，泽某为研发经理。两被告人组织他人将上海恒途信息科技有限公司生产的PCBA板及采购的其他零部件组装成GIS数据采集器，并定型为S10对外销售。2011年9月，被告人张某又委托深圳中恒泰电子科技有限公司生产PCBA板，由昊纬公司员工潘某（原易罗公司硬件工程师，负责E750等产品的开发，2011年6月被公司开除）根据两被告人提供的S10采集器设计出改进图纸，并

---

① 上海市徐汇区人民法院（2014）徐刑（知）初字第12号刑事判决书。

由被告人泽某将相关文件发送给深圳中恒泰电子科技有限公司，据此该公司共计生产PCBA板1,000余片，亦由两被告人组织他人组装成GIS数据采集器，并定型为S12对外销售后牟利。经鉴定，2011年8月18日至2012年4月26日，昊纬公司共计销售GIS采集器1,520台，合计金额3,806,555元；易罗公司的GIS采集器系由该公司先销售给合众思壮公司下属子公司，再由下属子公司销售给直接用户。2011年1月至7月，易罗公司销售给合众思壮公司下属子公司GIS产品的平均销售单价为1,709.40元，平均单位销售利润为552.27元；合众思壮公司下属子公司销售给直接用户的平均销售单价为3,607.90元，平均销售利润为1,898.50元。

本案中，行为人系易罗公司GIS数据采集器研发工作的领导者、组织者，掌握着公司大量的技术及经营信息，且在与公司订立劳动合同及保密协议时均已明知自己的保密义务并承诺加以遵守，在其情形下，违反约定使用其所掌握的商业秘密，符合侵犯商业秘密罪的成立条件。由于本案发生于《刑法修正案（十一）》出台以前，在该案审理过程中，一个重要的争议焦点在于是否满足“给商业秘密的权利人造成重大损失”。对此，人民法院的意见是：“本案中，公诉机关系以侵权人侵权产品的销售数量乘以权利人同期相关产品的平均销售利润的计算方法，得出了权利人的直接经济损失，根据相关司法解释规定及司法实践中的普遍做法，权利人因被侵权所受到的损失可以根据权利人因侵权所造成销售数量减少的总数乘以每件产品的合理利润所得之积计算，销售数量减少的总数难以确定的，侵权产品的销售总数乘以权利人每件产品的合理利润所得之积可以视为权利人因被侵权所受到的损失。基于GIS数据采集器同类产品的市场广泛性及竞争性，易罗公司相关GIS数据采集器销售数量的起伏不必然系被告人生产侵权产品所造成的结果，具有不确定性，而被告人侵权产品的销售数量不仅直接反映了侵权行为的客观事实，以其乘以权利人每件产品的合理利润所得之积也直接、客观地反映了权利人被侵权后的直接损失，故本案中公诉机关认定权利人经济损失的计算方法合理、合法，本院予以采纳。”从这一说理来看，一方面，合议庭从市场的广泛性与竞争性出发，认为易罗公司相关GIS数据采集器销售数量的起伏与行为人的侵犯商业秘密的行为间不具有刑法意义上确定的因果关系，这一认定显然是准确的。另一方面，合议庭认为以侵权人侵权产品的销售数量乘以权利人同期相关产品的平均销售利润，可以还原权利人的经济损失，但问题在于，考虑到市场经营活动的不确定性，如何可以认定行为人销售的数量就一定等同于权利人应当销售而没有销售的数量，进而借此认定权利人的直接损失呢？产品的销量大小，并非单纯取决于产品原创性的有无，与产品定位、产品定价、品牌口碑、目标市场、销售策略、区位因素等均有很大关联，因此，不能以行为人销售GIS采集器1,520台为由，便认定若行为人不实施侵权行为，权利人便一定能够同样地销售GIS采集器1,520台，这二者间同样不具有刑法意义上的关联性。这便回归到了本文此前所提到的，《刑法修正案（十一）》出台以前本罪中“给商业秘密的权利人造成重大损失”这一罪量要素的弊端。可以预见，随着《刑法修正案（十一）》对该罪罪量要素的调整，尽管类似案件的审理思路与审理结论不会有太大变化，但人民法院日后在审理此类案件的过程中，特别是在裁判说理时，应当会更加从容。

# 第十八节　为境外窃取、刺探、收买、非法提供商业秘密罪的增设

**【新增条文】第二百一十九条之一**　为境外的机构、组织、人员窃取、刺探、收买、非法提供商业秘密的，处五年以下有期徒刑，并处或者单处罚金；情节严重的，处五年以上有期徒刑，并处罚金。

## 一、立法主旨

《刑法修正案（十一）》第23条增设了为境外窃取、刺探、收买、非法提供商业秘密罪。该罪规定在刑法分则第三章破坏社会主义市场经济秩序罪第七节侵犯知识产权罪中，列在《刑法》第219条侵犯商业秘密罪之后。如此立法安排，使得该罪被视为侵犯知识产权罪的一种。

## 二、修改理由

《刑法修正案（十一）》增设为境外窃取、刺探、收买、非法提供商业秘密罪，其目的在于优化营商环境。①

为境外的机构、组织、人员窃取、刺探、收买、非法提供商业秘密，实际上也属于侵犯商业秘密罪的一种表现形式。不过，比较而言，为境外的机构、组织、人员窃取、刺探、收买、非法提供商业秘密，其危害性更为严重，因为由此可能对国家的经济安全产生不利影响。例如，为境外机构非法提供大型国有企业的商业秘密，可能导致国有企业对外投资失败或者造成巨大经济损失。将这类行为单独规定为犯罪并配置以较高的法定刑，对惩治这类危害行为是必要的。

## 三、条文释义

理解、适用为境外窃取、刺探、收买、非法提供商业秘密罪，应主要考虑以下几个问题：

### （一）如何理解“境外的机构、组织、人员”

境外，包括国境和边境之外，前者指我国领域之外的国家和地区，后者指中国范围内不同法域的边界，如内地与香港、内地与澳门、大陆与台湾。如果行为人为在我国台湾地区的机构、组织、个人非法提供商业秘密，即属于为境外的机构、组织、个人非法提供。“机构、组织”可以从一般语义加以界定。机构，可以指任何官方或民间机构；组织，包括任何以特定目的形成的单位，包括公司、企业以及从事市场咨询服务的各种类型单位，如律师事务所、审计师事务所、会计师事务所等。

---

① 李宁：《关于〈中华人民共和国刑法修正案（十一）（草案）〉的说明》，2020年6月28日在第十三届全国人民代表大会常务委员会第二十次会议上。

### （二）对行为手段的理解

本罪的行为手段包括窃取、刺探、收买和非法提供。窃取，就是以秘密手段非法获取商业秘密，例如盗取文件或者使用电脑、照相设备等方式取得商业秘密。刺探，是指使用探听、侦察、搜集、骗取等方式取得商业秘密，以抢劫或抢夺方式取得商业秘密的，可以理解为是一种刺探行为。收买，是指利用金钱、物质或者其他利益换取商业秘密。非法提供，是指违反法律规定，向境外机构、组织、个人提供商业秘密。

### （三）商业秘密的界定

对本罪中商业秘密的理解，应和第219条侵犯商业秘密罪中“商业秘密”作同样解释。《刑法修正案（十一）》删去了第219条第3款有关商业秘密的规定。不过，对两罪商业秘密的理解，应和《反不正当竞争法》第9条第4款规定的商业秘密的定义保持一致，“是指不为公众所知悉、具有商业价值并经权利人采取相应保密措施的技术信息、经营信息等商业信息。”

如果为境外机构、组织和个人提供的商业秘密同时具有国家秘密性质时，同时触犯《刑法》第111条为境外窃取、刺探、收买、非法提供国家秘密罪，这种情形属于想象竞合犯，应按照重罪即为境外窃取、刺探、收买、非法提供国家秘密罪定罪处罚。

### （四）本罪的罪过形式及内容

本罪的罪过为故意。在具体案件判断过程中，应考虑两个问题：一是，行为人对获取商业秘密的对象是“境外机构、组织、人员”存在明知，至于行为人是否知道与其接洽的人属于哪个机构或者组织不影响明知的判断。例如，行为人知道索取本单位商业秘密的人是A国人，但不知道A是该国哪个公司的员工，这种情形下，就认为其有为境外非法提供商业秘密的故意。二是，行为人应对提供的信息属于商业秘密存在明知。对此，应从所提供的信息本身来进行判断，即是否存在相应的保密措施。如果行为人知道某一信息为所有人采取保密措施，就可以认定行为人对该信息属于商业秘密存在明知。

如果行为人缺少第一个明知，但存在第二个明知，即明知自己的行为是窃取、刺探、收买、非法提供商业秘密的行为，但并不知道需求方为境外的机构、组织或个人，那么，不应以本罪论处，而应考虑以侵犯商业秘密罪论处。如果行为人存在第一个明知，但缺少第二个明知，则不应作为犯罪处理。

### （五）为境外窃取、刺探、收买、非法提供商业秘密罪的定罪标准

从本罪罪状表述看，只要实施为境外的机构、组织、人员窃取、刺探、收买、非法提供商业秘密的行为，就构成本罪。不过，考虑到《刑法》第13条"但书"的规定，实施这类行为也应达到一定程度才能作为犯罪处理，从学理上可以将之作为抽象危险犯看待，即只要给商业秘密的所有人的经营利益或者财产利益带来抽象危险时，才作为犯罪处理；如果综合案件事实情节考量，尚达不到这一程度的，则不作为犯罪处理。

## 四、以案说法

**【案例】胡某某商业间谍案**[①]

胡某某利用担任力拓新加坡公司上海代表处首席代表并负责在中国地区销售铁矿石及发展长期销售协议客户的职务便利，为相关单位谋取利益，分别非法收受他人财物共计折合人民币646.24万余元。2005年4月至2009年6月，胡某某、王某、葛某某、刘某某为了使力拓公司获得更多的销售利润并谋求其在公司的地位和提高收入，采取利诱及其他不正当手段，通过中国首钢国际贸易工程公司总经理助理谭某某、山东莱钢国际贸易有限公司国际海运部经理王某2等人，多次获取中国有关钢铁企业的商业秘密。公诉机关据此认为，被告人胡某某、王某、葛某某、刘某某利用职务便利为他人谋取利益，分别索取或非法收受他人财物，数额巨大；胡某某作为单位直接负责的主管人员，王某、葛某某、刘某某作为单位其他直接责任人员，采取利诱及其他不正当手段获取商业秘密，并造成特别严重后果。上海市第一中级人民法院判决，被告人胡某某等人构成非国家工作人员受贿罪和侵犯商业秘密罪，判

① 上海市第一中级人民法院(2010)沪一中刑初字第34号刑事判决书。

处胡某某有期徒刑十年，并处没收财产和罚金人民币100万元；王某有期徒刑十四年，并处没收财产和罚金人民币520万元；葛某某有期徒刑八年，并处没收财产和罚金人民币80万元；刘某某有期徒刑七年，并处没收财产和罚金人民币70万元；违法所得均予以追缴。

该案中胡某某等人除构成非国家工作人员受贿罪外，其通过收买等不正当手段获取中国有关钢铁企业的商业秘密并造成严重后果，构成《刑法》第219条侵犯商业秘密罪。如果这类行为发生在《刑法修正案（十一）》施行之后，则应按照为境外窃取、刺探、收买、非法提供商业秘密罪处理。

## 第十九节　侵犯知识产权罪单位犯罪条款的修改

**【修正前条文】第二百二十条**　单位犯本节第二百一十三条至第二百一十九条规定之罪的，对单位判处罚金，并对其直接负责的主管人员和其他直接责任人员，依照本节各该条的规定处罚。

**【修正后条文】第二百二十条**　单位犯本节第二百一十三条至第二百一十九条之一规定之罪的，对单位判处罚金，并对其直接负责的主管人员和其他直接责任人员，依照本节各该条的规定处罚。

### 一、立法主旨

《刑法修正案（十一）》调整了《刑法》分则第三章“破坏社会主义市场经济秩序罪”中第七节“侵犯知识产权罪”的单位犯罪规定，即肯定单位可以作为商业间谍犯罪的犯罪主体，实现侵犯知识产权罪中单位犯罪的“全覆盖”。

### 二、修改理由

从立法沿革的角度加以观察，在1979年《刑法》中虽有关于侵犯知识产权犯罪的规定，但单位并不是适格的犯罪主体，因为在当时的立法中，并未承认法人刑事责任，且在很长一段时间里，法人不负刑事责任也是理论界的共识，并主要从罪过原理、罪责自负原则、共同犯罪理论、刑罚目的等方面加以论证。1987年1月，全国人大常委会通过了《海关法》，其中第47条第4款规定："企业事业单位、国家机关、社会团体犯走私罪的，由司法机关对其主管人员和直接责任人员依法追究刑事责任；对该单位判处罚金，判处没收走私货物、物品、走私运输工具和违法所得。"在立法层面开创了我国肯定单位犯罪的先河。随着改革开放事业的发展，立法机关与法学研究者对单位犯罪的态度越来越积极，在侵犯知识产权犯罪的层面上，即表现为1993年《全国人民代表大会常务委员会关于惩治假冒注册商标犯罪的补充规定》第3条、[①]1994年《全国人民代表大会常务委员会关于惩治侵犯著作权的犯罪的决定》第3条，[②]均将单位作为相关犯罪的犯罪主体。受这一趋势影响，在1997年《刑法》的修订过程中，考虑到许多单位参与侵犯知识产权犯罪活动，谋取非法利益的情况较为突出，为加大对侵犯知识产权犯罪的打击力度，进一步维护权利人的合法权利，《刑法》在第220条专门为侵犯知识产权罪一节所有罪名配置了单位犯罪条款。[③]

从体系上讲，这样的立法模式在《刑法》分则第三章中并不鲜见，如《刑法》第150条规定："单位犯本节第一百四十条至第一百四十八条规定之罪的，对单位判处罚金，并对其直接负责的主管人员和其他直接责任人员，依照各该条的规定处罚。"第231条规定："单位犯本节第二百二十一条至第二百三十条规定之罪的，对单位判处罚金，并对其直接负责的主管人员和其他直接责任人员，依照本节各该条的规定处罚。"如此规定，既能实现单位犯罪在同一类型犯罪若干具体罪名中的全面覆盖，又能实现罪刑规范用语力求简洁的目标，应当予以肯定。

基于上述背景，由于商业间谍犯罪属于侵犯知识产权犯罪的一种特殊

---

① "企业事业单位犯前两条罪的，对单位判处罚金，并对直接负责的主管人员和其他直接责任人员依照前两条的规定追究刑事责任。"

② "单位有本决定规定的犯罪行为的，对单位判处罚金，并对其直接负责的主管人员和其他直接责任人员，依照本决定的规定处罚。"

③ 郎胜主编：《中华人民共和国刑法释义》，法律出版社2015年版，第359页。

类型并可由单位实施，因此在《刑法修正案（十一）》增设商业间谍犯罪的背景下，调整《刑法》第220条的规定，将单位犯罪条款覆盖至为境外窃取、刺探、收买、非法提供商业秘密罪，也便成为一种自然而然的选择。而且，从广义上讲，商业间谍犯罪本身就是侵犯商业秘密犯罪中的一种特殊类型，如美国《经济间谍法》（Economic Espionage Act）即规定了侵犯商业秘密的两种不同行为类型——商业间谍（economic espionage）与盗窃商业秘密（theft of trade secrets），[①]因此，从体系协调性出发，在没有特别理由的情况下，也不宜对两种本质相同或相似犯罪的犯罪主体作出不一致的规定。此外，这一调整也与《中美第一阶段经济贸易协议》的约定相一致，即“双方应确保所有自然人和法人均可承担侵犯商业秘密的法律责任”，“中国应将侵犯商业秘密的‘经营者’定义为包括所有自然人、组织和法人”。

## 三、条文释义

本条在文义上无需做过多解读，即单位可以作为侵犯知识产权罪项下各罪名的犯罪主体。在此，可以附带探讨的是，单位刑事归责的依据何在，如何对单位进行刑事归责？对此，我国司法实践的总体立场是，凡以单位名义实施犯罪，违法所得归单位所有的，是单位犯罪。[②]然而，这种相对粗疏判断模式既不考虑单位的意志或决策机制，也不考虑单位的内部治理结构，导致实践中存在将单位犯罪认定扩大化的倾向，以及自然人拿单位作“垫背”的现象，且难以发挥犯罪预防的功能，故而需要我们反思单位犯罪中的归责问题。

从比较法上看，关于法人刑事责任的肯否与认定，经历了多轮嬗变的历程：（1）刑事责任否定论时期：“单位不能犯罪”（societas delinquere non potest）是一句古老的法谚，英美法系国家曾一度对法人刑事责任持否定态度，大陆法系国家亦然，究其原因，主要包括法人不具有犯罪所需的生理、心理

---

① See §1831 & §1832, Economic Espionage Act.

② 参见2001年1月21日最高人民法院《全国法院审理金融犯罪案件工作座谈会纪要》。

条件，难以契合本人出庭原则，难以与既有刑事制裁系统相匹配，双罚制有违“一事不二罚”原则，以罚金刑为刑事制裁与行政处罚差异不大，法人不受伦理上的谴责等。[①]（2）严格责任时期：工业革命以后，法人以各种方式进入公民日常生活，其不履行相关义务的行为将给公众造成损害。在此背景下，英国1842年R *v.* Birm. And Rlwy案成为第一起法人不作为犯罪的案件。此后直至20世纪初，英美国家都否认法人可以实施以故意或过失等主观罪过为构成要件的犯罪，即原则上将法人刑事责任限定在违反法定义务罪等严格责任犯罪的范围内。[②]（3）代位责任时期：随着工业革命的推进，在英国，法人犯罪的范围不断扩充，其典型的归责原则便是替代责任原则（vicarious liability）与同一视原则（identification doctrine），前者系指企业可以替代性地对其雇员和代理人的行为承担责任，后者系指由于企业控制人（controlling officers）能够指引企业的行为和意愿，故而可以将企业控制人的行为与企业行为等而视之，借由企业控制人的行为令企业承担责任。[③]与此相似，美国法人犯罪归责原理的通说也是替代责任原理（vicarious liability），并源于New York Central & Hudson River Railroad Company *v.* U.S.（1909）一案中侵权法领域上级责任原理（respondeat superior）的引用。[④]可以明显地看到，无论是替代责任原理还是同一视原理，其归责逻辑都是“通过对法人内部自然人责任的认定来间接推论法人的刑事责任”，[⑤]故而是一种代位责任。（4）独立的责

---

① 参见卢建平、杨昕宇：《法人犯罪的刑事责任理论——英美法系与大陆法系的比较》，载《浙江学刊》2004年第3期。

② 参见李鄂贤：《法人刑事责任的本质转变与法人犯罪立法的未来改革》，载《法学杂志》2019年第5期。

③ See David Ormerod, Karl Laird, Smith and Hogan's Criminal Law 14th Edition, Oxford University Press 2015, p.294.

④ 上级责任本身是侵权法中令雇主为雇员的错误承担责任的一种归责原理，其本质是将雇员行为归咎于雇主。以该原则令法人承担刑事责任，最早在New York Central & Hudson River Railroad Company *v.* U.S. (1909) 中得以适用。在该案中，法院以这种归责原理否决了被告方关于令公司承担刑事责任会导致无辜的持股人受到损失，以及因在无法听证的情况下剥夺持股人财产而导致的违反正当程序原则的答辩意见。See Joel Samaha, Criminal Law 12th Edition, Cengage Learning 2017, pp.257–258.

⑤ 陈瑞华：《合规视野下的企业刑事责任问题》，载《环球法律评论》2020年第1期。

任建构时期：鉴于将自然人责任转化为法人责任存在诸多积弊，[①]许多学者建议从企业自身寻找法人刑事责任的归咎依据，对此可称“组织体理论”：“在起诉企业时，公诉方应当对一个附加的犯罪成立要件承担举证责任，那就是法人未能成功地采取合理措施和程序防范有关自然人实施构成要件行为。”[②]许多国家也开始将企业刑事责任的归责原则聚焦于企业自身的组织结构、企业文化等方面，如美国1991年《联邦组织量刑指南》，英国《2007年法人非预谋杀人罪法》和《2010年贿赂犯罪法》，澳大利亚2003年刑法修订等，均体现了对组织体罪责模式一定程度的认可。[③]近年来，在我国刑法学界，这种聚焦法人自身的独立的责任建构模式也获得了广泛的认同，[④]但整体来看，学界在其具体的建构路径上有所区别：（1）主观路径，即主张单位具有故意或过失，并将单位的结构、制度、宗旨、决策机制等作为推定单位故意或过失的要素；[⑤]（2）客观路径，即主张通过单位对特定义务的违反与否，以及单位内部治理或经营结构与危害行为与结果间的相关性等，作为对单位进行客观归责的基础，并放弃主观归责。[⑥]显然，无论何种路径，其均在归责的过程中体现了对企业作为一个组织体的具有独立性质的内容的关注，而不再聚焦于寻找可供代位或转嫁责任的自然人。

我们认为，对单位刑事归责应主要考虑两个方面，一是单位犯罪的归责前提是单位对特定义务的违反，二是单位犯罪的归责基础是单位内部治理或经营结构导致危害行为发生。进一步地，从合规的角度看，对单位进行刑事

---

① 相关批判如［美］约书亚·D.格林伯格、艾伦·D.布罗特曼：《公司及其主管的严格替代刑事责任：犯罪化边界的扩张》，许佳译，载《国家检察官学院学报》2014年第6期；黎宏：《组织体刑事责任论及其应用》，载《法学研究》2020年第2期。

② See Andrew Weissmann, David Newman, Rethinking Criminal Corporate Liability, 82 Ind. L. J. 411 (2007).

③ 参见史蔚：《组织体罪责理念下单位故意的认定：以污染环境罪为例》，载《政治与法律》2020年第5期。

④ 如黎宏：《组织体刑事责任论及其应用》，载《法学研究》2020年第2期；孙国祥：《刑事合规的刑法教义学思考》，载《东方法学》2020年第5期。

⑤ 如黎宏：《组织体刑事责任论及其应用》，载《法学研究》2020年第2期；史蔚：《组织体罪责理念下单位故意的认定：以污染环境罪为例》，载《政治与法律》2020年第5期。

⑥ 如时延安：《合规计划实施与单位的刑事归责》，载《法学杂志》2019年第9期。

归责，可依循如下步骤：第一，合规及其实施是判断公司是否违反义务的事实基础。当然，司法实践中必须仔细审查的是，“合规计划究竟只是一个纸上的项目（paper program），还是说它适当且有效地被设计、被执行、被评估、被订正”。[①]第二，应判断公司违反义务与危害结果的相关性。第三，自然人有权代表或依据委托以公司名义实施的行为就是公司的行为。第四，被视为公司的行为应符合具体单位犯罪的罪状要求。第五，公司决策及其内容是公司治理结构和运营方式的具体体现。第六，公司是否获利只是对其刑事归责的一个判断因素。[②]从以上角度出发，应当能够较好地区分自然人犯罪与单位犯罪，进而一方面较好实现犯罪预防目的，另一方面也避免因对企业的“误伤”而导致职工、投资人利益受损。

## 四、以案说法

**【案例】李某、闫某等侵犯著作权案**[③]

“Great Wall of China”拼装玩具等47个系列663款产品系乐高公司创作的美术作品，乐高公司根据该作品制作、生产了系列拼装玩具并在市场上销售。2015年起，被告人李某指使被告人杜某等人购买新款乐高系列玩具，并通过拆解研究，着手复制乐高玩具。2015年1月，李某指使杜某以个人名义注册乐拼玩具厂（后变更为利豪玩具厂），并在该厂进行1∶1复刻乐高玩具的设计、开模、生产，在智丽包装厂进行成品包装，在小巨蛋玩具厂进行仓储。2016年起，被告人闫某在担任李某司机期间，受李某指使注册汕头市澄海区龙军玩具厂（以下简称龙军玩具厂）作为乐拼玩具的生产厂家印制在乐拼玩具上，其还协助李某传达日常生产指令、督促加快完成生产进度，并将被告人李某2发送给其的出入库情况转发给李某。被告人张某受李某指使负责利豪玩具厂的生产经营，按照设计及销售人员给予的包装设计资料、物料清单、工艺流

---

① See the U.S. Department of Justice, Article 9–28.800, Principles of Federal Prosecution of Business Organizations, available at https://www.justice.gov/jm/jm–9–28000–principles–federal–prosecution–business–organizations.

② 时延安：《合规计划实施与单位的刑事归责》，载《法学杂志》2019年第9期。

③ 上海市高级人民法院（2020）沪刑终105号刑事裁定书。

程、销售出货单等，组织工人在利豪玩具厂对玩具胶件进行分拣、在智丽包装厂进行包装以及对每款玩具进行拼装测试，玩具成品包装好以后安排被告人李某2将存放于仓库内的成品玩具按照销售出货单对外发货。被告人王某在担任利豪玩具厂开发主管、美致公司创意开发部主管期间，帮助李某制作乐拼积木的物料清单。被告人王某2担任美致公司电商部负责人期间，帮助李某通过淘宝、速卖通、阿里巴巴等网络平台对外销售复制乐高玩具的乐拼玩具。被告人吕某担任利豪玩具厂工程部主管期间，根据李某指令对乐高玩具外包装、胶件等称重并将数据发给王某，对乐高正品玩具胶件进行清理、分拣，挑出乐高玩具的特殊件，并在李某指定的厂家委托他人对上述特殊件绘制3D图和进行开模。被告人余某在担任美致公司包装设计部经理期间，受被告人李某指使设计、申请“乐拼”商标。被告人李某2作为乐拼玩具仓储部主管，负责智丽厂仓库、小巨蛋仓库成品玩具出库管理，并根据王某2等人的销售出货单对外发货。2019年4月23日，上海市公安局在被告人李某租赁的厂房内查获用于复制乐高玩具的注塑模具88件、用于组装模具的零配件68件、乐拼玩具各类包装盒289,411个、乐拼玩具各类说明书175,141件、带有“汕头市乐拼玩具有限公司”字样的销售出货单5万余张、相关电脑、手机、复制乐高系列的乐拼玩具产品603,875件。经鉴定，乐拼的相关玩具、图册与乐高公司的相关玩具、图册相同或基本相同，构成复制关系。法院认为，被告人李某伙同闫某等人以营利为目的，未经著作权人许可，复制发行乐高公司享有著作权的美术作品，非法经营数额达3.3亿余元；被告人杜某作为经销商之一，未经著作权人许可，发行乐高公司享有著作权的美术作品，非法经营数额达621万余元，均属情节特别严重，各被告人的行为均已构成侵犯著作权罪，依法应予惩处。

在审理过程中，本案一个重要的争议焦点在于，案件是否属于美致公司单位犯罪。[①]法院否定了单位犯罪的成立，理由在于：（1）从“以单位名义实施犯罪”上看，虽然上诉人李某担任美致公司主要负责人，复刻乐高玩具由

① 根据《最高人民法院关于审理单位犯罪案件具体应用法律有关问题的解释》第2条的规定，个人为进行违法犯罪活动而设立公司、企业、事业单位实施犯罪的，或者设立后以实施犯罪为主要活动的，不以单位犯罪论处。故利豪玩具厂、龙军玩具厂显然不是本案犯罪主体。

其决定，但复制乐高玩具的乐拼玩具主要由利豪玩具厂生产，并以龙军玩具厂名义对外销售，而非以美致公司名义进行生产销售。（2）从“违法所得归单位所有”上看，生产销售乐拼玩具的收支均通过他人个人账户进出，账户款项用于支付给个人及以现金方式支取，并未与美致公司发生资金往来，相关违法所得亦不归属美致公司。据此可见，一方面，在涉单位的犯罪中，自然人拉单位“垫背”的现象十分普遍，如果疏于对单位犯罪成立与否仔细审查，极易误伤企业。另一方面，实践中认定单位犯罪成立与否的主要依据还是在于“以单位名义实施犯罪”和“违法所得归单位所有”两要件。然而，在本案中，人民法院在审查是否属于“以单位名义实施犯罪”时说理并不充分，因为既然李某担任美致公司主要负责人，复刻乐高玩具由其决定，即使美致公司不具体负责玩具的生产、销售，也完全存在将美致公司认定为共同犯罪人的空间，进而肯定“以单位名义实施犯罪”。这样一来，审查是否成立单位犯罪，从一定程度上讲就只剩下判断违法所得是否归属单位这一个要件，而这种相对粗疏的判断在实践中十分常见。今后在认定单位犯罪成立与否时，还是宜以法人自身责任论作为刑事归责的依据，并进一步建构相应的判断规则。

## 第二十节　提供虚假证明文件罪的修改

**【修正前条文】第二百二十九条**　承担资产评估、验资、验证、会计、审计、法律服务等职责的中介组织的人员故意提供虚假证明文件，情节严重的，处五年以下有期徒刑或者拘役，并处罚金。

前款规定的人员，索取他人财物或者非法收受他人财物，犯前款罪的，处五年以上十年以下有期徒刑，并处罚金。

第一款规定的人员，严重不负责任，出具的证明文件有重大失实，造成严重后果的，处三年以下有期徒刑或者拘役，并处或者单处罚金。

**【修正后条文】第二百二十九条**　承担资产评估、验资、验证、会计、审计、法律服务、保荐、安全评价、环境影响评价、环境监测等职责的中介组织的人员故意提供虚假证明文件，情节严重的，处五年以下有期徒刑或者拘役，并处罚金；有下列情形之一的，处五年以上十年以下有期徒刑，并处罚金：

（一）提供与证券发行相关的虚假的资产评估、会计、审计、法律服务、保荐等证明文件，情节特别严重的；

（二）提供与重大资产交易相关的虚假的资产评估、会计、审计等证明文件，情节特别严重的；

（三）在涉及公共安全的重大工程、项目中提供虚假的安全评价、环境影响评价等证明文件，致使公共财产、国家和人民利益遭受特别重大损失的。

有前款行为，同时索取他人财物或者非法收受他人财物构成犯罪的，依照处罚较重的规定定罪处罚。

第一款规定的人员，严重不负责任，出具的证明文件有重大失实，造成严重后果的，处三年以下有期徒刑或者拘役，并处或者单处罚金。

## 一、立法主旨

《刑法》第229条规定了提供虚假证明文件罪，该罪意在惩治中介组织人员的提供虚假证明文件行为。《刑法修正案（十一）》对本罪的修改，扩大了该罪的主体范围，将承担保荐、安全评价、环境影响评价、环境监测等职责的中介组织的人员纳入本罪的主体当中，将第二个法定刑幅度进行了较大调整，分别从证券发行，重大资产交易和公共安全的重大工程、项目三个领域规定了相应的加重情节，同时还对出现竞合情形的法律适用规则作出规定。

## 二、修改理由

《刑法修正案（十一）》对《刑法》第229条的修改，主要旨在解决两个问题：一是，将在证券发行领域中具有中介组织性质的保荐人纳入本罪主体，调整相应的法定刑，进而“加大对保荐等中介机构在证券发行、重大资产交易中提供虚假证明文件等犯罪的惩治力度，提高资本市场违法违规成本”。[①]

---

① 李宁：《关于〈中华人民共和国刑法修正案（十一）（草案）〉的说明》，2020年6月28日在第十三届全国人民代表大会常务委员会第二十次会议上。

二是，将承担重大工程的安全评价、环境影响评价、环境监测等职责的中介组织人员纳入本罪主体当中，一方面维护该领域的市场秩序，另一方面也有维护公共安全、环境安全的考虑，因为这类人员提供虚假证明文件会直接影响到工程质量和环境影响，为可能发生的安全事故或环境事故创造条件。

需要说明的是，《刑法》第229条第3款规定了出具证明文件重大失实罪。此次刑法修改并没有涉及对该款的修改。

## 三、条文释义

提供虚假证明文件罪，是中介组织或中介组织人员故意提供虚假证明文件，情节严重的行为。结合《刑法修正案（十一）》对本罪的修改，对本罪适用上主要考虑三个方面的问题。

### （一）关于本罪的主体界定

本罪的主体包括自然人和单位，其中自然人主体为身份犯，即中介组织人员，单位主体为中介组织。法条中明示的中介组织人员的类型包括三类：一是，与证券发行相关的资产评估、会计、审计、法律服务、保荐等中介组织人员；二是，与重大资产评估交易相关的资产评估、会计、审计等中介组织人员；三是，与工程项目建设相关的安全评价、环境影响评价等中介组织人员。

对这类中介组织人员、中介组织机构及其提供中介服务等内容，我国相关法律进行了规制：

1.资产评估，根据《资产评估法》第2条规定，是指评估机构及其评估专业人员根据委托对不动产、动产、无形资产、企业价值、资产损失或者其他经济权益进行评定、估算，并出具评估报告的专业服务行为。该法第8条规定，评估专业人员包括评估师和其他具有评估专业知识及实践经验的评估从业人员；评估师是指通过评估师资格考试的评估专业人员。该法还对评估从业人员的权利、义务、评估机构以及资产评估的程序进行了规范。

2.会计，是以货币为主要计量单位，运用专门的方法，对企业、机关单位或其他经济组织的经济活动进行连续、系统、全面地反映和监督的一项经济管理活动，是对一定主体的经济活动进行的核算和监督，并向有关方面提供会计信息。[①]《会计法》对国家机关、社会团体、公司、企业、事业单位和其他组织的会计活动进行了规范。该法规定，各单位应当根据会计业务的需要，设置会计机构，或者在有关机构中设置会计人员并指定会计主管人员；不具备设置条件的，应当委托经批准设立从事会计代理记账业务的中介机构代理记账；国有的和国有资产占控股地位或者主导地位的大、中型企业必须设置总会计师；会计人员应当遵守职业道德，提高业务素质。对会计人员的教育和培训工作应当加强；因有提供虚假财务会计报告，做假账，隐匿或者故意销毁会计凭证、会计账簿、财务会计报告，贪污，挪用公款，职务侵占等与会计职务有关的违法行为被依法追究刑事责任的人员，不得再从事会计工作。《注册会计师法》主要规范注册会计师在社会经济活动中的鉴证和服务作用。根据该法第2条、第3条规定，注册会计师是依法取得注册会计师证书并接受委托从事审计和会计咨询、会计服务业务的执业人员；会计师事务所是依法设立并承办注册会计师业务的机构；注册会计师执行业务，应当加入会计师事务所。根据第14条规定，注册会计师承办审计业务包括："（一）审查企业会计报表，出具审计报告；（二）验证企业资本，出具验资报告；（三）办理企业合并、分立、清算事宜中的审计业务，出具有关的报告；（四）法律、行政法规规定的其他审计业务。"根据第15条规定，注册会计师可以承办会计咨询、会计服务业务。该法还对注册会计师事务所、注册会计师业务活动作出了全面规定。《刑法》第229条中承担会计职责的中介组织人员，主要是指第二类注册会计师事务所和注册会计师从事的会计服务活动。

3.验资，是一项注册会计师法定审计业务，是指注册会计师依法接受委托，对被审验单位注册资本的实收情况或注册资本及实收资本的变更情况进行审验，并出具验资报告，分为设立验资和变更验资。《注册会计师法》第14条有关会计师审计业务的规定第1款 第2项就是"验证企业资本，出具验资报告"。

---

① 百度百科："会计"，载https://baike.baidu.com/item/%E4%BC%9A%E8%AE%A1/88436?fr=aladdin，2020年12月15日访问。

4.验证，是指法定验资机构及其工作人员对企业财务报告的真实性、准确性和可信性进行审查、核实并出具相应的证明。[①]

5.审计，是指法定机构及其工作人员，根据《公司法》《会计法》《注册会计师法》《审计法》等法律法规的规定，运用专门的方法、遵照专门的程序对被审计单位的会计记录等进行分析、研究和调查，进而就该单位的经营状况、财务状况的真实性、合法性进行判断和评价并形成报告的活动。我国《审计法》所涉及的是审计机关对国务院各部门和地方各级人民政府及其各部门的财政收支，国有的金融机构和企业事业组织的财务收支，以及其他应当接受审计的财政收支、财务收支进行审计监督的活动。而《刑法》第229条中所说的审计，是注册会计师事务所这类中介组织对某一单位的经营状况、财务状况进行审计。例如，《公司法》第164条第1款规定："公司应当在每一会计年度终了时编制财务会计报告，并依法经会计师事务所审计。"

6.法律服务，是指律师事务所、公证处等组织中的律师、公证人员以及其他法律服务人员所从事的出具法律意见书、办理公证等服务活动。对于法律服务事项，《律师法》《公证法》等法律法规都作出相应的规定。例如，《公证法》第2条规定："公证是公证机构根据自然人、法人或者其他组织的申请，依照法定程序对民事法律行为、有法律意义的事实和文书的真实性、合法性予以证明的活动。"第11条规定，"根据自然人、法人或者其他组织的申请，公证机构办理下列公证事项：（一）合同；（二）继承；（三）委托、声明、赠与、遗嘱；（四）财产分割；（五）招标投标、拍卖；（六）婚姻状况、亲属关系、收养关系；（七）出生、生存、死亡、身份、经历、学历、学位、职务、职称、有无违法犯罪记录；（八）公司章程；（九）保全证据；（十）文书上的签名、印鉴、日期，文书的副本、影印本与原本相符；（十一）自然人、法人或者其他组织自愿申请办理的其他公证事项。法律、行政法规规定应当公证的事项，有关自然人、法人或者其他组织应当向公证机构申请办理公证"。第12条规定："根据自然人、法人或者其他组织的申请，公证机构可以办理下列事务：（一）法律、行政法规规定由公证机构登记的事务；（二）提存；（三）保管遗嘱、遗产或者其他与公证事项有关的财产、物品、文书；（四）代

① 参见王作富主编：《刑法分则实务研究（中）》，中国方正出版社2013年版，第712页。

写与公证事项有关的法律事务文书；（五）提供公证法律咨询。”该法还对公证员、公证程序等作出规定。

7.保荐，简单地说，就是“担保+推荐”。保荐人，是指依照法律规定，为上市公司申请上市承担推荐职责并为上市公司上市后一段时间的信息披露行为向投资者承担担保责任的证券公司。《证券法》第10条规定，“发行人申请公开发行股票、可转换为股票的公司债券，依法采取承销方式的，或者公开发行法律、行政法规规定实行保荐制度的其他证券的，应当聘请证券公司担任保荐人。保荐人应当遵守业务规则和行业规范，诚实守信，勤勉尽责，对发行人的申请文件和信息披露资料进行审慎核查，督导发行人规范运作。保荐人的管理办法由国务院证券监督管理机构规定”。保荐人出具的保荐书，对证券发行具有重要意义，因而对于保荐人提供虚假误导性陈述或者重大遗漏的保荐书，或者不履行其他法定职责的，即属于违法行为（《证券法》第182条）。

8.安全评价，是指评估系统危险、寻求安全对策的活动，包括安全预评价、安全验收评价、安全现状评价。《安全生产法》第29条规定：“矿山、金属冶炼建设项目和用于生产、储存、装卸危险物品的建设项目，应当按照国家有关规定进行安全评价。”该法第69条规定：“承担安全评价、认证、检测、检验的机构应当具备国家规定的资质条件，并对其作出的安全评价、认证、检测、检验的结果负责。”

9.环境影响评价，根据《环境影响评价法》第2条规定，是指“对规划和建设项目实施后可能造成的环境影响进行分析、预测和评估，提出预防或者减轻不良环境影响的对策和措施，进行跟踪监测的方法与制度”。该法对规划的环境评价和建设项目的环境评价进行了规范。例如，该法第16条规定：“国家根据建设项目对环境的影响程度，对建设项目的环境影响评价实行分类管理。建设单位应当按照下列规定组织编制环境影响报告书、环境影响报告表或者填报环境影响登记表（以下统称环境影响评价文件）：（一）可能造成重大环境影响的，应当编制环境影响报告书，对产生的环境影响进行全面评价；（二）可能造成轻度环境影响的，应当编制环境影响报告表，对产生的环境影响进行分析或者专项评价；（三）对环境影响很小、不需要进行环境影响评价的，应当填报环境影响登记表。建设项目的环境影响评价分类管理名录，由国务院生态环境主管部门制定并公布。”

10.环境监测，是通过对反映环境质量的指标进行监视和测定，以确定环境污染状况和环境质量的高低。环境监测的内容主要包括物理指标的监测、化学指标的监测和生态系统的监测。[①]按照《环境监测管理办法》第2条规定，环境监测包括环境质量监测、污染源监督性监测、突发环境污染事件应急监测、为环境状况调查和评价等环境管理活动提供监测数据的其他环境监测活动。

以上十种中介服务是修改后的《刑法》第229条明示的。需要强调的是，“承担资产评估、验资、验证、会计、审计、法律服务、保荐、安全评价、环境影响评价、环境监测等职责”中的“等”，应为列举未尽的意思，进言之，除了上述十种中介服务活动之外，还包括其他类型的中介服务活动。例如，2015年10月27日发布的《最高人民检察院关于地质工程勘测院和其他履行勘测职责的单位及其工作人员能否成为刑法第二百二十九条规定的有关犯罪主体的批复》规定：“地质工程勘测院和其他履行勘测职责的单位及其工作人员在履行勘察、勘查、测绘职责过程中，故意提供虚假工程地质勘察报告等证明文件，情节严重的，依照刑法第二百二十九条第一款和第二百三十一条的规定，以提供虚假证明文件罪追究刑事责任。”2017年8月14日发布的《最高人民法院、最高人民检察院关于办理药品、医疗器械注册申请材料造假刑事案件适用法律若干问题的解释》第1条第1款规定：“药物非临床研究机构、药物临床试验机构、合同研究组织的工作人员，故意提供虚假的药物非临床研究报告、药物临床试验报告及相关材料的，应当认定为刑法第二百二十九条规定的‘故意提供虚假证明文件’。”

### （二）对“故意提供虚假证明文件”的理解

故意提供虚假证明文件，是指故意编造事实材料或者隐瞒事实材料，形成与事实不符的中介服务报告，并交付有关机关或者其他市场主体的行为；行为人提供证明文件中虚假部分应足以影响其他主体进行相关活动的正常判断。提供行为应包括制作行为和交付行为，前者指在形成证明文件中编造事

① 百度百科：“环境监测”，载https://baike.baidu.com/item/%E7%8E%AF%E5%A2%83%E7%9B%91%E6%B5%8B/763651?fr=aladdin，2020年12月15日访问。

实材料或者隐瞒事实材料，后者指向委托方以及其他相关主体进行交付。虚假证明文件，应在中介服务活动中提供。

虚假证明文件的“虚假”，就是文件内容的虚假。例如，《环境影响评价法》第17条第1款规定，“建设项目的环境影响报告书应当包括下列内容：（一）建设项目概况；（二）建设项目周围环境现状；（三）建设项目对环境可能造成影响的分析、预测和评估；（四）建设项目环境保护措施及其技术、经济论证；（五）建设项目对环境影响的经济损益分析；（六）对建设项目实施环境监测的建议；（七）环境影响评价的结论”。如果提供此类虚假证明文件，就是在这些内容方面编造事实或者隐瞒事实。

### （三）对“情节严重”的把握

修改后的《刑法》第229条在提供虚假证明文件罪的入罪门槛上仍规定“情节严重”才能作为犯罪处理。在新的司法解释出台之前，仍应适用2010年5月7日发布的《最高人民检察院、公安部关于公安机关管辖的刑事案件立案追诉标准的规定（二）》第81条的规定，即“承担资产评估、验资、验证、会计、审计、法律服务等职责的中介组织的人员故意提供虚假证明文件，涉嫌下列情形之一的，应予立案追诉：（一）给国家、公众或者其他投资者造成直接经济损失数额在五十万元以上的；（二）违法所得数额在十万元以上的；（三）虚假证明文件虚构数额在一百万元且占实际数额百分之三十以上的；（四）虽未达到上述数额标准，但具有下列情形之一的：1.在提供虚假证明文件过程中索取或者非法接受他人财物的；2.两年内因提供虚假证明文件，受过行政处罚二次以上，又提供虚假证明文件的。（五）其他情节严重的情形”。

## 四、以案说法

**【案例】于某提供虚假证明文件案**[①]

2016年3月左右，被告人于某将“江苏青纯农业”评估业务介绍给被告人任某。当时被告人任某已经从宝中评估公司离职。被告人任某为了获取评

① 新疆维吾尔自治区吐鲁番市中级人民法院（2020）新21刑终90号刑事裁定书。

估费，以“宝中评估公司”的名义私自接受委托对“江苏青纯农业”进行评估，通过提高重置环节单价、对部分账面未认真核对、按照盘盈资产对工程款确认没有结算的工程款等方式提高评估价值，并私刻“宝中评估公司”公章、法定代表人专用章、胡某评估师专用章、任某评估师专用章加盖在其作出的“新宝中评报字【2016】第016号《资产评估报告》”上，之后被告人任某私刻印章，与被告人于某伪造《新疆金恒通典当有限公司拟核实资产价值入账项目单项资产评估报告书》交给“宝中评估公司”，获取评估费256,000元。其中，“宝中评估公司”李某分得89,600元，被告人任某分得57,600元，被告人于某分得108,800元。案发后，被告人于某退赃95,540.72元，被告人任某退赃57,600元。法院认为，任某作为资产评估师，明知所接受的委托评估事项不符合相关法律法规的规定，与原审被告人于某合谋，通过提高重置环节单价等方式出具虚假的《资产评估报告》，情节严重，二人的行为均构成提供虚假证明文件罪。上诉人任某让制假人员伪造公司印章，并使用伪造的公司印章，其行为已构成伪造公司印章罪。法院判决：被告人任某犯提供虚假证明文件罪，判处有期徒刑三年，并处罚金2万元；犯伪造公司印章罪，判处有期徒刑一年，并处罚金1万元；数罪并罚决定执行有期徒刑三年六个月，并处罚金3万元。被告人于某犯提供虚假证明文件罪，判处有期徒刑三年，并处罚金2万元。对被告人任某违法所得57,600元依法予以追缴。对被告人于某违法所得108,800元依法予以追缴。

本案中任某具有资产评估师的身份，其与于某共谋，采取虚假的计算方式等出具内容虚假的《资产评估报告》，且已经达到情节严重的程度，已构成提供虚假证明文件罪。本案中，任某还伪造公司公章，因而触犯伪造公司印章罪。法院认为，两行为之间没有牵连关系，因而以数罪并罚处理。

第五章

# 侵犯公民人身权利、民主权利罪的修改

此次刑法修正对侵犯公民人身权利、民主权利罪的修改和完善，集中在针对未成年人的性侵害方面。在《刑法修正案（十一）》出台之前，2020年10月17日，十三届全国人大常委会第三十二次会议修订通过《未成年人保护法》，该法强化了对未成年人权益的保护。此次对侵犯公民人身权利、民主权利罪中强奸罪和猥亵儿童罪的修改以及增设负有照护职责人员与已满14周岁不满16周岁未成年女性发生性关系的犯罪，就与该法的修改密切相关。

## 第一节　强奸罪的修改

**【修正前条文】第二百三十六条**　以暴力、胁迫或者其他手段强奸妇女的，处三年以上十年以下有期徒刑。

奸淫不满十四周岁的幼女的，以强奸论，从重处罚。

强奸妇女、奸淫幼女，有下列情形之一的，处十年以上有期徒刑、无期徒刑或者死刑：

（一）强奸妇女、奸淫幼女情节恶劣的；

（二）强奸妇女、奸淫幼女多人的；

（三）在公共场所当众强奸妇女的；

（四）二人以上轮奸的；

（五）致使被害人重伤、死亡或者造成其他严重后果的。

**【修正后条文】第二百三十六条**　以暴力、胁迫或者其他手段强奸妇女的，处三年以上十年以下有期徒刑。

奸淫不满十四周岁的幼女的，以强奸论，从重处罚。

强奸妇女、奸淫幼女，有下列情形之一的，处十年以上有期徒刑、无期徒刑或者死刑：

（一）强奸妇女、奸淫幼女情节恶劣的；

（二）强奸妇女、奸淫幼女多人的；

（三）在公共场所当众强奸妇女、奸淫幼女的；

（四）二人以上轮奸的；

（五）奸淫不满十周岁的幼女或者造成幼女伤害的；

（六）致使被害人重伤、死亡或者造成其他严重后果的。

## 一、立法主旨

《刑法修正案（十一）》调整了强奸罪中加重犯的规定：一方面，将原《刑法》第236条第3款第3项中“在公共场所当众强奸妇女的”修改为“在公共场所当众强奸妇女、奸淫幼女的”；另一方面，增设了“奸淫不满十周岁的幼女或者造成幼女伤害的”这一可适用“十年以上有期徒刑、无期徒刑或者死刑”的情形，作为《刑法》第236条第3款第5项。

## 二、修改理由

《刑法修正案（十一）》对强奸罪做了两处修改，对其修改理由，在此做如下说明。

### （一）关于修改《刑法》第236条第3款第3项的表述

从我国当前《刑法》规定来看，妇女与幼女通常具有不同的含义。比如，《刑法》第236条第1款与第2款分别规定了针对妇女的强奸行为与针对幼女的奸淫行为；《刑法》第236条第3款第1项、第2项分别规定了“强奸妇女、奸淫幼女情节恶劣的”“强奸妇女、奸淫幼女多人的”。而且，从拐卖妇女、儿童罪、收买被拐卖的妇女、儿童罪、聚众阻碍解救被收买的妇女、儿童罪、不解救被拐卖、绑架妇女、儿童罪等多将妇女、儿童作为并列的两类群体来看，也可以肯定《刑法》中的妇女通常不包括幼女。然而，如果依此认为妇女与幼女所指对象不同，则在解释原《刑法》第236条第3款第3项时便会导出一个奇怪的结论：在公共场所当众强奸妇女的，显然可以适用10年以上有期徒刑、无期徒刑或者死刑这一档法定刑；然而在公共场所强奸幼女的，则由于没有刑法的明文规定，而且《刑法》中的“妇女”不包含幼女，在没有其他法定情节的情况下，至多只能以属于“强奸妇女、奸淫幼女情节恶劣”

为由判处10年以上有期徒刑、无期徒刑或者死刑，否则便很可能只能适用“三年以上十年以下有期徒刑”这一法定刑幅度。显然，这样的理解既不符合我国保护未成年人利益的一贯立场，也未能给法益提供周延的保护，难以为民众所接受。

在此背景下，在《刑法修正案（十一）》出台前，刑法学者通常对《刑法》第236条第3款第3项做补正解释，即认为在第3项“在公共场所当众强奸妇女的”这一规定中，其“妇女”包含“幼女”，这既是“举轻以明重”之当然解释所能导出的结论，也未超出词义的射程范围与国民的预测可能性，故而得到了广泛的认同。从司法实务的角度来看，实践中也是对第3项之“妇女”做了包含幼女的理解，如在王某强奸案中，法院认为：“公诉机关认定王某在清晨无遮挡的村路上用生殖器接触幼女阴部的行为，属于在公共场所实施的奸淫幼女行为，属十年以上量刑情节，予以支持。……依照《中华人民共和国刑法》第二百三十六条第二款、第三款第三项……的规定，判决如下……”；[①] 又如在高某强奸案中，法院认为：“被告人高某在公共场所当众奸淫、猥亵不满十四周岁的幼女，其行为已构成强奸罪、猥亵儿童罪。……依照《中华人民共和国刑法》第二百三十六条第二款、第三款第（三）项……之规定，判决如下……”[②] 在类似案件中，人民法院均依《刑法》第236条第3款第3项“在公共场所当众强奸妇女的”这一规定，对在公共场所奸淫幼女的行为人判处了相应的刑罚。

因此，在《刑法修正案（十一）》出台以前，考虑到刑罚设置的均衡性和法益保护的周延性，尽管《刑法》中的“妇女”通常不含“幼女”，但对《刑法》第236条第3款第3项“在公共场所当众强奸妇女的”，需要补正解释为这里的“妇女”包含“幼女”。《刑法修正案（十一）》出台后，将该项的表述调整为“在公共场所当众强奸妇女、奸淫幼女的”，与该款第1项、第2项的规定保持一致，能够更好地实现刑法文本的协调、满足法益保护的需要，同时避免司法实践可能的误解和补正解释可能引发的质疑。

---

① 内蒙古自治区开鲁县人民法院（2020）内0523刑初459号刑事判决书。

② 山东省临邑县人民法院（2020）鲁1424刑初20号刑事判决书。

### （二）关于增设“奸淫不满十周岁的幼女或者造成幼女伤害的”

《刑法修正案（十一）》增设“奸淫不满十周岁的幼女或者造成幼女伤害的”作为适用“十年以上有期徒刑、无期徒刑或者死刑”的情形，主要是基于以下几点考量。

一是贯彻对幼女进行特别保护的一贯立场。幼女作为一个特殊的群体，其身心发育尚不健全且容易受到伤害，因而刑事立法与刑事司法均对其采特殊保护立场。比如：（1）《刑法》第236条第2款即规定：“奸淫不满十四周岁的幼女的，以强奸论，从重处罚。”（2）普通强奸通常以插入作为既遂的认定标准，而有力说认为，奸淫幼女应以性器官接触为既遂标准。[①]（3）即使有幼女（如即将年满14周岁的幼女）能够充分知悉和理解其性同意行为的意义和效果，但法律推定幼女的性承诺无效。（4）《最高人民法院、最高人民检察院、公安部、司法部关于依法惩治性侵害未成年人犯罪的意见》在基本要求、法律适用、缓刑适用等多个方面均明确了保护未成年受害人的具体措施。（5）刑事司法实践中，对于其他犯罪情节相当的案件，对奸淫幼女犯罪判处的刑罚通常高于对强奸妇女犯罪判处的刑罚。许多类似例证均表明我国对幼女采特殊保护立场，而对奸淫幼女犯罪中较为严重的两种情形，即奸淫不满10周岁的幼女或者造成幼女伤害适用加重的法定刑，也是对这一一贯立场的贯彻。

二是回应实践中发生的严重奸淫幼女案件。近年来，性侵、奸淫幼女案件时有发生。《2019年性侵儿童案例统计及儿童防性侵教育调查报告》显示，在儿童遭遇性侵的案例样本数中，受害人14岁（不包含14岁）以下的占比57.48%；14—18岁（不包含18岁）的占比16.28%；表述为“未成年”“幼女”“儿童”的占比26.25%。按照一般学龄段来看，可统计出的7—12岁小学学龄段的占比41.53%；13—15岁初中学龄段的占比18.60%。[②]部分奸淫幼女的案件，更是引发了社会的广泛关注、造成了恶劣的社会影响。如在最高人

---

① 奸淫幼女情形下既遂标准的提前也有生理上的考量，但同时也是为了强调对幼女人身权利的特殊保护，强调对强奸幼女这种性质恶劣的犯罪的打击。王作富主编：《刑法分则实务研究（中）》，中国方正出版社2010年版，第849页。

② 《“女童保护”2019年性侵儿童案例统计及儿童防性侵教育调查报告》，载北京众一公益基金会官方网站，http://www.all-in-one.org.cn/newsinfo/353182.html，2021年1月10日访问。

民法院发布的性侵害儿童犯罪典型案例中，被告人韦某酒后在自家新房门外遇到同村的A某（被害人，女，殁年5岁）在玩耍，遂以取鞭炮为由将A某骗至自家老房门口，双手掐A某颈部致其昏迷后抱到自家责任田内的红薯洞旁，又去老房拿来柴刀、锄头，先对A某实施奸淫，后将其放入红薯洞内，用柴刀切割A某的喉咙并用锄头挖泥土将A某掩埋。经法医鉴定，A某系被他人掐、扼颈部导致窒息死亡，被性侵时为活体，被切割颈部前已死亡。法院经审理认为，被告人韦某无视国家法律，酒后掐扼被害人颈部，对被害人实施奸淫，并致被害人死亡。韦某的行为已构成强奸罪，犯罪情节特别恶劣，后果特别严重，社会危害极大，应依法予以严惩。依照《刑法》第236条第2款，第3款第1项、第5项的规定，以强奸罪判处被告人韦某死刑，剥夺政治权利终身。[①]在此背景下，进一步调整关于奸淫幼女的相关规定，扩大加重法定刑的适用范围，有利于表明国家对奸淫幼女犯罪的零容忍态度，一方面积极回应民众关切，另一方面对潜在犯罪人形成威慑。

## 三、条文释义

由于《刑法修正案（十一）》仅调整了强奸罪中加重犯的两处规定，因此我们也将围绕这两处修订具体展开讨论，并主要集中于增设的“奸淫不满十周岁的幼女或者造成幼女伤害的”这一情形。

### （一）“在公共场所当众强奸妇女、奸淫幼女的”

对于该项规定，由于只是将原本的补正解释以立法的形式加以确认，故而未较之前有更多需要进一步作出解释的内容，即：（1）在公共场所当众实施强奸、奸淫行为，不要求他人实际看到，只要有被他人看到的可能性即可。对此，《最高人民法院、最高人民检察院、公安部、司法部关于依法惩治性侵害未成年人犯罪的意见》也规定：“在校园、游泳馆、儿童游乐场等公共场所对未成年人实施强奸、猥亵犯罪，只要有其他多人在场，不论在场人员

① 《性侵害儿童犯罪典型案例》，载最高人民法院官方网站，http://www.court.gov.cn/zixun-xiangqing-172962.html，2021年1月10日访问。

是否实际看到，均可以依照刑法第二百三十六条第三款、第二百三十七条的规定，认定为在公共场所‘当众’强奸妇女，强制猥亵、侮辱妇女，猥亵儿童。”（2）关于新增的“奸淫幼女”，是指以不满14周岁的女性为对象实施奸淫行为。在此种情形下，法律否认幼女性承诺的效力，由此认为行为人的奸淫行为缺乏被害人同意，[①]成立强奸罪。基于责任主义的要求，行为人只有在明知对方是不满14周岁的幼女而实施奸淫行为的情况下才对奸淫行为负有责任。对此，《最高人民法院、最高人民检察院、公安部、司法部关于依法惩治性侵害未成年人犯罪的意见》明确：“对于不满十二周岁的被害人实施奸淫等性侵害行为的，应当认定行为人‘明知’对方是幼女；对于已满十二周岁不满十四周岁的被害人，从其身体发育状况、言谈举止、衣着特征、生活作息规律等观察可能是幼女，而实施奸淫等性侵害行为的，应当认定行为人‘明知’对方是幼女。”

需要提示的是，虽然《刑法修正案（十一）》新增了“在公共场所当众奸淫幼女”这一情形，但并不意味着基于“从旧兼从轻”的原则，对于《刑法修正案（十一）》生效前实施的在公共场所当众奸淫幼女的情形，便不能适用加重犯的规定。这是因为，如前所述，《刑法修正案（十一）》增设这一内容，并非旨在创设新的加重类型，而只是将原本可做补正解释的内容予以明文规定，将原本内含于规范文本中的意思更为清晰地加以示明，因而修订前后的《刑法》第236条第3款第3项虽有表述上的差异，但无内容上的不同和轻重上的区别，既然如此，也就无所谓“新旧”“轻重”，亦无“从旧兼从轻”之适用空间。

### （二）“奸淫不满十周岁的幼女或者造成幼女伤害的”

对于“奸淫不满十周岁的幼女”，从解释上讲关键涉及如何理解“不满十周岁”。参照《最高人民法院关于审理未成年人刑事案件具体应用法律若干问题的解释》，“周岁”应按照公历的年、月、日计算，并从周岁生日的第二天起算。因此，“奸淫不满十周岁的幼女”，就是指行为人奸淫的

---

① 强奸罪认定以“缺乏被害人同意”为核心特征。参见田刚：《强奸罪司法认定面临的问题及其对策》，载《法商研究》2020年第2期。

对象在奸淫行为实施时应未过10周岁的公历生日或处于生日当天。对于“造成幼女伤害”，则关键涉及如何理解“伤害”，即应认为其系指包括轻伤、轻微伤、精神伤害等在内的广义上的伤害，还是认为其仅包括轻伤。[①]我们认为后一理解更为合理，因为一方面，《刑法》中的“伤害”一语具有特定性，即通常在轻伤及以上的语境下使用“伤害”一词，如故意伤害罪等，轻微伤、精神损失等并非刑法评价和苛责的对象。如果认为一旦造成幼女轻微伤、精神损失等，即在不法和责任上有了显著的增加，应当适用加重的法定刑，不仅违反了“伤害”在《刑法》语境下的通常含义，也有间接处罚的嫌疑。另一方面，从以刑制罪的角度出发，考虑到将行为人的行为评价为“造成幼女伤害”，其后果便是指向“十年以上有期徒刑、无期徒刑或者死刑”的超高法定刑，因此在对“伤害”二字进行解释时也应尽可能采限缩立场。[②]造成幼女轻微伤、精神损失，且无其他法定加重处罚情节的，适用3年以上10年以下有期徒刑已可实现罪刑均衡，故而不宜对“伤害”做广义理解。在此，需要进一步提示的是，在客观上，基于结果加重犯的原理，行为人的奸淫行为与幼女的轻伤结果应在相当因果关系的进程内；在主观上，基于责任主义的要求，行为人对造成幼女伤害至少应存在过失，若行为人对轻伤结果无预见可能性，不应认定为“造成幼女伤害”。

值得进一步讨论的是，“造成幼女伤害”中的“幼女”，应依该项前半段规定理解为不满10周岁的幼女，还是依本条第2款的规定理解为不满14周岁的幼女？我们赞同后一观点，理由在于：（1）从语义学的角度来看，“奸淫不满十周岁的幼女或者造成幼女伤害的”，是典型的并列结构，且在并列结构中前后两项无任何共用部分（或可认为共用了“奸淫”二字），因此不能将前半部分关于年龄的特别限定代入对后半部分的解读。如果认为“造成幼女伤害”系指奸淫不满10周岁的幼女并致其伤害，则该项应表述为

---

① 对于致使被害人重伤、死亡的，可直接依《刑法》第236条第3款第6项进行评价。

② 在罪刑法定的框架下，对传统重罪构成要件与加重犯罪构成要件需要限制解释。参见付立庆：《以刑制罪观念的展开、补充与回应——兼与叶良芳教授等否定论者商榷》，载《东南大学学报（哲学社会科学版）》2018年第4期。

“奸淫不满十周岁的幼女，或者奸淫不满十周岁的幼女并造成幼女伤害的”。（2）从立法技术的角度来看，如果认为“造成幼女伤害”中的幼女应不满10周岁，则本项后半部分会完全沦为一个无效、冗余的表述。因为只要行为对象不满10周岁，无论是否致其伤害，都可直接以符合“奸淫不满十周岁的幼女”为由肯定加重犯的成立，立法者完全不必在其之后添加“造成幼女伤害”这一情形。（3）从反驳理由的角度来看，有观点认为，从立法规范用语严谨性的角度而言，若认为“造成幼女伤害”中的“幼女”系不满14周岁女性，则应表述为“奸淫不满十周岁的幼女或者造成不满十四周岁幼女伤害的”。[①]然而，在《刑法》第236条第2款业已对“幼女”作出明确诠释的前提下，“幼女”的通常含义即被严格限定。据此，如果立法者希望对“幼女”的范围做进一步限缩，则有明示的必要，如“奸淫不满十周岁的幼女”；如果立法者无意对“幼女”的范围做进一步限缩，则完全没有必要重复前款规定中已经确定的“幼女”的定义，如完全没有必要将“造成幼女伤害”进一步明确为“造成不满十四周岁幼女伤害”。基于上述理由，我们认为，“奸淫不满十周岁的幼女或者造成幼女伤害的”包含两种情形：（1）奸淫不满10周岁的幼女；（2）奸淫不满14周岁的幼女造成幼女伤害。

在适用“奸淫不满十周岁的幼女或者造成幼女伤害的”这一加重犯规定的过程中，还有以下问题值得注意：（1）奸淫年满12周岁不满14周岁的幼女，若从幼女身体发育状况、言谈举止、衣着特征、生活作息规律等出发，行为人确实不知对方可能是幼女的，即使在实施性行为过程中致幼女轻伤，也不宜认定成立犯罪。这是因为，基于责任主义的原理，此种情形下行为人的行为不成立强奸罪的基本犯，[②]既然如此，便无加重犯的成立空间。（2）《最高人民法院、最高人民检察院、公安部、司法部关于依法惩治性侵害未成年人

---

① 宋盈：《关于〈刑法修正案（十一）〉对强奸罪修订的解读》，载“刑辩打工人”微信公众号，2021年1月15日。

② 《最高人民法院、最高人民检察院、公安部、司法部关于依法惩治性侵害未成年人犯罪的意见》规定：“对于已满十二周岁不满十四周岁的被害人，从其身体发育状况、言谈举止、衣着特征、生活作息规律等观察可能是幼女，而实施奸淫等性侵害行为的，应当认定行为人‘明知’对方是幼女。”

犯罪的意见》规定："已满十四周岁不满十六周岁的人偶尔与幼女发生性关系，情节轻微、未造成严重后果的，不认为是犯罪。"在此前提下，如果已满14周岁不满16周岁的人偶尔与不满10周岁的幼女发生性关系，或者造成幼女伤害，由于"奸淫不满十周岁的幼女或者造成幼女伤害"系强奸罪的加重犯规定，可以认为因立法者基于社会危害性所做的专门选择，已不再属于上述司法解释中的"情节轻微、未造成严重后果"，不应适用上述司法解释的规定否定犯罪的成立。当然，基于禁止重复评价的原理，如果此时"奸淫不满十周岁的幼女或者造成幼女伤害"已作为是否"情节轻微、未造成严重后果"的评价依据，进而认定强奸罪基本犯的成立，则不宜再认定成立加重犯。（3）考虑到适用本项之规定指向的后果是"十年以上有期徒刑、无期徒刑或者死刑"的超高法定刑，因而必须结合各种情节，评估刑罚的轻重是否与犯罪分子所犯罪行和所应承担的刑事责任相适应。比如，对于行为人奸淫不满10周岁的幼女但未插入或接触的，即使认为此种情形下可以肯定加重犯的成立，也应依法认定为未遂，比照既遂犯从轻或减轻处罚，以合理贯彻罪刑均衡原则。（4）鉴于强奸妇女、奸淫幼女，致使被害人重伤、死亡或者造成其他严重后果的，法定刑幅度也是"十年以上有期徒刑、无期徒刑或者死刑"，而其在社会危害性上通常明显高于奸淫不满10周岁的幼女或者造成幼女伤害，因而在刑罚的具体运用上应体现出二者间的差别。一般而言，奸淫不满10周岁的幼女或者造成幼女轻伤的，不应适用死刑。

## 四、以案说法

**【案例】谭某强奸案**[①]

被害人黄某（2009年10月30日出生）的父母离异后，其母亲与被告人谭某的儿子谭某某结婚，黄某随母亲至谭某某家生活，平时与谭某夫妇在同一房间居住。2019年7月7日早上4—5点钟，被告人谭某明知黄某未满14周岁，乘黄某熟睡之机，对其实施奸淫，并造成黄某阴道破裂、盆腹腔膜后血肿。

① 江苏省邳州市人民法院（2020）苏0382刑初423号刑事判决书。

经邳州市公安局法医鉴定，被害人黄某的损伤程度属于轻伤二级。

本案中，被告人谭某以奸淫为目的，明知被害人系不满14周岁的幼女，仍对其实施奸淫，其行为构成强奸罪。由于本案发生于《刑法修正案（十一）》出台以前，法院以“被告人谭某与被害人黄某有共同家庭生活关系，其对被害人负有监管职责，但却对被害人实施性侵，并造成轻伤二级的后果，给被害人及其近亲属的身心健康造成极大的摧残”为由，在3年以上10年以下有期徒刑的量刑幅度内顶格判处有期徒刑10年。若在《刑法修正案（十一）》出台后再发生类似行为，由于被告人谭某系奸淫不满10周岁的幼女，且造成幼女伤害，可直接适用《刑法》第236条第3款第3项，适用加重的法定刑幅度。

## 第二节　负有照护职责人员性侵罪的增设

**【新增条文】第二百三十六条之一**　对已满十四周岁不满十六周岁的未成年女性负有监护、收养、看护、教育、医疗等特殊职责的人员，与该未成年女性发生性关系的，处三年以下有期徒刑；情节恶劣的，处三年以上十年以下有期徒刑。

有前款行为，同时又构成本法第二百三十六条规定之罪的，依照处罚较重的规定定罪处罚。

### 一、立法主旨

本条是关于增设负有照护职责人员性侵罪的规定。针对实践中性侵未成年人等案件较为突出的问题，《刑法修正案（十一）》对涉未成年人相关内容进行了多处调整，其中包括增设一条作为第236条之一，即对已满14周岁不满16周岁的未成年女性负有监护、收养、看护、教育、医疗等特殊职责的人员，与该未成年女性发生性关系的，成立特殊职责人员性侵罪。

## 二、修改理由

增设负有照护职责人员性侵罪，很大程度上是受到实践中特殊职责人员实施性侵行为相关事例的影响。典型的如在鲍某某涉嫌性侵案中，鲍某某明知其本人和韩某某的情况都不符合相关法律规定的收养和被收养条件，且在自认为韩某某系未成年人的情况下，仍以“收养”为名与韩某某交往且与其发生性关系。[①]该案在最终查清韩某某与鲍某某见面时已年满18周岁之前，民众普遍以最初媒体曝光的信息为准，认为韩某某在被收养时刚刚年满14周岁，由此对这种收养未成年人并滥用收养关系、与被收养人发生性行为的案件表达了强烈的谴责与不满，并进一步对养成型性侵，即“为攫取性利益，同时规避与未满14周岁幼女发生性行为的入罪风险，故意收养幼女并在教养过程中进行精神控制、心理影响，待被害人满14周岁后实施性侵”的行为，展开了进一步讨论。[②]不可否认，类似案件的发生及其所触动的公众的神经，确实会在一定程度上吸引提案人与立法者的关注；然而，在民众朴素的情感和未经洗练的报复心理褪去以后，刑事立法还必须静下心来进一步审视其入刑的正当性问题。对此可以从如下几个方面加以理解。

一是从性同意的角度看，作为一个独立而有尊严的个体，女性理应具有自主决定是否同意实施性行为的权利，而通说对于强奸罪的理解，也是将该罪的犯罪客体定位为“女性的性自由权利”。[③]然而，从认定上讲，女性是否同意发生性行为，在实践中可能引发争议，而近年来的一个整体趋势，都是强化对女性性同意权的保护。在美国，对强奸罪中“不同意”（nonconsent）的认定，经过了从最大反抗原则（utmost resistance standard），即女性只有在尽自己最大努力防范性侵犯的情况下才可认定，到合理反抗原则（reasonable resistance standard），即女性只要实施了合理的反抗即可认

---

① 《最高人民检察院、公安部联合督导组通报鲍某某涉嫌性侵案调查情况》，载最高人民检察院官方网站，https://www.spp.gov.cn/spp/qwfb/202009/t20200917_480227.shtml，2021年1月16日访问。

② 汪润、罗翔：《性侵儿童犯罪的司法认定》，载《人民司法》2020年第17期。

③ 高铭暄、马克昌主编：《刑法学》（第九版），北京大学出版社2019年版，第461页。

定的转向，[①]而近年来，其认定进一步发展为否定性同意规则（女性只要在言语上表现出对性行为的不同意即属于强奸）和肯定性同意规则（女性只要没有作出自由的肯定性同意即属于强奸）。[②]可见，美国对女性性同意的认定标准不断降低，以此充分实现对女性性自由权的保护。就我国而言，尽管强奸罪的成立要求“违背妇女意志”，但对其审查却往往需要结合手段行为，即“暴力、胁迫或其他手段”。从解释上讲，其他手段显然应与暴力、胁迫具有同质性，因而对于迷醉强奸、趁对方睡着实施强奸行为、冒充对方丈夫实施强奸行为的，存在难以被认定属于“其他手段”的空间，但实践中，此类案件通常被作为强奸罪处理，也可理解为主要是由于将“违背妇女意志”融入了对强奸罪中手段行为的实质解释，以实现对女性性自由权利的保障。上述关于强奸罪中“性同意”的保护强化立场有助于帮助我们理解负有照护职责人员性侵罪的入刑必要性。对于未成年女性，一方面，即使年满14周岁，其心智也未必成熟到能够完全理解其性同意行为的意义和效果，这也是为什么多数国家将法定性同意年龄（age of consent）设定为16岁以上。[③]另一方面，即使认为年满14周岁女性通常能够理解其性同意行为的意义和效果，但在负有照护职责人员性侵罪的语境下，这可能是基于他人滥用信任地位、反复灌输等原因而产生的一种误认，“由于当事人双方地位不平等，被害人尤其是未成年人无法做出真正成熟理性的选择”。[④]而且，欺骗型强奸能否成立强奸罪在我国理论与实践中均存在争议，故而此种情形下可能形成处罚漏洞，无法较好保护未成年人权益。因此，《刑法修正案（十一）》即考虑到未成年人性同意问题的特殊性，出于对其性同意权加以特殊保护的立场，通常否定未满14周岁幼女的性同意效力，同时否定年满14周岁未满16周岁未成年女性对特殊职责人员的性同意效力。

二是从地位滥用的角度看，在现代社会，基于保护弱势群体、提升工作效率、细化功能分工、优化生活质量等方面考虑，我们常常会被赋予一定地

① See Joel Samaha, Criminal Law 12th Edition, Cengage Learning 2015, pp.391–392.

② 田刚：《强奸罪司法认定面临的问题及其对策》，载《法商研究》2020年第2期。

③ 苏力：《司法解释、公共政策和最高法院——从最高法院有关“奸淫幼女”的司法解释切入》，载《法学》2003年第8期。

④ 罗翔：《从风俗到法益——性刑法的惩罚边界》，载《暨南学报（哲学社会科学版）》2012年第1期。

位，并相应享有一定权利、履行一定义务、负有一定责任。对特殊地位的滥用和对特殊地位下特定义务的不履行，则可能带来相应的法律责任甚至是刑事责任。比如，对基于身份关系而处于特定地位的人，不履行相应义务或者滥用其地位的，可能成立虐待罪、遗弃罪、不纯正不作为犯（如故意杀人罪）等；对基于特定职业而处于特定地位的人，不履行相应义务或者滥用其地位的，可能成立贪污罪、受贿罪、滥用职权罪、玩忽职守罪等。通常来讲，行为人的地位滥用行为与重大法益（如人身法益）之损害的关联性越强，要求其承担刑事责任的可能性就会越大。对未成年人负有监护、收养、看护、教育、医疗等特殊职责的人员，的确处于可以贴近未成年人、容易获取未成年人之信任的地位，但其在这一地位下所负有的义务也是十分清楚的。比如，对于未成年人的监护人，根据《民法典》，"父母对未成年子女负有抚养、教育和保护的义务"，"监护人应当按照最有利于被监护人的原则履行监护职责"；《未成年人保护法》也对未成年人监护人的监护职责①与义务②作出了十分明确的规定。行为人滥用其基于身份关系、特定职业等而具有的特殊地位，

---

① 未成年人的父母或者其他监护人应当履行下列监护职责：（1）为未成年人提供生活、健康、安全等方面的保障；（2）关注未成年人的生理、心理状况和情感需求；（3）教育和引导未成年人遵纪守法、勤俭节约，养成良好的思想品德和行为习惯；（4）对未成年人进行安全教育，提高未成年人的自我保护意识和能力；（5）尊重未成年人受教育的权利，保障适龄未成年人依法接受并完成义务教育；（6）保障未成年人休息、娱乐和体育锻炼的时间，引导未成年人进行有益身心健康的活动；（7）妥善管理和保护未成年人的财产；（8）依法代理未成年人实施民事法律行为；（9）预防和制止未成年人的不良行为和违法犯罪行为，并进行合理管教；（10）其他应当履行的监护职责。

② 未成年人的父母或者其他监护人不得实施下列行为：（1）虐待、遗弃、非法送养未成年人或者对未成年人实施家庭暴力；（2）放任、教唆或者利用未成年人实施违法犯罪行为；（3）放任、唆使未成年人参与邪教、迷信活动或者接受恐怖主义、分裂主义、极端主义等侵害；（4）放任、唆使未成年人吸烟（含电子烟，下同）、饮酒、赌博、流浪乞讨或者欺凌他人；（5）放任或者迫使应当接受义务教育的未成年人失学、辍学；（6）放任未成年人沉迷网络，接触危害或者可能影响其身心健康的图书、报刊、电影、广播电视节目、音像制品、电子出版物和网络信息等；（7）放任未成年人进入营业性娱乐场所、酒吧、互联网上网服务营业场所等不适宜未成年人活动的场所；（8）允许或者迫使未成年人从事国家规定以外的劳动；（9）允许、迫使未成年人结婚或者为未成年人订立婚约；（10）违法处分、侵吞未成年人的财产或者利用未成年人牟取不正当利益；（11）其他侵犯未成年人身心健康、财产权益或者不依法履行未成年人保护义务的行为。

实施性侵未成年人行为的，侵害了个体最为重要的身体法益中极为重要的部分，显然是严重违反了其所负有的义务，理应受到法律甚至是刑法的否定性评价。需要注意的是，在这种情形下，基于地位滥用而实施的性侵害行为还可能具有下述特点，并进一步强化了这种行为的刑事应罚性：从行为人的角度看，行为人可能反复、多次、隐蔽地实施性行为，甚至将未成年人作为性奴役、性剥削的“工具”；从被害人的角度看，被害人可能基于信任关系而产生对两性关系的误认，或者即使没有产生误认，也可能基于行为人的特定地位而不敢作出真实的陈述，使得行为人理应被认定为强奸罪的行为无法被认定为强奸罪。事实上，在《刑法修正案（十一）》出台以前，我国就已注意到了这种基于地位滥用而发生的性侵害的特殊性，因此特别规定，针对未成年人实施强奸、猥亵犯罪的，应当从重处罚；对未成年人负有特殊职责的人员、与未成年人有共同家庭生活关系的人员，实施强奸、猥亵犯罪的，更要依法从严惩处。[①]此轮刑法修正增设负有照护职责人员性侵罪，突出体现了对滥用特殊地位实施性侵行为的否定性评价。

三是从比较法的角度看，增设负有照护职责人员性侵罪，存在着广泛的比较法上的参考。《美国模范刑法典》（Model Penal Code）§213.3.（1）.（b）&（c）即规定，如果监护人或者其他对被害人福利负有监管义务的人与未满21岁的人自愿发生性行为（consensual intercourse）的，或者负有监管或纪律权威的人与被依法羁押或者在医院、其他机构被留置的人自愿发生性行为的，系轻罪（misdemeanor）。英国2003年修订版的《性侵犯法案》（Sexual Offences Act）将滥用信任地位的性侵犯行为分为与儿童发生性行为（第16条）、导致或煽动儿童参与性行为（第17条）、在儿童面前实施性行为（第18条）、让儿童观看性行为（第19条）四类。以第一类为例，该法案具体规定，18岁或以上的人，针对未满13周岁的人，或者针对年满13周岁未满18周岁的人（此处如果行为人合理相信他人年满18周岁则可排除犯罪成立），符合以下条件即属犯罪：有意触摸另一人，触摸是关于性的，行为人对被害人处于被信任的地位，行为人知道或应当知道他对被害人处于被信任的地位。根

① 《最高人民法院、最高人民检察院、公安部、司法部关于依法惩治性侵害未成年人犯罪的意见》第25条第1项。

据该法案第21条，这种信任通常发生于羁押环境（第2项）、居住环境（第3项）、医疗照顾环境（第4项）、教育环境（第5项）下。关于其立法目的，有学者指出："尽管16周岁至18周岁的人在其他情况下可以同意发生性行为，但对于经常照看他们的人却不能如此，这反映了该法案防止性剥削的主旨。"[①]《德国刑法典》第174条也规定了滥用信任地位型的性侵犯罪，即"行为人与下述人员发生性关系或者让其与自己发生性关系的，处三个月以上五年以下监禁：（1）不满16周岁的，受托抚养、教育或照顾的人；（2）通过滥用与抚养、教育、照顾、职务或工作有关的依赖关系，与不满18周岁的，受托抚养、教育、照顾或存在工作上隶属关系的人；（3）不满18周岁的亲生子女或被收养的子女。对上述人，在其面前实施性行为或者使其在自己面前实施性行为，以使自己获得性满足的，处三年以下监禁或罚款"。[②]《瑞士刑法典》第188条也规定："基于未成年人教育、抚养、就业或其他内容而产生依赖关系，行为人通过利用与年满16周岁未成年人的这种依赖关系而与之实施性行为的，或者通过利用这种依赖关系而鼓励该未成年人实施性行为的，可处不超过三年的监禁刑或罚款。如果未成年人是犯罪者的配偶或注册伴侣，主管机关可免除起诉、移交法院或处以罚款。"[③]

进一步讲，这种刑事立法事实上根源于对未成年人进行特殊保护的思想。作为特殊群体，未成年人容易受到误导、利用、欺骗和伤害，防止未成年人受到不法行为、犯罪行为的侵蚀，对其进行特殊保护，既是我国一直以来积极贯彻的方针，也为包括联合国《儿童权利公约》在内的国际公约所确认。[④]《刑法修正案（十一）》将负有照护职责人员性侵罪入刑，一方面体现了这种特殊保护的思想，另一方面也可谓是法律家长主义的又一次胜利。

---

① David Ormerod and Karl Laird, *Smith and Hogan's Criminal Law 14th Edition*, Oxford University Press 2015, p.876.

② 根据2013年修订的《德国刑法典》英文版翻译。英文版来源于https://www.legislationline.org/documents/section/criminal-codes，2021年1月16日访问。

③ 根据2019年修订的《瑞士刑法典》英文版翻译。英文版来源于https://www.legislationline.org/documents/section/criminal-codes，2021年1月16日访问。

④ 该公约对儿童界定为未满18周岁的任何人。

## 三、条文释义

《刑法》第236条之一规定："对已满十四周岁不满十六周岁的未成年女性负有监护、收养、看护、教育、医疗等特殊职责的人员，与该未成年女性发生性关系的，处三年以下有期徒刑；情节恶劣的，处三年以上十年以下有期徒刑。有前款行为，同时又构成本法第二百三十六条规定之罪的，依照处罚较重的规定定罪处罚。"

### （一）对本罪成立要件的解读

**1.本罪的客体**

本罪的犯罪客体是性自由权利和未成年女性的身心健康。如前所述，对本罪犯罪对象负有特殊照护职责的人员，由于其所处地位和与未成年女性频繁的日常交往，容易使未成年女性对其性同意的结果和意义产生误认，难以对性同意产生真实理性的选择，因此立法者排除了14周岁至16周岁未成年女性对负有特殊照护职责人员所做的性同意的效力，目的在于对其性自由权的保护。从前述"养成型性侵"来看，这种行为也确实体现出对未成年女性性自由权利的实质性侵害。同时，由于此时未成年人正处于世界观、人生观、价值观深刻塑造的时期，因此将负有照护职责人员性侵罪入刑，也有助于保护未成年女性的身心健康。

有观点可能会认为，由于此时的未成年人已受有多年的教育，对大是大非的问题已经能够形成成熟理性的认识，因此应肯定其性同意的效力。由此，如果未成年人没有表示同意，符合强奸罪成立要件的应认定为强奸罪；如果未成年人表示同意，则在其同意的前提下没有侵害未成年女性性自由权利的空间，是故本罪的保护法益仅包括未成年女性的身心健康。但是，从体系解释的角度看，如果认为本罪的保护法益仅包括广义上的未成年女性的身心健康而与"性"无涉，则理应将其与虐待罪、虐待被监护、看护人罪等规定在一起才对；既然立法者有意识地将负有照护职责人员性侵罪置于《刑法》第236条之一，位于强奸罪与强制猥亵、侮辱罪、猥亵儿童罪之间，显然是肯定了该罪的保护法益包含女性的性自由权。

### 2.对本罪客观方面的解析

本罪在客观上表现为与已满14周岁不满16周岁的未成年女性发生性关系。

首先，本罪的行为对象是已满14周岁不满16周岁的未成年女性。对此：（1）负有特殊照护职责的人与未满14周岁幼女发生性关系的，不成立本罪而成立强奸罪。[①]因为《刑法》第236条第2款否定了幼女性同意的效力，因此与幼女发生性关系的，无论幼女是否同意，都应认定为强奸。虽然司法解释对此作出有关例外规定，[②]但显然并不适用于负有特殊职责的人。（2）对已满14周岁未满16周岁的未成年女性负有特殊职责的人员，利用其优势地位或者被害人孤立无援的境地，迫使未成年被害人就范，而与其发生性关系的，以强奸罪定罪处罚。[③]因为此时，行为人所实施的行为完全符合强奸罪的成立要件，系胁迫型强奸犯罪，而不属于负有照护职责人员性侵罪。（3）与已满14周岁未满16周岁的未成年女性发生性关系，若该女性系精神病人、没有辨认和控制自己行为的能力，即使获得该未成年女性同意，由于其同意无效，且行为人由于负有特定职责、通常对此知情，故应认定成立强奸罪。但是，间歇性精神病人在具有辨认和控制能力期间作出性同意的，或者行为人确实不知该未成年人系精神病人的，不是强奸。符合本罪成立要件的，应认定成立本罪。（4）与已满14周岁未满16周岁的未成年男性发生性关系，由于不符合本罪明文规定的成立要件，只能认定成立强制猥亵、侮辱罪。

其次，本罪的行为内容是发生性关系。所谓发生性关系，可能有狭义和广义两种理解，狭义的发生性关系是指实施性交，即与强奸罪一样，以生殖器的插入（在奸淫幼女的场合常认为以生殖器的接触）为既遂的认定标准；广义的发生性关系则是指所有带有性含义的行为，包括亲吻、搂抱等。我们

---

① 《最高人民法院、最高人民检察院、公安部、司法部关于依法惩治性侵害未成年人犯罪的意见》第21条第1款。

② 《最高人民法院、最高人民检察院、公安部、司法部关于依法惩治性侵害未成年人犯罪的意见》第27条规定："已满十四周岁不满十六周岁的人偶尔与幼女发生性关系，情节轻微、未造成严重后果的，不认为是犯罪。"

③ 《最高人民法院、最高人民检察院、公安部、司法部关于依法惩治性侵害未成年人犯罪的意见》第21条第2款。

认为，此处的发生性关系应指前者而非后者，理由在于：（1）从文义解释上看，社会大众通常在狭义的意义上使用“发生性关系”这一表述。因此，除非有实质的法益保护需要，通常不必对“发生性关系”这一表述做扩大解释。（2）从体系编排上看，如果认为本罪中的发生性关系包含强制猥亵、侮辱罪中的相关带有性含义的行为，由于强制猥亵、侮辱罪法定刑高于本罪，将负有照护职责人员性侵罪作为《刑法》第237条之一而非第236条之一，显然在法定刑编排（即重罪在前、轻罪在后）和行为类型的覆盖上都更为合理。但立法者将其作为《刑法》第236条之一，显然旨在将该罪中的“性行为”做参照强奸罪的理解。（3）从现实情况上看，由于负有照护职责人员性侵罪多发于相对亲密的环境下，如家庭、学校，现实中在这些场景下，对14周岁至16周岁未成年人实施亲吻、拥抱的行为十分常见，甚至没有加以道德非难的必要，更不必说具有刑法意义上的社会危害性。因此，如果将这种行为也认定为犯罪，难免导致打击面过大，也无法通过由“容忍、谴责和排斥”建构起来的对刑事立法的正当性检视。[①]

最后，需要进一步探讨本罪在客观上是否要求被害人同意发生性关系，即是否要进一步将本罪中的“发生性关系”限于“自愿发生性关系”。域外在论及此类犯罪时，有学者便指出：“这种罪行最显著的特征是，他们将与18周岁以下群体发生的自愿性行为犯罪化。”[②]对于这一问题，关键涉及对本罪与强奸罪间关系的理解：（1）如果认为本罪限于自愿发生性关系，由于强奸罪的成立必须以违背妇女意志为前提，则本罪与强奸罪呈完全互斥的关系，不可能存在既因被害人自愿因而成立本罪，又因违背被害人意志因而成立强奸罪的空间。因此，如果将本罪中的“发生性关系”限于自愿发生性关系，显然会导致我们无法理解《刑法》第236条之一第2款的规定，即“有前款行为，同时又构成本法第二百三十六条规定之罪的，依照处罚较重的规定定罪处罚”，因为只要“有前款行为”便不可能同时构成强奸罪。（2）如果认为本罪不限于自愿发生性关系，则一方面，强奸罪中的行为内容（违背被害人意志

---

① 参见时延安：《刑法的伦理道德基础》，载《中国刑事法杂志》2019年第3期。

② David Ormerod and Karl Laird, Smith and Hogan's Criminal Law 14th Edition, Oxford University Press 2015, p.876.

与其发生性关系）较本罪中的行为内容（与被害人发生性关系而无论被害人自愿与否）更“特别”，从这个意义上说，强奸罪是本罪的特别法条；另一方面，本罪中的行为对象（年满14周岁未满16周岁的未成年女性）和行为主体（年满16周岁、具有刑事责任能力，且对未成年女性负有监护、收养、看护、教育、医疗等特殊职责的人）较强奸罪中的行为对象（所有妇女和幼女）和行为主体（年满14周岁、具有刑事责任能力的人）更“特别”，从这个意义上说，本罪又是强奸罪的特别法条。由此，本罪与强奸罪则事实上成立互为特别法条的法条竞合关系，“特别法优于一般法”的一般性法条竞合原则在此种场景下难以给出有效指引，如此便可理解《刑法》第236条之一第2款“依照处罚较重的规定定罪处罚”的规定。与此相似，《刑法》第149条第2款也属于这种情形下的处罚规定。

需要提示的是，《刑法》第236条之一没有为本罪设定专门的罪量要素，因此本罪系行为犯，即只要符合本罪的成立要件且不存在《刑法》第13条所规定的情节显著轻微、危害不大这一情形，[①]便应以本罪论处。

**3.本罪的主体**

本罪的犯罪主体是特殊主体，即年满16周岁，具有刑事责任能力，且对年满14周岁未满16周岁的未成年女性负有监护、收养、看护、教育、医疗等特殊职责的人员。

第一，关于负有监护职责的人。（1）日常生活中，我们通常在两种不同的意义上使用“监护”一词：一是认为其特指在法律上对未成年人、精神病人等无行为能力或限制行为能力人负有监督、照顾、保护等法律义务的人；二是认为其也包括基于职务或业务需要对他人负有照看义务的人，如监护病人、重症监护。考虑到本罪中已经规定了负有医疗等职责的人员，因此前一种理解显然更为合适。（2）根据《民法典》的规定，监护的设定包括法定监护、意定监护、遗嘱监护、指定监护等方式。无论基于何种设定方式获得监护人地位，只要行为人系具体履行监护职责的人员，即属于本罪中“负有监护职责的人”。此外，《民法典》第31条第3款规定：“依据本条第一款规定指

① 如果认为《刑法》第13条是关于入罪限制条件的规定而非出罪标准的规定，则只要实施本罪中的构成要件行为、符合本罪的成立要件，即可认定本罪的成立。

定监护人前，被监护人的人身权利、财产权利以及其他合法权益处于无人保护状态的，由被监护人住所地的居民委员会、村民委员会、法律规定的有关组织或者民政部门担任临时监护人。”因此，居民委员会、村民委员会等组织和部门中具体承担临时监护职责的人，也属于“负有监护职责的人”。（3）值得进一步研究的是，对是否属于“负有监护职责的人”，应重点审查行为人在形式上是否具有合法的监护权，在实质上是否实际履行监护职责？我们初步认为，从保护法益的角度看，后一观点更为合理。比如，对于被监护人父母通过遗嘱指定监护人，遗嘱监护人在履行监护职责期间实施本罪之行为，但之后发现该遗嘱系伪造的，即使否定其监护地位，也应肯定其属于“负有监护职责的人”。又如，对于行为人虽未实际依法获得监护权，但事实上负责监护未成年人的，如虽不属于近亲属（即不属于《民法典》第1045条第2款所规定的配偶、父母、子女、兄弟姐妹、祖父母、外祖父母、孙子女、外孙子女），但实际上承担监护职责且未经未成年人住所地的居民委员会、村民委员会或者民政部门同意成为监护人的，也宜认定为“负有监护职责的人”。

第二，关于负有收养职责的人。所谓收养，是指自然人领养他人的子女为自己的子女，依法创设拟制血亲的亲子关系的身份法律行为。[①]关于收养的相关内容，在《民法典》第五章有明确的规定，在此值得进一步加以说明的是：（1）对于实践中存在的事实收养现象，即使未经收养登记等程序，也应认定属于“负有收养职责的人”。（2）《民法典》第1113条规定：“有本法第一编关于民事法律行为无效规定情形或者违反本编规定的收养行为无效。无效的收养行为自始没有法律约束力。”但是，如果在实际的收养行为存续期间实施本罪规定之行为，即使事后被否定了收养行为的民事法律效力，也应认定属于“负有收养职责的人”。（3）《民法典》第1114条规定：“收养人在被收养人成年以前，不得解除收养关系，但是收养人、送养人双方协议解除的除外。养子女八周岁以上的，应当征得本人同意。收养人不履行抚养义务，有虐待、遗弃等侵害未成年养子女合法权益行为的，送养人有权要求解除养父母与养子女间的收养关系。送养人、收养人不能达成解除收养关系协议的，可以向人民法院提起诉讼。”若收养关系因法律规定的原因被解除，收养人在收养关

---

① 王利明等：《民法学》（第五版），法律出版社2017年版，第779页。

系解除后实施本罪规定之行为的，不宜再认定为“负有收养职责的人”。

第三，关于负有看护职责的人。看护一词在日常生活中被广泛使用，如果将看护理解为“照看和保护”，则显然前述负有监护、收养职责的人，后述负有教育、医疗职责的人，都可被理解为负有看护职责的人。在最高人民检察院2019年发布的保护未成年人权益十大优秀案例之“马某虐待被看护人案”中，也是将教师作为负有看护职责的人加以认定的。如果依循这样的思路对本罪中的“看护”进行解释，则难免使本罪中其他几类行为主体难有太大存在的意义和空间，故而在解释的过程中，不宜将本罪中的“看护”泛化。我们认为，这里的看护应与《刑法》第260条之一虐待被监护、看护人罪中的看护做相似的理解，并排除《刑法》第236条之一明文规定的教育、医疗等情形，即主要包括如保姆、养老院工作人员等。

第四，关于负有教育职责的人。通常来说，负有教育职责的人实施本罪之行为多发于普通的校园环境下，因此，在一般的校园中对行为人负有教育职责的老师，显然是本罪的犯罪主体。值得考虑的是，（1）对于参与校园管理，但不具体承担教育职责的校内人员，如环卫人员、餐饮人员、安保人员等，是否属于本罪的犯罪主体？我们认为，由于结合这些人的工作内容，在文义上难以将其解释为“负有教育职责的人”，而且实践中这些群体通常也不会使年满14周岁不满16周岁的未成年人产生性同意问题上不够成熟理性的误认，因而不宜作为本罪的犯罪主体。（2）对于虽在同一学校承担教育工作，但与被害人并无交集的教师，比如其他年级和班级的授课教师，是否属于本罪的犯罪主体？我们认为，考虑到本罪的犯罪主体是“对已满十四周岁不满十六周岁的未成年女性负有……特殊职责的人员”，因而不能仅因行为人在身份上属于教师便一律认定系本罪的犯罪主体，而应要求行为人与被害人存在交集并具体地对被害人负有教育职责。除了普通学校中的教师以外，校外辅导班的教师、家教、青少年宫和儿童活动中心的教师、针对未成年人的专门矫治教育学校的教师等，都属于“负有教育职责的人”。

第五，负有医疗职责的人。对被害人负有医疗职责的人主要包括医生、防疫人员、护理人员、药剂人员、麻醉人员和其他专业技术人员，应既包含正式员工，也包含实习医生等实际部分承担医疗职责的人。值得讨论的是，根据《卫生部关于〈医疗事故处理办法〉若干问题的说明》：“因诊疗护理工作是群体性的活动，构成医疗事故的行为人，还应包括从事医疗管理、后勤服务等人员”，由此需要讨论，从事医疗管理、后勤服务的人员是否属于本罪的适格主体？我们认为，在医疗事故罪中，将医疗管理、后勤服务的人员纳入犯罪主体是存在合理性的，因为从文义上将上述群体解释为“医务人员”总体仍在词义射程范围以内，且救护车司机、氧气工等群体的行为也的确与病人的生命健康具有直接相关性。但是，本罪的犯罪主体不是《刑法》第335条所表述的“医务人员”，而是“负有医疗职责的人”，故而相较于前者强调工作场景和工作身份，后者显然更强调工作职责。从这个意义上讲，救护车司机、氧气工等不宜被解释为负有医疗职责的人，否则有类推解释之嫌。

需要说明的是，在对本罪中主体适格性进行审查时：（1）对于行为人与被害人之间是否成立监护、收养、看护、教育、医疗等关系，应以行为时为准。行为人在获得相应资格、履行相应职责前与年满14周岁未满16周岁女性发生性关系的，或者在失去相应资格、不再履行相应职责后与年满14周岁未满16周岁女性发生性关系的，不宜认定成立本罪。（2）对于是否属于对年满14周岁未满16周岁的未成年女性负有监护、收养、看护、教育、医疗等特殊职责的人员，在审查时不宜过分依赖于基于前置法的形式上的效力判定（如是否订立合同、是否经过批准等），而应重点关注行为人是否实际履行相应的特殊职责。

**4.本罪的罪过形式**

本罪的主观方面表现为故意。从认识因素上看，无论行为人明知对方确实是年满14周岁未满16周岁的未成年女性，还是明知对方可能是年满14周岁未满16周岁的未成年女性，均可成立本罪。但是，基于责任主义的原理，如果行为人的确真实合理地相信对方已年满16周岁，不应认定成立本罪。当然，考虑到本罪的犯罪主体是对年满14周岁未满16周岁的未成年女性负有监护、收养、看护、教育、医疗等特殊职责的人员，因而通常对未成年女性的年龄应当是具有认识的。

### （二）本罪的法定刑

《刑法》第236条之一规定：“对已满十四周岁不满十六周岁的未成年女性负有监护、收养、看护、教育、医疗等特殊职责的人员，与该未成年女性发生性关系的，处三年以下有期徒刑；情节恶劣的，处三年以上十年以下有期徒刑。有前款行为，同时又构成本法第二百三十六条规定之罪的，依照处罚较重的规定定罪处罚。”其中，对于“情节恶劣”，可以结合发生性关系的次数、人数，是否当众发生性关系，是否造成被害人伤亡或其他严重后果等方面，综合加以考察。

## 四、以案说法

**【案例】鲍某某涉嫌性侵案**[①]

2020年4月起，媒体网络报道鲍某某性侵“养女”，引起社会极大关注。山东及江苏、北京、天津、安徽等涉案地公安机关成立专案组，商请检察机关提前介入，对韩某某指控鲍某某性侵和媒体网络反映的情况进行全面调查。最高人民检察院、公安部组成联合督导组，对彻查该案工作进行全程督导。2020年6月起，联合督导组又对案件调查工作进行了全面复查。经查明：2014年4月至2015年2月，鲍某某在网上多次发布“收养”信息。2015年9月开始，韩某某（登记出生日期为2001年8月，实际出生日期为1997年10月）为改善生活条件，通过QQ等多次发布寻求“收养”信息，并与多人联系商谈“收养”事宜。韩某某在网上看到鲍某某发布的“收养”信息后，主动与鲍某某联系。2015年10月10日，鲍某某到南京与韩某某及其母亲见面，两人以“收养”名义开始交往并发展为两性关系。2019年6月两人关系破裂。期间两人实际共同居住生活150余天，因感情等问题曾多次发生矛盾。在两人交往过程中，鲍某某不知道韩某某真实年龄，自认为韩某某系未成年人。经向民政部门了解，两人不符合法定收养条件，未办理收养手续，不存在收养关系。

尽管该案极大地推动了负有照护职责人员性侵罪入刑，但显然，即使假设该案发生于《刑法修正案（十一）》生效以后，也无法认定鲍某某的行为成

① 《最高人民检察院、公安部联合督导组通报鲍某某涉嫌性侵案调查情况》，载最高人民检察院官方网站，https://www.spp.gov.cn/spp/qwfb/202009/t20200917_480227.shtml，2021年1月16日访问。

立负有照护职责人员性侵罪，因为在本案中，鲍某某发生性关系的对象韩某某系年满18周岁的成年人，而非《刑法》第236条之一所规定的已满14周岁未满16周岁的未成年女性。诚然，由于韩某某登记出生日期与实际出生日期并不相符，导致鲍某某认为其属于未成年人，并在其误认为韩某某刚满14周岁的前提下与其发生性关系，但如果以此认定鲍某某的行为成立负有照护职责人员性侵罪，则显然属于主观归罪。事实上，在本案中，考虑到二人发生性关系时韩某某已年满18周岁，完全不存在负有照护职责人员性侵罪之法益侵害危险，故而即使将该案置于《刑法修正案（十一）》出台以后，也无法认定本罪的成立。当然，正如最高人民检察院、公安部联合督导组的情况通报中所说："鲍某某……在自认为韩某某系未成年人的情况下，仍以'收养'为名与韩某某交往且与其发生性关系，严重违背社会伦理道德和公序良俗，应当受到社会谴责"，但这与刑法的非难显然是不同的。

需要说明的是，如果该案中二人在发生性关系时韩某某的确系年满14周岁未满16周岁的未成年女性，且鲍某某对此具有认识，则成立本罪。至于二人在形式上是否符合法定收养条件、是否办理收养手续、是否存在法律意义上的收养关系，不影响本罪的认定。

## 第三节　猥亵儿童罪的修改

**【修正前条文】第二百三十七条第三款**　猥亵儿童的，依照前两款的规定从重处罚。

**【修正后条文】第二百三十七条第三款**　猥亵儿童的，处五年以下有期徒刑；有下列情形之一的，处五年以上有期徒刑：

（一）猥亵儿童多人或者多次的；

（二）聚众猥亵儿童的，或者在公共场所当众猥亵儿童，情节恶劣的；

（三）造成儿童伤害或者其他严重后果的；

（四）猥亵手段恶劣或者有其他恶劣情节的。

## 一、立法主旨

这一条文的修改是基于“全面保护儿童”的原则，旨在加大打击针对儿童的性伤害行为，回应社会对儿童保护的密切关注，将对儿童猥亵行为的处罚单独成条，并对法定刑加重的情节具体化，赋予“恶劣情节”更具可操作性的量刑指导，充分发挥刑罚的威慑、预防作用。

## 二、修改理由

儿童为社会弱势群体，对儿童的伤害挑战着社会大众的心理底线，依法严惩伤害儿童的行为，具有强大的民意基础。准确厘清猥亵儿童类犯罪的内涵和外延，需要立法和司法更充分的法律依据。2013年《最高人民法院、最高人民检察院、公安部、司法部关于依法惩治性侵害未成年人犯罪的意见》（以下简称2013年《性侵意见》）明确了对未成年人性犯罪的具体实施细则，着力增强法律的可操作性。2015年8月29日，《刑法修正案（九）》公布，为《刑法》第237条猥亵犯罪增加了一项兜底规定，即“其他恶劣情节”，以此应对司法实践中遇到关于儿童的各种复杂情况。然而这一“口袋型”的规定缺乏具体标准，导致司法适用不统一，并没有改变猥亵儿童与强制猥亵成人在法条上的共用性，这使得司法实践在量刑时普遍较轻，尤其是一些恶性性侵儿童案件的较轻处罚，更是引起了社会对刑法惩罚不足的担忧。

有学者针对2017年来自全国25个省市的389份猥亵儿童罪的判决书分析，目前我国猥亵儿童罪整体量刑偏轻，其中最轻判处拘役3个月，有期徒刑3年以下的判决占72.3%，21人适用缓刑。有期徒刑3—5年的判决适用较少，5年有期徒刑以上的判决只有24例，只占6.2%。[①]对“恶劣情节”条款鲜有适用，司法机关在实践中过于谨慎的处理，显然不利于更好地打击惩戒恶性猥亵儿

---

① 王锴、刘犇昊：《从国家对儿童的保护义务谈猥亵儿童罪的量刑问题》，载《北京航空航天大学学报（社会科学版）》2020年第4期。

童犯罪。事实上，早在《刑法修正案（九）》研拟过程之初，有关部门就建议："实践中有的犯罪分子猥亵儿童多人，有的长期、多次猥亵他人，有的给被害人造成了严重精神伤害的，根据现行刑法规定，均只能处五年以下有期徒刑，上述情形明显有违罪责刑相适应原则。因此，有必要对升档处罚情节予以扩充，将其他情节恶劣的情形涵括在内。"经研究采纳，立法机关增加了"其他恶劣情节"的兜底规定，以适应司法实践中出现的各种复杂情况，[①]但显然并未发挥应有的效果。不难看出当前我国刑法对猥亵儿童罪的规定已滞后于社会的发展和犯罪形势的变化，有必要立足于保护未成年人权益的视角，重新审视我国对猥亵儿童罪的刑法规制。[②]

此次《刑法修正案（十一）》修订，将《刑法修正案（九）》审议过程中的意见以及司法实践的具体情况充分考虑，将"其他恶劣情节"予以具体化，以期改变"恶劣情节"条款鲜有适用的尴尬，[③]更有力地惩治此类犯罪，有效扭转公众认为猥亵儿童犯罪总是"判决过轻"的司法认知。

在本轮刑法修订过程中，立法者充分考虑了猥亵儿童罪这一特殊犯罪现象与猥亵成人犯罪的区别，有针对性地将猥亵儿童犯罪中情节恶劣的情形予以具体化。

第一，充分考虑猥亵儿童"多次""多人"的情形。猥亵儿童者有时成癖即所谓"恋童癖"，恋童癖往往是基于心理生理变态需求实施犯罪，具有侵害对象的不特定性、犯罪的习惯性，由此特性决定猥亵儿童犯罪最常见严重类型是长期侵害多人、多次，因此，猥亵儿童罪最典型加重类型应当是猥亵儿童多人或多次的情形。有关猥亵儿童案调研统计资料指出：样本统计结果显示，一次猥亵一人的比例为65.4%，而猥亵多人或多次猥亵同一人的案件的发生率高达34%。[④]《刑法修正案（九）》出台后，司法实践中以"其他恶劣情节"

---

① 张明楷：《刑法学》（第五版），法律出版社2016年版，第53页。

② 喻海松：《刑法的扩张：〈刑法修正案（九）〉及新近刑法立法的解释司法适用的解读》，人民法院出版社2015年版，第117页；王静然：《立法本意解读下猥亵儿童罪的刑法规制缺陷与完善》，载《河南科技学院学报》2020年第11期。

③ 虞浔：《猥亵儿童罪：从立法上织密未成年人保护法网》，载《光明日报》2020年6月28日。

④ 阮齐林：《猥亵儿童罪基本问题再研究》，载《人民检察》2015年第22期。

作为猥亵儿童罪加重处罚情节的判例，大多涉及行为人猥亵儿童多人或多次，立法条件较为成熟。

第二，对公共场所当众实施猥亵儿童行为的，需达情节恶劣程度才能适用加重法定刑。目前理论上对猥亵犯罪一般认为包括四种类型：其一，直接对他人实施猥亵行为或者迫使他人容忍行为人或第三人对之实施猥亵行为；其二，强迫他人对行为人或第三者实施猥亵行为；其三，强迫他人实施猥亵行为；其四，强迫他人观看他人的猥亵行为。[①]但这种分类方法主要针对的是强制猥亵罪，因为猥亵儿童较猥亵成人在构成上不需要“暴力”，不能完全适用于猥亵儿童罪。比如针对儿童的偶尔或轻微性骚扰行为，以及在公共场所、公共交通工具上的性骚扰行为，有观点便认为可以认定为情节显著轻微，危害不大，给予治安处罚。[②]伴随对猥亵儿童罪司法打击的严厉化，2013年《性侵意见》第23条规定，在校园、游泳馆、儿童游乐场等公共场所对未成年人实施强奸、猥亵犯罪，只要有其他多人在场，不论在场人员是否实际看到，均可以认定为在公共场所“当众”强制猥亵、侮辱妇女，猥亵儿童。由此可见，2013年《性侵意见》基于从严惩治发生在校园、游乐场等未成年人集中的特殊场所的性侵害犯罪的政策考量，对“当众”概念并没有局限于最狭义的文义解释。也就是说，“当众”并不要求其他在场的多人实际看到。但是，只要在众人聚集的公共场所实施猥亵，而完全不考虑猥亵手段、情节及是否可能被人随时发现，即认定被告人构成猥亵犯罪并具有加重处罚情节，势必招致不适当、不必要的重刑，有违罪刑相适应原则。比如公共交通工具上的“咸猪手”或者校门口抓一把就跑的情况，确实字面上符合公共场所当众，但是危害性却并未明显升级。从客观来看，在公共场所当众实施猥亵行为，比如隔衣服摸臀部、胸部或下体，身心伤害并不见得高于在私人卧室受到手段恶劣的猥亵，如手指或异物侵入性器官，或长期猥亵，但刑法的处罚却并未着眼于受害人个人法益受害程度，而是着重于“公共场所”社会风化的考虑，这是值得省思的。此次修订体现对受害人个人的关注以及对受害人个人法益侵害危害性的评价，在草案三审稿中为在公共场所当众猥亵

---

① 张明楷：《刑法学》（第五版），法律出版社2016年版，第877页。

② 阮齐林：《猥亵儿童罪基本问题再研究》，载《人民检察》2015年第22期。

儿童的行为增加了情节恶劣的限制条件。这一调整肯定了对于在公共场所当众猥亵儿童这一法定刑升格情形，不应只有形式化的考量，还要有实质性的判断。

第三，考虑儿童在猥亵案件中身心受损的事实，在修订时明确了“造成儿童伤害或者其他严重后果的”，加重处罚。2013年《性侵意见》第25条第6项规定：“针对未成年人实施强奸、猥亵犯罪的，应当从重处罚，具有下列情形之一的，更要依法从严惩处：……（6）造成未成年被害人轻伤、怀孕、感染性病等后果的。”此处的伤害更多是从成年人角度考虑，对儿童犯罪的量刑不能简单比照对成人的犯罪来进行，必须要考虑儿童的特点。在一项针对389份已经宣判的猥亵儿童案件的量刑进行的实证研究中发现，受害儿童近70%无身体伤害，描述受伤状况的占近20%，明确等级的有10%左右。在有伤害等级的统计中，近90%是轻微伤。[①]也就是说，在大多数的猥亵儿童犯罪中，儿童所受的伤害并非身体上的伤害，即使有身体伤害也很轻微。对儿童造成的伤害更需要关注的是心理上的，以及对其人格未来发展的影响，立法修订中如果在决定猥亵儿童罪的量刑时，只考虑身体上的伤害，显然无法满足充分保护儿童的要求。未来司法实践对于伤害，可以采取事实证明而不是简单的伤情鉴定。比如在引起社会广泛关注的上海猥亵案中，尽管法院认定行为人实施了猥亵行为，导致幼女下体撕裂，并构成轻伤二级，但因与女童不存在性器官的接触，且不属于在公共场所当众实施犯罪，也不具有其他恶劣情节，对被告人王某从重判处有期徒刑5年。[②]这一判决宣告后，该案被害人代理律师计时俊介绍：“这个女孩精神上完全被毁掉了。女孩现在拒绝接受心理治疗，检察官已经让心理医生去看过她几次了，她看到心理医生就歇斯底里。甚至，在女孩面前说到‘上海’二字，她就大哭。”[③]

---

① 王锴、刘犇昊：《从国家对儿童的保护义务谈猥亵儿童罪的量刑问题》，载《北京航空航天大学学报（社会科学版）》2020年第4期。

② 赵俊甫：《猥亵犯罪审判实践中若干争议问题探究——兼论〈刑法修正案（九）〉对猥亵犯罪的修改》，载《法律适用》2016年第7期。

③ 《上海受害女童代理律师：这13分钟，是她一辈子醒不来的永夜》，载搜狐网，https://www.sohu.com/a/402915664_254324，2021年1月24日访问。

第四，修订时考虑严密法网，在加重处罚中设定了“猥亵手段恶劣或者有其他恶劣情节的”。猥亵儿童犯罪往往与犯罪人性取向异常变态有关，其犯罪手段、情节、后果常人难以预料，因此需要“其他恶劣情节”予以兜底。以特别残忍的手段实施较为严重的猥亵行为，往往令人发指，这种情形对被害人的侵犯更为严重，从结果无价值的角度看其法益侵害性更大；从行为无价值的角度看其悖德性更加突出，更容易引起社会的整体道德反感。较为严重的猥亵行为，指鸡奸、指奸、兽奸、口交等有单方生殖器插入或接纳的变态性行为，和强力抠摸、以异物插入阴道、肛门等情节严重的辅助性行为。[①]

此外，立法也考虑了“其他恶劣情节”作为兜底条款。从以往司法实践来看，对“恶劣情节”除了立法修订明确的情形，还包括了熟人关系、低幼儿童等，比如有学者研究2018年宣判的631件猥亵儿童案涉及908名受害者及634名施害者，发现受害者年龄在2岁至6岁的有160人，占比17.6%，7至11岁受害儿童有425人，占比46.8%。539名受害者受到威胁或强迫，占比59.4%，超90%受害者为女童。熟人作案占比高达41.4%，身份以邻居、朋友关系为主，师生及亲属关系占比14.1%。犯罪地点多集中在他人或受害者家中、户外偏僻地点、学校及学生宿舍。有60.4%的施害者仅被判处3年以下有期徒刑，绝大多数刑期未超过5年，被判处5年以上升格法定刑的仅占比14.7%。[②]

## 三、条文释义

鉴于猥亵犯罪的复杂性，采取列举方式解释猥亵“其他恶劣情节”，具有相当的挑战性，部分情节虽可明确，但仍有大量其他情节，需结合其他因素综合考量，只能留待法官在个案裁判中具体把握。在此立法所明确的四种具体情形仍然有“其他恶劣情节”的兜底，对于猥亵儿童罪的评价要考虑儿

---

① 王政勋：《论猥亵行为违法性程度的判断》，载《法治化现代研究》2018年第4期。

② 《家长必看！关于908个被猥亵侵害的孩子》，载新华社，http://cmstop.zt.jsw.com.cn/p/51877.html，2021年1月24日访问。

童的法益，不同类型的猥亵行为所造成的法益侵害程度是存在差异的。加害人的身份、实施猥亵行为的场所、采取的手段（暴力、胁迫、麻醉等强制手段）、猥亵的次数、受害人人数、猥亵所造成的后果（轻伤、感染性病等）、加害人的前科记录等，这些都可能成为从重或加重刑罚的依据。在此对四种新增情形的理解具体阐述如下：

第一种情形，如何理解猥亵多人或者多次？从字义理解，“多人”一般指3人以上，“多次”为3次以上。在修正案出台之前，司法实践中也已经有将猥亵儿童多次、多人理解为“其他恶劣情节”这一法定加重处罚情节的判例。一般来说，对于“多人”要求猥亵儿童3人以上，对于猥亵儿童“单人多次”的则要求猥亵行为长期进行或者短期内频率较高、单次持续时间较长，对单名儿童猥亵3次左右且持续时间较短的一般不进行法定刑升格的处罚。我们可以看到司法实践的认定还是较为谨慎的。对于此次修正，我们认为立法既然已经提供了更为明确的指引，在“多人多次”的认定上坚持罪刑法定即可，不必过于保守，尤其是对于猥亵儿童罪中的“单人多次”不能附加长期、频率这样的限制。对于“多人”“多次”，具体来说可从以下几个方面把握：

第一，多次行为应当具有“同质性”，这是刑法将“多次”作为入罪或者加重评价的基本要求，如果行为人多次实施的行为虽然是危害行为，但是在刑法上是属于不同性质的行为，则不能适用“多次行为”的法律规定。猥亵儿童罪的多次，应当指行为人所实施的行为均为猥亵儿童的行为，比如行为人对受害儿童实施了1次强奸，2次猥亵，那么就猥亵儿童罪来说不应当适用“多次”的加重法定刑。这样并不会造成罪刑失衡，这种情况下以强奸罪与猥亵儿童罪数罪并罚即可。

第二，“多次”是指行为人在一定期限内3次或者3次以上从事某种危害行为。在认定行为次数时应坚持综合考量行为人的主客观方面，坚持主客观相一致的原则。若从主观或者客观上可以判定行为人的次数及其间隔，则能以此认定多次行为。对于在一定空间和时间之内连续作案的情形要注意区分与其他类犯罪“多次”认定的不同，比如对于多次盗窃的认定，张明楷教授认为：行为人连续在一定场所3次盗窃不同被害人的财物，或者对一栋办公室楼中的几个办公室连续实施盗窃的，应当按客观行为认定为多次盗窃。[①]这并不适用于猥亵儿童罪，行为人在一房间先后连续对多人实施猥亵，应当认定为猥亵多人而并非猥亵多次。

第三，对“多人”或者“多次”的适用，应在坚持罪刑法定的基础上，从实质对儿童伤害的次数来理解。比如行为人在同一时间对甲、乙两名儿童实施猥亵各1次，在一段时间后又针对甲儿童猥亵1次，此时是否应当认定为多次？我们认为答案是肯定的，从“多人”“多次”同时作为加重评价因素来说，刑法打击的目的是明确的，无论是相同还是不同的儿童，每一次的伤害、对每一名儿童的伤害都是对社会的一次刺痛，伤害应当予以同等评价。对行为人来说，并不能因为其选取对象的不同而给予投机的机会。

第二种情形，如何理解“聚众猥亵儿童的，或者在公共场所当众猥亵儿童，情节恶劣的”？这一情形包括了两种行为，聚众猥亵儿童是三人以上在共同犯意的支配下实施的共同犯罪，为任意的共同犯罪。对于“公共场所当众”猥亵行为，草案二审稿公布时并没有“情节恶劣”的限制，在最终通过的条文中出现了“在公共场所当众猥亵儿童情节恶劣”。对于“公共场所当众”这一量刑加重构成要素的理解，为修订前立法的内容，既要求发生于公共场所，又需要当众实施，2013年《性侵意见》也体现了这一点，根据2013年《性侵意见》第23条，在校园、游泳馆、儿童游乐场等公共场所对未成年人实施强奸、猥亵犯罪，只要有其他多人在场，不论在场人员是否实际看到，均可认定。

值得注意的是，为什么对猥亵儿童适用这一情形还要求“情节恶劣”？这是因为对成人和儿童的猥亵不同，在猥亵儿童罪的司法实践中，“猥亵”“公共场所”“当众”等概念的外延呈现出不断扩张的趋势，这有利于打击犯罪、保护儿童，但另一方面也可能使得一些公共场所并不严重的危害行为被过于拔高。具体来说，“公共场所”的外延呈现出从开放性的公共场所到半开放性的公共场所，再到私密性的公共场所的不断扩张的趋势。“公共场所”还呈现出从物理空间扩张到网络虚拟空间的趋势。例如，2013年9月，“两高”发布了《关于办理利用信息网络实施诽谤等刑事案件适用法律若干问题的解释》，该司法解释第5条第2款将“网络空间”解释为“公共

① 张明楷：《盗窃罪的新课题》，载《政治与法律》2011年第8期。

场所”。[①]至于在网络空间猥亵他人的，是否能够按照在“公共场所当众”猥亵他人来认定存在争议。有观点认为，在网络空间猥亵他人的可能构成在“公共场所当众”猥亵他人。如今的网络已然成为日常生活不可或缺的一部分，对于不要求身体实际接触才能构成的犯罪，将网络空间解释为公共场所是合乎情理的。通过网络平台将在现实的私密场所内实施的猥亵儿童行为实时直播给他人观看。这种行为虽然发生在现实的私密场所，但是网络直播间是完全公开的，社会上的大多数人得以观看，并且可能会导致观看人数愈发增多，这种行为无异于在公共场所当众猥亵儿童。而即便对将其解释为“公共场所”有保留的，也认为猥亵儿童罪具有特殊性，其与寻衅滋事罪具有显著差异，在司法解释没有明确规定在网络空间猥亵儿童的以在“公共场所当众”猥亵儿童论处之前，要升格网络猥亵儿童行为的法定刑可以基于对“其他恶劣情节”的解释来实现。[②]

与此同时，在最高人民检察院的最新指导性案例中，“当众”的外延又进一步得到了扩张。最高人民检察院在“齐某强奸、猥亵儿童案”的“指导意义”部分写道：“对在规定列举之外的场所实施强奸、猥亵未成年人犯罪的，只要场所具有相对公开性，且有其他多人在场，有被他人感知可能的，就可以认定为在‘公共场所当众’犯罪。”在该案中，“感知”这个词语实际上扩大了“当众”的含义。“感知”的含义比“可能看到”更为宽泛。视觉可以感知，听觉也可以感知，“当众”的外延已经不再限于视觉的范围，即使公众无法看到，但是能够通过听觉等感知到的情形也以“当众”论。[③]

---

① 《最高人民法院、最高人民检察院关于办理利用信息网络实施诽谤等刑事案件适用法律若干问题的解释》（法释〔2013〕21号）第5条第2款规定：在网络上散布谣言、起哄闹事的行为可能造成公共场所秩序严重混乱，构成寻衅滋事罪，要依照《刑法》第293条第1款第4项的规定处理。这表明，该司法解释将网络空间认定为公共场所。对此，支持者认为“将网络认定为公共场所属于相对合理的扩张解释，没有违反罪刑法定原则，可以被大众所接受”。

② 陈家林：《〈刑法修正案（九）〉修正后的强制猥亵、侮辱罪解析》，载《苏州大学学报（哲学社会科学版）》2016年第3期。

③ 段卫利：《猥亵儿童罪的扩张解释与量刑均衡——以猥亵儿童的典型案例为切入点》，载《法律适用》2020年第16期。

诚然，对于“公共场所当众”的扩张理解对打击犯罪十分有利，但也不能盲目扩张，要考虑其客观的社会危害性，比如行为人只是单纯在公共场合裸露身体以此猥亵儿童，虽然也满足了“公共场所当众”，但社会危害性与在私密空间对儿童单独的人身猥亵相比明显轻微，对此情况自然不必适用加重法定刑。总结来看，“公共场所当众”影响猥亵犯罪严重程度的情节主要有：（1）被告人主体身份，即是否与被害人存在监护、抚养、教育等特殊关系；（2）猥亵手段，即是否以暴力、胁迫或者药物麻醉等手段实施；（3）猥亵针对的身体部位所代表的性象征意义的大小；（4）被害人人数及猥亵次数，以及是否存在被害人特别年幼或其他易受侵害的脆弱状况；（5）对被害人的身心伤害大小，如猥亵手段是否造成被害人轻伤或者猥亵导致被害人精神严重受损（尚未达到精神失常程度）；（6）作案地点，即是否具有入户等情节。对这些情形，应当结合起来判断其影响，做到罪刑相适应。①

第三种情形，造成儿童伤害或者其他严重后果。对于猥亵儿童案件中受害人所受到的伤害的加重处罚，有判例认为猥亵儿童造成被害人重伤的应当认定为“其他恶劣情节”，学界也有学者认为，如果造成未成年人严重的轻伤或者重伤、感染严重的性病，就属于情节恶劣，可以适用升格法定刑。②也有观点认为，刑法及司法惯例适用于强奸罪的从重或加重处罚情节，对界定猥亵犯罪“其他恶劣情节”有参照价值，如因猥亵致被害人性器官受损达轻伤以上的，可以认为其恶劣程度达到了应判处5年以上有期徒刑的程度。③根据我国《刑法》第234条对故意伤害罪的规定，我国刑法对“伤害”有专门的罪名，此时就会存在故意伤害与猥亵儿童罪的想象竞合。故意伤害罪规定了3档法定刑，其中基本刑为3年以上有期徒刑、拘役或者管制，结果加重刑中致人重伤的处3年以上10年以下有期徒刑，致人死亡或以特别残忍手段致人重伤造成严重残疾的，处10年以上有期徒刑、无期徒刑或死刑。对于修订后的《刑法》第237条猥亵儿童罪“造成儿童伤害”，处5年以上有期徒刑，可以看出，这一规定与故意伤害罪的法定刑相比，存在最低刑高而最高刑低的情况。

---

① 赵俊甫：《猥亵犯罪审判实践中若干争议问题探究》，载《法律适用》2016年第7期。

② 张明楷：《刑法学》（第五版），法律出版社2016年版，第881页。

③ 赵俊甫：《猥亵犯罪审判实践中若干争议问题探究》，载《法律适用》2016年第7期。

对于如何量刑，有观点认为如果以故意伤害罪、过失致人死亡罪论处，事实上将无法评价其中的猥亵行为，因此应以本罪论处，但理应适用更高的法定刑。[①]对此观点，我们认为虽然从形式来看考虑到了对“儿童法益”保护特殊性的需要，但严格适用特殊罪名，便有可能丧失罪刑均衡。当猥亵行为致被害人死亡或因特别残忍手段造成被害人严重残疾时，根据想象竞合犯从一重罪论处的处罚原理，最高刑甚至可以判处死刑。因此，笔者赞同想象竞合的观点，如果“伤害”并没有达到重伤应处5年以上刑罚的情况，则应当适用猥亵儿童罪的加重法定刑。[②]

对此处的“伤害”应如何理解？我们认为应当予以扩大解释，不能以故意伤害罪中“伤害”的评价标准简单套用于猥亵儿童罪加重量刑评价的“伤害”。猥亵儿童案件中所造成的伤害并不限于伤害他人身体的完整性或伤害组织器官的生理机能。性侵害犯罪作为一种特殊的犯罪类型，给未成年被害人带来的伤害是多方面的。有学者归纳出伤害的类型：一是生理上的伤害。多数受害人会有失眠、噩梦不断、食欲减退、生殖器受到损害等情况，部分受害人还会意外怀孕或染上性病，有些甚至选择自杀。二是精神上的伤害。部分受害人因受到侵害而变得暴躁易怒、恐惧、焦虑、绝望、自我评价降低、情感疏离，不愿与人交谈，出现精神病理上的精神紊乱、神经衰弱等症状。三是周边社会的再次伤害。我国性文化受儒家思想影响极大，女人的贞节是头等大事，所谓“饿死事小，失节事大”，在某些地区特别是较为传统的农村地区，被侵害的未成年少女甚至比犯罪人更加被人看不起，会遭到来自家庭、同学、邻里等的“再次伤害”，精神和舆论压力使被害人每天都要重复面对被性侵带来的伤害。有些人甚至在其面前讲黄色笑话嘲讽被害人，造成被害人极度抑郁，一度想要自杀。四是对未成年人未来生活造成严重影响。性侵害对未成年人的伤害不是一时而是终身的，对其未来生活发展都将产生恶劣影响。如刘某强奸案中，被害幼女（13岁）在一年内先后两次怀孕，两次在不正规的小诊所做堕胎手术，经鉴定，该被害人生殖器官受到

① 王政勋：《论猥亵行为违法性程度的判断》，载《法治化现代研究》2018年第4期。

② 刘宪权、陆一敏：《猥亵儿童罪司法认定疑难问题分析》，载《青少年犯罪问题》2020年第4期。

严重损坏，以后很可能生育困难。[①]以上这些伤害有些为直接伤害，有些为间接伤害，都应当纳入“造成儿童伤害或者其他严重后果”评价因素的考量之中。

第四种情形，手段恶劣的理解。猥亵行为主要有三种情形：其一，身体接触型的猥亵；其二，近距离非身体接触型的猥亵；其三，借助网络实施的非身体接触型的隔空猥亵。一般来说，身体接触型的猥亵比非身体接触型的猥亵对法益的侵害程度要大，近距离非身体接触型的猥亵比远距离的网络隔空猥亵对法益的侵害程度要大。从实际的受伤害和受冒犯的程度来说，第一种猥亵行为对法益的侵害程度最大，尤其是行为人以抠摸、指插、肛交、口交等方式侵害被害儿童的，在肛交和口交尚没有纳入强奸罪的现状下，其行为的危害程度不亚于强奸罪，有必要加重判罚。比如司法实践中的有些猥亵儿童案件，犯罪嫌疑人恶性猥亵行为手段极其残忍，甚至比强奸行为更为恶劣：有些用手指等性器官以外的身体部位插入被害人身体，有些是使用工具、物体等侵害被害人身体，有些是故意伤害、毁坏被害人身体，导致被害人性器官或者身体其他部位受到伤害。对于“手段恶劣”一方面考虑行为人是否具有暴力、胁迫的行为，另一方面也要考虑是否存在摧残、凌辱被害人或者摄录及传播性侵过程的影像资料等情形。

第五种情形，其他恶劣情节。“其他恶劣情节”与第四种情形“猥亵手段恶劣”并列，根据刑法解释的原则，“其他”的解释应当具与“猥亵手段恶劣”的相当性，但“手段”本身即为情节因素，在此情况下，对于“其他情节”的解释不能要求以“手段”类比，而应当将“其他恶劣情节”理解为除了前述明确列举的恶劣情节以外的所有具有相当危害的情节。

在具体理解上，可以参考2013年《性侵意见》，该意见基于未成年人保护需要合理扩大了从严处罚情节，比如2018年《最高人民检察院关于印发最高人民检察院第十一批指导性案例的通知》（高检发研字〔2018〕27号）（检例第42号·齐某强奸、猥亵儿童案）中指出：“奸淫幼女具有《性侵未成年人意见》规定的从严处罚情节，社会危害性与刑法第236条第3款第2—4项规定的情形相当的，可以认定为该款第1项规定的‘情节恶劣’。”最高人民检察

---

① 张焕娟：《性侵未成年人犯罪实证研究》，河南大学2019年硕士学位论文。

院的上述指导意见对于奸淫幼女型强奸罪的抽象的升格条件给出了明确指引，实质上意味着2013年《性侵意见》中规定的七种从严处罚情节可以被评价为强奸罪的法定刑升格条件的“情节恶劣”，从而对行为人处10年以上有期徒刑、无期徒刑或者死刑，这就实现了司法认定上的关键指引。既然2013年《性侵意见》中规定的七种从严处罚情节可以被评价为强奸罪的法定刑升格条件“情节恶劣”，那么这七种从严处罚情节当然可以被评价为猥亵儿童罪的法定刑升格条件“情节恶劣”。[①]

具体来说，可以考虑以下几种情况：一是对未成年人负有特殊职责的人员实施猥亵儿童犯罪的。对未成年人负有特殊职责的人员与未成年人日常接触密切，易发生多次长期性侵害。这类人员对儿童负有更高的保护注意义务，若反而对儿童实施侵害，不仅会严重危害受害儿童的身心健康，违背伦理道德底线，还会严重伤害社会大众情感，造成极其恶劣的社会影响，引发民愤。比如家庭人员、教师等实施的猥亵行为。对于未满16周岁的未成年人而言，家庭成员、学校的教师往往是最不设防的对象。若家庭成员心存歹意，猥亵儿童得逞比例远高于其他情形，应当从严惩处。二是猥亵对象为低龄儿童甚至婴幼儿。2013年《性侵意见》规定了对不满12周岁的儿童、农村留守儿童、严重残疾或者精神智力发育迟滞的未成年人，实施强奸、猥亵犯罪的，应从严处理，已经显示了对年龄因素、智力因素的特别考虑。实践中基于年龄较小的儿童更易控制等特点，越来越多犯罪人将犯罪的“黑手”伸向低龄儿童。[②]在2018年宣判的猥亵儿童案判决书中，受害者年龄在2周岁至6周岁的有160人，占总受害人数的17.6%。从生物学角度来说，低龄儿童尤其是婴幼儿身体机能发育不全，免疫力低下，以生殖器接触为指向的猥亵行为，对未满6周岁幼儿的生物侵害程度不亚于强奸罪的危害，其不仅会对婴幼儿的生殖器官造成物理伤害，而且伤口易感染，易伴随其他病症，严重者甚至可能危及生命。考虑到猥亵行为表现的多样性和危害程度的层次性，为达到罪责刑相适应，有必要对猥亵未满6周岁婴幼儿情节严重的情形，规定为加重处

---

① 王永茜：《论猥亵儿童罪中的“其他恶劣情节”》，载《北京航空航天大学学报（社会科学版）》2020年第4期。

② 张佳晨：《猥亵儿童罪加重情节的认定》，中国人民公安大学2020年硕士学位论文。

罚情节。[①]从其他国家的立法来看，对低龄儿童的性侵、猥亵也是规定了加重处罚，比如《意大利刑法典》规定对性侵害不满10周岁儿童的进行加重处罚，[②]《希腊刑法典》则规定对不满10周岁、已满10周岁不满13周岁两个年龄段儿童实施淫荡行为的要分别处以不同幅度的加重处罚：a）如果被害人未满10周岁的，处不少于10年的惩役；b）如果被害人已满10周岁但不满13周岁的，处不超过10年的惩役。[③]草案二审稿公布后，分组讨论中便有委员认为，目前猥亵儿童犯罪案件的受害人低龄化趋势明显，建议将猥亵不满10周岁幼儿的情况明确列入加重情节。[④]虽然立法修订并未对此专门规定，但实践中发生类似案件应当可以将其解释为“其他恶劣情节”。

## 四、以案说法

**【案例一】齐某强奸、猥亵儿童案**[⑤]

被告人齐某，男，1969年1月出生，原系某县某小学班主任。2011年夏天至2012年10月，被告人齐某在担任班主任期间，利用午休、晚自习及宿舍查寝等机会，在学校办公室、教室、洗澡堂、男生宿舍等处多次对被害女童A（10岁）、B（10岁）实施奸淫、猥亵，并以带A女童外出看病为由，将其带回家中强奸。齐某还在女生集体宿舍等地多次猥亵被害女童C（11岁）、D（11岁）、E（10岁），猥亵被害女童F（11岁）、G（11岁）各一次。

2013年4月14日，某市人民检察院以齐某犯强奸罪、猥亵儿童罪对其提起公诉。5月9日，某市中级人民法院依法不公开开庭审理本案。9月23日，该市中级人民法院作出判决，认定齐某犯强奸罪，判处死刑缓期二年执行，

---

① 王静然：《立法本意解读下猥亵儿童罪的刑法规制缺陷与完善》，载《河南科技学院学报》2020年第11期。

② 《最新意大利刑法典》，黄风译，法律出版社2007年版，第210页。

③ 《希腊刑法典》，陈志军译，中国人民公安大学出版社2010年版，第126页。

④ 孙梦爽：《刑法修正案（十一）草案二审：回应人民关切推动刑法与时俱进》，载《中国人大》2020年第20期。

⑤ 齐某强奸、猥亵儿童案（检例第42号），载中国司法案例研究中心官方网站，http://www5.zzu.edu.cn/fxyzx/info/1005/3121.htm，2020年12月24日访问。

剥夺政治权利终身；犯猥亵儿童罪，判处有期徒刑四年六个月；决定执行死刑，缓期二年执行，剥夺政治权利终身。被告人未上诉，判决生效后，报某省高级人民法院复核。2013年12月24日，某省高级人民法院以原判认定部分事实不清为由，裁定撤销原判，发回重审。2014年11月13日，某市中级人民法院经重新审理，作出判决，认定齐某犯强奸罪，判处无期徒刑，剥夺政治权利终身；犯猥亵儿童罪，判处有期徒刑四年六个月；决定执行无期徒刑，剥夺政治权利终身。齐某不服提出上诉。2016年1月20日，某省高级人民法院经审理，作出终审判决，认定齐某犯强奸罪，判处有期徒刑六年，剥夺政治权利一年；犯猥亵儿童罪，判处有期徒刑四年六个月；决定执行有期徒刑十年，剥夺政治权利一年。

本案在审理中，法院认为奸淫幼女具有《最高人民法院、最高人民检察院、公安部、司法部关于依法惩治性侵害未成年人犯罪的意见》规定的从严处罚情节，社会危害性与刑法第二百三十六条第三款第二至四项规定的情形相当的，可以认定为该款第一项规定的“情节恶劣”。在解释“情节恶劣”时，法院认为齐某利用教师身份，多次强奸二名幼女，犯罪时间跨度长，法院在认定“多次”时采取的便是多次的实质理解。本案中，被告人具备教师的特殊身份，奸淫二名幼女，且分别奸淫多次，其危害性并不低于奸淫幼女三人的行为，据此可以认定符合“情节恶劣”的规定。此外，公共场所系供社会上多数人从事工作、学习、文化、娱乐、体育、社交、参观、旅游和满足部分生活需求的一切公用建筑物、场所及其设施的总称，具备由多数人进出、使用的特征。基于对未成年人保护的需要，《最高人民法院、最高人民检察院、公安部、司法部关于依法惩治性侵害未成年人犯罪的意见》第二十三条明确将“校园”这种除师生外，其他人不能随便进出的场所认定为公共场所。司法实践中也已将教室这种相对封闭的场所认定为公共场所。

2018年7月27日，最高人民法院作出终审判决，认定原审被告人齐某犯强奸罪，判处无期徒刑，剥夺政治权利终身；犯猥亵儿童罪，判处有期徒刑十年；决定执行无期徒刑，剥夺政治权利终身。

这一案件在刑法修订之后来看，行为人的行为不仅满足了加重处罚的第一种“多次”情形，也符合“在公共场所当众猥亵儿童，情节恶劣”的情形。

本案发生在校园内，对被害人及其家人伤害非常大，对其他学生造成了恐惧，符合情节恶劣的规定。

**【案例二】蒋某某猥亵儿童案**[①]

2015年5月至2016年11月间，被告人蒋某某虚构身份，谎称代表影视公司招聘童星，在QQ聊天软件上结识31名女童（年龄在10—13岁之间），以检查身材比例和发育状况等为由，诱骗被害人在线拍摄和发送裸照；并谎称需要面试，诱骗被害人通过QQ视频聊天裸体做出淫秽动作；对部分女童还以公开裸照相威胁，逼迫对方与其继续裸聊。蒋某某还将被害人的裸聊视频刻录留存。

江苏省南京市某区人民检察院以被告人蒋某某犯猥亵儿童罪提起公诉。南京市某区人民法院经审理认为，蒋某某为满足淫欲，虚构身份，采取哄骗、引诱等手段，借助网络通信手段，诱使众多女童暴露身体隐私部位或做出淫秽动作，严重侵害了儿童身心健康，其行为已构成猥亵儿童罪，且属情节恶劣，应当依法从重处罚。依照《中华人民共和国刑法》第二百三十七条之规定，以猥亵儿童罪判处被告人蒋某某有期徒刑十一年。宣判后，被告人蒋某某提出上诉。南京市中级人民法院经依法审理，裁定驳回上诉，维持原判。

网络性侵害儿童犯罪是近几年出现的新型犯罪，与传统猥亵行为相比，犯罪分子利用信息不对称，以及被害人年幼、心智不成熟、缺少自我防范意识等条件，对儿童施以诱惑甚至威胁，更易达到犯罪目的；被害目标具有随机性，涉及人数多；犯罪分子所获取的淫秽视频、图片等一旦通过网络传播，危害后果具有扩散性，增加了儿童遭受二次伤害的风险。本案即符合修订后的“猥亵儿童多人多次”“手段恶劣”的情形，可以直接适用5年以上有期徒刑。本案的启发在于，网络猥亵儿童的危害性，不能单纯从身体的直接伤害角度考虑，也要考虑潜在的对精神、心理的威胁与伤害，相对于现实一次性的伤害，网络的这种在线拍摄录制威胁方式，手段更为恶劣。

---

① 《蒋某某猥亵儿童案依法严惩通过网络实施的无身体接触的猥亵犯罪》，载中国法院网，https://www.chinacourt.org/article/detail/2019/05/id/3988135.shtml，2021年1月23日访问。

# 第六章

# 侵犯财产罪的修改

此次刑法修正对侵犯财产罪的修改，集中在对职务侵占罪和挪用资金罪的修改。修改的政策根据就是要加强非公有制单位的产权保护，加大惩治非公有制单位内部腐败行为的力度。对两罪的修改，主要是法定刑的向上调整，从而使得两罪与其“近亲”贪污罪、挪用公款罪的法定刑差距得以限缩。

## 第一节　职务侵占罪的修改

**【修正前条文】第二百七十一条**　公司、企业或者其他单位的人员，利用职务上的便利，将本单位财物非法占为己有，数额较大的，处五年以下有期徒刑或者拘役；数额巨大的，处五年以上有期徒刑，可以并处没收财产。

国有公司、企业或者其他国有单位中从事公务的人员和国有公司、企业或者其他国有单位委派到非国有公司、企业以及其他单位从事公务的人员有前款行为的，依照本法第三百八十二条、第三百八十三条的规定定罪处罚。

**【修正后条文】第二百七十一条**　公司、企业或者其他单位的工作人员，利用职务上的便利，将本单位财物非法占为己有，数额较大的，处三年以下有期徒刑或者拘役，并处罚金；数额巨大的，处三年以上十年以下有期徒刑，并处罚金；数额特别巨大的，处十年以上有期徒刑或者无期徒刑，并处罚金。

国有公司、企业或者其他国有单位中从事公务的人员和国有公司、企业或者其他国有单位委派到非国有公司、企业以及其他单位从事公务的人员有前款行为的，依照本法第三百八十二条、第三百八十三条的规定定罪处罚。

### 一、立法主旨

《刑法修正案（十一）》对职务侵占罪的修订主要集中于刑罚设置部分。具体来说：首先，将职务侵占罪的法定刑由两档变为三档，分别对应数额较大、数额巨大、数额特别巨大三种情形；其次，将职务侵占罪的法定最高刑由15年有期徒刑提升至无期徒刑；最后，为职务侵占罪增设了罚金刑这一附加刑类型，并删除了旧有的没收财产这一附加刑。此外，《刑法修正案

（十一）》还对该罪犯罪主体的表述做了细微调整，即将“公司、企业或者其他单位的人员”改为“公司、企业或者其他单位的工作人员”。

## 二、修改理由

关于《刑法修正案（十一）》对职务侵占罪进行修改的缘由，在全国人大常委会法工委对修正案草案的说明中有着清晰的表述，即“进一步加强企业产权保护和优化营商环境，加大惩治民营企业内部发生的侵害民营企业财产的犯罪”。①由此可见，立法者此轮调整职务侵占罪的刑罚设置，主要是出于保护企业产权的考虑。

民营经济具有“五六七八九”的特征，即贡献了50%以上的税收，60%以上的国内生产总值，70%以上的技术创新成果，80%以上的城镇劳动就业，90%以上的企业数量。在世界500强企业中，我国民营企业由2010年的1家增加到2018年的28家。我国民营经济已经成为推动我国发展不可或缺的力量，成为创业就业的主要领域、技术创新的重要主体、国家税收的重要来源，为我国社会主义市场经济发展、政府职能转变、农村富余劳动力转移、国际市场开拓等发挥了重要作用。②在此背景下，应强调对民营经济的鼓励、支持和引导，保护民营企业产权，让民营企业家能够安心经营，为经济发展、就业增长、技术创新等创造更大贡献。

保护民营企业产权，在近年来受到了充分重视。2016年《中共中央、国务院关于完善产权保护制度依法保护产权的意见》即提出，产权制度是社会主义市场经济的基石，保护产权是坚持社会主义基本经济制度的必然要求，对各种所有制经济应贯彻平等保护、全面保护和依法保护的总体要求，完善平等保护产权的法律制度，加大对非公有财产的刑法保护力度，妥善处理历史形成的产权案件，严格规范涉案财产处置的法律程序，审慎把握处理产权

---

① 李宁：《关于〈中华人民共和国刑法修正案（十一）（草案）〉的说明》，2020年6月28日在第十三届全国人民代表大会常务委员会第二十次会议上。

② 《习近平在民营企业座谈会上的讲话》，载光明网，https://news.gmw.cn/2018-11/02/content_31884408.htm，2021年1月12日访问。

和经济纠纷的司法政策，营造全社会重视和支持产权保护的良好环境。为积极贯彻文件精神，《最高人民法院关于充分发挥审判职能作用切实加强产权司法保护的意见》《最高人民法院关于依法妥善处理历史形成的产权案件工作实施意见》《最高人民检察院关于充分发挥检察职能依法保障和促进非公有制经济健康发展的意见》《最高人民检察院关于充分履行检察职能加强产权司法保护的意见》等纷纷出台，最高人民检察院还于2017年发布了9起检察机关加强产权司法保护的典型案例。

保护民营企业产权包含多个维度，比如在实体法层面，要形成对各种所有制经济平等保护的制度格局；在程序法层面，要严格规范涉案财产处置的法律程序，而职务侵占罪的修订则聚焦于前者。长期以来，我国对侵犯国有财产类犯罪的保护力度是很高的，比如，以国有财产为犯罪对象的贪污罪，其法定刑最高可达死刑，且《刑法修正案（九）》为其增设了终身监禁这一特殊的刑罚执行制度安排。相比之下，对于以民营企业财产为犯罪对象的职务侵占罪，在行为性质上与贪污罪完全相同，仅在主体身份与侵犯财产权性质上与贪污罪有所差异，其法定刑最高则是15年有期徒刑，且在不同法定刑幅度所对应的数额要求上与贪污罪存在一定差距。对此，许多学者纷纷从宪法精神、平等原则、罪刑均衡原则、经济发展诉求、《联合国反腐败公约》规定等出发，对这种“身份立法”现象提出质疑，建议消除贪污罪与职务侵占罪间刑罚轻重的差别待遇。[①]从《刑法修正案（十一）》对职务侵占罪的法定刑修改来看，其目的是十分明显的，即加强对民营经济产权的平等刑法保护，因为从修订后的文本来看，如下图所示，对职务侵占罪的法定刑幅度设计与贪污罪基本形成了相互协调的“一一对应”关系。当然，虽然贪污罪中另有“数额特别巨大，并使国家和人民利益遭受特别重大损失的，处无期徒刑或者死刑，并处没收财产”的规定，但考虑到职务侵占罪中侵犯财产权的性质，并不会导致国家和人民利益遭受特别重大损失，故而显然没有为职务侵占罪

---

① 如卢建平、陈宝友：《应加强刑法对非公有制经济的保护》，载《法学家》2005年第3期；李希慧：《刑法应平等保护非公有制经济》，载《人民检察》2006年第23期；李凤梅：《非公有制经济平等刑法保护之解读与思考》，载《河北法学》2008年第12期；周振杰：《民营经济刑法平等保护的体系化思考》，载《政法论丛》2019年第1期。

进一步配置死刑的必要。

| 法定刑 | 修订前职务侵占罪 | 修订后职务侵占罪 | 贪污罪 |
|---|---|---|---|
| 第一档 | 数额较大的，处5年以下有期徒刑或者拘役 | 数额较大的，处3年以下有期徒刑或者拘役，并处罚金 | 贪污数额较大或者有其他较重情节的，处3年以下有期徒刑或者拘役，并处罚金 |
| 第二档 | 数额巨大的，处5年以上有期徒刑，可以并处没收财产 | 数额巨大的，处3年以上10年以下有期徒刑，并处罚金 | 贪污数额巨大或者有其他严重情节的，处3年以上10年以下有期徒刑，并处罚金或者没收财产 |
| 第三档 | | 数额特别巨大的，处10年以上有期徒刑或者无期徒刑，并处罚金 | 贪污数额特别巨大或者有其他特别严重情节的，处10年以上有期徒刑或者无期徒刑，并处罚金或者没收财产；数额特别巨大，并使国家和人民利益遭受特别重大损失的，处无期徒刑或者死刑，并处没收财产 |

从平等保护民营企业产权的角度出发，能够较好地理解《刑法修正案（十一）》对职务侵占罪法定刑档次的增加与法定最高刑的提升，但另有一处修订也值得我们予以关注，即增设罚金刑规定并删除了原有的没收财产这一附加刑。没收财产刑作为附加刑的一种，在正当性上是值得怀疑的：（1）从宪法规范的角度看，《宪法》第13条规定："公民的合法的私有财产不受侵犯。国家依照法律规定保护公民的私有财产权和继承权。国家为了公共利益的需要，可以依照法律规定对公民的私有财产实行征收或者征用并给予补偿。"若公民滥用其私有财产，国家对其予以相应的限制和剥夺可从《宪法》第51条推导出来，如此可以证成没收违法所得、犯罪工具、违禁品的正当性根据，但没收财产刑所针对对象是犯罪人所拥有的合法的私有财产，且其并没有利用该财产实施犯罪，因此以刑罚的方式没收犯罪人的合法财产便缺少足够的宪法根据。（2）从刑法原则的角度看，没收全部财产会由于每个人财产状况的不同而导致惩罚的实际效果和犯罪人的受刑感不同，且无法考虑犯罪与惩罚之间的比例性，有违平等原则和罪责刑相适应原则。（3）从责任主义的角度看，没收全部财产也会对犯罪人的亲人、继承人等其他人产生实际的惩罚

效果，故而有违责任主义中的个人责任原则。[①]因此，限制没收财产刑的适用，在职务侵占罪中以罚金刑取代没收财产刑，是值得肯定的。

## 三、条文释义

由于《刑法修正案（十一）》并未对职务侵占罪的罪状表述做过多调整，因而在犯罪的成立要件上，并无需要特别提示的变动内容。就该罪的成立要件来说：（1）就犯罪客体而言，本罪侵害的是公司、企业或者其他单位的财产权。在此需要区分的是财产权与财产占有关系，如果行为人仅仅希望在一定时期内侵犯公司、企业或者其他单位对单位内部财产的占有关系，符合挪用资金罪成立要件的，应认定成立挪用资金罪而非职务侵占罪。（2）就客观方面而言，本罪在客观上表现为行为人利用职务上的便利，侵吞、窃取、骗取本单位财物，数额较大的行为。对此，第一，行为人必须利用职务上的便利，即利用其因职权或具体执行职务而产生的主管、管理、经手单位财物的便利条件。司法实践通常认为，职务上的便利不同于工作上的便利，前者是职位所规定应该担任的工作而形成的便利；后者则与职位无关，仅因是本单位工作人员，熟悉本单位的环境状况而带来的较易接近作案目标或对象的工作上的便利，对利用工作上的便利或方便条件实施侵犯单位财产行为的，通常被认定为盗窃罪而非职务侵占罪。[②]第二，本罪的行为手段具体表现为侵吞、窃取、骗取。有观点认为，基于《刑法》第271条之职务侵占罪在体例上紧跟《刑法》第270条之侵占罪，因而职务侵占罪只能以侵吞方式实施而不能以窃取、骗取方式实施。[③]但学界从现行刑法对1995年《关于惩治违反公司法的犯罪的决定》的修改、职务侵占罪与贪污罪的关系、惩罚的协调性等方面出发，普遍认为本罪的行为手段包括侵吞、窃取、骗取，这一观点也得到了司法实务的广泛认同。[④]第三，成立本罪还必须符合“数额较大”这一罪量要

---

① 时延安：《论没收财产刑的废除》，载《南都学坛》2017年第3期。

② 如新疆维吾尔自治区高级人民法院（2016）新刑终116号刑事判决书。

③ 张明楷：《刑法学》（第五版），法律出版社2016年版，第1021页。

④ 参见敖博、于慧雯：《围绕职务侵占罪的“争议”与辨析》，载《检察日报》2019年6月12日。

素的要求。（3）就犯罪主体而言，《刑法修正案（十一）》将本罪犯罪主体由“公司、企业或者其他单位的人员”改为“公司、企业或者其他单位的工作人员”。（4）就主观方面而言，本罪主观方面为故意，且应有将单位财物非法占为己有的目的。

需要进一步探讨的是，应如何理解《刑法修正案（十一）》将本罪犯罪主体由“公司、企业或者其他单位的人员”改为“公司、企业或者其他单位的工作人员”？我们认为，如此规定一方面能够与贪污罪中“国家工作人员”等表述保持协调；另一方面也旨在强调在认定职务侵占罪的成立与否时，应重点关注业务层面与单位的关联关系而非身份层面与单位的隶属关系。此前《刑法》第271条“公司、企业或者其他单位的人员”的表述，容易给人以犯罪主体必须在身份上隶属于公司、企业或者其他单位之感，如此可能导致实践中在对犯罪主体的适格性进行审查时，过分关注行为人是否与单位签订正式用工合同、是否在身份上具有对单位的隶属性。然而，考虑到我国民营企业运营过程中在人事任命等方面往往不如国家机关、国有单位规范、严格，虽未与单位签订正式用工合同，但实际上与单位具有工作上的关联关系，甚至是承担单位管理职责的人现实存在，[①]因此实践中一般也对“公司、企业或者其他单位的人员”做扩大解释，主张“是否构成职务侵占罪，关键在于公司、企业或者其他单位人员非法占有单位财物是否利用了职务上的便利，而不是行为人在单位的身份”。[②]在此背景下，《刑法修正案（十一）》对本罪罪状表述进行细微修订，有利于避免犯罪认定过程中对本罪犯罪主体的误读；日后在理解本罪犯罪主体时，也应避免形式化地审查行为人是否与单位具有身份上严格的隶属关系。

就本罪的刑罚适用来说，《最高人民法院、最高人民检察院关于办理贪污贿赂刑事案件适用法律若干问题的解释》第11条第1款规定：“刑法第一百六十三条规定的非国家工作人员受贿罪、第二百七十一条规定的职务侵占罪中的‘数额较大’‘数额巨大’的数额起点，按照本解释关于受贿罪、贪

① 参见周光权：《职务侵占罪客观要件争议问题研究》，载《政治与法律》2018年第7期。

② 参见于某伟职务侵占案，载最高人民法院刑事审判第一、二、三、四、五庭主办：《中国刑事审判指导案例 第4卷》，法律出版社2017年版，第420页。

污罪相对应的数额标准规定的二倍、五倍执行。”但一方面，该司法解释是对《刑法修正案（十一）》出台以前职务侵占罪中罪量要素的解释，在《刑法修正案（十一）》已对职务侵占罪的刑罚设置作出实质性修改的背景下，该司法解释的效力难以及于修订后条文。另一方面，该司法解释也仅规定了“数额较大”“数额巨大”的判断标准，在《刑法修正案（十一）》增设了“数额特别巨大”这一情形的情况下，该司法解释难以对本罪的认定提供充分供给。因此，最高人民法院、最高人民检察院等应尽快出台本罪中罪量要素的新认定标准，以适应刑事审判需要。

## 四、以案说法

**【案例】王某职务侵占案**[①]

2006年，被告人王某在担任河北景某预应力钢绞线有限公司销售人员期间，利用职务便利，将景某公司在河南济源中铁十八局项目部的50多万元货款用于偿还在耿某处的个人欠款；2007年至2008年，被告人王某在担任河北景某预应力钢绞线有限公司销售人员期间，利用职务便利，将景某公司在福建仙游仙港大桥项目部的32.4万元货款据为己有。最终，人民法院以职务侵占罪，判处被告人王某有期徒刑三年六个月，并责令被告人王某将违法所得予以退赔，返还被害单位河北景某预应力钢绞线有限公司。

该案审理过程中的一个争议焦点在于，被告人王某是否为职务侵占罪的适格主体。辩护人认为，被告人王某与河北景某公司不存在劳动关系，不符合职务侵占罪的犯罪主体构成要件，其行为不构成职务侵占罪。职务侵占罪中对主体身份的规定非常明确，必须是该公司的正式员工；未确立劳动关系的人员，不是公司、企业或者其他单位的工作人员，不符合该罪的主体要件。对此，法院认为，被告人王某虽没有与景某公司签订正式劳动合同，但其以景某公司名义代表该公司或经该公司授权销售该公司产品，以业务分成作为报酬，且在该公司填写了销售人员简历，对外而言，其身份与该公司其他正

---

① 河北省景县人民法院（2017）冀1127刑初163号刑事判决书。

式业务员没有区别，与该公司形成了事实上的隶属关系并接受公司的管理和监督。界定职务侵占罪的主体应以行为人实际担负一定的职务或职责为标准，被告人王某作为景某公司授权的业务员实质上承担了以该公司名义为该公司销售该公司产品的职务并形成了先行收取货款，随后转交给景某公司的职务便利，在实施了该公司授权范围内的职务行为时非法侵占该公司货款，其行为符合职务侵占罪的构成要件。从该法院裁判说理可以充分看出，当前刑事司法对职务侵占罪中犯罪主体的认定，并不拘泥于行为人与单位是否签订了正式的劳动合同，而是基于业务层面与单位的关联关系，进行实质性的认定。

## 第二节 挪用资金罪的修改

**【修正前条文】第二百七十二条** 公司、企业或者其他单位的工作人员，利用职务上的便利，挪用本单位资金归个人使用或者借贷给他人，数额较大、超过三个月未还的，或者虽未超过三个月，但数额较大、进行营利活动的，或者进行非法活动的，处三年以下有期徒刑或者拘役；挪用本单位资金数额巨大的，或者数额较大不退还的，处三年以上十年以下有期徒刑。

国有公司、企业或者其他国有单位中从事公务的人员和国有公司、企业或者其他国有单位委派到非国有公司、企业以及其他单位从事公务的人员有前款行为的，依照本法第三百八十四条的规定定罪处罚。

**【修正后条文】第二百七十二条** 公司、企业或者其他单位的工作人员，利用职务上的便利，挪用本单位资金归个人使用或者借贷给他人，数额较大、超过三个月未还的，或者虽未超过三个月，但数额较大、进行营利活动的，或者进行非法活动的，处三年以下有期徒刑或者拘役；挪用本单位资金数额巨大的，处三年以上七年以下有期徒刑；数额特别巨大的，处七年以上有期徒刑。

国有公司、企业或者其他国有单位中从事公务的人员和国有公司、企业或者其他国有单位委派到非国有公司、企业以及其他单位从事公务的人员有前款行为的，依照本法第三百八十四条的规定定罪处罚。

有第一款行为，在提起公诉前将挪用的资金退还的，可以从轻或者减轻处罚。其中，犯罪较轻的，可以减轻或者免除处罚。

## 一、立法主旨

《刑法》第272条是关于挪用资金罪的规定。《刑法修正案（十一）》对本罪的修改，一是对该罪的法定刑进行了调整，即将二个法定刑幅度调整为三个法定刑幅度，二是增设了“提起公诉前将挪用的资金退还”这一从宽处罚的规定。

## 二、修改理由

有关修改《刑法》第272条的理由，“草案说明”予以阐明。提升挪用资金罪的法定刑，旨在“加大惩治民营企业内部发生的侵害民营企业财产的犯罪”，“落实产权平等保护精神”；同时，“总结实践中依法纠正的企业产权保护案件经验，考虑到民营企业发展和内部治理的实际情况，规定挪用资金在被提起公诉前退还的，可以从轻或者减轻处罚”。①

从政策上解读，这一修改体现了两个方面：一是对不同所有制经济主体平等保护的政策。《刑法》中挪用资金罪与挪用公款罪（第384条），在行为性质、侵犯社会关系重要性上并无太大差异，但以往两者法定刑配置却比较悬殊。这种刑事政策上区别对待的做法受到很多学者的质疑。此次刑法修改对挪用资金罪法定刑的向上调整，在一定程度上解决了这种刑罚配置不均衡的问题。修改后的挪用资金罪的法定最高刑为15年有期徒刑，而挪用公款罪的法定最高刑为无期徒刑，两者还存在一定的差距，这主要是考虑到不同所有制经济的差异化治理的现实背景。从目前看，对挪用公款罪配置较高的法定刑，符合当前保护民营经济的政策。二是体现了宽严相济刑事政策中宽缓刑事政策的一面。挪用资金行为，主要发生在民营企业当中。实施挪用资金

---

① 李宁：《关于〈中华人民共和国刑法修正案（十一）（草案）〉的说明》，2020年6月28日在第十三届全国人民代表大会常务委员会第二十次会议上。

的行为，往往是民营企业内部的主管人员。从法律上给这类人员以从宽机会，可以减少刑事制裁对企业的冲击，有利于维护企业的生产经营。当然，也应看到，目前民营企业内部管理不规范，使用资金上缺乏内部制度制约，在这种情况下，设置一定的从宽处罚条款也充分考虑了当前的客观现实。

## 三、条文释义

根据《刑法》第272条的规定，挪用资金罪是指公司、企业或者其他单位的工作人员，利用职务上的便利，挪用本单位资金归个人使用或者借贷给他人，数额较大、超过3个月未还的，或者虽未超过3个月，但数额较大、进行营利活动的，或者进行非法活动的行为。此次刑法修改，没有触动本罪的基本构成要件，而是调整了法定刑，并规定了“退还从宽”的规定。适用修改后的第272条，在理解上主要考虑以下两个方面。

### （一）法定刑调整对法律适用的影响

《刑法修正案（十一）》对《刑法》第272条法定刑的修改，在将该罪最高法定刑提升到有期徒刑15年的同时，将第2档次法定刑调整为两个法定刑幅度：挪用本单位资金数额巨大的，处3年以上7年以下有期徒刑；数额特别巨大的，处7年以上有期徒刑。第一个档次的法定刑，即“三年以下有期徒刑或者拘役”并未作出调整。

法定刑调整对第272条的法律适用会产生一定的影响。《最高人民法院、最高人民检察院关于办理贪污贿赂刑事案件适用法律若干问题的解释》第11条第2款规定，“刑法第二百七十二条规定的挪用资金罪中的‘数额较大’‘数额巨大’以及‘进行非法活动’情形的数额起点，按照本解释关于挪用公款罪‘数额较大’‘情节严重’以及‘进行非法活动’的数额标准规定的二倍执行”。按照这一规定，10万元以上为挪用资金“数额较大”，400万元以上为挪用资金“数额巨大”；挪用资金进行非法活动的入罪数额标准为6万元以上，200万元以上为挪用资金进行非法活动“数额巨大”。在新的司法解释出台之前，数额较大的这一法定幅度的数额“门槛”仍应按照这一规定执行；对于数额巨大这一门槛，暂时仍可以按照达到400万元或200万元的，在3年以上量刑。不过，司法解释还应确立“数额特别巨大”这一幅度的数额“门槛”。

值得思考的是，法定刑调整后的政策导向变化问题。对挪用资金罪法定刑的调整体现了“加大惩治民营企业内部发生的侵害民营企业财产的犯罪”的政策，那么，对于这类犯罪的定罪量刑的数额“门槛”是否要相应调整？定罪数额“门槛”应否向挪用公款罪的定罪数额靠拢？这需要从政策上把握：如果从产权平等保护，不同所有制单位的产权并无重要性差别的角度考虑，两罪的定罪数额乃至量刑数额应当保持相当；如果认为国有单位产权保护更为重要的话，在两罪定罪、量刑上予以区分也是当然选择。我们认为，采取前一种立场更符合产权平等保护的政策，当然，从定罪数额乃至量刑数额方面，挪用公款罪的定罪量刑数额标准应向挪用资金罪“看齐”。

### （二）对“提起公诉前将挪用的资金退还”从宽处罚规定的理解

此次刑法修改的一大亮点就是，在《刑法》第272条第3款增加了“退还从宽”的规定，即“有第一款行为，在提起公诉前将挪用的资金退还的，可以从轻或者减轻处罚。其中，犯罪较轻的，可以减轻或者免除处罚”。这一规定所体现的政策以及未来可期的效果，是值得肯定的。对这一规定应从三个方面加以理解：

**1.对“提起公诉前”的理解**

对此可能存在两种解读：一是将“提起公诉”理解为一个诉讼阶段，即刑事诉讼法第二编第三章所规定的“提起公诉”。在这一诉讼阶段，主要是审查起诉以及作出是否起诉的决定。如此理解，犯罪嫌疑人只有在侦查阶段退还资金，才应根据《刑法》第272条第3款从宽处罚。二是将“提起公诉”理解为一个诉讼行为，即检察机关向法院提起公诉，具体而言，就是检察机关将起诉书及相关材料递交给法院，法院予以受案这一环节。如此理解，犯罪嫌疑人在审查起诉阶段，乃至法院受案前，退还挪用资金的，都可以适用该款予以从宽处理。基于《刑法修正案（十一）》增设该款的目的和政策，应采取第二种观点。从一定意义上说，刑法中规定“退还从宽”的做法，与刑事诉讼法中规定的认罪认罚从宽制度具有异曲同工的效果。

**2.对“可以从轻或者减轻处罚”“可以减轻或者免除处罚”的理解**

“退还从宽”，是刑法分则规定的一个特殊的量刑情节。对“可以从轻或者减轻处罚”“可以减轻或者免除处罚”，就应当结合刑法总则和司法解释有关量刑的规定以及刑法学理进行判断。根据《刑法》第62条和第63条第1款的规定，犯罪分子具有本法规定的从重处罚、从轻处罚情节的，应当在法定刑的限度以内判处刑罚；犯罪分子具有本法规定的减轻处罚情节的，应当在法定刑以下判处刑罚；本法规定有数个量刑幅度的，应当在法定量刑幅度的下一个量刑幅度内判处刑罚。“免除处罚”，即定罪免刑的情况。“可以”，是就法官而言其具有一定的裁量权，根据案件事实和被告人综合表现进行判断是否予以从宽处罚。

**3.对“犯罪较轻”的理解**

《刑法》第272条第3款第二句规定，“其中，犯罪较轻的，可以减轻或者免除处罚”。对“犯罪较轻”的理解，应考虑两个方面：一是，这里犯罪较轻，应当指犯罪行为及其数额符合第一个法定刑幅度的情况，理由在于：这里规定了免除处罚，如果对挪用资金数额巨大的行为人免除处罚，就明显违背了罪责刑相适应原则，无法实现刑罚的报应目的。二是，“犯罪较轻”不应包括挪用资金从事非法活动的情况。理由在于：挪用资金从事非法活动，其危害性更为严重，对行为人的可谴责性也更强，因而不应理解为“犯罪较轻”。

## 四、以案说法

**【案例】王某挪用资金案**[①]

2014年6月10日，深圳市南山区大冲社区朗景园小区第二届业主委员会成立。同日，被告人王某被选为第二届业主委员会主任，任期至2017年6月9日止。2015年3月6日，王某以业主委员会名义在中国银行高新区支行开设对公账户，用以收取小区业主自行出资购买停车场相关设备、运营维护费用、小区物业修缮费用以及商铺门面的租金。2015年12月1日至8日，王某在未经业主大会讨论和表决的情况下私自从业主委员会的中国银行对公账户中分9次将人民币44万元转至其名下自己的招商银行账户，并于2015年12月8日将

---

① 最高人民法院刑事审判第一、二、三、四、五庭主办：《刑事审判参考》（总第122期），法律出版社2020年版，第1343号案例。

其中40万元转账到贺某的招商银行账户，用于购买深圳市创达云睿智能科技有限公司2%的股权投资，又后将剩余的4万元用于借款转账借贷给业主委员会成员李某。2016年5月20日，因小区业主要求对小区的账目进行财务审计，王某从自己名下另一个招商银行账户向业主委员会的中国银行对公账户分9次转入44万元。

南山区人民法院经审理认为，被告人王某作为业主委员会主任，利用职务上的便利，挪用业主委员会资金44万元归个人使用，其中40万元用于营利活动，4万元借贷给他人，数额较大，超过三个月未还，其行为构成挪用资金罪。业主委员会已获深圳市市场监督管理局颁发的组织机构代码证，应当视为刑法第二百七十二条规定的“其他单位”，业主委员会工作人员可以成为挪用资金罪的犯罪主体。业主委员会在银行开立账户，账户内资金属于全体业主的集体财产，应当认定为刑法第二百七十二条规定的“本单位资金”。王某归案后能够如实供述自己的罪行，具有坦白情节，且案发前已将涉案资金全部退还，依法可以从轻处罚。据此，南山区人民法院依照《中华人民共和国刑法》第二百七十二条第一款、第六十七条第三款之规定，以被告人王某犯挪用资金罪，判处有期徒刑九个月。

一审宣判后，被告人王某不服原判，向深圳市中级人民法院提出上诉。理由如下：1.现行法律、司法解释没有把小区业主委员会主任列为挪用资金罪中的“其他单位人员”，业主委员会主任不具备挪用资金罪犯罪构成的主体要件；2.职务侵占罪相关司法解释中“其他单位人员”的规定，不适用于挪用资金罪；3.商业贿赂犯罪相关司法解释中“其他单位”的规定，不适用于挪用资金罪；4.小区众多业主表示谅解，并给予补充授权。

深圳市中级人民法院经审理认为，上诉人王某未经业主大会讨论和表决通过，私自挪用业主委员会的中国银行对公账户中44万元的事实属于客观事实。即使小区部分业主事后补充授权、表示谅解，也不能改变既成客观事实，不应将此种授权视为事前讨论表决和授权。因此，业主事后谅解或者补充授权不属于实施挪用资金犯罪的阻却事由。一审法院认定王某符合挪用资金罪主体要件的论理充分，理由成立，应予采纳。一审判决认定的事实清楚，证据确实、充分，定罪正确，量刑适当，审判程序合法，遂裁定驳回上诉，维持原判。

本案的焦点在于王某的身份以及被挪用资金的归属问题。应当认为，小区业主委员会系是一个独立的单位，其向市场监督管理部门登记注册并取得组织机构代码证可以说明其是一个独立的市场主体，因而属于挪用资金罪中“其他单位”的范畴；业主委员会具有属于自己的财产，名下银行账户内的资金属于全体业主共有，应当认定为业主委员会“本单位资金”。本案中，王某利用职务上的便利，挪用本单位资金44万元归个人使用，其行为构成挪用资金罪。

# 第七章

# 妨害社会管理秩序罪的修改

此次刑法修正对妨害社会管理秩序罪的修改，涉及扰乱公共秩序罪、危害公共卫生罪、破坏环境资源保护罪和走私、贩卖、运输、制造毒品罪等节犯罪。对妨害社会管理秩序罪的修改，明显地体现出通过刑事手段促进社会治理、维护社会秩序的政策导向。

## 第一节　袭警罪的增设

**【修正前条文】第二百七十七条第五款**　暴力袭击正在依法执行职务的人民警察的，依照第一款的规定从重处罚。

**【修正后条文】第二百七十七条第五款**　暴力袭击正在依法执行职务的人民警察的，处三年以下有期徒刑、拘役或者管制；使用枪支、管制刀具，或者以驾驶机动车撞击等手段，严重危及其人身安全的，处三年以上七年以下有期徒刑。

### 一、立法主旨

《刑法》第277条原来是关于妨害公务罪的规定，其中第5款规定“暴力袭击正在依法执行职务的人民警察的，依照第一款的规定从重处罚”。《刑法修正案（十一）》对该条的修改，在第5款中增设了独立的法定刑，使得该款成为一个独立犯罪，即袭警罪。

### 二、修改理由

将袭警行为从妨害公务罪中独立出来，并规定比妨害公务罪更高的法定刑，就是要严惩袭警的犯罪人。众所周知，人民警察是维护社会治安、公共秩序、打击违法犯罪的中坚力量，然而，在实践中袭警行为时有发生，不仅给人民警察执法活动带来妨害，而且也严重影响社会治安和公共秩序。从比较法上看，国外对于袭警行为，有的规定了独立的罪名，如英国、美国刑法；

有的将袭警规定在抗拒公务罪中，以独立条款的形式规定，如德国、意大利刑法等。从加强对人民警察执法活动保障来看，有必要将袭警行为独立规定为犯罪，这有利于强化对犯罪分子的震慑。

## 三、条文释义

在袭警行为独立成罪的情况下，对本罪的适用应着重考虑以下三个问题。

### （一）对“暴力袭击”的理解

暴力袭击，是指对人民警察施加外在的物理力量，影响职务的执行。例如，违背警察命令，用肢体、器械对抗、殴打警察等。暴力袭击，应指狭义的暴力，即对人民警察的身体不法行使有形力量。①

从危害结果看，暴力的形式应包括能够导致人民警察人身权受到侵犯的情形；造成重伤、死亡的情形也应包括在内，这种情形可能会同时触犯故意伤害罪、故意杀人罪，对此应考虑根据想象竞合犯的原理予以处理，即从一重罪处罚。另外的解释思路是，认为这里的“暴力”不包括造成重伤、死亡的情形，设若故意造成重伤、死亡结果的，直接按照故意伤害罪或者故意杀人罪定罪处罚。这一解决方案并不值得提倡，因为如此会导致对行为人暴力袭警行为未进行必要法律评价的情况。虽然无论按照哪种思路，最终都按一罪处理，然而，按照想象竞合犯处理，可以确保袭警罪适用的可能，即对这一犯罪行为作出刑法评价并予以否定。

从这一界定出发，本罪的暴力袭击应排除两种情形：

**1. 不针对人身而对物实施暴力**

人民警察在执行公务当中，行为人对人民警察使用的车辆、物品等进行损坏，没有危及人民警察身体的，不构成本罪。不过，这类行为可能构成故意毁坏财物罪，设若行为人以暴力毁坏人民警察的车辆、物品的方式意在威胁人民警察影响其正常执法活动的，可以按照《刑法》第277条第1款规定的妨害公务罪予以处理。如果行为人撕扯人民警察随身携带的物品，如抢夺人

---

① 参见张明楷:《刑法学》(第五版)，法律出版社2016年版，第1035页。

民警察执法记录仪的，因这类行为已经带有攻击人身的性质，应理解为本罪中的“暴力袭击”。

**2.软暴力不属于本罪中的“暴力袭击”**

刑法中没有软暴力的法律术语。2013年4月23日实施的《最高人民法院、最高人民检察院、公安部关于依法惩处侵害公民个人信息犯罪活动的通知》使用了滋扰型“软暴力”的提法。在扫黑除恶专项斗争中，针对黑恶势力实施的“软暴力”敲诈勒索等行为，中央政法机关对“软暴力”进行了界定。2018年1月16日实施的《最高人民法院、最高人民检察院、公安部、司法部关于办理黑恶势力犯罪案件若干问题的指导意见》第17条、第18条就对“依法惩处利用‘软暴力’实施的犯罪”作出了规定。2019年4月9日实施的《最高人民法院、最高人民检察院、公安部、司法部关于办理实施“软暴力”的刑事案件若干问题的意见》第1条则明确界定：“‘软暴力’是指行为人为谋取不法利益或形成非法影响，对他人或者在有关场所进行滋扰、纠缠、哄闹、聚众造势等，足以使他人产生恐惧、恐慌进而形成心理强制，或者足以影响、限制人身自由、危及人身财产安全，影响正常生活、工作、生产、经营的违法犯罪手段。”关于“软暴力”违法犯罪手段的表现形式，该解释第2条规定，包括：“（一）侵犯人身权利、民主权利、财产权利的手段，包括但不限于跟踪贴靠、扬言传播疾病、揭发隐私、恶意举报、诬告陷害、破坏、霸占财物等；（二）扰乱正常生活、工作、生产、经营秩序的手段，包括但不限于非法侵入他人住宅、破坏生活设施、设置生活障碍、贴报喷字、拉挂横幅、燃放鞭炮、播放哀乐、摆放花圈、泼洒污物、断水断电、堵门阻工，以及通过驱赶从业人员、派驻人员据守等方式直接或间接地控制厂房、办公区、经营场所等；（三）扰乱社会秩序的手段，包括但不限于摆场架势示威、聚众哄闹滋扰、拦路闹事等；（四）其他符合本意见第一条规定的‘软暴力’手段。通过信息网络或者通讯工具实施，符合本意见第一条规定的违法犯罪手段，应当认定为‘软暴力’。”

上述有关“软暴力”的说明，旨在分析“软暴力”是否属于袭警罪的“暴力”。对此，应当认为，本罪的“暴力袭击”不包括“软暴力”的情形。上述解释性文件中所说“软暴力”是对一系列精神性滋扰、强制行为的概括，具体形式上包括针对个人和针对单位的行为，在具体适用时，要结合具体条文规定的构成要件作出定罪上的判断。袭警罪，首先侵犯的是人民警察的人身安全，是对人民警察人身健康权的侵犯，而“软暴力”则不直接针对人身安全，也不直接侵犯他人的人身健康权。

### （二）对“正在依法执行职务”的理解

正在依法执行职务，是指警察依法正在展开工作、行使职权，例如，治安警察依法出警、对当事人进行调解，刑事警察依法展开侦查、抓捕，交通警察依法指挥交通等。

人民警察的执法活动，法律已经予以明确。《人民警察法》第6条规定：“公安机关的人民警察按照职责分工，依法履行下列职责：（一）预防、制止和侦查违法犯罪活动；（二）维护社会治安秩序，制止危害社会治安秩序的行为；（三）维护交通安全和交通秩序，处理交通事故；（四）组织、实施消防工作，实行消防监督；（五）管理枪支弹药、管制刀具和易燃易爆、剧毒、放射性等危险物品；（六）对法律、法规规定的特种行业进行管理；（七）警卫国家规定的特定人员，守卫重要的场所和设施；（八）管理集会、游行、示威活动；（九）管理户政、国籍、入境出境事务和外国人在中国境内居留、旅行的有关事务；（十）维护国（边）境地区的治安秩序；（十一）对被判处拘役、剥夺政治权利的罪犯执行刑罚；（十二）监督管理计算机信息系统的安全保护工作；（十三）指导和监督国家机关、社会团体、企业事业组织和重点建设工程的治安保卫工作，指导治安保卫委员会等群众性组织的治安防范工作；（十四）法律、法规规定的其他职责。”《刑法》第277条第5款规定的“正在依法执行职务”就是指上述执法活动。需要强调的是，如果具有人民警察身份的人员，没有“正在依法执行职务”时，行为人对该人员进行暴力袭击，即不构成本罪。

需要讨论的是，如何判断人民警察执行职务的合法性问题。这里可以借鉴有关妨害公务罪中对这一问题的讨论。关于判定公务人员的职务行为是否适法，存在着三种观点：（1）客观说认为，应由法官在解释法律后进行客观的判断，而不问该公务人员与一般人是如何认识的。（2）主观说认为，应当以该公务人员的认识为基准。（3）折中说认为，应当以一般人的见解为标准判断，即一般人认为合法时，就是合法的；反之，就是违法的。

上述三种学说中，客观说是通说。主观说实际上取消了职务行为合法性的要件，导致公务员行为的肆意。折中说中，究竟什么是一般人的见解很不明确，容易导致判断的随意性。客观说避免了主观说和折中说的不足，有利于保护职务活动和防止职务行为对个人利益的侵害。在客观说中，是采取行为时标准，还是采取裁判时标准，也是有争议的：前者认为，应当根据该职务行为实施时的具体状况进行客观判断；后者认为，应当由裁判所在事后进行纯客观的判断。两种观点都有缺陷，但是行为时标准说因有利于实现公正而更为有力。

### （三）“人民警察”的范围

对“人民警察”的界定，应根据《人民警察法》第2条第2款规定处理，该款规定：“人民警察包括公安机关、国家安全机关、监狱、劳动教养管理机关的人民警察和人民法院、人民检察院的司法警察。”以往存在“合同制民警”，2000年10月9日发布的《最高人民检察院关于合同制民警能否成为玩忽职守罪主体问题的批复》曾规定，“合同制民警在依法执行公务期间，属其他依照法律从事公务的人员，应以国家机关工作人员论。对合同制民警在依法执行公务活动中的玩忽职守行为，符合刑法第三百九十七条规定的玩忽职守罪构成条件的，依法以玩忽职守罪追究刑事责任”。不过，现在公安机关已经不再保有这个类型民警。

对于暴力袭击正在辅助人民警察依法执行职务的辅警人员的，不应作为本罪处理，理由在于辅警不具有“人民警察”身份，只能在公安民警的指挥和监督下开展辅助性工作。不过，针对辅警人员的暴力袭击行为，仍有成立《刑法》第277条第1款规定的妨害公务罪的可能。

## 四、以案说法

**【案例】唐某甲等妨害公务案**[①]

2019年12月，湖南省宁远县太平镇紫云村唐家洞自然村以被告人唐某甲、

① 湖南省宁远县人民法院（2020）湘1126刑初222号刑事附带民事判决书。

唐某乙为首的村民未经批准擅自在唐家洞自然村与苏家自然村交界处两村共用的水井旁边挖井供唐家洞村村民使用，存在矛盾隐患。2019年12月13日，经宁远县自然资源局和宁远县太平镇人民政府决定，向唐家洞村下达了《责令停止国土资源违法行为通知书》和《责令停工通知书》。2020年1月3日，宁远县水利局向唐家洞村下达了《拆除通知书》，要求唐家洞村于2020年1月6日之前拆除新挖水井和小平房，被告人唐某甲得知该消息后，在“唐家洞村核心交流平台”微信群中发布消息，要求村里每家每户18岁以上的成年人于2020年1月10日早上之前回村，否则按每人每天2000元罚款。后被告人唐某丙、唐某丁等人从广东等地回到唐家洞村。2020年1月9日晚上唐家洞村二三十名村民在唐某友家中开会，在会上被告人唐某甲对第二天阻工的事情进行了安排，由唐某甲、唐某乙等人留在村里接待镇里和县里干部，同时被告人唐某甲、唐某乙等人还要求村民次日要拿工具去阻工。2010年1月10日上午，县水利局、县自然资源局、县综合执法大队、县公安局、太平镇政府组织了260余名工作人员对唐家洞村违建的水井进行拆除时，被告人唐某丙等四五十名村民手持锄头、镰刀、木棒、砖头来到现场阻止国家工作人员拆除水井。在阻工过程中，宁远县公安局民警在将阻工人员强行带离时，被告人唐某丙等村民与宁远县公安局等单位的工作人员发生冲突，致使宁远县公安局民警陈某某、文某某、欧阳某某、李某某、孙某某、黄某某、田某某被砍伤。经鉴定，被害人陈某某、文某某、欧阳某某、李某某、孙某某、黄某某、田某某均为轻微伤。法院判决唐某甲等人行为构成妨害公务罪，并判处1年6个月不等之刑罚。

本罪中唐某甲等人的行为构成妨害公务罪，根据修改前的《刑法》第277条，袭警行为属于妨害公务罪的一种加重情形，因而针对人民警察的妨害公务行为以妨害公务罪定罪处罚。如果该起案件发生在《刑法修正案（十一）》施行之后，则针对人民警察的暴力袭击行为，就构成袭警罪。如果多个行为人同时暴力袭击人民警察和其他国家机关工作人员的，构成袭警罪和妨害公务罪，应按照数罪并罚处理，理由在于，这种情形针对包括人民警察在内的多个国家机关工作人员予以袭击，是多个妨害公务行为，属于一种连续行为状态，但由于触犯两罪，不能根据连续犯原理处理，只能作为可并罚的数罪。

## 第二节 冒名顶替罪的增设

**【新增条文】第二百八十条之二** 盗用、冒用他人身份，顶替他人取得的高等学历教育入学资格、公务员录用资格、就业安置待遇的，处三年以下有期徒刑、拘役或者管制，并处罚金。

组织、指使他人实施前款行为的，依照前款的规定从重处罚。

国家工作人员有前两款行为，又构成其他犯罪的，依照数罪并罚的规定处罚。

### 一、立法主旨

本条是关于增设冒名顶替罪的规定。针对近年来社会上发生的冒名顶替上大学等事件，《刑法修正案（十一）》将盗用、冒用他人身份，顶替他人取得的高等学历教育入学资格、公务员录用资格、就业安置待遇的行为规定为犯罪。

### 二、修改理由

近年来，陈某秀案、王某丽案、[①]苟某案[②]等冒名顶替事件不时被曝光，引发民众广泛关注和热烈讨论；在2018年至2019年的山东高等学历数据清查工作中，有14所高校曾公示清查结果，242人被发现涉嫌冒名顶替入

---

① 《山东通报聊城市冠县、东昌府区两起冒名顶替上学问题调查处理及相关情况》，载中共中央纪律检查委员会、国家监察委员会官方网站，http://www.ccdi.gov.cn/yaowen/202006/t20200629_221003.html?f_ww=1，2021年1月18日访问。

② 《关于苟某反映被冒名顶替上学等问题调查处理情况的通报》，载中共中央纪律检查委员会、国家监察委员会官方网站，http://www.ccdi.gov.cn/yaowen/202007/t20200703_221326.html，2021年1月18日访问。

学取得学历。[①]一系列案件的发现难免令人唏嘘，在此背景下，一些人大常委会组成人员、部门、地方和社会公众提出，社会上发生的冒名顶替上大学等事件，严重损害他人利益，破坏教育公平和社会公平正义底线，应当专门规定为犯罪。[②]相关案件可谓是本罪入刑的“导火索”“催化剂”，但还应进一步从以下两个方面理解《刑法修正案（十一）》增设冒名顶替罪的理由。

一方面，冒名顶替行为具有严重的社会危害性。“犯罪是危害社会的行为，即具有相当程度的社会危害性，这是犯罪具有决定意义的特征，是犯罪的实质内容”，[③]由此，对冒名顶替行为入刑的理由，也应从社会危害性的角度加以理解，并可从以下三个方面具体展开。

第一，冒名顶替行为是对被顶替者个人权利的侵犯。一方面，从规范上看，冒名顶替行为首先侵犯了被顶替人的姓名权。《民法典》第1012条、第1014条规定，“自然人享有姓名权，有权依法决定、使用、变更或者许可他人使用自己的姓名，但是不得违背公序良俗”，“任何组织或者个人不得以干涉、盗用、假冒等方式侵害他人的姓名权或者名称权”。当然，冒名顶替行为绝不仅仅止于对这一权利的侵犯，因为如果只是对姓名权的侵犯，则借由伪造、变造、买卖身份证件罪、使用虚假身份证件、盗用身份证件罪等，即可实现对冒名顶替行为的充分评价。但在冒名顶替类案件中，比起对姓名权的侵害，更为严重的是由于使得姓名的可识别性受到损害，会进一步侵犯被顶替人的宪法性权利，如受教育权[④]、劳动权[⑤]等。另一方面，从现实上看，正如有人所评论的：“假学历可以注销，真人生却无法重启。冒名顶替上学行为让侵权人得利，却直接改写了被侵权人的人生，那些侵权人偷学之后，获得了稳定体面的工作，而不少被侵权人则只能以务农或

① 《山东“两年查出242人涉冒名顶替”，这所高校竟有上百人！教育厅回应了……》，载澎湃网，https://www.thepaper.cn/newsDetail_forward_7924905，2021年1月18日访问。

② 全国人民代表大会宪法和法律委员会：《全国人民代表大会宪法和法律委员会关于〈中华人民共和国刑法修正案（十一）（草案）〉修改情况的汇报》，2020年10月13日。

③ 贾宇主编：《刑法学（上册）》，高等教育出版社2019年版，第86页。

④ 《宪法》第46条第1款规定：“中华人民共和国公民有受教育的权利和义务。”

⑤ 《宪法》第42条第1款规定：“中华人民共和国公民有劳动的权利和义务。”

打工为生。”[①] 在我国，高等学历教育入学资格以及就业相关问题，往往能够在很大程度上影响个体的发展轨迹，而冒名顶替行为，显然是采用一种不公正的方式与他人“置换人生”。如在陈某秀案中，顶替者毕业后通过村助理员公开招聘到冠县烟庄街道（原烟庄乡）工作，而被顶替者陈某秀则四处务工十余年，可以想见，一次冒名顶替在多大程度上改变了二人的人生轨迹。

第二，冒名顶替行为同时也是对公平的考试管理制度、就业管理制度的侵犯。高考、公务员考试在我国的重要性毋庸置疑，前者对于寒窗苦读十余年的学子来说往往意味着更广阔的发展前景，而后者对于刚刚走出校门的学子来说则通常意味着一份体面而稳定的工作。为这两场考试的顺利举行，国家在组织、命题、保密、阅卷等问题上均采取极为严格、规范的态度，旨在营造公平的考试环境，以期公正地选拔人才。而就业安置，则是为退役军人等特殊主体安排就业的一种措施，保障其公平性同样十分重要。冒名顶替行为，显然是破坏了这种公平公正的考试管理制度和就业管理制度，是对社会管理秩序的侵害。事实上，为了严厉惩治冒名顶替行为，立法机关也正着手对相关法律进行修改，如《教育法（修正草案）》即拟明确冒名顶替入学行为的法律责任。修正草案规定：“通过提供虚假材料、隐瞒事实真相等欺骗手段，冒用他人姓名和入学资格顶替入学的，由教育行政部门或者其他有关行政部门撤销入学资格并责令停止参加相关国家教育考试一年以上三年以下；已取得学位证书、学历证书或者其他学业证书的，由颁发机构撤销相关证书；已经成为公职人员的，依法给予开除处分；构成违反治安管理行为的，由公安机关依法给予治安管理处罚；构成犯罪的，依法追究刑事责任。”“与他人串通、允许他人冒用本人姓名和入学资格顶替入学的，由教育行政部门或者其他有关行政部门责令停止参加相关国家教育考试一年以上三年以下；有违法所得的，没收违法所得；已经成为公职人员的，依法给予处分；构成违反治安管理行为的，由公安机关依法给予治安管理处罚。”[②] 从立法者为冒名顶替入

---

① 李英锋：《追究顶替上大学者民事责任也不可少》，载《检察日报》2020年6月24日。

② 《教育法修正草案拟明确冒名顶替入学行为法律责任》，载中国教育新闻网，http://www.jyb.cn/rmtzgjyb/202101/t20210121_391636.html，2021年1月18日访问。

学行为配置行政责任的角度出发，也反映出此类行为同时也是对社会管理秩序的一种侵犯。

第三，从既有《刑法》罪名出发，也能够较好理解增设冒名顶替罪的正当性。《刑法》第284条之一第4款规定了代替考试罪，即："代替他人或者让他人代替自己参加第一款规定的考试的，处拘役或者管制，并处或者单处罚金。"既然让他人代替自己参加考试应认定成立犯罪，那么对于冒名顶替这种窃取他人高考、公务员考试成果的行为，由于实质上相当于他人代替自己参加了考试，因而在危害性上至少不小于代替考试罪。从这一点出发，也应肯定冒名顶替行为具有刑法意义上的社会危害性。

另一方面，既有罪名对冒名顶替行为存在规范供给不足的现象。在《刑法修正案（十一）》正式颁行之前，就如何通过此前的《刑法》惩治冒名顶替行为，不少学者给出了自己的回答。总体来看，涉及的罪名主要包括以下几类：（1）渎职类犯罪，因为冒名顶替行为的成功实施多需要国家机关工作人员渎职行为的帮助。（2）贿赂犯罪，因为为了成功实施冒名顶替行为，行为人可能需要向有关国家工作人员行贿，而有关国家工作人员则可能实施受贿犯罪。（3）伪造类或冒用类犯罪，如伪造、变造、买卖国家机关公文、证件、印章罪，伪造公司、企业、事业单位、人民团体印章罪，伪造、变造、买卖身份证件罪，使用虚假身份证件、盗用身份证件罪等。（4）考试类犯罪，即通过对组织考试作弊罪、代替考试罪中"考试""作弊"的扩大解释，实现对此类行为的惩罚。[①]但从以上几个方面出发，难以对冒名顶替案件作出周全的处理。

首先，对于以渎职类犯罪或贿赂类犯罪处理此类案件来说，存在的问题在于：（1）未必所有冒名顶替案件均会有参与人实施了渎职类犯罪或贿赂犯罪，完全可能存在冒名顶替案件中无人实施上述行为的可能性，如仅仅通过实施伪造类犯罪即成功实现冒名顶替。（2）渎职类犯罪与贿赂犯罪通常只能处理冒名顶替案件中的帮助者、"操盘手"，而对于真正的冒名顶替人这一实际受益人，通常不会是渎职行为或贿赂行为的直接执行者，因而如此认定会

---

① 参见车浩：《冒名顶替上学的罪与罚》，载"中国法律评论"微信公众号，2020年7月4日；杨兴培：《冒名顶替上大学的刑罚规制与完善》，载《上海法治报》2020年7月8日。

给人一种未触及核心的不彻底感。（3）虽可以将真正的冒名顶替人理解为渎职类犯罪、贿赂犯罪的教唆犯、帮助犯等，但第一，未必对所有案件中的实际冒名顶替人均可做如此评价；第二，对于玩忽职守类渎职的，依《刑法》第25条第1款没有认定成立共同犯罪的空间；第三，将真正的冒名顶替人理解为教唆犯、帮助犯，若采区分制共犯体系，根据共犯从属性理论，其反而属于从属者、需较正犯从宽处理，与通常认知相悖。其次，相比之下，以伪造类或冒用类犯罪处理此类案件，的确可能能够更好地与真正的冒名顶替人所实施的行为相"匹配"，但是，且不论是否所有的真正受益人均可被评价为成立本罪，更重要的是，如果刑法仅仅非难行为人伪造、冒用的手段行为，而疏于对行为人不正当地、不公正地获取相应接受教育、从事就业资格这一目的行为的否定性评价，显然存在评价重心上的偏差。最后，对于以考试类犯罪处理此类案件来说：（1）从词义的本来含义上讲，"考试"与"录取"是两个相互独立的环节，考试是录取的前提、录取是考试的结果，将录取阶段的弄虚作假行为评价为《刑法》第284条之一中的"在……考试中""参加……考试"，存在类推解释的嫌疑。（2）从侵害法益的角度上讲，无论是组织考试作弊罪，还是代替考试罪，其犯罪客体都是国家的考试管理秩序，对个人权利的侵害是阙如的（即使认为这种行为会最终导致他人公平参加考试的权利受损并将其理解为对个人法益的侵害，这种侵害也显然是间接的、次要的）。但冒名顶替行为不仅对管理秩序造成侵犯，更重要的是还会直接、严重地侵犯个体的利益。（3）组织考试作弊罪仅处罚组织者，因而可能导致对冒名顶替行为处罚的不周全，特别是一些个案中的实际受益人可能难以被评价为组织者。（4）代替考试罪要求"让他人代替自己参加考试"，冒名顶替案件中的行为人通常并无这一行为。

因此，对于如何处理冒名顶替案件，既有规范存在一定程度的供给不足现象。虽然学界提出了许多有益的方案，但这些方案大多只能"解燃眉之急"，却在处理结果上难言"十全十美"。从这个意义上讲，冒名顶替行为入刑能够较好地解决刑法规范供给不足的问题，同时通过刑法的明令禁止，向潜在犯罪人传递国家对此类行为最为明确的否定信号，以实现犯罪预防之目的。当然，应当认识到，一方面，随着时代的发展，如今再实施冒名顶替行为已十分困难；另一方面，基于"从旧兼从轻"的溯及力要求，已无法对《刑法修正案（十一）》生效前的行为依修正案进行追诉，因此可以想见，该罪在实践中的适用数量不会太多。

## 三、条文释义

### （一）本罪的成立要件

本罪的犯罪客体包含两个方面：一方面是公民的个人权利，主要是指高考考生、公务员考试考生、退役军人等公民依法享有的入学、就业等方面的个人权利；另一方面是社会管理秩序，即公平的考试管理秩序和就业管理秩序。关于冒名顶替行为对这两方面客体的侵犯，前文已有所述及，在此需要进一步说明的是：冒名顶替行为表现为对社会管理秩序的侵害当无疑义，从立法者将该罪定位于妨害社会管理秩序罪一章而非侵犯公民人身权利、民主权利罪一章亦可探知这一点。然而，由于冒名顶替行为不仅表现为对社会管理秩序的侵害，同时也会侵害公民的个人权利，由此涉及的问题是，如果被冒名顶替人与他人串通、允许他人实施冒名顶替行为，是否侵害了本罪客体、能否认定成立本罪？从形式上看，此类行为虽难以被评价为“盗用”，但至少可认为属于“冒用”，因此完全符合“盗用、冒用他人身份，顶替他人取得的高等学历教育入学资格、公务员录用资格、就业安置待遇”的规定，其形式违法性显然可以得到肯定；从实质上看，此类串通冒名顶替行为无疑更严重地侵害了社会管理秩序，且无论被顶替人是否同意，其实际上的权利都受到了损害，故而也具有实质违法性。有人可能会主张以被害人承诺为由，认为因被顶替人的承诺而导致不存在个人权利的损害，故而应否定本罪的成立，但我们认为，由于被害人承诺要求被害人具有处分权限，而高等学历教育入学资格、公务员录用资格、就业安置待遇理应具有不可交易的专属性，不宜肯定行为人对此具有处分权限，因此不能以被害人承诺为由否认串通型冒名顶替行为的违法性。

本罪在客观方面表现为行为人实施了盗用、冒用他人身份，顶替他人取得的高等学历教育入学资格、公务员录用资格、就业安置待遇的行为。对此：（1）本罪要求行为人实施了盗用、冒用他人身份的行为。所谓盗用他人身份，是指以被顶替人不知晓的方式将他人身份为自己所用的行为，此类行为具有秘密性，且违背被顶替人意志。所谓冒用他人身份，则是指自己使用他人身份的行为。显然，盗用实际上也是一种特殊类型的冒用，只是由于在冒名顶替的案件中，顶替行为人通常在被顶替人不知情的情况下实施冒名顶替行为，故而立法者特别将“盗用”行为单独列出。（2）本罪一是可表现为顶替他人取得的高等学历教育入学资格。根据《高等教育法》，所谓高等学历教育入学资格，是指接受全日制或非全日制形式专科教育、本科教育、研究生教育的入学资格。为顶替入学资格，行为人往往在录取、入学等多个环节均需实施相应的冒名顶替行为，如冒领录取通知书、准备虚假的档案等材料、利用相关材料在高等学历教育机构正式办理入学等。此种情形下，应以行为人最终正式入学为犯罪既遂的认定标准，因为如此才属于真正“顶替”了他人的入学资格。（3）本罪二是可表现为顶替他人取得的公务员录用资格。根据《公务员法》，所谓公务员录用资格，主要是指被录用成为依法履行公职、纳入国家行政编制、由国家财政负担工资福利的工作人员的资格，以及被录用成为参照《公务员法》管理的、法律、法规授权的具有公共事务管理职能的事业单位中除工勤人员以外的工作人员的资格。《公务员法》对公务员录用的条件、程序等内容作出了规定，通过冒名顶替行为最终使自己成为实际就职者的，成立既遂。[①]（4）本罪三是可表现为顶替他人取得的就业安置待遇。所谓他人取得的就业安置待遇，主要是指退役士兵所享有的由人民政府安排工作的待遇。《退役士兵安置条例》第29条第1款规定：“退役士兵符合下列条件之一的，由人民政府安排工作：（一）士官服现役满12年的；（二）服现役期间平时荣获二等功以上奖励或者战时荣获三等功以上奖励的；（三）因战致残被评定为5级至8级残疾等级的；（四）是烈士子女的。”此外，对于军人随军家属等主体，也有关于就业安置的相关规定，如《军人随军家属就业安置办法》。通过冒名顶替行为最终使自己实际获得就业安置的，成立犯罪既遂。

---

① 《公务员法》第34条规定：“新录用的公务员试用期为一年。试用期满合格的，予以任职；不合格的，取消录用。”行为是否既遂，不以行为人是否通过试用期为转移。但是，本罪的既遂与否与新录用的公务员是否通过试用期无关；只要行为人实际入职，即告犯罪既遂。

本罪的犯罪主体是一般主体，即年满16周岁、具有刑事责任能力的自然人。

本罪的主观方面为故意。

### （二）本罪认定中要注意的问题

本罪在适用过程中，需要重点关注共同犯罪问题与罪数问题。

1.应注意本罪中的共同犯罪问题。实践中，行为人实施此类行为，通常需要他人的帮助，且有时是在他人的教唆下实施，对于符合共同犯罪成立要件的，应依其在共同犯罪中所起的作用定罪处罚。根据《刑法》第280条之二第2款的规定，组织、指使他人实施冒名顶替行为的，应从重处罚。

2.应注意此类案件中的罪数问题。实践中，此类案件的冒名顶替人可能会同时实施伪造类、冒用类、行贿类等犯罪，同时可能成立渎职等犯罪的教唆犯、帮助犯；而此类案件中冒名顶替人的帮助犯、教唆犯，亦可能同时成立滥用职权、受贿等犯罪。对此，主要的处理方法包括：如果行为人的数行为间成立手段行为与目的行为、原因行为与结果行为关系的，应认定为牵连犯；如果行为人属于一行为触犯数罪名的情形，且数罪名间不成立重合、交叉等关系的，应认定为想象竞合犯；如果行为人实际实施数个不同行为，应评价为成立数罪的，则须数罪并罚。比如，实际冒名顶替人为冒名顶替，伪造身份证件的，由于伪造身份证件与冒名顶替间成立手段与目的的关系，系牵连犯，应在冒名顶替罪与伪造身份证件罪间择一重罪处断。

3.需要特别注意国家工作人员实施冒名顶替行为的情形。《刑法》第280条之二第3款规定：国家工作人员有前两款行为，又构成其他犯罪的，依照数罪并罚的规定处罚。比如，一般来说，国家工作人员在冒名顶替犯罪中扮演帮助者的角色，而其帮助行为本身则常以滥用职权等方式实现，因此，其滥用职权行为与冒名顶替行为间成立手段与目的的关系，系牵连犯。立法者此时专门规定了对牵连犯的数罪并罚，应依该规定进行处理。①

---

① 对牵连犯的数罪并罚在《刑法》中存在他例，如在《刑法》第198条保险诈骗罪中，其第2款规定："有前款第四项、第五项所列行为，同时构成其他犯罪的，依照数罪并罚的规定处罚。"

## 四、以案说法

**【案例】陈某秀被冒名顶替案**[①]

2004年陈某1高考成绩为303分，未达到专科一批录取分数线。陈某1父亲陈某2（冠县冠洲福星商贸有限责任公司法定代表人）和舅舅张某（时任烟庄乡党委副书记、乡长）请托时任冠县招生办主任冯某，帮助陈某1顶替他人上大学。7月26日，冯某与陈某2商定以陈某秀作为冒名顶替对象，并安排县招生办工作人员王某打印出陈某秀的准考证交给陈某2。经咨询山东理工大学得知陈某秀录取通知书已发出后，陈某2找到时任冠县邮政局副局长李某，谎称来拿女儿的录取通知书，持本人身份证从县邮政局截取了陈某秀的录取通知书。陈某2取得陈某秀录取通知书后，冯某利用县招生办统一发放考生档案的便利，将陈某秀档案交给陈某2。为使档案相关信息与陈某1一致，张某找到时任武训高级中学校长崔某，崔某安排副校长兼办公室主任李某2和学生处主任郭某，在贴有陈某1照片的空白高中毕业生登记表上加盖了武训高级中学公章，张某加盖了烟庄乡政府公章，伪造了姓名为陈某秀、照片及相关信息为陈某1的高中毕业生登记表，并替换到陈某秀的考生档案中。2004年8月，张某以外甥女考上大学但户口丢失为由，找到时任冠县公安局烟庄派出所所长任某为陈某1出具虚假户口迁移证明，任某违规安排户籍民警郭某伪造了名为陈某秀、地址为烟庄乡东南庄村的《户口迁移证》。2004年8月31日，陈某1到山东理工大学经济学院报到，由于所持报到材料不全，张某通过时任该校教务处处长助理杜某协调，帮助陈某1办理了入学手续。

本案中，陈某1在客观上盗用、冒用陈某秀身份，实施了顶替陈某秀取得的山东理工大学高等学历教育入学资格的行为，在主观上具有冒名顶替的故意，若类似行为发生在《刑法修正案（十一）》出台以后，应被评价为冒名顶替罪。在全案中，陈某1的父亲陈某2、陈某1的舅舅张某等人均参与了陈某

① 《山东通报聊城市冠县、东昌府区两起冒名顶替上学问题调查处理及相关情况》，载中共中央纪律检查委员会、国家监察委员会官方网站，http://www.ccdi.gov.cn/yaowen/202006/t20200629_221003.html?f_ww=1，2021年1月18日访问。

1的冒名顶替行为，对于在案证据能够证明共同犯罪故意成立的各参与人，属于共同犯罪，应依各共同犯罪人在共同犯罪中所起作用的大小判处刑罚。其中，陈某2、张某在共同犯罪中显然起到主要作用，应将其认定为主犯。此外，行为人在实施上述行为过程中还可能成立其他犯罪，比如，若能依冯某安排县招生办工作人员打印陈某秀准考证、交付陈某秀档案的行为，认定冯某成立滥用职权罪，则陈某2在成立冒名顶替罪的同时还成立滥用职权罪的教唆犯，考虑到其滥用职权的教唆行为与冒名顶替行为间成立手段与目的的牵连关系，应择一重罪处断。可见，在冒名顶替行为的处理过程中，多同时涉及共同犯罪及罪数问题，应依刑法总则的规定与刑法基本理论妥善处理。

## 第三节　高空抛物罪的增设

**【新增条文】第二百九十一条之二**　从建筑物或者其他高空抛掷物品，情节严重的，处一年以下有期徒刑、拘役或者管制，并处或者单处罚金。

有前款行为，同时构成其他犯罪的，依照处罚较重的规定定罪处罚。

### 一、立法主旨

本条是关于增设高空抛物罪的规定。针对近年来较为多发、民众关注度较高、容易造成一定危害的高空抛物行为，《刑法修正案（十一）》第33条通过增设罪名的方式，将从建筑物或者其他高空抛掷物品、情节严重的行为规定为犯罪。

### 二、修改理由

整体来看，《刑法修正案（十一）》增设高空抛物罪，不仅是由其社会危害性决定的，也是由既往针对此类行为“差序规制格局”存在的弊端所引发的。

#### （一）高空抛物行为的社会危害性及其“差序规制格局”

**1.高空抛物行为的社会危害性**

“草案说明”在谈及本罪增设时指出：“对社会反映突出的高空抛物、妨害公共交通工具安全驾驶的犯罪进一步作出明确规定，维护人民群众‘头顶上的安全’和‘出行安全’。”可见，高空抛物罪的订立，主要是基于回应民众关切和维护“头顶上的安全”两方面的理由；而这两者之间又存在着密切的联系，即正是因为高空抛物行为容易对民众“头顶上的安全”造成威胁，具有严重的社会危害性，往往引发民众较强烈的不安，才使得《刑法》有必要以入罪的方式出面作出相应回应。

之所以说高空抛物具有刑法意义上的社会危害性，主要是因为这种行为容易对民众的生命安全、身体健康、财产安全造成威胁。从科学的角度来看，物体被举高时会产生重力势能，而在下落的过程中，这种重力势能则会转化为动能，产生极大的破坏性。一颗鸡蛋从8楼抛下来，可以让人头皮破裂，从18楼抛下来可以砸破头骨，从25楼抛下来甚至可以使人当场死亡，足见危害之大。[①]从现实的角度看，实际生活中发生的一些高空抛物案件已然给民众的生命安全造成了严重威胁。据最高人民法院统计，2016年至2018年这3年，全国法院审结的高空抛物坠物的民事案件有1,200多件，这1,200多件中有近三成因为高空抛物坠物导致了人身损害；受理的刑事案件是31件，31件里有一半多造成了被害人的死亡。[②]而且，一些案件中行为人所抛物件更加加大了这种危害性，如在梁某高空抛物一案中，行为人抛掷的物品包括瓷砖与不锈钢菜刀，所幸并未造成严重后果；[③]在刘某高空抛物一案中，行为人则是从七楼将花盆扔下，直接导致被害人死亡；[④]在郑某高空抛物一案中，行为人将若干砖头从九楼扔下，致人因被钝器暴力作用头部致严重颅脑损伤死亡。[⑤]刑法对高空抛物行为予以规制，也正是考虑到了高空抛物这种严重的社会危害性。而且，通过刑法的明令禁止表达对类似行为最为强烈的谴责，也是立法者近年来在立法过程中的一种常见选择，即希望借由立法前置性地实现对犯罪行

---

① 《高空抛物，悬在城市上空的痛》，载人民网，http://paper.people.com.cn/jksb/html/2019-06/25/content_1934617.htm，2020年12月24日访问。

② 《高空坠物何时休？案件多发危害安全　法律制度须加强》，载光明网，https://politics.gmw.cn/2019-10/21/content_33248889.htm，2020年12月24日访问。

③ 参见广东省广州市越秀区人民法院（2020）粤0104刑初194号刑事判决书。

④ 参见湖北省高级人民法院（2018）鄂刑终375号刑事判决书。

⑤ 参见江西省赣州市南康区人民法院（2016）赣0703刑初397号刑事判决书。

为可能的阻遏。当然，这样的期待能否真实地实现，还有待进一步观察。

**2.针对高空抛物行为的“差序规制格局”**

鉴于高空抛物行为的社会危害性，整体来看，在《刑法修正案（十一）》出台以前，既有规范体系对高空抛物形成了一套以民法规范和刑法规范为主体、辅之以相对有限的行政法规范的“差序规制格局”。具体而言，其组成包括以下内容。

一是民法规范。《民法典》第1254条规定：“禁止从建筑物中抛掷物品。从建筑物中抛掷物品或者从建筑物上坠落的物品造成他人损害的，由侵权人依法承担侵权责任；经调查难以确定具体侵权人的，除能够证明自己不是侵权人的外，由可能加害的建筑物使用人给予补偿。可能加害的建筑物使用人补偿后，有权向侵权人追偿。物业服务企业等建筑物管理人应当采取必要的安全保障措施防止前款规定情形的发生；未采取必要的安全保障措施的，应当依法承担未履行安全保障义务的侵权责任。发生本条第一款规定的情形的，公安等机关应当依法及时调查，查清责任人。”整体来说，《民法典》对高空抛物的规定体现出了如下特点：一方面，《民法典》仅在存在特定被害人的场合才能介入，即高空抛物行为在没有给被害人造成损害的情况下是无法适用的。这很好理解，因为民法调整平等主体间的权利义务关系，并不主要承担维护社会秩序、保障公共安全的责任，且民事诉讼奉行“不告不理”的原则。在此背景下，既然没有特定的被害人，《民法典》显然是无法发挥作用的。另一方面，基于公平的责任分配视角，《民法典》关于高空抛物确立了一系列专门的责任分配原则，如在难以确定具体侵权人的场合，要求无法证明自己不是侵权人的可能加害人承担补偿责任。[①]显然，这与刑事责任和行政责任的追究表现出了极大的差异，特别是就刑事责任来说，这种推定的方式，无论是与刑事实体法中基本的责任观念，还是与刑事诉讼法中法定的证明标准，都是完全相左的。

二是行政法规范。既有行政法规中缺乏明确的、能够普遍适用的关于高空抛物的规定。从《治安管理处罚法》来看，在第三章“违反治安管理的行为和处罚”中，并无关于高空抛物的相关规定，高空抛物行为也显然难以被完全归入诸如寻衅滋事等违反治安管理处罚法的行为类型之中，否则基于刑

---

① 参见王利明等：《民法学》（第五版），法律出版社2017年版，第940页。

法作为行政法“二次保障法”的立场，如此理解会给刑事案件罪名认定带来较大困惑。虽然《治安管理处罚法》第2条规定，“扰乱公共秩序，妨害公共安全，侵犯人身权利、财产权利，妨害社会管理，具有社会危害性，依照《中华人民共和国刑法》的规定构成犯罪的，依法追究刑事责任；尚不够刑事处罚的，由公安机关依照本法给予治安管理处罚”，但从性质上讲，其更加近似于一种原则性的规定，因此整体来看，既有行政法规中缺乏明确的、能够普遍适用的关于高空抛物的规定。一些地方制定了规定有高空抛物行政处罚内容的条例。如2020年3月27日北京市第十五届人民代表大会常务委员会第二十次会议通过的《北京市物业管理条例》，即在其第78条第2款规定，“业主、物业使用人、物业服务人等不得实施下列行为：……（七）从建筑物中抛掷物品”，并在其第98条规定，“物业管理区域内有下列行为之一的，由有关主管部门按照下列规定予以查处：……（七）违反本条例第七十八条第二款第（七）项规定的，由公安机关给予警告，处五百元以上五千元以下的罚款”。[①]此外，在诸如安全生产等一些特别的领域，也能够对高空抛物、高空坠物给予行政处罚，[②]但整体来说，在全国范围内，能够广泛而明确地运用于各个地方、各种场景下关于高空抛物的行政处罚，目前仍然是阙如的。

---

① 《行政处罚法》第12条：“地方性法规可以设定除限制人身自由、吊销营业执照以外的行政处罚。法律、行政法规对违法行为已经作出行政处罚规定，地方性法规需要作出具体规定的，必须在法律、行政法规规定的给予行政处罚的行为、种类和幅度的范围内规定。”可见，地方人大常委会有权对高空抛物行为规定相应的行政处罚。

② 如在最高人民法院公布的典型案例张某某诉佛山市顺德区某某局行政处罚纠纷案中，广东某电梯安装工程有限公司施工人员邓某某、邓某在某广场13号楼负一层井道内进行电梯安装施工，二人首先拆除了事故发生电梯轿厢顶部的安全防护挡板，之后拆除支撑该安全防护挡板的四根钢管，并对轿厢底部的垃圾进行了清扫。当邓某某、邓某正准备安装轿厢壁的时候，邓某被从高空坠落的水泥预制件砸中头部流血而倒地，经抢救无效当场死亡。事故发生后，有关部门迅速成立事故调查组。调查组出具调查报告认定，广东某电梯安装工程有限公司区域经理张某某对项目现场安全生产工作负管理责任，其未对施工人员进行安全生产教育培训，检查安全生产工作不到位，未及时发现并消除安全隐患，对事故发生应负有管理责任。佛山市顺德区某某局认定张某某未尽到安全管理职责，违反了《中华人民共和国安全生产法》第18条第3项、第5项之规定，依据该法第92条第1项之规定，对张某某做出罚款10,980元的行政处罚，并向其送达了《行政处罚决定书》。参见《最高院：高空抛物坠物刑事、行政典型案例》，载澎湃网，https://www.thepaper.cn/newsDetail_forward_6280987，2020年12月24日访问。

三是刑法规范。从中国裁判文书网以“高空抛物”为关键词检索到的既有判决来看，实践中高空抛物行为常常会触发以下罪名：（1）以危险方法危害公共安全罪，如在吴某高空抛物一案中，行为人醉酒闹事，将破坏的一个房门（重12.35千克）、六个灭火器（重2.1千克至6.2千克不等）、一张椅子和消防水带（重8.15千克）等物品从四楼高处扔下。法院认为，行为人醉酒后高空抛物，危害公共安全，尚未造成严重后果，其行为已构成以危险方法危害公共安全罪，判处有期徒刑3年。[①]（2）重大责任事故罪，如在张某高空抛物一案中，行为人在从事整理物料袋工作过程中，长期违反劳动纪律，从高约8.4米的调度室顶部平台向下抛扔物品。某日，行为人再次从调度室顶部平台将一捆重约14公斤的物料袋扔下，导致在其下方粉刷墙面的被害人从约3.4米高脚手架上头部朝下坠落地面。法院认为，行为人在生产、作业中违反有关安全管理的规定，因而发生重大伤亡事故，其行为已构成重大责任事故罪，判处有期徒刑10个月，缓刑1年。[②]（3）过失致人死亡罪，如在樊某高空抛物一案中，行为人在小区楼顶施工时，为清理垃圾，在向楼下观察认为无人之后，将装有石膏块的白色编织袋从11楼楼顶抛下，砸中正在楼下清理楼墙瓷砖的被害人头部，致使被害人当场死亡。法院认为，行为人主观上出于过失，实施了高空抛物的行为，致一人死亡，其行为构成过失致人死亡罪，判处有期徒刑2年2个月。[③]（4）过失致人重伤罪，如在唐某钊过失致人重伤一案中，行为人从五楼扔废弃垃圾到一楼时，砸伤骑电动车巡查至该楼下的保安，致被害人受重伤二级。法院认为，行为人过失伤害公民身体，致一人重伤，其行为构成过失致人重伤罪，判处有期徒刑1年。（5）故意毁坏财物罪，如在黄某高空抛物一案中，行为人酒后在其住处因邻居占用走廊空间与邻居发生争执，将邻居放置在走廊的儿童钢琴、凉席、鞋子、鞋架等物品从29楼扔至楼下，致使他人停放在楼下的三台车辆被砸。法院认为，行为人故意毁坏他人财物，数额较大，其行为构成故意毁坏财物罪，判处有期徒刑6个月。[④]

---

① 参见广东省东莞市中级人民法院（2020）粤19刑终780号刑事判决书。

② 参见苏州市虎丘区人民法院（2020）苏0505刑初574号刑事判决书。

③ 参见山东省郓城县人民法院（2016）鲁1725刑初217号刑事判决书。

④ 参见广东省深圳市龙华区人民法院（2019）粤0309刑初1690号刑事判决书。

（6）寻衅滋事罪，如在李某高空抛物一案中，行为人酒后滋事，无故自其居住的小区屋内向楼下抛掷衣服、花盆、锅碗、石块等物品，造成该单元5层住户家太阳能板及该单元公共车棚钢化玻璃损毁。法院认为，行为人任意损毁他人财物，情节严重，其行为构成寻衅滋事罪，判处有期徒刑6个月。[①]尤其值得注意的是，以2019年10月《最高人民法院关于依法妥善审理高空抛物、坠物案件的意见》（以下简称《高空抛物意见》）为界，刑事司法实践对高空抛物的认定出现了极为明显的转变：（1）《高空抛物意见》出台以前，实践中以以危险方法危害公共安全罪追究高空抛物刑事责任的情况并不多见，但自意见出台以后，多数案件均以以危险方法危害公共安全作为案由；[②]（2）《高空抛物意见》出台以前，实践中多仅在出现一定后果（如财产损失、人员伤亡）后刑法才加以介入，但自意见出台以后，一批未造成严重后果的刑事案件也被以以危险方法危害公共安全罪加以追究。

这种差序规制格局，具体表现为下图。

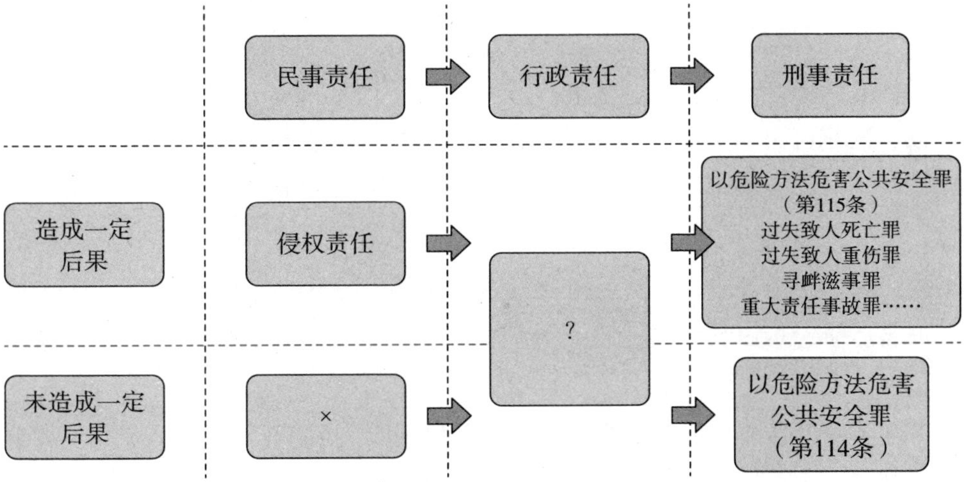


**高空抛物案件的差序规制格局**

① 参见山东省济宁市任城区人民法院（2018）鲁0811刑初1021号刑事判决书。

② 以“高空抛物”为关键词，以“以危险方法危害公共安全罪”为案由，能检索到的一审案例，包括2015年3件，2018年2件，2019年2件，2020年24件。其中，2019年及以前所有刑事案件均造成了人员伤亡或财产损失。

### （二）针对高空抛物行为“差序规制格局”的缺陷

在分析《刑法修正案（十一）》出台前“差序规制格局”的缺陷之前，首先需要明确的前提是，对于高空抛物案件，法律体系谴责的核心对象是什么？我们认为，对于此类犯罪，法律加以谴责的核心应当是这种行为本身，而不是这种行为是否造成实际的损害结果。因为，此类行为妨害的是社会管理秩序甚至是公共安全，其危害性在行为实施时已然显现，而是否实际造成结果，通常并不影响对其行为本身的评价。如果等到实际造成损害才加以介入，不仅为时已晚，而且由于高空抛物行为是否造成损害在多数情况下十分随机，如此理解难免让人感到，法律谴责的不是高空抛物行为本身对社会秩序的破坏和对公共安全的威胁，而是“行为巧合地酿成了结果”这种行为人的“不走运”。当然，实践中在出现一定后果后司法机关才介入也是可以理解的，即基于“息事宁人”的考虑，被害人“不告”，司法机关就“不究”。如果将高空抛物作为一种民法意义上的错误，这样的理解是有一定道理的，但如今，我们显然是将这类行为理解为了一种“公共性错误”（public wrong），再等到出现危害结果才予以规制，则是一种“不作为”。因此，对于高空抛物案件，法律谴责的核心应当是高空抛物行为而非是否造成一定后果。有鉴于此，基于“不告不理”的民事诉讼基本原则，在没有造成任何损害后果的场合，民法调整是可以缺位的，但行政法与刑法在此时如果也完全缺席，则值得我们反思。换言之，对高空抛物行为的规制，切不可“唯结果论”。是否造成损害后果，可以作为是否从严处罚的依据，但不应作为刑法和行政法律规范是否介入的“门槛”。

在明确上述前提后，结合“差序规制格局”，我们会发现：（1）在《高空抛物意见》出台以前，既有的法律体系基本只有在发生一定后果的情形下才对高空抛物行为予以规制，并主要通过民事侵权责任与刑事责任追究来实现。在极少量案件中，虽然存在着以以危险方法危害公共安全罪（第114条）追究刑事责任的情形，但均发生于出现了一定财产损失、只是未达“造成严重后果”的情况下。有人可能会建议借由故意杀人罪、故意伤害罪未遂等实现对未造成相应后果时高空抛物行为的规制，但由于高空抛物行为下，即使认为行为人系故意杀人、故意伤害，其故意也只是一种间接故意，而我国实践中通常并不处罚间接故意犯罪未遂，甚至理论上也有观点否认间接故意犯罪存在未完成形态。可见，意见出台前的司法实践对于高空抛物，基本是“唯结果论”，在没有造成任何后果的情况下，民事责任、行政责任、刑事责任基本上是缺席的。（2）在《高空抛物意见》出台以后，由于其规定，“故意从高空抛弃物品，尚未造成严重后果，但足以危害公共安全的，依照刑法第一百一十四条规定的以危险方法危害公共安全罪定罪处罚；致人重伤、死亡或者使公私财产遭受重大损失的，依照刑法第一百一十五条第一款的规定处罚。为伤害、杀害特定人员实施上述行为的，依照故意伤害罪、故意杀人罪定罪处罚”，以危险方法危害公共安全罪（第114条）这一具体危险犯在高空抛物案件中得以充分运用，可以说在一定程度上补足了“唯结果论”的“短板”。

以《高空抛物意见》的出台为界，以《刑法》第114条以危险方法危害公共安全罪为工具，针对高空抛物的“差序规制格局”明显从“唯结果论”转向了对高空抛物行为本身的评价。但是，以《刑法》第114条回应高空抛物且未造成严重后果的情形，却存在着以下不容忽视的弊端。

首先，以危险方法危害公共安全罪被定位于危害公共安全罪一章，其适用必须以侵害该章同类法益，即“公共安全”为前提，但实践中，这一点常常被忽视。如本书此前所述，所谓“公共安全”，强调的是不特定或多数人的安全，而这种“不特定”，也是指具有随时向“多数人”扩散的可能性。如果认为这里的“不特定”是指“不确定是哪一个对象”，则只要存在择一的故意、概括的故意的情形，就会成立以危险方法危害公共安全罪，存在明显缺陷。[①]然而，在一些实施高空抛物行为但未造成严重后果的场合，行为人的抛物行为并不具备危害公共安全的特点，如梁某高空抛物一案中，行为人从三楼房屋中向二楼用户房间扔瓷砖一块、菜刀一把，未造成任何实害结果，却被认定为以危险方法危害公共安全罪。[②]然而此时，不仅行为对象特定，而且抛掷物品通常至多会造成两人的生命财产安全受到威胁，据此认为其危害了不特定或多数人的公共安全，存在着明显的缺陷。即使如法院所说，其所住居民楼位于市区（潜台词是抛掷时可能产生“误伤”），仅以地理位置位于“市区”为由，在不分析

① 张明楷：《高空抛物案的刑法学分析》，载《法学评论》2020年第3期。

② 参见广东省广州市越秀区人民法院（2020）粤0104刑初194号刑事判决书。

当时当地楼下具体人流量的情况下便认为其行为侵犯了公共安全法益，在裁判说理上也是存在明显缺陷的。事实上，正如有学者所说，在绝大多数高空抛物案件中，并不存在对公共安全的危害，[①]因此，以《刑法》第114条回应高空抛物且未造成严重后果的情形，存在着破坏罪刑法定原则之嫌。

其次，以危险方法危害公共安全罪是典型的具体危险犯，因而在适用时必须准确评估行为人的行为是否给公共安全带来了具体危险，但实践中，这一点同样常常被忽视。通常认为，具体危险犯中危险的程度比较高并伴有发生实害的高度可能性，即“具体的危险存在于侵害性结果仅仅是偶然地没有发生的场合”，[②]“在熟悉相应情况的人看来，只有纯粹出于偶然的原因，相应的实害才不会发生，那么这时，我们就可以认为，相应的行为客体遭遇了具体的危险”。[③]然而，在以《刑法》第114条追究高空抛物刑事责任的场合，对具体危险的判断常常被忽略了。如在黄某高空抛物一案中，行为人于2019年10月20日15时50分许，在小区屋内从北侧阳台将两个空啤酒瓶扔出窗外，其中一个啤酒瓶砸到小区道路上，另一个啤酒瓶砸在顾某停放于楼下的汽车后挡风玻璃上。法院认为，行为人高空抛物，危害公共安全，尚未造成严重后果，其行为已构成以危险方法危害公共安全罪。[④]然而，法院在审理过程中，不考虑事发当时楼下的人流量，不考虑行为人所扔的是两个酒瓶而非大量物品的事实，不考虑案件发生在小区内部的16点左右，仅凭行为人高空抛物便认为其行为触犯《刑法》第114条的规定，显然是疏于对具体危险的评估而仅看行为人是否实施了《高空抛物意见》所规定的相关行为，这事实上是一种将具体危险犯转化为了抽象危险犯加以认定的做法。[⑤]换言之，以《刑法》第114条作为打击未造成后果或未造成严重后果时高空抛物行为的“工具”，很容易使得司法机关疏于对具体危险的评估，将仅造成抽象危险的情形做拔高认定。

① 参见张明楷：《高空抛物案的刑法学分析》，载《法学评论》2020年第3期。

② ［德］克劳斯·罗克辛：《德国刑法学总论 第1卷》，法律出版社2005年版，第277页。

③ ［德］乌尔斯·金德霍伊泽尔：《刑法总论教科书》（第六版），北京大学出版社2015年版，第67页。

④ 参见天津市河西区人民法院（2020）津0103刑初420号刑事判决书。

⑤ 有人可能会认为，该案中甚至不存在对公共安全的威胁，因而连对公共安全造成抽象危险都难以证立。

最后，《刑法》第114条所规定的法定刑为3年以上10年以下有期徒刑，以该罪处理高空抛物刑事案件，难以实现量刑均衡，并具体表现为两个方面。（1）从纵向上看，表现为不同时期高空抛物行为间处罚的不均衡。以《高空抛物意见》为界，会很容易发现其前后高空抛物行为在量刑上的差异。在意见出台前，法院量刑普遍较轻，如在前述李某高空抛物一案中，行为人自七楼向楼下抛掷衣服、花盆、锅碗、石块等物品造成财产损失，以寻衅滋事罪被判处有期徒刑6个月；而对于行为人高空抛物致人死亡的，司法实践也多以过失致人死亡罪，判处1年至3年不等的有期徒刑，且一些案件被宣告缓刑。[①]但在意见出台后，即使是对于未造成人身伤亡或重大财产损失等严重后果的案件，基本均是以以危险方法危害公共安全罪论处，被判处3年有期徒刑，且一些案件未被宣告缓刑。《高空抛物意见》出台前高空抛物致人死亡案件的量刑，整体低于《高空抛物意见》出台后未造成任何严重后果案件的量刑。（2）从横向上看，表现为同一时期不同危害程度的高空抛物行为间处罚的不均衡。如下表所示，在案例一与案例二中，高空抛物的情节差异主要体现为后一案例导致了实际的身体伤害与财产损失，但二者最终被判处相同刑罚；在案例一与案例三中，主要差异在于后一案件中行为人因扬言跳楼致事发时楼下有多人围观，高空抛物行为对公共安全的威胁更大，且抛掷的物品包括哑铃、瓷砖等，但最终反而被宣告缓刑；在案例三与案例四中，案发当时环境相似，且均未造成相关损失，后一案例所扔物品较前一案例危害性明显要小，但后一案例反而未被宣告缓刑；在案例五中，行为人同时妨害公务致警察受轻微伤，但在数罪并罚的情况下依然被判处有期徒刑3年，缓刑4年。同一时期发生的情节不同的高空抛物案件，基本均是被判处有期徒刑3年，且在是否宣告缓刑的问题上也表现出了较大的量刑不均，罪刑均衡原则在此类案件处理中有失效的趋势。我们认为，之所以出现上述两种现象，主要是因为《刑法》第114条以

---

① 参见江西省赣州市南康区人民法院（2016）赣0703刑初397号刑事判决书；贵州省毕节市七星关区人民法院（2016）黔0502刑初552号刑事判决书；山东省郓城县人民法院（2016）鲁1725刑初217号刑事判决书；安徽省金寨县人民法院（2016）皖1524刑初69号刑事判决书；山东省乐陵市人民法院（2016）鲁1481刑初33号刑事判决书；新疆维吾尔自治区石河子市人民法院（2015）石刑初字第287号刑事判决书；河南省许昌市魏都区人民法院（2015）魏刑初字第250号刑事判决书。

危险方法危害公共安全罪系重罪，最低法定刑本身就是3年有期徒刑，而大多数高空抛物案件情节并不严重，故而在个案处理中，只要不存在法定的减轻处罚情节，法官基本只有判处法定最低刑——3年有期徒刑这一个选择，这既使得此类案件量刑整体高于意见出台前的量刑均值，也使得无论情节轻重，法官基本都是“贴底量刑”，难以根据犯罪情节的不同作出差别化的处理。

| 案件号 | 抛掷物品 | 案发时楼下人员是否密集 | 是否造成人员受伤或财产损失 | 刑　罚 |
|---|---|---|---|---|
| 案例一：四川省成都市中级人民法院（2020）川01刑终623号 | 两个二两装“红星二锅头”酒瓶、白色塑料桶和脉动水瓶等物品 | 否 | 否 | 有期徒刑3年 |
| 案例二：江苏省盱眙县人民法院（2020）苏0830刑初425号 | 不锈钢锅、不锈钢盆、菜刀、装有辣椒酱的玻璃瓶、碗筷等物品 | 否 | 行人肩膀受伤，车辆挡风玻璃、后备箱多处损毁 | 有期徒刑3年 |
| 案例三：辽宁省沈阳市苏家屯区人民法院（2020）辽0111刑初292号 | 哑铃、包裹、瓷砖、鞋、纸箱、花盆、不锈钢管、不锈钢锅等物品 | 是 | 否 | 有期徒刑3年，缓刑4年 |
| 案例四：太原市万柏林区人民法院（2020）晋0109刑初476号 | 长约30厘米、宽约15厘米的木质相框 | 是 | 否 | 有期徒刑3年 |
| 案例五：上海市宝山区人民法院（2020）沪0113刑初765号 | 陶瓷台盆 | 不确定 | 妨害公务致民警轻微伤 | 犯以危险方法危害公共安全罪，判处有期徒刑3年；犯妨害公务罪，判处拘役6个月，决定执行有期徒刑3年，缓刑4年 |

根据上述分析，我们可以得出以下认识：（1）在《高空抛物意见》出台

以前，针对高空抛物行为“差序规制格局”存在“唯结果论”的错误倾向，即只有在造成一定损失的情况下才会追究行为人民事和刑事法律责任。这在很大程度上放纵了对高空抛物行为的法律规制，推动了《高空抛物意见》的出台。（2）在《高空抛物意见》出台以后，《刑法》第114条成为了规制未造成损害结果的高空抛物行为的主要“武器”，这虽能起到克服“唯结果论”的作用，但也导致司法实践出现了将无害于公共安全的行为、对公共安全仅具有抽象危险的行为拔高认定为具体危险犯的情况，破坏“罪刑法定”，且引发了极大的量刑不均。（3）在此背景下，《刑法修正案（十一）》新增高空抛物罪，实际上就是一方面希望对未造成损害结果或严重损害结果的高空抛物行为形成有效规制，避免“唯结果论”；另一方面克服广泛适用以危险方法危害公共安全罪（第114条）的弊端，创设一个在适用上相对缓和且不悖于法理的轻罪。

综上所述，《刑法修正案（十一）》新增高空抛物罪，主要是基于两点理由：（1）高空抛物行为具有严重社会危害性，需要通过入刑的方式保护“头顶上的安全”。（2）既有“差序规制格局”难以在规制未造成损害结果或严重损害结果的高空抛物行为，与恪守罪刑法定原则和罪刑均衡原则之间实现较好的平衡，而这一目标需要通过轻罪立法加以实现。

## 三、条文释义

《刑法》第291条之二规定：“从建筑物或者其他高空抛掷物品，情节严重的，处一年以下有期徒刑、拘役或者管制，并处或者单处罚金。有前款行为，同时构成其他犯罪的，依照处罚较重的规定定罪处罚。”

### （一）本罪的客体

该罪被置于妨害社会管理秩序罪一章，故而其犯罪客体系社会秩序。但是，社会秩序是一种相对抽象的概念，应当对其加以更为具体的解读。我们认为，本罪具体侵犯的，是公民在公共空间内人身和财产的安宁与平稳。[①]相

① 这里的公共空间，应包括与公共空间密切联结的部分。如露天庭院虽然属于私人空间，但若与公共空间联结并随时可能受到外界影响，则也应认为属于此处所讲的公共空间。

对于私密空间而言，公共空间相对特殊，往往会与他人在公共空间或私密空间的行为、权利相互交织。在这样的环境下，必须对各人所能拥有的权利、所应履行的义务作出公平的分配，才能保障和维持公共空间内的基本秩序。置于高空抛物的语境下，出于工作、生活的需要，大多数人每天都不可避免地需要行走在公共空间中，其所拥有的财产（如车辆）有时也会被置于公共空间，而公共空间中人身和财产的安宁状态，必须受到基本的保障，即行为人不必担心自己的人身和财产会遭遇随时可能的“飞来横祸”，否则，一旦这种公共空间的安宁被打破，人们不仅在公共空间中会畏手畏脚、战战兢兢，甚至在进入私密空间后也难免时刻挂念着身处公共空间的亲人、朋友的人身安全以及自己和他人的财产安全，社会秩序便会陷入一种相对混乱和无序的状态。

对于这种公民在公共空间内人身和财产的安宁与平稳，需要提示的是：（1）不能认为只有在高空抛物实际地造成人身伤害与财产损失的场合，这种安宁和平稳才被破坏。事实上，高空抛物行为本身即体现了对安宁和平稳状态的破坏与对社会秩序的侵犯。（2）事实上，在刑法分则妨害社会管理秩序罪中，有许多犯罪的犯罪客体都是这种安宁与平稳的状态，如关于寻衅滋事罪中“强拿硬要或者任意损毁、占用公私财物”这种行为类型，即有学者认为是为了保护与财产有关的社会生活的安宁或平稳。（3）破坏公共空间内的安宁与平稳，可能触发两类犯罪，即妨害社会管理秩序类犯罪和危害公共安全类犯罪。事实上，两类犯罪本来就具有一定的联系性，并在危害性层面表现出一种递进关系。从《治安管理处罚法》将违反治安管理的行为和处罚、扰乱公共秩序的行为和处罚、妨害公共安全的行为和处罚同时规定于其中，也可以看出这种关系。（4）这里所讲的公民在公共空间内人身和财产的安宁与平稳，与民法上所讲的安宁权并不相同，前者与公共空间内的人身、财产权利密切联系，后者与隐私权密切联系。[①]

在草案一审稿中，高空抛物罪曾一度被置于《刑法》第114条以危险方法危害公共安全罪之后，表述为“从高空抛掷物品，危及公共安全的，处拘役或者管制，并处或者单处罚金。有前款行为，致人伤亡或者造成其他严重后果，同时构成其他犯罪的，依照处罚较重的规定定罪处罚”。这事

① 参见王利明：《生活安宁权：一种特殊的隐私权》，载《中州学刊》2019年第7期。

实上是将高空抛物行为理解为一种针对公共安全的抽象危险犯。然而，由于“公共安全”指不特定或多数人安全，且“特定”旨在强调一种向多数人扩散的可能性，而在高空抛物案件中，行为人所实施的高空抛物行为未必会给公共安全造成威胁，如在午休时间趁无人路过也无车辆停放时向小区楼下投掷垃圾，或者向楼下投掷一个水瓶，前者在当时当刻难言会给他人的生命、财产安全造成危险，后者也不会危害“不特定多数人”的生命、财产安全。于是，将高空抛物行为理解为抽象危险犯便会陷入一个相对矛盾的境地，即一方面，从理论上看，抽象危险犯是立法者推定的危险，只要实施符合构成要件的行为，即认为造成危险；但另一方面，从现实上看，许多高空抛物行为又恰好并不会给公共安全造成危险，即不会威胁不特定或多数人的人身、财产安全。于是，在这里，立法者的推定与现实情况发生了“脱节”。在此背景下，草案二审稿将其置于妨害社会管理秩序罪一章，可谓是一种更为合理的选择。

### （二）对本罪客观方面的把握

高空抛物，是指从建筑物或者其他高空抛掷物品，情节严重的行为。该罪在客观方面，需要强调以下内容。

一是对“建筑物或者其他高空”的理解。（1）从语义上看，所谓“建筑物”，是指人工建造的供人们进行生产、生活等活动的房屋或场所，如住宅、厂房、车站等。[①]可见，虽然实际生活中绝大多数高空抛物案件都发生于行为人住宅中，但实际上，建筑物的范围是相对广泛的。在厂房、车站等建筑物中实施抛掷行为，同样可能成立高空抛物罪。所谓“其他高空”，通常是指如游乐设施、航空器等不能为“建筑物”所涵括，但同样可以实施高空抛物行为的场合。（2）从本质上看，考虑到“建筑物或者其他高空”这种并列的逻辑关系，应当认为，是否属于“高空”是我们对“建筑物或者其他高空”加以解释的核心。而且，即使从建筑物中抛掷物品，如果该建筑物不具有“高空”的本质特点，也会排除高空抛物罪的适用。通常认为，“高空”是指“距

① 中国社会科学院语言研究所词典编辑室编：《现代汉语词典》（第六版），商务印书馆2012年版，第638页。

离地面较高的空间”，[①]但这显然是十分抽象的，难以为司法实践中的条款解释提供任何实质性的指引或限制作用。我们认为，可以考虑参照GB/T 3608-2008《高处作业分级》的国家标准，将2米以上理解为高空。（3）值得讨论的是，行为人向高空抛物，使物品运动轨迹呈抛物线到达顶点后再落地，此时可能产生的三种情形是否属于“从建筑物或者其他高空抛掷物品”？情形一：行为人抛掷位置与坠落地相差大于2米，物品呈抛物线落地，显然可以认定属于高空抛物。情形二：行为人抛掷位置与坠落地相差小于2米，抛物线顶点与坠落地相差也小于2米，此时显然不属于高空抛物。情形三：行为人抛掷位置与坠落地相差小于2米，但抛物线顶点与坠落地相差超过了2米，这种情形能否成立高空抛物罪值得研究。有人可能会认为，从社会危害性上讲，由于这种情形下物体依然会产生较大动能，特别是在一些力气较大的人实施抛物行为的场合，这种行为社会危害性和可能引发的伤害丝毫不亚于从2米以上高空抛物，故而有处罚的必要性。但是，从罪刑法定的角度来讲，由于《刑法》第291条之二规定的是“从高空抛物”，而非“向高空抛物”或“抛物到达高空”，对是否属于“高空”的判断应隶属于抛物时行为人所处的位置，而非抛物线顶点，故而对于这种情形，我们初步认为也应当排除高空抛物罪的成立，否则有类推解释之嫌。

二是对“抛掷物品”的理解。（1）“抛掷”通常有两个含义，包括“扔”和“抛弃”。[②]从这两种含义可以看出，无论是有用的东西（符合“扔”），还是弃置的东西（符合“抛弃”），都可以作为“抛掷”的对象；“抛掷”的核心，就是行为人通过施以外力，将物品从一处扔向另一处。而且，由于“抛掷”必须要求行为人施以外力，明显只能以作为的形式实现，因而高空抛物罪难以通过不作为的方式实施。（2）“物品”包括所有具有物理表征形式的一切客观存在。有人可能会认为，塑料袋、泡沫板等难以对公民人身、财产安全形成侵害可能的东西，应当排除在“物品”的范围之外，但这样的观点，

---

① 中国社会科学院语言研究所词典编辑室编：《现代汉语词典》（第六版），商务印书馆2012年版，第431页。

② 中国社会科学院语言研究所词典编辑室编：《现代汉语词典》（第六版），商务印书馆2012年版，第975页。

不仅在文义解释上站不住脚，而且从实践的角度加以观察，扔下黑色塑料袋等也完全可能导致罩住驾驶人员的前挡风玻璃或者头部等情形，进而引发危险，并非绝对没有处罚的必要性。同样的道理，向楼下泼水的行为也应认定属于高空抛物。当然，塑料袋、泡沫板、水等，通常不会带来较为严重的社会危害，对此可以理解为不符合“情节严重”这一罪量要素予以出罪，而非认为其不属于“物品”。

三是对“情节严重”的理解。“定性+定量”是我国刑法分则的一大特色，在高空抛物罪中，同样要求在情节严重的情况下，才能认定犯罪的成立。在刑法分则第六章第一节扰乱公共秩序类犯罪中，有多个犯罪均要求达到“情节严重”或与此类似的“情节恶劣”“严重扰乱社会秩序”等程度，关于上述犯罪的司法解释的具体规定可以作为我们进一步分析高空抛物罪中“情节严重”的“钥匙”。具体来看，司法解释中对扰乱公共秩序类犯罪“情节严重”的判断主要围绕以下几个方面展开：（1）从扰乱公共秩序的时间和地点上看，如在突发事件发生期间、重大活动举办期间实施扰乱公共秩序行为的，可视为“情节严重”；[①]（2）从扰乱公共秩序的具体行为上看，如行为人的行为可以具体为量的要求时，司法解释往往对入罪的量予以明确；[②]（3）从行为造成的后果上看，若行为人的行为严重损害公共秩序与公共利益，[③]或严重侵害个

---

① 如《关于办理扰乱无线电通讯管理秩序等刑事案件适用法律若干问题的解释》规定：在自然灾害、事故灾难、公共卫生事件、社会安全事件等突发事件期间，在事件发生地使用“黑广播”“伪基站”的，在举办国家或者省级重大活动期间，在活动场所及周边使用“黑广播”“伪基站”的，属于《刑法》第288条第1款规定的“情节严重”。

② 如《关于公安机关管辖的刑事案件立案追诉标准的规定（一）》明确了非法生产、买卖警用装备达到一定数量的，属于“情节严重”，应予立案追诉。

③ 如《关于审理编造、故意传播虚假恐怖信息刑事案件适用法律若干问题的解释》规定：编造、故意传播虚假恐怖信息，致使机场、车站、码头、商场、影剧院、运动场馆等人员密集场所秩序混乱，或者采取紧急疏散措施的；影响航空器、列车、船舶等大型客运交通工具正常运行的；致使国家机关、学校、医院、厂矿企业等单位的工作、生产、经营、教学、科研等活动中断的；造成行政村或者社区居民生活秩序严重混乱的；致使公安、武警、消防、卫生检疫等职能部门采取紧急应对措施的，应当认定为《刑法》第291条之一的“严重扰乱社会秩序”。编造、故意传播虚假恐怖信息，严重扰乱社会秩序，造成县级以上区域范围居民生活秩序严重混乱的；妨碍国家重大活动进行的，应当认定为《刑法》第291条之一的“造成严重后果”。

人利益，[①]或个人从中获取较大利益，[②]可视为“情节严重”；（4）从行为人的主观恶性上看，如果行为人在此前已因扰乱公共秩序的行为受行政处罚或刑罚处罚，后又实施该行为的，可视为“情节严重”。[③]《高空抛物意见》也对几种较重的情形做了规定，包括多次实施的、经劝阻仍继续实施的、受过刑事处罚或者行政处罚后又实施的、在人员密集场所实施的、其他情节严重的情形，可以说也基本沿用了上述思路。一段时间以后，经由司法实践的丰富，最高司法机关可能会出台相关司法解释，对本罪中的“情节严重”进一步具体化。但无论如何，是否属于“情节严重”，仍需要法官一定程度的价值判断。

需要附带说明的是，如前所述，针对高空抛物行为的差序规制格局中，鲜见具有普遍性的行政处罚的身影，这是值得反思的。此轮刑法修正，规定“情节严重”才可以高空抛物罪论处，或许也是为相关行政法规的制定埋下了“伏笔”，即将一部分情节并不严重的高空抛物行为分流到行政处罚中去，进而实现高空抛物行为规制的“行刑衔接”。我们认为，这样的做法值得肯定和期待，因为从谦益性的角度来看，让刑法挺在社会治理的最前线，是不无疑问的。

---

① 如《关于办理寻衅滋事刑事案件适用法律若干问题的解释》规定：致一人以上轻伤或者二人以上轻微伤的；引起他人精神失常、自杀等严重后果的；多次随意殴打他人的；持凶器随意殴打他人的；随意殴打精神病人、残疾人、流浪乞讨人员、老年人、孕妇、未成年人，造成恶劣社会影响的；在公共场所随意殴打他人，造成公共场所秩序严重混乱的，应当认定为《刑法》第293条第1款第1项规定的“情节恶劣”。

② 如《关于办理扰乱无线电通讯管理秩序等刑事案件适用法律若干问题的解释》规定：违法所得3万元以上的，属于《刑法》第288条第1款规定的“情节严重”。

③ 如《关于办理扰乱无线电通讯管理秩序等刑事案件适用法律若干问题的解释》规定：曾因扰乱无线电通讯管理秩序受过刑事处罚，或者2年内曾因扰乱无线电通讯管理秩序受过行政处罚，又实施《刑法》第288条规定的行为的，属于《刑法》第288条第1款规定的“情节严重”。又如《关于办理利用赌博机开设赌场案件适用法律若干问题的意见》规定：因设置赌博机被行政处罚后，2年内再设置赌博机30台以上的；因赌博、开设赌场犯罪被刑事处罚后，5年内再设置赌博机30台以上的，应当认定为《刑法》第303条第2款规定的“情节严重”。

### （三）本罪的主体

本罪的犯罪主体是一般主体，凡年满16周岁、具有刑事责任能力的自然人均可成为本罪主体。

### （四）本罪的罪过形式及内容

本罪的主观方面为故意，即行为人明知自己在实施高空抛物行为，明知自己的行为会妨害社会管理秩序，依然实施该行为，希望或者放任法益侵害结果的发生。《高空抛物意见》中专门区分了高空抛物与高空坠物，强调“故意从高空抛弃物品，尚未造成严重后果，但足以危害公共安全的，依照刑法第一百一十四条规定的以危险方法危害公共安全罪定罪处罚；致人重伤、死亡或者使公私财产遭受重大损失的，依照刑法第一百一十五条第一款的规定处罚。为伤害、杀害特定人员实施上述行为的，依照故意伤害罪、故意杀人罪定罪处罚”，同时强调“准确认定高空坠物犯罪，过失导致物品从高空坠落，致人死亡、重伤，符合刑法第二百三十三条、第二百三十五条规定的，依照过失致人死亡罪、过失致人重伤罪定罪处罚；在生产、作业中违反有关安全管理规定，从高空坠落物品，发生重大伤亡事故或者造成其他严重后果的，依照刑法第一百三十四条第一款的规定，以重大责任事故罪定罪处罚”。由该意见高空抛物与高空坠物所分别对应的罪名的属性来看，显然也是认为高空抛物系故意犯罪。

### （五）与其他犯罪的关系

关于高空抛物罪与其他相关犯罪的关系，《刑法》第291条之二作出了明确规定：“有前款行为，同时构成其他犯罪的，依照处罚较重的规定定罪处罚。”需要进一步加以澄清的是，在实施高空抛物行为的情况下，可能构成的其他犯罪有哪些，应具体如何认定呢？对此，可以区分造成损害结果与未造成损害结果两种情形。

对于高空抛物造成损害的情形，首先需要明确的是，故意实施高空抛物行为，与对所造成结果持过失心理并不矛盾。从本质上讲，致人重伤、死亡都属于高空抛物行为的结果加重犯，而对基本犯持故意、对加重结果持过失在刑法体系下并不鲜见，如故意伤害致人重伤、死亡，危险驾驶致交通肇事，等等。因此，行为人对于结果的主观心理态度，需要结合故意、过失犯罪的基本原理，做单独的判断。如果既有证据表明，行为人在实施高空抛物行为时数次向下探望，反复确认楼下是否有行人及车辆等，在自认为不会造成他人人身、财产损害后再实施抛物行为，则其对加重结果显然是出于过于自信或疏忽大意的过失。如果既有证据表明，行为人高空抛物是一时冲动、一时兴起，甚至故意报复社会，则行为人对加重结果则显然是出于间接故意甚至直接故意。如果行为人对加重结果究竟持故意还是过失难以查明，由于过失与故意表现为一种递进关系，故而至少可以认定过失的成立。由此，根据行为人对加重结果心理态度的不同，高空抛物造成损害的，主要可能成立以下犯罪：（1）若行为人对致人死亡、受伤，致人财产损失等持故意，甚至故意给不特定或多数人的公共安全造成实害，则主要可能成立故意杀人罪、故意伤害罪、故意毁坏财物罪、以危险方法危害公共安全罪（《刑法》第115条）等。（2）若行为人对致人死亡、重伤，给不特定或多数人的公共安全造成实害等持过失，则主要可能成立过失致人死亡罪、过失致人重伤罪、过失以危险方法危害公共安全罪等。对于高空抛物未造成损害的情形，主要涉及与以危险方法危害公共安全罪（《刑法》第114条）的区分。认定高空抛物行为成立以危险方法危害公共安全罪（第114条）还是高空抛物罪，关键在于分析行为人的高空抛物行为是否给公共安全造成了具体危险。对此，应结合行为人所抛物品和当时楼下情况等方面，综合加以认定。此外，高空抛物还可能与寻衅滋事发生竞合。

## 四、以案说法

**【案例一】黄某高空抛物案**[①]

2019年10月20日15时50分许，被告人黄某酒后为发泄情绪，在其居住的天津市河西区从北侧阳台将两个空啤酒瓶扔出窗外，其中一个啤酒瓶砸到

① 天津市河西区人民法院（2020）津0103刑初420号刑事判决书。

小区道路上，另一个啤酒瓶砸在顾某停放于楼下的丰田牌银色汽车后挡风玻璃上，造成后挡风玻璃破裂，玻璃碎片击溅到车内的顾某及其在后排座睡觉的孩子。经鉴定，车损价值人民币1,668元。法院认为，被告人黄某高空抛物，危害公共安全，尚未造成严重后果，其行为已构成以危险方法危害公共安全罪，对其判处有期徒刑三年，缓刑三年。

在该案中，原审认定行为人的行为成立以危险方法危害公共安全罪，但是在该案判决书中，只字未提行为人所处高度为几层、未提楼下人流车流状况，显然是疏于对具体危险的评价。而且，一般来说，扔两个酒瓶并不足以对公共安全造成具体危险，而仅仅是一种妨害社会管理秩序的行为。在该案发生时，由于《刑法修正案（十一）》尚未出台，合议庭依循《高空抛物意见》对该案“贴底量刑”并适用缓刑，可谓是一种规范供给不足时的无奈之举。在《刑法修正案（十一）》出台后，对类似案件可直接将该案认定成立高空抛物罪。

**【案例二】蒋某高空抛物案**[①]

蒋某因家庭矛盾与父母发生了激烈的争吵。争执过程中，恼羞成怒的蒋某将手边的平板电脑、手机、水果刀等物品从14楼扔出窗外，窗户下方是小区公共道路，车辆、行人络绎不绝。蒋某抛出的物品将三辆轿车击中，造成不同程度的损坏。2019年11月29日，上海市闵行区人民法院对该案公开宣判，蒋某因以危险方法危害公共安全罪，被判处有期徒刑一年。该案系《最高人民法院关于依法妥善审理高空抛物、坠物案件的意见》施行后，上海法院判决的首起高空抛物入刑案件。

在该案中，行为人抛掷物品时所处位置为14层，所扔物品包括平板电脑、手机、水果刀等，窗户下方车辆、行人络绎不绝，从此意义上讲，该案存在认定为以危险方法危害公共安全罪的空间。在《刑法修正案（十一）》

---

① 《2019年度人民法院十大刑事案件》，载澎湃网，https://www.thepaper.cn/newsDetail_forward_5521266，2020年12月26日访问。

出台后，对于类似案件，应当重点评估高空抛物行为是否给公共安全造成具体危险，以及行为人是否对给公共安全造成具体危险持故意心态，以准确适用法律。

**【案例三】全国首例高空抛物罪案**[①]

2021年3月1日，《刑法修正案（十一）》生效，“高空抛物”正式入刑。当天，江苏常州溧阳市人民法院审理了一起高空抛物案件：2020年某日，徐某某（家住三楼）与王某某因言语不和发生争执，徐某某一时激愤，从厨房拿出一把菜刀，王某某见状上前夺刀未果，徐某某将菜刀抛掷至楼下公共租赁房附近。楼下居民发觉后向楼上质问，徐某某听到质问声后，又去厨房拿第二把菜刀，王某某再次上前夺刀未果，徐某某又将第二把菜刀抛掷至楼下公共租赁房附近，楼下居民见状报警。溧阳法院经审理后认为，被告人徐某某高空抛物行为虽未造成人身伤害或重大财产损失的严重后果，但其从建筑物抛掷物品行为已经构成高空抛物罪，判决被告人徐某某犯高空抛物罪，判处有期徒刑6个月，并处罚金2000元。这是全国首例高空抛物罪案件。

在本案中，行为人从高空抛掷物品，虽未造成人员伤亡或重大财产损失，但鉴于其所抛掷的是菜刀这一具有高度致害危险的物品，且在他人质问、阻遏的情况下仍二次将菜刀抛至公共租赁房附近，其行为可被评价为《刑法》第291条之二中的“情节严重”，进而认定成立高空抛物罪。该行为发生于2020年，根据《高空抛物意见》并结合此前司法实践的做法，其行为根据当时的法律会被评价为以危险方法危害公共安全罪；该案件于2021年3月1日《刑法修正案（十一）》生效后审理，新法中的高空抛物罪对该行为处刑较轻，故而从时间效力的角度来看，属于“从旧兼从轻”中的“从轻”情形，对其适用审判时的法律符合刑法关于溯及力的规定。

---

① 《高空抛物罪全国首案宣判》，载“光明日报”微信公众号，2021年3月2日。

# 第四节　催收非法债务罪的增设

**【新增条文】第二百九十三条之一**　有下列情形之一，催收高利放贷等产生的非法债务，情节严重的，处三年以下有期徒刑、拘役或者管制，并处或者单处罚金：

（一）使用暴力、胁迫方法的；

（二）限制他人人身自由或者侵入他人住宅的；

（三）恐吓、跟踪、骚扰他人的。

## 一、立法主旨

本条是关于增设催收非法债务罪的规定。结合“扫黑除恶”的相关经验，《刑法修正案（十一）》将以暴力、“软暴力”等手段催收高利放贷等产生的非法债务，情节严重的行为规定为犯罪。

## 二、修改理由

关于《刑法修正案（十一）》增设催收非法债务罪的缘由，总体来说可以从以下三个角度加以理解。

一是总结扫黑除恶专项斗争经验，加大对催收非法债务行为的打击力度。“草案说明”即指出，增设本罪旨在“严厉惩处非法讨债行为”，“总结‘扫黑除恶’专项斗争实践经验，将采取暴力、‘软暴力’等手段催收高利放贷产生的债务以及其他法律不予保护的债务，并以此为业的行为规定为犯罪”，[①]表明在《刑法》中增设本罪与扫黑除恶专项斗争及从严打击催收非法债务行为不无关联。在此前“打黑除恶”专项斗争的作用下，黑恶势力近年来得到遏制，

---

① 虽然该解释对应修正案一读稿本，因而与最终的《刑法修正案（十一）》有细微出入，但显然，理解催收非法债务罪入刑的理由，离不开“扫黑除恶”与“非法讨债”两个关键词。

但依然存在并出现了新情况、新动向，主要体现为：（1）在手段上，暴力化特征弱化，多使用“软暴力”和非暴力，采取“能吓不骂、能骂不打、能打不伤”的招数，用言语恐吓、跟踪滋扰等手段逃避打击。（2）在重点领域上，从过去的采砂、建筑等行业，转为向物流、交通等领域渗透。还有构建非法高利放贷平台，成立所谓贷款公司，延伸黑恶势力犯罪，然后进行“软暴力”催债，对群众人身财产安全形成威胁。如“校园贷”等，有的也由黑恶势力操控。[①]在此背景下，中共中央、国务院于2018年在全国范围内开展扫黑除恶专项斗争，并对催收非法债务行为（主要涉及高利贷、套路贷等），特别是专门的“催收公司”持高压打击态势。一方面，在规范上，《关于办理黑恶势力犯罪案件若干问题的指导意见》《关于办理实施“软暴力”的刑事案件若干问题的意见》《关于办理“套路贷”刑事案件若干问题的意见》等规范性文件，为相关概念的厘清与相关案件的处理提供依据。比如《关于办理实施“软暴力”的刑事案件若干问题的意见》即规定：“为强索不受法律保护的债务或者因其他非法目的，雇佣、指使他人采用‘软暴力’手段非法剥夺他人人身自由构成非法拘禁罪，或者非法侵入他人住宅、寻衅滋事，构成非法侵入住宅罪、寻衅滋事罪的，对雇佣者、指使者，一般应当以共同犯罪中的主犯论处；因本人及近亲属合法债务、婚恋、家庭、邻里纠纷等民间矛盾而雇佣、指使，没有造成严重后果的，一般不作为犯罪处理，但经有关部门批评制止或者处理处罚后仍继续实施的除外。”另一方面，在实践中，仅2020年1月至7月初，全国共打掉“套路贷”犯罪团伙260余个，抓获犯罪嫌疑人1,270余人，破获刑事案件1,410余起，查扣涉案资金10亿元。典型案件如11·05特大网络“套路贷”犯罪案件，行为人以“低利息”“无抵押”为幌子吸引受害人借款，签订一系列明显不利于受害人的借款合同，通过网贷平台下架、更名、链接无效、无法正常扣款等手段故意制造受害人违约，收取高额费用，不断垒高受害人债务，并通过“爆通讯录”、P图群发、冒充公检法等软暴力手段进行恶意催收，达到非法侵占受害人钱财的目的，受害人数多达数十万人；又如浙江绍兴“虾米在线”“套路贷”犯罪案件，行为人在境外组建技术团队、租

① 《从“打”黑除恶到“扫”黑除恶，一字之变有何深意？》，载新华网，http://www.xinhuanet.com/legal/2018-01/24/c_1122310603.htm，2021年1月20日访问。

用云服务器，开发200余个网贷软件，纠集百余人在互联网上实施“套路贷”犯罪活动，并对借款人实施软暴力催收，受害人数超17万人。[①]可以说，《刑法修正案（十一）》将催收非法债务行为入刑，也是为了延续扫黑除恶专项斗争的从严打击态势，在规范层面进一步对催收非法债务予以明令禁止。

二是对于催收非法债务行为，既有规范存在一定的“供给不足”。在《刑法修正案（十一）》出台以前，对于催收非法债务行为，主要是通过寻衅滋事罪、诈骗罪、敲诈勒索罪、非法拘禁罪进行处理的。[②]然而，适用上述罪名，存在着或多或少的不尽如人意之处。（1）就寻衅滋事罪而言，其近年来表现出被泛化适用的特点，将催收非法债务行为大量认定为寻衅滋事罪容易加剧这种泛化的趋势，特别是在一些案件中，行为人的行为难以被准确定位于《刑法》第293条寻衅滋事罪所规定的四种行为类型下，并满足罪量要素的要求，但在实践中被拔高认定了。正因如此，有学者认为，催收非法债务行为独立成罪旨在“尽量降低寻衅滋事罪作为口袋罪的负面特色”。[③]（2）就诈骗罪而言，其的确能够准确处理实践中一些“套路贷”案件，但只涉及对取财行为的评价却疏于对取财手段的评价，故而在评价上并不充分。正因如此，许多案件中，人民法院在认定诈骗罪的同时，还会单独就取财手段作出评价，并认定为寻衅滋事等犯罪。（3）就敲诈勒索罪而言，《最高人民法院关于对为索取法律不予保护的债务非法拘禁他人行为如何定罪问题的解释》规定：“行为人为索取高利贷、赌债等法律不予保护的债务，非法扣押、拘禁他人的，依照刑法第二百三十八条的规定定罪处罚”。《最高人民法院关于审理抢劫、抢夺刑事案件适用法律若干问题的意见》规定：“抢劫赌资、犯罪所得的赃款赃物的，以抢劫罪定罪，但行为人仅以其所输赌资或所赢赌债为抢劫对象，一般不以抢劫罪定罪处罚。构成其他犯罪的，依照刑法的相关规定处罚。”可

---

① 《中国警方今年以来共打掉“套路贷”犯罪团伙260余个》，载中国新闻网，http://www.chinanews.com/sh/2020/07-10/9234780.shtml，2021年1月20日访问。

② 我们于中国裁判文书网以“软暴力”“债务”“催收”为关键词检索一审刑事案件判决书，发现判决书数量在100份以上的有：寻衅滋事罪（363份），诈骗罪（273份），敲诈勒索罪（227份），非法拘禁罪（207份）。

③ 黄晓亮：《〈刑法修正案（十一）（草案）〉的三维考察》，载《法治研究》2020年第5期。

见，为索取不予保护的债务而非法扣押、拘禁他人，或者以不予保护的债务为抢劫对象，通常会否认绑架罪、抢劫罪的成立，而这主要是由于行为人不具有非法占有目的。参照上述理解，对于催收非法债务行为，即使行为人是为了催收高利贷、赌资等不予保护的债务，在否认非法占有目的的场合，也难以认定敲诈勒索等财产犯罪的成立。（4）就非法拘禁罪而言，一方面，《刑法》第238条规定非法拘禁罪在客观上表现为“非法剥夺”他人人身自由，但实践中，大量催收行为以跟踪、尾随等未完全剥夺被害人人身自由，但使他人行动自由受到一定程度限制的方式实施；另一方面，非法拘禁罪的成立要求满足一定的程度要求，[①]但实践中，许多催收行为并未达到上述要求。[②]

三是将催收非法债务行为入刑，主要还是基于对其社会危害性的认识。首先，催收非法债务行为近年来多通过暴力或软暴力方式实施，常常对被催收人的人身安全、行动自由、住宅安宁等合法权利造成严重影响，并进一步侵害社会管理秩序。因此，立法者将本罪专门规定于《刑法》分则中妨害社会管理秩序罪一章、扰乱公共秩序罪一节，并置于寻衅滋事罪之后，即在于强调此种行为在侵犯公民个人权利的同时，已经形成对社会管理秩序的严重侵害。其次，催收非法债务行为显著体现出规模化、组织化的特点，使之对社会管理秩序的侵害更加显著。近年来，催收非法债务行为表现为通过专门的催收公司进行催收，或者由“套路贷”案件中的行为人组织专门的“队伍”进行催收。这种组织化的催收非法债务行为，通常长期实施并针对不同主体，在对象上则既包括被催收人本人，也包括被催收人的家属、同事等，在手段

① 《最高人民检察院关于渎职侵权犯罪案件立案标准的规定》：“非法拘禁罪是指以拘禁或者其他方法非法剥夺他人人身自由的行为。国家机关工作人员利用职权非法拘禁，涉嫌下列情形之一的，应予立案：非法剥夺他人人身自由24小时以上的；非法剥夺他人人身自由，并使用械具或者捆绑等恶劣手段，或者实施殴打、侮辱、虐待行为的；非法拘禁，造成被拘禁人轻伤、重伤、死亡的；非法拘禁，情节严重，导致被拘禁人自杀、自残造成重伤、死亡，或者精神失常的；非法拘禁3人次以上的；司法工作人员对明知是没有违法犯罪事实的人而非法拘禁的；其他非法拘禁应予追究刑事责任的情形。”既然对于国家机关工作人员这种特殊主体，成立非法拘禁罪都要求非法剥夺他人人身自由在24小时以上，对一般公民显然不能低于这一认定标准。

② 为此，《关于办理实施“软暴力”的刑事案件若干问题的意见》特别规定：“非法拘禁他人三次以上、每次持续时间在四小时以上，或者非法拘禁他人累计时间在十二小时以上的，应当以非法拘禁罪定罪处罚。”

上更是包罗万象且表现得十分“专业”，如跟踪贴靠、扬言传播疾病、揭发隐私、恶意举报、诬告陷害、破坏、霸占财物、非法侵入他人住宅、破坏生活设施、设置生活障碍、贴报喷字、拉挂横幅、燃放鞭炮、播放哀乐、摆放花圈、泼洒污物、断水断电、堵门阻工、驱赶从业人员、派驻人员据守、摆场架势示威、聚众哄闹滋扰、拦路闹事等，对正常社会秩序的冲击十分显著。从《刑法修正案（十一）（草案）》原本将“以非法讨债为业”作为本罪的成立要件这一点出发，也可看出立法者旨在重点处罚这种规模化、组织化的催收行为。[①]最后，即使认为催收高利贷、赌资等财产不属于对财产法益的侵害，但并不意味着手段行为也可以突破《刑法》的规定。比如，根据《最高人民法院关于对为索取法律不予保护的债务非法拘禁他人行为如何定罪问题的解释》规定，行为人为索取高利贷、赌债等法律不予保护的债务，非法扣押、拘禁他人的，虽然不属于绑架罪，但可就其手段行为单独评价为非法拘禁罪。因此，即使认为催收高利贷、赌资等财产不属于对财产法益的侵害，也不可否认其手段行为妨害社会管理秩序的一面。

## 三、条文释义

催收非法债务罪，是指通过使用暴力、胁迫方法，或者限制他人人身自由、侵入他人住宅，或者恐吓、跟踪、骚扰他人，催收高利放贷等产生的非法债务，情节严重的行为。

### （一）对本罪成立要件的解读

#### 1. 本罪的客体

本罪的犯罪客体是社会管理秩序中的公共秩序。此处的公共秩序，不仅包括公共场所的秩序，而且不限于公共场所秩序，其实质是社会成员所组成

① 《刑法修正案（十一）（草案）》对本条的表述是：“有下列情形之一，催收高利放贷产生的债务或者其他法律不予保护的债务，并以此为业的，处三年以下有期徒刑、拘役或者管制，并处或者单处罚金：（一）使用暴力、胁迫方法的；（二）限制他人人身自由或者侵入他人住宅，情节较轻的；（三）恐吓、跟踪、骚扰他人，情节严重的。有前款行为，同时构成其他犯罪的，依照处罚较重的规定定罪处罚。”

的共同生活体的秩序，[①]是公共生活规则下确立的稳定有序的状态。[②]因此，若将公共秩序狭义理解为公共场所的秩序，并进一步认为催收非法债务行为必须发生在公共场所，则显然是本罪侵犯客体的一种误读。从《刑法》第293条之一所规定的催收非法债务罪的行为类型来看，显然也没有将催收非法债务行为限定为必须发生在公共场域内，《刑法》专门将“侵入他人住宅”作为非法讨债的一种行为类型即体现了这一点。

催收非法债务行为对共同生活体下秩序的侵犯，通常与对被催收人个人法益的侵害相关联。比如，使用胁迫、恐吓、跟踪、骚扰等方式进行催收的，显然是侵害了被催收人日常生活的安宁状态，而使用暴力方式催收则进一步侵害了被催收人的身体健康权、通过限制他人人身自由的方式催收侵害了被催收人自由活动的权利、通过侵入他人住宅的方式催收侵害了被催收人的住宅权。由此，可能会有观点认为，催收非法债务行为实际上是对被害人个人人身权利的侵害，应被置于侵犯公民人身权利、民主权利罪一章。然而，应当认识到，在催收案件中，由于专业化的催收“团队”常常会游走于合法与非法之间，因此其社会危害性，并非主要体现于传统意义上对被害人个人的故意杀人、故意伤害等，而是采取长期滋扰、偶尔掺杂暴力的“能吓不骂、能骂不打、能打不伤”的招数，因而从被害者个体的角度看，其行为的社会危害性既未必能够充分显现，也可能无法充分评价。相反地，正是由于催收非法债务案件中的行为人常常针对多个主体进行长期催收，且不局限于上述单一手段，虽对单个被催收人而言其行为可能并没有严重地侵犯人身权利，但显然是更严重地破坏了人与人之间的共同生活规则。从这个意义上讲，将催收非法债务行为定位于妨害社会管理秩序罪一章而非侵犯公民人身权利、民主权利罪一章，是准确认识该罪社会危害性及侵犯客体的结果。

**2.对本罪客观方面的把握**

本罪在客观上表现为使用暴力、胁迫方法，或限制他人人身自由或者侵入他人住宅，或恐吓、跟踪、骚扰他人，催收高利放贷等产生的非法债务，

---

① 王作富主编：《刑法分则实务研究（中）》，中国方正出版社2010年版，第1243页。

② 黎宏：《刑法学各论》（第二版），法律出版社2016年版，第379页。

情节严重的行为。

成立本罪要求行为人催收高利放贷等产生的非法债务。对此：（1）关于高利放贷的判定。《民法典》第680条第1款规定，“禁止高利放贷，借款的利率不得违反国家有关规定”，可见，判定是否属于高利放贷，核心在于界定国家关于借款利率的有关标准。根据2015年发布的《最高人民法院关于审理民间借贷案件适用法律若干问题的规定》，利率超过年利率36%的不受法律保护，因而年利率超过36%即为界定是否属于高利放贷的判断标准，2019年《关于办理非法放贷刑事案件若干问题的意见》也采这一标准。[①]但应当注意到，最高人民法院2020年对这一标准作出调整，即2020年《最高人民法院关于审理民间借贷案件适用法律若干问题的规定》明确：“出借人请求借款人按照合同约定利率支付利息的，人民法院应予支持，但是双方约定的利率超过合同成立时一年期贷款市场报价利率四倍的除外。前款所称‘一年期贷款市场报价利率’，是指中国人民银行授权全国银行间同业拆借中心自2019年8月20日起每月发布的一年期贷款市场报价利率。”可见，新司法解释对是否属于高利放贷采是否超过一年期贷款市场报价利率的四倍这一标准。由于该司法解释于2020年8月20日起正式施行，因此在审查是否属于“高利放贷”时，对于2020年8月20日以前订立的借款合同应采“年利率超过36%”这一标准，而对于2020年8月20日以后订立的借款合同则应采“一年期贷款市场报价利率四倍”这一标准。此外，根据《最高人民法院关于依法妥善审理民间借贷案件的通知》，民间借贷中约定的“违约金”“服务费”“中介费”“保证

---

① “以超过36%的实际年利率实施符合本意见第一条规定的非法放贷行为，具有下列情形之一的，属于刑法第二百二十五条规定的‘情节严重’，但单次非法放贷行为实际年利率未超过36%的，定罪量刑时不得计入：（一）个人非法放贷数额累计在200万元以上的，单位非法放贷数额累计在1000万元以上的；（二）个人违法所得数额累计在80万元以上的，单位违法所得数额累计在400万元以上的；（三）个人非法放贷对象累计在50人以上的，单位非法放贷对象累计在150人以上的；（四）造成借款人或者其近亲属自杀、死亡或者精神失常等严重后果的。具有下列情形之一的，属于刑法第二百二十五条规定的‘情节特别严重’：（一）个人非法放贷数额累计在1000万元以上的，单位非法放贷数额累计在5000万元以上的；（二）个人违法所得数额累计在400万元以上的，单位违法所得数额累计在2000万元以上的；（三）个人非法放贷对象累计在250人以上的，单位非法放贷对象累计在750人以上的；（四）造成多名借款人或者其近亲属自杀、死亡或者精神失常等特别严重后果的。”

金”“延期费”等其他费用，也应和约定利息合并后，一并纳入审查。（2）关于非法债务的判定。实践中，所催收的除高利放贷外，还可能包括如赌债等其他非法债务，其核心在于债务的“非法性”。《刑法》第293条之一之所以明确单独规定高利放贷这一情形，主要是因为催收高利放贷行为具有典型性与常发性，但不应依此认为催收非法债务罪只能适用于催收高利放贷这一种情形。实践中，催收“套路贷”亦是一种常见的情形，但《刑法》之所以未将其单独列出，主要还是因为“套路贷”这一概念的规范性较弱，不宜规定于《刑法》的规范文本中。

在本罪中，立法者规定了三类行为模式，即使用暴力、胁迫方法，或限制他人人身自由或者侵入他人住宅，或恐吓、跟踪、骚扰他人。对此：（1）关于“使用暴力、胁迫方法”。所谓“暴力”，是指对被催收对象的人身施加有形力。在对“暴力”进行理解时，不宜将其理解为必须达到如压制反抗等较高的程度，因为一方面，从犯罪客体的角度看，催收非法债务罪是妨害社会管理秩序的犯罪而非侵犯公民人身权利或者带有侵犯公民人身权利性质的侵犯财产的犯罪，不宜将后者中的相关认定标准带入对妨害社会管理秩序犯罪的理解，因为二者社会危害性评价的侧重点并不相同；另一方面，从实践的角度加以观察，考虑到近年来“专业化”催收团队“能吓不骂、能骂不打、能打不伤”的特点，也不宜对本罪中暴力手段作过高的程度上的要求。对于“胁迫”，则可做相对狭义的理解，这主要是因为本条还另外规定了“恐吓”这一行为模式，因此如果将“胁迫”理解得过于宽泛，会导致无从理解后文中的“恐吓”。《关于办理实施“软暴力”的刑事案件若干问题的意见》第5条将威胁与恐吓相并列，并以“使他人产生心理恐惧或者形成心理强制”作为共性特点，也表明了这里的“胁迫”是狭义而非广义的胁迫。（2）关于“限制他人人身自由或者侵入他人住宅”。所谓“限制他人人身自由”，既包括对被催收人人身自由进行剥夺的行为（即非法拘禁行为），也包括对被催收人人身自由进行一定限制，但未达到剥夺程度的行为。实践中，由于非法拘禁罪在认定上有时长的要求，因而催收团队会采取“贴顶”拘禁的方式，或者用堵门堵路、派人驻守等未直接剥夺被催收人人身自由的方式进行催收。对类似行为，即使认为不属于《刑法》意义上剥夺人身自由的非法拘禁行为，也完全可以被评价为本罪中对他人人身自由的限制。所谓“侵入他人住宅”，则是指未经允许进入他人住宅，或者在经允许进入住宅后拒不退出的行为。可能会有观点认为，本罪采“侵入他人住宅”而非《刑法》第245条中“非法侵入他人住宅”这一表述，表明对于合法进入他人住宅的，也可评价为成立本罪。这样的理解是值得商榷的，因为首先，从立法技术上讲，《刑法》第245条中的“非法”是表面的构成要件要素，旨在对正当化事由作出特别的提示，[①]但本罪并无特别就正当化事由加以提示的必要，对此不宜作过度解读。其次，从词语文义上讲，“侵入”与“进入”存在明显区别，从《现代汉语词典》将“侵入”定义为“用武力强行进入、如侵入边境，有害的或外来的事物进入内部、如侵入体内、冷空气侵入”，[②]也可看出其通常带有负面含义。最后，从处罚正当性上讲，如果认为合法的、经允许进入他人住宅的行为也可被评价为本罪的行为模式之一，显然属于间接处罚；而且对于经允许进入他人住宅后拒不退出的情形，或者经允许进入他人住宅后实施骚扰的情形等，完全可以评价为“侵入他人住宅”“骚扰他人”等，并不存在处罚漏洞，故无对“侵入他人住宅”做扩大解释的必要。（3）关于“恐吓、跟踪、骚扰他人”。所谓恐吓，与寻衅滋事罪中的恐吓相同，是指以恶害相通告的行为。凡不属于狭义胁迫，但具有威胁性质，能够使相对方产生恐惧心理的，即属“恐吓”，如侵犯名誉、揭露隐私、告发犯罪等。所谓跟踪，是指“紧紧跟在后面”，[③]实践中通常是通过跟随被催收人上下班、离家回家等方式实施。所谓骚扰，核心在于扰乱他人安宁的生活、工作状态，实践中常表现为破坏、霸占财物、贴报喷字、拉挂横幅、燃放鞭炮、播放哀乐、摆放花圈、泼洒污物、断水断电等。由于“骚扰”一词外延相对丰富，故而实际在一定程度上起到了本罪“兜底条款”的作用。

本罪在客观上还必须达到“情节严重”的程度。参照《最高人民法院、最高人民检察院关于办理寻衅滋事刑事案件适用法律若干问题的解释》，其

---

① 张明楷：《论表面的构成要件要素》，载《中国法学》2009年第2期。

② 中国社会科学院语言研究所词典编辑室编：《现代汉语词典》（第七版），商务印书馆2016年版，第1057页。

③ 中国社会科学院语言研究所词典编辑室编：《现代汉语词典》（第七版），商务印书馆2016年版，第445页。

主要可从致人受伤的情况、引起精神失常甚至自杀等后果的情况、实施催收非法债务行为的次数、实施催收非法债务行为的对象、实施催收非法债务行为对工作、生活、生产、经营的影响等方面进行评价。对此，最高人民法院、最高人民检察院、公安部等宜适时出台相关司法解释。值得一提的是，在《刑法修正案（十一）（草案）》中，原本并无“情节严重”这一规定，而是要求行为人“以此为业”，[①]但是，如果仅处罚职业催债行为，那么对于职业放贷人本人连续多次进行催收非法债务的，或者职业放贷人雇用、指使、纠集无知大学生、老年人催收非法债务的，则可能难以得到妥善的处理。[②]从这个意义上讲，以“情节严重”替代“以此为业”具有合理性，但是否具有组织化、规模化的特点并反复、多次实施催收非法债务行为，仍可融入对“情节严重”的判断。

**3. 本罪的主体**

任何年满16周岁、具有刑事责任能力的自然人均可构成本罪。实践中，本罪多由专业化、组织化的“讨债公司”，或者集放债与追债于一体的“公司”实施。

**4. 本罪的罪过及其内容**

本罪的罪过形式为故意，且为直接故意；其内容为行为人明知是高利放贷等产生的非法债务仍实施催收行为。

## （二）本罪认定中要解决的问题

实践中，本罪完全可能与其他犯罪产生竞合，如故意伤害罪、非法拘禁罪、非法侵入住宅罪、侮辱罪等。比如，行为人在催收非法债务过程中，故意伤害他人，同时成立故意伤害罪与催收非法债务罪的，考虑到如果依法条竞合处理，无法做到对行为损害法益的充分评价，故从想象竞合的明示机能

---

① “有下列情形之一，催收高利放贷产生的债务或者其他法律不予保护的债务，并以此为业的，处三年以下有期徒刑、拘役或者管制，并处或者单处罚金：（一）使用暴力、胁迫方法的；（二）限制他人人身自由或者侵入他人住宅，情节较轻的；（三）恐吓、跟踪、骚扰他人，情节严重的。有前款行为，同时构成其他犯罪的，依照处罚较重的规定定罪处罚。”

② 魏东：《刑法修正案的规范目的与技术选择——以〈刑法修正案（十一）（草案）〉为参照》，载《法治研究》2020年第5期。

出发，对此种情形以认定成立想象竞合为宜。除此以外，由于此类犯罪通常由专业化的“讨债公司”或者集放债与追债于一体的“公司”实施，因而通常成立共同犯罪，对此应依各共同犯罪人在共同犯罪中所起的作用，判处轻重适当的刑罚。

## 四、以案说法

**【案例】兰某平等催收非法债务案**[①]

2016年6月份以来，犯罪嫌疑人兰某平伙同孙某等人以“晨晖车行”名义通过砍去头月利息、重复打借条、签订租房合同等套路对外非法高利放贷。自2017年4月份以来，受害人刘某某、付某、徐某某等人先后以高额利息向其借款。其间，为追讨贷款及高息，犯罪嫌疑人兰某平纠集孙某、韩某、崔某飞等人，在其直接组织和指挥下，以殴打、威胁、滋扰、纠缠、辱骂、侮辱、限制人身自由等手段，对被害人及其家人多次有组织地实施非法拘禁、敲诈勒索等违法犯罪活动，从而形成了以兰某平为首要分子的恶势力犯罪集团。现查明，该团伙共计非法放贷3万余元，暴力收回贷款及利息13万余元。

在本案中，各行为人以殴打、威胁、滋扰、纠缠、辱骂、侮辱、限制人身自由等手段，催收高利放贷等产生的非法债务，情节严重，类似行为若发生于《刑法修正案（十一）》生效以后，显然应以催收非法债务罪定罪处罚。若行为人实施的行为同时成立非法拘禁罪、敲诈勒索罪等犯罪、符合想象竞合条件的，考虑到想象竞合的明示机能和对侵害客体评价的充分性，应依想象竞合进行处理。

---

① 《山东检察机关公布扫黑除恶典型案例这些放高利贷、欺行霸市的都被抓了》，载山东大众网，http://sd.dzwww.com/sdnews/201809/t20180913_17840321.htm，2021年1月20日访问。

# 第五节　侵害英雄烈士名誉、荣誉罪的增设

**【新增条文】第二百九十九条之一**　侮辱、诽谤或者以其他方式侵害英雄烈士的名誉、荣誉，损害社会公共利益，情节严重的，处三年以下有期徒刑、拘役、管制或者剥夺政治权利。

## 一、立法主旨

该条规定了侵害英雄烈士名誉、荣誉罪。《刑法修正案（十一）》规定该罪的目的，意在惩治以各种形式损害英雄烈士名誉、荣誉的违法行为，维护英雄烈士的名誉、荣誉不受侵犯。

## 二、修改理由

《刑法修正案（十一）》增设侵害英雄烈士名誉、荣誉罪，其背景是近年来网络上出现一股恶意诋毁英雄烈士名誉、荣誉的逆流，严重影响了公众对英雄烈士的良好评价。“草案说明”提出增设该罪的理由，即“维护社会主义核心价值观，保护英雄烈士名誉，与英雄烈士保护法相衔接，将侮辱、诽谤英雄烈士的行为明确规定为犯罪”。刑法规定了侮辱罪、诽谤罪，两罪的处罚范围不能涵盖损害英雄烈士名誉、荣誉的不法行为，而以民事或者行政制裁手段不足以惩治和预防这类行为。

2018年5月1日施行的《英雄烈士保护法》第2条规定，“国家和人民永远尊崇、铭记英雄烈士为国家、人民和民族作出的牺牲和贡献。近代以来，为了争取民族独立和人民解放，实现国家富强和人民幸福，促进世界和平和人类进步而毕生奋斗、英勇献身的英雄烈士，功勋彪炳史册，精神永垂不朽”。该法第3条规定：“英雄烈士事迹和精神是中华民族的共同历史记忆和社会主义核心价值观的重要体现。国家保护英雄烈士，对英雄烈士予以褒扬、纪念，加强对英雄烈士事迹和精神的宣传、教育，维护英雄烈士尊严和合法权益。

全社会都应当崇尚、学习、捍卫英雄烈士。”该法第26条规定：“以侮辱、诽谤或者其他方式侵害英雄烈士的姓名、肖像、名誉、荣誉，损害社会公共利益的，依法承担民事责任；构成违反治安管理行为的，由公安机关依法给予治安管理处罚；构成犯罪的，依法追究刑事责任。”《刑法修正案（十一）》规定侵害英雄烈士名誉、荣誉罪，即与该法第26条进行衔接。

## 三、条文释义

对《刑法》第299条之一有关侵害英雄烈士名誉、荣誉罪的规定进行解析，主要应包括四个方面。

### （一）损害英雄烈士名誉、荣誉的行为方式

本罪的行为方式包括侮辱、诽谤和其他方式。

侮辱，是以暴力或者其他方法，公开贬低他人人格、破坏他人名誉的行为。暴力方法，例如直接针对健在的老英雄进行人身性攻击，如剪头发、泼赃物等方式，进而达到羞辱的目的，其他方法包括以文字、语言、图画、视频等方式贬低英雄烈士的人格。侮辱行为，应当以公然方式进行，即采用不特定或多数人可能知晓的方式对他人进行侮辱。

诽谤，是捏造并散布某种事实，足以贬低他人名誉、荣誉的行为。捏造，即无中生有、凭空杜撰、编造谎言。单纯的捏造行为，在不为人所知的情况下，不构成本罪。散布是指向他人传播，使相当范围内的人知道。散布的方式包括任何能够为他人所知晓的方式。从目前实践看，主要通过信息网络实施。

其他方式，是指与侮辱、诽谤相当，能够导致英雄烈士名誉、荣誉受到贬损的行为方式，例如，以明显有所针对的影射方式损害英雄烈士名誉、荣誉，明知为他人捏造的、恶意贬低英雄烈士名誉、荣誉的信息而故意大范围散布，等等。

### （二）“英雄烈士”的范围

本罪中的英雄，是指为国家、社会做出突出贡献的人。本罪中的烈士，应参照《烈士褒扬条例》的规定予以界定。《烈士褒扬条例》第2条规定：“公

民在保卫祖国和社会主义建设事业中牺牲被评定为烈士的，依照本条例的规定予以褒扬。烈士的遗属，依照本条例的规定享受抚恤优待。”该条例第8条规定：“公民牺牲符合下列情形之一的，评定为烈士：（一）在依法查处违法犯罪行为、执行国家安全工作任务、执行反恐怖任务和处置突发事件中牺牲的；（二）抢险救灾或者其他为了抢救、保护国家财产、集体财产、公民生命财产牺牲的；（三）在执行外交任务或者国家派遣的对外援助、维持国际和平任务中牺牲的；（四）在执行武器装备科研试验任务中牺牲的；（五）其他牺牲情节特别突出，堪为楷模的。现役军人牺牲，预备役人员、民兵、民工以及其他人员因参战、参加军事演习和军事训练、执行军事勤务牺牲应当评定烈士的，依照《军人抚恤优待条例》的有关规定评定。”从语义上讲，英雄和烈士两者存在重合之处，在实践中不必进行严格区分。

### （三）“名誉”“荣誉”的界定

本罪中“名誉”“荣誉”的界定，应参照《民法典》的规定进行判断。《民法典》第1024条规定：“民事主体享有名誉权。任何组织或者个人不得以侮辱、诽谤等方式侵害他人的名誉权。名誉是对民事主体的品德、声望、才能、信用等的社会评价。”该法第1031条规定：“民事主体享有荣誉权。任何组织或者个人不得非法剥夺他人的荣誉称号，不得诋毁、贬损他人的荣誉。获得的荣誉称号应当记载而没有记载的，民事主体可以请求记载；获得的荣誉称号记载错误的，民事主体可以请求更正。”该法第994条明确规定死者的人格权益受到法律保护。

### （四）对“损害社会公共利益，情节严重的”理解

本罪中的损害英雄烈士名誉、荣誉，应当具有损害社会公共利益的性质，而不仅仅是侵犯了英雄烈士的名誉权、荣誉权。“损害社会公共利益”，主要是指侵犯了公众对英雄烈士的真诚感情，也侵犯了社会主义道德风尚。同时，损害英雄烈士名誉、荣誉，应达到情节严重的程度，在具体案件中判断“情节严重”，应从损害英雄烈士名誉、荣誉手段的恶劣程度、影响范围、对公众心理影响等进行判断。

## 四、以案说法

**【案例一】谢某坚侮辱烈士案**①

2019年4月5日，犯罪嫌疑人谢某坚在微信软件一个名为“保亭滴滴出行2站”的微信群内（500人），看到群友发送“为四川凉山救火烈士祈福”的文章后，在群内发表侮辱烈士的不当言论。随后，在微信朋友圈其前妻发布的一条关于四川凉山救火烈士的文章后进行不当评论：“养兵千日，死在一时。”谢某坚的不良言论在互联网上迅速传播，造成极坏影响，引发不少网友的反感和批评。其在微信群和朋友圈中进行道歉，并于4月7日在广东揭阳机场投案自首。海南省保亭黎族苗族自治县人民检察院以寻衅滋事罪向法院提起公诉，法院一审判决被告人谢某坚犯寻衅滋事罪，判处有期徒刑8个月。

本案法院以寻衅滋事罪追究谢某坚的刑事责任，法律根据就是《刑法》第293条第1款第4项“在公共场所起哄闹事，造成公共场所秩序严重混乱的”。根据2013年9月6日发布的《最高人民法院、最高人民检察院关于办理利用信息网络实施诽谤等刑事案件适用法律若干问题的解释》的规定，网络空间也属于公共场所。不过，《刑法修正案（十一）》施行后，这类行为即可以根据《刑法》第299条之一侵害英雄烈士名誉、荣誉罪定罪处罚。

**【案例二】仇某明涉嫌侵害英雄烈士名誉、荣誉罪案**②

2021年2月19日10时29分、10时46分，犯罪嫌疑人仇某明在新浪微博上使用其个人注册账号“辣笔小球”，先后发布两条信息，贬低、嘲讽卫国戍边的英雄烈士。相关信息在微博等网络平台迅速扩散，造成恶劣社会影响。2月20日，仇某明被公安机关刑事拘留，南京市建邺区检察院依法介入侦查。2

---

① 林伊、刘茜：《保亭一男子微信上辱骂凉山救火英雄，获刑8个月》，载中新网（海南），http://www.hi.chinanews.com/hnnew/2019-07-16/495247.html，2020年12月26日访问。

② 卢志坚、雒呈瑞：《南京检察机关适用刑法新规　批捕诋毁英烈的“辣笔小球”》，载《检察日报》2021年3月2日第1版。

月25日，公安机关以涉嫌寻衅滋事罪提请检察机关批准逮捕。检察机关审查认为，仇某明利用信息网络贬低、嘲讽英雄烈士，侵害英雄烈士的名誉、荣誉，社会影响恶劣，情节严重。根据2021年3月1日起施行的《中华人民共和国刑法修正案（十一）》，南京市建邺区检察院依法以涉嫌侵害英雄烈士名誉、荣誉罪对仇某明批准逮捕。同时，南京市检察机关决定公益诉讼立案并开展调查。

本案中，行为人发布数条信息，利用信息网络贬低、嘲讽英雄烈士，侵害英雄烈士的名誉、荣誉。相关信息在微博等网络平台迅速扩散，造成恶劣社会影响，严重损害社会公共利益，其行为涉嫌侵害英雄烈士名誉、荣誉罪。本案发生于《刑法修正案（十一）》生效前，依行为时法涉嫌寻衅滋事罪，公安机关以涉嫌寻衅滋事罪提请批准逮捕并无不妥；本案审判活动于《刑法修正案（十一）》生效后进行，考虑到侵害英雄烈士名誉、荣誉罪较寻衅滋事罪更轻，基于“从旧兼从轻”原则，检察机关在《刑法修正案（十一）》生效后在作出批准逮捕决定时将罪名变更为侵害英雄烈士名誉、荣誉罪，是准确的。

## 第六节　赌博犯罪的修改

**【修正前条文】第三百零三条**　以营利为目的，聚众赌博或者以赌博为业的，处三年以下有期徒刑、拘役或者管制，并处罚金。

开设赌场的，处三年以下有期徒刑、拘役或者管制，并处罚金；情节严重的，处三年以上十年以下有期徒刑，并处罚金。

**【修正后条文】第三百零三条**　以营利为目的，聚众赌博或者以赌博为业的，处三年以下有期徒刑、拘役或者管制，并处罚金。

开设赌场的，处五年以下有期徒刑、拘役或者管制，并处罚金；情节严重的，处五年以上十年以下有期徒刑，并处罚金。

组织中华人民共和国公民参与国（境）外赌博，数额巨大或者有其他严重情节的，依照前款的规定处罚。

## 一、立法主旨

《刑法修正案（十一）》加大对赌博类犯罪的处罚力度。具体体现为，一是进一步调整开设赌场罪的刑罚配置，二是增设组织参与国（境）外赌博罪。

## 二、修改理由

《刑法修正案（十一）》对赌博类犯罪作出了两项修改，就其修改理由来说，既有共性，也有差异。

一方面，《刑法修正案（十一）》调整了开设赌场罪的刑罚设置。1979年《刑法》并无关于开设赌场罪的单独规定，[①]1997年《刑法》则将开设赌场作为一项与聚众赌博、以赌博为业相并列的、单独的行为类型，被配以“三年以下有期徒刑、拘役或者管制，并处罚金”的法定刑。此后，考虑到开设赌场行为的社会危害程度明显大于一般的赌博行为，有必要加重惩处，因此《刑法修正案（六）》对《刑法》第303条进行修改，将开设赌场行为与一般的赌博行为相区别，单列一款加以规定，并提高了开设赌场犯罪的法定刑。[②]从这个意义上看，我国对开设赌场行为社会危害性的认识呈现出逐步深化的特点，而这样的理解也与比较法上关于开设赌场行为与赌博行为间关系的认识相一致，如《日本刑法典》第186条第1款规定的常习赌博罪的法定刑为3年以下惩役，而第2款开设赌场等牟利罪的法定刑则是3个月以上5年以下惩役。[③]近年来，开设赌场行为呈现出新的特点，一方面，网络赌博愈演愈烈，仅2019年公安机关破获网络赌博刑事案件便有7,200

① 1979年《刑法》第168条规定：“以营利为目的，聚众赌博或者以赌博为业的，处三年以下有期徒刑、拘役或者管制，可以并处罚金。”

② 郎胜主编：《中华人民共和国刑法释义》，法律出版社2015年版，第534页。

③ ［日］山口厚：《刑法各论》（第二版），王昭武译，中国人民大学出版社2011年版，第606页。

余起，[①]而开设赌博网站、APP的行为显然为网络赌博的发展态势起到了不可或缺的作用；另一方面，开设赌场行为还常与黑恶势力相联系，[②]《关于办理黑恶势力犯罪案件若干问题的指导意见》《关于办理恶势力刑事案件若干问题的意见》也专门指出，恶势力组织可能伴随实施开设赌场等犯罪行为，甚至出现了面向未成年人群体开设赌场的黑社会性质组织。[③]在此背景下，《刑法修正案（十一）》综合考虑开设赌场行为的社会危害性与现实新特点，提升了开设赌场罪的法定刑。

另一方面，《刑法修正案（十一）》将组织参与国（境）外赌博罪单独作出规定，作为《刑法》第303条第3款。近年来，跨境赌博呈愈演愈烈之势，截至2020年年底，全国公安机关共破获各类跨境赌博案件3,500余起，抓获犯罪嫌疑人7.5万余名，打掉涉赌平台2,260余个、非法技术团队980余个、赌博推广平台1,160余个，打掉非法支付平台和地下钱庄1,960余个，查扣冻结一大批涉案资金。[④]此类犯罪呈现隐蔽性、有组织性等特点，通过线上线下相结合的方式，不断吸引赌徒且监管难度较大。2020年6月22日，公安部公布甘肃公安机关侦破“1·19”跨境赌博案、山东枣庄侦破“2·03”为境外赌场提供资金服务案、广东珠海侦破“4·21”为跨境赌博提供技术支持案、广西百色与越南警方合作侦破一起跨境网络赌博案、广东深圳侦破夏某等利用游戏程序开设赌场案、云南临沧侦破杨某某等组织人员偷渡出境赌博案、广东茂名侦破一起利用“棋牌平台”实施跨境网络赌博案、黑龙江牡丹江侦破“933”跨境赌博技术运维和资金结算案、山东

---

① 《公安部：2019年公安机关破获网络赌博刑事案件7200余起》，载新浪网，https://tech.sina.com.cn/roll/2020-01-16/doc-iihnzhha2770305.shtml，2021年1月24日访问。

② 如陈某辉等35人犯组织、领导、参加黑社会性质组织罪等犯罪一案中，陈某辉作为黑社会性质组织的组织、领导者，同时实施了开设赌场等行为；又如在陈某光等61人犯组织、领导、参加黑社会性质组织罪等犯罪一案中，陈某光作为黑社会性质组织的组织、领导者，也同时实施了开设赌场等行为。参见广东省高级人民法院（2020）粤刑终272号刑事裁定书、海南省高级人民法院（2019）琼刑终186号刑事判决书。

③ 参见最高人民检察院于2019年12月20日发布的20起检察机关依法严惩侵害未成年人犯罪、加强未成年人司法保护典型案例。

④ 《全国公安机关重拳出击　遏制跨境赌博乱象》，载人民网，http://yuqing.people.com.cn/n1/2021/0113/c209043-31998075.html，2021年1月24日访问。

淄博侦破某境外网站对我境内招赌案、上海金山侦破一起组织他人参与跨境网络赌博案等十起打击跨境赌博犯罪典型案例，即充分体现了上述特点，如在甘肃公安机关侦破的“1·19”跨境赌博案中，境外赌场组织代理人员在境外窝点和境内通过网络招揽境内人员参赌，已发展参赌人员1.1万余名。[①]此种行为不仅严重损害了公众健全的经济生活风俗，而且致使大量资金外流，严重损害国家形象和经济安全。在一些案件中，此类犯罪还会与非法拘禁、绑架、敲诈勒索、故意伤害等其他犯罪相联系，如2018年，云南德宏傣族景颇族自治州禁赌“断链”专项行动，截至2018年5月解救了430余位被拘禁的中国公民。[②]

基于上述境外赌博的社会危害性，我国近年来高度重视对跨境网络赌博活动的打击。2019年7月，国务委员、公安部部长赵克志在部署防范打击整治跨境网络赌博活动工作时即强调：要精心组织开展打击整治跨境网络赌博犯罪“断链”专项行动，集中侦办一批组织出境赌博、利用互联网开设赌场等大案要案，摧毁一批境外赌场在我境内揽客招赌和利用网络开设赌场的犯罪组织网络，打击一批为跨境网络赌博等犯罪提供资金结算的“地下钱庄”和网络支付平台，打掉一批为跨境网络赌博犯罪提供技术支撑的国内网络运营商及公司，形成对跨境网络赌博活动的强大震慑。[③]可以说，《刑法修正案（十一）》将组织参与国（境）外赌博行为单独作为一款加以规定，也是基于对上述现象及其体现的社会危害性的回应，并希冀通过刑法的明令禁止，在一定程度上强化犯罪预防。

在《刑法修正案（十一）》出台以前，类似案件在实践中通常以赌博罪或开设赌场罪进行处理。前者的依据主要在于《最高人民法院、最高人民检察院关于办理赌博刑事案件具体应用法律若干问题的解释》第1条规定，以营利为目的，组织中华人民共和国公民10人以上赴境外赌博，从中收取回扣、介绍费的，属于“聚众赌博”；后者的依据则主要在于《最高人民法院、最高人

---

① 参见2020年6月22日公安部打击跨境赌博犯罪十起典型案例。

② 《云南警方打击跨境赌场　解救被拘禁中国公民430余人》，载腾讯网，https://news.qq.com/a/20180528/001093.htm，2021年1月24日访问。

③ 《赵克志：坚决依法打击整治跨境网络赌博活动》，载中国政府网，http://www.gov.cn/guowuyuan/2019-07/12/content_5408836.htm，2021年1月24日访问。

民检察院、公安部关于办理网络赌博犯罪案件适用法律若干问题的意见》第1条规定，利用互联网、移动通讯终端等传输赌博视频、数据，实施建立赌博网站并接受投注、建立赌博网站并提供给他人组织赌博、为赌博网站担任代理并接受投注的、参与赌博网站利润分成行为之一，组织赌博活动的，系开设赌场行为。然而，一方面，此类行为在社会危害性上通常高于传统的赌博罪而与开设赌场罪在社会危害性上相当，因此将该类案件大量以赌博罪处理存在违背罪刑均衡原则之虞；另一方面，单纯地组织、招揽内地人员前往境外参赌的行为，又难以被评价为开设赌场罪的实行行为。[①]因此，实践中，若行为人作为境外赌场代理组织、招揽内地人员参与网络跨境赌博的，由于存在《最高人民法院、最高人民检察院、公安部关于办理网络赌博犯罪案件适用法律若干问题的意见》第1条的明文规定，通常会被评价为"为赌博网站担任代理并接受投注""参与赌博网站利润分成"；但对于组织、招揽内地人员实际前往境外赌博的，有些则会适用《最高人民法院、最高人民检察院关于办理赌博刑事案件具体应用法律若干问题的解释》第1条的规定，被评价为"组织中华人民共和国公民10人以上赴境外赌博，从中收取回扣、介绍费"，并认定为赌博罪。显然，对于本质相似的行为做这样的差异化评价，在实质合理性层面是难以得到证成的。从这个意义上讲，《刑法修正案（十一）》将组织参与国（境）外赌博罪独立成罪，并为其配置与开设赌场罪相同的法定刑，也有利于统一法律适用和刑罚裁量，以合理贯彻罪刑法定原则和罪刑均衡原则。

## 三、条文释义

《刑法修正案（十一）》虽对《刑法》第303条作出了两处修订，但鉴于修正案对开设赌场罪的修改仅限于调高了该罪的法定刑，故在此不做赘述，并主要就组织参与国（境）外赌博罪加以说明。

与赌博罪、开设赌场罪相同，其犯罪客体是公众健康的经济生活风气，因为"赌博行为会使国民产生懒惰浪费之弊习，并有害于勤劳美风这种健康

---

① 张明楷：《刑法学》（第五版），法律出版社2016年版，第1080页。

文明的社会基础”，[①]“助长人类之侥幸心理，且使人失去勤劳意欲，不事生产，有害经济社会之健全发展”。[②]诚然，赌博行为可能会给参赌者带来财产损失，但这种财产损失既处于未必的状态，也不是《刑法》评价的主要方面，故而不宜将其理解为一种侵犯公民财产权利的犯罪。我国《刑法》将赌博类犯罪归为妨害社会管理秩序罪一章，也充分体现了这一点。

其客观方面表现为组织中华人民共和国公民参与国（境）外赌博，数额巨大或者有其他严重情节。对此：（1）行为人必须实施组织参与国（境）外赌博的行为，对此，既包括组织参与香港特别行政区、澳门特别行政区、台湾地区赌博，也包括参与其他国家赌博；既包括组织他人实际前往国（境）外赌博，也包括组织他人在国内以网络等远程方式参与国（境）外网络赌博。草案二审稿原本将本罪规定为“出境参与赌博”，但如此可能会被理解为必须实际出境参与赌博才可成立本罪，即要求具有“组织出境”和“组织参与赌博”两个行为。《刑法修正案（十一）》最终将其修改为“参与国（境）外赌博”，显然是为了包摄实践中多发的虽未实际出境，但在国内以远程形式参与国（境）外网络赌博的情形。《公安部关于办理赌博违法案件适用法律若干问题的通知》将“在中华人民共和国境内通过计算机网络、电话、手机短信等方式参与境外赌场赌博活动”与“中华人民共和国公民赴境外赌场赌博”作为具有同质性的两种行为模式，也体现了是否实际出境并不影响对“参与国（境）外赌博”的认定。（2）行为人组织的对象必须是中华人民共和国公民。《宪法》第33条第1款规定：“凡具有中华人民共和国国籍的人都是中华人民共和国公民。”对于组织外国公民参与国（境）外赌博的，不成立本罪。（3）成立本罪必须达到“数额巨大或者有其他严重情节”的程度。参照《最高人民法院、最高人民检察院关于办理赌博刑事案件具体应用法律若干问题的解释》及《最高人民法院、最高人民检察院、公安部关于办理网络赌博犯罪案件适用法律若干问题的意见》，“数额巨大”主要是指抽头渔利数额、赌资数额、违法所得数额等较大，“其他严重情节”主要包括参赌

---

① ［日］山口厚：《刑法各论》（第二版），王昭武译，中国人民大学出版社2011年版，第606页。

② 蔡墩铭：《刑法精义》（第二版），翰芦图书出版有限公司2005年版，第559页。

人数较多、招揽未成年人等特定群体参与国（境）外赌博等。

其主体为一般主体，即任何年满16周岁、具有刑事责任能力的人均可成立本罪。

其主观方面为故意。虽然实践中行为人多以营利为目的，但考虑到《刑法》第303条第3款未对本罪作关于目的的明确限定，不宜认为成立本罪必须具有营利的目的。

《刑法》第303条第3款的规定：组织中华人民共和国公民参与国（境）外赌博，数额巨大或者有其他严重情节的，依照前款开设赌场罪的规定处罚，法定刑有“五年以下有期徒刑、拘役或者管制，并处罚金”和“五年以上十年以下有期徒刑，并处罚金”两档。

## 四、以案说法

**【案例】王某、朱某赌博案**①

2011年起，马某（另案处理）以组织他人赴澳门赌博为业，设立上海佳媛实业有限公司等公司，为组织赌客赴澳门赌博提供服务。2014年起，马某在澳门太阳城娱乐有限公司以个人名义开设账户名为705-1的赌博账户，账户内资金主要用于赴澳赌客兑换筹码，其赚取太阳城赌厅码量返水的千分之八。被告人王某、朱某受马某雇用，负责在澳门接待赌客、安排车辆接送、酒店入住、兑换筹码、赌场陪玩等服务。截至案发，马某伙同被告人王某、朱某等人，组织张某等多名赌客赴境外实施赌博活动，截至案件审理时查实马某组织赴境外赌博的境内赌客有19人，涉案赌资人民币3,000万余元。

本案中，人民法院经审理认为，被告人王某、朱某等人以营利为目的，受他人雇用组织中华人民共和国公民十人以上赴境外赌博，并从中收取回扣、介绍费，其行为均已构成赌博罪，对二人分别判处有期徒刑10个月、9个月，并处罚金人民币5万元。该案审理显然是适用了《最高人民法院、最高人民检察院关于办理赌博刑事案件具体应用法律若干问题的解释》第1条的规

① 上海市普陀区人民法院（2020）沪0107刑初1115号刑事判决书。

定，即“组织中华人民共和国公民10人以上赴境外赌博，从中收取回扣、介绍费”，并依此认定其行为成立赌博罪。在《刑法修正案（十一）》生效以后再实施类似行为的，马某、王某、朱某的行为可能被评价为组织参与国（境）外赌博罪的共同犯罪，并依《刑法》第303条第3款的规定处理。

## 第七节　妨害传染病防治罪的修改

**【修正前条文】第三百三十条**　违反传染病防治法的规定，有下列情形之一，引起甲类传染病传播或者有传播严重危险的，处三年以下有期徒刑或者拘役；后果特别严重的，处三年以上七年以下有期徒刑：

（一）供水单位供应的饮用水不符合国家规定的卫生标准的；

（二）拒绝按照卫生防疫机构提出的卫生要求，对传染病病原体污染的污水、污物、粪便进行消毒处理的；

（三）准许或者纵容传染病病人、病原携带者和疑似传染病病人从事国务院卫生行政部门规定禁止从事的易使该传染病扩散的工作的；

（四）拒绝执行卫生防疫机构依照传染病防治法提出的预防、控制措施的。

单位犯前款罪的，对单位判处罚金，并对其直接负责的主管人员和其他直接责任人员，依照前款的规定处罚。

甲类传染病的范围，依照《中华人民共和国传染病防治法》和国务院有关规定确定。

**【修正后条文】第三百三十条**　违反传染病防治法的规定，有下列情形之一，引起甲类传染病以及依法确定采取甲类传染病预防、控制措施的传染病传播或者有传播严重危险的，处三年以下有期徒刑或者拘役；后果特别严重的，处三年以上七年以下有期徒刑：

（一）供水单位供应的饮用水不符合国家规定的卫生标准的；

（二）拒绝按照疾病预防控制机构提出的卫生要求，对传染病病原体污染的污水、污物、场所和物品进行消毒处理的；

（三）准许或者纵容传染病病人、病原携带者和疑似传染病病人从事国务院卫生行政部门规定禁止从事的易使该传染病扩散的工作的；

（四）出售、运输疫区中被传染病病原体污染或者可能被传染病病原体污染的物品，未进行消毒处理的；

（五）拒绝执行县级以上人民政府、疾病预防控制机构依照传染病防治法提出的预防、控制措施的。

单位犯前款罪的，对单位判处罚金，并对其直接负责的主管人员和其他直接责任人员，依照前款的规定处罚。

甲类传染病的范围，依照《中华人民共和国传染病防治法》和国务院有关规定确定。

## 一、立法主旨

妨害传染病防治罪曾经一度被视为“僵尸罪名”，而2019年年末的一场席卷全球的新冠肺炎疫情，使得此罪名在遏制疫情传播中发挥了重要作用，彰显了刑法的保障力以及参与社会治理的巨大功效。[①]《刑法修正案（十一）》在充分总结和肯定新冠肺炎疫情防控经验和需要的基础上，对第330条（妨害传染病防治罪）第1款进行了修改，明确了新冠肺炎属于妨害传染病防治罪的调整范围，肯定了疫情防控的重大战略成果，强化了公共卫生安全法治保障，有利于进一步维护公共卫生安全和人民群众生命健康。关于该罪所修订的内容主要体现在第1款：一是扩大了本罪的调整范围，刑法所防控的传染病从原来的单一的甲类传染病扩大至甲类传染病和依法确定采取甲类传染病预防、控制措施的传染病；二是新增了入罪情形，将“出售、运输疫区中被

---

① 1997年《刑法》在第330条中增设了“妨害传染病防治罪”，罪名设立相对较晚，在新冠肺炎疫情暴发前涉此罪名的刑事案件并不多见。随着疫情的暴发及蔓延，国内涉嫌妨害传染病防治罪的刑事案件逐渐增多。为准确打击妨害传染病防治的犯罪行为，“两高两部”联合发布了《关于依法惩治妨害新型冠状病毒感染肺炎疫情防控违法犯罪的意见》用于指导疫情防控的司法政策，以体现形事政策导向与宽严相济的合理性。截至最高人民检察院颁布《全国检察机关依法办理妨害新冠肺炎疫情防控犯罪典型案例（第九批）》，累计共有典型案例50例，其中涉嫌妨害传染病防治罪的刑事案件有7例，占比14%，可见疫情暴发以来该罪被司法机关适用的频繁。

传染病病原体污染或者可能被传染病病原体污染的物品，未进行消毒处理的”行为认定为犯罪；三是修改完善了入罪情形，如将原来的“拒绝执行卫生防疫机构依照传染病防治法提出的预防、控制措施的”行为修改为“拒绝执行县级以上人民政府、疾病预防控制机构依照传染病防治法提出的预防、控制措施的”行为。

## 二、修改理由

自新冠肺炎疫情暴发以来，疫情传播范围之广，规模之大，震撼人心。习近平总书记在中央全面依法治国委员会第三次会议上强调“疫情防控越是到最吃劲的时候，越要坚持依法防控”。[①]《刑法》的及时修订正是顺应国家坚持依法治国和坚持依法防控的要求，是落实国家总体安全观的重要体现。此次疫情防控暴露出刑法在传染病防治领域与行政法衔接的不畅，尤其是在相关行政法多次作出修订后，刑法未予以及时调整。刑法修订中针对此问题，着力加强刑法与行政法的衔接，为刑法有效打击妨害传染病防治现象提供充足的法律依据。

### （一）扩大防治传染病认定范围

《刑法》修订之前，条文中规制的传染病范围仅限于“甲类传染病”，而在2003年非典时，此罪名规制传染病种类狭窄的问题便已经暴露。[②]针对当时难以适用妨害传染病防治罪的立法不足，2004年修改的《传染病防治法》将“传染性非典型肺炎”列入乙类传染病并创设了“乙类管理、甲类防控”的制度，以期将此种情形纳入妨害传染病防治罪的规制范围，根据修改后的《传染病防治法》第4条的规定，“对乙类传染病中传染性非典型肺炎、炭疽中的肺炭疽和人感染高致病性禽流感，采取本法所称甲类传染病的预防、控制

---

① 习近平：《全面提高依法防控依法治理能力健全国家公共卫生应急管理体系》，载《求是》2020年第5期。

② 康均心、李娜：《妨害传染病防治罪的立法缺陷及其补救》，载《中国地质大学学报（社会科学版）》2006年第3期。

措施。其他乙类传染病和突发原因不明的传染病需要采取本法所称甲类传染病的预防、控制措施的，由国务院卫生行政部门及时报经国务院批准后予以公布、实施……省、自治区、直辖市人民政府对本行政区域内常见、多发的其他地方性传染病，可以根据情况决定按照乙类或者丙类传染病管理并予以公布，报国务院卫生行政部门备案”。在2013年修订《传染病防治法》时该条的内容也予以保留。

对于妨害传染病防治的这一内容调整，司法领域首先予以了回应，2008年6月最高人民检察院和公安部出台的《最高人民检察院、公安部关于公安机关管辖的刑事案件立案追诉标准的规定（一）》中第49条第2款对“甲类传染病”进行了扩大解释：本条和本规定第50条规定的“甲类传染病”，是指鼠疫、霍乱；“按甲类管理的传染病”，是指乙类传染病中传染性非典型肺炎、炭疽中的肺炭疽、人感染高致病性禽流感以及国务院卫生行政部门根据需要报经国务院批准公布实施的其他需要按甲类管理的乙类传染病和突发原因不明的传染病。从司法上确立了对妨害传染病防治罪规制“传染病种”扩大至“乙类管理、甲类防控”。但司法的这种操作，从严格的罪刑法定来说有类推的嫌疑。有观点便认为，立法条文明确规制的是“甲类传染病”，甲类传染病与乙类传染病存在明确的区分界限，按甲类管理的乙类传染病仍然属于乙类传染病，对此类传染病的妨害防治行为不能适用《刑法》第330条的妨害传染病防治罪。[①]从文义解释的角度来看，我国《传染病防治法》第3条明确将传染病分为甲类、乙类和丙类，将“按照甲类管理的乙类传染病”纳入“甲类传染病”范围，的确突破了字词本身的含义，面临立法依据不足的问题。

这一问题在新冠肺炎疫情发生后，显得更为突出。2020年1月20日，国家卫生健康委员会经国务院批准，将新型冠状病毒感染的肺炎纳入《传染病防治法》规定的乙类传染病，并采取甲类传染病的预防、控制措施。2020年2月6日，最高人民法院、最高人民检察院、公安部、司法部出台的《关于依法惩治妨害新型冠状病毒感染肺炎疫情防控违法犯罪的意见》将拒绝执行卫生

---

① 陈伟：《新冠疫情背景下妨害传染病防治罪的解释扩张及其回归》，载《政治与法律》2020年第5期。

防疫机构依照传染病防治法提出的防控措施，引起新型冠状病毒传播或者有传播严重危险的依照《刑法》第330条的规定以妨害传染病防治罪定罪处罚。从司法上再次肯定了“按照甲类管理的乙类传染病”纳入“甲类传染病”范围，从有效惩治犯罪来说这无疑是具有合理性的，但从罪刑法定的角度来说，刑事立法的及时修订已经迫在眉睫。

对此，我们应该看到，刑法作为参与社会治理的手段，其对传染病防治的规制不应当仅仅着眼于病理学意义上的“传染病病种”本身，甲类、乙类、丙类传染病包含了两种意义上的分类：一是传染病病毒类型上的甲类、乙类和丙类；二是传染病管理措施上的甲类、乙类和丙类。刑法作为调整社会关系的法律，对传染病病种的表述更应当侧重管控措施需要。从防控治理角度来看待传染病，其发展是一个动态变化的过程，不限于目前的甲、乙、丙类，将来也可能会出现更多级别的传染病，而且从甲、乙、丙类传染病的危害性来说，人们无法用固定静态的标准来衡量传染病的危害程度。因此，刑法中传染病防治的范围不应当是一个静态的封闭范围，刑法规制的是妨害传染病防治的危害行为，并通过妨害行为对传染病防治带来现实危害或者危险，这就要求刑法要根据防控措施的需要去确定相应传染病的社会危害性，而不是在传染病类型界分之后才能进行刑罚资源的配置。为此，刑法学界提出了不同的完善建议与方案：方案一：取消甲类传染病的限制，改为“突发性传染病”。[①]方案二：扩大传染病范围，将乙类和丙类也纳入妨害传染病防治罪的对象。[②]方案三：在甲类传染病基础上，增加采用甲类管理的乙类传染病。[③]对于第一种方案，“突发性传染病”本身的界定并不精确，它具体包括哪些病症，何谓“突发”并无定论，不宜写入立法。而第二种方案，虽然扩大了传染病的范围，但仍然是一个相对封闭的概念，而且并未体现直接的刑法防控措施需要，不利于立法的包容性解释。最终立

① 陈禹衡、王金雨：《新冠肺炎疫情期间妨害传染病防治罪的司法适用——基于空白罪状的视角》，载《江苏海洋大学学报（人文社会科学版）》2020年第18卷第2期。

② 贾迪：《妨害传染病防治罪构成要件的解析与重构——以新冠疫情防控为视角》，载《医学与法学》2020年第12卷第2期。

③ 刘志伟：《修改刑法第330条适应惩治妨害疫情犯罪需要》，载《民主与法制周刊》2020年第9期。

法选取“依法确定采取甲类传染病预防、控制措施”的表述，从实质上明确了刑法“管理需要”的类型，重心不在于强调是什么传染病，而在于具体的防控力度要求。这一方案，避免了以往妨害传染病防治固执于传染病类型的思路，追本溯源于刑法规制的核心，既实现了罪刑法定的明确性需要，又具有一定的灵活性，避免了因为传染病的类型固定而引起的司法机械行事。

对于该部分文字的表述，在草案征求意见的过程中，有学者提出“以及”表示前后事项具有并列关系，即两种事项都存在，才能追究行为人的刑事责任，使用“以及”容易导致行为人提出不当抗辩；同时“依法采取”足以涵盖“依法确定采取”的含义，故宜删除“确定”二字。[①]以上观点从文字表述的规范性来说具有合理性，但立法修订中本着“可修可不修的不修”的原则，基于条文理解的延续性以及实践中没有出现突出的理解分歧，并没有进行修订。

### （二）增加“出售、运输疫区中被传染病病原体污染或者可能被传染病病原体污染的物品，未进行消毒处理的”这一入罪情形

之所以增加这一入罪情形，是因为1989年《传染病防治法》在2004年修订时，已经将刑法条文原来照搬的内容进行了修订，根据修订后《传染病防治法》第73条的规定，“违反本法规定，有下列情形之一，导致或者可能导致传染病传播、流行的，由县级以上人民政府卫生行政部门责令限期改正，没收违法所得，可以并处五万元以下的罚款；已取得许可证的，原发证部门可以依法暂扣或者吊销许可证；构成犯罪的，依法追究刑事责任：（一）饮用水供水单位供应的饮用水不符合国家卫生标准和卫生规范的；（二）涉及饮用水卫生安全的产品不符合国家卫生标准和卫生规范的；（三）用于传染病防治的消毒产品不符合国家卫生标准和卫生规范的；（四）出售、运输疫区中被传染病病原体污染或者可能被传染病病原体污染的物品，未进行消毒处理的；（五）生物制品生产单位生产的血液

---

① 曾粤兴：《对〈刑法修正案（十一）（草案）〉的审思与建议》，载《法治研究》2020年第5期。

制品不符合国家质量标准的”。这一修订内容在2013年再次修订时予以保留。从中我们可以看出，《刑法修正案（十一）》所增加的“出售、运输疫区中被传染病病原体污染或者可能被传染病病原体污染的物品，未进行消毒处理的”这一入罪情形，正是来源于《传染病防治法》第73条的修订内容。

除了考虑刑法与修订后的《传染病防治法》的有效衔接，还因为这一情形的社会危害性巨大。近年来不法分子受非法利益驱使，走私国家明令禁止进出口的来自境外疫区的动植物及其产品的案件屡有发生，对人们的身体健康和社会经济秩序具有严重的危害性，由于来自疫区的冻品（大多是冷冻的鸡翅、鸡胸脯、鸡腿、牛肉、猪蹄和内脏等）未经过合法的检验、检疫，且大多来自境外暴发疯牛病、禽流感、口蹄疫的国家或者地区，很可能含有危害公共卫生安全的致病细菌和病毒。新冠肺炎病毒传播全球时，国内冷链产品被频频测出核酸阳性，中国疾病预防控制中心对青岛新冠肺炎疫情溯源调查过程中，从工人搬运的进口冷冻鳕鱼的外包装阳性样本中检测分离到新冠活病毒。这是国际上首次在冷链食品外包装上分离到新冠活病毒，并证实接触新冠活病毒污染的外包装可导致感染。①这种情况下对于出售、运输物品行为人的刑事责任有必要予以规定。

### （三）修改了入罪情形

#### 1.将卫生防疫机构变更为疾病防控机构

“卫生防疫机构”的表述来源于1989年《传染病防治法》和1991年卫生部制定发布的《传染病防治法实施办法》，其中均明确卫生防疫机构是传染病预防和控制的主体。根据1991年《传染病防治法实施办法》规定，卫生防疫机构，指卫生防疫站、结核病防治研究所（院）、寄生虫病防治研究所（站）、血吸虫病防治研究所（站）、皮肤病性病防治研究所（站）、地方病防治研究所（站）、鼠疫防治站（所）、乡镇预防保健站（所）及与上述机构专业相同的单位。针对非典型肺炎防治工作，2003年4月30日中共

---

① 《新冠病毒“物传人”：冷链、水产是传播重要渠道》，载健康时报网，http://www.jksb.com.cn/html/xinwen/2021/0106/168582.html，2021年1月15日访问。

中央宣传部、司法部、卫生部发布的《关于加强传染病防治法等法律法规宣传工作的通知》则明确了医疗卫生机构的防护职责，但没有卫生防疫机构的表述。2004年和2013年修订的《传染病防治法》关于防疫机构的表述，只有两处使用了“动物防疫机构”这一名词，并明确传染病预防控制机构的主体为各级疾病预防控制机构。根据《传染病防治法》规定，疾病预防控制机构指从事疾病预防控制活动的疾病预防控制中心以及与上述机构业务活动相同的单位。由此，对《刑法》第330条第1款第2项，不应仍固守1989年《传染病防治法》和1991年《传染病防治法实施办法》关于卫生防疫机构的表述，而应根据《传染病防治法》的最新修订情况，变更为疾病预防控制机构。[①]

**2.将“对传染病病原体污染的污水、污物、粪便进行消毒处理的”中的“粪便”修改为“场所和物品”**

1997年刑法所规定的这一入罪情形是对照于1989年《传染病防治法》的规定，当时第330条第1款的条文照搬于1989年制定的《传染病防治法》第35条的4种情形。[②]《传染病防治法》经过2004年、2013年的修订，“拒绝按照卫生防疫机构提出的卫生要求，对传染病病原体污染的污水、污物、粪便进行消毒处理的”这一情形不再与其他情形规定在《传染病防治法》同一法条，而是规定在2013年《传染病防治法》第27条，“对被传染病病原体污染的污水、污物、场所和物品，有关单位和个人必须在疾病预防控制机构的指导下或者按照其提出的卫生要求，进行严格消毒处理；拒绝消毒处理的，由当地卫生行政部门或者疾病预防控制机构进行强制消毒处理”。

此处“粪便”的表述被修订为“场所和物品”，而对“粪便”的处理则规定在《传染病防治法》第14条，“地方各级人民政府应当有计划地建设和改造公共卫生设施，改善饮用水卫生条件，对污水、污物、粪便进行无害化处置”，不再使用“消毒”而使用“无害化处置”的表述。关于“场所和物品”，

---

① 俞小海：《妨害传染病防治罪的刑法教义学分析》，载《法律适用》2020年第22期。

② 高铭暄：《中华人民共和国刑法的孕育诞生和发展完善》，北京大学出版社2012年版，第554页。

《传染病防治法》第69条规定，对于医疗机构未按照规定对本单位内被传染病病原体污染的场所、物品以及医疗废物实施消毒或者无害化处置的，可能承担相应的行政、刑事责任。

从刑法与行政法的有效衔接来看，在《传染病防治法》明确删除了“粪便”表述并相应修订为“场所和物品”时，刑法有必要及时修订予以更新。从该情形所要求的“消毒处理”来看，难以完全对照理解为《传染病防治法》中“粪便无害化处置”，但从规制的必要性来说，含有传染病病原体的粪便仍是重要的传播途径，刑法有必要规制，对此可以从概念的外延扩张理解，将“场所和物品”包括“粪便”，这也符合传染病防控中出现的“环境传人”的需要。

**3.将“拒绝执行卫生防疫机构依照传染病防治法提出的预防、控制措施的”修改为“拒绝执行县级以上人民政府、疾病预防控制机构依照传染病防治法提出的预防、控制措施的”**

从修订内容来看，增加了“县级以上人民政府”，这是因为《传染病防治法》对传染病防治工作作了全面的规定，从种类上来说，涵盖了传染病预防、疫情报告、疫情控制、医疗救治等各方面；从防控主体上来说，包括了各级政府和相关机构等。比如《传染病防治法》第41条的规定，“对已经发生甲类传染病病例的场所或者该场所内的特定区域的人员，所在地的县级以上地方人民政府可以实施隔离措施，并同时向上一级人民政府报告”；根据《传染病防治法》第42条的规定，“传染病暴发、流行时，县级以上地方人民政府应当立即组织力量，按照预防、控制预案进行防治，切断传染病的传播途径，必要时，报经上一级人民政府决定，可以采取下列紧急措施并予以公告：（一）限制或者停止集市、影剧院演出或者其他人群聚集的活动；（二）停工、停业、停课；（三）封闭或者封存被传染病病原体污染的公共饮用水源、食品以及相关物品；（四）控制或者扑杀染疫野生动物、家畜家禽；（五）封闭可能造成传染病扩散的场所。上级人民政府接到下级人民政府关于采取前款所列紧急措施的报告时，应当即时作出决定”。

除《传染病防治法》之外，还有其他法律法规和规范性文件对传染病防治作了规定，包括《突发事件应对法》《突发公共卫生事件应急条例》《国家突发公共事件总体应急预案》《国家突发公共卫生事件应急预案》《传染病防治法实施办法》《国内交通卫生检疫条例》等，这些法律法规和规范性文件，也明确了各级政府和有关部门为应对突发公共卫生事件可以采取的行政措施，基于这些规范性文件都是预防控制传染病工作的规范依据，与《传染病防治法》共同构成了传染病防治的法律规范体系，理应得到刑法评价的认可。[①]因此有必要将“拒绝执行卫生防疫机构依照传染病防治法提出的预防、控制措施的”修改为“拒绝执行县级以上人民政府、疾病预防控制机构依照传染病防治法提出的预防、控制措施的”。

## 三、条文释义

### （一）如何理解“依法确定采取甲类传染病预防、控制措施的传染病”

“甲类传染病”在传染病防治法中是一个封闭性概念，仅仅包括了鼠疫和霍乱，并且与“乙、丙类传染病”完全不同的是，“甲类传染病”没有任何增补或者修改的空间。“甲类传染病”的封闭性说明这一概念适用已经相对固化，在外延层面是毫无争议的清晰所指。而“采取甲类传染病防控措施的传染病”则是一个典型的开放性概念，在某种程度上可以说，它包括了基于疫情防治政策需要的任何新型非甲类传染病。[②]首先，从形式意义来看，要具有“依法确定”的法律依据。根据《传染病防治法》第3条的规定，国务院卫生行政部门有根据情况独立决定增加、减少或者调整乙、丙类传染病病种的权力；第4条规定，需要采取乙类甲管的传染病，应当由国务院批准。对于新冠肺炎疫情传染病，国家卫健委发布公告：经国务院批准，将新型冠状病毒感染的肺炎认定为乙类甲管的传染病。

其次，从实质意义来看，在《刑法》上规制导致甲类传染病传播或有传播危险的行为，不仅因为甲类传染病具备较高的致死率，还因为甲类传

① 俞小海：《妨害传染病防治罪的刑法教义学分析》，载《法律适用》2020年第22期。

② 陈伟：《新冠疫情背景下妨害传染病防治罪的解释扩张及其回归》，载《政治与法律》2020年第5期。

染病易于传播。因此，传染性强与高致死率，是在《刑法》上考察传播某种传染病行为是否具备法益侵害性的要件。按照甲类传染病标准规制传播乙类甲管传染病的行为，在高致死率的要件上可能欠缺，[①]但需认识到，对传染病的类型划分，从一般意义上是依据各种传染病的传染性强弱、传播途径难易、传播速度快慢、人群易感范围等因素，但人们自身也存在对传染病客观的认识过程。此次被划入乙类传染病之中的新型冠状病毒肺炎，人类对其传染源与病理生成机制、治疗方式及药物等方面的认识相对有限，加之冠状病毒自身的变异性特征，此时，根据在疫情传播与扩散过程中的危害性，虽然新型冠状病毒肺炎被划入乙类传染病，但是，该类传染病所致的社会危害性并不因此而绝对低于甲类传染病，将妨害新冠肺炎防治行为纳入妨害传染病防治罪的调整范围之中，在社会危害性的考察层面具有充足的相当性。[②]

虽然刑法立法上具有将规制对象扩展到非甲类的一切传染病类型的可能性，但刑法必须和其他部门法做好衔接，"依法确定"的外延目前仅辐射到乙类传染病，因此将规制对象扩大至乙类甲管的传染病是合理的，以乙类传染病作为一个基本的门槛，根据是否有必要采取甲类防控限缩刑法的介入范围，既有一定的灵活性，也保持了刑法的谦抑性。

### （二）如何理解"出售、运输疫区中被传染病病原体污染或者可能被传染病病原体污染的物品，未进行消毒处理的"

在这一情形的认定中"出售、运输"均为刑法中常见的词语，而比较特殊的表述即"疫区"和"消毒处理"。根据《传染病防治法》第78条的规定，疫区指传染病在人群中暴发、流行，其病原体向周围播散时所能波及的地区。消毒是指用化学、物理、生物的方法杀灭或者消除环境中的病原微生物。

---

① 贾迪：《妨害传染病防治罪构成要件的解析与重构——以新冠疫情防控为视角》，载《医学与法学》2020年第12卷第2期。

② 陈伟：《新冠疫情背景下妨害传染病防治罪的解释扩张及其回归》，载《政治与法律》2020年第5期。

“疫区”和“消毒处理”这两个词语，既可以从专业的角度进行界定，而同时这两个词语本身也是生活化的语言。在理解该条入罪情形时，要将“被污染或者可能被污染”与“消毒处理”结合起来理解。我国根据疫情风险划分为三类风险区，国家发展改革委社会司司长欧晓理表示：低风险地区，实施外防输入的策略。中风险地区，实施外防输入、内防扩散策略，指导用工企业严格执行消毒、通风、测温等要求，降低人员密度，减少人员聚集，加强人员防护，消除风险隐患，做到疫情防控与企业复产同步推进。高风险地区，实行内防扩散、外防输出、严格管控策略，要继续集中精力抓好疫情防控工作，在疫情得到有效控制后，再有序扩大复工复产的范围。[①]对于不同的风险区，行为人对出售、运输物品是否“被传染病病原体污染”或者“可能被传染病病原体污染”的认识应有不同，对于“消毒处理”的措施也不同，可以参照疫情防控的具体规定以及具体的行业规范。对于“消毒”，我国具体的与消毒有关的法规是《消毒管理办法》。《消毒管理办法》制定了和消毒处理有关的各种要求和相应的措施，如对消毒的卫生要求、消毒产品的生产经营等。此外，我国对消毒处理还有一些专门的国家标准，比如《消毒与灭菌效果的评价方法与标准》（GB 15981-1995）、《医院消毒卫生标准》（GB 15982-2012）和《疫源地消毒总则》（GB 19193-2015）等。

根据中华人民共和国卫生部、中国国家标准化管理委员会2012年5月1日施行的《疫源地消毒剂卫生要求》，疫源地消毒剂要达到对存在或曾经存在传染源的场所进行消毒，使传染源排出的病原体达到无害化要求。对“物品”的消毒，要考虑消毒范围和对象、消毒持续时间、消毒方法的选择，以及是否规范使用消毒产品，消毒剂的选择参照《消毒剂使用指南》（国卫办监督函，〔2020〕147号）。

由于这一情形的入罪需要行为人明知所出售、运输物品“被传染病病原体污染”或者“可能被传染病病原体污染”，但客观上作为一般人对于传染病防治缺乏专业的认知，这时在判断时要充分考虑相关单位或者业务人员是否

---

① 人民日报海外网：《国家发改委：疫情低风险地区要外防输入》，载百度，https://baijiahao.baidu.com/s?id=1659494271823984557&wfr=spider&for=pc，2021年1月10日访问。

履行了注意义务，以此避免刑法的粗放型干预。要结合具体的行业、区域等，结合具体的疫情防控规定进行认定，比如根据国家邮政局印发《疫情防控期间邮政快递业生产操作规范建议（第六版）》的规定，对于邮件快件处理场所，高风险地区处理场所要尽量保持通风，每隔4小时全面消毒一次；中风险地区处理场所要经常通风，每天全面消毒一次；低风险地区处理场所要经常通风，根据需要进行消毒。

### （三）如何理解入罪情形中新增加的“场所和物品”

“场所”是处于环境中。新冠病毒感染已经证实了环境传播人类的客观事实，国家卫健委官网发布的《新型冠状病毒肺炎诊疗方案（试行第八版）》明确，新冠肺炎在潜伏期即有传染性，发病后5天内传染性较强，接触病毒污染的物品也可造成感染。为此，美国传染病专家安东尼·福奇列出了一份新冠病毒感染最容易发生的场所的清单，清单中包括聚会的室内、酒吧、餐馆，甚至医院环境。司法实践中我们可以考虑的场所如教室、食堂、宿舍、会议室、办公室、多功能厅、商场、超市、客运场站、餐厅餐饮场所以及自动扶梯、厢式电梯、垃圾存放点、公共卫生间等。

对于“物品”的理解，“物”的概念在20世纪之前主要受到物理学发展的影响，在20世纪以来则更多受到社会观念、商业活动和科学技术等多方面的综合影响，我国物权法上的物权客体分为物和权利两大类，物是具有自然属性的物权客体，其范围具有开放性。[①]刑法中有关“物品”的表述有“没收犯罪物品”“淫秽物品”，这里的“物品”既包括有形的，也包括无形的，我们认为，对于该条入罪情形中的“物品”应当在刑法的体系解释中保持理解的一致，只要具有被传染病病原体污染的可能都应当纳入规制范畴，只是客观来看，有形物以及动产应当是主要的，因为“不动产”已经可以归入“场所”的范畴。

① 杨立新、王竹：《论物权法规定的物权客体中统一物的概念》，载《法学家》2008年第5期。

### （四）如何理解将“拒绝执行卫生防疫机构依照传染病防治法提出的预防、控制措施的”修改为“拒绝执行县级人民政府、疾病预防控制机构依照传染病防治法提出的预防、控制措施的”

根据《传染病防治法》第78条的规定，疾病预防控制机构指从事疾病预防控制活动的疾病预防控制中心以及与上述机构业务活动相同的单位。《传染病防治法》在明确各级疾病预防控制机构在预防、控制传染病工作中的职责之外，还明确医疗机构和其他医疗机构等在各自职责范围内的传染病防治工作职责。

对于各级疾病预防控制机构、医疗机构、城市社区和农村基层医疗机构、县级以上人民政府等依据《传染病防治法》或其他有关传染病防治的法律、行政法规、部门规章、地方性法规等规范性文件出台或采取的预防、控制措施，应当认定为符合《刑法》第330条第1款第5项规定。具体如《传染病防治法》第39条规定：“医疗机构发现甲类传染病时，应当及时采取下列措施：（一）对病人、病原携带者，予以隔离治疗，隔离期限根据医学检查结果确定；（二）对疑似病人，确诊前在指定场所单独隔离治疗；（三）对医疗机构内的病人、病原携带者、疑似病人的密切接触者，在指定场所进行医学观察和采取其他必要的预防措施。”第42条规定了紧急措施包括“（一）限制或者停止集市、影剧院演出或者其他人群聚集的活动；（二）停工、停业、停课；（三）封闭或者封存被传染病病原体污染的公共饮用水源、食品以及相关物品；（四）控制或者扑杀染疫野生动物、家畜家禽；（五）封闭可能造成传染病扩散的场所”。第43条规定了“封锁措施”，违反封锁措施主要是指市级以上政府下达封锁疫区命令后，行为人仍自由出入疫情严重地区的行为。根据以上《传染病防治法》中的义务性规范，有学者将妨害传染病防治罪“拒绝执行防控措施”定义为义务犯，并将实行行为具体分类为：违反医疗措施的行为；隐瞒流行病学史的行为；违反政府依据《传染病防治法》第42条采取的“紧急措施”的行为，例如，擅自开工、开业、开学、开市，拒不关闭影院、集市或其他聚集性公共场所或未捕杀染疫动物等导致传染病传播的行为，就可能构成妨害传染病防治罪；违反政府依据《传染病防治法》第43条采取的“封锁措施”的行为，比如在“湖北省嘉鱼县尹某某妨害传染病防治案”中，行为人在未诊断为新冠肺炎患者、病原携带者、疑似病人的情形下，拒不遵守武汉市政府下达的“封城”措施，多次自由出入涉疫地区，在武汉、嘉鱼两地自由往返，后确诊为新冠肺炎患者，并造成了病毒传播的严重后果。①。

除了《传染病防治法》明确的各级疾病预防控制机构、医疗机构、城市社区和农村基层医疗机构、县级以上人民政府之外，居（村）委会、社区、物业、保安等也参与疫情防控。对于这些主体提出的疫情防控措施，能否认定为《刑法》第330条第1款第5项规定？疫情防控往往需要全社会力量参与，《传染病防治法》规定了疫情报告、通报、公布和控制制度，医疗救治制度，监督管理以及保障措施等，但具体的执行依赖于居（村）委会、社区、物业、保安等，这些主体参与疫情防控时不太可能出台或者自主提出疫情预防、控制措施，其主要还是为配合落实当地疾病预防控制机构、政府相关部门出台的预防、控制措施，受当地疾病预防控制机构、政府相关部门指派或委托协助或参与开展疫情防控行为，如上门测量体温、对进出小区或商场的人员进行身份或健康状况核验等，因此，有观点认为所谓居（村）委会、社区、物业、保安提出的预防、控制措施，实际上是各级疾病预防控制机构、医疗机构、城市社区和农村基层医疗机构、县级以上人民政府等依据《传染病防治法》或其他有关传染病防治的法律、行政法规、部门规章、地方性法规等规范性文件出台或采取的预防、控制措施，这种情况下，只要居（村）委会、社区、物业、保安提出的预防、控制措施具有法律依据且在具体执行中无明显不当，也应认定为是《刑法》第330条第1款第5项规定的“依照传染病防治法提出的预防、控制措施”。②

此外，对于“拒绝执行”这一情形，最高人民法院、最高人民检察院、公安部、司法部于2020年2月6日联合发布了《关于依法惩治妨害新型冠状病毒感染肺炎疫情防控违法犯罪的意见》，针对“拒绝执行”明确规定了两类认定为以危险方法危害公共安全罪的情形：（1）已经确诊的新型冠

---

① 欧阳本祺：《妨害传染病防治罪客观要件的教义学分析》，载《东方法学》2020年第3期。
② 俞小海：《妨害传染病防治罪的刑法教义学分析》，载《法律适用》2020年第22期。

状病毒感染肺炎病人、病原携带者，拒绝隔离治疗或者隔离期未满擅自脱离隔离治疗，并进入公共场所或者公共交通工具的；（2）新型冠状病毒感染肺炎疑似病人拒绝隔离治疗或者隔离期未满擅自脱离隔离治疗，并进入公共场所或者公共交通工具，造成新型冠状病毒传播的。[①]对于上述两种情形，有学者认为只是推定构成以危险方法危害公共安全罪，但是，被告人有确实、充分的证据证明自己欠缺传播病毒的故意时，可以推翻该推定。[②]对此观点，笔者并不赞同“推定”的提法，但认同将“拒绝执行”认定为危害公共安全犯罪的谨慎态度。司法实践中不能将公共卫生安全与公共安全完全混淆，更不能动辄以我国《刑法》危害公共安全类罪中的“以危险方法危害公共安全罪”予以处罚。对于妨害传染病防治罪的“拒绝执行”，行为的危险由拒绝遵守、执行疫情防控措施的行为所引起，应将其区别于以危险方法危害公共安全罪中“故意传播病原体”所引起的对公共安全的危险。对后者中的危险，应理解为具体危险，而不是抽象危险，是行为造成的作为结果的危险状态，而不是行为本身的危险，对此应当坚持尊重客观实际，比如公共场所随时都可能会有人出入，但只要新冠肺炎病人所在期间场所确实空无一人，也不能认定其有传播的严重危险。此外也要重点审查行为人是否采取了特定防护措施，行为人的活动范围，行为人对别人询问、劝阻表现出的态度，导致被隔离观察者的人数及影响范围等因素，危险应具备传播病毒的现实性和急迫性，从而区别于单纯不配合疫情防控检查的行为。

## 四、以案说法

**【案例一】四川南充孙某某涉嫌妨害传染病防治案**[③]

2020年1月20日，湖北武汉市某医院从事护工工作的孙某某随妻子、儿

---

① 李文峰：《准确适用妨害传染病防治罪　依法严惩抗拒疫情防控措施犯罪》，载《检察日报》2020年2月12日第3版。

② 邓毅丞：《拒绝新冠病毒防控措施的行为定性》，载《法律适用》2020年第6期。

③ 《最高检发布10个典型案例，隔离时逃出医院的南充患者孙某某在列》，载上观网，https://web.shobserver.com/news/detail?id=209697，2021年1月15日访问。

子、儿媳和孙女驾车返回四川省南充市嘉陵区吉安镇。1月21日，孙某某在嘉陵区吉安镇3社吃坝坝席，其间接触多人。1月22日，孙某某出现发热咳嗽症状，其儿子开车送其到李渡医院就诊，后孙某某乘坐客车从李渡返回吉安老家，车上接触多人。1月23日上午，孙某某病情恶化，其子开车将其送至南充市中心医院嘉陵院区就诊，医生怀疑其疑似“新型冠状病毒感染者”，让其隔离治疗，孙某某不听劝阻悄悄逃离医院，并乘坐客车返回吉安镇，车上接触多人。1月23日14时许，工作人员将孙某某强制隔离治疗。其在被确诊和收治隔离后，仍隐瞒真实行程和活动轨迹，导致疾控部门无法及时开展防控工作，大量接触人员未找回。造成21人被隔离观察，吉安镇2、3、4社三个社区被隔离观察。孙某某的行为违反传染病防治法的规定，拒绝执行卫生防疫机构依照传染病防治法提出的防控措施，引起新型冠状病毒传播或者有传播严重危险，违反刑法第三百三十条的规定，以妨害传染病防治罪定罪处罚。

该案在办理过程中，对孙某某构成妨害传染病防治罪还是以危险方法危害公共安全罪曾经出现争议，最终考虑到从“对象”来说，本案中孙某某在病情恶化就诊时，被医生怀疑其疑似“新型冠状病毒感染者”，让其隔离治疗而并非按照规定诊断标准正式确认其为“疑似病人”，并没有结合流行病学史和临床表现综合分析从而得到医院的确认，所以，并不是医学标准上认可的疑似新型冠状病毒肺炎病人，不符合以危险方法危害公共安全罪的主体条件。从行为方式来说，孙某某虽然乘坐了公共交通工具，但是行为的目的不是故意在公共交通工具上传播或者扩散病毒，故孙某某的妨害防控措施行为不构成以危险方法危害公共安全罪，而只能认定为妨害传染病防治罪。同时在无法判断其对于乘坐交通工具可能造成病毒传播的严重危险是否存在故意心态的前提下，认为其对客观上已经造成的严重传播危险的结果持过失的主观心态并无不妥。据此，孙某某的行为符合妨害传染病防治罪的构成。

**【案例二】黎某妨害传染病防治罪**[①]

被告人黎某与家人长期在美国工作生活。2020年3月初，黎某出现发热、身体乏力等症状，多次到当地医院就诊未见好转。其间，黎某的同事被确诊为新型冠状病毒肺炎。3月11日（以下均为当地时间），黎某再次就医时，医院对其进行了新型冠状病毒核酸检测。在检测结果未出时，黎某决定回国治疗。后黎某及家人从美国波士顿乘飞机经洛杉矶中转，乘坐国航CA988号航班回国。为顺利登机，黎某在登机前服用退烧药降低体温，通过体温检测。登机后，在航班要求旅客主动申报发热等不适症状时，黎某未申报，未如实回答机组人员关于疫情防控的相关询问。3月13日，黎某及家人抵达北京首都机场。飞机降落前，黎某如实填写了《出/入境健康申明卡》并告知了机组人员自己的病情、就医情况等。3月13日，黎某及家人抵达北京首都机场，防疫部门当即将黎某送医治疗。黎某于当日被确诊为患新型冠状病毒肺炎，其密切接触者63人被采取隔离措施。被告人黎某后被查获。

公诉机关认为被告人黎某的行为构成妨害传染病防治罪，因具有到案后如实供述犯罪事实、认罪认罚的从宽情节，建议判处被告人黎某有期徒刑1年，可适用缓刑。经法院审理，认为被告人黎某违反传染病防治法的规定，乘坐我国航空器从境外回国时未遵守海关、民航部门提出的预防、控制措施，谎报瞒报病情、接触史，导致60余人被隔离观察，引起新型冠状病毒传播的严重危险，其行为已构成妨害传染病防治罪，应予惩处。值得注意的是，本案中黎某在飞机降落前主动坦白事实是否构成自首，对此，法院认为遵守疫情防控的相关规定、如实填写健康申明卡、配合防疫人员的工作是疫情防控这一特殊时期每位公民的应尽义务，黎某的相关行为不能体现其主动接受法律惩处的投案意愿、不属于自动投案，故不构成自首。对于疫情防控中措施，需要行为人的积极配合，行为人刻意隐瞒后的主动申报不能认定为自首。

---

① 北京市顺义区人民法院（2020）京0113刑初534号刑事判决书。

# 第八节　非法采集人类遗传资源、走私人类遗传资源材料罪的增设

**【新增条文】第三百三十四条之一**　违反国家有关规定，非法采集我国人类遗传资源或者非法运送、邮寄、携带我国人类遗传资源材料出境，危害公众健康或者社会公共利益，情节严重的，处三年以下有期徒刑、拘役或者管制，并处或者单处罚金；情节特别严重的，处三年以上七年以下有期徒刑，并处罚金。

## 一、立法主旨

本条是关于增设非法采集人类遗传资源、走私人类遗传资源材料罪的规定。为维护国家安全和生物安全，与《生物安全法》衔接，《刑法修正案（十一）》将违反国家有关规定，非法采集我国人类遗传资源或者非法运送、邮寄、携带我国人类遗传资源材料出境，危害公众健康或者社会公共利益，情节严重的行为规定为犯罪。

## 二、修改理由

21世纪是生物技术的时代，也是生物风险与生物安全并存的时代。生物安全问题已成为全世界、全人类面临的重大生存和发展威胁之一，也是我国面临的重大安全问题和挑战。[①]2020年2月，习近平总书记在主持召开中央全面深化改革委员会第十二次会议时强调："要从保护人民健康、保障国家安全、维护国家长治久安的高度，把生物安全纳入国家安全体系，系统规划国家生物安全风险防控和治理体系建设，全面提高国家生物安全治理能力。要

① 曹菲：《加强国家生物安全刑事法治保障》，载《民主与法制时报》2021年1月21日第6版。

尽快推动出台生物安全法，加快构建国家生物安全法律法规体系、制度保障体系。”[①]中央将生物安全纳入国家安全的战略高度，这将有助于形成维护国家生物安全的政策、路径，完善生物安全法治体系，全面提高国家生物安全治理能力。[②]

重视生物安全，在近年来存在着广泛的国际共识。一方面，许多国家纷纷确立生物安全相关战略，如美国政府于2018年发布《国家生物防御战略》，英国政府于2018年发布《英国生物安全战略》，日本政府于2019年发布《生物战略2019——面向国际共鸣的生物社区的形成》，俄罗斯联邦也正审议《俄罗斯生物安全法（草案）》；[③]另一方面，国际社会还通过了《日内瓦议定书》《生物多样性公约》《名古屋遗传资源议定书》等一系列国际公约，旨在搭建与生物安全有关的国际治理框架。

人类遗传资源作为生物安全的一个维度，具有重要的保护价值。人类遗传资源是国家战略资源，但国际上围绕人类遗传资源的获取和使用，还存在各类“明取暗夺”现象。据报道，美国系统搜集苏联地区传染病、菌株库以及俄公民生物样本，特别是美空军还试图搜集俄罗斯公民的滑膜组织和RNA样本；对2014—2016年非洲埃博拉疫情期间患者检测血液样品的流向情况调查也表明，这一领域西方国家的“血液外交”、生物剽窃现象大量存在。[④]我国虽然早在1998年就制定了《人类遗传资源管理暂行办法》，但其法律层级不够高、法律责任不健全、处罚条款不明确，人类遗传资源非法外流的情况也时有发生；[⑤]而在1997年《刑法》修订之时，由于科技发展水平相对较低、对人类遗传资源重要性的认识不够、相关前置法没有及

---

① 《习近平主持召开中央全面深化改革委员会第十二次会议强调：完善重大疫情防控体制机制 健全国家公共卫生应急管理体系》，载中国政府网，http://www.gov.cn/xinwen/2020-02/14/content_5478896.htm，2021年1月25日访问。

② 李文良：《把生物安全纳入国家安全体系意味着什么》，载人民网，http://theory.people.com.cn/n1/2020/0302/c40531-31611805.html，2021年1月25日访问。

③ 参见赵磊：《把生物安全纳入国家安全体系》，载《理论探索》2020年第4期。

④ 王小理、周冬生：《面向2035年的国际生物安全形势》，载《学习时报》2019年12月20日。

⑤ 《〈中华人民共和国人类遗传资源管理条例〉吹风会》，载科学技术部官方网站，http://www.most.gov.cn/xinwzx/xwzx/twzb/fbh19061201/index.htm，2021年1月25日访问。

时跟进等原因，显然更不可能将非法采集人类遗传资源、走私人类遗传资源材料的行为规定为犯罪。2019年与2020年，在生物安全问题越来越受到重视的背景下，《人类遗传资源管理条例》《生物安全法》相继出台，前置法的完备也为《刑法》设置非法采集人类遗传资源、走私人类遗传资源材料罪提供了契机。

从上述背景出发，关于《刑法修正案（十一）》规定非法采集人类遗传资源、走私人类遗传资源材料罪的理由，主要可以从以下两个方面加以理解。一方面，此类行为具有严重的社会危害性。人类遗传资源可以通过对个体生物特征的记录，扩展至对携带相同或相似人类遗传资源的群体（如民族、种族等）的描绘，故而具有极为重要的价值。其合理利用可能在临床诊疗、医药研发等多个场景下发挥益处，但在巨大商业利益诱惑下，不合理的采集、输送等行为可能导致公民健康权利和社会公共利益受到损害，甚至不能排除被其他国家或恐怖组织用于发动生物攻击、生物战争等风险。[①]另一方面，将此类行为入罪也有利于加强对前置法的保障。“尽管生物安全法是我国生物安全领域的里程碑式的立法创新，但若无刑法规范作为法律实施的强力保障，生物安全法将在很大程度上失去应有的威慑力。”[②]在《生物安全法》制定之时，考虑到为相关违法行为配置刑事责任的必要性，同时兼顾我国并无实质性的附属刑法的现实情况，《生物安全法》仅在第82条做了一般性的规定：“违反本法规定，构成犯罪的，依法追究刑事责任”，并未设立独立的罪刑规范。在此情况下，哪些行为属于《生物安全法》所说的违反“本法”并构成犯罪的行为，因《刑法》规范的缺失而指向不明。《刑法修正案（十一）》将包括非法采集人类遗传资源、走私人类遗传资源材料在内的相关危害生物安全行为入刑，可谓是弥补了这一笔“欠账”。

## 三、条文释义

非法采集人类遗传资源、走私人类遗传资源材料罪，是指非法采集我国

---

① 参见魏健馨、熊文钊：《人类遗传资源的公法保护》，载《法学论坛》2020年第6期。

② 吴小帅：《论刑法与生物安全法的规范衔接》，载《法学》2020年第12期。

人类遗传资源或者非法运送、邮寄、携带我国人类遗传资源材料出境，危害公众健康或者社会公共利益，情节严重的行为。

本罪的犯罪客体是人类遗传资源管理秩序。我国具有极其丰富的民族遗传资源、家系遗传资源和典型疾病遗传资源，是人类遗传资源最丰富的国家。随着生物技术研究的快速发展，我国年均产生20PB以上生物信息大数据（相当于660万人的基因组合数据）。[①]对人类遗传资源进行合理有效的管理，在帮助认识生命规律、研究疾病诊疗、开展新药研发、促进国民健康等方面具有重要意义；而失序的管理，则可能危害民众健康、公共利益甚至是国家安全，可见维持良好人类遗传资源管理秩序的重要性。《刑法修正案（十一）》将本罪置于妨害社会管理秩序罪一章、危害公共安全罪一节，即体现了立法者对本罪客体是国家人类遗传资源管理秩序的这一认识。或许会有观点认为，既然人类遗传资源管理与生物安全息息相关，而生物安全又是国家安全体系的组成部分，能否将本罪的犯罪客体理解为公共安全甚至是国家安全呢？我们认为，对人类遗传资源的滥用的确有可能威胁公共安全甚至是国家安全，但非法采集人类遗传资源、走私人类遗传资源材料的行为对人类遗传资源管理秩序的侵害是直接的、必然的，对公共安全甚至是国家安全的侵害则是间接的、少见的。如果将后者作为本罪犯罪客体，容易导致实践中大量非法采集人类遗传资源、走私人类遗传资源材料的行为无法得到处理，且在实施非法采集人类遗传资源、走私人类遗传资源材料行为后又另行利用人类遗传资源实施危害国家安全、危害公共安全行为的，完全可以在国内刑法和国际刑法框架下另行评价，因而将本罪犯罪客体理解为国家对人类遗传资源的管理秩序是合理的。

本罪在客观上表现为实施了违反国家有关规定，非法采集我国人类遗传资源或者非法运送、邮寄、携带我国人类遗传资源材料出境，危害公众健康或者社会公共利益，情节严重的行为。

首先，关于"违反国家有关规定"。《刑法》第96条对"违反国家规定"的含义作出解释，即："本法所称违反国家规定，是指违反全国人民代表大

① 李萍萍、潘子奇：《我国人类遗传资源保护与利用的现状分析》，载《中国新药杂志》2018年第27卷第23期。

会及其常务委员会制定的法律和决定，国务院制定的行政法规、规定的行政措施、发布的决定和命令。”以该条规定为根据，属于“国家规定”的规范性文件的立法主体为全国人大及其常委会、国务院；中央各部委制定的规章、发布的命令、决定等均不属于“国家规定”。[①]由此涉及，在总则中加以明确，并在分则中广泛运用的“违反国家规定”，与本罪中所表述的“违反国家有关规定”，是否系同义语？我们认为，“违反国家有关规定”在外延上较“违反国家规定”更大，理由在于：一方面，在总则中已经明确“违反国家规定”一语含义的情况下，立法者在制定本罪时有意识地弃用“违反国家规定”这一表述而选择“违反国家有关规定”这一表述，不宜认为二者系同义语。另一方面，此前《刑法》仅在侵犯公民个人信息罪中采“违反国家有关规定”这一表述，而《最高人民法院、最高人民检察院关于办理侵犯公民个人信息刑事案件适用法律若干问题的解释》规定，违反法律、行政法规、部门规章有关公民个人信息保护的规定的，应当认定为“违反国家有关规定”，其外延显然较“违反国家规定”有所扩充。因此，本罪中的“违反国家有关规定”，宜理解为违反法律、行政法规、部门规章中关于人类遗传资源的相关规定。

其次，关于“非法采集我国人类遗传资源或者非法运送、邮寄、携带我国人类遗传资源材料出境，危害公众健康或者社会公共利益，情节严重”。（1）根据《生物安全法》《人类遗传资源管理条例》，人类遗传资源包括人类遗传资源材料和人类遗传资源信息。人类遗传资源材料是指含有人体基因组、基因等遗传物质的器官、组织、细胞等遗传材料；人类遗传资源信息是指利用人类遗传资源材料产生的数据等信息资料。（2）就“非法采集我国人类遗传资源”而言，其行为对象包含人类遗传资源材料与人类遗传资源信息。《生物安全法》《人类遗传资源管理条例》对人类遗传资源的采集作出了详细规定，违反规定采集人类遗传资源的，即属“非法采集”。（3）就“非法运送、邮寄、携带我国人类遗传资源材料出境”而言，《刑法》将非法运送、邮寄、携带出境的对象限定为“人类遗传资源材料”，此处既可以是合法采集的人类遗传资源材料，也可以是非法采集的人类遗传资源材料。非法采集人类遗

① 时延安：《对非法经营罪罪状的限缩解释》，载《中国检察官》2011年第4期。

传资源材料后又非法运送、邮寄、携带该被采集的人类遗传资源材料出境的，仅认定为本罪一罪。（4）成立本罪需达到“危害公众健康或者社会公共利益，情节严重”的程度。对此宜适时出台相关司法解释，以促进这一领域的行刑衔接。

最后，值得进一步讨论的是提供或开放使用人类遗传资源信息的情形。《刑法修正案（十一）（草案）》对本条的规定原本包括三项，即：“（一）非法采集国家人类遗传资源；（二）非法运送、邮寄、携带国家人类遗传资源材料出境；（三）未经安全审查，将国家人类遗传资源信息向境外组织、个人及其设立或实际控制的机构提供或者开放使用。”可见，未经安全审查向境外提供或开放使用遗传资源信息的行为，原本被单独作为非法采集人类遗传资源、走私人类遗传资源材料罪中的一种行为类型，但在《刑法修正案（十一）》中最终被删除了。究其原因，主要可能包含以下两个方面：一是，在网络时代，只要在境内公开遗传资源信息，便很容易被境外组织、个人使用，但并不符合上述第3项的规定，由此可能造成处罚漏洞。[①]然而，如果将第3项扩充为“未经安全审查，向他人提供或者公开国家人类遗传资源信息”，则存在处罚范围过大、与该条第2项规定不相协调、抑制科学研究等潜在弊端。两相权衡，立法者最终将第3项予以删除。二是，根据《人类遗传资源管理条例》，对向外方单位提供或开放使用人类遗传资源信息的采备案制，对人类遗传资源材料出境的则采审批制，可见，前置法对人类遗传资源信息与人类遗传资源材料出境的规制力度本身便是存在差异的。据此，对于非法采集人类遗传资源信息的，无论是否向境外提供或开放使用，都显然可以被评价为属于本罪的行为类型之一；而对于合法采集但非法公开、非法提供人类遗传资源信息的，如通过网络非法公开合法采集的信息，严格来说难以被评价为成立本罪。当然，如果类似行为确实严重危害公众健康或者社会公共利益，与非法运送、邮寄、携带国家人类遗传资源材料出境在社会危害性上具有同质性，能否将这种非法公开、非法提供行为理解为本条中的“运输”“邮寄”，并对“人类遗传资源材料”做不同于前置法的扩大解释，还有

---

① 参见张明楷：《增设新罪的原则——对〈刑法修正案十一（草案）〉的修改意见》，载《政法论丛》2020年第6期。

进一步讨论的空间。

本罪的犯罪主体是一般主体，即任何年满16周岁、具有刑事责任能力的公民均可成立本罪。本罪的主观方面系故意。

关于本罪的处罚，《刑法》第334条之一规定："违反国家有关规定，非法采集我国人类遗传资源或者非法运送、邮寄、携带我国人类遗传资源材料出境，危害公众健康或者社会公共利益，情节严重的，处三年以下有期徒刑、拘役或者管制，并处或者单处罚金；情节特别严重的，处三年以上七年以下有期徒刑，并处罚金。"

## 四、以案说法

**【案例】苏州药明康德公司受科技部人类遗传资源行政处罚案**①

2018年，科技部官方网站更新若干涉人类遗传资源的行政处罚决定书。其中，因苏州药明康德公司未经许可将5,165份人类遗传资源（人血清）作为犬血浆违规出境，科技部决定对苏州药明康德公司进行警告；没收并销毁该项目中人类遗传资源材料；自决定书送达之日起，科技部暂停受理苏州药明康德公司涉及我国人类遗传资源的国际合作和出境活动的申请，整改验收合格后，再予以恢复。

本案中，尽管行政处罚决定书并未详细载明5,165份人类遗传资源具体的出境方式，但若其行为可被评价为"非法运送、邮寄、携带我国人类遗传资源材料出境"，且达到"危害公众健康或者社会公共利益，情节严重"的程度，则类似行为在《刑法修正案（十一）》出台以后可被认定为非法采集人类遗传资源、走私人类遗传资源材料罪。当然，从科技部对该案仅给予警告这一点来看，难以认为该案中的行为符合本罪罪量要素的要求。另外，由于单位并非本罪的适格主体，因此对于类似行为，应以自然人犯罪或自然人共同犯罪处理。

---

① 国科罚〔2016〕1号行政处罚决定书。

## 第九节　非法植入基因编辑、克隆胚胎罪的增设

**【新增条文】第三百三十六条之一**　将基因编辑、克隆的人类胚胎植入人体或者动物体内，或者将基因编辑、克隆的动物胚胎植入人体内，情节严重的，处三年以下有期徒刑或者拘役，并处罚金；情节特别严重的，处三年以上七年以下有期徒刑，并处罚金。

### 一、立法主旨

本条是关于增设非法植入基因编辑、克隆胚胎罪的规定。结合新近发生的社会热点事件，考虑到非法从事人体基因编辑、克隆胚胎等行为的社会危害性，《刑法修正案（十一）》将两类行为规定为犯罪，即：将基因编辑、克隆的人类胚胎植入人体或者动物体内，情节严重的，或者将基因编辑、克隆的动物胚胎植入人体内，情节严重的。

### 二、修改理由

本罪的增设理由主要包括三个方面：（1）非法植入基因编辑、克隆胚胎行为具有严重的社会危害性；（2）既有规范对此类行为存在供给不足的现象；（3）将类似行为入罪存在广泛的比较法上的参考。

#### （一）对社会危害性的判断：技术风险还是伦理风险

本罪涉及两种技术类型，即针对胚胎的基因编辑（生殖系基因编辑）与克隆；涉及三种行为类型，即将人类胚胎植入人体、将人类胚胎植入动物体内、将动物胚胎植入人体。对于这两种技术类型、三种行为类型项下的社会危害性，整体来看存在两种可能的论证进路，即基于技术风险的进路和基于伦理风险的进路。

在这两种技术类型、三种行为类型共同组成的六种情形下，有五种情形

的社会危害性是比较容易理解的。对于跨物种的四种植入行为，如将基因编辑、克隆的人类胚胎植入动物体内，将基因编辑、克隆的动物胚胎植入人体内，其犯罪化显然主要是基于伦理风险。对于将克隆的人类胚胎植入人体的行为，则是兼具伦理风险与技术风险。[①]问题在于，对将经基因编辑的人类胚胎植入人体这种生殖系基因编辑行为来说，其社会危害性主要是源于其技术风险、伦理风险还是二者兼具？我们认为，此种行为的社会危害性主要是源于其技术风险。

**1. 伦理风险论证进路之否定**

一种观点可能认为，生殖系基因编辑行为的社会危害性表现为其具有较大的伦理风险。如有学者担忧，生殖性应用将引发自主决定、隐私与保密、代际正义等问题；人的基因特性被人工刻意改造，是将“天择”改为“人择”；可能引发基因歧视、分裂和不平等问题，并在基因增强[②]背景下表现得极为明显。[③]又如有学者指出，基因编辑使得“人的生命变成一对可以任意被修饰、删改的基因组，科技发展以过去无法想象的形式对人类尊严构成威胁”，“在增强型基因编辑中，父母选择的强自主性会消解或者说会最终吞噬对生命的自我理解和后代的尊严”。[④]再如有学者认为，基因编辑使得父母有权替孩子做出决定，而这种决定附加潜在的、不确定的伤害；基因编辑可能带来如个人隐私保护等社会和立法难题；滥用人体生殖细胞基因编辑技术可能加剧社会阶级分化和不平等；可能被人以生物武器的方

---

① 关于克隆人技术，质疑主要集中于技术风险、对个人独特性的侵害、对自治权的侵害、导致物化与工具化、破坏血统与家庭关系、导致优生学。See John A. Robertson, Liberty, Identity, and Human Cloning, 76 Tex. L. Rev. 1371, 1410–1432 (1998). 我国学者也认为，克隆人技术会破坏人的主体性与目的性、影响人的个别性、侵犯或威胁女权、威胁克隆人的生命权（成活率低、寿命短、易带缺陷）。参见韩大元：《论克隆人技术的宪法界限》，载《学习与探索》2008年第2期；刘建利：《尖端医疗行为的刑法挑战及应对》，载《法学论坛》2019年第6期。

② 即不是通过基因编辑实现治疗疾病的目标，而是通过基因编辑对胎儿进行专门“设计”，以增强、完善其外貌、智力、体力、性格等。

③ 参见王康：《人类基因编辑多维风险的法律规制》，载《求索》2017年第11期。

④ 参见吴梓源：《从个体走向共同体：当代基因权利立法模式的转型》，载《法制与社会发展》2021年第1期。

式加以利用。[①]另有学者顾虑，基因编辑会因干预人的身体、生命而侵犯人的主体地位；基因增强容易导致人类失去训练、学习或工作挑战，失去自我认识和演化发展的核心，失去作为人类的本质；基因编辑容易使基因技术从消极优生学转向改良主义的遗传策略；基因编辑可能带来严重的人与人之间的不平等；经基因筛选，含致病基因片段的胚胎可能被丢弃，践踏被遗弃胚胎的权利；侵犯人类个体自我决定权和主体地位。[②]将上述论据归结起来，其担忧主要包括：（1）在人的尊严层面，人的生命变成可被任意修饰、删改的基因组，且基因增强技术可能导致人类失去训练、学习或工作挑战；（2）在人的主体性层面，无论是以技术干预人的身体、生命，还是由父母决定对胚胎的处理并侵蚀后代的自我决定权，都存在将人作为工具的嫌疑；（3）在社会层面，基因编辑容易沦为富人的专利，甚至被广泛用于基因增强，引发平等问题；（4）在其他“副作用”层面，基因编辑还存在滥用于基因增强，造成基因歧视、涉及隐私与保密问题，甚至被用于生物战争等方面。

我们认为，基于“伦理风险”论证生殖系基因编辑行为入刑的缘由，其说服力是相对较弱的。

就人的尊严而言，首先，从概念自身来看，“尊严”本身就是一个相对缥缈的概念，但如果认同人的基础性尊严包括能够健康地生活、疾病能够得到治愈、减少因患病引发的痛苦，则人的尊严反而可以作为证成开展基因编辑活动的论据。其次，从论证逻辑来看，或许是因为“人的尊严”这一概念具有不确定性，论者对基因编辑行为侵害人的尊严的论证也基本均是“浅尝辄止”。比如基因编辑会导致“人的生命变成可被任意修饰、删改的基因组”这一论断，显然是无视了基因编辑技术临床应用的审查要求，如美国国家科学研究院与医学研究院发布的报告即对可遗传基因编辑临床适用的条件作了极为严苛的设计，并不存在“可被任意修饰、删改”一

---

① 参见杨建军、李姝卉：《CRISPR/Cas9人体基因编辑技术运用的法律规制——以基因编辑婴儿事件为例》，载《河北法学》2019年第9期。

② 参见徐娟：《基因编辑婴儿技术的社会风险及其法律规制》，载《山东大学学报（哲学社会科学版）》2020年第2期。

说。[①]最后，就基因增强技术这一点来说，一方面，允许临床性基因编辑并不意味着允许基因增强，当前科学界的共识是应将基因编辑的应用严格限定于医疗领域；另一方面，基因增强未必会导致人类失去挑战，进而失去上进的动力，因为在无法确定人类进步的“天花板”的情况下，仅因初始站立位置的提升便认为与“天花板”间的距离归于消灭，这是一种不负责任的假设。

就人的主体性而言，一方面，以技术干预人的生命、身体，并非当然导致人主体性的消灭。在此需要考量技术干预的目标，若技术干预是为了克服病痛的折磨，反而有助于服务人主体性的实现。另一方面，父母决定对胚胎的处理，也并非当然导致人主体性的消灭。第一，既然对于知能水平较低的未成年人，父母对孩子的“代理”也广泛存在且并无“工具化”的质疑，那么对于毫无知能水平的胚胎，父母的干预也显然不意味着主体性的消失。第二，在既有的设计下，基因编辑仅能运用于遗传疾病治疗领域而不能用于基因增强，因而父母关于进行基因编辑的决定是有利于胚胎成人后的利益的。参考刑法上的推定的承诺、民法上的无因管理、医事领域家属同意和医生紧急情况下的医疗行为等制度安排，实施符合他人利益的行为的，应予准许且难言是对自我决定权的侵犯。第三，有论者认为，父母同意对胚胎进行基因编辑将导致人主体性丧失的原因在于这种决定附加潜在的、不确定的伤害，显然，这事实上并非伦理风险，而是技术风险。

就社会层面的担忧而言：（1）关于沦为富人的专利。应当认识到，不平等问题在医疗领域广泛存在。比如对于高度技术依赖的手术、疗效极佳的药物等，其价格往往高昂，但显然不能因此以“富人的专利”为名弃用这些手

---

① 美国国家科学研究院与医学研究院发布的报告指出，可遗传基因编辑仅能在满足以下条件的情况下允许临床适用：缺乏其他可行治疗办法；仅限于预防某种严重疾病或境况；仅限于编辑已经被证实会致病或极易致病的基因；仅限于编辑该基因为人口中普遍存在，而且与平常健康相关、无副作用的状态；关于风险与可能的健康好处的临床前数据和临床数据具有可信性；在临床使用期间对受试者健康与安全具有持续且严格的监管；有全面的、尊重个人自治权的长期多代随访计划；与病人隐私权相一致的最大限度的透明度；在公众的广泛参与和介入下，需对健康和社会方面的利益与风险进行持续的再评估；以可靠的监管机制防范重大疾病或境况外的滥用。See National Academy of Science, National Academy of Medicine, Human Genome Editing: Science, Ethics, and Governance, the National Academies Press 2017, p.6.

术、药物，而应通过促进技术发展、推动行业竞争、加强宏观调控、纳入全民医保等方式，尽可能缓解其为小部分人所垄断的问题。仅因某种行为可能给社会带来潜在弊端，就放弃对特定人的疾病治疗的想法，才是对救助对象真正的“工具化”。（2）关于广泛用于基因增强并可能引发平等问题。如前所述，胚胎基因编辑即使得以运用，其作用场域在目前的制度安排下也是十分局限的，即仅能用于医疗。而且，从立法技术的角度讲，立法者防范的重点往往会在规范文本中得以体现。如果立法者对胚胎基因编辑的隐忧在于技术被滥用于基因增强这种伦理风险，那么在设计罪状时，我们便应采取如“出于消除或减轻严重缺陷和疾病以外的目的编辑人类基因的……”这种立法表述，而非“一刀切”地规定为只要将基因编辑的人类胚胎植入人体内，情节严重的，即成立犯罪。

就其他可能的“副作用”而言，无论是造成歧视，还是涉及隐私与保密问题，在日常生活中广泛存在，如基于遗传疾病前往医院就诊，同样面临歧视、隐私与保密问题，但既有制度均可对此作出较好安排，甚至将其中严重的行为认定为犯罪，故而无法解释《刑法》第336条为何对生殖系基因编辑采取“一刀切”的限制性规定。从这个意义上讲，以忌惮某种技术会被用于生物战争为由，便以最严苛的法律对其作出完全限制性的规定，也是不具说服力的。

除上述理由外，伦理风险还有一可能的“潜藏之处”，即科学实验总有从动物到人体的过程，而最初的受试者则存在被工具化的嫌疑，由此涉及伦理风险，即将受试者个人作为为大众谋求福利的工具。但是：（1）根据《赫尔辛基宣言》，涉及人体对象的医学研究必须在受试者知情同意的情况下才能进行，必须促进和确保对人类受试者的尊重，并保护他们的健康和权利。在受试者同意的情况下，加之对涉及人体对象的医学研究的严格限制，“工具”的属性被极大淡化，甚至消弭了。（2）对受试者而言，实验的过程事实上也是对其加以救治的过程，因而不可否认实验行为同时具有将受试者作为“目的”的一面。（3）上述论证可被运用于任何新医疗技术的场景下，但如此导致的结果是医疗技术再无进步之可能，因为动物实验几乎无法给技术的有效性和安全性带来百分之百的确证，因而任何技术的最初受试者都会被认为是“工具”，如首位接种新疫苗的人，首位接受骨髓移植、心脏移植的病患等。（4）既然技术必须进步、受试者的疾病需要治愈、受试者对实验知情同意、《赫尔辛基宣言》等对实验的条件作了严格限定，那么，能否将某项技术运用于人体，就不再是一个伦理风险问题，而是一个技术风险问题，即当技术风险被认识和控制到何种程度时，人体实验是可以启动、可以接受的。

综合上述分析，结合基因编辑技术所应运用的具体场域以及《刑法》第336条的具体规定，生殖系基因编辑行为的社会危害性并非主要基于其项下的伦理风险。

**2. 技术风险论证进路之肯定**

需要明确的前提是，“技术风险的存在”不能用于证明“技术风险具有应当入刑的社会危害性”；技术风险必须达到一定程度，刑法的介入才有其正当性。德国著名社会学家乌尔里希·贝克断言：现代性正从古典工业社会的轮廓中脱颖而出，正在形成一种崭新的形式——“风险社会”。[①]风险的广泛性和兼具利弊的特点决定了，不能仅因风险存在，就用尽全力抵制风险。在风险社会，一个重要的命题是“可接受水平”，即通过对可接受水平的设定，一方面避免最坏情况的发生，另一方面允许对自然和人类一定程度的毒害。以环境污染为例，我们往往会允许毒物的排放，并且仅仅在那个限定的程度上视其为合法。“这里人们不再去关心伦理的问题，而是关心社会生活最低限度的规则——不相互毒害——能在多大程度上被违反。它最终归结为这样的问题：毒害能在多长的时间里不被称作毒害，什么时候它开始被称作毒害。”[②]由此，就社会危害性判断而言，关键不在于生殖系基因编辑中技术风险的有无，而在于其中技术风险的大小。

关于一项新兴技术的风险大小，总体可以从以下几个方面加以评估：（1）已知的技术风险，如果已知的技术风险足够大，则刑法干预的必要性也随之明显增加；（2）可能的未知技术风险，如果人类在某一技术领域尚十分“无知”，刑法的干预也是存在合理性的；（3）风险的影响范围，如果风险的影响范围足够广，则刑法的介入是正当的；（4）“冒险”所能得到的

① ［德］乌尔里希·贝克：《风险社会》，何博闻译，译林出版社2004年版，第2页。

② ［德］乌尔里希·贝克：《风险社会》，何博闻译，译林出版社2004年版，第75—77页。

收益。

首先，从已知的技术风险看，胚胎基因编辑的核心问题在于“脱靶”。CRISPR/Cas9系统对错误的容忍度比较高，即使向导RNA序列和目标基因组DNA序列并不是完美配对，存在一个或几个碱基配对的差错，Cas9蛋白也仍然有可能启动DNA剪切程序。[①]因此，必须确定CRISPR/Cas9系统并没有不受控制地切割其他序列，而是忠实地切割其预期的基因组靶标，避免使其对于临床使用而言是不安全的，而这一点目前并未得到解决。[②]从实践的角度看，2015年，中山大学黄军副教授团队发表全世界第一篇关于人类胚胎基因编辑的研究成果。实验中，该团队利用CRISPR/Cas9基因编辑技术编辑血红蛋白β-珠蛋白的基因以克服地中海贫血遗传病，结果大量出现脱靶效应，成功率仅约30%，而要对正常的胚胎进行编辑和修改，成功率必须接近100%。[③]与此相似，广州医科大学附属第三医院范勇博士团队的实验结果也显示，在26个被编辑的胚胎中，仅4个被成功编辑。[④]其次，从可能的未知技术风险看，一方面，在技术运用过程层面，CRISPER/Cas9技术运用依赖于基因组双链DNA断裂（DSB），而当DSB被识别时会触发肿瘤抑制蛋白p53的反应，因此CRISPR/Cas9在缺乏p53的细胞中效果最好，但肿瘤发生的概率也随之升高，尽管暂无证据表明基因编辑技术会导致肿瘤发生。[⑤]所以，技术运用过程中可能会产生尚无法确定，甚至尚没有发现的风险。另一方面，在技术运用结果层面，部分变异基因既可能

① 王立铭：《上帝的手术刀：基因编辑简史》，浙江人民出版社2017年版，第190—191页。

② See Nuffield Council on Bioethics, Genome Editing and Human Reproduction, p.36, available at https://www.nuffieldbioethics.org/publications/genome-editing-and-human-reproduction, last visit on January 27, 2021.

③ 张田勘：《生命不美好，可否通过基因编辑修改》，载人民网，http://opinion.people.com.cn/n/2015/0502/c1003-26936858.html，2021年1月28日访问；贺梓秋：《中山大学学者修改人类胚胎基因引争议，校方：正常学术争论》，载澎湃网，https://www.thepaper.cn/newsDetail_forward_1326381，2021年1月28日访问。

④ 严俊伟：《26个人类胚胎4个被成功编辑》，载《深圳特区报》2016年4月13日。

⑤ See Nuffield Council on Bioethics, Genome Editing and Human Reproduction, p.36, available at https://www.nuffieldbioethics.org/publications/genome-editing-and-human-reproduction, last visit on January 27, 2021.

致病，也可能对人体有益，如CFTR变异基因既可能导致非常严重且至今无药可治的单基因遗传病“囊肿性纤维化”，也可能获得对霍乱、痢疾、肺结核的抵抗力；HBS变异基因既可能导致镰刀形红细胞贫血症，也可能获得对疟疾的抵抗力。[①]人类对基因的了解仍处于初级阶段，对于基因的功能及其相互作用还缺乏足够的了解，在对基因编辑结果的风险认识上存在一定的“无知”，且有时负面结果需要经过几十年甚至几代才会显现。再次，从风险的影响范围看，在生殖系基因编辑中，负面的变化将被代际传递，并存在影响人类基因库的风险。[②]“人类的遗传基因一旦被改变，将对人类长久以来所形成的基因库形成污染，这种污染将随着代际传承而一代一代地进一步改变人类的基因，其所具有的风险将很难在短时间内消除。”[③]最后，从“冒险”所能得到的收益看，到目前为止，尚不确定同源重组修复（HDR）机制下能够产生足够高频率的目标基因组变化，以有效用于临床。[④]

综合上述分析，生殖系基因编辑行为目前仍伴有相当大的技术风险，既不满足《赫尔辛基宣言》所规定的可用于人体实验的标准，[⑤]更不应临床推广，由此使得生殖系基因编辑行为具有严重的社会危害性。正因如此，《刑法修正案（十一）》将其规定为犯罪。

---

① 参见王立铭：《上帝的手术刀：基因编辑简史》，浙江人民出版社2017年版，第63—64页。

② See Rumiana Yotova, Regulating Genome Editing Under International Human Rights Law, 69 Int'l & Comp. L.Q. 653, 655-656 (2020).

③ 焦艳鹏：《总体国家安全观下的生物安全刑法治理》，载《学术前沿》2020年第20期。

④ See Nuffield Council on Bioethics, Genome Editing and Human Reproduction, p.36, available at https://www.nuffieldbioethics.org/publications/genome-editing-and-human-reproduction, last visit on January 27, 2021.

⑤ 如《赫尔辛基宣言》规定：“所有涉及人类受试者的医学研究开始前，都必须仔细评估对参与研究的个体和群体带来的可预测的风险和负担，并将其与给受试者以及受所研究疾病影响的其他个体和社区带来的可预见受益进行比较。研究人员必须实施最大限度减小风险的措施，持续监测、评估、记录风险。”“除非医生确信参与研究的风险已得到充分评估且能得到满意处理，医生不可进行涉及人类受试者的研究。当医生发现风险超过了潜在的受益，或已经得到明确结果的结论性证据时，医生必须评估是否需要继续、修改，或立即停止研究。”

### （二）既有规范的供给不足：基于贺某奎“基因编辑婴儿案”的反思

此前我国发生的“基因编辑婴儿案”，极大程度地推动了本罪的增设。2016年至2018年间，南方科技大学原副教授贺某奎得知人类胚胎基因编辑技术可获得商业利益，即与广东省某医疗机构张某礼、深圳市某医疗机构覃某洲共谋，在明知违反国家有关规定和医学伦理的情况下，仍以通过编辑人类胚胎CCR5基因可以生育免疫艾滋病的婴儿为名，将安全性、有效性未经严格验证的人类胚胎基因编辑技术用于辅助生殖医疗。贺某奎等人伪造伦理审查材料，招募男方为艾滋病病毒感染者的多对夫妇实施基因编辑及辅助生殖，以冒名顶替、隐瞒真相的方式，由不知情的医生将基因编辑过的胚胎通过辅助生殖技术移植入人体内，致使2人怀孕，先后生下3名基因编辑婴儿。[①]该案一经发生即在全世界范围内引发广泛关注：域外相关领域科学家“一边倒”地对该行为表达谴责，理由主要包括从技术风险来看，基因编辑本身尚存较大不确定性；从必要性上看，艾滋病控制不必经由基因编辑实现；从潜在影响上看，这一行为可能为基因编辑者带来不可预知的影响并被代际传递，是对基因编辑婴儿及其后代和家人严重不负责任的表现；从医学伦理上看，为获得知识或赢得噱头便贸然开展人体实验是不可接受的；等等。[②]而且，该实验缺乏透明度与监管，缺乏持续的再评估，缺乏长期的随访计划，也一定程度地违背了知情同意原则。[③]在国内，科学技术部、中国科学技术协会对基因编辑婴儿行为表达明确反对，[④]

---

① 《“基因编辑婴儿案”贺某奎因非法行医罪被判3年》，载最高人民法院官方网站，http://www.court.gov.cn/zixun-xiangqing-213381.html，2021年1月27日访问。

② See Expert Reaction to Reports of the First Genome Edited Babies, Science Media Centre, available at https://www.sciencemediacentre.org/expert-reaction-to-reports-of-the-first-genome-edited-baby/, last visit on January 27, 2021.

③ See George J. Annas, Genome Editing 2020: Ethics and Human Rights in Germline Editing in Humans and Gene Drives in Mosquitoes, 46 Am. J. Law Med. 143, 145 (2020).

④ 参见《科学技术部关于对“基因编辑婴儿事件”调查结果的回应》，载科学技术部官方网站，http://www.most.gov.cn/kjbgz/201901/t20190121_144856.htm，2021年1月27日访问；《中国科协负责人回应“基因编辑婴儿”事件》，载中国科学技术协会官方网站，https://www.cast.org.cn/art/2018/11/29/art_79_80516.html，2021年1月27日访问。

122名中国科学家也联名从技术本身的风险性、影响的不确定性等方面对这一行为表示强烈谴责。[①]2018年11月27日，广东省、深圳市成立联合调查组对该案展开全面调查，并在初步查明相关事实后就涉嫌犯罪的情形移交公安机关处理。[②]2019年12月，“基因编辑婴儿案”最终在深圳市南山区人民法院一审公开宣判。法院认为，贺某奎等3名被告人未取得医生执业资格，追名逐利，故意违反国家有关科研和医疗管理规定，逾越科研和医学伦理道德底线，贸然将基因编辑技术应用于人类辅助生殖医疗，扰乱医疗管理秩序，情节严重，其行为已构成非法行医罪。[③]

在此，我们不妨对该案判决做进一步审视。从罪刑法定的基本立场出发，根据《刑法》第336条的规定，非法行医罪是指“未取得医生执业资格的人非法行医，情节严重的”行为，故贺某奎等人的行为是否满足非法行医罪的成立要件，需主要经由三方面审查：（1）三名被告人是否系未取得医生执业资格的人；（2）能否将三名被告人的行为评价为非法行医行为；（3）三名被告人所实施的行为是否达到了情节严重的程度。对此，首先，我们显然可以对第一点作

---

① 联名信称：“这项所谓研究的生物医学伦理审查形同虚设。直接进行人体实验，只能用疯狂形容。CRISPR基因编辑技术的脱靶问题不解决，直接进行人胚胎改造并试图产生婴儿的任何尝试都存在巨大风险。此项技术早就可以做，没有任何创新，但是全球的生物医学科学家们不去做、不敢做，就是因为脱靶的不确定性、其他巨大风险以及更重要的伦理。这些不确定性的可遗传的遗传物质改造，一旦作出活人就不可避免地会混入人类的基因池，将会带来什么样的影响，没有人能预知。确实不排除可能性此次生出来的孩子一段时间内基本健康，但是程序不正义和将来继续执行带来的对人类群体的潜在风险和危害是不可估量的。与此同时这对于中国生物医学研究领域在全球的声誉和发展都是巨大的打击，对中国绝大多数勤勤恳恳科研创新又坚守科学家道德底线的学者们是极为不公平的。国家一定要迅速立法严格监管，潘多拉魔盒已经打开，我们可能还有一线机会在不可挽回前，关上它。对于在现阶段不经严格伦理和安全性审查，贸然做可遗传的人体胚胎基因编辑的任何尝试，我作为一名生物医学科研工作者，坚决反对！！！强烈谴责！！！”参见《122位科学家发联合声明：强烈谴责首例免疫艾滋病基因编辑》，载观察者网，https://www.guancha.cn/industry-science/2018_11_26_481120.shtml，2021年1月27日访问。

② 参见《省、深圳市成立联合调查组 全面调查“深圳基因编辑婴儿事件”》，载广东省卫生健康委员会官方网站，http://wsjkw.gd.gov.cn/zwyw_gzdt/content/post_2171865.html，2021年1月27日访问；《广东初步查明“基因编辑婴儿事件”》，载广东省卫生健康委员会官方网站，http://wsjkw.gd.gov.cn/zwyw_gzdt/content/post_2172036.html，2021年1月27日访问。

③ 《“基因编辑婴儿案”贺某奎因非法行医罪被判3年》，载最高人民法院官方网站，http://www.court.gov.cn/zixun-xiangqing-213381.html，2021年1月27日访问。

出肯定回答。其次，就第二点而言，主要涉及对本罪实行行为的评价。胚胎并非规范意义上的人，而无论从我国对医师与兽医分别管理的立场以及相关规范性文件的具体规定出发，[①]还是从《刑法》第336条“严重损害就诊人身体健康”“造成就诊人死亡”的结果加重犯表述出发，非法行医罪的行为对象应当是人，故而贺某奎等针对胚胎的基因编辑行为难以被评价为非法行医罪中的实行行为。在此前提下，为实现对本案中行为人的处罚，法院在审理过程中巧妙运用了间接正犯的原理，即借由“由不知情的医生将基因编辑过的胚胎通过辅助生殖技术移植入人体内”“贸然将基因编辑技术应用于人类辅助生殖医疗”的表述，将评价重心由基因编辑行为，转移到了将不知情的医生作为其犯罪工具并进行支配，进而将经编辑的胚胎移入母体的医疗行为，由此克服了本罪中实行行为的认定障碍。这样的评价在刑法法理上是行得通的，但从评价重心的合理性和全面性上来讲却不无疑问。最后，就第三点而言，根据《最高人民法院关于审理非法行医刑事案件具体应用法律若干问题的解释》第2条，[②]本案关于罪量要素的认定关键在于是否属于“其他情节严重的情形”，而法院对此并未做过多论证，仅表明其行为“逾越科研和医学伦理道德底线”。然而，从司法解释的规定出发，前四项情节严重的情形或是对健康法益造成了实害结果，或是对健康法益造成了具体危险，或是有已受两次行政处罚这一前置条件，表明特殊预防必要性较大。据此，从兜底条款的同质性判断立场来看，本案中母体的健康法益显然很难说受到了损害或具体危险；认为胚胎发育成人后的健康法益或者其后代的健康法益受到了损害或具体危险则存在因果关系上

---

① 参见《执业医师法》《执业兽医管理办法》。其中，《执业医师法》第1条即规定，本法的立法目的是“保护人民健康”。而且，《执业医师法》第39条规定，非法行医，“构成犯罪的，依法追究刑事责任”；而《执业兽医管理办法》仅为相关行为（如伪造、变造、受让、租用、借用的兽医师执业证书或者助理兽医师执业证书）配置了行政责任。

② 《最高人民法院关于审理非法行医刑事案件具体应用法律若干问题的解释》第2条规定：“具有下列情形之一的，应认定为刑法第三百三十六条第一款规定的‘情节严重’：（一）造成就诊人轻度残疾、器官组织损伤导致一般功能障碍的；（二）造成甲类传染病传播、流行或者有传播、流行危险的；（三）使用假药、劣药或不符合国家规定标准的卫生材料、医疗器械，足以严重危害人体健康的；（四）非法行医被卫生行政部门行政处罚两次以后，再次非法行医的；（五）其他情节严重的情形。”

的证明困难，[①]以及行为对象与结果对象的评价偏差[②]等问题；医疗行为对社会大众的健康法益远未达到具体危险的程度；三行为人此前亦未受处罚，未表现出较大的特殊预防必要性，而基于一般预防的原理认为其属于“其他情节严重的情形”则有将人作为工具的嫌疑。所以，从兜底条款的同质性出发，认为本案属于“其他情节严重的情形”，并非完全不可置疑。兜底条款的最大价值，在于可以将法官追随时代的自由心证作为对预先设定的局限性情状的补充，以弥补处罚漏洞；而兜底条款的最大风险，则在于为恣意裁判提供了可能。从这个意义上讲，加之实行行为阶段存在的评价偏差问题，尽管我们完全认同对贺某奎等施以刑事处罚的必要性，且认定为非法行医罪系当时对该案作出处理的最佳选项，但并不认为将该行为认定为非法行医罪是解决此类问题的“万全之策”，《刑法》的规范供给不足在该案处理中已然体现。

更为重要的是，在类似行为中，已有刑法规范的处罚漏洞会表现得十分明显。比如，对于有医师执照的医生实施的胚胎基因编辑并将其植入母体的行为，对于通过人造子宫生产基因编辑婴儿的行为，《刑法》便难以做出很好的回应。[③]正因如此，从贺某奎“基因编辑婴儿案”出发，立法者充分意识到了我国刑事立法存在的空白，由此产生了修正案中的本条规定。

### （三）比较法上的参考

在判断某类行为入刑的正当性时，一种常见的做法是看是否存在比较法上的依据。尽管域外做法不能成为我国刑事立法的当然根据，但如果某类行为在域外被广泛评价为具有严重的社会危害性或法益侵害性，则往往也能够使我们在检视入刑正当性时更为“释然”。而从比较法出发，许多国家均以刑

---

① 因为基因编辑对人体健康造成具体危险或损害，往往需要经过很长时间甚至几代才能被发现，而此时因介入因素过多、证据也可能湮灭，故而难以证明刑法意义上因果关系的成立。

② 即非法行医的行为对象是母体，而结果对象是胚胎发育成的人甚至是该人的后代。之所以产生这样的评价偏差，是因为为了满足罪刑法定原则的要求，在实行行为的评价阶段，我们将评价重心由对胚胎的编辑行为转移至了对母体的医疗行为，但在罪量要素的评价阶段，我们实质上又进行了一次评价重心的“回归”，进而形成了评价偏差。

③ 参见周光权：《论通过增设轻罪实现妥当的处罚——积极刑法立法观的再阐释》，载《比较法研究》2020年第6期；余秋莉：《论人体生殖系基因编辑行为的刑法应对——兼评贺某奎“基因编辑婴儿”案》，载《法律适用》2020年第4期。

法或法令等形式，将基因编辑与克隆行为认定为犯罪。

一方面，许多国家在其刑法典中明确将克隆与胚胎基因编辑行为规定为犯罪。如《法国刑法典》在其反人类罪与反人种罪一章规定（第215条）：“实施使与活着或去世的人基因相同的儿童出生之行为的，处30年监禁刑，并处750万欧元罚金。”并在其公共卫生领域之犯罪一节中规定：“以工业或商业为目的，实施体外受孕或克隆人类胚胎的，处7年监禁刑，并处10万欧元罚金。”（第511-17条第1款）“以研究或实验为目的，实施体外受孕或克隆人类胚胎的，处7年监禁刑，并处10万欧元罚金。”“以治疗为目的，实施体外受孕或克隆人类胚胎的，处7年监禁刑，并处10万欧元罚金。”（第511-18条）[①] 又如《西班牙刑法典》第159条规定：“为消除和减轻严重疾病和缺陷，改变人类基因的，处二年至六年徒刑，剥夺其担任公职、从事职业及担当任务的权利七年至十年。因严重过失改变基因的，处六个月至十五个月罚金，并剥夺其担任公职、从事职业及担当任务的权利一年至三年。”[②]第160条规定：“使用基因工程制造生物武器或毁灭性武器的，处三年以上七年以下监禁刑，并剥夺其担任公职、从事职业或贸易的权利七年至十年。出于繁殖以外的其他目的使人类卵细胞受精的，处一年以上五年以下监禁刑，并剥夺其担任公职、从事职业或贸易的权利六年至十年。用克隆或其他人种选择方式创造相同人类的，以前款规定处罚。”[③]

另一方面，许多国家专门出台涉克隆或胚胎基因编辑的法令，并在其中明确相应的罪刑条款。如《日本人类克隆技术规制法案》第3条规定：“任何

---

① 根据2005年修订的《法国刑法典》英文版翻译。英文版来源于https://www.legislationline.org/documents/section/criminal-codes，2021年1月28日访问。

② 潘灯译：《西班牙刑法典》，中国检察出版社2015年版，第82页。对于该条，有英文译本将其翻译为“出于消除和减轻严重疾病和缺陷以外的目的，改变人类基因的”（those who manipulate the human genes so as to alter the genome for purposes other than eliminating or decreasing serious flaws or diseases），并使得对该罪中目的要素的理解与前述潘灯教授所译中文译本表现出明显差别，这主要涉及对西文中distinta一词理解的差异。我们认为，此处将distinta理解为“明显的”而非“不同的”更为合理，故赞成潘灯教授译本。英文译本来源于https://www.legislationline.org/documents/section/criminal-codes，2021年1月28日访问。

③ 根据2013年修订的《西班牙刑法典》英文版翻译。英文版来源于https://www.legislationline.org/documents/section/criminal-codes，2021年1月28日访问。

人不得将人类体细胞核移植胚胎，人类—动物杂交胚胎，人类—动物克隆胚胎或人类—动物嵌合胚胎移植到人类或动物子宫中。”第19条规定：“违反第3条规定者，处十年以下监禁刑，并处或单处一千万日元以下罚款。”[①]《英国人类生殖克隆法案（2001）》（Human Reproductive Cloning Act 2001）规定：“行为人将创造而非受精的胚胎置入女性体内的，成立犯罪，应处10年以下监禁刑，并处或单处罚金。”[②]《澳大利亚禁止生殖性克隆与人类胚胎研究管理修正法案（2006）》（Prohibition of Human Cloning for Reproduction and the Regulation of Human Embryo Research Amendment Act 2006）对此前的《禁止生殖性克隆人法案》作出修订，规定“故意将人类胚胎克隆体置于人体或动物体内的，成立犯罪，应处15年以下监禁刑”，且胚胎克隆体没有存活或无法存活均不能作为辩护理由；同时规定，“对人类细胞基因进行编辑，使得该编辑能够为被编辑对象的后代所遗传，且在编辑时，行为人希望该编辑行为能够为被编辑对象的后代所遗传的，成立犯罪，应处15年以下监禁刑”。[③]《新加坡人类克隆及其他禁止行为法案》（Human Cloning and Other Prohibited Practices Act）第5条规定：“任何人不得将任何克隆的人类胚胎置入人体或动物体内。”第6条规定：“实施前一行为的，不得以人类胚胎克隆体没有存活或无法存活作为辩护理由。”第10条规定：“任何人不得将人类胚胎置于动物体内，或者将人类胚胎置于妇女生殖道以外的人体体内，或者在任何孕期将动物胚胎置于人体内。”实施上述行为，会被处以10年以下监禁刑，并处或单处10万新币以下罚金。[④]《加拿大辅助人类生殖法案》（Assisted Human Reproduction Act）第5条第1款规定：“任何人不得在明知的情况下：（a）使

---

① 根据《日本人类克隆技术规制法案》英文版翻译。英文版来源于http://www.japaneselawtranslation.go.jp/law/detail/?re=2&dn=1&x=0&y=0&co=1&ia=03&ja=04&yo=&gn=&sy=&ht=&no=&bu=&ta=&ky=cloning&page=2，2021年1月28日访问。

② See Human Reproductive Cloning Act 2001, available at https://www.legislation.gov.uk/ukpga/2001/23/pdfs/ukpga_20010023_en.pdf, last visit on January 28, 2021.

③ See Prohibition of Human Cloning for Reproduction and the Regulation of Human Embryo Research Amendment Act 2006, available at https://www.legislation.gov.au/Details/C2006A00172, last visit on January 28, 2021.

④ See Human Cloning and Other Prohibited Practices Act, available at https://sso.agc.gov.sg/Act/HCOPPA2004, last visit on January 28, 2021.

用任何技术创造人类克隆体，或者将人类克隆体移植到人类或任何非人类生命形式或人工装置中；……（f）编辑人类或体外胚胎的基因，使这种编辑能够传播给后代；（g）将非人类生命形式的精子、卵子、胚胎或胎儿移植到人类中。”对于违反这一行为的，根据该法第60条，在普通程序下会被处以10年以下监禁、并处或单处50万加币以下罚金；在简易程序（summary conviction）下会被处以4年以下监禁、并处或单处25万加币以下罚金。①

此外，如《世界人类基因与人权宣言》等国际或区际公约也有关于克隆等的禁止性规定。而且，一些国家甚至将对克隆与胚胎基因编辑行为的否定上升到宪法层面，如《瑞士联邦宪法》第119条第2款第1项即规定：“一切形式的克隆和对人类生殖细胞、胚胎的基因材料干预都是非法的。”②可见，就本罪入刑的正当性而言，存在着广泛的比较法上的依据。

## 三、条文释义

非法植入基因编辑、克隆胚胎罪，是指将基因编辑、克隆的人类胚胎植入人体或者动物体内，或者将基因编辑、克隆的动物胚胎植入人体内，情节严重的行为。

### （一）本罪的成立要件

本罪的客体是公共卫生管理秩序，具体来说，是其中的医疗管理秩序与医学实验管理秩序。无论是对具体的医学临床诊疗活动还是对医学实验，都必须遵循一定的管理要求，否则既可能引发相应的技术风险，并进一步侵害特定对象的合法权益，也可能侵犯基本的伦理要求，进而对社会共同体造成伤害。关于基因编辑与克隆相关问题，我国既有的规范性文件中确立了相应的管理秩序，如《人胚胎干细胞研究伦理指导原则》规定：“禁止进行生殖

---

① See Assisted Human Reproduction Act, available at https://laws-lois.justice.gc.ca/eng/acts/A-13.4/index.html,last visit on January 28, 2021.

② 根据《瑞士联邦宪法》英文版翻译。英文版来源于https://fedlex.data.admin.ch/filestore/fedlex.data.admin.ch/eli/cc/1999/404/20180101/en/pdf-a/fedlex-data-admin-ch-eli-cc-1999-404-20180101-en-pdf-a.pdf，2021年1月28日访问。

性克隆人的任何研究”；“用于研究的人胚胎干细胞只能通过下列方式获得：（一）体外受精时多余的配子或囊胚；（二）自然或自愿选择流产的胎儿细胞；（三）体细胞核移植技术所获得的囊胚和单性分裂囊胚；（四）自愿捐献的生殖细胞”；“进行人胚胎干细胞研究，必须遵守以下行为规范：（一）利用体外受精、体细胞核移植、单性复制技术或遗传修饰获得的囊胚，其体外培养期限自受精或核移植开始不得超过14天。（二）不得将前款中获得的已用于研究的人囊胚植入人或任何其它动物的生殖系统。（三）不得将人的生殖细胞与其他物种的生殖细胞结合。”2019年，国家卫健委还起草了《关于生物医学新技术临床应用管理条例（征求意见稿）》。随着国家对公共卫生管理问题重视程度的不断提高，相信相关的管理规范还会陆续出台。

本罪客观方面表现为实施了将基因编辑、克隆的人类胚胎植入人体或者动物体内，或者将基因编辑、克隆的动物胚胎植入人体内，情节严重的行为。在此，需要提示的是：（1）《刑法修正案（十一）（草案）》对本条原本的规定是，“违反国家有关规定，将基因编辑的胚胎、克隆的胚胎植入人类或者动物体内，情节严重的，处三年以下有期徒刑或者拘役，并处罚金；情节特别严重的，处三年以上七年以下有期徒刑，并处罚金”，但如此一来，若认为此处“基因编辑的胚胎、克隆的胚胎”包括动物胚胎，则将动物胚胎植入动物体内的行为也会被当作犯罪处理，难言合理，因此最终出台的《刑法修正案（十一）》对本条的罪状表述作出了调整。[①]由此，如果被植入的是基因编辑、克隆的人类胚胎，则无论是植入人体内，还是植入动物体内，均成立犯罪；但如果被植入的是基因编辑、克隆的动物胚胎，则只有在将其植入人体内的情况下才成立犯罪。（2）应将植入行为理解为本罪的实行行为。从规范文本上看，本条罪状表述的结构是“将……植入……”，故而其实行行为显然是植入行为。而且，实践中，基于科学研究或疾病治疗的需要，有时需要实施可被允许的基因编辑、克隆行为，如针对动物的基因编辑、基于废弃胚胎的基因编辑、治疗性克隆等，故不宜将此类行为认定为本罪中的实行行为。（3）这里的“植入体内”，是指植入生殖道中。只要行为人实施了植入

---

① 张明楷：《增设新罪的原则——对〈刑法修正案十一（草案）〉的修改意见》，载《政法论丛》2020年第6期。

行为，即告犯罪既遂，至于胚胎是否进一步成功分娩等，在所不问。（4）本罪同时要求达到“情节严重”的程度。对此，主要可以参照行为人基因编辑、克隆胚胎的数量、次数、目的、影响，胎儿等是否实际出生及其出生后的状况等因素，综合判断。

本罪主体是一般主体，任何年满16周岁、具有刑事责任能力的自然人，均可作为本罪的犯罪主体。

本罪在主观方面表现为故意。从《刑法》第336条之一的罪状表述出发，行为人基于何种目的实施基因编辑或克隆行为，不影响本罪主观方面的认定，但可能影响对本罪罪量要素的评价或者最终的刑罚裁量。

### （二）本罪认定中要注意的问题

首先，关于罪与非罪的认定。通常，对于类似犯罪，在罪状表述上都会有“违反国家规定”或者“违反国家有关规定”一语，而且，在《刑法修正案（十一）（草案）》中也存在这一表述，但在此后被删除了。对此涉及两种可能的理解：一种理解可能会认为，立法者有意识地抛弃了在草案稿本中采用过的、在类似条文中广泛运用的“违反国家有关规定”，显然意味着本罪的成立不以违反国家有关规定为前提，换言之，即使完全符合国家有关规定，也依然可能成立本罪。另一种理解则可能会认为，尽管本罪删除了“违反国家有关规定”，但本罪成立依然要以违反国家有关规定为前提，有关规定的违反与否依然是本罪罪与非罪的重要界分标准。

我们认同后一理解，理由在于：（1）从立法背景来看，《刑法修正案（十一）》在贺某奎“基因编辑婴儿案”发生后不久便开始着手修改，本条的增设很大程度上受到了该案的影响，因而在立法层面，《刑法》对该案的回应是比较快的。然而，一方面，或许是担忧立法会阻滞科技的发展，对克隆和基因编辑行为的前置法规制，长期处于相对空白的状态，以至于到目前为止，我们未发现一部有关克隆、基因编辑行为的法律、行政法规，未发现一款为其配置明确的行政责任的前置法规定；另一方面，贺某奎案件发生以后，立法者显然也会同时意识到为类似行为增设前置法规定的必要性，但相比之下，刑法设计单个罪刑规范相对简单、需要考虑的问题相对较少、立法成本相对较低，而前置法设计相关规定则涉及多种利益与价值的平衡，故而更为复杂，对社会现实的回应也会较《刑法》更慢。由此，便产生了有《刑法》规定而无前置法明确规定的一段“真空期”。此时，若《刑法修正案（十一）》以“违反国家有关规定”作为本罪成立要件，而“国家有关规定”又尚不存在，基于“法无禁止即自由”，反而会有碍于本罪的认定和对应受刑罚处罚之行为的非难。（2）从政策导向来看，我国对基因编辑或克隆行为并非采完全否定态度，如《“十三五”国家信息化规划》即强调：“强化战略性前沿技术超前布局，重点突破……基因编辑等新技术基础研发和前沿布局”。不可否认，从目前情况看，实施本罪涉及的行为还存在相当大的风险，但在技术成熟的未来，允许本罪中涉及行为的适当实施，如允许生殖系基因编辑行为用于对严重疾病的安全的治疗，并不是完全不可期待的。到那时，为了确保相关行为的实施完全合乎规范，很可能首先要全面从前置法上对行为的实施条件等作出详尽规定，刑事立法反而可能会相对迟滞。由此，如果认为只要《刑法》不修改，无论前置法是否允许实施部分行为，在《刑法》层面都会被评价为犯罪，显然与我国技术发展、技术革新的相关政策导向相违背。（3）从刑法法理来看，“违反国家有关规定”在本罪中也并非一个完全必要的表述。因为就目前来看，对基因编辑、克隆胚胎行为“一刀切”地予以禁止是有正当性的；而就以后来看，即使前置法允许实施部分基因编辑、克隆胚胎的行为，而《刑法》不做调整，由于刑法处于整个规范结构的末端，对前置法违法性的判断具有实质从属性，[①]故而即使没有“违反国家有关规定”的明确提示，从违法性判断的角度出发也完全可以否认犯罪的成立。由此，我们可以得出结论：一方面，在前置法尚不明确的当下，本罪的成立显然无需审查是否“违反国家有关规定”；另一方面，在前置法明确以后，本罪的成立则需实质性审查是否“违反国家有关规定”。

其次，关于此罪与彼罪的认定。就本罪与非法行医罪而言，二者都是危害公共卫生的犯罪，都可能与医疗领域相关联，都是故意犯罪，其区别主要在于：（1）从犯罪客体来看，非法行医罪侵害的犯罪客体是国家对医务工作的管理秩序和就诊人的生命、健康权利，本罪侵害的犯罪客体是医疗管理秩

---

① 参见时延安：《刑法规范的结构、属性及其在解释论上的意义》，载《中国法学》2011年第2期。

序与医学实验管理秩序；（2）从客观方面来看，非法行医罪在客观方面表现为未取得医生职业资格的人非法行医、情节严重的行为，本罪在客观方面表现为将基因编辑、克隆的人类胚胎植入人体或者动物体内，或者将基因编辑、克隆的动物胚胎植入人体内，情节严重的行为；（3）从犯罪主体来看，非法行医罪的犯罪主体限于没有取得医生执业资格的人，本罪的犯罪主体为一般主体，可以是没有取得医生执业资格的人，也可以是取得医生执业资格的人。

## 四、以案说法

**【案例】贺某奎基因编辑案**①

2016年至2018年间，南方科技大学原副教授贺某奎得知人类胚胎基因编辑技术可获得商业利益，即与广东省某医疗机构张某礼、深圳市某医疗机构覃某洲共谋，在明知违反国家有关规定和医学伦理的情况下，仍以通过编辑人类胚胎CCR5基因可以生育免疫艾滋病的婴儿为名，将安全性、有效性未经严格验证的人类胚胎基因编辑技术用于辅助生殖医疗。贺某奎等人伪造伦理审查材料，招募男方为艾滋病病毒感染者的多对夫妇实施基因编辑及辅助生殖，以冒名顶替、隐瞒真相的方式，由不知情的医生将基因编辑过的胚胎通过辅助生殖技术移植入人体内，致使2人怀孕，先后生下3名基因编辑婴儿。最终，法院以非法行医罪判处被告人贺某奎有期徒刑三年，并处罚金人民币300万元；判处张某礼有期徒刑二年，并处罚金人民币100万元；判处覃某洲有期徒刑一年六个月，缓刑二年，并处罚金人民币50万元。

如前所述，人民法院将本案中行为人的行为认定为非法行医罪，可谓是规范供给不足背景下的产物。若在《刑法修正案（十一）》出台以后再实施类似行为，则三人系利用不知情的医生将基因编辑的人类胚胎植入人体内，并致3名基因编辑婴儿出生，结合间接正犯的理论，三人的行为完全可被评价为

① 《"基因编辑婴儿案"贺某奎因非法行医罪被判3年》，载最高人民法院官方网站，http://www.court.gov.cn/zixun-xiangqing-213381.html，2021年1月27日访问。

非法植入基因编辑、克隆胚胎罪的共同犯罪，应依本条之规定，根据各共同犯罪人在共同犯罪中所起的作用定罪处罚。

## 第十节 污染环境罪的修改

**【修正前条文】第三百三十八条** 违反国家规定，排放、倾倒或者处置有放射性的废物、含传染病病原体的废物、有毒物质或者其他有害物质，严重污染环境的，处三年以下有期徒刑或者拘役，并处或者单处罚金；后果特别严重的，处三年以上七年以下有期徒刑，并处罚金。

**【修正后条文】第三百三十八条** 违反国家规定，排放、倾倒或者处置有放射性的废物、含传染病病原体的废物、有毒物质或者其他有害物质，严重污染环境的，处三年以下有期徒刑或者拘役，并处或者单处罚金；情节严重的，处三年以上七年以下有期徒刑，并处罚金；有下列情形之一的，处七年以上有期徒刑，并处罚金：

（一）在饮用水水源保护区、自然保护地核心保护区等依法确定的重点保护区域排放、倾倒、处置有放射性的废物、含传染病病原体的废物、有毒物质，情节特别严重的；

（二）向国家确定的重要江河、湖泊水域排放、倾倒、处置有放射性的废物、含传染病病原体的废物、有毒物质，情节特别严重的；

（三）致使大量永久基本农田基本功能丧失或者遭受永久性破坏的；

（四）致使多人重伤、严重疾病，或者致人严重残疾、死亡的。

有前款行为，同时构成其他犯罪的，依照处罚较重的规定定罪处罚。

### 一、立法主旨

立法的修订体现了对环境犯罪的严厉打击，意在改善刑法对污染环境犯罪处罚力度越来越不能适应生态环保工作实际需要的现实困境。将污染环境罪的法定刑档次从两档升格为三档，基本档情形“严重污染环境”的犯罪构成要素与法定刑未作变化，将第二档法定刑罪状表述中的“后果特别严重”修改为“情节严重”，并针对原刑法规定“后果特别严重”分离出四种特殊情形，增加规定为第三档法定刑，适用7年以上有期徒刑。所新增的四种情形分别对应于“敏感区域”“重要江河湖泊”的排污以及“农田”“人身”的严重破坏和伤害。将污染环境罪量刑评价标准不限于“危害后果”，而增加了犯罪地点、对象等作为污染环境罪量刑的评价因素，实现了对污染环境罪以“情节”为标准的“严重污染”“情节严重”“情节特别严重”的四种情形的梯度评价，避免了修订前对“加重法定刑”过于重视“结果”的评价不足，有利于实现对污染环境罪严厉打击的可操作性。同时，修订后对于该条所规定的犯罪，增加了对犯罪竞合的处理规定：“有前款行为，同时构成其他犯罪的，依照处罚较重的规定定罪处罚。”“从一重”的处罚既符合刑法基本理论，又体现了刑法的严厉打击，有利于实现罪刑均衡。

## 二、修改理由

党的十八大以来，习近平总书记围绕生态文明法治建设发表了一系列重要讲话，推出了一系列重大举措，强调“只有实行最严格的制度、最严密的法治，才能为生态文明建设提供可靠保障”。[①]并就“重典惩污”做过批示指示，中央巡视组在对生态环境部的巡视环节也提出了相关要求。为了实现刑法的严厉打击，最高人民法院、最高人民检察院于2013年6月制定了《关于办理环境污染刑事案件适用法律若干问题的解释》（法释〔2013〕15号）（以下简称2013年司法解释），实施三年后，“两高”又于2016年12月修订后发布了新的《关于办理环境污染刑事案件适用法律若干问题的解释》（法释〔2016〕29号）（以下简称2016年司法解释）。针对该解释在实际适用中遇到的相关具体问题，“两高”会同公安部、司法部、生态环境部，在深入调研和讨论的基础上，于2019年2月五家联合印发了《关于办理环境污染刑事案件有关问题座谈会纪要》（以下简称2019年会议纪要），对相关具体问题

① 习近平：《努力走向社会主义生态文明新时代》（2013年5月24日），载《习近平谈治国理政》，外文出版社2014年版，第210页。

提出了明确的指导意见。司法领域密集的解释有效激发了污染环境罪的适用空间，然而从立法层面来说，污染环境罪的法定最高刑只有7年，这使得司法的打击难以有效震慑生态环境领域的严重犯罪态势。为落实中央要求，生态环境部近几年来，认真研究，广泛征求地方生态环境部门和有关方面意见，在此基础上提出了增加刑事处罚情形和提高刑罚惩治档次的建议，并多次向全国人大有关立法工作机关汇报沟通，提供参考材料，得到了人大立法机关的理解和大力支持。[①]在《刑法修正案（十一）》的形成和讨论过程中，立法机关根据中央大力推进生态文明建设和加强环境保护的决策部署精神，进一步修改完善了现行刑法关于污染环境罪的规定。

### （一）补足结果评价的不足

2013年司法解释出台后，污染环境罪的入罪出现了爆发式的增长，之所以出现这种情况，在于解释对于污染行为的具体表述，解决了司法实践认定“危害结果”的困难，但“危害结果”的评价困难这一问题并没有根本被解决，只是从“入罪难”过渡到了“重罪难”。

具体来说，在《刑法修正案（十一）》修订前，《刑法》第338条对污染环境罪规定了两档刑期，分别对应“严重污染环境”与“后果特别严重”两种情形，但“后果特别严重”这一情形却适用率极低。从2012年到2020年7月的统计数据显示，“后果特别严重”的案件从2016年司法解释对“后果特别严重”明确之后，开始逐步增多，但总体数量仍然较少，仅有138件，占据统计数据内污染环境案件13,562件中的不足10%。司法实践中便出现，检察机关依据司法解释第1条第1项至第5项向法院提出了有罪指控，提供了犯罪嫌疑人在特定区域（生态敏感区）排污，或者排污达到了一定的数量标准（危险废物三吨以上、浓度标准超标三倍以上的）的证据，法院据此做出有罪判决，但检察机关往往不能提供上述行为所造成的侵害人身法益、公私财产损失数额等方面的证据，致使法院在判定是否属于“后果特别严重的”情形时失去依托，客观上造成了污染环境罪实质危害评价缺失。例如，行为人在重要江河流域非法处置了3吨以上的危险废物，必然会对公私财产和环境造

① 别涛：《惩治环境犯罪的新利器》，载《中国环境报》2021年1月1日第8版。

成某种程度的损害。但是环保部门或者司法机关要想证明行为人非法处置的危险废物到底导致怎样的生态损害，造成了多少“公私财产损失”，要比证明行为人非法处置了三吨以上危险废物这个“行为”困难得多。因此我们看到的大量判决中裁判文书涉及“危险废物”的大都只有“吨数”而没有“损失”认定。

为改善污染环境罪“危害结果”认定的困难，此次立法修订中，将对“重要保护区域”以及“江河湖泊”的污染行为，不以“物质损失”予以限制，将重要的环境保护区域直接作为影响社会危害性评价的“情节”因素，情节评价最大特点在于对现实的关注——社会生活的复杂性和多变性与法律局限性和稳定性之间存在某种不可调和的矛盾，能够有效评价污染环境罪的危害后果。

### （二）四种加重情形凸显环境法益、环境要素评价功能

污染环境罪的法益可以呈现在两个方面：一方面是犯罪成立的结果标准以及加重评价的结果评定，另一方面是犯罪竞合的处理。对于四种立法新增的加重评价情形，第一种情形和第二种情形均有“情节特别严重”的规定，而这两种情形中“情节特别严重”在草案一审稿和二审稿中均为“造成特别严重后果”，仅体现在最终通过的条文中，体现了国家对环境法益独立性的肯定，不再局限于对环境犯罪危害结果的评价。

对于环境犯罪法益的争议，自《刑法修正案（八）》将重大环境污染事故罪修订为污染环境罪开始。在2016年司法解释出台后，我们可以看出在司法解释中的法益应当是包含了环境法益和人类法益两个层面的“复合法益”，既包含了传统刑法保护的法益，也具有“独立”的环境法益。这一观点是建立在生态学的人类中心法益观基础上，生态学的人类中心法益观既承认环境法益的独立性，又认为对环境法益进行保护不是为了保护环境自身，而是为了保护人类的生存条件。比如张明楷教授认为：“生态学的人类中心的法益论，意味着环境刑法实行二重保护：一是对人的生命、身体、健康等个人法益的保护为中心的刑法规范，二是将环境媒介、动植物等生态法益（环境法益）予以保护的刑法规范。”而这里便是将生态法益（环境法益）、人类中心法益都作为其保护法益，但凡生态法益（环境法益）与人类中心法益不抵触，

就应当对其进行保护。[①]然而这一观点却引发了学界的质疑，一个罪名中存在两种法益的现象在刑法其他条文中并无先例，而且对于司法解释中对“环境法益”独立性评价的努力，持生态中心主义论的学者提出了更高的希望，认为环境法益是一种脱离了人为主体的法益类型，环境法益是一种本质上不可类型化的生态法益，纯粹的安全利益或者秩序利益就可以成为法益保护的内容。[②]

生态中心主义论者强调环境自身的独立性评价，但不能因为强调生态环境的主体地位而偏离了刑法保护法益确定的人的基础。生态法益保护的前提仍然是与人的利益存在递进性保护的空间，对于“复合法益”的观点，两种不同的评价标准或许在环境法学者看来并无不妥，比如有环境法学者更是提出，理解法条应该全面，行为犯和结果犯不是说只要刑法规定了结果就是结果犯，而是需要结合犯罪构造、侵害的法益进行综合考量，危险犯、实害犯不是就一个犯罪而言的，当一个罪的法益包含了两个内容的时候，有可能针对一个法益是行为犯，针对另外一个法益是实害犯。[③]但从刑法的一罪名一法益的角度来看，仍然具有一定的尴尬，而根源即在于司法解释中对环境法益独立性评价并没有同时体现在基本罪状与加重量刑情节的罪状中。《刑法修正案（十一）》的修订，以“情节严重”“情节特别严重”构建了评价体系，实现了环境法益独立性评价的完整体系。

作为环境法益，修订前的立法在环境要素的保护上区分度并不是十分清晰，比如水污染、大气污染特点不同，污染方式也有特殊性，刑法存在对不同环境要素适用同一行为标准的问题。从环境保护的角度看，司法工作者首先意识到这一问题，因此在2016年司法解释中出现了对“水体污染”“土壤污染”“大气污染”“自然保护区”等特殊保护区域的考虑，这些都是基于环境生态法益的具体危害性评价，考虑罪刑法定“明确性”背后“环境危害”的微观评价需求。具体来说，虽然环境是一个综合体，各种环境要素之间相互

---

① 张明楷：《污染环境罪争议问题》，载《法学评论》2018年第2期。

② 焦艳鹏：《生态文明保障的刑法机制》，载《中国社会科学》2017年第11期。

③ 吕忠梅：《环境资源司法现状的观察与思考》，载“法学学术前沿”微信公众号，2018年12月11日。

影响，但不同环境要素在污染传播方式、污染后治理难易程度以及保护紧迫性等方面仍存在区别。如，水体、空气流动性强，受污染后危害极易在短期内传播，而土地污染的结果则具有潜伏性；水体还存在内水与海水的差别，海洋作为一种独立的生态系统，具有不同于其他水体的属性和特点。刑法不能独立选择污染行为的宽严尺度，"污染环境"的"环境"包括了多种环境要素，不同环境要素对地球生态环境的影响程度不同，对其污染所产生的危害也有所差异，应当予以合理区分。在区分时，应当考虑到环境要素本身是否具有系统性或特殊性，如对于综合生态系统的海洋、森林和湿地应当区别于普通水域、林木和一般土地。

根据《全国水资源综合规划》，目前全国多年平均总缺水量为536亿立方米，主要由于河道外供水不足、超采地下水和挤占河道内生态环境用水所致。一些地区水资源开发已经接近或超过当地水资源承载能力，引发一系列生态环境问题。水污染状况仍然十分严重，2010年，监测评价的3,902个水功能区中水质达标率仅为46%；17.6万公里河流中，38.6%的河长水质劣于Ⅲ类；339个省界断面中，有48.7%的断面水质劣于Ⅲ类，直接威胁城乡饮水安全和人民身心健康。[①]对于立法修订新增的第一种"饮用水水源保护区"的规定，2017年修订的《水污染防治法》第3条规定，"水污染防治应当坚持预防为主、防治结合、综合治理的原则，优先保护饮用水水源，严格控制工业污染、城镇生活污染，防治农业面源污染，积极推进生态治理工程建设，预防、控制和减少水环境污染和生态破坏"。对于新增的第二种"重要的江河湖泊"的规定也是来源于国家对水污染从严治理的国家政策，2011年国务院批复了《全国重要江河湖泊水功能区划（2011—2030年）》，2012年《国务院关于实行最严格水资源管理制度的意见》明确了全国重要江河湖泊水功能区水质达标率目标。明确了以水功能区限制纳污红线考核为抓手，全面加强水功能区监督管理，把水功能区划作为水资源开发利用与保护、水污染防治和水环境综合治理的重要依据。水利部于2011年年底启动了全国

① 《落实最严格水资源管理制度的重要举措——水利部副部长胡四一解读〈全国重要江河湖泊水功能区划〉》，载中国水利网，http://www.chinawater.com.cn/newscenter/kx/201202/t20120209_213789.html，2021年1月18日访问。

重要江河湖泊水功能区纳污能力核定和分阶段限制排污总量控制方案制定工作，提出了全国重要江河湖泊水功能区限制排污总量控制方案。[①]全国共有4,262个重要江河湖泊水功能区，统计表明，全国超载（现状污染物入河量大于纳污能力）的水功能区有1,586个，占全国总数的35.3%，其中COD与氨氮纳污能力分别占全国总量的26.4%与24.5%，COD与氨氮入河量分别占全国总量的62.7%与64.9%，即全国35%的超载水功能区以25%左右的纳污能力接纳了60%以上的污染物入河量。[②]目前，我国水资源保护与水污染防治依然面临严峻形势，2014年全国重要江河湖泊水功能区水质达标率只有67.9%，每年全国废污水排放量达到770亿吨以上，加之面源污染，许多河流污染物入河量超过水域纳污能力。[③]要实现到2030年，全国江河湖泊水功能区基本达标，深入贯彻落实最严格水资源管理制度，急需刑法的保障。

2018年我国首部关于土壤保护的《土壤污染防治法》出台，第50条规定"县级以上地方人民政府应当依法将符合条件的优先保护类耕地划为永久基本农田，实行严格保护。在永久基本农田集中区域，不得新建可能造成土壤污染的建设项目；已经建成的，应当限期关闭拆除"。土壤污染危害十分严重，特别是有些污染的影响可能是长久的、很难修复的，必须通过立法对故意污染土地行为予以严厉处罚，以起到震慑作用。在土地污染类型中，最为严重的即对耕地的污染，立法的修订回应了民生的迫切需求。

需要注意的是，对于立法所列举的这四种情形，并没有辅以"兜底"条款的规定，我们认为是合理的。环境犯罪法网的编织应当是一种动态性和渐进性立法过程，环境危害大多情况下并非一个现实的危害，因此犯罪体系的建构应当有所节制，保持适当的灵活性和弹性，现阶段只应将一些典型的、社会有共识的环境危害行为纳入刑法的规制范围。在环境犯罪中，要坚决避

---

① 张建永、廖文根、史晓新、孙翀、李扬、高丽娜：《全国重要江河湖泊水功能区限制排污总量控制方案》，载《水资源保护》2015年第6期。

② 李扬、朱党生、廖文根等：《水功能区达标评价与承载力协同分析》，载《水资源保护》2015年第3期。

③ 《详解十三五：主要江河湖泊水功能区水质达标率达80%以上》，载央广网，http://china.cnr.cn/ygxw/20160716/t20160716_522695685.shtml，2021年1月10日访问。

免“现象立法”，不能因为现实社会中出现某些特别现象，立刻就以危险犯的立法方式将之纳入刑法规范。虽然有学者提出环境犯罪“象征刑法”[①]的提法，但笔者对这一观点并不认可，环境犯罪不应当只是一种象征立法，而应当是切实需要在司法操作中产生效用。因此，刑法所认定的犯罪必须具有“典型性”，只有那些经过长期社会生活经验检验的形成了普遍共识的典型危险行为才应该入罪，才具备正当性。此次刑法修订增加的这四种行为模式或是源自于2016年已经施行四年的环境犯罪司法解释的内容，或是司法解释内容的直接辐射，从立法技术来讲较为成熟。

### （三）法定刑提高与犯罪竞合处理的协调

环境污染犯罪行为可能同时触犯多个罪名，如违规排放、倾倒、处置含有毒害性、放射性、传染病病原体等物质的污染物，可能同时触犯污染环境罪与投放危险物质罪。为进一步加大对环境污染相关犯罪的惩治力度，2019年会议纪要第6条关于“投放危险物质罪的适用”中规定，“对于行为人明知其排放、倾倒、处置的污染物含有毒害性、放射性、传染病病原体等危险物质，仍实施环境污染行为放任其危害公共安全，造成重大人员伤亡、重大公私财产损失等严重后果，以污染环境罪论处明显不足以罚当其罪的，可以按投放危险物质罪定罪量刑。实践中，此类情形主要是向饮用水水源保护区，饮用水供水单位取水口和出水口，南水北调水库、干渠、涵洞等配套工程，重要渔业水体以及自然保护区核心区等特殊保护区域，排放、倾倒、处置毒害性极强的污染物，危害公共安全并造成严重后果的情形”。从以上规定，我们可以看出，这一规则的适用主要源于污染环境罪的法定刑配置偏轻，在司法实践中适用污染环境罪难以对污染环境造成重大损害的行为施以较重的处罚。但司法解释“从一重罪处断原则”的前提是行为人的行为同时符合数罪的犯罪构成，虽然“饮用水水源保护区”“重要江河、湖泊水域”“大量农田”本身也涉及“公共安全”，但不能将环境安全与公共安全等同，更不能因立法法定刑的不足而以司法实现“以刑制罪”。此次立法的修订可以视为

---

① 齐文远、吴霞：《对环境刑法的象征性标签的质疑》，载《安徽大学学报（哲学社会科学版）》2019年第5期。

司法的一次倒逼，立法必须面对污染环境罪法定刑过轻的现实，故而增设了“七年以上”这一法定刑幅度，以此实现罪刑均衡。而对于新增的关于犯罪竞合的规定，也应当理解为行为人的行为同时符合数罪犯罪构成的情况下才能适用“从一重处罚”。

## 三、条文释义

### （一）对四种加重量刑情形的理解

对于修正案新增的四种加重量刑情形，第三种和第四种明确“后果”的相对较容易理解，对于第三种情形“致使大量永久基本农田基本功能丧失或者遭受永久性破坏的”，是对土壤污染造成环境破坏直接后果的认定，这一规定来源于2016年司法解释“后果特别严重”的规定“（三）致使基本农田、防护林地、特种用途林地十五亩以上，其他农用地三十亩以上，其他土地六十亩以上基本功能丧失或者遭受永久性破坏的”，在刑法修订后，对该种情形的理解应当与司法解释的规定形成梯度，司法解释的规定仍然可以对应于“情节严重”的3年以上7年以下有期徒刑，而立法新增情形对应于7年以上有期徒刑。从两者的对比，我们可以看出，存在“基本农田”和“永久基本农田”的概念，二者具有一致性；对于“大量”的理解我们认为应当与2016年司法解释中“基本农田15亩”有一定的区分，具体的设定还需要司法解释进一步明确。

对于第四种情形“致使多人重伤、严重疾病，或者致人严重残疾、死亡的”，是从人身法益角度对危害行为的评价，2016年司法解释“后果特别严重”中有关人身损害，规定了“（九）致使十人以上轻伤、轻度残疾或者器官组织损伤导致一般功能障碍的；（十）致使三人以上重伤、中度残疾或者器官组织损伤导致严重功能障碍的；（十一）致使一人以上重伤、中度残疾或者器官组织损伤导致严重功能障碍，并致使五人以上轻伤、轻度残疾或者器官组织损伤导致一般功能障碍的；（十二）致使一人以上死亡或者重度残疾的”。对于立法的修订，我们认为是将司法解释“（十）”“（十二）”进行了进一步的分离，在表述上更加规范，将司法解释中的“重度残疾”

修订为“严重残疾”，这一说法符合我国刑法的一贯表述，我国《刑法》第234条故意伤害的表述中采用的即是“严重残疾”：“故意伤害他人身体的，处三年以下有期徒刑、拘役或者管制。犯前款罪，致人重伤的，处三年以上十年以下有期徒刑；致人死亡或者以特别残忍手段致人重伤造成严重残疾的，处十年以上有期徒刑、无期徒刑或者死刑。本法另有规定的，依照规定。”

立法修订的第一种、第二种情形针对水污染。第一种情形来源于2016年司法解释“（一）在饮用水水源一级保护区、自然保护区核心区排放、倾倒、处置有放射性的废物、含传染病病原体的废物、有毒物质的”的规定，2017年修订的《水污染防治法》第63条规定，“国家建立饮用水水源保护区制度。饮用水水源保护区分为一级保护区和二级保护区；必要时，可以在饮用水水源保护区外围划定一定的区域作为准保护区”。第84条规定水污染法律责任时，所规定的情形也是“在饮用水水源保护区内设置排污口的”，从刑法的规定来看，突破了司法解释中“一级保护区”的限制，实现了与《水污染防治法》的有效衔接，直接采取了“饮用水水源保护区”的概念，也就是说无论在“饮用水水源保护区”一级保护区、二级保护区还是准保护区实施非法排污，均有可能构成犯罪。对于此项规定，草案一审稿中的表述为“在饮用水水源保护区、自然保护区核心区”，草案一审稿公布后，有学者指出特殊敏感环境区域的范围较为狭窄，仅仅对饮用水水源保护区、自然保护区作出了规定，忽略了国家公园，严格意义上的自然保护区与国家公园不是包容关系，而是交叉关系，不能互相替代，自然保护区和国家公园的缓冲区、外围区与核心区共同组成完整系统，三个区域紧密相连，功能上互相影响，应当受到同等保护。[①]考虑到刑法与环境法的有效衔接，对于依法确定的重点保护区应当平等保护，在草案二审稿中这一情形被修订为“在饮用水水源保护区、自然保护区核心区等依法确定的国家重点生态保护区域”，后经过字词调整，最终通过的条文为“在饮用水水源保护区、自然保护地核心保护区等依法确定的重点保护区域”。

---

① 曾粤兴：《对〈刑法修正案（十一）（草案）〉的审思与建议》，载《法治研究》2020年第5期。

对于第二种情形的“国家确定的重要江河、湖泊”，是基于《水污染防治法》第26条、第28条对“重要的江河、湖泊水域”予以了专门保护。对“重要江河、湖泊水域”的理解应当结合国家水污染治理的相关政策，对“重要江河湖泊水域”的保护是严格以水功能区限制排污总量作为陆域污染物减排计划的刚性约束。2016年修订的《水法》第32条规定，“国务院水行政主管部门会同国务院环境保护行政主管部门、有关部门和有关省、自治区、直辖市人民政府，按照流域综合规划、水资源保护规划和经济社会发展要求，拟定国家确定的重要江河、湖泊的水功能区划，报国务院批准”。对于何谓“国家确定的重要江河、湖泊”，除了我们熟悉的黄河、长江、海河、淮河，国务院批复的《全国重要江河湖泊水功能区划（2011—2030年）》共涉及河流1,027条，基本上是流域面积1,000平方公里以上的河流，约占全国1,000平方公里以上河流总数的2/3。《区划》采用两级水功能区划体系，涉及总河长17.8万公里，湖库总面积4.33万平方公里，共4,493个水功能区。批复明确了大江大河干流及其主要支流、省界水体等重要水域的功能和目标，为水功能区限制纳污红线的实施提供了基础支撑，为水资源开发利用与保护、水污染防治和水环境综合治理提供了重要依据，也是司法的重要参考依据。

在污染环境犯罪中，人身、财产利益并非污染行为所直接作用的对象，污染行为自始至终所针对的是环境本身，而人身、财产损害则是由环境介质的损害所间接导致的，因此有学者提出，生态环境的损害才是“严重污染环境”这一结果的核心要素。[①]但就司法的认识来看，环境法益中的人类法益是具象的，对其造成危险的判断较为容易，而对自然法益造成危险的判断还缺乏经验，司法人员环境保护专业性知识水平的提升仍需要较长的时间，因此将污染环境罪的成立与否交由司法者进行判断便具有一定的挑战。对此，未来还需要司法解释予以明确，比如在2016年司法解释中，在定罪量刑的具体标准上，不仅通过描述公私财产损失数量或者人体生命健康危害程度对人类法益进行保护，而且通过大量列举单纯造成自然环境要

---

① 李川：《二元集合法益与累积犯形态研究——法定犯与自然犯混同情形下对污染环境罪“严重污染环境”的解释》，载《政治与法律》2017年第10期。

素损害的情形对环境法益进行保护。此外，对于新增的“四种加重情形”，在存在具体的人类法益危害结果的情况下，要考虑环境法益与传统法益的逻辑进位。比如第四种给出了具体的“致人严重残疾或死亡”的结果，给出了“人身”的评价标准，对此理解不能简单等同于“危害结果”，要求污染行为与人身伤害之间的直接因果关系。从法益侵害的逻辑关系来看，仍应首先是环境法益受到侵害，其次才是个人法益。换言之，个人法益是环境法益受侵害后的加重结果，或者至少是环境法益在受到侵害的同时也会产生个人法益侵害的危险，而个人法益的实际损害则应是其加重构成。在适用这一情形时，不能按照传统的“人身”法益损害去判断污染行为与人身伤害之间的因果关系，对此，有观点提出“疫学”的因果关系判断，我们认为具有合理性。

事实上，前两种情形的“情节特别严重”也是基于“疫学”原理对污染行为的预防，伴随经济发展的全球化，环境影响的全球化进一步加剧，环境影响的规模已经扩展到了整个地球规模，这一阶段上的环境侵害具有不可逆性、蓄积性、相互干涉性等，为此为了避免结果归责的困难，德国学者提出了“累积犯”或者“蓄积犯”的概念。[①]蓄积犯中的危害行为不具有典型性，单个行为不可能造成危害结果，但大量实施的话，就会引起一定的法益侵害。[②]但这里的“引起一定的侵害、危险”，并不以现阶段上危险化为要件。具体到水污染犯罪，既可以从保护个人的生命、健康法益的角度将之解释成抽象危险犯，也可以从保护自然资源水域这一集体法益免受污染出发将之理解为实害犯。[③]但这两者之间并非割裂，而联系的桥梁即“累积性”侵害。以水污染来说，污染一杯水或者一盆水并不具有生态价值，但如何评价何谓具有生态价值的水，却并不容易，生态价值具有整体性的要求，这些情形下，行为人实施了行为，造成了生态环境损害的严重后果，即具有原因力，

---

① 皮勇：《论新型网络犯罪立法及其适用》，载《中国社会科学》2018年第10期。

② 王晓芳：《刑法中的法益保护前置化问题——环境刑法维度的思考与应对》，载《山西青年管理干部学院学报》2013年第9期。

③ ［德］乌尔里希·齐白：《全球性网络犯罪的管辖权》，周遵友译，载［德］乌尔里希·齐白：《全球风险社会与信息社会中的刑法：二十一世纪刑法模式的转换》，周遵友、江溯等译，中国法制出版社2012年版，第441页。

降低了对因果关系证明的要求。

### （二）对犯罪竞合的理解

根据修正案的内容，本条补充规定了“有前款行为，同时构成其他犯罪的，依照处罚较重的规定定罪处罚”。这一规定首次出现于2013年司法解释，2016年司法解释作出后予以了保留，“违反国家规定，排放、倾倒、处置含有毒害性、放射性、传染病病原体等物质的污染物，同时构成污染环境罪、非法处置进口的固体废物罪、投放危险物质罪等犯罪的，依照处罚较重的规定定罪处罚”。后来在2019年会议纪要中对投放危险物质罪和污染环境罪进行了专门的竞合处理区分，规定“司法实践中对环境污染行为适用投放危险物质罪追究刑事责任时，应当重点审查判断行为人的主观恶性、污染行为恶劣程度、污染物的毒害性危险性、污染持续时间、污染结果是否可逆、是否对公共安全造成现实、具体、明确的危险或者危害等各方面因素”。这一规定意在将环境法益与公共安全法益相区分。我们认为这一规定是合理的，由于工业化、城市化的发展对环境的恶劣影响，学者对环境犯罪的关注起始于其对公共利益的侵害，将其作为“公害”犯罪，环境犯罪在日本也被作为“公害犯罪”，环境所涉及的公众利益容易让人们将之视为“公共安全”。但环境法益涉及的是公众利益，不一定是公共安全，这种公众利益的保护或者说环境犯罪对公众利益的侵犯并不是犯罪的直接对象。司法实践中对污染环境的行为应当原则上适用污染环境罪，适用投放危险物质罪的，应当特别慎重，要准确查明主客观方面的情况。比如司法解释明确规定的“饮用水水源保护区、供水单位取水口和出水口”等核心特殊区域，这些区域直接相关的就是“食用水”的生命安全，可以理解为公共安全，但如果是单纯的河流湖泊也认定为投放危险物质，似乎就显得不合适。

从以上分析，我们可以看出，在污染环境罪中，污染行为直接侵害的是环境法益，通过环境法益间接侵害依附其上的人类法益，而危害公共安全犯罪是直接侵害人类法益，对环境法益的侵害具有附着性。正是基于环境危害的传递性即通过自然介质作为桥梁、媒介使行为的侵害或者威胁得以传递、蔓延、发展，才发生了环境与人类利益的密切联系，但不能直接将二者混同。

## 四、以案说法

**【案例】董某某等19人污染环境案**[①]

2015年2月，被告人董某某将应由化工甲有限公司处置的废碱液交由没有资质的被告人刘某处置。后刘某联系被告人刘某1租用被告人李某停车场场地，挖设隐蔽排污管道，连接到河北省蠡县城市下水管网，用于排放废碱液。2015年2至5月，董某某雇用被告人石某等，将2,816.84吨废碱液排放至挖设的排污管道，并经案涉暗道流入蠡县城市下水管网。同时，从2015年3月起，被告人高某等明知被告人娄某无废盐酸处置资质，将回收的废盐酸交由娄某处置。娄某又将废盐酸交由无资质的被告人张某等人处置。张某等人又联系李某，商定在其停车场内经案涉暗道排放废盐酸。2015年5月16、17日，石某等人经案涉暗道排放100余吨废碱液至城市下水管网。同月18日上午，张某等人将30余吨废盐酸排放至案涉暗道。下午1时许，停车场及周边下水道大量废水外溢，并产生大量硫化氢气体，致停车场西侧经营饭店的被害人李某被熏倒，经抢救无效死亡。经鉴定，本案废碱液与废盐酸结合会产生硫化氢，并以气体形式逸出；李某符合硫化氢中毒死亡。

人民法院审理后认为废碱液、废盐酸均被列入《国家危险废物名录》，属危险废物。被告人董某某等违反国家规定，非法处置、排放有毒物质，严重污染环境。其行为均已构成污染环境罪。董某某等人非法排放废碱液，娄某等人非法排放废盐酸，均对李某硫化氢中毒死亡这一结果的发生起到了决定性的作用，应对李某的死亡结果承担刑事责任。根据各被告人的犯罪事实、情节和社会危害性，一审法院判决被告人董某某等犯污染环境罪，判处有期徒刑七年至二年不等，并处罚金。河北省保定市中级人民法院二审对一审刑事判决部分予以维持。

本案系污染环境致人死亡案件。危险废物具有腐蚀性、毒性、易燃性、反应性、感染性等危险特性，收集、贮存或处置不当，不仅严重威胁生态环

① 参见河北省保定市中级人民法院（2017）冀06刑终202号刑事附带民事判决书。

境安全，更可能直接危及人体健康甚至生命。本案中，被告人董某某等挖设隐蔽排污管道，将废碱液排放至城市下水管网，被告人张某等利用同一暗道排放废盐酸，造成一人死亡的特别严重后果。本案发生在修订之前，法院判决被告人董某某7年有期徒刑，根据《刑法修正案（十一）》对污染环境罪的修订，“致人死亡”为新增的“加重法定刑”情节，量刑可以在7年以上，更加有利于评价行为严重的社会危害性，实现罪刑均衡。

## 第十一节　非法猎捕、收购、运输、出售陆生野生动物罪的增设

**【新增条文】第三百四十一条第三款**　违反野生动物保护管理法规，以食用为目的非法猎捕、收购、运输、出售第一款规定以外的在野外环境自然生长繁殖的陆生野生动物，情节严重的，依照前款的规定处罚。

### 一、立法主旨

本条是关于增设非法猎捕、收购、运输、出售陆生野生动物罪的规定。为保护公共卫生安全，总结新冠肺炎疫情防控经验和需要，与野生动物保护法、生物安全法、传染病防治法等法律的修改制定相衔接，强化公共卫生刑事法治保障，《刑法修正案（十一）》将以食用为目的非法猎捕、收购、运输、出售特定陆生野生动物的行为规定为犯罪。①

### 二、修改理由

本轮刑法修订发生于新冠肺炎疫情背景下，且从“草案说明”来看，本罪增设显然与公共卫生安全保障和总结新冠疫情防控经验具有很强的关联性。

① 李宁：《〈关于中华人民共和国刑法修正案（十一）（草案）〉的说明》，2020年6月28日在第十三届全国人民代表大会常务委员会第二十次会议上。

因此，对本罪修改理由的分析，也应从这个角度切入。

近年来，人类社会经历了SARS、埃博拉、寨卡病毒、中东呼吸综合征、新型冠状病毒肺炎等多轮流性传染病的攻击，而既有研究表明，数轮传染病暴发多与野生动物存在密切联系。比如，2002—2003年暴发的严重急性呼吸系统综合征（SARS）波及26个国家和地区，造成8,000多人感染，774人死亡。研究表明，中华菊头蝠很可能是SARS病毒的自然宿主。[①]根据联合国环境署的数据，每4个月，人类社会就会出现一种新发传染病，其中75%都来自于动物，这清楚地表明了人类、动物与环境健康之间的密切关系。[②]新型冠状病毒肺炎疫情的暴发，更是让我国显著意识到了保护野生动物的重要性，即通过禁食野生动物，极大程度地阻断病毒从动物到人的传播。[③]由此，我们便可很好地理解《刑法修正案（十一）》增设本罪的理由。

关于野生动物保护问题，我国经历了多轮制度嬗变的过程。（1）第一阶段：野生动物问题相关立法，最早是以自然资源保护的面貌出现的。如1962年《国务院关于积极保护和合理利用野生动物资源的指示》开篇即指出，"野生动物是我国的一项巨大自然财富，每年不仅可以获得大量的野生动物肉类，还可以获得大量的野生动物毛皮和贵重的鹿茸、麝香。这些产品对改善人民生活和换取外汇都起了重要作用"。（2）第二阶段：随着野生动物商业利用的

---

① 参见《SARS病毒溯源研究》，载中国科学院武汉病毒研究所官方网站，http://www.whiov.ac.cn/zhuanti/60kjcg/201611/t20161114_4696081.html，2021年1月30日访问；《中国科学家发现蝙蝠携带有类SARS病毒——中国科学院科学家联合国外专家在SARS病毒动物溯源研究中取得新突破》，载中国科学院武汉病毒研究所官方网站，http://www.whiov.cas.cn/kxyj_160249/kyjz_160280/201911/t20191103_5419918.html，2021年1月30日访问；《武汉科学家追击SARS病毒15年 找到了源头的那群蝙蝠》，载新浪网，http://hb.sina.cn/news/2017-12-07/detail-ifypikwu3883587.d.html?from=wap，2021年1月30日访问。

② 《联合国：地球预警，每4个月出现新发传染病，75%源自动物》，载澎湃网，https://www.thepaper.cn/newsDetail_forward_7099086，2021年1月30日访问。

③ 可能会有观点主张通过广泛扑杀野生动物的方式实现阻断，但这一路径存在显著问题。比如，若广泛扑杀蝙蝠，则蚊子携带的登革热等流行病暴发的可能性便会大大增加。参见《中国科学家发现蝙蝠携带有类SARS病毒——中国科学院科学家联合国外专家在SARS病毒动物溯源研究中取得新突破》，载中国科学院武汉病毒研究所官方网站，http://www.whiov.cas.cn/kxyj_160249/kyjz_160280/201911/t20191103_5419918.html，2021年1月30日访问。

发展，逐渐暴露出了这种利用行为在卫生防疫上的不良后果，自2003年非典疫情之后，食用野生动物的安全问题被提上法律日程。这一时期，野生动物规范供给主要表现为一种“前端控制保护模式”，即加强养殖和经营的行政许可管理，但依然放任将野生动物作为美食进入消费市场。（3）第三阶段：新冠肺炎疫情发生后，全国人大常委会迅速出台《关于全面禁止非法野生动物交易、革除滥食野生动物陋习、切实保障人民群众生命健康安全的决定》，以此为标志，野生动物保护的制度改革开始转向对食用行为的全面禁止，首次使用“革除陋习”这一表述，强化消费端的控制，“野生动物”概念的法律语境也相应扩大，即不再局限于传统的珍贵、濒危野生动物和“三有”野生动物。[①]基于上述阶段划分，我们可以得出以下两点结论：一方面，从强调内容来看，在第一阶段中，我们更强调野生动物资源“价值”的一面；在第二阶段、第三阶段，野生动物资源“风险”的一面得到了越来越多的重视。另一方面，从保护法益来看，在第一阶段中，野生动物资源更多与环境资源相联系，如此可以很好地理解危害珍贵、濒危野生动物罪（第341条第1款）、非法狩猎罪（第341条第2款）为何被规定于破坏环境资源保护罪一节；在第二阶段、第三阶段中，野生动物资源则开始与公共卫生、生物安全问题相关联，如《生物安全法》第32条“国家保护野生动物，加强动物防疫，防止动物源性传染病传播”的表述即体现了这一点，如此便需要刑法学界进一步探讨相关犯罪的保护法益问题。

囿于刑法的保障法立场，上述制度嬗变显然会在刑事法治中得以体现。具体来说，在以自然资源保护为核心的第一阶段，由于制度建构旨在保护野生动物资源的价值，故而从刑法的立场出发，显然只有极具价值性的野生动物才有为刑法所保护的必要性，由此决定了刑法犯罪圈的基本划定范围。1988年，《全国人民代表大会常务委员会关于惩治捕杀国家重点保护的珍贵、濒危野生动物犯罪的补充规定》这一单行刑法公布施行，并以“珍贵、濒危”野生动物作为本罪的犯罪对象，显然体现了对野生动物资源价值性的保护。但是，在经由第二阶段，进入第三阶段以后，《刑法修正案（十一）》出台以

---

① 参见周珂、孙思嘉：《野生动物利用法律制度的嬗变与破局》，载《法学评论》2020年第6期。

前，由于人们对野生动物的风险性已有充分认识，刑事法治必然要对野生动物风险性的一面作出回应，以在保护自然资源的同时保护公共卫生安全，于是便出现了如下突出现象。

第一，在规范层面，2020年2月24日，全国人大常委会发布《关于全面禁止非法野生动物交易、革除滥食野生动物陋习、切实保障人民群众生命健康安全的决定》，其中明确规定："全面禁止食用国家保护的'有重要生态、科学、社会价值的陆生野生动物'以及其他陆生野生动物，包括人工繁育、人工饲养的陆生野生动物。全面禁止以食用为目的猎捕、交易、运输在野外环境自然生长繁殖的陆生野生动物。对违反前两款规定的行为，参照适用现行法律有关规定处罚。"这一规定给刑事司法带来的直接影响即在于，《刑法》的既定犯罪圈是否因此而扩大？该决定是否在实质上创设了新的罪刑规范？"参照适用"仅包括参照适用行政处罚相关规定还是包括参照适用《刑法》第341条？进而，食用非珍贵、非濒危野生动物的行为，会否被评价为犯罪？一些学者敏锐地发现了这一条款对刑事司法可能造成的影响，并作出了相应回答，[①]但从实践来看，少有将这一规定理解为犯罪圈实质性扩张的见解。

第二，在解释层面，2020年12月18日，最高人民法院、最高人民检察院、公安部、司法部发布《关于依法惩治非法野生动物交易犯罪的指导意见》，其开篇即指出："为依法惩治非法野生动物交易犯罪，革除滥食野生动物的陋习，有效防范重大公共卫生风险，切实保障人民群众生命健康安全，根据有关法律、司法解释的规定，结合侦查、起诉、审判实践，制定本意见。"可见，有权解释机关此时对野生动物保护的认识，已不再是将其单纯视为一种自然资源，而是意识到其与公共卫生安全、群众生命健康密切相关。由此，在具体规定层面便出现了"明确政策导向"与"坚守罪刑法定"的密切互动现象：该指导意见第1条至第3条，第1款都旨在强调于前端（猎捕、杀害行为）、中端（收购、运输、出售、进出口行为）、末端（食用、购买行为）严厉打击关联犯罪、依法保障公共卫生安全的刑事政策；第2款及之后则基本是对《刑法》既有的罪状表述进行重申，强调罪刑法定。如此的意旨是很清楚

---

① 如叶良芳：《〈野生动物保护决定〉适用若干问题探讨》，载《法治研究》2020年第3期。

的，即要求刑事司法应在最大限度遵守罪刑法定的前提下，实现对珍贵、濒危野生动物的全链条保护，以严厉打击相关犯罪。从这个意义上讲，经由有权解释的《刑法》第341条，虽在犯罪圈划定上没有发生变化，但打击目标已不再仅仅是促进野生动物资源保护，而是转向聚焦于野生动物资源破坏所引发的公共卫生安全问题。

第三，在适用层面，最高人民法院、最高人民检察院先后数轮发布相关指导案例，也体现了从疫情防控、公共卫生安全风险防范的角度适用《刑法》第341条的立场。2020年2月19日，全国检察机关依法办理妨害新冠肺炎疫情防控犯罪典型案例（第二批）中的案例五即是福建省武夷山市陈某某涉嫌非法猎捕、杀害国家重点保护的珍贵、濒危野生动物罪案；2020年2月26日，全国检察机关依法办理妨害新冠肺炎疫情防控犯罪典型案例（第三批）中的案例五则是河北省玉田县刘某某等五人涉嫌非法收购、出售珍贵野生动物案，并特别强调滥食野生动物对公共卫生安全构成重大隐患；2020年3月10日，最高人民法院发布第一批10个依法惩处妨害疫情防控犯罪典型案例，其中两个案例涉及珍贵、濒危野生动物犯罪，即黄某某非法制造枪支、非法猎捕、杀害珍贵、濒危野生动物、非法持有枪支案——自制枪支猎杀果子狸、小灵猫等野生动物，陈某某非法收购珍贵、濒危野生动物案——介绍他人非法收购穿山甲。

基于上述梳理，在野生动物保护制度经历“价值性—风险性”“自然资源面向—公共卫生面向”转向的背景下，《刑法》第341条的规范保护目的已发生实质性改变，刑事法律有权解释，刑事司法也均作出了适应性调整，但囿于罪刑法定原则的要求，在革除食用野味陋习、实现全链条保护方面，仍存在力所不逮之处。由此，留待刑事立法解决的，便是进一步扩张犯罪圈，将食用野味的行为也纳入刑法的规制范围。如此来看，《刑法修正案（十一）》在这一问题上有所作为，也便理所当然，并得到了学界认同。[①]不过，在行政制裁尚未作出配套性规定的情况下，《刑法修正案（十一）》先行于前置法对行政责任的配置，确有违背刑法谦益性、保障性之嫌疑，[②]从这个意义上讲，

---

① 如叶良芳：《〈野生动物保护决定〉适用若干问题探讨》，载《法治研究》2020年第3期。

② 参见田宏杰：《野生动物刑法保护的理念与完善》，载《贵州大学学报（社会科学版）》2020年第3期。

相关行政责任的“迎头赶上”亦迫在眉睫。

## 三、条文释义

非法猎捕、收购、运输、出售陆生野生动物罪，是指以食用为目的非法猎捕、收购、运输、出售珍贵、濒危野生动物以外的在野外环境自然生长繁殖的陆生野生动物，情节严重的行为。

### （一）对本罪成立要件的解析

本罪的犯罪客体是国家对野生动物的保护制度。在野生动物保护经历由价值性到风险性的认识转向背景下，显然极有必要将食用野生动物的行为纳入国家对野生动物的保护制度之中，这在《全国人民代表大会常务委员会关于全面禁止非法野生动物交易、革除滥食野生动物陋习、切实保障人民群众生命健康安全的决定》中得到了充分体现，而本罪的犯罪客体即是此种野生动物保护制度。需要进一步讨论的是，在认识转变的背景下，本罪侵害的同类客体，是否还可以被评价为环境资源保护制度，并被置于《刑法》第六章第六节（破坏环境资源保护罪），还是应当被评价为公共卫生制度，并被置于《刑法》第六章第五节（危害公共卫生罪）？我们认为，立法者将其置于第六章第六节主要是出于立法技术的考量，即本罪中的行为对象与《刑法》第341条第1款中的行为对象成立互斥关系，所以在罪状表述上才有“第一款规定以外的……”一语。因此，如果将本罪置于《刑法》第六章第五节，容易导致罪状表述上的困难和冗余以及在竞合情况下可能的适用偏差。而且，除珍贵、濒危野生动物外，其他野生动物也属于自然资源的组成部分，猎捕、收购、运输、出售其他野生动物的行为也会侵害环境法益，故而将本罪置于破坏环境资源保护罪一章也并无不妥。

本罪在客观方面表现为违反野生动物保护管理法规，非法猎捕、收购、运输、出售珍贵、濒危野生动物以外的在野外环境自然生长繁殖的陆生野生动物，情节严重的行为。对此：（1）在前置条件上，行为人必须违反野生动物管理法规。换言之，如果行为人遵守野生动物管理法规，依法取得了相应的猎捕、收购、运输、出售资质，不成立本罪。（2）在行为方式上，行为人实施了非法猎捕、收购、运输、出售的行为。猎捕，是指狩猎、捕捉的行为；收购，是指基于一定对价的购买行为；运输，包括采用携带、邮寄、利用他人、使用交通工具等方法进行运送的行为；出售，包括出卖行为。在此，需要进一步分析两个问题：第一，《刑法》第341条第1款包括猎捕、杀害、收购、运输、出售五种行为模式，而本罪中并无"杀害"这一规定，是否意味着以食用为目的杀害其他野生动物的行为一律不成立本罪？我们认为，实践中，本罪具有处罚必要性的杀害行为事实上多可被评价为"猎捕"，如在野外发现、杀害野生动物以供食用的，显然属于"猎捕"行为。而另一些杀害行为，则是收购等行为的自然延伸，比如购入野生动物后杀害并烹煮的，杀害行为并没有《刑法》层面的评价的必要。因此，本罪不含"杀害"这一行为类型，并非立法疏漏，而是基于现实作出的合理选择。第二，本罪中的出售是否包含以营利为目的的加工利用行为？2000年《最高人民法院关于审理破坏野生动物资源刑事案件具体应用法律若干问题的解释》规定："'出售'，包括出卖和以营利为目的的加工利用行为。"尽管这一规定是针对《刑法》第341条第1款的解释，但能否将其参照适用于对本罪中"出售"的理解？我们初步认为，从前后解释的一致性以及法益保护的充分性出发，宜对本罪中的"出售"与第341条第1款中的"出售"做同一的理解，即以营利为目的加工利用野生动物以供他人食用的，原则上宜评价为"售卖"。（3）在行为对象上，本罪的行为对象是第1款规定以外的在野外环境自然生长繁殖的陆生野生动物，对此可从积极限定与消极限定两个方面加以理解。从积极限定上看，一方面，本罪的行为对象限于在野外环境自然生长繁殖的野生动物，换言之，驯养繁殖的野生动物不属于本罪的行为对象；另一方面，本罪的行为对象限于陆生野生动物，换言之，水生野生动物不属于本罪的行为对象。从消极限定上看，一方面，本罪的行为对象不包括第1款中的"野生动物"。相关司法解释对第1款中"野生动物"的外延作出了明确规定，即"包括列入国家重点保护野生动物名录的国家一、二级保护野生动物、列入《濒危野生动植物种国际贸易公约》附录一、附录二的野生动物以及驯养繁殖的上述物种"。[①]另

① 《最高人民法院关于审理破坏野生动物资源刑事案件具体应用法律若干问题的解释》第1条。

一方面，本罪的行为对象不包括家禽家畜。根据《全国人民代表大会常务委员会关于全面禁止非法野生动物交易、革除滥食野生动物陋习、切实保障人民群众生命健康安全的决定》，国务院畜牧兽医行政主管部门依法制定并公布畜禽遗传资源目录，列入畜禽遗传资源目录的动物，属于家畜家禽。（4）在罪量要素上，本罪还要求达到情节严重的程度。

从犯罪主体上看，任何年满16周岁、具有刑事责任能力的自然人，均可成立本罪。此外，《刑法》第346条规定："单位犯本节第三百三十八条至第三百四十五条规定之罪的，对单位判处罚金，并对其直接负责的主管人员和其他直接责任人员，依照本节各该条的规定处罚。"由于本罪在上述限定范围之内，故而单位亦可作为本罪的犯罪主体。

本罪的主观方面表现为故意，且需以食用为目的。这里的食用，既包括自己食用，也包括供他人食用，至于自己或他人是否实际食用，在所不问。

### （二）本罪法定刑的适用

关于本罪处罚，根据《刑法》第341条第3款，犯本罪的，依照《刑法》第341条第2款处罚，即应处3年以下有期徒刑、拘役、管制或者罚金。值得进一步研究的是，2020年《全国人民代表大会常务委员会关于全面禁止非法野生动物交易、革除滥食野生动物陋习、切实保障人民群众生命健康安全的决定》第1条明确规定："凡《中华人民共和国野生动物保护法》和其他有关法律禁止猎捕、交易、运输、食用野生动物的，必须严格禁止。对违反前款规定的行为，在现行法律规定基础上加重处罚。"由此涉及，在《刑法修正案（十一）》已经将非法猎捕、收购、运输、出售陆生野生动物罪入刑的前提下，在往后的法律适用中，是否需要"在现行法律规定基础上加重处罚"？对此，我们认为，答案是否定的。

首先，从基本原则上看，此举有逾越罪刑法定之嫌。"加重处罚"并非《全国人民代表大会常务委员会关于全面禁止非法野生动物交易、革除滥食野生动物陋习、切实保障人民群众生命健康安全的决定》的独创，在刑法领域，如1951年《惩治反革命条例》、1952年《惩治贪污条例》、1981年《全国人民代表大会常务委员会关于处理逃跑或者重新犯罪的劳改犯和劳教人员的决定》，均有关于加重处罚的规定。但是，正如有学者所质疑的，如此降低甚至丧失了法定刑规定的意义，有逾越罪刑法定原则之嫌。[①]正因如此，“加重处罚”这种法律规定逐渐销声匿迹。从这个意义上讲，尽管全国人大常委会出台了上述决定，但对其中“加重处罚”的表述，在刑法领域也宜尽可能限缩解释、限缩适用，以坚定捍卫刑法的基本原则。

其次，从规范表述上看，根据《立法法》第7条，基本法律与法律（在此特指狭义法律并与基本法律相区别，以下同）存在本质差异，其中，《刑法》属于基本法律，《野生动物保护法》属于法律。《全国人民代表大会常务委员会关于全面禁止非法野生动物交易、革除滥食野生动物陋习、切实保障人民群众生命健康安全的决定》第1条中加重处罚的适用对象，是“《中华人民共和国野生动物保护法》和其他有关法律”，显然，《野生动物保护法》作为法律，在效力位阶上低于《刑法》这一基本法律，而根据同质性判断规则，“其他有关法律”显然也只能指向与《野生动物保护法》效力位阶相同的法律，由此可知，该决定中加重处罚的适用对象至多及于法律一级，而不含基本法律，不能以此作为《刑法》适用过程中加重处罚的依据。

最后，从立法背景上看，该决定的出台背景，是在疫情防控的关键时刻，鉴于召集全国人大专门讨论相关法律的修改相对困难，而“以最严格的法律条文禁止和打击一切非法捕杀、交易、食用野生动物的行为”又迫在眉睫，不得已临时、紧急地出台这一决定，并恢复了加重处罚模式。[②]立法背景是我们理解规范目的和规范作用范围的依据，立法时特定情势的消失，也会使对规范的解读发生改变。在《刑法修正案（十一）》已经修改相关规定、严密刑事法网的背景下，一方面，“以最严格的法律条文禁止和打击一切非法捕杀、交易、食用野生动物的行为”的目的已经由将非法猎捕、收购、运输、出售陆生野生动物罪入刑的方式实现；另一方面，此种行为的社会危害性，亦已经在修正案设定法定刑的过程中予以了充分考量，由此，也不应将该决定适用于对非法猎捕、收购、运输、出售陆生野生动物行为的处罚。

---

① 参见高铭暄：《中华人民共和国刑法的孕育诞生和发展完善》，北京大学出版社2012年版，第58—59页；成光海：《对“加重处罚”应再作有权解释的建议》，载《法学杂志》1985年第6期。

② 叶良芳：《〈野生动物保护决定〉适用若干问题探讨》，载《法治研究》2020年第3期。

## 四、以案说法

**【案例】四川某男子猎捕蝙蝠案**[①]

2020年2月24日，德昌县森林公安局雅江森林派出所民警接到群众报警电话称，铁炉镇烂坝村有村民安装粘网捕鸟，要求森林公安前去查处。雅江森林派出所民警随即赶赴铁炉镇烂坝村，现场查获疑似雀鹰死体一只，其他鸟类死体26只，蝙蝠死体33只。经查，嫌疑人杨某在替二哥经营管理枇杷园时，为了不让鸟和蝙蝠破坏枇杷，未经相关部门允许，从2002年起擅自在园内安装遮阳网、渔网、粘网，用于抓捕野生动物，并食用过包括蝙蝠在内的野生动物。杨某自称，新冠肺炎疫情发生后，不敢再食用、买卖和赠送捕捉到的野生动物，但也没有对捕捉到的野生动物进行销毁。案件发生后，德昌县森林公安局向德昌县防疫部门报告，相关部门已将33只死体蝙蝠作销毁处理，并对销毁蝙蝠的场地进行消毒。

本案发生于2020年年初，《刑法修正案（十一）》显然对本案没有溯及力，但若类似行为以后再次发生，由于其实施了猎捕行为，猎捕的对象确属《刑法》第341条第1款规定以外的在野外环境自然生长繁殖的陆生野生动物，且从公安机关及时介入的角度看，其行为显然违反了野生动物保护管理法规，故有成立本罪的空间。在具体审查时，另需重点评估以下方面：（1）行为人是不是以食用为目的。仅以行为人曾食用过包括蝙蝠在内的野生动物为由，并不足以确证其此轮行为同样是基于食用的目的，从证明上讲，其过往的食用经历至多只能作为一个参考性的依据。（2）行为人的行为是否达到情节严重的程度。对此，宜适时出台相关司法解释。此外，前置法的完善也可为本罪中情节严重的判断提供参考，因为从比例性上讲，成立本罪时情节的严重程度应高于前置法中最严厉的行政处罚所对应的情节。

---

① 《四川一男子猎捕蝙蝠曾食用，涉嫌非法狩猎暂居家隔离》，载“新京报”微信公众号，2020年2月28日。

# 第十二节　破坏自然保护地罪的增设

**【新增条文】第三百四十二条之一**　违反自然保护地管理法规，在国家公园、国家级自然保护区进行开垦、开发活动或者修建建筑物，造成严重后果或者有其他恶劣情节的，处五年以下有期徒刑或者拘役，并处或者单处罚金。

有前款行为，同时构成其他犯罪的，依照处罚较重的规定定罪处罚。

## 一、立法主旨

本条规定了破坏自然保护地罪。该罪的设立，旨在保护自然保护地，保护生物多样性、保存自然遗产、改善生态环境质量，进而维护国家生态安全。

## 二、修改理由

最近一段时间，一些地方出现了在国家公园、自然保护区违法进行开垦、开发以及滥建的情况，对生态环境造成了一定的破坏。《刑法修正案（十一）》规定破坏自然保护地罪，对惩治和预防这类行为、保护以国家公园为主体的自然保护地体系具有重要意义。

自然保护地体系建设对保护生态环境具有重要意义。为此，中共中央办公厅、国务院办公厅印发了《关于建立以国家公园为主体的自然保护地体系的指导意见》。该文件提出的总体目标是，建成中国特色的以国家公园为主体的自然保护地体系，推动各类自然保护地科学设置，建立自然生态系统保护的新体制新机制新模式，建设健康稳定高效的自然生态系统，为维护国家生态安全和实现经济社会可持续发展筑牢基石，为建设富强民主文明和谐美丽的社会主义现代化强国奠定生态根基。该文件指出，建立自然保护地目的是守护自然生态，保育自然资源，保护生物多样性与地质地貌景观多样性，维护自然生态系统健康稳定，提高生态系统服务功能；服务社会，为人民提供优质生态产品，为全社会提供科研、教育、体验、游憩等公共服务；维持人与自然和谐共生并永续发展。要将生态功能重要、生态环境敏感脆弱以及其他有必要严格保护的各类自然保护地纳入生态保护红线管控范围。在相关法律法规体系建设方面，该文件提出，要加快推进自然保护地相关法律法规和制度建设，加大法律法规立改废释工作力度。修改完善自然保护区条例，突出以国家公园保护为主要内容，推动制定出台自然保护地法，研究提出各类自然公园的相关管理规定。在自然保护地相关法律、行政法规制定或修订前，自然保护地改革措施需要突破现行法律、行政法规规定的，要按程序报批，取得授权后施行。

## 三、条文释义

对《刑法》第342条之一破坏自然保护地罪的理解与适用，应从以下三个方面进行解析：

### （一）对“违反自然保护地管理法规”的理解

自然保护地是由各级政府依法划定或确认，对重要的自然生态系统、自然遗迹、自然景观及其所承载的自然资源、生态功能和文化价值实施长期保护的陆域或海域。目前有关自然保护地管理法规，主要是《环境保护法》《土地管理法》《自然保护区条例》等法律法规。例如，《自然保护区条例》第26条规定，禁止在自然保护区内进行砍伐、放牧、狩猎、捕捞、采药、开垦、烧荒、开矿、采石、挖沙等活动；但是，法律、行政法规另有规定的除外。

### （二）对“国家公园”“国家级自然保护区”的理解

国家公园是指由国家批准设立并主导管理，边界清晰，以保护具有国家代表性的大面积自然生态系统为主要目的，实现自然资源科学保护和合理利用的特定陆地或海洋区域。国家公园是我国自然保护地最重要类型之一，属于全国主体功能区规划中的禁止开发区域，纳入全国生态保护红线区域管控范围，实行最严格的保护。国家公园的首要功能是重要自然生态系统的原真性、完整性保护，同时兼具科研、教育、游憩等综合功能。[①]

① 引自中共中央办公厅、国务院办公厅《建立国家公园体制总体方案》。

《自然保护区条例》第2条规定，自然保护区，是指对有代表性的自然生态系统、珍稀濒危野生动植物物种的天然集中分布区、有特殊意义的自然遗迹等保护对象所在的陆地、陆地水体或者海域，依法划出一定面积予以特殊保护和管理的区域。该条例第11条规定，自然保护区分为国家级自然保护区和地方级自然保护区。在国内外有典型意义、在科学上有重大国际影响或者有特殊科学研究价值的自然保护区，列为国家级自然保护区。

### （三）对“进行开垦、开发活动或者修建建筑物，造成严重后果或者有其他恶劣情节的”的理解

开垦，就是对未利用土地，采取工程措施、生物措施或综合措施，使其改造成为以种植、养殖为主的可持续性利用的农用土地的活动。开发，即以荒地、矿山、森林、水力等自然资源为对象进行劳动，以达到利用的目的。建筑物有广义和狭义两种含义，广义的建筑物是指人工建筑而成的所有东西，既包括房屋，又包括构筑物，前者指供人在内居住、工作、学习、娱乐、储藏物品或进行其他活动的空间场所，后者指不具备、不包含或不提供人类居住功能的人工建筑物，比如水塔、水池、过滤池、澄清池、沼气池等。

“造成严重后果或者有其他恶劣情节的”，包括对国家公园、自然保护区的土地、山林造成难以恢复的破坏，长期实施这类行为，经主管部门要求停止仍继续开垦、开发、继续修建建筑物的，等等。

## 四、以案说法

**【案例】陈某、支某非法占用农用地案**①

2005年5、6月份，被告人支某提议在秦岭山脚下建个小院子，盖几间房，作为休闲场所，被告人陈某同意。2005年7月，被告人陈某、支某与兴某某一起在秦岭山周边寻找，后在户县（现为鄠邑区）石井镇××组看中一块土地，找到时任××镇××村××组长王某某，王某某带陈某、支某、兴某某见到时任石井镇蔡家坡村党支部书记、村委会主任韩某某，告知租赁土地事宜。2005年8月5

---

① 参见西安铁路运输法院（2019）陕7102刑初26号刑事判决书。

日，被告人支某以其个人名义与户县××镇××村××组签订了一份《土地租赁合同》，约定将该组15亩土地租赁给支某，租赁土地用途为园林绿化、盆景、栽培或其他经营活动（无污染、无噪声），在不违反国家相关规定，不影响村民正常生活的前提下，承租方根据自身发展的需要，在租赁区域范围内决定土地用途，出租方不得干涉、阻挠和破坏。2005年底，被告人陈某、支某在该宗土地上圈建围墙，2006年初动工建设，由陈某决定重大事项并向支某提供前期建设资金，让支某负责具体建设事宜。经陈某同意后，支某找西安建筑科技大学的学生设计图纸，由支某负责找当地村民和建筑队修建。2006年，被告人陈某知道盛赛尔公司有装修工程要对外承包，遂与支某商议，由支某注册成立陕西秦悦贸易有限公司（以下简称秦悦公司）承揽陈某所任职的盛赛尔公司的装修工程，赚取的利润投入到别墅修建中。之后，陈某、支某分别代表盛赛尔公司和秦悦公司签订合同，并将赚取的100余万元利润用于涉案建筑物及其附属设施修建。2006年9、10月份陆续完成房屋建设，屋顶修缮，鱼塘、道路硬化等附属设施建设，到2008年涉案建筑物（别墅）建成。西安市国土资源局鄠邑分局2018年10月4日作出《关于对支某非法占地性质的认定书》。经西安市国土资源局鄠邑分局2018年10月2日初步鉴定，西安市国土资源局2018年10月3日作出市国土发【2018】332号《关于鄠邑区石井镇蔡家坡村一宗耕地破坏程度的鉴定意见》，该宗土地为基本农田保护区，宗地上建造物占用、修建鱼塘等，属在耕地上建筑物占用、修建鱼塘破坏类型，该宗土地整理和复垦难度大，属于对耕地种植条件的严重毁坏。2018年9月底，该违建别墅已被政府拆除。法院认为，被告人陈某、支某的行为构成非法占用农用地罪，二被告人系共同犯罪，被告人陈某为本案主犯，被告人支某为本案从犯，应按照二被告人在共同犯罪中不同地位和作用，分别依法定罪量刑。法院判决，陈某犯非法占用农用地罪，判处有期徒刑一年，缓刑一年六个月，并处罚金人民币280,000元；支某犯非法占用农用地罪，判处有期徒刑八个月，缓刑一年，并处罚金人民币230,000元。

本案是轰动一时的“秦岭违建”系列案件中的一起，由于被告人的行为属于非法占用农用地行为，因而被以非法占有农用地罪定罪处罚。在《刑法修正案（十一）》施行后，如果秦岭及周边地区被纳入国家公园，那么，类似行为就有可能按照破坏自然保护地罪定罪处罚。

# 第十三节　非法引进、释放、丢弃外来入侵物种罪的增设

**【新增条文】第三百四十四条之一**　违反国家规定，非法引进、释放或者丢弃外来入侵物种，情节严重的，处三年以下有期徒刑或者拘役，并处或者单处罚金。

## 一、立法主旨

本条为《刑法修正案（十一）》新增的罪名，旨在实现生物安全刑法保护的完善，与新修订的《生物安全法》有效衔接，规制违反国家规定，非法引进、释放或者丢弃外来入侵物种，情节严重的行为，以保护我国物种的多样性和生态环境的和谐发展。

## 二、修改理由

2020年2月14日，习近平总书记在中央全面深化改革委员会第十二次会议上提出，要把生物安全纳入国家安全体系。在总体国家安全观视域下，生态安全构成了生物安全的重要内容。习近平总书记强调，要从保护人民健康、保障国家安全、维护国家长治久安的高度，把生物安全纳入国家安全体系，系统规划国家生物安全风险防控和治理体系建设，全面提高国家生物安全治理能力。

中国生态环境部发布《2019中国生态环境状况公报》显示，全国已发现660多种外来入侵物种，其中215种已入侵国家级自然保护区。71种对自然生态系统已造成或具有潜在威胁并被列入《中国外来入侵物种名单》。[①]由于

---

① 《生态环境部：中国已发现660多种外来入侵物种》，载学习强国，https://article.xuexi.cn/articles/index.html?art_id=5366498167043062801&item_id=5366498167043062801&study_style_id=feeds_default&pid=&ptype=-1&source=share&share_to=wx_single，2021年1月21日访问。

缺乏自然控制机制，外来物种入侵后不断繁殖、扩散，严重威胁森林、草原、农田、水系等生态系统，对经济发展具有极大危害，据估计，2002—2003年，外来物种对我国造成的经济损失总计超过1,200亿元，其中直接经济损失近200亿元，间接经济损失约1,000亿元，占国内生产总值的1.36%；到2009年，外来物种给我国造成的经济损失升至2,000亿元。[①]一些入侵物种甚至能直接危害人类健康，所携带的微生物或者其生化特性本身会对人体健康造成严重威胁。如非洲的埃博拉病毒、西亚的东非呼吸综合征等，这些病毒的病原体都来自动物携带且根本无法预料，造成北方地区近年来枯草热发病率逐年上升的主要病因之一就是由入侵我国的豚草的花粉引起的。[②]这些被感染的病毒往往没有特效药，应对这些传染病的成本非常高。另外，非法引入外来野生动物还可能会对本土的生态造成灾难，这样的损害一旦发生是无法挽回的，甚至可能导致原有物种退化甚或灭绝，使生物多样性丧失、造成环境退化。

在新冠肺炎疫情传播期间，国外的许多野生动物感染了新冠病毒；多国进口的海产品和畜禽肉类等也检测出了阳性病毒样本，这非常不利于我国的生物安全和生态安全，从维护国家安全的角度考虑，将非法引进、释放和丢弃外来物种的行为入罪是非常必要和及时的。国际社会对于防范外来物种入侵早已给出了重视，其中联合国所订立的《生物多样性公约》就规定了成员国有防止引进有威胁性的外来物种，并予以控制和消灭的义务。世界自然保护同盟也同样对成员国提出了相应的义务，并且颁布了濒危物种红色名录、绿色名录等，对保护生物多样性起到了积极作用。目前，大多数国家加入了该国际公约，并按照相应的要求建立了一套初见成效的法律制度，这强有力地推动了全球的外来物种治理。我国《刑法》中并没有直接关于引进外来物种导致危害结果的犯罪，与其间接相关的是《刑法》第332条的妨害国境卫生检疫罪，第338条的污染环境罪，但这些法条根本不能涵盖到所有故意或者过

---

① 杨新莹：《国际环境法风险预防原则与我国外来物种入侵的法律对策》，载《农业现代化研究》2010年第5期。

② 王振：《物种入侵：环境刑法的新界域》，载《北华大学学报（社会科学版）》2013年第2期。

失引进外来物种导致严重后果的行为，其适用范围较窄，有必要就引进危险外来物种的危害行为新增一条罪名。[①]

在此强烈的立法需求下，《生物安全法》由中华人民共和国第十三届全国人民代表大会常务委员会第二十二次会议于2020年10月17日通过，明确规定国家加强对外来物种入侵的防范和应对，保护生物多样性；任何单位和个人违反《生物安全法》的规定，未经批准擅自引进、释放或者丢弃外来物种的，应当承担相应的法律责任。该法将于2021年4月25日起施行，为了做好与《生物安全法》中有关防治外来物种入侵的行政法规范衔接工作，此次修正案在《刑法》第344条之后，新增第344条之一，规定了非法引进、释放、丢弃外来入侵物种罪。[②]

## 三、条文释义

首先，本罪为法定犯，这里涉及“违反国家规定”的理解。违反法律主要指的是违反《生物安全法》，因为该法专门规定了加强对外来物种入侵的防范和应对。该法第60条规定，“国家加强对外来物种入侵的防范和应对，保护生物多样性。国务院农业农村主管部门会同国务院其他有关部门制定外来入侵物种名录和管理办法。国务院有关部门根据职责分工，加强对外来入侵物种的调查、监测、预警、控制、评估、清除以及生态修复等工作。任何单位和个人未经批准，不得擅自引进、释放或者丢弃外来物种”。同时第81条专门规定了对擅自引进、释放和丢弃的行为的法律责任。

除了《生物安全法》，我国20世纪80年代初以来的一系列法律法规中都涉及对外来物种防治问题的规定，如1983年《植物检疫条例》、1988年《野生动物保护法》、2000年《种子法》、2001年《农业转基因生物安全管理条例》、2014年《环境保护法》等。比如《海洋环境保护法》第25条规定，引

① 童光法、佟占军：《外来物种入侵的民事责任构成之探讨》，载《北京农学院学报》2012年第4期。

② 高铭暄、孙道萃：《〈刑法修正案（十一）（草案）〉的解读》，载《法治研究》2020年第5期。

进海洋动植物物种，应当进行科学论证，避免对海洋生态系统造成危害。《野生动物保护法》第12条规定，禁止或者限制在相关自然保护区域内引入外来物种、营造单一纯林、过量施洒农药等人为干扰、威胁野生动物生息繁衍的行为。《农业法》2012年修订时在第八章中增加了与外来物种管理相关的规定，该法第64条规定了从境外引进生物物种资源应依法进行登记审批并做好相应安全控制措施。

其次，本罪的入罪条件为“情节严重”，而该罪的法益为“生态法益”，在判断是否构成犯罪时要考虑是否存在严重的生态安全危害性，这里要科学区别生态环境领域中的危险和风险。生态安全是一种相对的安全，而非绝对的安全，因此物种之间的威胁是否会演变为确实的危险，往往是不确定的，有些与生态环境有关的行为或许只是具有不确定风险的行为，只不过在特殊情况下风险偶然变成了实际危害，如果模糊化判断，则可能陷入夸大危险以及风险的状况。比如有学者主张对外来物种入侵犯罪设置为危险犯甚至抽象危险犯。①

从生态安全的整体性预防必要来说，外来物种入侵行为对当代人与后代人赖以生存的生态环境造成的风险既可能是一种具体的危险，也可能是一种抽象的危险。但这并不是要将此罪的“风险”模糊化，危险的判断仍然需要科学的评价。在对外来物种入侵风险的评估方面，已经形成了德尔菲法（Delphi）、故障树（Fault Tree）分析法、模糊综合风险评估和灰色系统法分析法等科学有效的方法群。②但从刑法角度来说，对于生态学意义上的“风险”刑法必须进行独立的判断与选择，因此修正案采取“情节严重”的限制，正是着眼于破解生态安全的整体性以及对“危险”的限制解释。由于“情节”自身有很大解释的空间，在语义上既包括实害情节、危险情节也包括风险情

---

① 王振：《外来物种入侵：环境刑法的新界域》，载《北华大学学报》2013年第2期。

② 德尔菲法是依据特定的系统的程序，采用多位专家匿名发表意见的方式，经过反复征询、归纳、修改，最后形成对风险预测的一致看法，其结果因为具有广泛的代表性而可靠度较高。故障树是一种描述事故因果关系的有方向的树，该方法以前期预测和识别各种潜在风险因素为基础，通过逻辑推理求解风险生发的概率，是国内外普遍公认采用的用于安全分析评价与事故预测的科学方法。模糊综合风险评估法是以模糊数学理论为思维原型发展而来的一种风险评估方法，是对人们决策思维过程的数学描述。王振：《外来物种入侵：环境刑法的新界域》，载《北华大学学报》2013年第2期。

节，在解释上更加灵活，但也对司法工作者提出了更高的要求，否则本条规定有可能成为一条规制不确定甚至假想风险的条款。因此，有学者对于立法的限制予以认同，认为有必要设定定罪的门槛，以避免扩大打击面。①

在具体的司法实践中，我们认为，“情节严重”的把握应当建立在对“生物安全”法益保护的需要以及“生物入侵”事实的威胁基础上，不能是虚构的危险。对于“引起”“释放”“丢弃”行为，应当结合“违反国家规定”这一前提来理解，首先对是否存在违反前置性行政法律规范进行判断，在此基础上，审查是否存在现实的“生态法益”危险。其次，随着国际交往的便利，公民和组织可以轻松地将外来物种带入国内，引入只是属于风险行为而不属于危险行为，引进并不一定会导致释放或丢弃的结果，如果本来就没有破坏生态的动机或目的，行为人就不太可能释放或丢弃外来入侵物种，那么就不存在对外部生态的危险乃至破坏。对具体的“引进”“释放”“丢弃”行为要进行一定的限缩解释，结合对“生物安全”的侵害危险进行具体的分析。比如有些物种在引入时尚且不确定其危害性，的确违反了相关行政法律规定，但引入后反而造福于人的利益，比如土豆原产于南美，在300多年前引入我国，现在已成为我国西北某些地区的重要粮食作物。因此在认定“情节严重”时必须考虑“法益”是否受到侵害，如果没有受到侵害，不应当认定为犯罪。

在判断法益是否受到侵害时，尤其要注意客观存在物种减少、人体健康受损的案件，对这类具有实害结果的“情节”判断时，要考虑因果关系的特殊性。在面对物种入侵对生态安全造成不可逆的巨害情形下，采用疫学因果关系认定刑法因果关系的思路，是较为合理的。

此外，该罪在实践中往往会出现行为人在主观上并没有认识到引进、释放、丢弃的是“外来入侵物种”，比如一些“放生”案件中，行为人可能并不了解所释放物种的危险，此时在主观认识的认定上，要判断行为人是否具有“认识可能性”，如果行为人客观上欠缺认识可能，那么可以根据期待可能性理论阻却刑事责任，但如果行为人具有违法性认识，或者概括认识到物种为法律禁止引入，只是不明确认知具体种类，那么不影响犯罪的成立。对于何

---

① 曾粤兴：《对〈刑法修正案（十一）（草案）〉的审思与建议》，载《法治研究》2020年第5期。

谓“入侵物种”，有关部门也需要及时更新，通过发布与外来物种和外来有害生物相关的名录和名单的方式加强对外来入侵物种的管理，加强民众认知的可能。2007年，国家质检总局、农业部、林业局对1992年制定的《84种进境植物危险性病虫杂草名录》作了修订，由农业部发布了《进境植物检疫性有害生物名录》，共有437种检疫性有害生物列入名单，并在2009—2013年每年进行更新。这些有害生物名单对于进出口检验检疫部门的日常工作具有一定的指导意义。为加强外来入侵生物管理，防范外来有害生物传播危害，保障我国生态安全、农业生产和人体健康，2013年2月1日，农业部发布了《国家重点管理外来入侵物种名录》，加强对外来入侵物种的管理。

## 四、以案说法

**【案例一】曹某某非法收购、运输、出售珍贵、濒危野生动物、珍贵、濒危野生动物制品案**[①]

徐州铁路运输检察院指控，2018年10月至2019年5月间，被告人曹某某为牟利，明知陆龟是国家保护动物，仍作为陆龟出售方代理人，利用计算机网络平台与陆龟收购方进行交易联系，采取微信转账、快递交送等方法，共出售陆龟6只。具体犯罪事实如下：1. 2018年10月至同年12月，被告人曹某某向余某某出售豹纹陆龟3只；2. 2018年12月，被告人曹某某向葛某某出售印度星龟1只；3. 2019年5月，被告人曹某某向李某某出售豹纹陆龟1只；4. 2019年5月，被告人曹某某向何某某出售缅甸星龟1只。案发后，经国家林业局森林公安司法鉴定中心鉴定，缅甸星龟（Geocheloneplatynota）属于陆龟科，为列入《濒危野生动植物种国际贸易公约》（CITES，2017年）附录Ⅰ的物种；豹纹陆龟（Geochelonepardalis）、印度星龟（Geocheloneelegans）属于陆龟科，均为列入《濒危野生动植物种国际贸易公约》（CITES，2017年）附录Ⅱ的物种。

法院审理后认为野生动物是大自然的产物，珍贵、濒危野生动物因其具有较高的生态、经济和科研价值，故对于维持生态平衡、保护生物多样性具

① 徐州铁路运输法院（2019）苏8601刑初125号刑事判决书。

有极为重要的意义。我国对珍贵、濒危野生动物实行重点保护，对珍贵、濒危野生动物的驯养、繁殖实行了许可证制度。涉案陆龟均属于域外品种，非法引进不仅会破坏原产地的生态系统，还会给国内带来疫病和外来物种入侵等风险。不科学、不规范的养殖也会严重影响动物的福利，不仅起不到保护的作用，还具有明显的破坏性，所以国内立法予以禁止。被告人曹某某无视上述危害性，违反野生动物保护法规，非法出售国家重点保护的珍贵、濒危野生动物陆龟6只，情节严重，其行为已构成非法出售珍贵、濒危野生动物罪。公诉机关指控其所犯罪名成立。判决被告人曹某某犯非法出售珍贵、濒危野生动物罪，判处有期徒刑五年，并处罚金人民币1万元。

本案中，涉案陆龟为域外品种，又属于濒危野生动物，根据《刑法修正案（十一）》的修订，行为人将陆龟买卖的行为一方面触犯了《刑法》第341条对珍贵、濒危野生动物的保护，另一方面也触犯了第344条之一的规定，在立法修订之前，我们可以看到法院在判决中已经考虑到了“非法引进”可能引发的对原产地与国内生态系统的危害，在立法修订后，在这一案件中曹某某的行为将构成想象竞合犯，从一重处罚。

**【案例二】朱某某非法运输珍贵、濒危野生动物罪**[①]

2013年5月10日8时许，被告人朱某某在没有办理野生动物运输许可证的情况下，雇请被告人甲某驾驶五菱微型小货车从瑞丽市勐卯镇团结村民委员会屯洪村民小组自家出租房拉运野生动物疑似物18件到芒市飞机场，准备发往广州出售。同日10时许，芒市森林公安局侦查人员在芒市机场货运部查获被告人甲某驾驶的五菱微型车，当场从该车上查获用竹筐包装的野生动物疑似物18件。经清点，被告人朱某某、甲某拉运的18件龟、鳖类野生动物疑似物共579只。经鉴定，物种为：1.缘板鳖（Emyspunctata）活体155只，属《濒危野生动植物种国际贸易公约》附录Ⅱ的物种；2.眼斑沼龟（Moreniaocellata）活体122只，属《濒危野生动植物种国际贸易公约》附录Ⅰ的物种；3.缅甸陆龟（Indotestudoelongate）活体189只，属《濒危野生动植物种国际贸易公约》

① 云南省德宏傣族景颇族自治州中级人民法院（2014）德刑终字第11号刑事裁定书。

附录Ⅱ的物种、国家保护的有益的或有重要经济、科学研究价值的陆生野生动物、云南省省级保护野生动物；4. 山瑞鳖（paleasteindachneri）活体45只、死体1只，属国家二级重点保护野生动物；5. 齿缘摄龟（Cyclemysdentata）活体49只，属国家保护的有益的或有重要经济、科学研究价值的陆生野生动物；6. 缅甸凹甲陆龟（Manouriaimpressa）活体3只，属《濒危野生动植物种国际贸易公约》附录Ⅱ的物种；7. 黑靴陆龟（Manouriaemys）活体10只，属《中国濒危动物红皮书》内的物种，8. 缅甸孔雀鳖（Nilssoniaformosa）活体4只、死体1只，属非原产于中国的外来物种。

原判依照《中华人民共和国刑法》第三百四十一条第一款，第二十五条第一款，第二十七条，第六十七条第三款，第四十七条，第七十二条第一款，第七十三条第二款、第三款，第五十二条，第五十三条，第六十四条之规定，以非法运输珍贵、濒危野生动物罪，判处朱某某有期徒刑十年，并处罚金人民币57,000元；判处甲某有期徒刑三年，缓刑三年，并处罚金20,000元。查获的野生动物依法予以没收。二审维持原判。

在本案中，行为人朱某某的行为为运输行为，虽然涉案的孔雀鳖属于外来物种，但根据修订后的《刑法》第344条之一的规定，刑法对外来物种规制的行为为非法引入、释放、丢弃，这里的运输行为发生在境内，并没有发生内部与外部环境的接触，当然如果在运输过程中发生车辆翻倒事故，行为人任由外来生物流入国内生态环境，那么行为人的行为则可能构成“丢弃”，单纯的境内运输行为不能够任意扩大理解为引入、释放或者丢弃。

## 第十四节　妨害兴奋剂管理罪的增设

**【新增条文】第三百五十五条之一**　引诱、教唆、欺骗运动员使用兴奋剂参加国内、国际重大体育竞赛，或者明知运动员参加上述竞赛而向其提供兴奋剂，情节严重的，处三年以下有期徒刑或者拘役，并处罚金。

组织、强迫运动员使用兴奋剂参加国内、国际重大体育竞赛的，依照前款的规定从重处罚。

## 一、立法主旨

本条规定了妨害兴奋剂管理罪。本条规定在刑法分则第六章第七节走私、贩卖、运输、制造毒品罪第355条非法提供麻醉药品、精神药品罪之下，可以看出，立法者认为妨害兴奋剂管理罪的行为性质，类同于非法提供麻醉药品和精神药品。不过，本罪的法定刑相对较低，可以认为这类犯罪行为的社会危害程度较非法提供麻醉药品、精神药品罪要轻一些。

## 二、修改理由

在过去几十年里，国际社会一直在全球范围内推动体育运动中反兴奋剂的工作。在体育运动中使用兴奋剂，不仅违背了体育竞技精神，更重要的是，对运动员的身体会造成难以挽回的损害。我国政府在过去一段时间里也加大了反兴奋剂的工作，查处了一批在各种比赛中使用兴奋剂的事件。实践中，一些运动员服用兴奋剂，是在教练等人的引诱、教唆、欺骗乃至强迫下进行的，这种行为违背了运动员的真实意志，对运动员的身体健康造成损害，同时也严重地破坏体育竞技的基本规则，严重冲击了公众对体育精神的理解与认识。应当说，增设妨害兴奋剂管理罪，有利于净化体育竞赛的秩序，维护运动员的身体健康，也有利于维护公众对体育运动的正确观念。

关于走私、非法经营、非法使用、非法生产、销售兴奋剂以及失于监管兴奋剂管理职权的行为，司法解释已经作出了相应的规定。2019年11月12日通过的《最高人民法院关于审理走私、非法经营、非法使用兴奋剂刑事案件适用法律若干问题的解释》规定：（1）运动员、运动员辅助人员走私兴奋剂目录所列物质，或者其他人员以在体育竞赛中非法使用为目的走私兴奋剂目录所列物质，涉案物质属于国家禁止进出口的货物、物品，以走私国家禁止进出口的货物、物品罪定罪处罚；涉案物质不属于国家禁止进出口的货物、物品，但偷逃应缴税额1万元以上或者一年内曾因走私被给予二次以上行政处罚后又走私的，以走私普通货物、物品罪定罪处罚。（2）违反国家规定，未经许可经营兴奋剂目录所列物质，涉案物质属于法律、行政法规规定的限制买卖的物品，扰乱市场秩序，情节严重的，以非法经营罪定罪处罚。（3）对未成年人、残疾人负有监护、看护职责的人组织未成年人、残疾人在体育运动中非法使用兴奋剂，以虐待被监护、看护人罪定罪处罚。（4）在普通高等学校招生、公务员录用等法律规定的国家考试涉及的体育、体能测试等体育运动中，组织考生非法使用兴奋剂的，以组织考试作弊罪定罪处罚。（5）生产、销售含有兴奋剂目录所列物质的食品，符合《刑法》第143条、第144条规定的，以生产、销售不符合安全标准的食品罪，生产、销售有毒、有害食品罪定罪处罚。（6）国家机关工作人员在行使反兴奋剂管理职权时滥用职权或者玩忽职守，造成严重兴奋剂违规事件，严重损害国家声誉或者造成恶劣社会影响，以滥用职权罪、玩忽职守罪定罪处罚。不过，由于法律存在空白，该解释无法就妨害兴奋剂管理罪的行为作出规范。《刑法修正案（十一）》填补了这一空白。

## 三、条文释义

对《刑法》第355条之一的理解与适用，主要应把握三方面的问题：

### （一）对“兴奋剂”的界定

兴奋剂是禁用药物的统称，凡是能提高运动成绩并对人体有害的药物，都可以被称为兴奋剂。目前人们还没有发现既能提高成绩，又不损害身体的兴奋剂。兴奋剂的主要功能是用强加的方法来改变身体的机能，而这种改变必将导致身体的平衡遭到破坏，造成自身原有的功能受到抑制进而形成人体对药物的长期依赖，甚至导致猝死的发生。不同种类的兴奋剂对人机体的作用是不同的，刺激剂对增加反应，提高竞争意识有作用；蛋白同化制剂则增加人体肌肉，增强体能；阻断剂能增加动作稳定性；利尿剂可以减轻体重还可以利用它的强排泄能力掩饰其它的兴奋药物。①

对本罪中“兴奋剂”的界定，应根据《反兴奋剂条例》及相关规范性文

---

① 《兴奋剂》，载中国网，http://www.china.com.cn/guoqing/zhuanti/2016-09/18/content_39321482.htm，2021年1月5日访问。

件来确定。《反兴奋剂条例》对兴奋剂的界定采取的是形式定义的方式，该条例第2条规定："……兴奋剂，是指兴奋剂目录所列的禁用物质等。兴奋剂目录由国务院体育主管部门会同国务院药品监督管理部门、国务院卫生主管部门、国务院商务主管部门和海关总署制定、调整并公布。"现行标准是2019年12月30日由国家体育总局、中华人民共和国商务部、中华人民共和国国家卫生健康委员会、中华人民共和国海关总署、国家药品监督管理局共同发布的。

### （二）对本罪行为方式的理解

《刑法》第355条之一规定了多个行为方式，包括引诱、教唆、欺骗、提供、组织和强迫。引诱，是指以取得好成绩等利益相诱惑，使运动员注射、服用兴奋剂的行为。教唆，是采取劝说、请求等方式使运动员产生注射、服用兴奋剂的想法。欺骗，即隐瞒真相或者虚构事实，使运动员注射、服用兴奋剂，例如，将兴奋剂说成是营养药品让运动员服用。运动员在没有受骗的情况下服用或注射的，不影响本罪的成立，但宜作为引诱看待。提供，是指明知运动员参加国内、国际重大体育竞赛而向其提供，包括有偿提供和无偿提供。组织，就是组织三名及以上运动员服用或注射兴奋剂。强迫，是指行为人采取暴力、胁迫或者其他手段，迫使运动员服用或注射兴奋剂的行为。

### （三）对"参加国内、国际重大体育竞赛"的理解

本罪的成立，要求发生于"参加国内、国际重大体育竞赛"的场景下。这里要解决的问题是，"参加"不是一个动作，而是一个时间过程，那么如何起算"参加"的时间。例如，A拟于2021年7月1日赴日本参加奥运会比赛，那么，何时强迫运动员服用兴奋剂构成妨害兴奋剂管理罪？对此，应从本罪侵犯的客体加以考虑。

本罪的设立固然有保护运动员身体健康的目的，但本罪将各种形式促使运动员服用兴奋剂的行为限定在"参加国内、国际重大体育竞赛"的情形下，还有维护国内、国际重大体育竞赛公平竞争秩序的考虑。简言之，本罪的客体应包括两个方面，一是运动员的身体健康，二是国内、国际重大体育竞赛

公平竞争的秩序。我们认为，应当结合本罪客体可能被侵犯的时间点来判断“参加”的起算时间，包括在筹备训练中使用兴奋剂，如果能在竞赛中发挥作用，都应理解为“参加”这一过程的开始。如前例，假设在6月15日服用兴奋剂，对运动员比赛就会产生实质影响，那么此时强迫运动员服用兴奋剂就构成本罪。当然，对于“参加”起始时间的判断，应结合医学证据来加以证明。

第八章

# 渎职罪的修改

《刑法修正案（十一）》只对分则第九章渎职罪中第408条之一食品监管渎职罪进行了修改。

**【修正前条文】第四百零八条之一第一款**　负有食品安全监督管理职责的国家机关工作人员，滥用职权或者玩忽职守，导致发生重大食品安全事故或者造成其他严重后果的，处五年以下有期徒刑或者拘役；造成特别严重后果的，处五年以上十年以下有期徒刑。

**【修正后条文】第四百零八条之一第一款**　负有食品药品安全监督管理职责的国家机关工作人员，滥用职权或者玩忽职守，有下列情形之一，造成严重后果或者有其他严重情节的，处五年以下有期徒刑或者拘役；造成特别严重后果或者有其他特别严重情节的，处五年以上十年以下有期徒刑：

（一）瞒报、谎报食品安全事故、药品安全事件的；

（二）对发现的严重食品药品安全违法行为未按规定查处的；

（三）在药品和特殊食品审批审评过程中，对不符合条件的申请准予许可的；

（四）依法应当移交司法机关追究刑事责任不移交的；

（五）有其他滥用职权或者玩忽职守行为的。

## 一、立法主旨

此次刑法修改回应了人民群众食品药品统一保护的现实需求，凸显了立法者对药品安全的重视以及保护民生的强烈意图，彰显国家应对药品安全风险的决心。对药品安全从监管者的角度予以立法的严密，将条款的适用范围从食品监管领域扩展到食品药品监管领域，并与新修订的《药品管理法》相衔接，在强化企业第一责任的同时严惩食品药品监管的渎职行为，切实保障人民群众的饮食用药安全。具体来说，修订内容主要涉及三处：一是将条款的适用范围从食品监管领域扩展到食品药品监管领域；二是将“导致发生重大食品安全事故或者造成其他严重后果的”修改为“造成严重后果或者有其他严重情节的”；三是打破了完全概括罪状的表述方式，明确了食品、药品监管渎职罪的具体入罪情形，有利于明确此类渎职行为的认定条件和处罚标准，便于司法机关具体运用，增强法律适用的可操作性。

由于此次刑法修改将药品管理渎职行为纳入《刑法》第408条之一规定，因而本罪罪名被调整为“食品、药品监管渎职罪”。

## 二、修改理由

修订条文为2011年《刑法修正案（八）》所增条文“食品监管渎职罪”，在此条文出台之后，便一直有呼声提出将食品、药品监管同等规制，增设药品监管渎职罪的特殊罪名。《刑法修正案（十一）》在对食品监管渎职罪修订的同时增设药品监管渎职罪，正是对立法需求的积极回应，值得肯定。

从刑法体系来说，药品和食品，是保障人民群众生命健康安全的必需品，假冒伪劣药品，与有毒有害食品一样，同样危及人的生命健康安全。为打击食品药品领域制假、售假犯罪行为，保障人民群众生命健康安全，最高人民法院、最高人民检察院先后出台《关于办理危害食品安全刑事案件适用法律若干问题的解释》和《关于办理危害药品安全刑事案件适用法律若干问题的解释》，两个司法解释充分说明食品、药品领域犯罪行为具有严重的社会危害性。由于缺少对药品安全监管人员失职渎职犯罪处罚的特别规定，对其渎职犯罪，只能依据《刑法》第397条关于滥用职权罪、玩忽职守罪的规定定罪处罚，最高法定刑为7年，而食品监管渎职罪的最高法定刑为10年，因此，对于食品、药品领域发生同样重大的安全事故，监管渎职行为的处理因定性的不同造成刑罚的迥异，不能实现罚当其罪。①

尤其近些年来，有关药品安全恶性事件频发，与药品监管渎职有密切关联，民众对药品监管者履责的期待较为强烈，但实践中相对药品渎职行为的重大危害，无论是滥用职权还是玩忽职守，处罚均偏轻，药品监督管理部门作为药品安全的最后一道屏障并未被激发承担起应有的安全监管义务。药品具有很强的专业性，相比较于食品安全以及环境安全，民众对药品安全的自身风险防控可能更低，而现有刑法体系中已设有环境监管失职罪、食品监管

---

① 蒋毅：《建议对药品监管渎职犯罪作特别规定》，载《检察日报》2018年8月20日第3版。

渎职罪、传染病防治失职罪等罪名，而无药品监管渎职罪名，从罪刑均衡的角度来说，对于药品监管特殊罪名的设置符合法理，有利于督促有关部门认真履行药品监管职权，保持严厉打击，净化药品流通市场，使人民群众安心、放心，这是保障民生、维护群众合法权益的需要。

此外，2019年修订的《药品管理法》第150条规定，药品监督管理人员滥用职权、徇私舞弊、玩忽职守，依法给予处分，而对于查处假药、劣药违法行为的失职、渎职行为，对直接负责的主管人员和其他直接责任人员从重给予处分。该立法模式与食品安全法中对于渎职行为的规定极为相似，而负有食品监管职责工作人员的滥用职权或者玩忽职守行为在刑法中有专门的罪名进行规制，自然药品监管工作人员刑事责任的规定也需单列。还有学者指出普通渎职罪更倾向于从实际危害后果的产生来惩处药品监管渎职行为，而对尚未造成严重危害后果但却产生严重危害药品安全风险的渎职行为达不到规制和预防的目的。药品监管类渎职行为的处罚标准与药品安全事故的责任认定标准不同，在一定程度上会造成行政处分与刑事处罚衔接上的困难。①

此次修订中并没有单独增设条文与罪名，而是将其并入原有的食品监管渎职罪法条，这也是考虑到国家机构改革的现实情况，过去负有食品药品安全监督管理职责的国家机关主要是卫生行政、农业行政、质量监管、工商行政管理、食品药品监督管理，而后三者目前均已纳入市场监管部门。基于这一现实，直接将此罪的犯罪主体从之前的“负有食品安全监督管理职责的国家机关工作人员”扩大到“负有食品药品安全监督管理职责的国家机关工作人员”。

而对于具体入罪情形，相较《刑法修正案（八）》中未明确规定，《刑法修正案（十一）》结合司法实践的情况，对具体的犯罪行为进行了列举，并用兜底的方式，实现对“食品药品安全监管”的全方位保护。具体来说，在入罪条件上，草案一审稿规定了5种具体的入罪情形，并且删除了“兜底”条款的规定。有学者予以批评，认为法律的稳定性要求立法语言必须具有一定的

① 王林林：《进一步完善药品监管渎职刑法规制》，载《检察日报》2019年11月23日第3版。

抽象性，何况《刑法修正案（十一）（草案）》第28条还没有规定兜底条款。从实践看，这种过于明确的规定反而不利于对食品、药品监管渎职罪的惩治。[①]草案二审稿后来又增加了“兜底条款”“其他滥用职权或者玩忽职守行为”，这也最终体现在通过的条文中。我们认为保留“兜底条款”是必要的。

修正前条文虽然并没有针对药品监管者的规定，但对于食品安全领域的渎职犯罪是明确予以特殊处理的，删除兜底条款，意味着对食品安全领域的渎职犯罪进行了限缩处理，这事实上改变了《刑法修正案（八）》增设此条文的目的。此外，删除兜底条款后，仅仅对食品、药品安全中典型渎职行为进行特殊规制，而事实上食品、药品特殊监管的核心在于“对象”的特殊而非“行为”的特殊，如果仅仅聚焦典型犯罪行为，必然使得食品、药品安全监管领域的其他渎职犯罪行为仅能按照一般的滥用职权、玩忽职守罪处理，不能体现对食品、药品安全特殊规制的现实需要。而通过条文最终保留了“其他”的兜底条款，保持了与《刑法修正案（八）》一致的修订思路，坚持了民生保障的修订方向。

在具体的入罪评价标准上，草案一审稿要求“造成特别严重后果”，相比较修订之前，删除了“重大食品安全事故”的提法，这是因为《食品安全法》第150条中对食品安全事故定义为，源于食品的食源性疾病、食品污染等，对人体健康造成危害或者可能造成危害的事故，但没有对什么是“重大食品安全事故”进行明确，刑法及司法解释中也并未作出具体的规定。将入罪评价标准修订为“严重后果”有利于与一般渎职犯罪行为评价的衔接，食品监管渎职罪是渎职犯罪中的特殊类型，是从食品监管的立场对滥用职权及玩忽职守进行的规定，在当前的司法适用中，“两高”在2012年通过的《关于办理渎职刑事案件适用法律若干问题的解释（一）》第1条对一般渎职犯罪中“重大损失”进行规定，第2条明确规定：《刑法》第398条至第419条可以依据该解释的第1条的规定适用，显然包括第408条之一的本罪。依据该司法解释的立案标准，结合本罪的基本特征来看，食品安全事故除了案发时能够看得见的、有形的危害结果，还应当充分考虑潜在的和隐性的危害后果，因此需要从物

---

① 张兆松：《职务犯罪立法的再检讨与完善——〈刑法修正案（十一）（草案）〉对职务犯罪的修改评析》，载《法治研究》2020年第5期。

质性、非物质性两方面充分考虑，合理确定危害结果。物质性的危害结果法条通常规定得很明确，具体包括伤亡人数、经济损失等；非物质性的危害结果法条规定很笼统，具体包括损害国家声誉、导致恶劣社会影响、不利于社会稳定、损害公众利益的情形。[①]

此外，虽然保持了原条文“结果要求”的内容，但草案一审稿第1种情形“瞒报、谎报食品安全事故、药品安全事件的”与第4种情形“对不符合条件的申请准予许可的”又规定了“情节严重”。在认定犯罪时，既要考虑严重后果又要考虑情节严重，有重复评价的嫌疑，后来在草案二审稿中，在具体的入罪情形中不再规定“情节严重”，而是在入罪条件上概括要求“造成特别严重后果或者有其他特别严重情节”，将原条文的结果犯修改为结果加情节犯，将“情节严重”与“严重后果”均作为入罪评价标准。对于修订之前“发生重大食品安全事故或者造成其他严重后果”这一构成要素，早有学者提出批评，认为食品安全事故的危害后果通常有潜伏时间，可能在短期内不会显现，从有利于打击犯罪的角度，应将该罪认定为危险犯，即便危害个体或群体的结果还未出现，也可确定为导致了严重后果，甚至认为危害结果只是构成要件之外的客观处罚条件。[②]立法对于结果犯的调整，补充情节作为入罪标准，不失为一种回应。

当然，也有学者持不同观点，认为将情节严重尚未导致严重后果的食品药品监管渎职行为也纳入追究的范围，缺乏刑事立法的正当性，《药品管理法》第149条规定与该条在行政不法要件与刑法构罪要件上高度近似、重叠，容易混淆刑事责任与行政责任的边界。[③]根据《药品管理法》第149条的规定，“违反本法规定，药品监督管理等部门有下列行为之一的，对直接负责的主管人员和其他直接责任人员给予记过或者记大过处分；情节较重的，给予降级或者撤职处分；情节严重的，给予开除处分：（一）瞒报、谎报、缓报、漏

---

① 奚根宝：《渎职罪非物质性损害结果认定的困境与对策》，载《江西警察学院学报》2015年第4期。

② 潘星丞：《论食品安全监管的刑事责任——监督过失理论的借鉴及“本土化”运用》，载《华南师范大学学报（社会科学版）》2010年第3期。

③ 于杨曜、林路索、马英娟：《关于〈刑法修正案（十一）（草案）〉第二十八条的思考》，载《中国食品药品监管》2020年第8期。

报药品安全事件；（二）对发现的药品安全违法行为未及时查处；（三）未及时发现药品安全系统性风险，或者未及时消除监督管理区域内药品安全隐患，造成严重影响；（四）其他不履行药品监督管理职责，造成严重不良影响或者重大损失”。

从中我们可以发现，以上规定的第一、二、三种情形的确与草案一审稿的前三种情形存在高度的相似性。但我们认为，将“严重情节”入罪具有合理性，比如引起社会关注的无效疫苗案件，由于某地药品监管部门疏于监管，造成某企业数个批次的无效疫苗流向市场。这类疫苗不会产生毒副作用，但却无法防治有很长潜伏期的恶性病毒，使民众对正规疫苗本可预防的病毒产生极大恐慌。如果这类渎职案件都不能认定危害后果，只会放大民众对药品监督部门乃至整个政府机关的不信任感。此外，正是考虑到刑法的谦抑性，草案二审稿中予以了修改，将第三种情形“未及时发现监督管理区域内重大食品药品安全隐患”的这种典型的过失行为予以排除。[①]

首先，“未及时发现”其中可能有主观因素，也可能有客观因素，比如受认识程度、判断标准、理解能力等方面因素以及其他方面客观条件的限制，没有能够及时发现隐患，如果将此行为认定为犯罪，对食品药品监管部门工作人员的要求太严，处罚范围太宽，这一情形与其他几种情形相比，以“未及时发现”与“未及时查处”来说，“发现”为“查处”的前提，“未及时发现”在主观罪过上略轻微，其行为对危害结果的推动力也较小。

其次，“未及时发现”“安全隐患”表意过于宽泛，均可以作出多种解释；“及时”“发现”缺乏明确的认定标准，不具有可操作性，认定弹性极大，容易在实践中形成以结果倒推责任，即查处一个重大案件就可能认定以前没有发现安全隐患，监管人员被追究刑事责任的概率被极大提高。如果以此作为裁判依据将会造成司法机关自由裁量权过大，引发对该条款适用的混乱。

此外，食品药品是风险产品，风险和隐患贯穿于食品药品生命周期的全过程，“安全隐患”不能等同危害结果和系统性风险。任何国家食品药品都不能做到零风险，人们对风险、隐患的认知和掌控受到科学技术水平、监管水平、人员素质、监管工具和手段等诸多条件的制约。我们应当清醒地认识到，

---

① 徐岱：《〈刑法修正案（十一）（草案）〉的修订进路》，载《法治研究》2020年第5期。

社会公众对食品药品安全的要求是绝对的，但食品药品安全保障则是相对的。食品安全风险主要包括腐化变质、致病性微生物等生物性风险，含有异物等物理性风险和重金属等化学性风险。食品安全工作不是消除危害，做到零风险，而是把食品中可能存在的危害控制或者消除在对人体产生健康危害之前，将风险控制在可接受的范围内。控制风险的前提是识别风险。因此，发现风险、查找隐患是食品安全监督管理工作的重点。但是，将未及时发现监督管理区域内重大食品药品安全隐患入罪却是不科学的。[①]最终将这一情形在通过的条文中也予以删除。

同时草案二审稿将第二种情形的“未及时查处”修改为“未按规定查处”。这里主要是从罪刑法定明确性的要求出发，“及时”具有理解上的随意性，修改为“按规定查处”除了增强明确性之外，判断监管人员是否因故意或过失渎职，应当衡量其是否履行了法定的职责，而非根据其是否发现、杜绝隐患为判断标准。对于渎职行为来说，无论是承担行政责任还是刑事责任，问责的起点均是应根据最终结果评判监管人员是否履行了法定职责，即使在特别重大的食品药品安全事件中，只要监管者履行了法定职责，就无需承担法律责任，这是由食品药品安全固有的风险性质所决定的。而在违法生产经营者刻意隐瞒和规避的情况下，对于执法权限与手段有限的食品药品监管人员而言，将“未及时查处”和“未及时发现”作为追究刑事责任的渎职行为既不可行，也不科学，这将导致监管者权责失衡。“及时”作为“按规定”的一种处理方式，不再特殊规定，也使得立法更科学全面。

对于草案一审稿中的第四种情形“对不符合条件的申请准予许可”，草案二审稿对其进行了限制“在药品和婴幼儿配方食品等”，后来通过的条文又修改为“在药品和特殊食品”。

对于草案二审稿的修改，是因为近年来，食品药品监管领域在科学监管理念下积极推进监管制度的改革创新，倡导“放管服”的服务型政府，要求“包容审慎”“优化营商环境”，政府推行“简政放权”“双随机，一公开”“强

① 朱梓明：《关于将食品监管渎职罪修改为食品安全渎职罪的思考》，载《质量与标准化》2020年第10期。

化事中、事后监管”以及服务企业的理念，比如办理各类证照时简化手续并根据不同风险类别予以区分，探索市场准入的“告知承诺”和“容缺受理”。在此背景下过于严格要求申请许可，“对不符合条件的申请准予许可”予以入罪，将与一系列创新监管的理念相冲突。而且，基层监管人员很大可能采取自我保护的“一刀切”工作方式进行所谓“严格把关”，各项改革可能陷入停滞，也会严重影响行业和企业的发展。草案二审稿规定“在药品和婴幼儿配方食品等特殊食品审批审评过程中”，该规定突出强调了“婴幼儿配方食品”，而事实上《食品安全法》第74条明确列举了特殊食品，包括婴幼儿配方食品与保健食品、特殊医学用途配方食品等，刑法条文中过于强调“婴幼儿配方食品等特殊食品”容易使人产生疑问，这里的特殊食品与食品安全法规定的特殊食品范围是否一致呢？若范围不一致则又要对“特殊食品”作出专门的解释。从进一步完善刑法与相关部门法衔接的角度考虑，最终通过的条文将“药品和婴幼儿配方食品等特殊食品”修改为“药品和特殊食品”，避免产生不必要的歧义。

此外，也有学者在立法审议过程提出，取消“依法应当移交司法机关追究刑事责任不移交的”这一规定，认为食品药品监管人员单纯“依法应当移交司法机关追究刑事责任不移交”的行为，是否会危及食品药品安全，进而发生食品安全事故、药品安全事件等严重后果，取决于食品药品违法行为的查处机制以及行政处罚和刑事处罚的衔接机制，监管人员虽未按照规定移交刑事案件，但控制食品药品安全风险或者防止实害结果的扩大，并非不可通过行政手段解决。刑法中已有徇私舞弊不移交刑事案件罪和放纵制售伪劣商品罪的规定，另行专门化规定为食品、药品监管渎职罪的行为方式，不具有必要性和立法的科学性。[①]

我们认为将“依法应当移交司法机关追究刑事责任不移交的”规定为食品药品渎职犯罪的明确情形，并不影响以行政手段防止危害扩大，刑法中明确规定了入罪条件为“造成严重后果或者有其他严重情节”，遵循危害行为与结果之间的因果关系，对于行为人采取行政手段防止危害扩大，根据风险降

---

① 刘仁文、王林林：《进一步完善食品药品监管渎职罪相关规定的建议》，载《人民法院报》2020年12月10日第6版。

低，并不可以归责于行为人。其次，虽然立法中已经有徇私舞弊不移交刑事案件罪的一般规定，但徇私舞弊不移交刑事案件罪法定刑轻于食品、药品监管渎职罪，基于从严惩处该领域犯罪的需要，司法实践在食品监管渎职罪出台之后，对于食品监管领域徇私舞弊不移交的行为也是按照食品监管渎职罪来处理，符合司法实践的现实情况。

## 三、条文释义

食品、药品监管渎职罪，是指负有食品安全监督管理职责的国家机关工作人员，滥用职权或者玩忽职守，导致发生特别严重后果或者有其他特别严重情节的行为。

### （一）对本罪客观方面的理解

对于第一种情形，瞒报、谎报食品安全事故、药品安全事件的，关于“瞒报和谎报”，我国刑法中有“不报、谎报”安全事故罪，在理解上应当注意刑法体系的统一。我国2015年4月2日国家安全监管总局令第77号第二次修正《生产安全事故罚款处罚规定（试行）》第13号中第5条规定：“《条例》所称的迟报、漏报、谎报和瞒报，依照下列情形认定：（一）报告事故的时间超过规定时限的，属于迟报；（二）因过失对应当上报的事故或者事故发生的时间、地点、类别、伤亡人数、直接经济损失等内容遗漏未报的，属于漏报；（三）故意不如实报告事故发生的时间、地点、初步原因、性质、伤亡人数和涉险人数、直接经济损失等有关内容的，属于谎报；（四）隐瞒已经发生的事故，超过规定时限未向安全监管监察部门和有关部门报告，经查证属实的，属于瞒报。”根据《安全生产法》第80条的规定，生产经营单位发生生产安全事故后，事故现场有关人员应当立即报告本单位负责人。单位负责人接到事故报告后，应当迅速采取有效措施，组织抢救，防止事故扩大，减少人员伤亡和财产损失，并按照国家有关规定立即如实报告当地负有安全生产监督管理职责的部门，不得隐瞒不报、谎报或者迟报，不得故意破坏事故现场、毁灭有关证据。

从以上规范我们可以看出，不报与“瞒报”具有一定的相似性，对于迟报和漏报不构成犯罪，“瞒报”是指发生食品安全事故、药品安全事件后，隐瞒发生事故，超过规定期限不报告，“谎报”是指不如实报告事故发生的时间、地点、初步原因、性质、伤亡人数和涉险人数、直接经济损失以及相关社会影响等有关内容的。

对于何为“食品安全事故”，根据《食品安全法》第150条的规定，食品安全事故，指食源性疾病、食品污染等源于食品，对人体健康有危害或者可能有危害的事故。对药品安全事件的定义，可以参考《药品召回管理办法》第4条对安全隐患的定义，是指由于研发、生产等原因可能使药品具有的危及人体健康和生命安全的不合理危险。广东省人民政府关于印发《广东省药品安全事件应急预案（试行）》的通知中，指出本预案所称药品安全事件，是指因药品质量问题引发的对社会公众健康造成或可能造成严重损害，需要采取应急处置措施予以应对的药品群体不良事件、重大药品质量事件，以及其他严重影响公众健康的涉及药品事件。①

对于第二种情形，对发现的严重食品药品安全违法行为未按规定查处的。此项涉及两个问题，一是对“严重食品药品安全违法行为”的界定；二是对“未按照规定查处”的理解。前者，我们认为可以参照相关司法解释和判例，理解为“可能对人民群众身体健康造成重大隐患”的违法行为；而对于后者，则需要根据不同的犯罪主体的行为查找相应的法律、法规对其是否具有查处职能予以明确。如并无相关规定约束其需要查处相关行为，则可能不构成该罪。但如果相关法律法规明确其应当依规查处相关行为，则需承担该查处的监管职责。

所规制的“未按照规定查处”，其前提是“发现的”，也就是说未发现食品药品违法行为不构成此罪，如果符合一般渎职犯罪的规定，只能构成普通的玩忽职守罪。

对于第三种情形，根据《食品安全法》第74条规定，国家对保健食品、特殊医学用途配方食品和婴幼儿配方食品等特殊食品实行严格监督管理。特殊食品主要是“保健食品”“特殊医学用途配方食品”“婴幼儿配方食品”

---

① 《广东省人民政府关于印发〈广东省药品安全事件应急预案（试行）〉的通知》（粤府函〔2020〕381号），载“广东省人民政府门户网站”微信公众号，2020年1月8日。

等，国家采取的是严格监管责任，同时根据不同食品种类作出不同的规定。对保健食品，根据第77条、第78条的规定，依法应当注册的保健食品，注册时应当提交保健食品的研发报告、产品配方、生产工艺、安全性和保健功能评价、标签、说明书等材料及样品，并提供相关证明文件。国务院食品安全监督管理部门经组织技术审评，对符合安全和功能声称要求的，准予注册；对不符合要求的，不予注册并书面说明理由。对使用保健食品原料目录以外原料的保健食品作出准予注册决定的，应当及时将该原料纳入保健食品原料目录。依法应当备案的保健食品，备案时应当提交产品配方、生产工艺、标签、说明书以及表明产品安全性和保健功能的材料。保健食品的标签、说明书不得涉及疾病预防、治疗功能，内容应当真实，与注册或者备案的内容相一致，载明适宜人群、不适宜人群、功效成分或者标志性成分及其含量等，并声明“本品不能代替药物”。保健食品的功能和成分应当与标签、说明书相一致。对于特殊医学用途配方食品，第80条规定，特殊医学用途配方食品应当经国务院食品安全监督管理部门注册。注册时，应当提交产品配方、生产工艺、标签、说明书以及表明产品安全性、营养充足性和特殊医学用途临床效果的材料。特殊医学用途配方食品广告适用《广告法》和其他法律、行政法规关于药品广告管理的规定。对于婴幼儿配方食品，根据第81条的规定，婴幼儿配方食品生产企业应当实施从原料进厂到成品出厂的全过程质量控制，对出厂的婴幼儿配方食品实施逐批检验，保证食品安全。生产婴幼儿配方食品使用的生鲜乳、辅料等食品原料、食品添加剂等，应当符合法律、行政法规的规定和食品安全国家标准，保证婴幼儿生长发育所需的营养成分。婴幼儿配方食品生产企业应当将食品原料、食品添加剂、产品配方及标签等事项向省、自治区、直辖市人民政府食品安全监督管理部门备案。婴幼儿配方乳粉的产品配方应当经国务院食品安全监督管理部门注册。注册时，应当提交配方研发报告和其他表明配方科学性、安全性的材料。不得以分装方式生产婴幼儿配方乳粉，同一企业不得用同一配方生产不同品牌的婴幼儿配方乳粉。

对于药品，根据《药品管理法》第24条的规定，在中国境内上市的药品，应当经国务院药品监督管理部门批准，取得药品注册证书；但是，未实施审批管理的中药材和中药饮片除外。以药品行业的审批审评为例，根据《药品管理法》，卫生监督管理部门负责《药品生产许可证》《药品生产质量管理规范认证》《开办药品批发企业药品经营许可证》《开办药品零售企业药品经营许可证》《药品经营质量管理规范认证》《药品批准文号》《进口药品注册证》《医药产品注册证》《医疗机构制剂许可证》等许可证的审核。也即，如药品监督管理部门具体职能部门的工作人员在审批、审评上述许可证时，对不符合条件的准予许可，则可能构成该罪。

对于第四种情形，根据我国刑法基本理论，负有药品监管职责的国家机关工作人员应当移送而不移送的渎职行为要与上述结果具有刑法上的因果关系，才需要承担刑事责任。要考察行为人是否具有防止该损害结果发生的职责，当时的条件下是否能够履行职责，行为人当时履行了这些职责是否确实能够避免或制止损害的出现，行为人没有履行职责是否明显升高了结果发生的危险，等等。要考虑刑法与行政法的衔接，我国《药品管理法》上规定了药品监管部门可以采取告诫，约谈，限期整改，暂停生产、销售、使用、进口以及查封、扣押等措施。如果药品监管人员虽没有移交案件，但及时采取了上述措施手段，防止危害结果的发生，实际危害结果是由于在先已经出售的药品无法追回导致的。这种情况下，“当移不移”的监管渎职责任与危害结果之间不具有刑法上的因果关系，不应定罪处刑。刑法应当保持其谦抑性。

对于“其他严重情节”和“其他特别严重情节”。关于修订的这一入罪评价标准，我们认为应当结合修订前的“重大食品安全事故或其他严重后果”来理解，对于食品安全领域，仍然应当考虑危害结果或者严重情节具有与“重大食品安全事故”相当的社会危害性质，从物质性的损失角度来说，可以参照“两高”在2013年颁布的《关于办理渎职刑事案件适用法律若干问题的解释（一）》第1条第1款第1项、第2项的标准，即死亡受伤的具体人数、单位及个人直接或间接的财产损失金额。

《刑法修正案（八）》中对该罪只规定了“其他严重后果”和“特别严重后果”。此次修正，新增了“其他严重情节”和“其他特别严重情节”。如何适用该条款，我们认为，2012年“两高”在《关于办理危害食品安全刑事案件适用法律若干问题的解释》中对《刑法》第143条规定的“对人体健康造成严重危害”和《刑法》第143条规定的“其他严重情节”进行了规定。在司法实践中，可以参照上述司法解释的规定，结合《最高人民检察院关于渎职侵权犯罪案件立案标准的规定》中滥用职权罪、玩忽职守罪的立案标准来加以把握，从中毒伤亡人数、食品药品安全事故影响所及范围和谎报、瞒报事故情况导致损失的后果来界定食品、药品监管渎职罪中其他（特别）严重情节。根据《最高人民检察院关于渎职侵权犯罪案件立案标准的规定》，以下情形属于情节严重，应按徇私舞弊不移交刑事案件罪予以立案："1.对依法可能判处3年以上有期徒刑、无期徒刑、死刑的犯罪案件不移交的；2.不移交刑事案件涉及3人次以上的；3.司法机关提出意见后，无正当理由仍然不予移交的；4.以罚代刑，放纵犯罪嫌疑人，致使犯罪嫌疑人继续进行违法犯罪活动的；5.行政执法部门主管领导阻止移交的；6.隐瞒、毁灭证据，伪造材料，改变刑事案件性质的；7.直接负责的主管人员和其他直接责任人员为牟取本单位私利而不移交刑事案件，情节严重的；8.其他情节严重的情形。"

按照我国立法传统的规定，只有徇私舞弊"滥用职权"存在情节严重，而一般的"玩忽职守"和"滥用职权"只能是"结果"犯。我国《刑法修正案（十一）》审议通过后，对食品、药品监管"当移不移"的相关渎职行为构罪产生了影响，扩大了刑事法网，将原来不构成犯罪的情形规定为犯罪，对此，我们认为应当对"当移不移"限制解释，仅针对"故意"的"当移不移"情形。

### （二）本罪的主体

本罪的犯罪主体是有食品药品安全监督管理职责的国家机关工作人员。在我国国家机关中人事性质十分复杂，有公务员编制，也有事业编制、合同制、聘任制、业务外包人员等多种情况，鉴于不同身份的工作人员情况，目前在我国刑法理论中对犯罪主体是否属于国家机关工作人员有职责说和身份说之争。职责说认为，犯罪主体是否属于国家机关工作人员，应以其是否从事公务来决定，而不问其是否具有国家机关工作人员的资格身份。身份说认为，国家机关工作人员犯罪是一种职务型犯罪，作为犯罪主体的国家机关工作人员必须具有国家机关工作人员的资格身份。根据我国的立法解释和司法实践情况，我国采取了职责说，在国家机关中从事公务的人员，虽然没有列入国家机关工作人员编制也视为国家机关工作人员。①

根据《全国人民代表大会常务委员会关于〈中华人民共和国刑法〉第九章渎职罪主体适用问题的解释》（2002年12月28日）、《最高人民法院、最高人民检察院关于办理渎职刑事案件适用法律若干问题的解释（一）》（法释〔2012〕18号）、《最高人民检察院关于渎职侵权犯罪案件立案标准的规定》（高检发释字〔2006〕2号）、《全国法院审理经济犯罪案件工作座谈会纪要》（法〔2003〕167号），渎职罪的主体为："在依照法律、法规规定行使国家行政管理职能的组织中从事公务的人员，或者在受国家机关委托代表国家机关行使职权的组织中从事公务的人员，或者虽然未列入国家机关工作人员编制但在国家机关中从事公务的人员，在代表国家机关行使职权时，有渎职行为，构成犯罪的，依照刑法关于渎职罪的规定定罪量刑。"由此可知，立法上对国家机关工作人员的认定采取公务论。在食药监管领域，只要是依法享有食品药品监管监督职权、负有食品药品监管职责、从事公务的国家机关工作人员，都是本类罪的主体。因为是特定国家机关工作人员，认定犯罪主体时，除认定其是否从事公务外，还需认定是否"享有特定职权、负有特殊职责"，因此对其特定职权的认定显得特别重要。

如何理解"负有食品药品安全监管职责"？食品监管主体主要规定在《食品安全法》中，根据第109条的规定，县级以上人民政府食品安全监督管理部门根据食品安全风险监测、风险评估结果和食品安全状况等，确定监督管理的重点、方式和频次，实施风险分级管理。县级以上地方人民政府组织本级食品安全监督管理、农业行政等部门制定本行政区域的食品安全年度监督管理计划，向社会公布并组织实施。第110条规定，县级以上人民政府食品安全监督管理部门履行食品安全监督管理职责，有权采取下列措施，对生产经营者遵守本法的情况进行监督检查。

在2018年机构改革方案公布之前，我国一直采用分段监管为主、品种监管为辅的食品监管制度，涉及食品药品监督管理部门、卫生部门、农业部门、质检部门、工商部门等多个政府部门，不同的部门分别监管各个环节的食品

① 肖扬宇、翟辉：《食品监管渎职罪的本体结构与认定》，载《政法学刊》2018年第2期。

安全，在实际监管中存在力量分散、多头管理、职能交叉等情况。机构改革后，质量监管、工商行政管理、食品药品监督管理三者目前均已纳入市场监管部门。在国家市场监督管理总局的职责中，明确规定了“（九）负责食品安全监督管理综合协调。组织制定食品安全重大政策并组织实施。负责食品安全应急体系建设，组织指导重大食品安全事件应急处置和调查处理工作。建立健全食品安全重要信息直报制度。承担国务院食品安全委员会日常工作。（十）负责食品安全监督管理。建立覆盖食品生产、流通、消费全过程的监督检查制度和隐患排查治理机制并组织实施，防范区域性、系统性食品安全风险。推动建立食品生产经营者落实主体责任的机制，健全食品安全追溯体系。组织开展食品安全监督抽检、风险监测、核查处置和风险预警、风险交流工作。组织实施特殊食品注册、备案和监督管理。（十六）管理国家药品监督管理局、国家知识产权局”。

《药品管理法》第8条规定，“国务院药品监督管理部门主管全国药品监督管理工作。国务院有关部门在各自职责范围内负责与药品有关的监督管理工作。国务院药品监督管理部门配合国务院有关部门，执行国家药品行业发展规划和产业政策。省、自治区、直辖市人民政府药品监督管理部门负责本行政区域内的药品监督管理工作。设区的市级、县级人民政府承担药品监督管理职责的部门（以下称药品监督管理部门）负责本行政区域内的药品监督管理工作。县级以上地方人民政府有关部门在各自职责范围内负责与药品有关的监督管理工作”。药品监督管理总局的职责规定中，包括了“（三）负责药品、医疗器械和化妆品注册管理。制定注册管理制度，严格上市审评审批，完善审评审批服务便利化措施，并组织实施。（四）负责药品、医疗器械和化妆品质量管理。制定研制质量管理规范并监督实施。制定生产质量管理规范并依职责监督实施。制定经营、使用质量管理规范并指导实施。（五）负责药品、医疗器械和化妆品上市后风险管理。组织开展药品不良反应、医疗器械不良事件和化妆品不良反应的监测、评价和处置工作。依法承担药品、医疗器械和化妆品安全应急管理工作。（七）负责组织指导药品、医疗器械和化妆品监督检查。制定检查制度，依法查处药品、医疗器械和化妆品注册环节的违法行为，依职责组织指导查处生产环节的违法行为”。此外，对于药品监管主体还散见于《突发公共卫生事件应急条例》《药品不良反应报告和监测管理办法》《药品召回管理办法》等。上述规定中，涉及的犯罪主体主要任职于卫生行政部门、市场监管局、药品不良反应监测机构、药品监督管理部门以及农业行政部门。[①]

总体来说，在逐步推进政府职能改革的过程中，中央、地方在部门职权划分上权责越来越明确，谁监管谁负责的原则成为共识。但在监管责任与处罚权、执行权的配置上，仍然有一些不明确之处，对此，在确定监管主体范围时，要注意以法律、法规、行政规章的相关规定为依据，同时实质判断监管义务与监管能力，把握行为人实际的监管权限。

### （三）本罪的罪过形式及内容

该罪的主观方面，在罪名修订之前便存在争议，因为该条文实质上包括了滥用职权和玩忽职守两种犯罪行为的罪过形态。食品、药品监管渎职罪可以相应地分解为玩忽职守型的食品、药品监管渎职罪与滥用职权型的食品、药品监管渎职罪。对于玩忽职守型食品、药品监管渎职罪，其主观罪过是过失，即食品药品安全监督管理人员应当预见自己不履行或不认真履行监管职责的行为可能造成严重危害后果，因为疏忽大意而没有预见，或者已经预见而轻信能够避免，以致发生这种危害后果的主观心理状态。滥用职权型食品、药品监管渎职罪的主观心态是故意，即负有监管职责的国家机关工作人员明知其滥用职权行为会发生侵害国家机关公务的合法、公正、有效执行以及国民对此的信赖的结果，而放任这种危害结果发生的主观心理状态。需要说明，监管者均不会希望危害后果发生，其处于间接责任人的状态。所以，监管主体对于最终后果的发生排除直接故意。

食品、药品监管类渎职犯罪中，监管主体对其行为可能导致的社会危害性应当认知，但在最终后果发生之前，不采取预防、阻止措施，监管主体往往存在侥幸心理，或不当估计继续监管存在的困难，或过高估计其监管能力，误以为危害现实发生的可能性太小，导致案发。

需要说明的是，结合具体的入罪情形来说。第1项“瞒报、谎报食品安全

---

① 廖欣、蔡文超：《刑法修正案（十一）食品药品监管渎职罪之变》，载“厚启刑辩”微信公众号，2021年1月22日。

事故、药品安全事件的”一般仅限于监管人员滥用职权，而第2项“对发现的严重食品药品安全违法行为未按规定查处的”和第3项“在药品和特殊食品审批审评过程中，对不符合条件的申请准予许可的”则既可以是滥用职权也可以是玩忽职守。这种情况下，罪行相同的，故意犯罪的责任往往要重于过失犯罪。

## 四、以案说法

**【案例】赛某、韩某某受贿、食品监管渎职案**[①]

2011年9月17日，根据群众举报称云南丰瑞粮油工业产业有限公司（位于云南省嵩明县杨林工业园区，以下简称杨林丰瑞公司）违法生产地沟油，时任嵩明县质监局局长、副局长的赛某、韩某某等人到杨林丰瑞公司现场检查，查获该公司无生产许可证，其生产区域的配套的食用油加工设备以“调试设备”之名在生产，现场有生产用原料毛猪油2,244.912吨，其中有的外包装无标签标识等，不符合食品安全标准。9月21日，被告人赛某、韩某某没有计量核实毛猪油数量、来源，仅凭该公司人员陈述500吨，而对毛猪油591.4吨及生产用活性土30吨、无证生产的菜油100吨进行封存。同年10月22日，韩某某以“杨林丰瑞公司采购的原料共59.143吨不符合食品安全标准”建议立案查处，赛某同意立案，并召开案审会经集体讨论，决定对杨林丰瑞公司给予行政处罚。10月24日，嵩明县质监局作出对杨林丰瑞公司给予销毁不符合安全标准的原材料和罚款1,419,432元的行政处罚告知，并将行政处罚告知书送达该公司。之后，该公司申请从轻、减轻处罚。同年12月9日，赛某、韩某某以企业配合调查及经济困难为由，未经集体讨论，决定减轻对杨林丰瑞公司的行政处罚，嵩明县质监局于12月12日作出行政处罚决定书，对杨林丰瑞公司作出销毁不符合食品安全标准的原料和罚款20万元的处罚，并下达责令改正通知书，责令杨林丰瑞公司于2011年12月27日前改正“采购的原料毛猪油不符合食品安全标准”的违法行为。12月13日，嵩明县质监局解除了

---

① 参见《第四批指导性案例》检例第16号，载最高人民检察院官方网站，https://www.spp.gov.cn/spp/jczdal/201608/t20160811_162641.shtml，2021年1月20日访问。

对毛猪油、活性土、菜油的封存，实际并未销毁该批原料。致使杨林丰瑞公司在2011年11月至2012年3月期间，使用已查获的原料无证生产食用猪油并流入社会，对人民群众的生命健康造成较大隐患。2011年10月至11月间，被告人赛某、韩某某在查处该案的过程中，先后两次在办公室收受该公司吴某某（另案处理）分别送给的人民币10万元、3万元。

2012年11月26日，云南省嵩明县人民法院一审认为，被告人赛某、韩某某作为国家工作人员，利用职务上的便利，非法收受他人财物，为他人谋取利益，其行为已构成受贿罪；被告人赛某、韩某某作为质监局工作人员，在查办杨林丰瑞公司无生产许可证生产有毒、有害食品案件中玩忽职守、滥用职权，致使查获的不符合食品安全标准的原料用于生产，有毒、有害油脂流入社会，造成严重后果，其行为还构成食品监管渎职罪。鉴于杨林丰瑞公司被公安机关查处后，赛某、韩某某向领导如实汇报受贿事实，且将受贿款以“罚款”上交，属自首，可从轻、减轻处罚。依照刑法相关条款之规定，判决被告人赛某犯受贿罪和食品监管渎职罪，数罪并罚，判处有期徒刑六年；韩某某犯受贿罪和食品监管渎职罪，数罪并罚，判处有期徒刑二年六个月。一审宣判后，赛某、韩某某提出上诉。云南省昆明市中级人民法院二审裁定驳回上诉，维持原判。

从本案来看，赛某、韩某某等人现场检查，查获该公司无生产许可证，现场有生产用原料毛猪油2,244.912吨，其中有的外包装无标签标识等，不符合食品安全标准。被告人赛某、韩某某作为负有食品安全监督管理职责的国家机关工作人员，收受贿赂，在嵩明县质监局作出对杨林丰瑞公司给予销毁不符合安全标准的原材料和罚款1,419,432元的行政处罚后，解除了对毛猪油、活性土、菜油的封存，实际并未销毁该批原料。致使杨林丰瑞公司在2011年11月至2012年3月期间，使用已查获的原料无证生产食用猪油并流入社会，对人民群众的生命健康造成较大隐患。根据《刑法修正案（十一）》对该条的修订，属于对“对发现的严重食品药品安全违法行为未按规定查处的”情形，并且造成了“问题猪油流入社会”的严重后果。值得注意的是对于修订前本罪“徇私舞弊从重”的规定，在《刑法修正案（十一）》修订该条时已经删除，对于类似食品监管渎职的行为直接按照食品、药品监管渎职罪的5年以下法定刑量刑即可。

第九章

# 军人违反职责罪的修改

《刑法修正案（十一）》对军人违反职责罪的修改涉及两个条文，即对《刑法》第431条第2款为境外窃取、刺探、收买、非法提供军事秘密罪法定刑和第450条军人违反职责罪适用范围的调整。

## 第一节　为境外窃取、刺探、收买、非法提供军事秘密罪的修改

**【修正前条文】第四百三十一条第二款**　为境外的机构、组织、人员窃取、刺探、收买、非法提供军事秘密的，处十年以上有期徒刑、无期徒刑或者死刑。

**【修正后条文】第四百三十一条第二款**　为境外的机构、组织、人员窃取、刺探、收买、非法提供军事秘密的，处五年以上十年以下有期徒刑；情节严重的，处十年以上有期徒刑、无期徒刑或者死刑。

### 一、立法主旨

《刑法》第431条第2款规定了为境外窃取、刺探、收买、非法提供军事秘密罪。《刑法修正案（十一）》对本罪的修改，集中体现在对法定刑的调整，即总体上降低了法定刑幅度，增设了5年以上10年以下有期徒刑这一法定刑区间，从而使得本罪最低法定刑为5年有期徒刑。

### 二、修改理由

“草案说明”对修改理由作出了说明：“根据军事犯罪审判实践和需要，进一步调整为境外窃取、刺探、收买、非法提供军事秘密罪的刑罚结构，保持罪刑均衡。”① 这一说明指出了本罪的修改背景和目的。虽然这类犯罪危害性

① 李宁：《关于〈中华人民共和国刑法修正案（十一）（草案）〉的说明》，2020年6月28日在第十三届全国人民代表大会常务委员会第二十次会议上。

严重，但在修改前本罪的法定刑配置过高，应当说，此次调整法定刑有利于实现《刑法》第5条所确立的罪责刑相适应原则。

## 三、条文释义

对本罪的理解与适用，应主要包括五个方面：

### （一）本罪的主体范围

本罪规定在刑法分则第十章军人违反职责罪中。根据《刑法》第450条规定，本罪的主体包括中国人民解放军的现役军官、文职干部、士兵及具有军籍的学员和中国人民武装警察部队的现役警官、文职干部、士兵及具有军籍的学员以及文职人员、执行军事任务的预备役人员和其他人员。

### （二）对“境外机构、组织、人员”的理解

境外，包括国境和边境之外，前者指我国领域之外的国家和地区，后者指中国范围内不同法域的边界，如内地与香港、内地与澳门、大陆与台湾。为我国台湾地区的机构、组织、人员提供军事秘密，即构成本罪。

### （三）对犯罪手段的理解

本罪的犯罪手段包括窃取、刺探、收买、非法提供。窃取，就是以秘密手段非法获取军事秘密，例如盗取文件或者使用电脑、照相设备等方式取得军事秘密。刺探，是指使用探听、侦察、搜集、骗取等方式取得军事秘密，以抢劫或抢夺方式取得军事秘密的，可以理解为是一种刺探行为。在军事基地附近收集敏感军事信息，如果该信息属于军事秘密的，也属于刺探军事秘密。收买，是指利用金钱、物质或者其他利益换取军事秘密。非法提供，是指违反法律规定，向境外机构、组织、个人提供军事秘密。

### （四）对本罪罪过的判断

本罪的罪过形式为故意；过失不构成本罪，但可能构成过失泄露军事秘密罪。在认定本罪的罪过时，应特别考虑“明知”的问题。这里明知包括两

个层面：一是，明知是为境外的机构、组织、人员提供；二是，明知是军事秘密而提供。两个层面的明知同时存在，才构成本罪。如果行为人缺少第一个明知，但存在第二个明知，即明知自己的行为是窃取、刺探、收买、非法提供军事秘密的行为，但并不知道需求方为境外的机构、组织或个人，那么，不应以本罪论处，而应考虑以故意泄露军事秘密罪论处。如果行为人存在第一个明知，但缺少第二个明知，则不应作为犯罪处理。对两个明知的判断，在实践中都运用推定的证明方法来证明。

### （五）对"军事秘密"的界定

对本罪中"军事秘密"的界定，应根据《中国人民解放军保密条例》来判断。该条例第2条规定："军事秘密是关系国家军事利益，依照规定的权限和程序确定，在一定时间内只限一定范围的人员知悉的事项。"关于军事秘密的范围，该条例第8条规定："军事秘密包括符合本例第二条规定的下列事项：（一）国防和武装力量建设规划及其实施情况；（二）军事部署，作战和其他重要军事行动的计划及其实施情况；（三）战备演习、军事训练计划及其实施情况；（四）军事情报及其来源，通信、电子对抗和其他特种状态等基本情况，军以下部队及特殊单位的番号；（五）武装力量的组织编制，部队的任务、实力、素质、状态等基本情况，军以下部队及特殊单位的番号；（六）国防动员计划及其实施情况；（七）武器装备的研制、生产、配备情况和补充、维修能力，特种军事装备的战术技术性能；（八）军事学术、国防科学技术研究的重要项目、成果及其应用情况；（九）军队政治工作中不宜公开的事项；（十）国防费的分配和使用，军事物资的筹措、生产、供应和储备等情况；（十一）军事设施及军事设施保护情况；（十二）军援、军贸和其他对外军事交往活动中的有关情况；（十三）其他需要保密的事项。"关于军事秘密的密级，该条例第9条规定："军事秘密分为绝密、机密、秘密三个等级。'绝密'是最重要的军事秘密，泄露会使国防和军队的安全与利益遭受特别严重的损害。'机密'是重要的军事秘密，泄露会使国防和军队的安全与利益遭受严重的损害。'秘密'是一般的军事秘密，泄露会使国防和军队的安全与利益遭受损害。"

需要注意的是，该条例第2条中规定："军事秘密是国家秘密的重要组成部分。"因而为境外窃取、刺探、收买、非法提供军事秘密，也构成《刑法》

第111条为境外窃取、刺探、收买、非法提供国家秘密罪。该罪与为境外窃取、刺探、收买、非法提供军事秘密罪属法定竞合关系，在这种情形下，应直接按照为境外窃取、刺探、收买、非法提供军事秘密罪定罪处罚。

## 第二节　军人违反职责罪适用范围的修改

**【修正前条文】第四百五十条**　本章适用于中国人民解放军的现役军官、文职干部、士兵及具有军籍的学员和中国人民武装警察部队的现役警官、文职干部、士兵及具有军籍的学员以及执行军事任务的预备役人员和其他人员。

**【修正后条文】第四百五十条**　本章适用于中国人民解放军的现役军官、文职干部、士兵及具有军籍的学员和中国人民武装警察部队的现役警官、文职干部、士兵及具有军籍的学员以及文职人员、执行军事任务的预备役人员和其他人员。

### 一、立法主旨

《刑法》第450条是关于军人违反职责罪适用范围的规定。此次修改将具有军籍的文职人员纳入其中。

### 二、修改理由

"草案说明"对修改理由进行了介绍，即"适应军队改革情况，对军人违反职责罪的主体范围作出完善，明确军队文职人员适用军人违反职责罪规定"。

### 三、条文释义

《刑法修正案（十一）》在《刑法》第450条中增加了"文职人员"。对此，应根据《中国人民解放军文职人员条例》的规定加以理解。该条例第2条规定:“本条例所称文职人员,是指在军民通用、非直接参与作战且社会化保障不宜承担的军队编制岗位从事管理工作和专业技术工作的非现役人员,是军队人员的组成部分。”该条例第59条规定:“中国人民武装警察部队文职人员,适用本条例。”需要强调的是,广义而言,文职干部也属于文职人员,因而对本条中“文职人员”,应从狭义角度理解,即指除了文职干部以外的文职人员。

# 附：中华人民共和国刑法修正案（十一）

（2020年12月26日第十三届全国人民代表大会常务委员会
第二十四次会议通过）

一、将刑法第十七条修改为："已满十六周岁的人犯罪，应当负刑事责任。

"已满十四周岁不满十六周岁的人，犯故意杀人、故意伤害致人重伤或者死亡、强奸、抢劫、贩卖毒品、放火、爆炸、投放危险物质罪的，应当负刑事责任。

"已满十二周岁不满十四周岁的人，犯故意杀人、故意伤害罪，致人死亡或者以特别残忍手段致人重伤造成严重残疾，情节恶劣，经最高人民检察院核准追诉的，应当负刑事责任。

"对依照前三款规定追究刑事责任的不满十八周岁的人，应当从轻或者减轻处罚。

"因不满十六周岁不予刑事处罚的，责令其父母或者其他监护人加以管教；在必要的时候，依法进行专门矫治教育。"

二、在刑法第一百三十三条之一后增加一条，作为第一百三十三条之二："对行驶中的公共交通工具的驾驶人员使用暴力或者抢控驾驶操纵装置，干扰公共交通工具正常行驶，危及公共安全的，处一年以下有期徒刑、拘役或者管制，并处或者单处罚金。

"前款规定的驾驶人员在行驶的公共交通工具上擅离职守，与他人互殴或者殴打他人，危及公共安全的，依照前款的规定处罚。

"有前两款行为，同时构成其他犯罪的，依照处罚较重的规定定罪处罚。"

三、将刑法第一百三十四条第二款修改为："强令他人违章冒险作业，或者明知存在重大事故隐患而不排除，仍冒险组织作业，因而发生重大伤亡事故或者造成其他严重后果的，处五年以下有期徒刑或者拘役；情节特别恶劣的，处五年以上有期徒刑。"

四、在刑法第一百三十四条后增加一条，作为第一百三十四条之一："在生产、作业中违反有关安全管理的规定，有下列情形之一，具有发生重大伤亡事故或者其他严重后果的现实危险的，处一年以下有期徒刑、拘役或者管制：

"（一）关闭、破坏直接关系生产安全的监控、报警、防护、救生设备、设施，或者篡改、隐瞒、销毁其相关数据、信息的；

"（二）因存在重大事故隐患被依法责令停产停业、停止施工、停止使用有关设备、设施、场所或者立即采取排除危险的整改措施，而拒不执行的；

"（三）涉及安全生产的事项未经依法批准或者许可，擅自从事矿山开采、金属冶炼、建筑施工，以及危险物品生产、经营、储存等高度危险的生产作业活动的。"

五、将刑法第一百四十一条修改为："生产、销售假药的，处三年以下有期徒刑或者拘役，并处罚金；对人体健康造成严重危害或者有其他严重情节的，处三年以上十年以下有期徒刑，并处罚金；致人死亡或者有其他特别严重情节的，处十年以上有期徒刑、无期徒刑或者死刑，并处罚金或者没收财产。

"药品使用单位的人员明知是假药而提供给他人使用的，依照前款的规定处罚。"

六、将刑法第一百四十二条修改为："生产、销售劣药，对人体健康造成严重危害的，处三年以上十年以下有期徒刑，并处罚金；后果特别严重的，处十年以上有期徒刑或者无期徒刑，并处罚金或者没收财产。

"药品使用单位的人员明知是劣药而提供给他人使用的，依照前款的规定处罚。"

七、在刑法第一百四十二条后增加一条，作为第一百四十二条之一："违反药品管理法规，有下列情形之一，足以严重危害人体健康的，处三年以下有期徒刑或者拘役，并处或者单处罚金；对人体健康造成严重危害或者有其他严重情节的，处三年以上七年以下有期徒刑，并处罚金：

"（一）生产、销售国务院药品监督管理部门禁止使用的药品的；

"（二）未取得药品相关批准证明文件生产、进口药品或者明知是上述药品而销售的；

"（三）药品申请注册中提供虚假的证明、数据、资料、样品或者采取其他欺骗手段的；

"（四）编造生产、检验记录的。

"有前款行为，同时又构成本法第一百四十一条、第一百四十二条规定之罪或者其他犯罪的，依照处罚较重的规定定罪处罚。"

八、将刑法第一百六十条修改为："在招股说明书、认股书、公司、企业债券募集办法等发行文件中隐瞒重要事实或者编造重大虚假内容，发行股票或者公司、企业债券、存托凭证或者国务院依法认定的其他证券，数额巨大、后果严重或者有其他严重情节的，处五年以下有期徒刑或者拘役，并处或者单处罚金；数额特别巨大、后果特别严重或者有其他特别严重情节的，处五年以上有期徒刑，并处罚金。

"控股股东、实际控制人组织、指使实施前款行为的，处五年以下有期徒刑或者拘役，并处或者单处非法募集资金金额百分之二十以上一倍以下罚金；数额特别巨大、后果特别严重或者有其他特别严重情节的，处五年以上有期徒刑，并处非法募集资金金额百分之二十以上一倍以下罚金。

"单位犯前两款罪的，对单位判处非法募集资金金额百分之二十以上一倍以下罚金，并对其直接负责的主管人员和其他直接责任人员，依照第一款的规定处罚。"

九、将刑法第一百六十一条修改为："依法负有信息披露义务的公司、企业向股东和社会公众提供虚假的或者隐瞒重要事实的财务会计报告，或者对依法应当披露的其他重要信息不按照规定披露，严重损害股东或者其他人利益，或者有其他严重情节的，对其直接负责的主管人员和其他直接责任人员，处五年以下有期徒刑或者拘役，并处或者单处罚金；情节特别严重的，处五年以上十年以下有期徒刑，并处罚金。

“前款规定的公司、企业的控股股东、实际控制人实施或者组织、指使实施前款行为的，或者隐瞒相关事项导致前款规定的情形发生的，依照前款的规定处罚。

“犯前款罪的控股股东、实际控制人是单位的，对单位判处罚金，并对其直接负责的主管人员和其他直接责任人员，依照第一款的规定处罚。”

十、将刑法第一百六十三条第一款修改为：“公司、企业或者其他单位的工作人员，利用职务上的便利，索取他人财物或者非法收受他人财物，为他人谋取利益，数额较大的，处三年以下有期徒刑或者拘役，并处罚金；数额巨大或者有其他严重情节的，处三年以上十年以下有期徒刑，并处罚金；数额特别巨大或者有其他特别严重情节的，处十年以上有期徒刑或者无期徒刑，并处罚金。”

十一、将刑法第一百七十五条之一第一款修改为：“以欺骗手段取得银行或者其他金融机构贷款、票据承兑、信用证、保函等，给银行或者其他金融机构造成重大损失的，处三年以下有期徒刑或者拘役，并处或者单处罚金；给银行或者其他金融机构造成特别重大损失或者有其他特别严重情节的，处三年以上七年以下有期徒刑，并处罚金。”

十二、将刑法第一百七十六条修改为：“非法吸收公众存款或者变相吸收公众存款，扰乱金融秩序的，处三年以下有期徒刑或者拘役，并处或者单处罚金；数额巨大或者有其他严重情节的，处三年以上十年以下有期徒刑，并处罚金；数额特别巨大或者有其他特别严重情节的，处十年以上有期徒刑，并处罚金。

“单位犯前款罪的，对单位判处罚金，并对其直接负责的主管人员和其他直接责任人员，依照前款的规定处罚。

“有前两款行为，在提起公诉前积极退赃退赔，减少损害结果发生的，可以从轻或者减轻处罚。”

十三、将刑法第一百八十二条第一款修改为：“有下列情形之一，操纵证券、期货市场，影响证券、期货交易价格或者证券、期货交易量，情节严重的，处五年以下有期徒刑或者拘役，并处或者单处罚金；情节特别严重的，处五年以上十年以下有期徒刑，并处罚金：

“（一）单独或者合谋，集中资金优势、持股或者持仓优势或者利用信息优势联合或者连续买卖的；

“（二）与他人串通，以事先约定的时间、价格和方式相互进行证券、期货交易的；

“（三）在自己实际控制的帐户之间进行证券交易，或者以自己为交易对象，自买自卖期货合约的；

“（四）不以成交为目的，频繁或者大量申报买入、卖出证券、期货合约并撤销申报的；

“（五）利用虚假或者不确定的重大信息，诱导投资者进行证券、期货交易的；

“（六）对证券、证券发行人、期货交易标的公开作出评价、预测或者投资建议，同时进行反向证券交易或者相关期货交易的；

“（七）以其他方法操纵证券、期货市场的。”

十四、将刑法第一百九十一条修改为：“为掩饰、隐瞒毒品犯罪、黑社会性质的组织犯罪、恐怖活动犯罪、走私犯罪、贪污贿赂犯罪、破坏金融管理秩序犯罪、金融诈骗犯罪的所得及其产生的收益的来源和性质，有下列行为之一的，没收实施以上犯罪的所得及其产生的收益，处五年以下有期徒刑或者拘役，并处或者单处罚金；情节严重的，处五年以上十年以下有期徒刑，并处罚金：

“（一）提供资金帐户的；

“（二）将财产转换为现金、金融票据、有价证券的；

“（三）通过转帐或者其他支付结算方式转移资金的；

“（四）跨境转移资产的；

“（五）以其他方法掩饰、隐瞒犯罪所得及其收益的来源和性质的。

“单位犯前款罪的，对单位判处罚金，并对其直接负责的主管人员和其他直接责任人员，依照前款的规定处罚。”

十五、将刑法第一百九十二条修改为：“以非法占有为目的，使用诈骗方法非法集资，数额较大的，处三年以上七年以下有期徒刑，并处罚金；数额巨大或者有其他严重情节的，处七年以上有期徒刑或者无期徒刑，并处罚金或者没收财产。

“单位犯前款罪的，对单位判处罚金，并对其直接负责的主管人员和其他直接责任人员，依照前款的规定处罚。”

十六、将刑法第二百条修改为：“单位犯本节第一百九十四条、第一百九十五条规定之罪的，对单位判处罚金，并对其直接负责的主管人员和其他直接责任人员，处五年以下有期徒刑或者拘役，可以并处罚金；数额巨大或者有其他严重情节的，处五年以上十年以下有期徒刑，并处罚金；数额特别巨大或者有其他特别严重情节的，处十年以上有期徒刑或者无期徒刑，并处罚金。”

十七、将刑法第二百一十三条修改为：“未经注册商标所有人许可，在同一种商品、服务上使用与其注册商标相同的商标，情节严重的，处三年以下有期徒刑，并处或者单处罚金；情节特别严重的，处三年以上十年以下有期徒刑，并处罚金。”

十八、将刑法第二百一十四条修改为：“销售明知是假冒注册商标的商品，违法所得数额较大或者有其他严重情节的，处三年以下有期徒刑，并处或者单处罚金；违法所得数额巨大或者有其他特别严重情节的，处三年以上十年以下有期徒刑，并处罚金。”

十九、将刑法第二百一十五条修改为：“伪造、擅自制造他人注册商标标识或者销售伪造、擅自制造的注册商标标识，情节严重的，处三年以下有期徒刑，并处或者单处罚金；情节特别严重的，处三年以上十年以下有期徒刑，并处罚金。”

二十、将刑法第二百一十七条修改为：“以营利为目的，有下列侵犯著作权或者与著作权有关的权利的情形之一，违法所得数额较大或者有其他严重情节的，处三年以下有期徒刑，并处或者单处罚金；违法所得数额巨大或者有其他特别严重情节的，处三年以上十年以下有期徒刑，并处罚金：

“（一）未经著作权人许可，复制发行、通过信息网络向公众传播其文字作品、音乐、美术、视听作品、计算机软件及法律、行政法规规定的其他作品的；

“（二）出版他人享有专有出版权的图书的；

“（三）未经录音录像制作者许可，复制发行、通过信息网络向公众传播其制作的录音录像的；

“（四）未经表演者许可，复制发行录有其表演的录音录像制品，或者通过信息网络向公众传播其表演的；

“（五）制作、出售假冒他人署名的美术作品的；

“（六）未经著作权人或者与著作权有关的权利人许可，故意避开或者破坏权利人为其作品、录音录像制品等采取的保护著作权或者与著作权有关的权利的技术措施的。”

二十一、将刑法第二百一十八条修改为：“以营利为目的，销售明知是本法第二百一十七条规定的侵权复制品，违法所得数额巨大或者有其他严重情节的，处五年以下有期徒刑，并处或者单处罚金。”

二十二、将刑法第二百一十九条修改为：“有下列侵犯商业秘密行为之一，情节严重的，处三年以下有期徒刑，并处或者单处罚金；情节特别严重的，处三年以上十年以下有期徒刑，并处罚金：

“（一）以盗窃、贿赂、欺诈、胁迫、电子侵入或者其他不正当手段获取权利人的商业秘密的；

“（二）披露、使用或者允许他人使用以前项手段获取的权利人的商业秘密的；

“（三）违反保密义务或者违反权利人有关保守商业秘密的要求，披露、使用或者允许他人使用其所掌握的商业秘密的。

“明知前款所列行为，获取、披露、使用或者允许他人使用该商业秘密的，以侵犯商业秘密论。

“本条所称权利人，是指商业秘密的所有人和经商业秘密所有人许可的商业秘密使用人。”

二十三、在刑法第二百一十九条后增加一条，作为第二百一十九条之一：“为境外的机构、组织、人员窃取、刺探、收买、非法提供商业秘密的，处五年以下有期徒刑，并处或者单处罚金；情节严重的，处五年以上有期徒刑，并处罚金。”

二十四、将刑法第二百二十条修改为：“单位犯本节第二百一十三条至第二百一十九条之一规定之罪的，对单位判处罚金，并对其直接负责的主管人员和其他直接责任人员，依照本节各该条的规定处罚。”

二十五、将刑法第二百二十九条修改为：“承担资产评估、验资、验证、会计、审计、法律服务、保荐、安全评价、环境影响评价、环境监测等职责的中介组织的人员故意提供虚假证明文件，情节严重的，处五年以下有期徒刑或者拘役，并处罚金；有下列情形之一的，处五年以上十年以下有期徒刑，并处罚金：

“（一）提供与证券发行相关的虚假的资产评估、会计、审计、法律服务、保荐等证明文件，情节特别严重的；

“（二）提供与重大资产交易相关的虚假的资产评估、会计、审计等证明文件，情节特别严重的；

“（三）在涉及公共安全的重大工程、项目中提供虚假的安全评价、环境影响评价等证明文件，致使公共财产、国家和人民利益遭受特别重大损失的。

“有前款行为，同时索取他人财物或者非法收受他人财物构成犯罪的，依照处罚较重的规定定罪处罚。

“第一款规定的人员，严重不负责任，出具的证明文件有重大失实，造成严重后果的，处三年以下有期徒刑或者拘役，并处或者单处罚金。”

二十六、将刑法第二百三十六条修改为：“以暴力、胁迫或者其他手段强奸妇女的，处三年以上十年以下有期徒刑。

“奸淫不满十四周岁的幼女的，以强奸论，从重处罚。

“强奸妇女、奸淫幼女，有下列情形之一的，处十年以上有期徒刑、无期徒刑或者死刑：

“（一）强奸妇女、奸淫幼女情节恶劣的；

“（二）强奸妇女、奸淫幼女多人的；

“（三）在公共场所当众强奸妇女、奸淫幼女的；

“（四）二人以上轮奸的；

“（五）奸淫不满十周岁的幼女或者造成幼女伤害的；

“（六）致使被害人重伤、死亡或者造成其他严重后果的。”

二十七、在刑法第二百三十六条后增加一条，作为第二百三十六条之一：“对已满十四周岁不满十六周岁的未成年女性负有监护、收养、看护、教育、医疗等特殊职责的人员，与该未成年女性发生性关系的，处三年以下有期徒刑；情节恶劣的，处三年以上十年以下有期徒刑。

“有前款行为，同时又构成本法第二百三十六条规定之罪的，依照处罚较重的规定定罪处罚。”

二十八、将刑法第二百三十七条第三款修改为：“猥亵儿童的，处五年以下有期徒刑；有下列情形之一的，处五年以上有期徒刑：

“（一）猥亵儿童多人或者多次的；

“（二）聚众猥亵儿童的，或者在公共场所当众猥亵儿童，情节恶劣的；

“（三）造成儿童伤害或者其他严重后果的；

“（四）猥亵手段恶劣或者有其他恶劣情节的。”

二十九、将刑法第二百七十一条第一款修改为：“公司、企业或者其他单位的工作人员，利用职务上的便利，将本单位财物非法占为己有，数额较大的，处三年以下有期徒刑或者拘役，并处罚金；数额巨大的，处三年以上十年以下有期徒刑，并处罚金；数额特别巨大的，处十年以上有期徒刑或者无期徒刑，并处罚金。”

三十、将刑法第二百七十二条修改为：“公司、企业或者其他单位的工作人员，利用职务上的便利，挪用本单位资金归个人使用或者借贷给他人，数额较大、超过三个月未还的，或者虽未超过三个月，但数额较大、进行营利活动的，或者进行非法活动的，处三年以下有期徒刑或者拘役；挪用本单位资金数额巨大的，处三年以上七年以下有期徒刑；数额特别巨大的，处七年以上有期徒刑。

“国有公司、企业或者其他国有单位中从事公务的人员和国有公司、企业或者其他国有单位委派到非国有公司、企业以及其他单位从事公务的人员有前款行为的，依照本法第三百八十四条的规定定罪处罚。

“有第一款行为，在提起公诉前将挪用的资金退还的，可以从轻或者减轻处罚。其中，犯罪较轻的，可以减轻或者免除处罚。”

三十一、将刑法第二百七十七条第五款修改为：“暴力袭击正在依法执行职务的人民警察的，处三年以下有期徒刑、拘役或者管制；使用枪支、管制刀具，或者以驾驶机动车撞击等手段，严重危及其人身安全的，处三年以上七年以下有期徒刑。”

三十二、在刑法第二百八十条之一后增加一条，作为第二百八十条之二：“盗用、冒用他人身份，顶替他人取得的高等学历教育入学资格、公务员录用资格、就业安置待遇的，处三年以下有期徒刑、拘役或者管制，并处罚金。

“组织、指使他人实施前款行为的，依照前款的规定从重处罚。

“国家工作人员有前两款行为，又构成其他犯罪的，依照数罪并罚的规定处罚。”

三十三、在刑法第二百九十一条之一后增加一条，作为第二百九十一条之二："从建筑物或者其他高空抛掷物品，情节严重的，处一年以下有期徒刑、拘役或者管制，并处或者单处罚金。

"有前款行为，同时构成其他犯罪的，依照处罚较重的规定定罪处罚。"

三十四、在刑法第二百九十三条后增加一条，作为第二百九十三条之一："有下列情形之一，催收高利放贷等产生的非法债务，情节严重的，处三年以下有期徒刑、拘役或者管制，并处或者单处罚金：

"（一）使用暴力、胁迫方法的；

"（二）限制他人人身自由或者侵入他人住宅的；

"（三）恐吓、跟踪、骚扰他人的。"

三十五、在刑法第二百九十九条后增加一条，作为第二百九十九条之一："侮辱、诽谤或者以其他方式侵害英雄烈士的名誉、荣誉，损害社会公共利益，情节严重的，处三年以下有期徒刑、拘役、管制或者剥夺政治权利。"

三十六、将刑法第三百零三条修改为："以营利为目的，聚众赌博或者以赌博为业的，处三年以下有期徒刑、拘役或者管制，并处罚金。

"开设赌场的，处五年以下有期徒刑、拘役或者管制，并处罚金；情节严重的，处五年以上十年以下有期徒刑，并处罚金。

"组织中华人民共和国公民参与国（境）外赌博，数额巨大或者有其他严重情节的，依照前款的规定处罚。"

三十七、将刑法第三百三十条第一款修改为："违反传染病防治法的规定，有下列情形之一，引起甲类传染病以及依法确定采取甲类传染病预防、控制措施的传染病传播或者有传播严重危险的，处三年以下有期徒刑或者拘役；后果特别严重的，处三年以上七年以下有期徒刑：

"（一）供水单位供应的饮用水不符合国家规定的卫生标准的；

"（二）拒绝按照疾病预防控制机构提出的卫生要求，对传染病病原体污染的污水、污物、场所和物品进行消毒处理的；

"（三）准许或者纵容传染病病人、病原携带者和疑似传染病病人从事国务院卫生行政部门规定禁止从事的易使该传染病扩散的工作的；

“（四）出售、运输疫区中被传染病病原体污染或者可能被传染病病原体污染的物品，未进行消毒处理的；

“（五）拒绝执行县级以上人民政府、疾病预防控制机构依照传染病防治法提出的预防、控制措施的。”

三十八、在刑法第三百三十四条后增加一条，作为第三百三十四条之一：“违反国家有关规定，非法采集我国人类遗传资源或者非法运送、邮寄、携带我国人类遗传资源材料出境，危害公众健康或者社会公共利益，情节严重的，处三年以下有期徒刑、拘役或者管制，并处或者单处罚金；情节特别严重的，处三年以上七年以下有期徒刑，并处罚金。”

三十九、在刑法第三百三十六条后增加一条，作为第三百三十六条之一：“将基因编辑、克隆的人类胚胎植入人体或者动物体内，或者将基因编辑、克隆的动物胚胎植入人体内，情节严重的，处三年以下有期徒刑或者拘役，并处罚金；情节特别严重的，处三年以上七年以下有期徒刑，并处罚金。”

四十、将刑法第三百三十八条修改为：“违反国家规定，排放、倾倒或者处置有放射性的废物、含传染病病原体的废物、有毒物质或者其他有害物质，严重污染环境的，处三年以下有期徒刑或者拘役，并处或者单处罚金；情节严重的，处三年以上七年以下有期徒刑，并处罚金；有下列情形之一的，处七年以上有期徒刑，并处罚金：

“（一）在饮用水水源保护区、自然保护地核心保护区等依法确定的重点保护区域排放、倾倒、处置有放射性的废物、含传染病病原体的废物、有毒物质，情节特别严重的；

“（二）向国家确定的重要江河、湖泊水域排放、倾倒、处置有放射性的废物、含传染病病原体的废物、有毒物质，情节特别严重的；

“（三）致使大量永久基本农田基本功能丧失或者遭受永久性破坏的；

“（四）致使多人重伤、严重疾病，或者致人严重残疾、死亡的。

“有前款行为，同时构成其他犯罪的，依照处罚较重的规定定罪处罚。”

四十一、在刑法第三百四十一条中增加一款作为第三款："违反野生动物保护管理法规，以食用为目的非法猎捕、收购、运输、出售第一款规定以外的在野外环境自然生长繁殖的陆生野生动物，情节严重的，依照前款的规定处罚。"

四十二、在刑法第三百四十二条后增加一条，作为第三百四十二条之一："违反自然保护地管理法规，在国家公园、国家级自然保护区进行开垦、开发活动或者修建建筑物，造成严重后果或者有其他恶劣情节的，处五年以下有期徒刑或者拘役，并处或者单处罚金。

"有前款行为，同时构成其他犯罪的，依照处罚较重的规定定罪处罚。"

四十三、在刑法第三百四十四条后增加一条，作为第三百四十四条之一："违反国家规定，非法引进、释放或者丢弃外来入侵物种，情节严重的，处三年以下有期徒刑或者拘役，并处或者单处罚金。"

四十四、在刑法第三百五十五条后增加一条，作为第三百五十五条之一："引诱、教唆、欺骗运动员使用兴奋剂参加国内、国际重大体育竞赛，或者明知运动员参加上述竞赛而向其提供兴奋剂，情节严重的，处三年以下有期徒刑或者拘役，并处罚金。

"组织、强迫运动员使用兴奋剂参加国内、国际重大体育竞赛的，依照前款的规定从重处罚。"

四十五、将刑法第四百零八条之一第一款修改为："负有食品药品安全监督管理职责的国家机关工作人员，滥用职权或者玩忽职守，有下列情形之一，造成严重后果或者有其他严重情节的，处五年以下有期徒刑或者拘役；造成特别严重后果或者有其他特别严重情节的，处五年以上十年以下有期徒刑：

"（一）瞒报、谎报食品安全事故、药品安全事件的；

"（二）对发现的严重食品药品安全违法行为未按规定查处的；

"（三）在药品和特殊食品审批审评过程中，对不符合条件的申请准予许可的；

“（四）依法应当移交司法机关追究刑事责任不移交的；

“（五）有其他滥用职权或者玩忽职守行为的。”

四十六、将刑法第四百三十一条第二款修改为：“为境外的机构、组织、人员窃取、刺探、收买、非法提供军事秘密的，处五年以上十年以下有期徒刑；情节严重的，处十年以上有期徒刑、无期徒刑或者死刑。”

四十七、将刑法第四百五十条修改为：“本章适用于中国人民解放军的现役军官、文职干部、士兵及具有军籍的学员和中国人民武装警察部队的现役警官、文职干部、士兵及具有军籍的学员以及文职人员、执行军事任务的预备役人员和其他人员。”

四十八、本修正案自2021年3月1日起施行。

**图书在版编目(CIP)数据**

刑法修正案（十一）评注与案例 / 时延安，陈冉，敖博著. —北京：中国法制出版社，2021.5

ISBN 978-7-5216-1813-6

Ⅰ. ①刑…　Ⅱ. ①时…　②陈…　③敖…　Ⅲ. ①刑法—法律解释—中国 ②刑法—法律适用—中国　Ⅳ. ①D924.05

中国版本图书馆CIP数据核字（2021）第068011号

责任编辑：侯　鹏　　　　封面设计：李　宁

**刑法修正案（十一）评注与案例**

XINGFA XIUZHENG'AN（SHIYI）PINGZHU YU ANLI

著者 / 时延安　陈冉　敖博

经销 / 新华书店

印刷 / 三河市国英印务有限公司

开本 / 710毫米×1000毫米　16开　　　　印张 / 35　字数 / 554千

版次 / 2021年5月第1版　　　　2021年5月第1次印刷

中国法制出版社出版

书号 ISBN 978-7-5216-1813-6　　　　定价：109.00元

北京西单横二条2号　　　　传真：010-66031119

邮政编码 100031

**网址：http://www.zgfzs.com**　　　　**编辑部电话：010-66060794**

**市场营销部电话：010-66033393**　　　　**邮购部电话：010-66033288**

（如有印装质量问题，请与本社印务部联系调换。电话：010-66032926）